Buch-Updates
Registrieren Sie dieses Buch auf unserer Verlagswebsite. Sie erhalten dann Buch-Updates und weitere, exklusive Informationen zum Thema.

Galileo BUCH UPDATE

Und so geht's

> Einfach **www.galileocomputing.de** aufrufen

<<< Auf das Logo **Buch-Updates** klicken

> Unten genannten **Zugangscode** eingeben

Ihr persönlicher Zugang zu den Buch-Updates 136257020540

Thomas Krumbein

Datenbanken mit OpenOffice.org 2.3 Base und HSQLDB

Galileo Press

Liebe Leserin, lieber Leser,

ich freue mich, dass Sie sich für ein Galileo Computing-Buch entschieden haben. Unser Buch zu OpenOffice.org Base vervollständigt unsere OpenOffice.org-Bibliothek, die zu jedem OOo-Modul und auch zur Makrosprache Basic Werke enthält. Auch dieses Buch zu Base ist besonders für Leser geeignet, die bereits Kenntnisse in Microsoft Office besitzen und umsteigen möchten. Seit der Version 2 von OpenOffice.org ist das Datenbankmodul integriert, sodass OOo eine vollständige Office-Suite ist, die es getrost mit Microsoft Office aufnehmen kann.

Thomas Krumbein, ausgewiesener Experte auf dem Gebiet OOo, legt Ihnen mit diesem Werk eine Einführung in Base vor, die auf die Bedürfnisse von ambitionierten Anwendern abgestimmt ist. Das Thema »Datenbankprogrammierung« wird selbstverständlich auch kompetent behandelt, wenn auch nicht in der Tiefe, wie es ausgewachsene Datenbankentwickler vielleicht benötigen.

Die stetige Weiterentwicklung der OOo-Suite hat auch für Base einige Neuerungen gebracht, die in dieser zweiten Auflage berücksichtigt sind. In erster Linie ist hier der in Version 2.3 hinzugekommene Report-Designer zu nennen, der die Bericht-Erstellung sehr komfortabel macht. Trotz allem gibt es auch in dieser Version noch ein paar Funktionslücken und Fehler, die Thomas Krumbein aufzeigt. Sie erfahren an jeder Stelle, was tatsächlich möglich ist und was nicht.

Die beiliegende DVD-ROM hält vieles für Sie bereit: Hier finden Sie die komplette Version OOo 2.3, viele Tools und natürlich alle Beispiele des Buches. Außerdem können Sie sich Video-Lektionen zu allen Modulen von OOo ansehen und direkt nachvollziehen, was Thomas Krumbein Ihnen zeigt.

Bitte scheuen Sie sich nicht, sich mit Herrn Krumbein oder mir in Kontakt zu setzen. Ihre freundliche Kritik und Ihr Lob helfen uns bei der weiteren Arbeit.

Jetzt wünsche ich Ihnen viel Freude beim Lesen!

Ihre Judith Stevens-Lemoine
Lektorat Galileo Computing

judith.stevens@galileo-press.de
www.galileocomputing.de
Galileo Press · Rheinwerkallee 4 · 53227 Bonn

Auf einen Blick

1 Einführung 13

2 Datenbanken mit OpenOffice.org – das Modul Base 21

3 Einführung in die Sprache SQL 115

4 Die HSQLDB 135

5 Tabellen 155

6 Abfragen 209

7 Formulare 259

8 Berichte 373

9 Praktische Anwendung 471

A Die Installation 519

B Code-Beispiele und reguläre Ausdrücke 527

C Mitarbeit im OOo-Projekt, DVD-ROM, Linklisten, Literaturhinweise 533

Index 539

Der Name Galileo Press geht auf den italienischen Mathematiker und Philosophen Galileo Galilei (1564–1642) zurück. Er gilt als Gründungsfigur der neuzeitlichen Wissenschaft und wurde berühmt als Verfechter des modernen, heliozentrischen Weltbilds. Legendär ist sein Ausspruch *Eppur se muove* (Und sie bewegt sich doch). Das Emblem von Galileo Press ist der Jupiter, umkreist von den vier Galileischen Monden. Galilei entdeckte die nach ihm benannten Monde 1610.

Gerne stehen wir Ihnen mit Rat und Tat zur Seite:
judith.stevens@galileo-press.de bei Fragen und Anmerkungen zum Inhalt des Buches
service@galileo-press.de für versandkostenfreie Bestellungen und Reklamationen
stefan.krumbiegel@galileo-press.de für Rezensions- und Schulungsexemplare

Lektorat Judith Stevens-Lemoine, Anne Scheibe
Korrektorat Manfred Sommer, München
Cover Barbara Thoben, Köln
Titelbild Barbara Thoben, Köln
Typografie und Layout Vera Brauner
Herstellung Katrin Müller
Satz SatzPro, Krefeld
Druck und Bindung Koninklijke Wöhrmann, Zupthen, NL

Dieses Buch wurde gesetzt aus der Linotype Syntax Serif (9,25/13,25 pt) in FrameMaker. Gedruckt wurde es auf fein holzhaltigem Naturpapier.

Bibliografische Information der Deutschen Bibliothek
Die Deutsche Bibliothek verzeichnet diese Publikation in der Deutschen Nationalbibliografie; detaillierte bibliografische Daten sind im Internet über http://ddb.de abrufbar.

ISBN 978-3-8362-1112-3

2., aktualisierte und erweiterte Auflage 2008

Inhalt

1 Einführung 13

1.1 Zur 2. Auflage dieses Buches 14
1.2 OpenOffice.org 14
1.2.1 Das Projekt OpenOffice.org 15

2 Datenbanken mit OpenOffice.org – das Modul Base 21

2.1 Einführung in Datenbanken 21
2.2 Sprachregelungen und Zeichenerklärung 23
2.2.1 Sprachregelungen 23
2.2.2 Hinweise zur DVD-ROM 24
2.3 Einführung in Base 24
2.4 Was ist »Base«? 26
2.4.1 Definition »Datenbank« 26
2.4.2 Das »Frontend« 26
2.4.3 Das ist Base 27
2.5 Die Struktur von Base 28
2.5.1 Erzeugen eines Base-Containers 29
2.5.2 Details der *.odb-Datei 35
2.6 Die Arbeitsumgebung von Base: Tabellen, Abfragen, Formulare und Berichte 39
2.7 Datenquellen verbinden 44
2.7.1 Adressbücher 46
2.7.2 Adabas-Datenbanken 55
2.7.3 ADO-Datenquellen 58
2.7.4 Microsoft Access-Datenbanken 64
2.7.5 dBASE-Datenbanken 71
2.7.6 MySQL-Datenbanken 75
2.7.7 PostgreSQL-Datenbanken 90
2.7.8 JDBC/ODBC-Datenquellen 96
2.7.9 Sonstige Datenquellen 101
2.7.10 Text- und Tabellendokumente 104
2.8 Registrierte und nicht registrierte Datenquellen 108
2.9 Der Datenquellen-Explorer 112

3 Einführung in die Sprache SQL ... 115

3.1 SQL-Grundlagen ... 116
3.2 Datenbanken erzeugen ... 120
3.2.1 CREATE ... 121
3.2.2 DROP ... 121
3.3 Tabellen verändern ... 122
3.4 Daten eingeben und verändern ... 123
3.4.1 INSERT ... 123
3.4.2 UPDATE ... 124
3.4.3 DELETE ... 125
3.5 Anfragen beziehungsweise Abfragen ... 125
3.5.1 SELECT ... 126
3.5.2 FROM ... 127
3.5.3 WHERE ... 129
3.5.4 ORDER BY ... 130
3.6 Abfragen aus mehreren Tabellen ... 131
3.6.1 Unterabfragen ... 132

4 Die HSQLDB ... 135

4.1 Voraussetzungen für die Nutzung von HSQLDB ... 135
4.2 Details zur HSQLDB ... 136
4.3 Die SQL-Syntax ... 137
4.4 Datentypen ... 139
4.5 Eingebaute Funktionen ... 141
4.5.1 Mathematische Funktionen ... 142
4.5.2 Funktionen für Zeichenketten ... 145
4.5.3 Funktionen für Datums- und Zeitwerte ... 148
4.5.4 Sonstige Funktionen ... 150
4.6 Operatoren ... 151
4.6.1 Vergleichsoperatoren ... 151
4.6.2 Mathematische Operatoren ... 152
4.7 Sonstiges ... 152

5 Tabellen ... 155

5.1 Datenbank-Entwurf – Grundlagen ... 155
5.1.1 Beziehungen (Relationen) ... 158
5.1.2 Datenbankdesign ... 160
5.1.3 Datenbank-Normalisierung ... 160

5.2 OpenOffice.org Base-Datentypen 162
5.2.1 Zeichenketten 163
5.2.2 Zahlen 165
5.2.3 Wahrheitswerte 166
5.2.4 Datums- und Zeitwerte 167
5.2.5 Binärwerte 167
5.3 Tabellen mit Hilfe des Assistenten erstellen 169
5.3.1 Schritt 1: Felder wählen 170
5.3.2 Schritt 2: Felddatentyp festlegen 171
5.3.3 Schritt 3: Primärschlüssel festlegen 173
5.3.4 Schritt 4: Tabelle erzeugen 174
5.4 Tabellen direkt erstellen und strukturieren 176
5.4.1 Tabellen entwerfen 177
5.4.2 Primärschlüssel bestimmen 180
5.4.3 Tabellen speichern 182
5.4.4 Tabellendesign verändern 182
5.5 Tabellen per SQL erzeugen 183
5.5.1 SQL-Befehlsfenster 184
5.5.2 Basic-Befehle 187
5.6 Tabellen direkt bearbeiten 189
5.6.1 Tabellen bearbeiten 189
5.6.2 Daten direkt eingeben 190
5.6.3 Datensätze löschen 193
5.6.4 Schreibgeschützte Tabellen 194
5.6.5 Tabellen kopieren 194
5.7 Indizes erstellen 198
5.8 Tabellen von anderen Datenbanken übertragen 200
5.9 Tabellen-Relationen 202

6 Abfragen 209

6.1 Filter anwenden 211
6.1.1 Daten sortieren 211
6.1.2 Autofilter anwenden 212
6.1.3 Standardfilter definieren 213
6.2 Erstellen einer Abfrage mit Hilfe des Assistenten 216
6.2.1 Tabellen und Feldauswahl 216
6.2.2 Sortierreihenfolge 217
6.2.3 Suchbedingungen 218
6.2.4 Details oder Zusammenfassung 220
6.2.5 Aliasnamen 221

6.2.6 Zusammenfassung – Überblick ... 222
6.2.7 Abfrageergebnis ... 223
6.2.8 Zusammenfassung und Gruppierungen ... 224
6.3 Abfragen mit Hilfe der Entwurfsansicht erstellen ... 227
6.3.1 Die Arbeitsumgebung ... 227
6.3.2 Filterbedingungen ... 231
6.3.3 Abfragen erzeugen ... 234
6.3.4 Kalkulierte Felder ... 237
6.3.5 Speichern von Abfragen ... 239
6.4 Abfragen direkt mit SQL erzeugen ... 239
6.4.1 Abfragen in SQL ... 242
6.4.2 Abfragen in Programmierungen ... 245
6.5 Ansichten versus Abfragen ... 246
6.6 Abfragen über mehrere Tabellen ... 249
6.6.1 Abfragen in der Entwurfsansicht ... 250
6.6.2 Kombinierte Abfragen direkt in SQL ... 252
6.7 Speicherung der Abfragen in der Datei ... 254

7 Formulare ... 259

7.1 Formulare in Base ... 260
7.2 Formulare mit Hilfe des Assistenten erzeugen ... 264
7.2.1 Ein Formular verwenden ... 271
7.2.2 Subformulare ... 278
7.3 Formulare anpassen oder individuell erzeugen ... 286
7.3.1 Formulare allgemein ... 286
7.3.2 Ein erstes Formular erzeugen ... 291
7.3.3 Weitere wichtige Kontrollelemente ... 304
7.4 Formular und Subformular ... 324
7.4.1 Ein Subformular erzeugen ... 324
7.4.2 Ein Formular für Verkäufe ... 334
7.5 Formulare intern ... 339
7.5.1 Aufbau von Formularen ... 340
7.5.2 Ereignisse programmieren ... 349
7.5.3 Zugriff auf Kontrollelemente ... 353
7.5.4 Formulare aufrufen ... 364
7.5.5 Eigenständige Applikationen erzeugen ... 366

8 Berichte ... 373

8.1 Berichte mit Hilfe des Assistenten erstellen ... 376
8.1.1 Schritt 1: Felderauswahl ... 376
8.1.2 Schritt 2: Feldbezeichnung ... 377
8.1.3 Schritt 3: Gruppierung ... 378
8.1.4 Schritt 4: Sortieroptionen ... 380
8.1.5 Schritt 5: Auswahl des Layouts ... 381
8.1.6 Schritt 6: Bericht erstellen ... 382
8.2 Das Layout eines Berichts ändern ... 385
8.2.1 Kopfzeile ... 386
8.2.2 Textbereich »RecordSection« ... 387
8.2.3 Fußzeile ... 391
8.3 Berichte mit dem »Report-Designer« erstellen ... 391
8.3.1 Die Arbeitsumgebung des Report-Designers ... 393
8.3.2 Datenverknüpfung festlegen ... 396
8.3.3 Datenbereich erzeugen ... 399
8.3.4 Seitenkopf und -fuß erzeugen ... 407
8.3.5 Berichtskopf und -fuß erzeugen ... 409
8.3.6 Berichte erzeugen ... 411
8.3.7 Berichtsdaten gruppieren und sortieren ... 416
8.3.8 Funktionen hinzufügen ... 425
8.4 Berichte manuell erstellen ... 438
8.4.1 Einzelne Daten einfügen ... 440
8.4.2 Einzelne Datensätze einfügen ... 440
8.5 Tabellen übernehmen ... 445
8.5.1 Tabellen aus nicht registrierten Datenbanken übernehmen ... 447
8.5.2 Tabellen in Base übernehmen ... 449
8.5.3 Tabellen exportieren oder sichern ... 450
8.6 Serienbriefe ... 451
8.6.1 Serienbriefe manuell erstellen ... 451
8.6.2 Serienbriefe automatisiert erzeugen ... 455
8.7 Berichte per Makro erstellen ... 457
8.7.1 Die Basis ... 458
8.7.2 Das Formular ... 459
8.7.3 Listbox füllen ... 460
8.7.4 Bericht erstellen ... 463
8.7.5 Der Code des Berichts ... 467

9 Praktische Anwendung ... 471

9.1 Aufgabenstellung ... 472
9.2 Datenbank-Entwurf ... 474
9.2.1 Hinweise zur weiteren Normalisierung ... 475
9.3 Tabellen ... 475
9.3.1 Base-Container erstellen ... 476
9.3.2 Tabelle »Adressen« erzeugen ... 477
9.3.3 Tabelle »Bilder« erzeugen ... 478
9.3.4 Beziehungen herstellen ... 479
9.4 Dateneingabe und -änderung (Formular) ... 480
9.4.1 Formular mit Hilfe des Assistenten erstellen ... 480
9.4.2 Formular manuell bearbeiten ... 482
9.4.3 Subformular hinzufügen ... 483
9.5 Abfragen ... 486
9.5.1 Geburtstage heute ... 487
9.5.2 Geburtstage der nächsten 10 Tage ... 490
9.6 Die Erinnerungsfunktion ... 492
9.6.1 Formularlösung ... 493
9.6.2 Dialog-Lösung ... 503
9.7 Berichte ... 511
9.7.1 Abfrage erstellen ... 511
9.7.2 Bericht mit dem Assistenten erstellen ... 512
9.7.3 Bericht manuell anpassen ... 514

Anhang ... 517

A Die Installation ... 519
A.1 Download ... 519
A.2 Java ... 520
A.3 Installation unter Windows ... 520
A.4 Installation unter Linux ... 522
A.4.1 RPM-Installationsschritte ... 523
A.4.2 Debian-Installation ... 523
A.4.3 Der erste Programmstart ... 525
B Code-Beispiele und reguläre Ausdrücke ... 527
B.1 Datenbankverbindungen mit Basic ... 527
B.2 Liste regulärer Ausdrücke ... 529

C Mitarbeit im OOo-Projekt, DVD-ROM, Linklisten, Literaturhinweise 533
C.1 Mitarbeit im Projekt OpenOffice.org 533
C.2 Zur DVD-ROM 535
C.3 Wichtige Internet-Linkadressen 536
C.4 Literaturhinweise 537

Index 539

Video-Training auf der Buch-DVD

1 Writer – die Textverarbeitung ...... 00:30 Std

1.1 Einleitung ...... 00:20 Min.
1.2 Grundlagen von Writer ...... 05:23 Min.
1.3 Absätze und Bereiche ...... 07:01 Min.
1.4 Kopf- und Fußzeilen ...... 06:44 Min.
1.5 Tabellen im Textdokument ...... 11:09 Min.

2 Calc – die Tabellenkalkulation ...... 00:31 Std.

2.1 Einleitung ...... 00:18 Min.
2.2 Grundlagen von Calc ...... 09:35 Min.
2.3 Zellen formatieren & Zellinhalte ...... 11:46 Min.
2.4 Bedingte Formatierung & Listen ...... 09:26 Min.

3 Draw – das Zeichenprogramm ...... 01:00 Std.

3.1 Einleitung ...... 00:17 Min.
3.2 Grundlagen von Draw ...... 08:18 Min.
3.3 Zeichnungsobjekte allgemein ...... 10:37 Min.
3.4 Zeichnungsobjekte ändern ...... 11:07 Min.
3.5 Linien und Linienobjekte ...... 08:51 Min.
3.6 Mit Flächenobjekten arbeiten ...... 10:02 Min.
3.7 Objekte gruppieren, kombinieren ...... 11:14 Min.

4 Mit Impress präsentieren .... 00:33 Std.

4.1 Einleitung .... 00:16 Min.
4.2 Die schnelle Präsentation .... 08:11 Min.
4.3 Die Arbeitsumgebung .... 11:55 Min.
4.4 Die eigene Präsentation .... 07:52 Min.
4.5 Diagramme in Präsentationen .... 07:52 Min.

5 Base – Datenbank & Frontend .... 00:11 Std.

5.1 Einleitung .... 00:17 Min.
5.2 Das Base-Dokument .... 11:08 Min.

6 Automatisieren mit Makros .... 00:24 Std.

6.1 Einleitung .... 00:21 Min.
6.2 Der Makrorekorder .... 11:04 Min.
6.3 Die Basic IDE .... 05:17 Min.
6.4 Basic-Grundlagen .... 08:03 Min.

Mit der systematischen Nutzung von Datenbanken beginnt die Grenze zwischen dem »einfachen« Anwender und dem »Programmierer« langsam zu verschwimmen. Um immer mehr Benutzern den Zugang zu Datenbanken zu erleichtern, werden die Frontends immer leichter bedienbar, und doch stoßen sie unweigerlich irgendwann an ihre Grenzen. Und jetzt will der Benutzer mehr! Dieses Buch soll einen kleinen Schritt weiterführen – ohne jedoch die Ansprüche voll erfüllen zu können, die ein erfahrener Programmierer stellen würde.

1 Einführung

Seit der Version 2.0 beinhaltet die freie Office-Suite OpenOffice.org auch ein eigenes Datenbank-Modul sowie eine eingebaute SQL-fähige Datenbank. Zwar war es auch vorher schon möglich, OpenOffice.org mit Datenbanken zu verbinden und »Frontends« zu erzeugen, doch mit Base – dem neuen Datenbank-Modul – ist dies nun auch nicht so versierten Benutzern recht einfach möglich. Mit Base schließt sich somit eine Lücke, die in der Vielfalt der möglichen Anwendungen noch bestand.

Nun ist Datenbank nicht gleich Datenbank, und das Feld der möglichen Benutzung ist riesig. Schon die bisherigen Module werden in ihrer ganzen Vielfalt kaum von einem Nutzer intensiv ausgereizt, und viele werden sich mit ungefähr 20 % des eigentlichen Umfangs absolut zufrieden geben (lassen sich doch mit diesen 20 % sicher 90 % aller Aufgaben des alltäglichen Bedarfs zur vollen Genugtuung erfüllen). Allerdings ist schon jetzt abzusehen, dass es bei Base zu noch differenzierteren Streuungen kommen wird.

Während ein Großteil der alltäglichen Büroanwendungen wohl darin bestehen wird, eine kleine Datenbank als Steuerdatei für Serienbriefe oder Ähnliches zu verwalten, eignet sich Base natürlich auch als Frontend zu »ausgewachsenen« Applikationen wie umfangreicher Branchensoftware, Steuer- und Buchführungspaketen und vielem mehr.

Umso vielfältiger wird sich auch die Anwendergruppe darstellen: die einen benötigen lediglich eine einfache Anleitung zur Nutzung der im Paket vorhandenen Möglichkeiten, die anderen erwarten ausführliche Informationen zu ganz speziellen Problemstellungen.

Dieses Buch soll einen möglichst breiten Querschnitt des Moduls Base vermitteln und Informationen zu allen Einsatzmöglichkeiten bereithalten. Es dient als Arbeits- und Nachschlagewerk, kann aber selbstverständlich nicht jedes Detail beinhalten. Insofern ist der Leser auch aufgerufen, die Beispiele aus dem Buch zu benutzen und selbstständig die Problematiken weiterzuentwickeln.

1.1 Zur 2. Auflage dieses Buches

Open-Source-Software entwickelt sich stetig weiter. Auch wenn das Base-Buch als Teil der OpenOffice.org-Bibliothek noch gar nicht so lange auf dem Markt ist, hat sich schon vieles geändert. Base war ja zur Version 2.0 komplett neu hinzugekommen und als »frisch« programmiertes Tool sicher noch an der einen oder anderen Stelle »verbesserungswürdig«. Und so kamen von Programmpaket zu Programmpaket immer kleinere oder größere Veränderungen hinzu. Mit Version 2.3 steht nun ein komplett neues Tool – der **Report-Designer** – zur Verfügung, das es ermöglicht, Berichte jetzt auch sehr individuell zu erstellen.

Überhaupt: Die Programm-Version 2.3 von OpenOffice.org bietet einige »gravierende« Neuerungen, so dass die bei Galileo Press erschienene Bibliothek der Reihe OpenOffice.org (somit auch das vorliegende Base-Buch) den neuen Funktionalitäten angepasst wurde.

Die hier vorliegende völlig überarbeitete 2. Auflage bietet insbesondere eine Erweiterung im Berichtsteil (Kapitel 8) sowie einige neue Beispiele.

1.2 OpenOffice.org

OpenOffice.org (OOo) ist sowohl ein Open-Source-Produkt, also ein freies Office-Programm, als auch ein Projekt, an dem jeder mitarbeiten kann, der Lust dazu hat.

OpenOffice.org ist eine historische Entwicklung für die **Open System World** und die **Open-Source-Bewegung**. In einem Zeitalter der allgemeinen Vernetzung sind die Regeln neu zu definieren, wie Software entwickelt, programmiert und vertrieben wird. Denn Software ist ihrem Wesen nach ein Ausdruck menschlichen Wissens und menschlicher Logik und gehört somit ebenfalls in den Bereich freier und offener Formen der Darstellung menschlicher Ideen und Kreativität. Die mittlerweile starke Vernetzung verschiedener Informationsmedien und die breiten Zugangsmöglichkeiten verlangen auch von einer Software neue Qualitäten. Informationen sollen für jeden zugänglich sein, und zwar in einer Form, die überall verstanden wird. Betrachtet man die Entwicklung des World Wide Web, der Server und Browser, von ICQ und anderen Instant Messengers, so sind die Grundlagen hierzu schon gelegt und realisiert. Die Technologie-Standards und die notwendigen Formate sind für jeden verfügbar und können von jedem Innovator ohne Restriktionen genutzt werden. Das OpenOffice.org-Projekt führt die gleichen Standards und die gleichen Freiheiten auch für den Bereich ein, der allgemein als **Office-Bereich** bezeichnet wird, also den Arbeitsbereich, in dem mit Dokumenten (Briefen, Berichten, Tabellen, Präsentationen etc.) gearbeitet wird.

OpenOffice.org ist ein Open-Source-Projekt mit der Zielsetzung, die international führende Office-Suite zu entwickeln, die auf allen Plattformen läuft und Zugang zu Funktionen und Daten durch transparente Schnittstellen und ein XML-basiertes Dateisystem gewährt. **Open-Source-Projekt** heißt, dass der Quellcode des Programms frei verfügbar ist und somit quasi von jedem angepasst und geändert werden kann. Entwickler auf der ganzen Welt können also Programmcode beisteuern und optimieren und somit dem Ziel des Projekts dienen.

Gleichzeitig soll das Programm für jeden Interessierten frei zugänglich sein und zu seinem Nutzen verwendet werden können. Das heißt, jeder kann Informationen erzeugen, austauschen und konsumieren. Als Basistechnologie zum Informationsaustausch muss die Software frei sein.

Das OpenOffice.org-Projekt markiert den Beginn einer Ära universeller Office-Dokumente und die Veröffentlichung eines Netzwerk-Standard-Formats mit dem entsprechenden Service.

1.2.1 Das Projekt OpenOffice.org

Betrachtet man die Entwicklung der PC-Technologie und der damit zusammenhängenden Software in den letzten 20 Jahren, so kann man interessante Veränderungen erkennen. Traditionsgemäß spielen die Textverarbeitung und die Tabellenkalkulation beim Einsatz von Personal-Computern eine wichtige Rolle, also die klassischen **Office-Anwendungen**. Dominierten am Anfang eher die Einzellösungen (zum Beispiel der Klassiker Lotus 1-2-3 als Urvater aller Tabellenkalkulationsprogramme, Harvard Graphics als Präsentationstool, WordPerfect, WordStar oder MS Word als Textverarbeitung), versuchte man schon sehr bald, die jeweiligen Einzelpakete zu verknüpfen und eine **Office-Suite** zu erstellen, die alle Aufgaben lösen sollte. Als Beispiel sei hier **Symphonie** erwähnt, eine Kombination aus Tabellenkalkulation (Lotus 1-2-3), Textverarbeitung und Präsentations-Tool.

Mit der Einführung und der großen Verbreitung von grafischen Benutzeroberflächen (Windows) wurden die Produkte aus dem Hause Microsoft immer dominanter und stellen heute quasi den Standard dar. Produkte anderer Hersteller führen eher ein Schattendasein, die Entwicklungen hinken teilweise hinterher, und die Marktdurchdringung ist gering.

Geschichtlicher Hintergrund

Die Wurzeln des Projekts OpenOffice.org reichen weit zurück, bis in die Mitte der 80er Jahre. Zu dieser Zeit verbrachte der aus Hamburg stammende deutsche Austauschschüler Marco Börris, damals 16 Jahre jung, ein Schuljahr im Silicon Valley, Kalifornien. Marco war begeistert von der dortigen Technologie-Szene und der spürbaren Aufbruchstimmung, von den Möglichkeiten der Datenverarbeitung und den sich abzeichnenden Zukunftschancen. Wieder zurück in Deutschland gründete der Schüler 1986 in Hamburg die Firma Star Division und begann, eine Office-Software zu programmieren und zu vermarkten (später bekannt unter dem Markennamen StarOffice).

1999 erwarb die Firma Sun Microsystems für rund 73,5 Millionen Dollar die komplette Firma Star Division einschließlich aller Rechte an der Software und des dazugehörigen Sourcecodes. Sun Microsystems, Inc. wurde 1982 von drei Personen gegründet und beschäftigt sich mit diversen Projekten im Technologiemarkt **Computer-Software**.

StarOffice 5.1a war die erste Office-Suite, die unter dem Namen von Sun Microsystems veröffentlicht wurde. 2002 folgte StarOffice 6.0, 2003 dann StarOffice 6.1. Die StarOffice-Produkte hatten stets eine Datenbank »mit an Bord«, die ADABAS D, allerdings als separate Applikation, mit Schnittstellen zu StarOffice.

Das Projekt OpenOffice.org wurde am 13. Oktober 2000 von Sun ins Leben gerufen und seit dieser Zeit federführend betreut. Ziel ist es, die führende Office-Suite zu entwickeln, die auf allen wichtigen Plattformen läuft und Zugang zu Funktionen und Daten durch transparente Schnittstellen und ein XML-basierendes Dateiformat gewährt. Als Grundlage dienen die Quellen von StarOffice 5.2 sowie Technologien, die Sun für zukünftige Versionen von StarOffice entwickelt hat beziehungsweise entwickelt. Der Quellcode ist in C++ geschrieben und stellt sprachneutrale, skriptfähige Funktionalitäten zur Verfügung, unter anderem Java-APIs, die es erlauben, die Suite in Form von separaten Programmen oder auch eingebettet in andere Anwendungen zu verwenden.

Im Jahr 2004 schließlich einigte man sich auf eine universelle, offene Datenstruktur basierend auf XML, das das zukünftige Dateiformat darstellen und Dateien programmunabhängig machen soll. Mit der Version OpenOffice.org 2.0 wurde das OASIS-Dateiformat (Organisation for the Advancement of Structured Information Standards – siehe auch **www.oasis-open.org**) eingeführt und unterstützt, das auch von anderen Programmen verwendet wird. Das OpenDocument Format (ODF) ist seit Mai 2006 international als Standard anerkannt und in der ISO Norm 26300 festgeschrieben. Für das freie Projekt OpenOffice.org wurde die (nie mit ausgelieferte) kommerzielle Datenbank ADABAS endgültig entkoppelt. Die Schnittstellen der API sind allerdings stets vorhanden und wurden regelmäßig weiter ausgebaut. Mit der Version 2.0 ist dann die HSQLDB fest integriert worden.

Meilensteine

Nach der ersten offiziellen Freigabe des Produkts OOo 1.0 (OpenOffice.org 1.0) im Mai 2002 erfolgten zunächst drei weitere Releases mit Detailverbesserungen und kleinen Fehlerbehebungen (OOo 1.0.1 bis OOo 1.0.3), bis im August 2003 die Version 1.1 an den Start ging. In diese Produkterweiterung wurden insbesondere der direkte PDF-Export integriert, ein Makro-Rekorder hinzugefügt, eine vollständige Unicode-Unterstützung sowie eine zusätzliche Datenbankanbindung an MySQL realisiert. Es erfolgten noch diverse kleinere Releases (1.1.1 bis 1.1.5), bis es schließlich im Sommer 2005 zu dem nächsten Major-Release kam und die Version 2.0 eingeführt wurde. Als auffälligstes Merkmal der neuen Version ist sicher das Datenbank-Modul zu nennen, das ein sehr einfaches Erstellen und Verwalten von Abfragen und Formularen zu bestehenden oder neu zu erstellenden Datenquellen ermöglicht. Außerdem wurde zum Lieferumfang eine eigene Datenbank (HSQLDB) hinzugefügt und in die Suite integriert. Neben vielen weiteren Verbesserungen wurden auch das Layout und die Erscheinungsweise von OpenOffice.org ziemlich komplett überarbeitet und verbessert sowie die Module Draw und Impress neu geschrieben.

In der Folge kamen dann einige Fehlerpatches sowie Minor-Releases, die allerdings auch immer neue Features oder Überarbeitungen mitbrachten. Mit der im Herbst 2007 erschienenen Version 2.3 schließlich wurden deutliche Neuerungen eingeführt – so gibt es jetzt zum Beispiel ein komplett neugeschriebenes Chartmodul, die Pivottabellen-Unterstützung wurde verbessert, und Base erhielt einen neuen Report-Designer.

Die Zeittabelle gibt einen guten Überblick über die wichtigsten Meilensteine.

August 1999	Sun Microsystems kauft die Hamburger Firma StarDivision.
19. Juli 2000	OpenOffice.org wird angekündigt.
13. Oktober 2000	OpenOffice.org geht an den Start.
24. November 2000	Erster Port fertig gestellt: PPC Linux.
April 2001	Code für den MacOS-X-Port freigegeben.
April 2001	Erste länderspezifische Website: Lang-Site Französisch.

Mai 2001	Thesaurus angekündigt (en_US).
Juni 2001	ODK (Office Development Kit) freigegeben.
Juli 2001	Erste Lokalisierung durch die Gemeinschaft: Finnisch.
Juli 2001	Marketing-(Whiteboard-)Projekt gegründet.
September 2001	Rechtschreibprüfung eingebaut (Projekt MySpell).
September 2001	Hilfesystem und -inhalt wurden integriert.
Oktober 2001	1 Million Downloads.
April 2002	10 000 Mitglieder registriert, 4,5 Millionen Downloads.
1. Mai 2002	OpenOffice.org 1.0 freigegeben.
19. Juli 2002	OpenOffice.org 1.0.1 erschienen.
25. Juli 2002	OpenOffice.org 1.0 als Entwicklerversion für Mac OS X erschienen.
17. September 2002	Build 643 als Entwicklerversion freigegeben.
April 2003	OpenOffice.org 1.0.3 erschienen.
April 2003	OpenOffice.org 1.1 Beta verfügbar.
Juni 2003	OpenOffice.org 1.1 Beta2 verfügbar.
Juni 2003	OpenOffice.org 1.0.3.1 erschienen.
August 2003	OpenOffice.org 1.1 freigegeben.
Januar 2004 bis Juni 2005	OpenOffice.org 1.1.1 bis 1.1.5 – diverse Programm-Releases mit verschiedenen Verbesserungen und Bug-Fixes. Die Version 1.1.5 bietet schließlich schon Unterstützung für das OASIS-Dateiformat.
März 2005	OpenOffice.org 2.0 Beta verfügbar.
August 2005	OpenOffice.org 2.0 freigegeben. Neue, erweiterte und verbesserte OOo-Version, neues Dateiformat (OASIS) und zusätzliche Datenbank.
Januar bis Juni 2006	Diverse Micro-Releases (2.0.1 bis 2.0.3) mit teilweise neuen Features, überwiegend aber auch Fehlerpatches und Stabilitätsgewinne.
Dezember 2006	OpenOffice.org 2.1.0 – Versionsnummerierung wird geändert, überwiegend Fehlerpatches.
März 2007	OpenOffice.org 2.2.0 – reguläre neue Version, kleine Erweiterungen.
Juni 2007	OpenOffice.org 2.2.1 – Fehlerpatches.
September 2007	OpenOffice.org 2.3 – neue Version, viele Neuerungen (Chart, Impress, Writer, Base mit deutlichen Überarbeitungen und Neuerungen, PIM hinzugekommen).
...	...

Die Versionsnummern an dritter oder vierter Stelle repräsentieren überwiegend Fehlerkorrekturen und stellen Stabilitätsgewinne dar.

Zukünftige Entwicklung

Auch nach dem Release der Version 2.3 liegen die Hauptziele der zukünftigen Office-Entwicklung in der beständigen Verbesserung vorhandener Module. Nachdem nun die Module für Chart und teilweise Impress neu geschrieben und der Reportdesigner sowie der PIM als Extension integriert wurden, sind die Hauptziele der 2.x Linie erreicht. Im März 2008 wird es eine Version 2.4 geben, die kleine Erweiterungen und Verbesserungen enthält, aber nichts Spektakuläres. Im Hintergrund wird bereits an der Codeline zur neuen Major-Version 3.0 gearbeitet, die im Herbst 2008 erscheinen soll.

Obwohl OpenOffice.org schon heute in mehr als 80 Sprachen erhältlich ist und stabil auf Solaris, Linux und Windows-Systemen läuft sowie sich auf weiteren Plattformen wie FreeBSD, IRIX und Mac OS X in verschiedenen Stadien der Realisierung befindet, werden in Zukunft weitere Sprachen hinzukommen und zusätzliche Ports für andere Betriebssysteme integriert werden.

Die Weiterentwicklung hängt natürlich stark von dem Engagement und den Aktivitäten der freiwilligen Entwickler und Helfer ab und ist daher nur schwer vorauszusagen. Die bereits gezeigte Dynamik und die ständig wachsende Gemeinschaft lassen jedoch den Schluss zu, dass die Entwicklungszyklen kürzer werden und in naher Zukunft eine komplette, stabile Suite mit vielen (auch internationalen) Vorlagen und Arbeitshilfen in aktuellen Technologien und lauffähig auf allen verbreiteten Betriebssystemen regelmäßig zur Verfügung steht.

Jeder kann und sollte dies unterstützen und entsprechend seinen Möglichkeiten mitarbeiten (siehe hierzu auch im Anhang: »Mitarbeit im Projekt OpenOffice.org«).

Datenbanken und Datenbank-Frontends werden oft in einem Atemzug genannt, und die Grenzen beider Applikationen verschwimmen aus der Sicht des »normalen« Anwenders. Unter diesem Missverständnis hat auch das Modul »Base« zu leiden. Insofern dient dieses Kapitel ein wenig der Klarstellung.

2 Datenbanken mit OpenOffice.org – das Modul Base

2.1 Einführung in Datenbanken

Von einer Datenbank kann man immer dann sprechen, wenn sie mindestens folgende Eigenschaften vorweisen kann:

- Sie enthält eine gewisse Anzahl von Daten (Informationen) über einen bestimmten Sachverhalt, einzelne Dinge, Personen und vieles mehr.
- Diese Informationen sind nach bestimmten Merkmalen sortiert beziehungsweise abgelegt.
- Der Zugriff auf diese Daten, deren Erweiterung und Änderung ist ohne größeren Aufwand möglich.
- Der Zugriff kann auf berechtigte Personen begrenzt werden. Die Datenbank selbst bietet Schutz gegen unberechtigten Zugang.

Datenbanken können auf verschiedene Arten organisiert und abgebildet werden. Grundsätzlich unterscheidet man die folgenden Strukturen:

Indexsequenzielle Datenbanken (ISAM) werden als gleichmäßiger Datenstrom gespeichert, deren Datenfelder und Datensätze immer die gleiche Größe besitzen und über einen fortlaufenden Index direkt angesprochen werden können. Als typisches Beispiel kann man sich eine Datei vorstellen, deren Datensätze immer genau 8 Byte groß sind. Dann kann der Lesezeiger über einen einfachen Zählindex von Datensatz zu Datensatz gesetzt werden.

Hierarchische Datenbanken speichern ihre Elemente in Form einer Baumstruktur. Typische Beispiele hierfür sind die Dateibäume von Betriebssystemen und die Organisationsdiagramme von Unternehmen. Aber auch die Registry eines Windows-Systems wird in einer hierarchischen Datenbank abgebildet. Der Vorteil dieser Methode ist eine einfache Überschaubarkeit bei kleinen Datenmengen. Allerdings leidet die Performance (Geschwindigkeit der Verarbeitung) bei größeren Datenbeständen.

Relationale Datenbanken speichern die Informationen in zweidimensionalen Tabellen, wobei jeder Datensatz genau eine Zeile der Tabelle darstellt. Eine Datenbank kann eine oder mehrere Tabellen umfassen, die Verbindungen dieser Tabellen untereinander werden über Indizes hergestellt. Die Identifikation der einzelnen Datensätze wird über (oft willkürlich) vergebene Schlüssel eindeutig gewährleistet. Relationale Datenbanken stellen heute das Gros der verwendeten Strukturen dar.

Im Zuge der Entwicklung objektorientierter Programmiersprachen entstanden auch **objektorientierte Datenbanken**. Diese haben gegenüber den relationalen Datenbanken den Vorteil, auch komplexe, selbst definierte Datentypen zu unterstützen. Objekte besitzen eine eigene Identität und können so jederzeit lokalisiert, ausgelesen, verändert oder gespeichert werden. Der Nachteil von objektorientierten Datenbanken ist auch hier die Performance.

Um die Vorteile von relationalen und objektorientierten Datenbanken zu kombinieren, wurden **objektrelationale Systeme** erschaffen. Im Grunde genommen sind sie die logische Weiterentwicklung relationaler Datenbanken mit objektorientierten Ansätzen.

Neben der Speicherung der Daten an sich kann man auch Unterschiede bei den Datenbank-Managementsystemen (DBMS) feststellen. Grundsätzlich werden zwei unterschiedliche Versionen unterschieden:

Beim Ansatz von **lokalen Datenbanken** für **Einzelplatzsysteme** wird für jeden Benutzer jeweils genau ein DBMS gestartet, das wiederum auf die Daten zugreift, die meist lokal auf dem Rechner abgelegt werden. Theoretisch kann somit immer nur ein Benutzer aktiv mit den Daten der Datenbank arbeiten. Typische Vertreter solcher Datenbanken sind zum Beispiel einfache Kalkulationstabellen (Excel, Calc), Adressdatenbanken (wie von Outlook oder Mozilla genutzt), und auch Base – oder genauer: die mit OpenOffice.org ausgelieferte Datenbank HSQLDB – ist ein reines Einzelplatzsystem: Nur der aktuelle Benutzer der Datei kann auf die Daten (schreibend) zugreifen. Datenbanksysteme wie Access oder Paradox zählen ebenfalls zu dieser Kategorie, auch wenn sie den Mehrbenutzerzugriff durchaus ermöglichen. Dabei wird allerdings auch für jeden Benutzer ein DBMS gestartet (lokal), das dann seinerseits über das Netz auf die Datenbank zugreifen kann. Dabei kann man sich schnell ausrechnen, wann die Performance stark in die Knie geht und wann sich die Datenkonsistenz nicht mehr gewährleisten lässt.

Diesen Nachteil gleichen die **Server-Client-Datenbanken** aus. Hierbei wird nur ein DBMS gestartet, und dieses »managt« alle Anfragen verschiedener Benutzer, wobei es keine Rolle spielt, von wo aus die Clients auf die Datenbank zugreifen. Dies kann auch lokal auf dem gleichen Rechner geschehen. Das DBMS »verteilt« die Daten entsprechend den Anfragen und sorgt für einen immer konsistenten Datenbestand. Es ist also nicht möglich, dass zwei Clients gleichzeitig denselben Datensatz ändern und es so zu unterschiedlichen Darstellungen kommt.

Wer mit mehreren Benutzern auf eine Datenbank zugreifen möchte, sollte immer eine Server-Client-Lösung einsetzen. Hierzu gehören zum Beispiel die Datenbanken MySQL, PostgreSQL, aber natürlich auch Oracle, MS SQL-Server und die SAP DB.

2.2 Sprachregelungen und Zeichenerklärung

In diesem Buch werden verschiedene Zeichen zur schnelleren Orientierung verwendet. Diese sind an die vom OpenOffice.org-Projektteam empfohlenen Hinweiszeichen angelehnt. Sie werden Ihnen also nicht nur in diesem Buch begegnen, sondern auch in der OOo-Hilfe und in sonstigen Dokumenten, die Sie sich aus dem Internet herunterladen.

Folgende Symbole werden verwendet:

Hinweis – Hier erhalten Sie weiterführende Informationen, meist für eine spezielle Konfiguration oder Situation. Hinweise helfen Ihnen, sich schneller zurechtzufinden und Aufgaben zu lösen.

Tipp – Dies sind meist praxisorientierte Tipps, die Ihnen oft eigenes Herumprobieren ersparen. Tipps helfen, Arbeitsabläufe zu beschleunigen und produktiver zu arbeiten.

Achtung – Hinweise auf Eingaben, die zu Fehlern führen können. Dieses Zeichen weist Sie explizit darauf hin, etwas vorsichtig zu sein. Im Rahmen des behandelten Themas können unerwartete Ergebnisse auftreten.

Darüber hinaus sind Verweise auf das Video-Training der beiliegenden DVD-ROM mit einem Icon gekennzeichnet.

2.2.1 Sprachregelungen

Der offizielle Name des Projekts und des Programms ist OpenOffice.org und wird mit **OOo** abgekürzt. Sie werden diese Abkürzung in vielen Dokumentationen und Schriften finden. Ich benutze in diesem Buch beide Begriffe synonym.

Da ein Computerbuch oft Tastaturbeschreibungen verwendet und eine einheitliche Schreibweise und Sprache vorgeben muss, hier noch eine kurze Begriffserklärung:

Unter **Kontextmenü** oder **Kontext** wird das Menü verstanden, das Sie erreichen, indem Sie mit der rechten Maustaste ein Objekt, Fenster oder was auch immer anklicken.

Sie finden in diesem Buch oft den Ausdruck **DBMS** (Abkürzung für das den Controller der Datenbank beschreibende **Datenbank-Managementsystem**, das intern das »Managen« der Daten, die Speicherung, Verwaltung und das Zurverfügungstellen erledigt). Umgangssprachlich ist häufig nur von »Datenbank« die Rede.

Das Buch verwendet die Begriffe der deutschen Tastatur, auf der englischsprachigen finden Sie oft andere Bezeichnungen. Die folgenden Tastenbezeichnungen bedeuten jeweils das Gleiche:

Bezeichnung deutsch	Tastenbeschriftung	=	Tastenbeschriftung	Bezeichnung englisch
Steuerung	Strg	=	Ctrl	Control
Umschalt	⇧	=	⇧	Shift
Eingabe	↵	=	↵	Return

2.2.2 Hinweise zur DVD-ROM

Dem Buch liegt eine DVD mit der aktuellen Version des Programmpakets OpenOffice.org sowie diversen Hilfsprogrammen bei. Details hierzu sowie eine kurze Installationsanleitung finden Sie auch im Anhang des Buches. Zudem enthält die DVD ein etwa dreistündiges Video-Training zu OpenOffice.org.

2.3 Einführung in Base

Erstmals in der Programmversion 2.0 erhielt das Programm OpenOffice.org ein eigenständiges, neues Modul **Base**, das als »Datenbank-Modul« angekündigt und beworben wird und die Office-Suite dahingehend vervollständigen soll. Die Entwickler orientierten sich am größten Mitbewerber, da die Anwender häufig den Wunsch äußerten, eine Alternative zum bekannten MS Access zu erhalten, die diesem ähneln sollte.

Ob Base diesen Anspruch erfüllen kann oder möglicherweise sogar weitere Funktionen enthalten soll, muss der Nutzer letztendlich selbst entscheiden. Mit Sicherheit ist Base aber eine sinnvolle und zukunftsträchtige Erweiterung und Ergänzung des bereits bestehenden Office-Pakets. Allerdings muss an dieser Stelle noch immer vor allzu großen Erwartungen gewarnt werden: Base hat gerade einmal ungefähr zwei Jahre Entwicklung und Programmierung hinter sich, befindet sich also erst am Anfang eines Zyklus und hat insofern selbstverständlich noch Defizite und Schwächen. Die stetige Weiterentwicklung wird jedoch auch aus diesem Modul eine stabile und vielseitig verwendbare Anwendung generieren.

Mit Erscheinen der Programmversion 2.0 stand jetzt zum ersten Mal eine einigermaßen stabile Variante des Base-Moduls zur Verfügung, die in den folgenden Versionen verbessert und stabilisiert wurde. In der Version 2.3 schließlich wird Base ergänzt durch den flexiblen **Report-Designer** (eine Extension). Diese Version ist Basis des vorliegenden Buches.

Nach der Veröffentlichung der 1. Auflage dieses Buches zeigte sich bald, dass das Thema für viele interessant und lesenswert ist. Insofern ist es durchaus sinnvoll, jetzt eine 2. Auflage »nachzuschieben« und die entsprechenden Ergänzungen einzuarbeiten. Schließlich soll das Buch als Arbeitshilfe gedacht sein und Sie mit klaren Informationen versorgen. Als Basis hierfür wird nun die freigegebene Version 2.3 von OpenOffice.org genutzt. Es ist aber auch in Zukunft zu erwarten, dass sich im Laufe von Weiterentwicklungen insbesondere im Base-Modul noch einiges tut.

Für alle MS Access-Umsteiger hier einige einleitende Worte: Base bietet zurzeit zwei wichtige Features noch nicht an:

- Entwicklung von eigenständigen Applikationen, die lauffähig sind, ohne OOo an sich zu starten (Standalone-Programme). Dennoch lassen sich – mit etwas mehr Aufwand – solche Varianten erzeugen. Dieses Buch zeigt die entsprechenden Möglichkeiten auf.
- Einfache »Drag&Drop«-Programmierung von Masken und Formularen, wie man sie aus MS Access via VBA kennt. Die individuelle Programmierung ist zwar möglich, erfordert aber deutlich mehr Wissen und Fähigkeiten in der Basic/API-Programmierung an sich.

Stellen Sie also zunächst keine zu hohen Erwartungen, MS Access hat über zehn Jahre Entwicklungsvorsprung.

2.4 Was ist »Base«?

Um es gleich vorweg zu sagen: Base ist keine Datenbank! Auch wenn das Modul als Datenbank-Modul bezeichnet wird und in der Umgangssprache immer »Datenbank« genannt wird, müssen wir kleine, aber feine Unterscheidungen treffen und sprachliche Begriffe einführen, damit es im weiteren Verlauf nicht zu Missverständnissen kommt.

2.4.1 Definition »Datenbank«

Allgemein kann man unter einer Datenbank eine Sammlung von Informationen verstehen, die systematisch strukturiert und langfristig verfügbar sind. Oft wird noch die aus der Sicht des Benutzers erwartete Zusammengehörigkeit der Daten zu einem Thema oder Themenkreis mit in die Definition aufgenommen und natürlich – im Umfeld der EDV – die elektronische Form und Verfügbarkeit.

DBMS

Die Daten selbst werden durch ein Datenbank-Verwaltungssystem (das Data Base Management System, kurz DBMS) organisiert und verwaltet. Die Kombination dieses DBMS mit einer oder mehreren Datenbanken wird dann oft als Datenbanksystem bezeichnet.

Das grundlegende Element einer Datenbank ist ein Datensatz, quasi die kleinste Einheit einer Datenbank. Dabei kann der Datensatz selbst aus verschiedenen Informationen unterschiedlichster Art bestehen, eben den Daten.

Datenbank-Managementsysteme können unterschiedlich organisiert sein (beispielsweise indexsequenziell, hierarchisch oder relational), bilden aber immer nur die eigentlichen Daten entsprechend ab.

Die Datenbank – oder genauer das DBMS – ist nun also der Container für alle Daten, der jedoch nicht über eine entsprechend bequeme Oberfläche verfügt, um mit den Daten zu arbeiten. Die Schnittstellen sind meist rudimentär und auf »kryptische« Programmiersprachen wie beispielsweise SQL (Standard Query Language – vergleiche auch Kapitel 3) ausgelegt. Dies ist jedoch weder anwenderfreundlich noch geeignet, um in einem Office-Paket als »Datenbank« akzeptiert zu werden.

2.4.2 Das »Frontend«

Damit eine Datenbank vom Anwender angenommen wird und einfach zu bedienen ist, braucht sie eine praxisnahe Schnittstelle. Üblicherweise werden diese »Masken« von Programmierern erstellt und entsprechend mit den Datenbanken »verknüpft«, so dass sie dann einfach vom Nutzer bedient und ausgefüllt werden können. Die meisten Programme basieren ja auf Datenbanken, und das, was wir als Nutzer sehen, sind nur die »Frontends«, die Benutzerschnittstellen – Dialoge, Formulare, Berichte.

Das »Frontend« dient also als benutzerfreundliche Schnittstelle zwischen dem DBMS und dem Anwender, der sich nicht als Programmierer versteht. Die Daten werden in Formularen, Dialogen, Berichten oder Abfragen, in Fenstern und Masken so aufbereitet und angezeigt, dass die gewünschten Informationen verständlich und leicht erfassbar, auf das Wesentliche reduziert und entsprechend aufbereitet zur Verfügung stehen.

Ein »Frontend« zeigt in der Regel nie alle Daten und ist in gewissem Sinne unabhängig von der darunter liegenden Datenbank, dem DBMS. Man kann sich dieses recht einfach so vorstellen:

Ein Serienbrief enthält neben dem allgemeinen Text, der Formatierung und den Seiteneinstellungen auch Felder, die dann die jeweiligen Daten aus einer Datenquelle aufnehmen. Der Brief selbst – und seine grafische und sonstige Gestaltung, der allgemeine Text etc. – ist jetzt sozusagen das »Frontend«. Die eingefügten Serienbrief-Felder (denen programmintern spezielle Programmcodes zugeordnet sind) stellen dann die Verbindung zur Datenbank her. Das der Datenbank zugrunde liegende DMRS liefert die gewünschten Daten, und erst alles zusammen erzeugt den gewünschten Brief.

Üblicherweise arbeitet man ausschließlich mit den »Frontends« – insbesondere im Office-Bereich –, lediglich bei der ersten Anlage einer neuen Datenbank sind manchmal Kenntnisse des zugrunde liegenden DBMS notwendig.

Unter einem **Frontend** versteht man nun alles, was Daten sichtbar und bearbeitbar macht, unabhängig von der tatsächlichen Form. So werden als Frontend auch Tabellendarstellungen der Daten bezeichnet genauso wie spezielle Formulare oder eben Berichte (die ähnlich wie Serienbriefe agieren).

2.4.3 Das ist Base

Im Modul **Base** sollen nun eben all die Informationen verwaltet werden, die für den Benutzer relevant und notwendig sind, um mit Daten (Datenbanken) zu arbeiten.

Hierzu gehören zunächst einmal die Informationen über die **Datenquelle** (die in der Regel ein DBMS ist) an sich sowie eben alle »Frontends«, also die benutzerfreundlichen Schnittstellen zu den Daten.

Als reiner **Sammelcontainer** wäre Base für ein Office-Programm jedoch zu gering dimensioniert, denn die Frontends und die Datenquellen müssen ja zunächst erzeugt und verknüpft werden. Also ist Base auch das Programm-Modul, das genau diese Aufgaben für den Benutzer möglichst einfach und nicht fachspezifisch lösbar gestaltet und die entsprechenden Hilfen und Assistenten zur Verfügung stellt.

Fassen wir zusammen:

- **Base** ist ein Container für alle relevanten Informationen, die der Nutzer benötigt, um mit einer Datenbank sinnvoll zu arbeiten.
- **Base** stellt darüber hinaus die Möglichkeiten eines Frontends zur Verfügung, um Daten sichtbar zu machen und entsprechend aufzubereiten.
- Zusätzlich bietet **Base** auch die Möglichkeit, ein DBMS entsprechend anzusteuern, um Datenbanken zu erzeugen, zu organisieren oder zu verwalten.
- **Base** ist definitiv keine eigene Datenbank-Engine (DBMS), allerdings wird mit OpenOffice.org 2.x eine solche mit installiert: eine HSQLDB (siehe auch Kapitel 4), auf die natürlich zugegriffen werden kann.
- Somit ist es also möglich, mit **Base** eine neue Datenbank zu erstellen, diese zu verwalten und zu bearbeiten – inklusive der entsprechenden Frontends wie Formulare, Abfragen oder Berichte.

Base stellt somit die Arbeitsgrundlage im Office-Paket dar, wenn es darum geht, mit großen Datenmengen umzugehen, und kann durchaus umgangssprachlich als »Datenbank« formuliert werden. Man sollte sich aber immer darüber im Klaren sein, was dies im Einzelfall tatsächlich bedeutet und wie man damit umzugehen hat.

Wichtig für Umsteiger der Version 1.x

In OpenOffice.org 2.x werden Datenquellen nur noch als »Base«-Dateien erkannt und eingebunden. Alle vorhandenen Datenbanken oder -quellen müssen also zunächst in ein Base-Format überführt werden (OpenDokument-Format -- siehe auch den nächsten Abschnitt), danach kann ganz normal weitergearbeitet werden.

2.5 Die Struktur von Base

Wenn **Base** der Definition nach als **Container für Informationen** dient, ist es interessant, sich etwas näher mit dieser Struktur zu beschäftigen.

Das Programm-Modul Base öffnet sich immer dann, wenn man eine entsprechende Datei (einen Dateicontainer) direkt öffnet. Eine solche Datei besitzt in

OpenOffice.org 2.x die Dateierweiterung ***.odb** und wird weiter unten detaillierter beschrieben.

Anders als die übrigen Module, die theoretisch auch ohne Dokument gestartet werden können, ist das Base-Modul von einem entsprechenden Informationscontainer abhängig. Existiert dieser noch nicht, so wird er zunächst erzeugt, und erst dann wird das Base-Modul gestartet.

Der Hintergrund lässt sich relativ einfach erläutern: Das **Base-Modul** benötigt zwingend Informationen zu der Datenquelle (dem DBMS-System), bevor es tatsächlich gestartet werden kann. Diese sind in der Datenbank-Datei (Base-Datei) abgelegt und müssen zunächst eingelesen werden. Fehlt diese Datei (eben beim Start ohne vorhandene Datei oder beim Anlegen eines neuen Dokuments), so wird mindestens diese Information zunächst abgefragt, bevor das Base-Modul startet.

> **Hinweis**
>
> Base kann somit erst gestartet werden, wenn eine entsprechende Datei vorhanden ist. Der Assistent führt Sie durch die erforderlichen Schritte und erzeugt am Ende genau diese Datei. Sie müssen also diesmal zuerst einen Dateinamen vergeben und sich den Speicherort ausdenken, bevor Base gestartet werden kann.

Bevor wir also mit Base arbeiten können, müssen wir einen Base-Container erzeugen. Hierzu sind schon Informationen erforderlich, die man beim Arbeiten mit Calc oder Writer noch nicht benötigt – wir müssen wissen, mit welchem DBMS oder mit welcher Datenquelle wir arbeiten wollen.

2.5.1 Erzeugen eines Base-Containers

Im Grunde genommen ist der Weg zum Erzeugen eines neuen Base-Containers genauso einfach wie das Erzeugen eines neuen Writer- oder Calc-Dokuments: Nutzen Sie Ihre bevorzugten Schritte:

- Ist schon ein anderes Modul von OOo aktiv, geht man einfach über den Menübefehl **Datei • Neu • Datenbank**.
- Oder man wählt die Variante über den Schnellstarter (bei Windows), über die Programm-Startzeile entsprechend der GUIs oder schlicht und einfach über die Konsole mit dem Befehl `soffice -base`, d.h. es wird der Schalter –base angehängt (unter Windows heißt der Aufruf `soffice.exe -base`).

Nun öffnet sich nicht sofort das Base-Modul (wie bei anderen Komponenten), sondern immer zunächst ein Assistent, der die notwendigen Informationen abfragt, um einen Base-Container zu erstellen. Dies mag zunächst ungewohnt und umständlich erscheinen, hat aber praktische Gründe: Pro Datenbank (Base-Datei oder eben Container) ist nur eine Verbindung zu einem DBMS oder einer Datenquelle möglich – und die muss feststehen. Nur dann kann das Modul **Base** gestartet werden und die entsprechende Arbeitsumgebung bereitstellen.

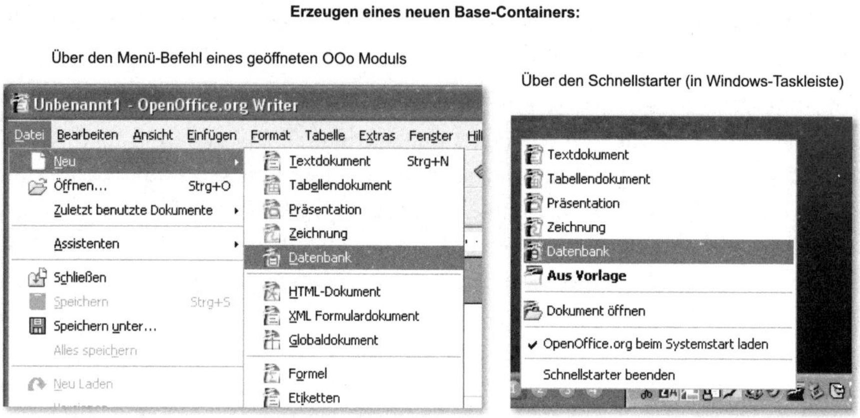

Abbildung 2.1 Aufruf einer neuen Datenbank

Es folgt also immer zunächst der folgende Dialog (siehe Abbildung 2.2), wobei sicher über die Benutzerführung gestritten werden kann. So ist es nämlich durchaus möglich, in diesem ersten Fenster eine bereits bestehende Datenbank (Base-Datei) zu öffnen – ein Widerspruch zu dem ersten Schritt, der ja eine **neue** Datenbank erzeugen sollte! Es wäre nämlich durchaus möglich gewesen, eine bereits bestehende Base-Datei direkt zu öffnen (zum Beispiel über den Menü-Befehl **Datei • Öffnen** oder durch einen Klick/Doppelklick auf die bestehende Datei in einem systemspezifischen Dateiexplorer), und dann startet dieser Assistent nicht! Über diese kleinen Ungereimtheiten sollte man jedoch großzügig hinwegsehen.

In diesem ersten Schritt hat man im Grunde genommen zwei Auswahlmöglichkeiten (die dritte, eine bestehende Datenbank-Datei zu öffnen, lasse ich hier einmal weg):

- Neue Datenbank erstellen
- Verbindung zu einer bestehenden Datenbank herstellen

Auch hier zeigen sich die Ungenauigkeiten der (Umgangs-)Sprache: Base selbst ist eben keine Datenbank, sondern nur der Container für Informationen. Wird beispielsweise zu einer bestehenden Datenbank eine Verbindung hergestellt, so werden lediglich die Verbindungsdaten in der Base-Datei gespeichert – keine Daten an sich. Wird jedoch eine neue Datenbank erstellt, so werden auch die Daten an sich in der Base-Datei gespeichert.

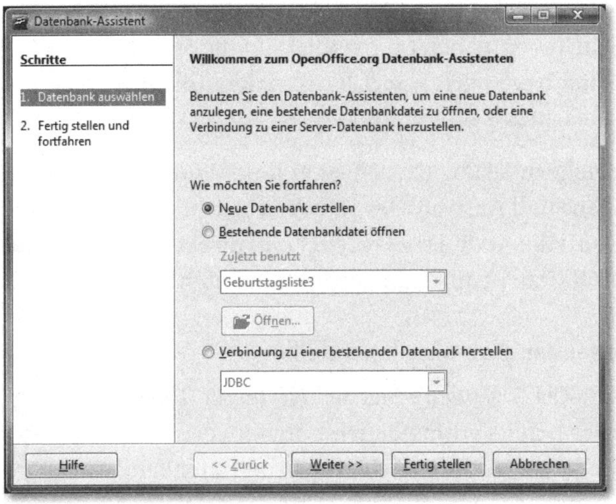

Abbildung 2.2 Datenbank-Assistent: Auswahl der Datenquelle

Links im Dialog sehen Sie auch eine Liste der noch folgenden Schritte, die je nach Erstauswahl kontextbezogen verändert wird. So haben Sie immer eine Orientierung über die noch nötigen Informationen, bis Base endlich gestartet wird. Doch betrachten wir zunächst die beiden wichtigen Punkte im Detail.

Neue Datenbank erstellen

Wählt man diesen Punkt, kommt Base dem umgangssprachlichen Begriff »Datenbank« am nächsten. In diesem Fall wird nämlich in der später erzeugten Base-Datei tatsächlich alles gespeichert, was man landläufig unter einer Datenbank versteht: die Daten an sich, die Abfragen, die Formulare und die Berichte – also alle Informationen, die eine komplette Datenbank ausmachen. Nun ist es aber so, dass das Speichern der Daten ja in einer bestimmten Struktur erfolgen muss – man braucht ein Datenbank-Managementsystem (DBMS). Dies wiederum entspricht genau dem, was der EDV-Fachmann unter einer Datenbank versteht. Seit OpenOffice.org 2.0 ist dem Programm die Datenbank-Engine **HSQLDB** beigefügt (vergleiche auch Kapitel 4), die immer dann genutzt wird, wenn man keine andere Quelle zur Verfügung hat – also zum Beispiel, wenn man eine neue Datenbank erstellt.

Wichtig

Die Auswahl »Neue Datenbank erstellen« bezieht sich ausschließlich auf eine Datenbank mit der eingebauten HSQLDB-Engine. Sie können so keine anderen Datenbanken neu erstellen – auch wenn Sie diese auf Ihrem Rechner zur Verfügung hätten (wie beispielsweise eine MySQL-Datenbank oder eine Access-Datenbank)!

Weitere Einstellungen im ersten Schritt sind jetzt nicht mehr erforderlich, man kann direkt zum zweiten Schritt übergehen (durch Klick auf die Schaltfläche **Weiter**), oder man kann die Datenbank auch sofort fertig stellen (dann werden die Standardeinstellungen des Schrittes 2 übernommen).

Es folgt nun der **Datei • Speichern**-Dialog (siehe weiter unten) und nach Eingabe des gewünschten Dateinamens und Auswahl des Speicherpfads sowie durch Klick auf den Button **Speichern** wird die *.odb-Datei erzeugt und direkt im Base-Modul geöffnet. Die noch leere HSQL-Datenbank kann jetzt mit Inhalten gefüllt werden.

Verbindung zu einer bestehenden Datenbank herstellen

Die zweite Variante ist nicht das Erzeugen einer neuen, leeren Datenbank, sondern das Verbinden mit einer bereits vorhandenen Datenquelle. Jetzt wird zwar auch eine neue Base-Datei erzeugt, nicht jedoch eine neue Datenbank (im engeren Sinne, denn diese muss nun schon vorhanden sein).

Auch jetzt muss man wieder sprachliche Ungenauigkeiten hinnehmen – in der Regel wird immer nur von »Datenbanken« gesprochen, tatsächlich aber werden jetzt zum Base-Container Informationen über die Datenquelle hinzugefügt. Eine Datenquelle wiederum kann sehr unterschiedlich ausfallen: einfache Textdateien, Calc-Tabellen oder ausgewachsene Datenbank-Managementsysteme, alles kann eingebunden werden.

Hier nun zeigt sich auch der große Unterschied zu MS Access: Base kann als reines Frontend für nahezu jede Art von Datenbanken genutzt werden, ist also nicht auf die eingebaute Datenbank-Engine angewiesen und somit weitaus flexibler nutzbar. Wählt man also diese zweite Variante, so nutzt man nun die vordefinierte Auswahlliste, um die schon bestehende Datenbank (den Typ) auszuwählen (siehe Abbildung 2.3).

Die Liste kann je nach Betriebssystem (das Bild zeigt die Windows Vista-Variante) unterschiedlich ausfallen, oft sogar von Distribution zu Distribution (Beispiel Linux: Ubuntu zeigt andere Auswahllisten als SUSE), die wichtigsten Einträge sind jedoch immer vorhanden.

Je nach gewählter Verbindung wird auch die »Schrittliste« links im Dialog angepasst. Der Assistent hilft bei der Sammlung der nötigen Daten und Informationen. Details zu den jeweiligen Datenbanken werden in Abschnitt 2.7, »Datenquellen verbinden«, ausführlich behandelt.

Sind alle Informationen zur Datenquelle (Datenbank) entsprechend zusammengestellt, folgt immer der letzte Schritt (Dialog) des Assistenten: fertig stellen und fortfahren.

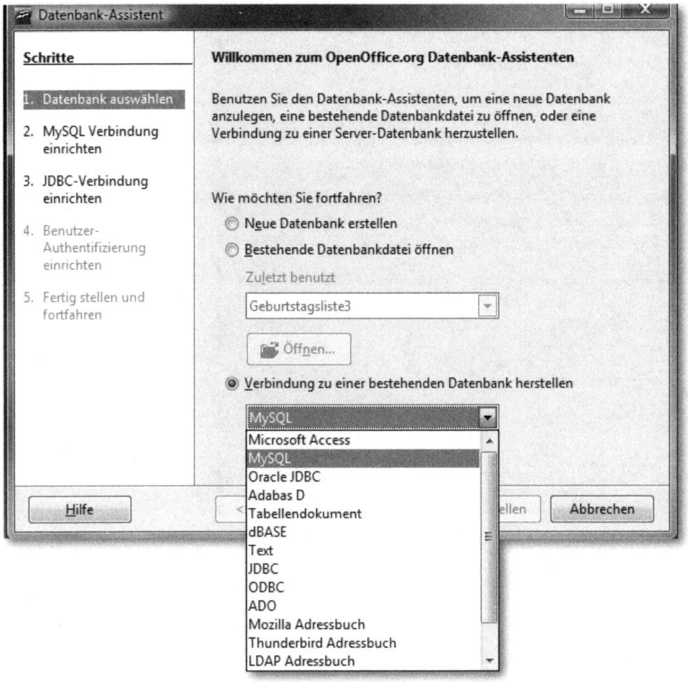

Abbildung 2.3 Auswahl der Datenquelle bei bestehender Datenbank

Datenbank fertig stellen

Bei diesem letzten Schritt müssen Sie zwei Entscheidungen treffen:

1. **Soll die Datenbank registriert werden?**
   Eine registrierte Datenbank steht auch im Datenbank-Explorer zur Verfügung, und Inhalte können somit recht einfach in alle OOo-Dokumente integriert werden (zum Beispiel via Serienbrief). Siehe hierzu auch Abschnitt 2.9.
2. **Welche erste Aktivität soll mit Base nun gestartet werden?**
   Jetzt, da alle Informationen gesammelt sind, kann Base gestartet werden. Wurde jedoch eine neue HSQLDB erzeugt, so ist diese noch komplett leer, so dass üblicherweise der erste Arbeitsschritt das Anlegen einer ersten Tabelle wäre. Hierzu steht ein Assistent zur Verfügung, der direkt hier gestartet werden könnte.

   Die Voreinstellung startet einfach das Base-Modul (die Datenbank zum Bearbeiten öffnen) und stellt die Verbindung zur Datenquelle her.

Abbildung 2.4 zeigt auch die Standard-Voreinstellung, die immer dann genutzt wird, wenn man vorher schon auf den Button **Fertig stellen** geklickt hat. Ansonsten schließt man den Assistenten genau mit diesem Button ab.

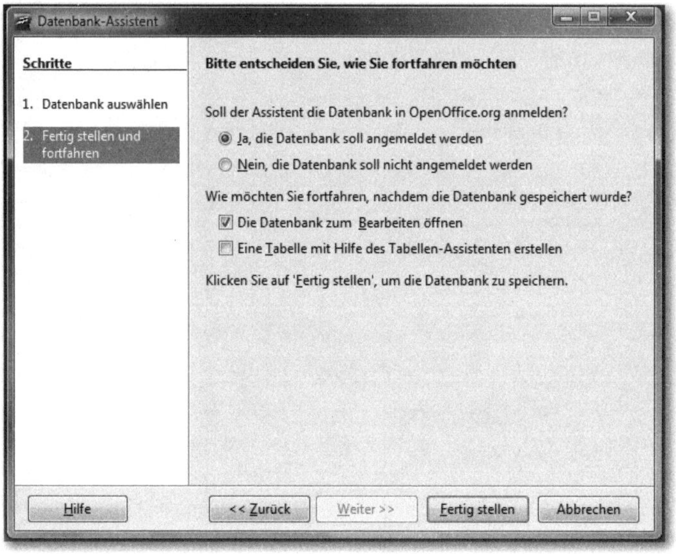

Abbildung 2.4 Der letzte Dialog vor dem Start des Base-Moduls

Jetzt sind zwar alle Informationen gesammelt, die Base-Datei ist aber noch nicht erzeugt. Dies geschieht nun im Hintergrund, für den Benutzer sichtbar erscheint aber der **Datei speichern**-Dialog, und man muss einen Dateinamen sowie den Speicherort festlegen.

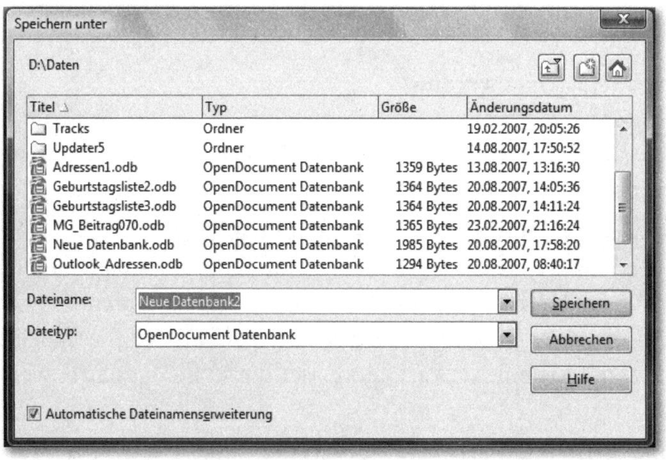

Abbildung 2.5 Speichern der Datenbank (OOo-eigene Dialoge aktiviert)

Mit dem Klick auf **Speichern** schließlich wird die Base-Datei erzeugt, gespeichert und im OpenOffice.org-Programm-Modul registriert (falls angekreuzt). Dann wird Base gestartet und die Datei geladen. Dabei wird die Verbindung zur Datenbank entsprechend den eingestellten Parametern hergestellt.

Endlich öffnet sich dann auch die Arbeitsumgebung von Base (Details hierzu siehe Abschnitt 2.6). Doch bevor wir uns nun genau dieser Arbeitsumgebung widmen, folgen vorab noch ein paar Bemerkungen zu der nun erzeugten Base-Datei.

2.5.2 Details der *.odb-Datei

Alle Informationen über eine Datenbank speichert OpenOffice.org Base in einer Datei, der Datenbankdatei. Diese erhält als äußeres Erkennungszeichen die Erweiterung **odb** und ist vom Typ »OpenDocument Datenbank«. Alle OpenDocument-Dateitypen wurden von der OASIS-Kommission detailliert beschrieben und spezifiziert, und OpenOffice.org hält sich ziemlich genau an diese Vorgaben. Es würde hier zu weit führen, die Details einer solchen Dateistruktur zu erläutern, aber auf einige wichtige Besonderheiten möchte ich schon hinweisen.

Zunächst einmal ist das OpenDocument-Format ein auf XML basierendes Dateibeschreibungsformat. Insofern lässt sich jede einzelne XML-Datei mit einem beliebigen Texteditor öffnen und – auf Wunsch – auch bearbeiten. Das sollten Sie allerdings nicht tun, wenn Sie nicht genau wissen, welche Auswirkungen Ihre Änderungen haben.

Ein OpenDocument-Format besteht nun aus einer Reihe von Einzeldateien, die bei OpenOffice.org zu einer gemeinsamen Datei – genauer gesagt zu einem einzigen Dateiarchiv – zusammengefasst werden. Dieses Archiv wird dann noch mit einem ZIP-Algorithmus gepackt und erhält anschließend die entsprechende Dateierweiterung.

Möchte man also eine *.odb-Datei einmal näher betrachten, muss zunächst das ZIP-Archiv entpackt werden. Wie das am einfachsten zu bewältigen ist, hängt von Ihrem Betriebssystem ab. Windows XP oder Vista kann zum Beispiel Zip-Archive direkt im Dateiexplorer auspacken und den Inhalt anzeigen, benötigt aber zur Identifikation des Zip-Archivs zwingend die Dateierweiterung *.zip. Wer also unter Windows arbeitet, sollte jetzt seine Testdatei in *.zip umbenennen und die Warnung von Windows ignorieren.

Andere Betriebssysteme sind da nicht so empfindlich und lesen den Typ der Datei aus den Dateiinformationen heraus. Hier kann man sie dann oft direkt auspacken. Ein typischer Inhalt eines solchen Archivs sieht dann in etwa so aus (siehe Abbildung 2.6).

Name	Modified	Size	Ratio	Packed	Path
content.xml	11.11.2005 09:30	4.921	00%	4.921	
mimetype	11.11.2005 09:30	28	00%	28	
settings.xml	11.11.2005 09:30	6.305	00%	6.305	
backup	29.06.2005 10:04	1.467	00%	1.472	database\
data	11.11.2005 09:30	5.512	77%	1.264	database\
properties	11.11.2005 09:30	419	44%	235	database\
script	11.11.2005 09:30	386	37%	244	database\
content.xml	11.11.2005 09:29	11.363	83%	1.892	forms\Obj11\
settings.xml	11.11.2005 09:29	9.145	84%	1.436	forms\Obj11\
styles.xml	11.11.2005 09:29	7.647	79%	1.583	forms\Obj11\
manifest.xml	11.11.2005 09:30	3.676	86%	497	META-INF\
content.xml	29.06.2005 09:18	11.971	84%	1.964	reports\Obj11\
settings.xml	29.06.2005 09:18	6.445	84%	1.047	reports\Obj11\
styles.xml	29.06.2005 09:18	26.158	87%	3.379	reports\Obj11\
10000000000000400000004077CDC8F9.png	29.06.2005 09:18	259	08%	239	reports\Obj11\Pictures\
1000000000001C6000000E44DCA6C94.jpg	29.06.2005 09:18	11.426	06%	10.793	reports\Obj11\Pictures\
content.xml	29.06.2005 10:04	12.008	83%	2.037	reports\Obj21\
settings.xml	29.06.2005 10:04	6.444	84%	1.050	reports\Obj21\
styles.xml	29.06.2005 10:04	25.575	87%	3.220	reports\Obj21\
10000000000000400000004077CDC8F9.png	29.06.2005 10:04	259	08%	239	reports\Obj21\Pictures\
1000000000001C6000000E44DCA6C94.jpg	29.06.2005 10:04	11.426	06%	10.793	reports\Obj21\Pictures\

Abbildung 2.6 Eine *.odb-Datei entpackt

Diese Datei basiert auf einer HSQLDB-Datenbank-Engine, beinhaltet ein Formular sowie zwei Berichte und diverse Abfragen. Doch betrachten wir die Struktur im Einzelnen:

Das Zip-Archiv beinhaltet einen Strukturbaum, der auf unterster Ebene zunächst zwei Dateien aufweist:

- **mimetype** – eine Textdatei, die lediglich die Applikation beinhaltet, mit der diese Datei geöffnet werden soll. OpenOffice.org identifiziert die Dateien nicht anhand ihrer Dateierweiterungen (zum Beispiel *.odb), sondern aufgrund des Inhaltes dieser **mimetype**-Datei. Öffnet man diese Datei mit einem Texteditor, so findet man folgenden Eintrag:

  ```
  application/vnd.sun.xml.base
  ```

- **content.xml** – Dies ist die wichtigste Datei innerhalb eines Zip-Archivs, beinhaltet sie doch normalerweise die kompletten Daten einer Datei, eben den Inhalt. Kann man diese Datei retten, so hat man normalerweise Zugriff auf alle Inhalte (Text); verloren gehen eventuell Formatierungen etc. Auch in Base trägt diese Datei alle wichtigsten Informationen zum Container, nicht jedoch die einzelnen Daten. Sie können diese Datei einfach mal in einem Browser aufrufen und sehen dann ihre Struktur wie in Abbildung 2.7.

Jede Datei beginnt mit einigen allgemeinen Definitionen und Beschreibungen, deren detaillierte Erläuterung nicht zum Umfang dieses Buches gehört. Es folgen dann die Definitionen von Darstellungsstilen, die überwiegend mit der Lokalisierung des Programms zu tun haben. Nach dem Tag `<Office:automatic-styles>` folgt in der Regel der Block `<office:body>` und dort als Erstes `<office:database>` (siehe Abbildung 2.8).

```
<?xml version="1.0" encoding="UTF-8" ?>
- <office:document-content xmlns:office="http://openoffice.org/2004/office"
    xmlns:style="urn:oasis:names:tc:opendocument:xmlns:style:1.0"
    xmlns:table="urn:oasis:names:tc:opendocument:xmlns:table:1.0" xmlns:fo="http://www.w3.org/1999/XSL/Format"
    xmlns:xlink="http://www.w3.org/1999/xlink" xmlns:number="urn:oasis:names:tc:opendocument:xmlns:datastyle:1.0"
    xmlns:ooo="http://openoffice.org/2004/office" xmlns:db="http://openoffice.org/2004/database" office:version="1.0">
  - <office:automatic-styles>
    - <style:style style:name="co1" style:family="table-column">
        <style:table-column-properties style:text-align="start" />
```

Abbildung 2.7 Beginn einer typischen content.xml-Datei in Base

```
- <office:body>
  - <office:database>
    - <db:data-source db:connection-resource="sdbc:embedded:hsqldb" db:suppress-version-columns="true" db:append-
        table-alias-name="true" db:boolean-comparison-mode="equal-integer" db:enable-sql92-check="false" db:ignore-driver-
        privileges="true" db:parameter-name-substitution="true" db:system-driver-settings="" db:use-catalog="false">
      - <db:table-filter>
          <db:table-filter-pattern>%</db:table-filter-pattern>
        </db:table-filter>
        <db:auto-increment db:additional-column-statement="IDENTITY" db:row-retrieving-statement="CALL IDENTITY()" />
      - <db:data-source-settings>
```

Abbildung 2.8 Definition der Datenquelle in Base

Genau hier findet man alle Informationen über die Herkunft der Daten, also über die Verbindung zur Datenquelle. Das dargestellte Beispiel greift auf die eingebettete HSQLDB-Engine zu, es folgen dann weitere Details zur Verbindung.

Werden andere Datenbank-Verbindungen genutzt, finden sich hier auch die Informationen über den Benutzernamen (im Klartext) sowie Passwort-Tags, wobei das Passwort selbst nicht abgespeichert wird. Lediglich die Information, dass ein Passwort nötig ist, befindet sich im Base-Container – bei der ersten angeforderten Datenbank-Verbindung wird das Passwort dann abgefragt.

Ebenfalls im `<Office:Database>`-Tag eingebettet findet man auch alle weiteren Informationen, die die Base-Datei betreffen, also beispielsweise alle Abfragen (als SQL-Statements gespeichert), die eingebetteten Formulare und Berichte sowie eine Struktur der vorhandenen Tabellen (die Überschriftenzeilen – also die Spaltennamen – werden alle aufgeführt).

Intern werden alle Formulare und Berichte mit fortlaufenden Nummern gekennzeichnet und unter diesen Nummern in eigenen Verzeichnissen abgelegt. In dieser **Content-XML** werden nun die Verknüpfungen gespeichert, nicht die Formulare selbst. Manchmal ist es hilfreich, über diese Verknüpfungen an die gewünschten Informationen zu gelangen – und eventuell Reparaturen vorzunehmen.

Man erkennt, dass diese Datei ein **Formular** (forms) mit dem Namen »Eingabemaske« enthält und dass dieses Formular im Unterverzeichnis »forms/Obj11« abgelegt ist. Außerdem sind zwei **Berichte** (reports) enthalten, die im Unterverzeichnis »reports/Obj21« sowie »reports/Obj11« zu finden sind.

Außerdem sind zwei **Abfragen** gespeichert (query), die hier in ihrer vollständigen SQL-Syntax aufgeführt werden. Dies ist auch der einzige Ort, an dem diese Abfragen auftauchen.

Letztendlich werden alle Tabellen (im Beispiel gibt es nur eine) inklusive ihrer Struktur aufgelistet.

> **Achtung**
>
> Bitte verändern Sie nichts am Inhalt der Dateien, es sei denn, Sie wissen genau, was Sie da tun. Änderungen könnten dazu führen, dass die Datei von Base nicht mehr lesbar ist und es zu Datenverlusten kommt!


```
- <office:database>
  + <db:data-source db:connection-resource="sdbc:embedded:hsqldb" db:suppress-version-columns="true" db:append-
      table-alias-name="true" db:boolean-comparison-mode="equal-integer" db:enable-sql92-check="false" db:ignore-driver-
      privileges="true" db:parameter-name-substitution="true" db:system-driver-settings="" db:use-catalog="false">
  - <db:forms>
      <db:component db:name="Eingabemaske" xlink:href="forms/Obj11" db:as-template="false" />
    </db:forms>
  - <db:reports>
      <db:component db:name="Geburtstagsliste" xlink:href="reports/Obj21" db:as-template="true" />
      <db:component db:name="Geburtstagsliste_2" xlink:href="reports/Obj11" db:as-template="true" />
    </db:reports>
  - <db:queries>
      <db:query db:name="Abfrage_Geburtstagsliste_b" db:command="SELECT "Geburtstagsliste_b"."Name",
        "Geburtstagsliste_b"."Alter", "Geburtstagsliste_b"."Geburtstag" FROM "Geburtstagsliste_b"
        "Geburtstagsliste_b" WHERE ( "Geburtstagsliste_b"."Name" LIKE 'M%' ) ORDER BY
        "Geburtstagsliste_b"."Name"" />
      <db:query db:name="Geburtstage_M" db:command="SELECT "Vorname", "Name", "Geburtstag" FROM
        "Geburtstagsliste_b" "Geburtstagsliste_b" WHERE ( ( "Name" LIKE 'M%' ) ) ORDER BY "Name" ASC,
        "Geburtstag" ASC" />
    </db:queries>
  - <db:tables>
    - <db:table db:name="Geburtstagsliste_b">
      - <db:columns>
          <db:column db:name="Vorname" db:style-name="co1" />
          <db:column db:name="Name" db:style-name="co1" />
          <db:column db:name="Telefonnummer" db:style-name="co1" />
          <db:column db:name="Hobbys" db:style-name="co1" />
          <db:column db:name="Alter" db:style-name="co1" />
          <db:column db:name="Geburtstag" db:style-name="co1" />
        </db:columns>
      </db:table>
    </db:tables>
  </office:database>
 </office:body>
</office:document-content>
```


Abbildung 2.9 Die Informationen zu den Datenbanken

Bleibt noch die Datei **settings.xml**, die diverse Informationen zur visuellen Darstellung auf dem Ausgabemedium speichert – zum Beispiel die Größe und Platzierung der Tabellen in der grafischen Abfrage-Ansicht und vieles mehr. Hier können Sie gern einmal selbst hineinschauen.

Die weiteren Inhalte des Zip-Archivs sind teilweise selbsterklärend. Es gibt drei große Gruppen als Struktur mit eigenen Unterverzeichnissen:

1. die **Datenbank** an sich (database):
   Diesen Unterabschnitt gibt es nur, wenn die Daten-Engine die eingebaute HSQLDB ist. Dann werden in diesem Bereich die Daten an sich gespeichert. Es gibt dann üblicherweise vier Dateien:
   - **data** – die eigentlichen Daten der Datenbank
   - **backup** – eine interne Datensicherungsdatei
   - **properties** – eine kleine Textdatei mit diversen Eigenschaften der Datendatei, unter anderem dem Erstelldatum, diversen Versionsnummern und einigen anderen Informationen
   - **script** – enthält interne Informationen über die Erzeugung der Tabelle (in etwa so etwas wie SQL-Skripte zur Erzeugung der Tabellen).
2. **Formulare** (forms)
   In diesem Abschnitt werden die Formulare abgelegt, wobei jedes Formular ein eigenes Unterverzeichnis erhält, durchnummeriert in 10er-Schritten, beginnend bei Obj11, Obj21 und so weiter. Jedes Formular ist an sich ein vollständiges Writer-Dokument, und diese Struktur findet sich dann im Unterordner wieder.
3. **Berichte** (reports)
   Auch hier gilt: Für jeden Bericht gibt es ein eigenes Unterverzeichnis, durchnummeriert in 10er-Schritten, beginnend bei Obj11, Obj21 und so weiter. Auch ein Bericht ist eigentlich nur ein Writer-Dokument und besitzt exakt diese Struktur.

Im Beispiel sieht man auch, wie eingefügte Bilder (dies gilt für Formulare und Berichte) abgelegt werden: mit zufälligen Namen versehen in einem eigenen Unterverzeichnis zu den jeweiligen Objekten.

Nochmals der Hinweis

Im Normalfall sollten Sie die *.odb-Datei nicht auspacken und manipulieren. Für den Notfall aber schadet es nicht zu wissen, dass man an viele Inhalte auch »von Hand« herankommen kann.

2.6 Die Arbeitsumgebung von Base: Tabellen, Abfragen, Formulare und Berichte

Wurde eine Base-Datei erfolgreich erzeugt oder öffnet man eine bereits vorhandene, dann startet das Base-Modul und lädt die Daten in die Arbeitsumgebung. Diese ist in drei Bereiche aufgeteilt und zeigt übersichtlich die wichtigsten Möglichkeiten:

- Links ist ein Auswahlbereich, der mit **Datenbank** überschrieben ist. Er zeigt die vier möglichen Arbeitsbereiche, die üblicherweise bei der Arbeit mit Datenbanken eine Rolle spielen:
  - **Tabellen** – die Datenbanken an sich;
  - **Abfragen** – hier handelt es sich um Auszüge aus der Datenbank;
  - **Formulare** – grafisch aufbereitete Bildschirmmasken zur Manipulation von Daten (lesen, eingeben, ändern...);
  - **Berichte** – grafisch aufbereitete Ausgabeberichte, die typischerweise für den Ausdruck optimiert sind.

Im Datenbankbereich wählt man zunächst sein Arbeitsfeld aus. Die beiden anderen Bereiche werden dann entsprechend angepasst (vom Inhalt her):

- Im **Aufgaben**-Bereich werden für den gewählten Datenbank-Bereich typische Aufgaben aufgelistet, die direkt ausgewählt werden können. Dazu zählen immer das Neuanlegen (entsprechend der gewählten Datenbank: Tabellen, Formulare, Abfragen oder Berichte), wobei dieses sowohl mit Hilfe eines Assistenten als auch direkt möglich ist. Platziert man den Mauszeiger über einer Aufgabe, so erscheint im Feld **Beschreibung** auch ein Informationstext.
- Der **dritte** Arbeitsbereich (rechts unten) erhält je nach gewählter Datenbank-Aktion die entsprechende Überschrift und zeigt die aktuellen Inhalte dieses Bereichs. Also: Wählt man **Tabellen**, so werden alle vorhandenen Datenbank-Tabellen aufgeführt, wählt man **Formulare**, erscheinen eben alle gespeicherten Formulare.

Auch dieser dritte Arbeitsbereich ist nochmals unterteilt (siehe Abbildung 2.10). Links sieht man – wie in einem Dateiexplorer – die jeweiligen **Namen** der Objekte (Tabellen, Formulare, Abfragen oder Berichte), rechts kann man eine **Vorschau** des gerade markierten Objekts erhalten. Hierzu wählt man im rechten oberen Pulldown-Menü die Option »Dokument«. Alternativ können bei Formularen und Berichten auch noch »Dokumenteninformationen« eingeschaltet werden. Wie schon erwähnt wurde, handelt es sich hierbei ja um Writer-Dokumente, die »Dokumenteninformationen« entsprechen dann genau diesen.

Details zu den Arbeitsbereichen und Erläuterungen zu den zur Verfügung stehenden Assistenten sowie zu den jeweiligen Aufgaben finden Sie in den entsprechenden Abschnitten (Kapitel 5 bis 8), auf eine weitere Beschreibung an dieser Stelle wird verzichtet.

Bleiben noch zwei Informationen zur Arbeitsumgebung von Base: die **Statuszeile** sowie die **Menü- und Symbolleiste**.

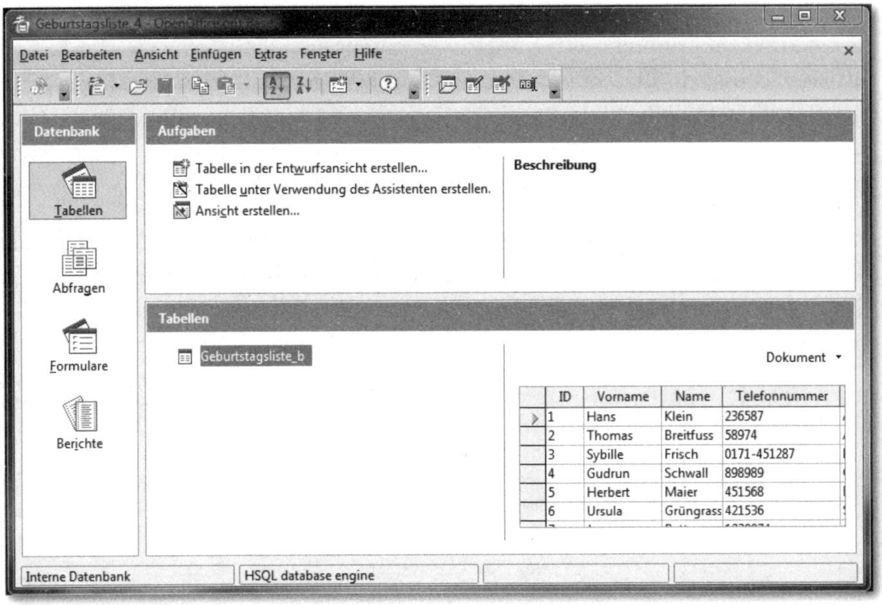

Abbildung 2.10 Der Arbeitsbereich von Base

Statuszeile

Die Statuszeile liefert eigentlich nur eine wesentliche Information: Um welche Datenbank-Engine und -Verbindung es sich bei dieser Datei handelt.

Abbildung 2.11 Die Statuszeile des Moduls Base

Das Beispiel zeigt, dass die interne HSQLDB als Datenbank-Engine fungiert und es sich somit um eine solche Datenbank handelt. Dort könnte auch zum Beispiel »Thunderbird Adressbuch« stehen, wenn die Datenbank eben genau dieses repräsentiert, oder »MySQL« und so weiter.

Diese Information ist oft recht hilfreich, geht doch aus dem direkten Arbeitsfeld nicht hervor, welche Datenbank im Hintergrund arbeitet und welche Verbindung aktuell besteht.

Menü- und Symbolleiste

Die Symbolleiste gliedert sich in zwei Abschnitte, wobei der erste für alle Ansichten identisch ist (Symbolleiste Standard) und der zweite sich je nach gewähltem Datenbank-Bereich ändert. Allerdings haben diese jeweils bereichsbezogenen Symbolleisten (es gibt je eine für Tabellen, Abfragen, Berichte und Formulare) exakt immer vier Einträge, die immer auch genau die gleiche Aktion auslösen. Lediglich die Icons ändern sich ein wenig. Insofern ist die dargestellte Funktionalität für alle Bereiche gleich – und wird hier nur einmal dargestellt. Unter »Datenbankobjekt« werden dann immer die entsprechenden Bereiche wie Tabellen, Formulare und so weiter verstanden.

Das einzige Aufklappmenü listet die wichtigsten Aufgaben im Zusammenhang mit Datenbanken kompakt auf und erlaubt direkten Zugriff auf die jeweiligen Aktivitäten. In der Regel öffnet sich dann entweder ein neues Arbeitsfenster oder eben der Dialog des Assistenten.

Das Aufklappmenü entspricht den Einträgen, die Sie auch im normalen Menü unter dem Punkt **Einfügen** finden können.

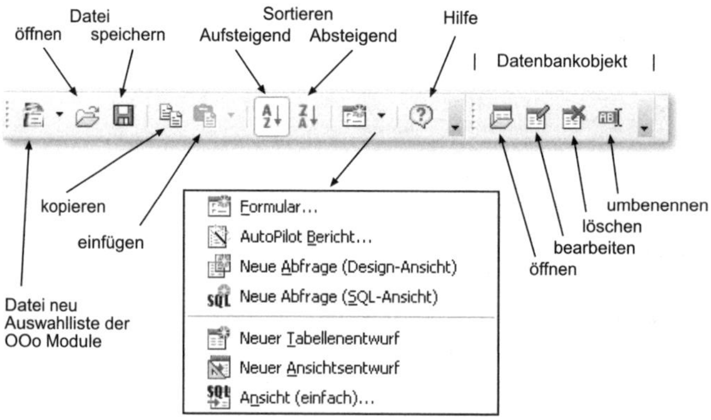

Abbildung 2.12 Icon-Leiste des Arbeitsbereiches von Base

Dieses Menü offenbart nun aber nicht mehr die Leistungsfähigkeit des Base-Moduls. So fehlt ein wesentlicher Menü-Punkt: Der **Berichts-Assistent...**. In späteren Abbildungen wird dieser immer zu sehen sein, hier habe ich einmal den Grundzustand des Base-Moduls dargestellt. Es ist immer sinnvoll, den Berichts-Assistenten nachzuinstallieren. Siehe hierzu auch »Installation des Sun Report Designers«.

Bleibt festzuhalten, dass die Arbeitsumgebung von Base an sich nur eine Verwaltungsebene darstellt, entsprechend der Philosophie, dass eine Base-Datei eben einen Container für Informationen bildet. So direkt bearbeiten können Sie in der Umgebung zunächst einmal wenig, lediglich das Verwalten der vorhandenen Objekte ist möglich.

Andererseits dient diese Oberfläche natürlich als Ausgangspunkt für alle Aktivitäten: Sie werden alle hier gestartet, und am Ende können Sie die erstellten

Objekte hier bewundern. Diese Arbeitsumgebung von Base ist also die Basis für alle Arbeiten rund um Datenbanken und wird Ihnen immer wieder begegnen.

Wichtig

Der Base-Container an sich stellt ein eigenständiges, übergreifendes Objekt dar und muss regelmäßig separat gesichert (gespeichert) werden. Das Speichern der aus der Base-Oberfläche aufgerufenen Objekte (wie Formulare oder Berichte) reicht nicht – die sind zwar dann in Base drin, aber Base selbst wurde noch nicht gespeichert. Wenn Sie vergessen, Base zu sichern, gehen die Objekte wieder verloren!

Nahezu alle Aufgaben und Aktionen öffnen eigene Arbeitsumgebungen (Fenster) mit eigenen Menüs und Befehlen, die ab Kapitel 5 noch im Detail beschrieben werden.

Installation des Sun Report-Designers

Seit der Version OpenOffice.org 2.3 lässt sich Base mit einem sehr nützlichen Tool erweitern – dem **Sun Report Designer**. Dieser erlaubt es, einen Bericht auch im Entwurfsmodus zu erzeugen und dort dann bequem individuelle Aspekte zu berücksichtigern (siehe hierzu auch Abschnitt 8.3, »Berichte mit dem Report-Designer erstellen«).

Doch zunächst muss die Erweiterung installiert werden. Entsprechend der OpenOffice.org-Philosophie wurde das Programmpaket als Extension realisiert – und kann somit ganz einfach installiert und verwaltet werden. Sie brauchen eigentlich nur die Extension, dann einfach einen Doppelklick darauf – schon wird sie installiert.

Der Report-Designer kommt als Extension **sun-report-builder.oxt** daher und ist entweder direkt über die Internetseite der Extension-Sammlung von OpenOffice.org zu beziehen (*http://extensions.services.openoffice.org*) oder auch auf der DVD zu finden (im Ordner »Tools«).

Der Installationsprozess ist dann einfach: Nach dem Doppelklick auf die Datei öffnet sich der Extension-Manager, und es erfolgt zunächst die Abfrage, ob Sie den Report-Designer wirklich installieren wollen.

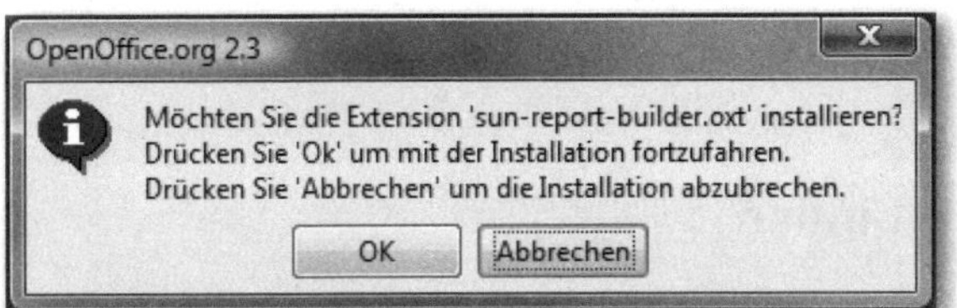

Abbildung 2.13 Installation des Report-Designers

Hinweis

Sollte der Extension-Manager schon geöffnet sein, scheitert die Installation. Schließen Sie dann bitte zunächst den Extension-Manager, und starten Sie die Installation neu durch einen Doppelklick auf die Datei. Sie können die Extension mit dem Extension-Mananger auch manuell installieren – über die Schaltfläche »Hinzufügen«.

Bestätigen Sie die Abfrage mit **OK**, dann erscheint eine Dialogbox mit den Lizenzbedingungen. Auch diese müssen Sie zunächst annehmen, bevor die Installation wirklich durchgeführt wird. Tja, und das war's dann auch schon.

Öffnen Sie den Extension-Manager (**Extras • Extension Manager**...). Es sollte unter »Meine Extensions« die »sun-report-builder.oxt« auftauchen – eben der Berichts-Designer.

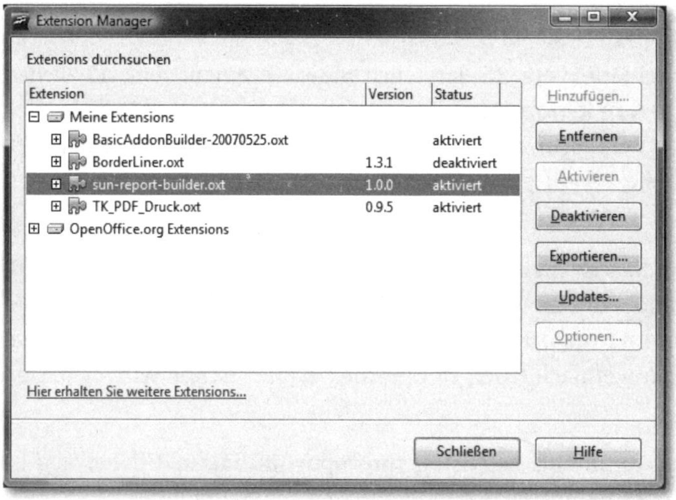

Abbildung 2.14 Der Report-Designer ist installiert.

Gleichzeitig hat sich auch das Aussehen von Base leicht geändert: Unter dem Menüpunkt **Einfügen** gibt es jetzt auch den **Bericht...**, im Bereich **Berichte** finden Sie unter den **Aufgaben** zusätzlich »Bericht in der Entwurfsansicht erstellen...«, und auch das Aufklapp-Menü in der Standardsymbolleiste wurde um den Eintrag **Bericht...** erweitert.

2.7 Datenquellen verbinden

Gehen wir einen Schritt zurück, und betrachten wir zunächst die Möglichkeiten, vorhandene Datenbanken zu verbinden. Zur Erinnerung: Bevor die Arbeitsumgebung von Base gestartet werden kann, muss eine Base-Datei (*.odb) erstellt worden sein. Das bedeutet, sie muss vorhanden sein. Wie ein Base-Container erzeugt wird, wurde in Abschnitt 2.5.1 dargestellt. Der folgende Abschnitt beschreibt nun die Möglichkeiten detailliert.

Zunächst zur Übersicht:

Base kann folgende Datenquellen oder Datenbanken verbinden:

- die eingebaute **HSQLDB-Engine** (wird immer dann verwendet, wenn man eine neue Datenbank erzeugt)
- Adabas D-Datenbanken
- ADO-Datenquellen
- dBASE-Datenbanken
- LDAP-Adressbücher
- Microsoft Access-Datenquellen
- Microsoft Outlook-Adressbücher
- Microsoft Windows-Adressbücher
- Mozilla-Adressbücher
- MySQL-Datenbanken
- Oracle-Datenbanken (JDBC)
- Tabellendokumente (zum Beispiel *.ods, *.sxc, *.xls)
- Text-Datenquellen (zum Beispiel *.csv oder ähnliche Dateien)
- Thunderbird-Adressbücher
- ... sowie alle anderen Datenbanken oder Datenquellen, die sich über eine **ODBC-** oder eine **JDBC**-Schnittstelle ansteuern lassen.

Im Grunde genommen kann also Base mit jeder aktuellen Datenquelle verbunden werden und dient dann als »Frontend« für die Datenbank.

Betrachten wir nun den Verbindungsaufbau im Detail.

Hinweis

Sowohl für die eingebaute HSQLDB-Engine als auch für nahezu jede andere Datenquelle ist eine Java-Laufzeitumgebung vonnöten, damit Base einwandfrei funktioniert. Bei verschiedenen Tests erwies sich zudem, dass gerade sehr freie Java-Laufzeitumgebungen (sie werden gerne von Debian- und Debian-Derivat-Distributionen verwendet) oft nicht erkannt wurden beziehungsweise nicht ausreichend waren. Es empfiehlt sich, die Sun-eigene Runtime-Version zu installieren (auch auf der Buch-DVD).

Die jetzt folgende Reihenfolge stellt keine Rangfolge dar, sondern die alphabetische Ordnung, wobei thematisch passende Varianten zusammengefasst wurden.

Sollten Sie nicht alle hier aufgeführten Einträge in der Aufklappliste des Datenbank-Assistenten finden, so seien Sie nicht verunsichert. Hier wird die Maximal-Variante dargestellt, die Liste kann im Einzelfall (distributions- und betriebssystemabhängig) anders aussehen. So werden Sie beispielsweise die Einträge für Microsoft Outlook und das Microsoft-Adressbuch sowie für Access-Dateien unter einer Linux-Distribution vergeblich suchen, die entsprechenden Treiber sind dort nicht integriert.

2.7.1 Adressbücher

Eine der häufigsten Aktivitäten zur Verwendung von Desktop-Dankbanken ist das Erstellen und Versenden von Serienbriefen. Hierzu benötigt man eine Adressdatei. Da es aber viele Varianten gibt, Briefe zu versenden, möchte man natürlich nur eine zentrale Adressdatei auf dem Computer verwalten. Häufig sind dies die eingebauten Adressverwaltungen der Betriebssysteme (zum Beispiel: Windows-Adressbuch) oder der verwendeten Mail-Programme.

Natürlich kann OpenOffice.org Base diese Datensätze einlesen und verwalten. Die folgenden Abschnitte behandeln nur die Einbindung der Datenquellen, nicht die Möglichkeiten der Verarbeitung. Diese sind im Grunde genommen identisch mit denen der anderen Datenquellen und werden ab Kapitel 5 behandelt.

Ein Tipp jedoch gleich am Anfang: Alle Treiber für Adressbuch-Dateien gehen immer nur von **einem** installierten und arbeitsfähigen Adressbuch auf dem Desktop aus. Es ist also durchaus sinnvoll, eine Base-Datei zu erzeugen, die genau dieses widerspiegelt. Wechselt man den E-Mail-Client, nimmt man in der Regel die Adressdaten per Export/Import mit zur neuen Anwendung. Da die Felder meist erhalten bleiben, reicht es dann oft, die Datenquelle in der Base-Datei zu verändern – dann kann man in Ruhe weiterarbeiten.

Mozilla- und Thunderbird-Adressbuch

Ein weit verbreiteter E-Mail-Client ist heute Thunderbird, ein Produkt der Mozilla Community. Bevor es die Einzelapplikationen Firefox (Browser) und Thunderbird (E-Mail-Client) gab, existierte eine gemeinsame Suite – die Mozilla Suite. Diese wird auch heute noch kompiliert und ist vereinzelt zu finden. Allen Mozilla-Applikationen sind die Codebasis und der prinzipielle Aufbau der Dateistruktur gemeinsam.

Adressdaten werden nativ in Dateien mit der Erweiterung *.mab gespeichert, und zwar in einem eigenen, aber veröffentlichten Format. Normalerweise findet man mindestens die Datei **abook.mab** (das eigentliche, persönliche Adressbuch) sowie die Datei **history.mab** (gesammelte Adressen). Es kann weitere geben, je nachdem, wie viele eigene oder importierte Datenbestände man angelegt hat. Jedes Adressbuch wird durch eine eigene Datei repräsentiert. Alle Adressbücher finden sich im Benutzerprofil der jeweiligen Applikation.

Zum Verbinden der Adressdatenquellen für einen Base-Container reicht es in der Regel, einfach den jeweiligen Eintrag (Mozilla- oder Thunderbird-Adressbuch) auszuwählen – alles andere funktioniert automatisch.

Intern wird der SDBC-Treiber Mozilla (**sdbc::address::mozilla**) beziehungsweise Thunderbird (**sdbc::address::thunderbird**) genutzt, der dann die Verbindung entsprechend herstellt.

Diese Information findet sich auch in der **content.xml** wieder und kann dort nachgeschlagen werden.

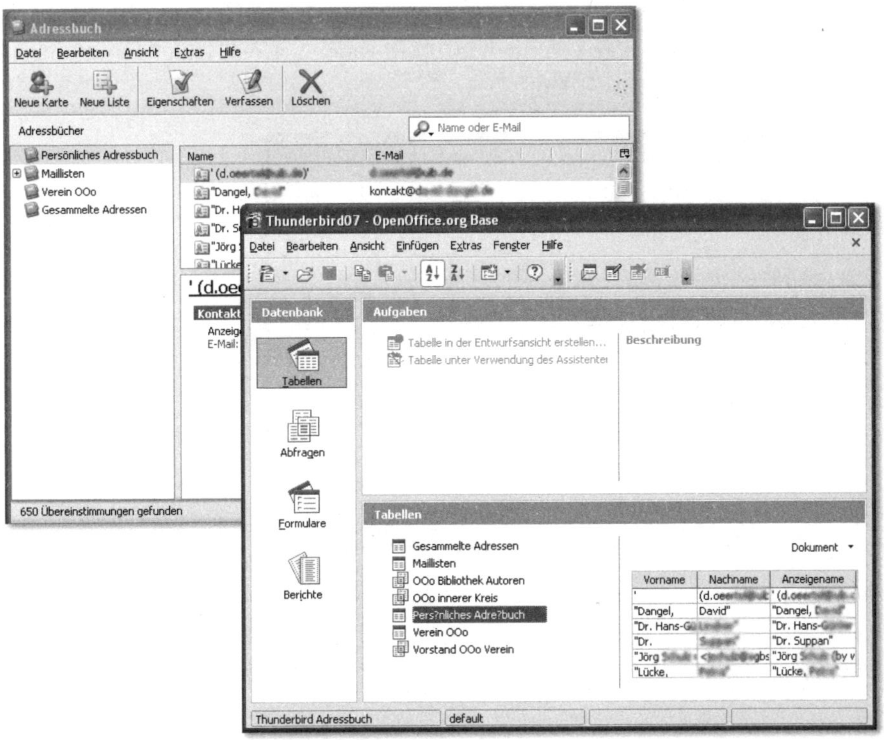

Abbildung 2.15 Thunderbird-Adressbuch und Einbindung der Tabellen in Base

Beide Treiber dürften sich aber intern recht ähnlich sein, ist ja auch die Struktur von Mozilla und Thunderbird nahezu identisch. Dies bringt jedoch auch eventuell Schwierigkeiten mit sich. Da man sowohl in Thunderbird als auch in Mozilla unterschiedliche Profile anlegen kann, gibt es die Adressbücher häufig in mehreren Ausgaben. Während der Erstellung des Base-Containers gibt es keine Möglichkeiten, das gewünschte Profil auszuwählen – es wird immer die Standardeinstellung (Default) übernommen.

Das ist insbesondere dann unangenehm, wenn man sowohl Mozilla als auch Thunderbird installiert hat und dort unterschiedliche Adressbücher führt. OpenOffice.org wählt jetzt das erste Profil, das es findet – alle anderen bleiben unbeachtet. Da spielt es dann auch keine Rolle, ob man den Mozilla- oder den Thunderbird-Treiber benutzt hat – die Ergebnisse sind identisch.

Zwar gibt es nach dem ersten Verbinden die Möglichkeit, unterschiedliche Profile zu wählen, die Funktionalität ist aber in Version 2.0.0 noch nicht fertig integriert. Über **Bearbeiten • Eigenschaften** öffnet sich ein Dialog-Fenster mit erweiterten Eigenschaften der Datenbank-Verbindung. Hier kann man eigentlich den Namen des Benutzerprofils auswählen – über die Schaltfläche **Durchsuchen** erhält man einen Auswahldialog aller gefundenen Profil-Namen. Doch leider funktionierte dies eben noch nicht bei Version 2.0.0.

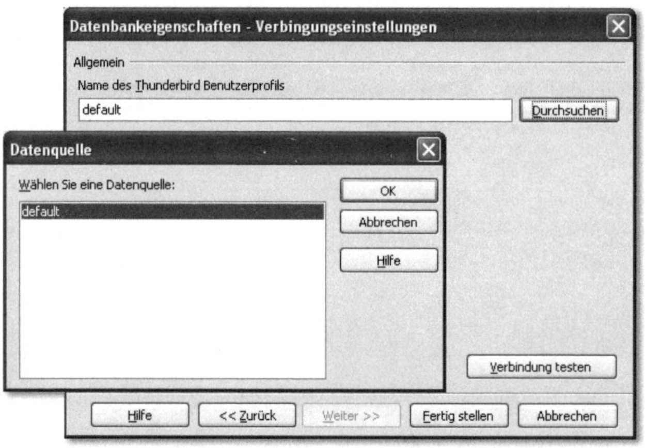

Abbildung 2.16 Auswahl des vorhandenen Benutzerprofils

Ziel wird es sein, auch während des Betriebs das Benutzerprofil wechseln zu können und so unterschiedliche Tabellen zu erhalten.

Mit dem Einbinden der Datenquellen stehen nun alle Daten der Adressbücher zur Verfügung, wobei Mailinglisten als eigenständige Tabellen übernommen wurden. Bleiben noch zwei Bemerkungen:

- Aktuell ist es noch nicht möglich, die Adressbücher in Base zu erweitern, das heißt, es können hier noch keine neuen Einträge erzeugt werden. Dies soll aber in einer späteren Version von OOo möglich sein.
- Bei der Übernahme der Daten werden insbesondere die Feldnamen teilweise noch nicht korrekt angezeigt – insbesondere Umlaute oder Sonderzeichen werden nicht korrekt dargestellt (vergleiche »Persönliches Adressbuch« in Abbildung 2.15). Zwar wird auch an diesen »Makeln« gearbeitet, bis dahin jedoch sind einfache und klare Bezeichner der beste Weg, diese Fehldarstellungen zu vermeiden.

Microsoft Outlook und Windows-Adressbuch

Diese Auswahlmöglichkeiten existieren nur unter einem Windows-Betriebssystem! Und gleich am Anfang muss einem kleinen Missverständnis vorgebeugt werden: OpenOffice.org stellt für die Anbindung Windows-spezifischer Adressbücher genau zwei Treiber zur Verfügung: **sdbc::address::outlook** und **sdbc::address::outlookexp**. Der Unterschied besteht einmal im internen Format, aber auch in der Registrierung der Datenquellen im Windows-System.

Zugegeben, der »outlook«-Treiber sucht nach **MAPI-Adressbüchern**, so wie MS Outlook (die Vollversion) diese ablegt. Der Treiber »outlookexp« sucht hingegen nach den Adressbüchern von Outlook-Express oder dem Windows-Adressbuch, deren Struktur identisch ist.

Wer also seine Kontakte von Outlook-Express einbinden möchte, muss in der Auswahl der Datenquellen das »Microsoft Windows-Adressbuch« wählen, nicht das »Microsoft Outlook Adressbuch«, das wirklich nur die Vollversion repräsentiert!

Schwierig wird es immer dann, wenn man mehrere Mail-Programme auf seinem Rechner installiert hat und diese jeweils unterschiedliche Adressbücher nutzen. Alle Adressbuchtreiber orientieren sich bei Windows-Betriebssystemen an den Einträgen in der Registry, und zwar dort an den jeweiligen Standard-Programmen für E-Mail beziehungsweise das Adressbuch. Diese lassen sich auch über unterschiedliche Wege im jeweiligen Betriebssystem (XP, Win 2000, Win 98) direkt einstellen und bilden dann die Basis für die erfolgreiche Verbindung.

Während der Erstellung des Base-Containers (beim Anlegen einer neuen Datenbank) werden die ausgewählten Treiber übrigens immer anstandslos akzeptiert. Eine Überprüfung, ob die Datenquelle überhaupt existiert beziehungsweise für OOo erreichbar ist, erfolgt hier noch nicht.

Nach der Erstellung öffnet sich die Base-Arbeitsumgebung. Aktiv ist der Bereich »Formulare«. Klickt man jetzt auf »Tabellen«, um sich beispielsweise die vorhandenen Daten anzusehen, versucht OpenOffice.org, eine Verbindung zur Datenquelle herzustellen. Jetzt kann es passieren, dass Sie folgende Fehlermeldung erhalten:

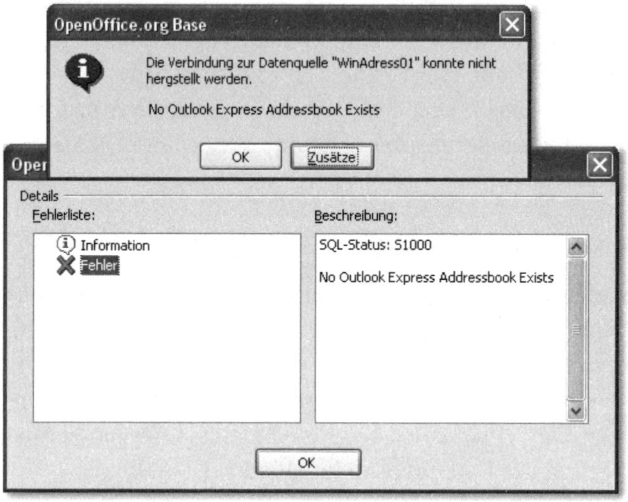

Abbildung 2.17 OOo kann die Datenquellen nicht öffnen.

Dies heißt nun aber nicht, dass Sie tatsächlich kein Outlook Express installiert haben, sondern lediglich, dass OpenOffice.org dieses nicht findet – ein Effekt, der immer dann eintritt, wenn die Datenquelle (der gewählte Treiber) nicht identisch ist mit der im System registrierten Standardanwendung für E-Mail. Wenn Sie also beispielsweise Thunderbird als Standard-E-Mail-Client verwenden und dieser im System auch als solcher angemeldet ist, werden Sie weder ein Outlook-Adressbuch noch ein Outlook-Express-Adressbuch verbinden können.

Wenn Sie nun also mit den entsprechenden Adressbüchern arbeiten möchten, müssen Sie zunächst dafür sorgen, dass das entsprechende Programm als Standard-Mail-Client im Betriebssystem registriert wird. Danach können Sie problemlos die Adressdaten verbinden.

Im folgenden Beispiel wurde Outlook-Express unter Windows XP gestartet und mit drei Adressen »gefüttert«. Die Datenquelle wurde dann in Base mit Hilfe des Treibers »Microsoft Windows-Adressbuch« eingebunden (siehe Abbildung 2.18).

Die Verbindung zur aktuellen Datenquelle können Sie jederzeit in Base direkt überprüfen und auch ändern. Erhalten Sie also einmal die weiter oben beschriebene Fehlermeldung, so kann es sich durchaus lohnen, die Verbindungsart einmal zu überprüfen und gegebenenfalls dort auch zu ändern (siehe Abbildung 2.19).

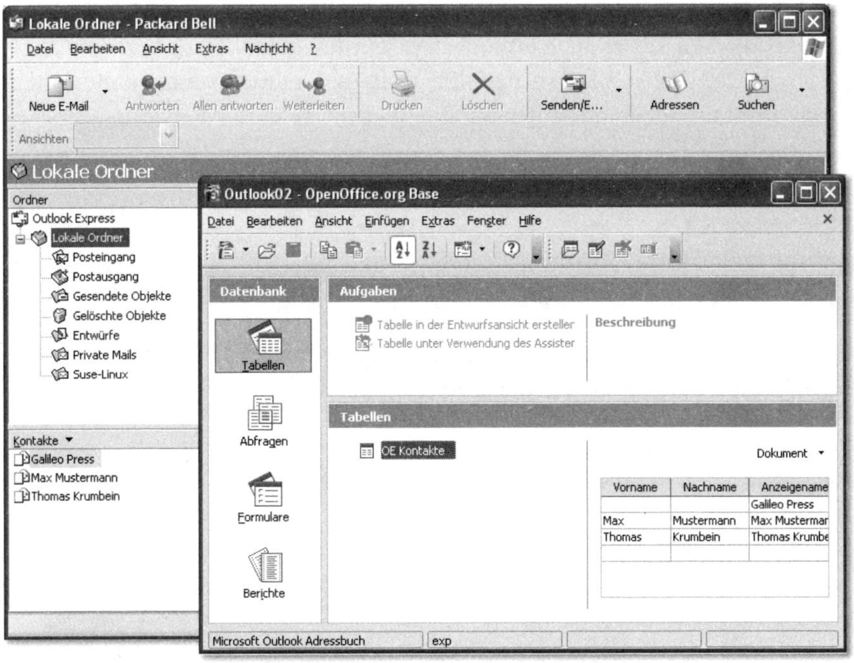

Abbildung 2.18 Outlook-Kontaktdaten in Base

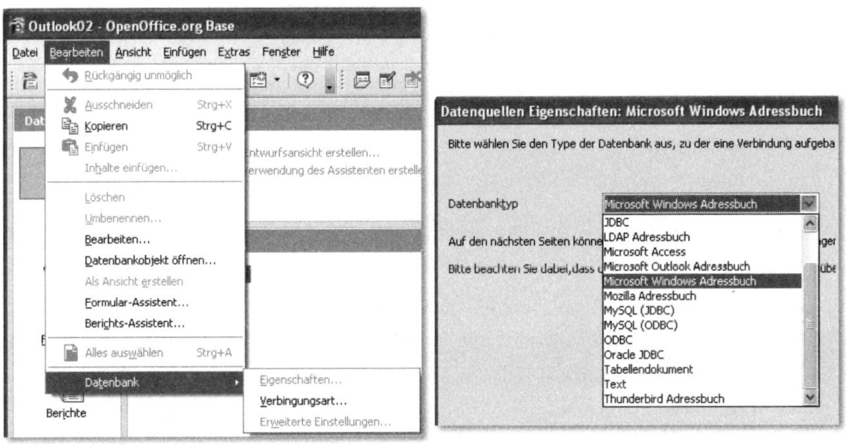

Abbildung 2.19 Überprüfen und Ändern der Datenquelle

Wechselt man die Datenquelle, versucht OpenOffice.org, die Verbindung neu aufzubauen, und aktualisiert die eingelesenen Daten – also auch die Tabellen. So kann man selbst ein wenig experimentieren, welche Adressbücher denn nun gefunden werden.

Leider fehlen aktuell noch manuelle Eingabemöglichkeiten zu den Pfaden der Adressbuchdateien, die es auch ermöglichen würden, unabhängig von dem angemeldeten E-Mail- oder Adressprogramm weitere eventuell vorhandene Datenbestände in Base einzubinden. Dies sollte aber bei späteren Versionen möglich sein.

LDAP-Adressbuch

Die letzte Möglichkeit, Adressbuch-Dateien einzubinden, besteht darin, einen LDAP-Server als Quelle zu nutzen.

LDAP steht für »Lightweight Directory Access Protocol« und bezeichnet spezielle Adressbücher, die dann über einen Server in der Regel einer größeren Gruppe zur Verfügung stehen.

Um eine solche Datenquelle einzubinden, wählen Sie im ersten Dialog (Datenbank auswählen) die Option »Verbindung zu einer bestehenden Datenbank herstellen« und als Treiber »LDAP Adressbuch«. Jetzt ändern sich die Schrittfolgen (es werden vier), und im nächsten Schritt werden die Detaildaten zum Server eingegeben (Abbildung 2.20).

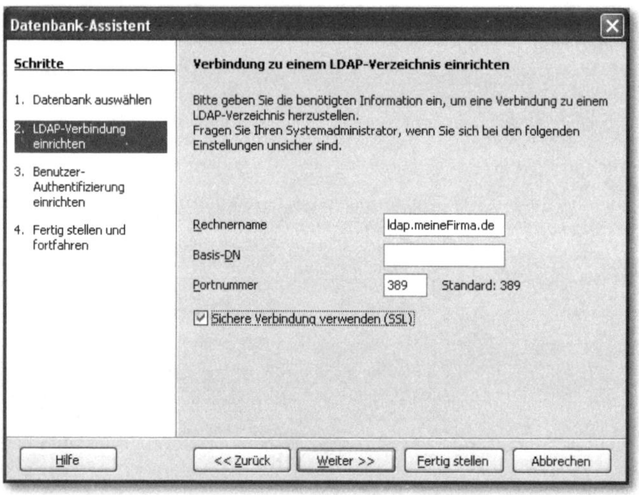

Abbildung 2.20 LDAP-Serverdaten

Der Rechnername sollte hierbei in der Art angegeben werden, wie er auch auf dem DNS-Server (dem Name-Server) hinterlegt ist. Alternativ wäre auch eine IP-Nummer möglich. Im Zweifel sollten Sie Ihren Systemadministrator fragen.

Zwingend erforderlich ist die Eingabe eines **DN-Suffix**, also der Ausgangsbasis für die Suche nach der LDAP-Datenbank. »DN« steht hier für »distinguished name«, und auch diese Details erfahren Sie im Zweifelsfall vom Systemadministrator. Die Basis-DN kann auch ein leerer String sein; dann geben Sie zumindest ein Leerzeichen ein – ansonsten werden die weiteren Schritte nicht freigeschaltet!

Die **Portnummer** für eine LDAP-Anbindung ist üblicherweise 389, und diese sollten Sie auch nur dann ändern, wenn Sie sicher sind, dass Ihr System über einen anderen Port kommuniziert. Jetzt können Sie noch die Option »SSL Verbindung verbinden« aktivieren, wenn Sie eine verschlüsselte Datenübertragung wünschen. Aber auch hier gilt: Ihr Server muss diese Möglichkeit natürlich unterstützen und vorsehen.

Im dritten Schritt schließlich benötigen Sie die Daten der Benutzerkennung, um sich an Ihrem LDAP-Server anmelden zu können.

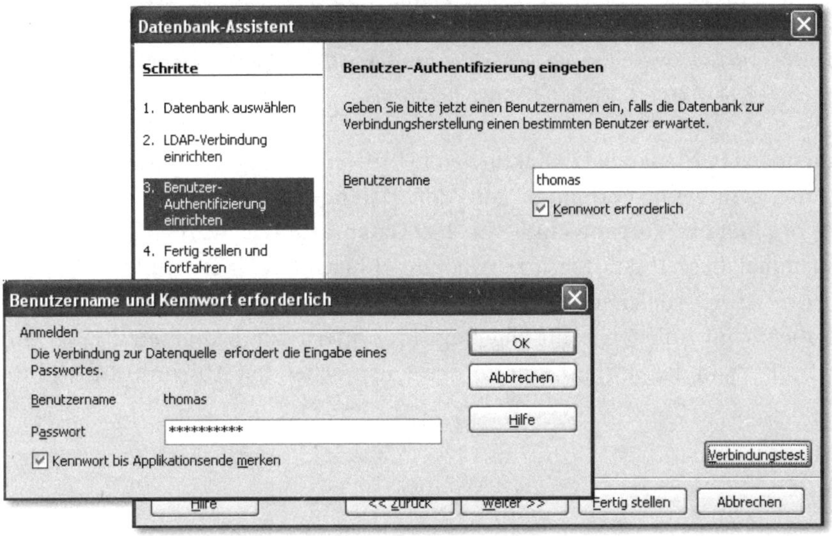

Abbildung 2.21 Benutzerdaten für die LDAP-Verbindung

Bevor Sie den Assistenten abschließen, sollten Sie einen Verbindungstest durchführen. Erst jetzt wird das Passwort abgefragt und – auf Wunsch – temporär gespeichert. Solange OOo noch eine Instanz laufen hat, kann es immer wieder direkt auf dieses Passwort zugreifen und die Verbindung aufbauen. Das ist immer dann sinnvoll, wenn Sie beispielsweise Serienbriefe auf der Basis dieser Datenquelle erzeugen wollen. Dann muss nicht bei jeder Anforderung von Daten manuell die Verbindung wiederhergestellt werden.

Hat alles geklappt und stimmen die Verbindungsdaten, sollten Sie eine Meldung wie in Abbildung 2.22 erhalten. Sie können dann die Datenbank-Erstellung wie gewohnt abschließen.

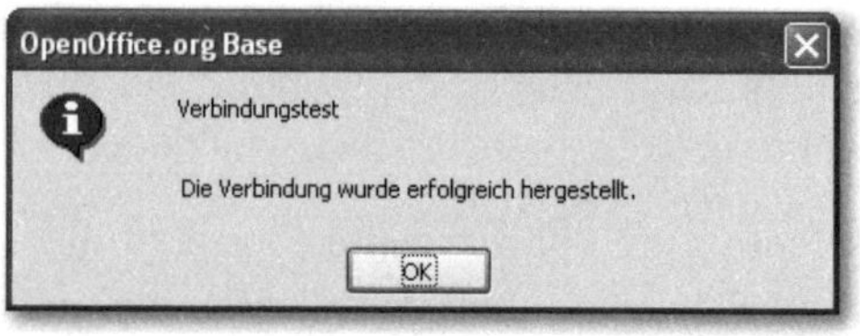

Abbildung 2.22 Erfolgreicher Verbindungstest

Hinweis

Verlassen Sie sich nicht zu sehr auf die Erfolgsmeldung. In Version 2.0.x ist diese Überprüfung noch ein wenig »buggy«. Sie erhalten diese Meldung auch dann, wenn die Verbindung eben nicht funktionierte. Den Fehler stellen Sie erst fest, wenn Sie später in Base auf die Tabellen zugreifen wollen. Jetzt verbindet Base erneut, und klappt die Verbindung jetzt nicht, erhalten Sie die entsprechende Fehlermeldung. Sie können dann die Einstellungen unter **Bearbeiten • Datenbank • Eigenschaften** entsprechend korrigieren beziehungsweise ergänzen.

Es gibt noch ein Manko bei der aktuellen LDAP-Anbindung: Um nicht unendliche Datenmengen beim Verbinden mit der Datenquelle zu laden, setzt OpenOffice.org hier ein Vorgabe-Limit von 100 Datensätzen. Es werden also zunächst nur maximal diese 100 Datensätze vom Server heruntergeladen und lokal gespeichert (im Arbeitsspeicher). Dieser Wert ist durchaus vom Benutzer änderbar, wird aber beim Anlegen nicht abgefragt und intern auf 100 gesetzt. Dies zeigt auch ein Blick in die **content.xml** für den entsprechenden Abschnitt (Abbildung 2.23).

```
  xmlns:ooo="http://openoffice.org/2004/office" xmlns:db="http://openoffice.org/2004/database" office:version="1.0">
  <office:automatic-styles />
- <office:body>
  - <office:database>
    - <db:data-source db:connection-resource="sdbc:address:ldap:ldap.meineFirma.de:389" db:suppress-version-
        columns="true" db:base-dn="" db:max-row-count="100">
        <db:login db:user-name="thomas" db:is-password-required="true" />
      - <db:table-filter>
          <db:table-filter-pattern>%</db:table-filter-pattern>
        </db:table-filter>
```

Abbildung 2.23 Der Abschnitt mit den Verbindungsdaten

Nun wäre es etwas umständlich, den Wert in der XML-Datei zu ändern. Dies ist aber auch gar nicht nötig. In den Datenbank-Eigenschaften lässt sich das ganz bequem im Dialog erledigen.

Im Übrigen zeigt sich hier in der XML-Datei auch, dass der Base-DN richtigerweise als leerer String übergeben wird, obwohl in der Maske während der Erzeugung ein Leerzeichen eingegeben werden musste.

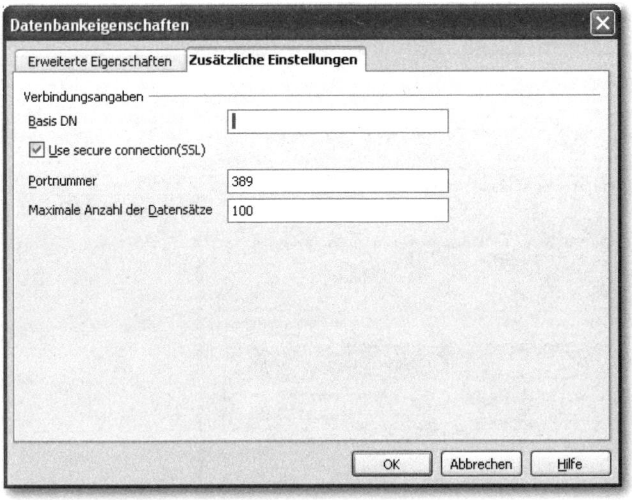

Abbildung 2.24 In den Datenbankeigenschaften können alle Verbindungsdaten bequem editiert werden.

Somit wären nun alle Informationen gesammelt, und Sie können auf Ihre LDAP-Adressbestände zugreifen.

2.7.2 Adabas-Datenbanken

Bis zur Version 7 der StarOffice-Distribution wurde dort als Datenbank **Adabas D** beigelegt. Mit Erscheinen der Version 8, die auf dem Code von OpenOffice.org 2.0 aufbaut, wurde zwar nicht auf diese Datenbank verzichtet, dennoch nutzt auch StarOffice jetzt als Standarddatenbank HSQLDB, in Base als »Arbeitsplatz-Datenbank-Engine« bezeichnet.

Dennoch können natürlich vorhandene oder neue Adabas-Datenbanken in das neue Base-Modul eingebunden und die Datenbestände weitergenutzt werden. Alles, was Sie benötigen, ist die Datenbank an sich sowie die entsprechenden Zugangsdaten (Passwort).

Erstellen Sie nun einen neuen Base-Container, wählen Sie »Verbindung zu einer bestehenden Datenbank herstellen« und dort aus der Liste »Adabas D«. Der Datenbank-Assistent ändert sich entsprechend.

Im nächsten Schritt wählt man die vorhandene Datenbank aus. Am einfachsten klickt man auf den Button **Durchsuchen**. Im sich nun öffnenden Dialogfenster werden alle lokalen Adabas-Datenbanken aufgelistet. Jetzt fällt die Auswahl leicht. Ein »Erzeugen« funktioniert in OpenOffice.org im Übrigen nicht, das ist auf StarOffice begrenzt. Damit zu einer lokalen Datenbank verbunden werden kann, muss auf dem System natürlich ein Adabas-Datenbankserver laufen – ansonsten erfolgt die Fehlermeldung, dass auf dem System keine Adabas D-Datenquellen gefunden werden konnten.

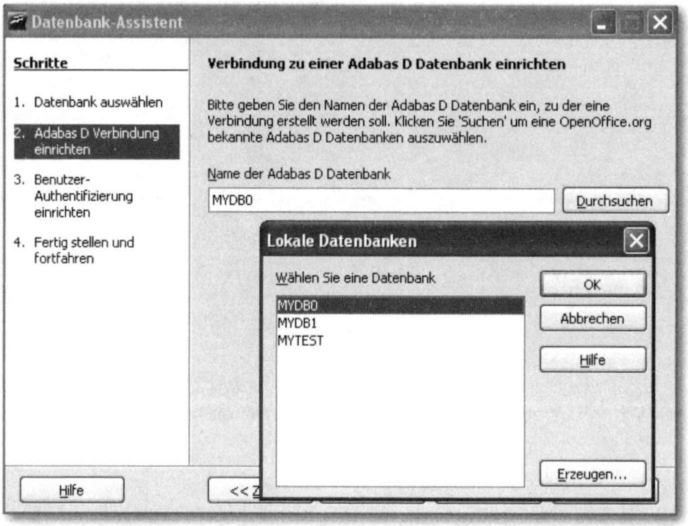

Abbildung 2.25 Die Verbindung zu einer lokalen Adabas D-Datenbank erstellen

Hat man die gewünschte Datenbank ausgewählt, folgt im dritten Schritt die Benutzer-Authentifizierung. Mindestens der Benutzername muss angegeben werden. Üblicherweise wird ebenfalls ein Passwort benötigt, dann muss die entsprechende Option aktiviert werden.

Bevor man nun die Erstellung des Base-Containers abschließt, sollte man hier einen Verbindungstest vornehmen. Klickt man auf den entsprechenden Button, erscheint der Authentifizierungsdialog. Aktivieren Sie die Option »Kennwort bis Applikationsende merken«, dann müssen Sie sich bei korrektem Verbindungsaufbau später nicht mehr authentifizieren. Das Passwort für die Verbindung wird temporär gespeichert (im Arbeitsspeicher) und behält so lange Gültigkeit, bis Sie OpenOffice.org beenden.

Ist das Passwort korrekt und kann die Verbindung wunschgemäß hergestellt werden, erhalten Sie eine Erfolgsmeldung, ansonsten eine meist aussagekräftige Fehlermeldung. Es gibt zwei typische Fehlerquellen:

- Passwort und Benutzername »passen« nicht zueinander. Korrigieren Sie das entsprechend.
- Es konnte keine Verbindung zum Server hergestellt werden. Testen Sie dann zuerst, ob der Server überhaupt läuft – eventuell muss dieser erst gestartet

werden. Überprüfen Sie dann, ob Sie »manuell« (mit Hilfe der Verwaltungstools) auf die Datenbank zugreifen können. Funktioniert das alles, sollte auch der Zugriff über Base funktionieren.

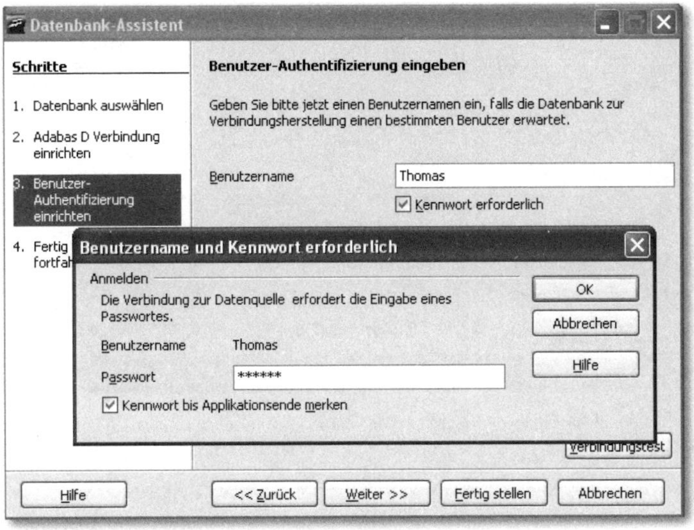

Abbildung 2.26 Authentifizierung und Verbindungstest

Hat alles geklappt und konnte die Verbindung hergestellt werden, geben Sie im 4. Schritt einen Datenbank-Namen für die Base-Datei ein, speichern diese und können dann sofort mit der Arbeit beginnen.

Schauen wir uns nun noch einmal die Verbindungsdaten im Detail an. Durch die Auswahl der entsprechenden Datenbank liest OpenOffice.org die Verbindungsparameter ein und speichert diese in der Datei **content.xml**. Der entsprechende Treiber zur Verbindung mit Adabas D-Datenbanken ist der Service »**sdbc::adabas**«, dem der entsprechende Datenbank-Name übergeben wird. Alle anderen wichtigen Verbindungsdaten werden ebenfalls in der **content.xml** in entsprechenden Tags abgelegt und könnten dort – entsprechendes Fachwissen vorausgesetzt – auch direkt geändert werden. Abbildung 2.27 zeigt den entsprechenden Ausschnitt der **content.xml**, aus dem sich die Verbindungsparameter entsprechend ablesen lassen.

Wichtig hierbei ist, dass natürlich das Passwort nirgends abgespeichert wird. Dieses muss – falls erforderlich, siehe auch die Einstellung unter `db:is-password-required` – immer zu Beginn der Verbindung eingegeben werden (entsprechendes Dialogfenster), wird dann aber temporär im Arbeitsspeicher abgelegt.

```
xmlns:db="http://openoffice.org/2004/database" office:version="1.0">
<office:automatic-styles />
- <office:body>
  - <office:database>
    - <db:data-source db:connection-resource="sdbc:adabas::MYTEST" db:suppress-version-columns="true" db:append-table-alias-
        name="true" db:boolean-comparison-mode="equal-integer" db:enable-sql92-check="false">
        <db:login db:user-name="Thomas" db:is-password-required="true" />
      - <db:table-filter>
          <db:table-filter-pattern>%</db:table-filter-pattern>
        </db:table-filter>
      - <db:data-source-settings>
        - <db:data-source-setting db:data-source-setting-is-list="false" db:data-source-setting-name="ControlPassword" db:data-
            source-setting-type="string">
            <db:data-source-setting-value />
          </db:data-source-setting>
        - <db:data-source-setting db:data-source-setting-is-list="false" db:data-source-setting-name="ControlUser" db:data-source-
            setting-type="string">
            <db:data-source-setting-value />
          </db:data-source-setting>
        - <db:data-source-setting db:data-source-setting-is-list="false" db:data-source-setting-name="DataCacheSize" db:data-
            source-setting-type="int">
            <db:data-source-setting-value>20</db:data-source-setting-value>
          </db:data-source-setting>
        - <db:data-source-setting db:data-source-setting-is-list="false" db:data-source-setting-name="DataCacheSizeIncrement"
            db:data-source-setting-type="int">
            <db:data-source-setting-value>20</db:data-source-setting-value>
          </db:data-source-setting>
        - <db:data-source-setting db:data-source-setting-is-list="false" db:data-source-setting-name="PreferDosLikeLineEnds"
            db:data-source-setting-type="boolean">
            <db:data-source-setting-value>false</db:data-source-setting-value>
          </db:data-source-setting>
        - <db:data-source-setting db:data-source-setting-is-list="false" db:data-source-setting-name="ShutdownDatabase" db:data-
            source-setting-type="boolean">
            <db:data-source-setting-value>false</db:data-source-setting-value>
          </db:data-source-setting>
        </db:data-source-settings>
      </db:data-source>
```

Abbildung 2.27 Die content.xml bei einer Adabas-Datenbank-Verbindung

Ein letzter Hinweis

Sollten Sie die Adabas-Datenbanken in einem Netzwerk einsetzen, können Sie diese Datenbanken so einfach nicht einbinden. Der Assistent erlaubt nur die Auswahl von lokalen Varianten der Datenbank und findet auch nur diese. Um also auf eine nicht lokale Datenbank zugreifen zu können, erstellen Sie die Verbindung über die allgemeine ODBC- oder die JDBC-Datenquelle. Entsprechende Informationen finden Sie auf der Homepage von Adabas (*www.adabas.com*).

2.7.3 ADO-Datenquellen

ADO ist eine Microsoft-Technologie. Das Kürzel steht für **A**ktiveX **D**ata **O**bjects. Diese Datenquelle steht also nur unter Windows-Betriebssystemen zur Verfügung, in anderen Systemen gibt es diesen Eintrag nicht.

Bei ADO handelt es sich um eine Microsoft Active-X-Komponente, mit der sich nahezu alle gebräuchlichen Datenbanken direkt ansprechen lassen. Typische Beispiele sind natürlich die MS eigene Datenbank Access, der MS SQL-Server, aber auch Drittdatenbanken wie Oracle oder Informix.

Die ADO-Schnittstelle ist ähnlich wie die ODBC-Schnittstelle aufgebaut und bietet dem Nutzer einen einfachen Zugang zu den Datenbanken. Sie ist jedoch schneller (höhere Performance). Hierzu wird der OLE DB Provider benötigt, der seit Windows 2000 und später zum Betriebssystem gehört. Für Win 9x-Versionen lässt er sich entsprechend nachinstallieren. Mit Hilfe dieses Providers ist es möglich, die Verbindungen recht einfach zu erstellen, deren Daten dann wiederum im so genannten **Connection-Objekt** abgespeichert werden.

Die **Connection-Objekte** werden in der Regel als einfache Textdateien mit einer speziellen Struktur und der Dateierweiterung *.udl abgespeichert (vom Betriebssystem). Zur Bearbeitung oder auch zur Erstellung bietet Microsoft auch ein grafisches Interface an, das aber nicht so einfach gefunden wird. Das Programm heißt »Microsoft Data Access – OLE DB Core Services« und ist in der **oledb32.dll** versteckt, die Sie typischerweise im Ordner **C:\Programme\Gemeinsame Dateien\System\OLEDB** finden. Es kann mit dem Aufruf `rundll32.exe` mit Übergabe des Pfades aufgerufen werden. Dies ist aber mit Bordmitteln an sich nicht zu erreichen.

Hier hilft ein Tipp

Legen Sie einfach eine neue Textdatei an (leer), und geben Sie dieser die Dateierweiterung *.udl. Dann markieren Sie die Datei im Dateiexplorer und wählen aus dem Kontextmenü »Öffnen mit« beziehungsweise einfach »Öffnen«. Der Dialog erscheint, und Sie können nun die Daten entsprechend editieren.

Natürlich geht das Ganze auch unter direkter Verwendung von Base. Das folgende Beispiel verbindet nun über ADO eine bestehende Access-Datenbank mit Base, wobei als Verbindung ein schon erstellter ODBC-Eintrag verwendet wird, siehe hierzu auch den Abschnitt »ODBC-Datenquellen« in Kapitel 2.7.8.

Natürlich zeigt dies nur das Prinzip und die Funktionsweise: Eine Access-Datenbank würde man viel leichter direkt verbinden (siehe auch den nächsten Abschnitt), die Vorgehensweise ist aber identisch und übertragbar.

Zunächst wird eine neue Base-Datei erstellt. Im ersten Schritt wählen Sie die Option »Verbindung zu einer bestehenden Datenbank herstellen« und dort aus der Liste **ADO**.

Die Aufgabenliste wird angepasst, es bleibt aber bei den vier Schritten. Die nächste Aufgabe besteht nun darin, die Verbindung zu einer ADO-Datenquelle einzurichten. Hierzu klickt man einfach auf den Button **Durchsuchen**, wodurch der weiter oben angesprochene Dialog **Microsoft Data Access – OLE DB Core Services** gestartet wird. Dieser besteht aus vier einzelnen Dialogen, die durch entsprechende Reiter strukturiert sind.

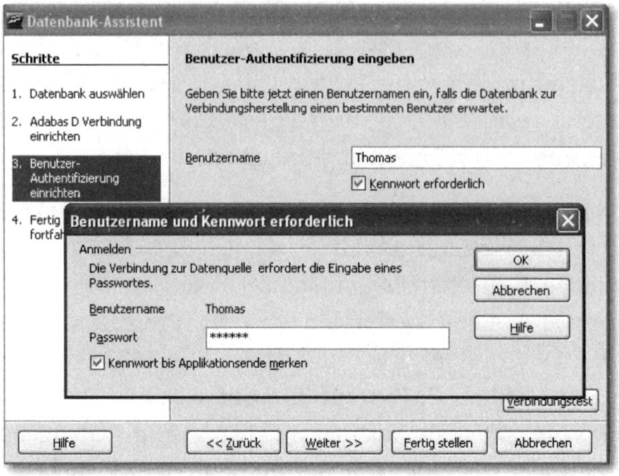

Abbildung 2.28 ADO-Datenbank-Verbindung auswählen

Das erste Fenster listet alle verfügbaren Provider auf, die im Grunde genommen den im System installierten Treibern entsprechen. Microsoft liefert üblicherweise bereits Treiber für Oracle-Datenbanken sowie für den MS SQL-Server mit. Weitere Treiber für nicht aufgeführte Verbindungen erhält man von den Datenbank-Herstellern meist auf direktem Wege; es lohnt sich, dort nachzufragen.

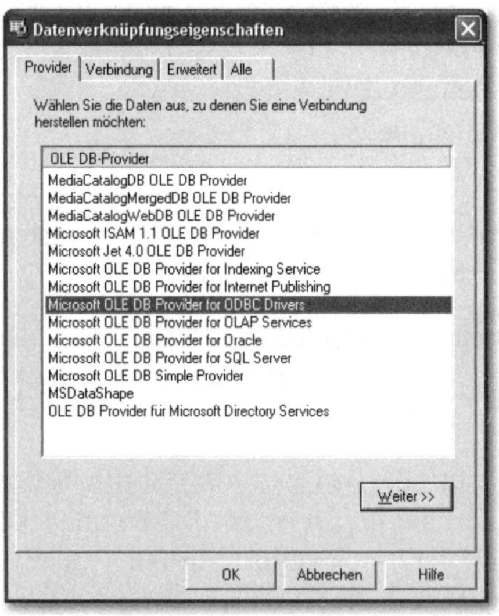

Abbildung 2.29 Auswahl des Treibers – ADO-Verbindung

Der hier ausgewählte ODBC-Treiber greift wiederum auf die betriebssystemeigene Verwaltung eben dieser Treiber zurück, das heißt, die Verbindung muss dort schon existieren! Natürlich könnte man dann auch direkt eine ODBC-Verbindung erzeugen und wäre nicht auf den Umweg über ADO angewiesen, aber das Prinzip ist eben bei allen Verbindungen identisch, insofern lässt es sich gut als Beispiel darstellen.

Ist der OLE DB Provider gewählt, klickt man auf die Schaltfläche **Weiter** und erreicht den nächsten Dialogbereich, den Reiter **Verbindung**.

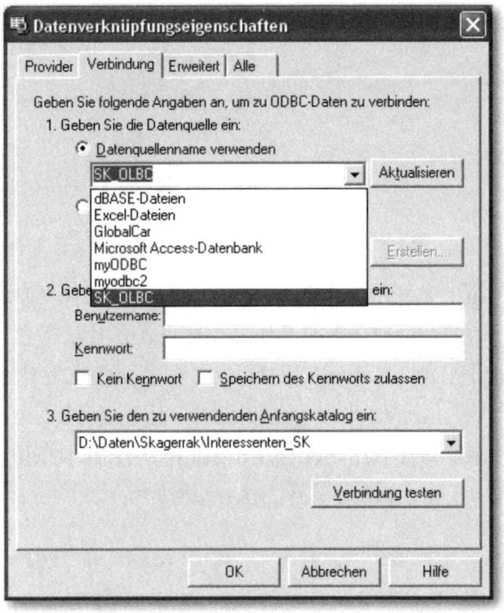

Abbildung 2.30 Details der Verbindung eingeben

Je nach gewähltem Provider sind die benötigten Informationen zur Verbindung unterschiedlich, in der Regel sind die Dialoge aber selbsterklärend. Im Falle des ODBC-Providers werden unter dem Schritt 1 »Datenquelle« in der Liste der Datenquellennamen eben alle vorhandenen und eingerichteten ODBC-Verbindungen aufgelistet. Hier reicht eine einfache Auswahl.

In Schritt 2 werden Verbindungsinformationen wie Benutzername und Kennwort abgefragt, soweit die Quelle dies benötigt.

Und in Schritt 3 wählt man dann noch den entsprechenden Anfangskatalog (manchmal auch Schema oder Datenbank genannt). Auch dieser kann einfach aus der vorhandenen Liste ausgewählt werden. Im Beispiel der Verbindung zu Access (wie hier gezeigt) werden in der Liste der Anfangskataloge alle unter dem genannten Pfad gefundenen Access-Dateien (*.mdb) aufgelistet. Der Pfad wiederum wurde inklusive des Dateinamens ja in der ODBC-Verbindung angegeben und dort gespeichert – dennoch sollten Sie hier nochmals die »richtige« Datenbank auswählen.

Sind alle Daten korrekt und ausreichend eingegeben, sollten Sie unbedingt den Button **Verbindung testen** anklicken. Dadurch wird die ADO-Verbindung (Betriebssystem intern) getestet, jedoch noch nicht die Base-Verbindung! Aber schon diese Verbindung muss natürlich funktionieren, sonst kann es später zu keiner Zusammenarbeit kommen. Kommt die Verbindung zustande, erhalten Sie die Meldung aus Abbildung 2.31.

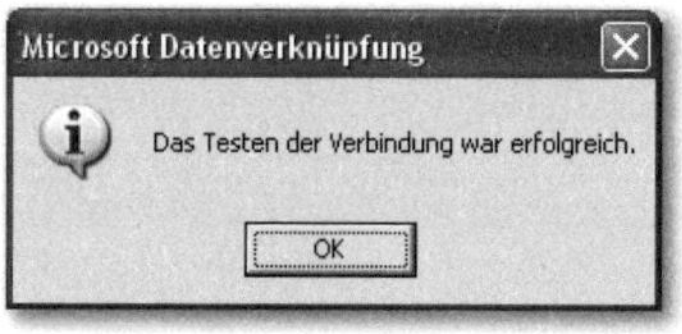

Abbildung 2.31 Verbindungstest erfolgreich

Die beiden anderen Dialogfelder sind in der Regel nicht notwendigerweise auszufüllen. Im Reiter **Erweitert** können Sie zusätzliche Parameter für die Verbindung festlegen, im Reiter **Alle** sind alle Parameter als Liste verfügbar; auch die dazugehörigen Einträge, so wie sie dann in der Verbindungsdatei abgespeichert werden, sind dort sichtbar. Spezialisten können Änderungen auch direkt in der Liste vornehmen, in der Regel dient sie aber lediglich der Information.

Funktionierte also hier die Verbindung, kann der Dialog »Dateiverknüpfungseigenschaften« durch Klick auf den **OK**-Button wieder geschlossen werden.

Hinweis

Erst jetzt kommen wir zurück zu Base! Alle bisherigen Aktivitäten liefen auf Betriebssystemebene ab.

Alle Daten der ADO-Verbindung, so wie sie auch in einer *udl-Datei stehen würden, werden nun an Base zurückgegeben und erscheinen im Fenster der Datenquellen-URL:

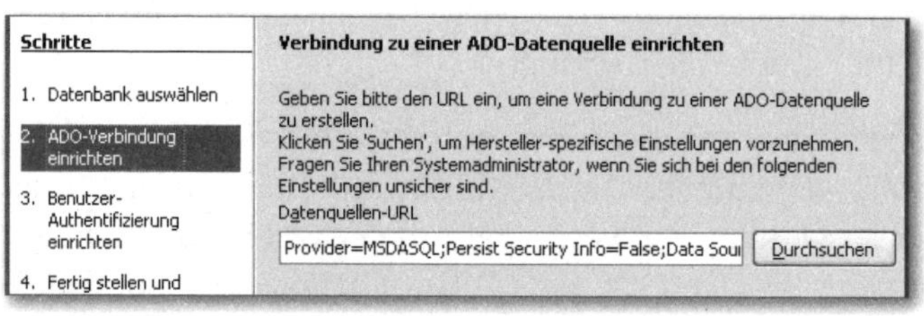

Abbildung 2.32 Die ADO-Verbindung in Base

Gehen Sie nun zum 3. Schritt, der Benutzer-Authentifizierung, weiter. Im Falle unserer Access-Tabelle muss hier nichts mehr eingetragen werden, einen Benutzernamen oder ein Kennwort gibt es nicht. Das kann bei anderen Datenbanken anders aussehen; dann werden eben die entsprechenden Daten dort eingetragen.

Auch wenn es Ihnen redundant vorkommt (schließlich hat schon die Verbindung an sich die Benutzerdaten gespeichert): Bedenken Sie, dass es sich um zwei verschiedene Ebenen handelt. Base benötigt diese Daten auch, eventuell zusätzlich.

Haben Sie die Benutzerdaten (wenn erforderlich) eingetragen, dann sollten Sie unbedingt erneut den Button **Verbindungstest** anklicken. Jetzt versucht Base die Verbindung herzustellen, was aber natürlich voraussetzt, dass diese auch vom Betriebssystem einwandfrei hergestellt werden kann. Klappt alles, erhalten Sie die Meldung aus Abbildung 2.33.

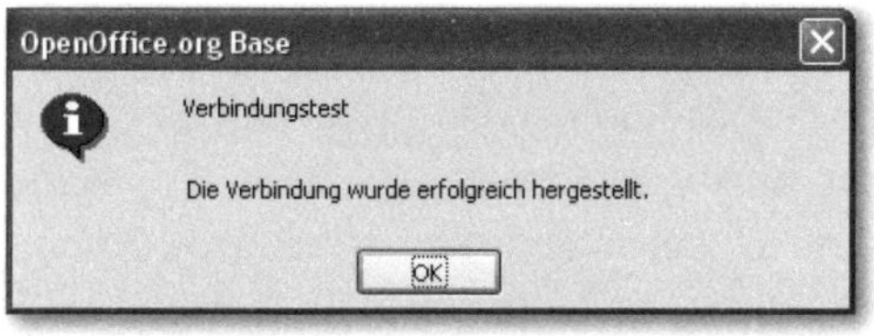

Abbildung 2.33 Base-Verbindungstest erfolgreich

Wichtig

Gehen Sie unbedingt in der dargestellten Reihenfolge vor. Nur so können Sie im Fehlerfall die vielen möglichen Fehlerquellen einigermaßen eingrenzen.

Im letzten Schritt speichern Sie die Base-Datei und können anschließend die Datenbank ansprechen und bearbeiten.

Auch hier lohnt sich einmal ein Blick in die **content.xml**, um die gespeicherten Daten der Verbindung zu erkunden. Genutzt wird der Service »sdbc:ado«, dem dann die Verbindungsdaten übergeben werden. Erkennbar ist auch, dass hier kein Login benötigt wurde, das Passwort dementsprechend auch auf »false« gesetzt ist. Die übrigen Daten sind Standard (siehe Abbildung 2.34).

Auch wenn ADO-Verbindungen zu Datenbanken in der Regel genauso über ODBC erstellt werden können, so empfiehlt es sich doch – sofern entsprechend vorhanden und unterstützt –, diese als erste Wahl zu betrachten. ADO ist moderner, schneller (was die Performance betrifft) und aktueller. ODBC ist universeller, hat aber eben einige Nachteile. Aber eine ADO-Verbindung auf eine ODBC-Basis aufzusetzen (wie hier im Beispiel geschehen), ist natürlich nicht empfehlenswert.

```
xmlns:number="urn:oasis:names:tc:opendocument:xmlns:datastyle:1.0" xmlns:ooo="http://openoffice.org/2004/office"
xmlns:db="http://openoffice.org/2004/database" office:version="1.0">
<office:automatic-styles />
- <office:body>
  - <office:database>
    - <db:data-source db:connection-resource="sdbc:ado:Provider=MSDASQL;Persist Security Info=False;Data
        Source=SK_OLBC" db:suppress-version-columns="true" db:append-table-alias-name="true" db:boolean-comparison-
        mode="equal-integer" db:enable-sql92-check="false" db:parameter-name-substitution="true">
        <db:login db:is-password-required="false" />
      - <db:table-filter>
          <db:table-filter-pattern>%</db:table-filter-pattern>
        </db:table-filter>
      - <db:data-source-settings>
        - <db:data-source-setting db:data-source-setting-is-list="false" db:data-source-setting-
            name="EnableOuterJoinEscape" db:data-source-setting-type="boolean">
            <db:data-source-setting-value>true</db:data-source-setting-value>
          </db:data-source-setting>
        - <db:data-source-setting db:data-source-setting-is-list="false" db:data-source-setting-
            name="PreferDosLikeLineEnds" db:data-source-setting-type="boolean">
            <db:data-source-setting-value>false</db:data-source-setting-value>
          </db:data-source-setting>
        </db:data-source-settings>
      </db:data-source>
    </office:database>
  </office:body>
</office:document-content>
```


Abbildung 2.34 ADO-Verbindung in der content.xml

Die Vorteile der ADO-Verbindung werden dadurch substituiert, und es ist nur noch eine zusätzliche Zwischenschicht hinzugekommen. Wenn es also keine »native« ADO-Verbindung gibt, kann man gleich eine Standard-ODBC-Anbindung wählen.

2.7.4 Microsoft Access-Datenbanken

Nun haben wir schon im Beispiel der ADO-Datenquellen eine Access-Datenbank als Beispiel genutzt, doch kann OpenOffice.org das natürlich auch einfacher. Hier muss ebenfalls angemerkt werden, dass der native Access-Treiber in OpenOffice.org Base nur im Betriebssystem Windows von Microsoft zur Verfügung steht. Arbeiten Sie beispielsweise unter Linux, so werden Sie den Eintrag »Microsoft Access« vergeblich suchen. Das heißt aber nicht, dass Sie eine solche Datenbank nicht auch angebunden bekommen. Sie richten dann eben einfach eine ODBC- oder eine JDBC-Verbindung ein, die entsprechenden Treiber vorausgesetzt. Des Weiteren ist ein »nativer« Access-Treiber für Linux in Arbeit, siehe hierzu auch Informationen auf der Homepage von OpenOffice.org. Bleiben wir aber zunächst beim Windows-System.

Hinweis

OpenOffice.org Base kann Access-Datenbanken ansteuern und auf die reinen Daten zugreifen. Es ersetzt aber nicht Access, das heißt, alle Formulare, Abfragen, Berichte oder Programmierungen sind unter Base nicht ansprechbar. Lediglich die Datenbestände, die Tabellen, Spalten, Zeilen sowie die darin befindlichen Daten werden bearbeitbar!

Um eine bestehende Access-Datenbank einzubinden, benötigen Sie mindestens die Datei an sich (*.mdb). Das Programm »Access« muss weder auf Ihrem Rechner installiert sein, noch benötigen Sie eine entsprechende Lizenz. Mit Base können Sie jedoch auch keine neuen Access-Datenbanken erzeugen, wohl aber neue Tabellen oder neue Datensätze in bestehenden Tabellen in existierenden Access-Datenbanken.

Achtung

Aktuell kann Base keine mit Passwort geschützten Access-Datenbanken öffnen, auch wenn Sie das Passwort kennen. Die Verbindung zur Datenquelle kann in diesem Fall nicht hergestellt werden. In einem solchen Fall müssen Sie die Datenbank in Access öffnen und das Kennwort entfernen – dann klappt es auch mit Base.

Betrachten wir zunächst eine bestehende Access-Datenbank (hier eine Interessenten-Datenbank mit 1110 Einträgen). Die Access-Datei umfasst eine Tabelle (KDSTAMMD) sowie zwei Formulare, die allerdings nicht übernommen werden. Die Datei ist nicht passwortgeschützt und liegt im Access 2000-Format vor.

Die bestehende Access-Datei (der Datenbestand) soll nun künftig mit OOo Base weitergepflegt und bearbeitet werden. Eine Konvertierung soll nicht stattfinden, das heißt, die ursprüngliche Datei soll auch in Zukunft als Access-Datei bestehen bleiben und dort noch bearbeitbar sein.

Diese Aussage ist recht wichtig, da im Detail neben den reinen Daten nämlich noch mehr Tabellen in der Access-Datei stecken, die für Base ohne Bedeutung, für Access aber notwendig sind!

Um diese Datenbank nun in Base zu öffnen, erstellt man zunächst einen neuen Base-Container (neue Datenbank). Im ersten Schritt aktiviert man die Option »Verbindung zu einer bestehenden Datenbank herstellen« und wählt aus der Liste »Microsoft Access« aus (siehe Abbildung 2.36).

»Microsoft Access« ist in der Liste in der Regel der erste Eintrag, der Scrollbalken befindet sich aber im unteren Bereich, und der Eintrag ist somit nicht direkt sichtbar. Hier hilft »scrollen«.

Hinweis

Wenn Sie OpenOffice.org auf einem anderen Betriebssystem als unter Windows nutzen, brauchen Sie nicht zu suchen – dort gibt es den Eintrag »Microsoft Access« gar nicht. Der native Access-Treiber ist nur in einer Windows-Umgebung verwendbar und wird auch nur dort angezeigt.

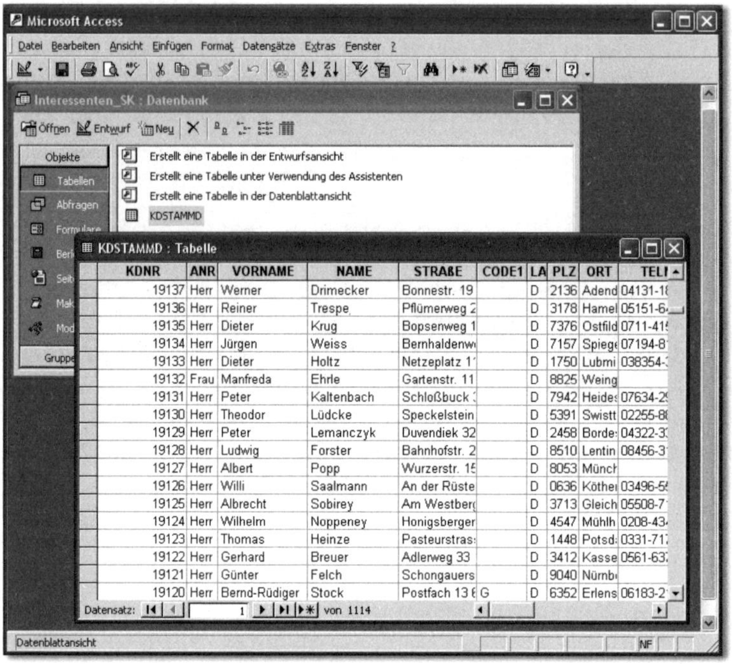

Abbildung 2.35 Die ursprüngliche Access-Datenbank

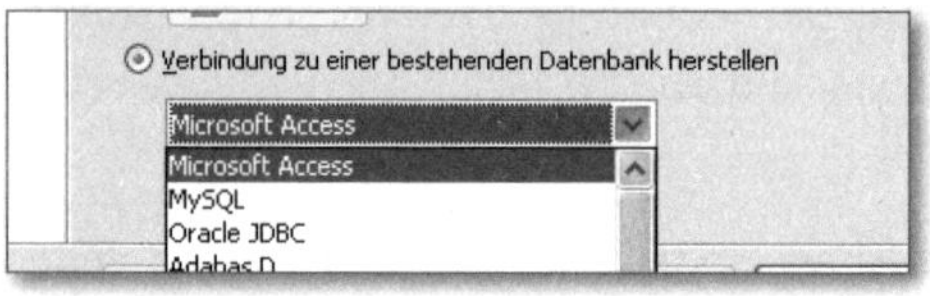

Abbildung 2.36 Der Access-Treiber wird ausgewählt.

Mit der Auswahl des Datenbanktyps »Access« ändert sich auch die Aufgabenführung des Datenbank-Assistenten. Der 2. Schritt heißt jetzt: »Microsoft Access-Verbindung einrichten«. Das war es dann auch schon. Der 3. Schritt ist der Abschluss.

Mit **Weiter** geht es zum nächsten Schritt:

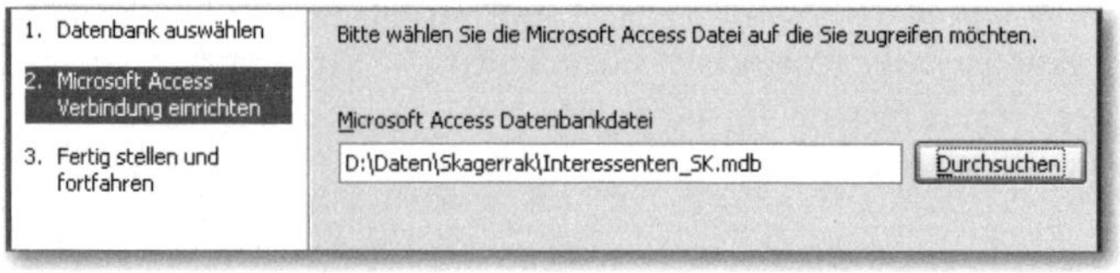

Abbildung 2.37 Die bestehende Access-Datei wird ausgewählt.

Klicken Sie auf **Durchsuchen**, dann öffnet sich ein Dateibrowser, der Ihnen sehr einfach die bestehenden Access-Dateien anzeigt. Sie können bequem auswählen.

Und das war es dann auch schon. In Schritt 3 machen Sie noch die üblichen Abschlussangaben für Base, speichern die Datei unter einem eigenen Namen und können sofort mit der Bearbeitung beginnen.

So viel zur Theorie – die Praxis hält leider einige »Tücken« bereit. Access ist eben nicht Base. Base beruht intern auf SQL – ist also häufig vielseitiger und genauer als Access, die Umsetzung kann insofern zu Problemen führen.

Betrachten wir zunächst die Struktur (siehe Abbildung 2.38): Neben der eigentlichen Datentabelle »KDSTAMMD«, die alle Daten in genau der gleichen Struktur enthält wie die Access-Tabelle, sind nun zusätzlich sechs weitere Tabellen sichtbar. Eine nennt sich »Abfrage1« und spiegelt eine auch in Access vorhandene Tabelle (basierend auf einer Abfrage) wider. In Access ist diese jedoch unter Abfragen zu finden, in Base wird sie bei den Tabellen untergebracht.

Die übrigen fünf Tabellen (sie beginnen alle mit **MSys***) sind interne Access-Tabellen, die Sie weder unter Base benötigen noch hier lesen oder bearbeiten können. Wollen Sie die Access-Datei aber später auch noch als Access-Datei wieder laden, so sollten Sie die internen Access-Tabellen auch in Ruhe lassen – die werden von Access intern benötigt. Wenn Sie nur die Datenbestände nutzen, könnten Sie diese theoretisch auch löschen, dann jedoch ist es sinnvoll, die Daten einfach zu konvergieren – und eine eigene Datenbank (z. B. HSQLDB) anzulegen.

Der nächste Unterschied wird deutlich, wenn man sich einmal die Details der Tabellenstruktur ansieht (siehe Abbildung 2.39). Base kennt deutlich mehr Feldtypen als Access und muss diese daher so gut wie möglich umwandeln. Andererseits gibt es auch Feldtypen in Access, die Base (oder SQL) eben nicht kennt – auch hier kann es zu Fehlern kommen.

Beispiel: Das Feld »Memos« besitzt in Access den Feldtyp »Memo«, dieser ist aber Base unbekannt. In Base wird daraus »SQL Null[]«, ein Feldtyp, den man praktisch nicht nutzen kann. Auch werden Zahlenfelder immer in den Typ »Double« umgewandelt, was aber oft gar nicht nötig wäre.

Kennt man also die kleinen »Tücken« einer Konvertierung, arbeitet man entsprechend und bessert bei Bedarf nach, lassen sich Access-Tabellen sehr gut in Base bearbeiten und einbinden.

Noch ein wichtiger Hinweis, der allerdings nicht auf Access-Datenbanken begrenzt ist, sondern sich auf viele »Fremdtypen« bezieht: **Base kann Tabellen ohne Primärschlüssel nicht editieren oder erweitern, sondern nur lesend darauf zugreifen.**

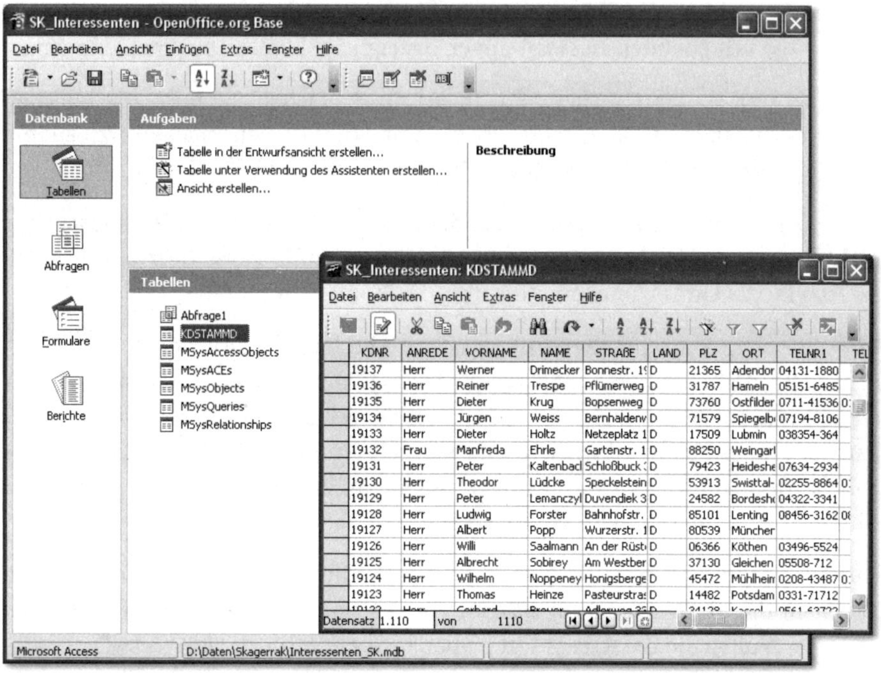

Abbildung 2.38 Die Access-Datei in Base

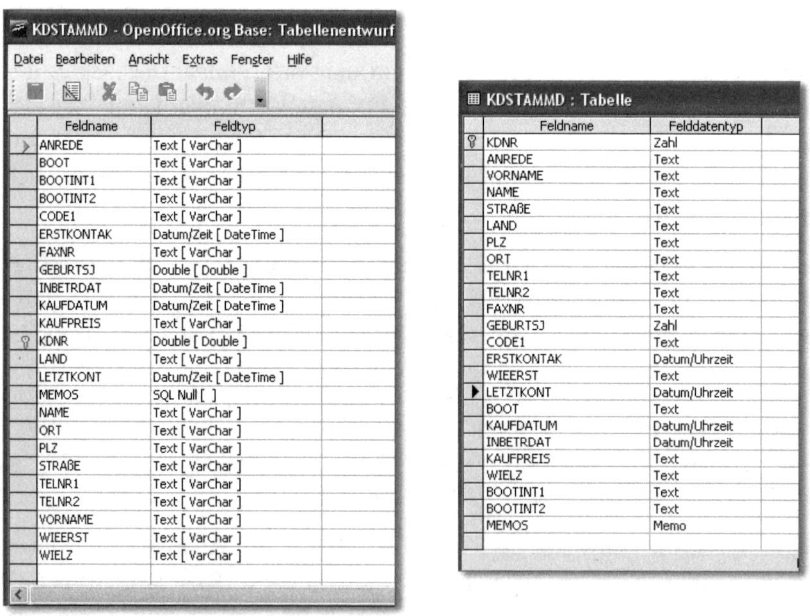

Abbildung 2.39 Links Base, rechts Access – die unterschiedlichen Feldtypen

In Access ist es aber nicht notwendig, einen expliziten Primärschlüssel zu definieren (obwohl es natürlich auch dort angebracht wäre). Wird dann eine solche Datei in Base als Datenquelle eingebunden, sind die Tabellen nicht editierbar. Jetzt hilft nur, einen neuen Primärschlüssel zu definieren oder eine vorhandene Spalte in einen Primärschlüssel umzuwandeln. Das sollte jedoch in Access selbst geschehen – bei Base kann es passieren, dass es zu Fehlern bei der Rückschreibung (Speicherung) in die Access-Datei kommt und die Daten der kompletten Spalte unwiderruflich gelöscht (verschwunden) sind.

Achtung

Bevor Sie Datenstrukturen einer Access-Datei in Base ändern, sollten Sie unbedingt eine Sicherungskopie der Access-Datei erstellen. Es droht Datenverlust!

Wie schon anfangs erwähnt, sind natürlich in Access definierte Formulare und Berichte in Base nicht nutzbar und auch nicht erreichbar. Diese müssen neu erstellt werden. Das Gleiche gilt für Abfragen. Sie können zwar ihre Ergebnisse sehen (die Ergebnistabellen), die Abfrage selbst aber nicht. Auch hier ist Nacharbeit angesagt. Und natürlich wollen wir auch hier einen Blick in die **content.xml** werfen und überprüfen, wie Base intern die Access-Datenbank anbindet.

Dabei wird schnell klar, warum der Access-Treiber nur unter Windows zur Verfügung steht – genutzt wird der **ADO-Datentreiber**, und das ADO-System gibt es eben auch nur unter Windows (siehe vorherigen Abschnitt). Alle anderen Daten sind selbsterklärend und bedürfen keiner weiteren Erläuterung. Höchstens noch ein Hinweis – für alle Experimentierwilligen: Das `db:Login`-Tag ist natürlich auch hier vorhanden. Zwar gab es keine Dialogmaske beim Erzeugen des Base-Containers, der diese Einstellungen vorgenommen hätte, genutzt werden hier aber die Standardvorgaben: `db:login` – kein Wert, `db:is-password-required="false"`.

Sie erinnern sich: Passwortgeschützte Access-Dateien kann Base nicht einbinden – es kommt zu einem Verbindungsfehler.

```
  xmlns:number="urn:oasis:names:tc:opendocument:xmlns:datastyle:1.0"
  xmlns:ooo="http://openoffice.org/2004/office" xmlns:db="http://openoffice.org/2004/database"
  office:version="1.0">
  <office:automatic-styles />
- <office:body>
  - <office:database>
    - <db:data-source db:connection-resource="sdbc:ado:access:PROVIDER=Microsoft.Jet.OLEDB.4.0;DATA
        SOURCE=D:\Daten\Skagerrak\Interessenten_SK.mdb" db:suppress-version-columns="true"
        db:append-table-alias-name="true" db:boolean-comparison-mode="equal-integer" db:enable-sql92-
        check="false">
        <db:login db:is-password-required="false" />
      - <db:table-filter>
          <db:table-filter-pattern>%</db:table-filter-pattern>
```

Abbildung 2.40 Ausschnitt der content.xml einer Base-Access-Verbindung

Nun könnte man natürlich diese Datei mit einem beliebigen reinen Texteditor öffnen und den Passwort-Wert auf **True** setzen. Das ist theoretisch auch möglich, es würde sich jetzt – beim Versuch, eine Verbindung herzustellen – zunächst ein Dialog öffnen und den Benutzernamen und das Passwort abfragen. Dies ist immer dann der Fall, wenn der Passwort-Wert auf **True** steht, und wird von Base gesteuert. Die Eingaben des Dialogs werden dann aber an den Treiber übergeben – und wenn der damit nichts anfangen kann, wie hier im Fall des ADO-Access-Treibers, hat man leider noch immer nichts erreicht. Dann folgt die Fehlermeldung eben erst jetzt.

Also, es bleibt dabei: Mit Passwort geschützte Access-Dateien lassen sich in Base nicht öffnen, die Verbindung zur Datenquelle kann nicht hergestellt werden.

Access-Zugriff unter Linux

Derzeit ist im DBA-Projekt von OpenOffice.org ein nativer mdb-sdbc-Treiber in Arbeit, aktuell noch in einer sehr frühen Versionsnummer. Dieser nutzt die MDB-Tools unter Linux, um Microsoft Access Files direkt zu lesen.

Details zum Treiber und zur Installation sowie den Treiber selbst finden Sie auf der Seite *http://dba.openoffice.org/drivers/mdb/index.html.*

Hier die Vorgehensweise in Kürze:

- Laden Sie die MDB-Tools als Source-Tarball von **mdbtools.sourceforge.net** herunter, und entpacken Sie diese.
- Fügen Sie den Patch (zu finden auf *http://dba.openoffice.org/drivers/mdb/diff-mdbtools.diff*) hinzu.
- Anschließend bauen und installieren Sie die MDB-Tools.
- Dann laden Sie den Treiber **mdb-sdbc-driver-0.5.0.zip** (die Versionsnummer kann sich natürlich ändern) von oben genannter Homepage herunter.
- Jetzt starten Sie eine Shell und wechseln zu `/Pfad/zu/OpenOffice.org/program`.
- Geben Sie nun das folgende Kommando ein:
  `unopkg add /pfad/zum/Downloadtreiber/mdb_sdbc_driver-0.5.0.zip`.
- Wird zusätzlich die `--shared`-Option eingegeben, steht der Treiber anschließend jedem Benutzer zur Verfügung.

Jetzt können Sie Base auch unter Linux direkt mit Access-Dateien verbinden: Der Treibername erscheint in der Auswahlliste für Datenbanken.

2.7.5 dBASE-Datenbanken

dBASE-Datenbanken sind nach wie vor weit verbreitet. Bei ihnen handelt es sich eigentlich »nur« um eine spezielle, strukturierte Tabelle. Normalerweise lassen sich diese Datenbanken sehr einfach in jede Tabellenkalkulation einlesen und dort direkt bearbeiten, doch können dBASE-Dateien natürlich auch als Datenquellen für Base dienen.

Und so geht das: Zunächst erstellt man einen neuen Base-Container (eine neue Datenbank) und wählt im 1. Schritt die Option »Verbindung zu einer bestehenden Datenbank herstellen«. Aus der Dropdown-Liste aktiviert man nun »dBASE«, und der Assistent passt die Aufgabenschritte links entsprechend an.

Auch dBASE-Dateien erfordern keine großen Aktivitäten, es bleibt bei drei Schritten, und mit **Weiter** kommen Sie auf die Einstellungsseite.

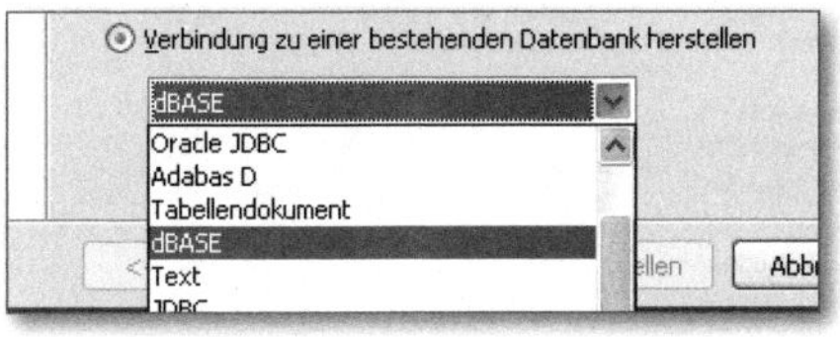

Abbildung 2.41 dBASE-Datei auswählen

Eine Besonderheit gibt es jedoch bei dBASE-Dateien: Pro Datei (Dateierweiterung *.dbf) wird immer nur eine Tabelle abgebildet. Benötigt man mehrere Tabellen, werden diese alle einzeln in einer eigenen dBASE-Datei gespeichert – eine dBASE-Datenbank besteht also nicht zwangsläufig aus einer Datei (wie dies beispielsweise bei Access der Fall ist), sondern kann aus diversen Einzeldateien zusammengesetzt sein.

Base bindet alle verfügbaren Tabellen ein, verbindet also mit allen dazugehörigen Datenbank-Dateien. Um die Dazugehörigkeit zu demonstrieren, müssen alle dBASE-Dateien im gleichen Verzeichnis zu finden sein: Dann werden automatisch alle passenden Dateien eingebunden.

Insofern werden Sie im zweiten Schritt auch aufgefordert, den Pfad zu den dBASE-Dateien anzugeben, nicht eine einzelne Datei. Mit **Durchsuchen** können Sie im Dateisystem direkt browsen und den entsprechenden Ordner auswählen. Der Auswahldialog erlaubt keine Dateiauswahl – also müssen Sie wissen, wo die gewünschten dBASE-Dateien zu finden sind.

Das waren dann auch schon alle Einstellungen. In Schritt 3 folgen wieder die Abschlussarbeiten: Sie speichern die Base-Datei und können nun direkt auf die dBASE-Datenbanken zugreifen.

Hinweis

dBASE-Dateien weisen eine Besonderheit auf. Obwohl üblicherweise Datentabellen ohne Primärschlüssel in Base nicht editiert werden können, gibt es eben eine Ausnahme: dBASE. Diese Dateien lassen sich ohne Einschränkungen trotz fehlender Primärschlüssel bearbeiten und editieren – eine Besonderheit des dBASE-Treibers.

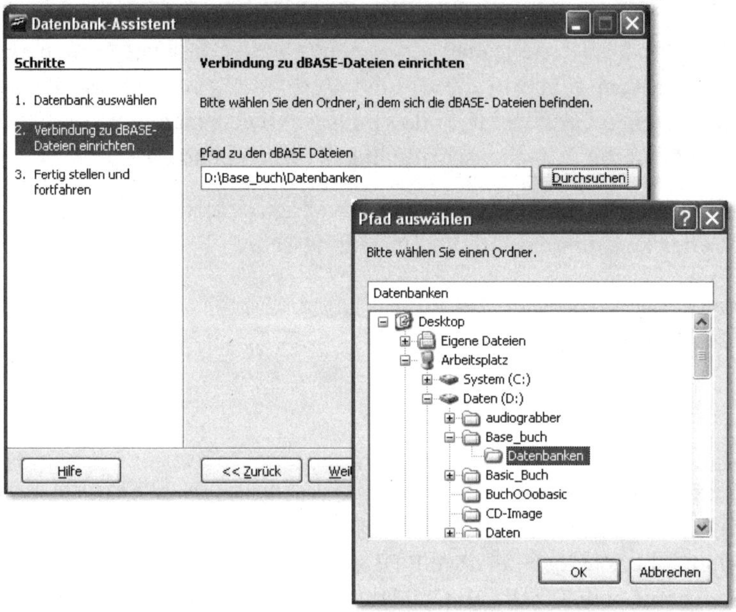

Abbildung 2.42 dBASE-Dateien einbinden – Pfad auswählen

Öffnen Sie nun die Base-Datei, so finden Sie alle im Verzeichnis bestehenden dBASE-Dateien als Tabellen in der Base-Umgebung (siehe Abbildung 2.43).

Ein wenig Nacharbeit kann bei dBASE-Dateien erforderlich sein. Da man während der Erzeugung des Base-Containers keinen Einfluss auf den verwendeten Zeichensatz hat, kann es sein, dass Sonderzeichen wie Umlaute nicht korrekt dargestellt werden. Dann sollte man über das Menü **Bearbeiten • Datenbank • Eigenschaften** im Abschnitt **Datenkonvertierung** den Zeichensatz nachträglich anpassen. Eventuell ist ein wenig Ausprobieren nötig, bis man den passenden Zeichensatz gefunden hat. Eine gute Wahl ist oft (zumindest auf Windows-Systemen) der Satz »Westeuropa (DOS/OS2-850 International)«, doch ist dieser selten voreingestellt (siehe Abbildung 2.44).

Bleibt zum Schluss auch hier ein Blick in die **content.xml** (Abbildung 2.45).

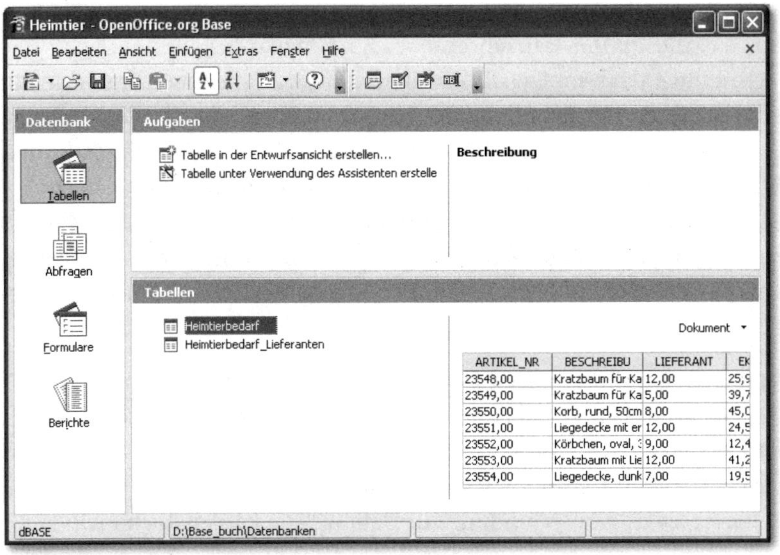

Abbildung 2.43 Die dBASE-Dateien in der Tabellenansicht

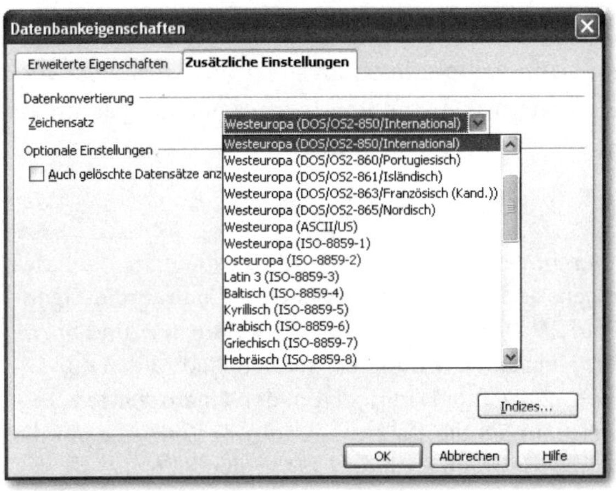

Abbildung 2.44 Anpassen des Zeichensatzes

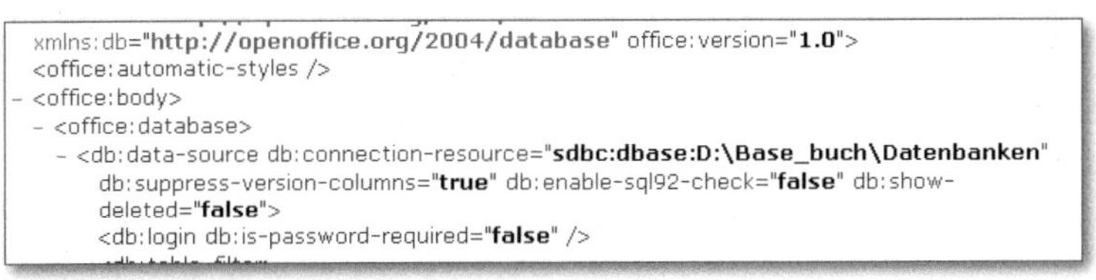

Abbildung 2.45 Die dBASE-Verbindung in der content.xml

Genutzt wird der Service »sdbc:dbase«, dem der Pfad zu dem Verzeichnis übergeben wird, das die dBASE-Dateien enthält. So einfach das alles aussieht: Die Tücken stecken eben doch im Detail. Wie hier schön zu erkennen ist, wurde der absolute Pfad während der Erstellung des Base-Containers eingetragen. Werden die dBASE-Dateien verschoben, funktioniert die Base-Datei auch nicht mehr, das ist logisch. Dann kann man natürlich den Pfad für die Verbindung auch nachträglich ändern – ohne die **content.xml** zu editieren. Dazu ruft man den Menübefehl **Bearbeiten • Datenbank • Eigenschaften** auf und wählt dort den Reiter **Erweiterte Eigenschaften**. Dort steht der Pfad. Er kann editiert oder auch neu ausgewählt werden.

Leider geht das aber nur im lokalen System. Die Datenbank (Base) muss im gleichen System gestartet werden, in dem sich auch die dBASE-Dateien befinden. Es ist also nicht möglich, eine *.odb-Datei mit einer dBASE-Datenquelle innerhalb eines Netzwerks aufzurufen und auf einem entfernten Rechner zu starten. Die Base-Datei startet zwar, die Verbindung zur Datenquelle kann jedoch nicht mehr hergestellt werden, da sich der absolute Pfad ja auf den fremden Rechner bezieht, im aktuellen System aber interpretiert wird.

Sollte ein solcher Fall einmal bei Ihnen vorkommen, so können Sie natürlich einen eindeutigen Netzwerkpfad für das Verzeichnis der dBASE-Dateien eintragen; der Zugriff funktioniert dann sowohl lokal als auch über das Netzwerk. Wie der Pfad im Einzelnen aussehen muss, hängt von Ihrer Umgebung ab und ist nicht pauschal zu beschreiben.

Tipp

Um den Netzwerkpfad zu evaluieren, versuchen Sie Folgendes: Öffnen Sie die Base-Datei über das Netzwerk auf einem anderen Rechner. Gehen Sie nun in die **Eigenschaften**, und ändern Sie den Pfad. Wählen Sie den Button **Durchsuchen**, und browsen Sie im Explorer wieder auf Ihr Netzlaufwerk und dort auf den Pfad zu den dBASE-Dateien. Klicken Sie auf **OK**. Der Netzwerkpfad steht jetzt in den **Eigenschaften**. Testen Sie die Verbindung, und speichern Sie die Datei bei Erfolg. Testen Sie dann die Base-Datei auch im lokalen System – sie sollte auch dort funktionieren (sonst stimmt etwas mit Ihrem Netzwerk nicht).

Unter Windows in einem kleinen Netzwerk sieht der Pfad zum Beispiel wie in Abbildung 2.46 aus.

Natürlich könnte man einen solchen »qualifizierten« Netzwerkpfad auch direkt in der **content.xml** editieren, dies hier ist aber der bequemere Weg.

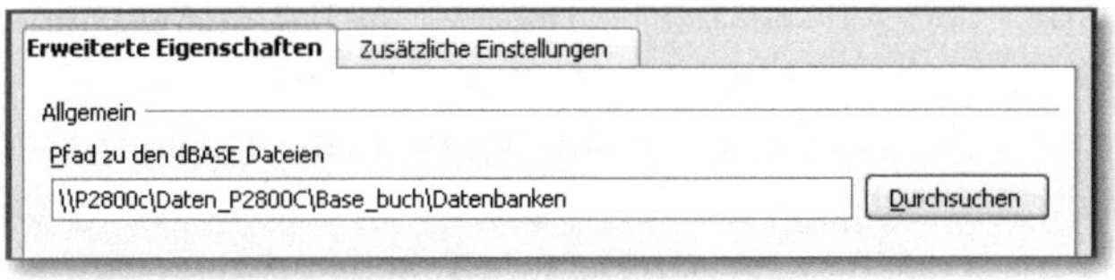

Abbildung 2.46 Netzwerkpfad zu den Dateien

2.7.6 MySQL-Datenbanken

OpenOffice.org Base als Frontend für »echte« Datenbanken – das ist wohl der interessanteste Nutzen von Base. Und MySQL ist sicher eine der interessantesten, freien und am weitesten verbreiteten Vertreterinnen dieser Kategorie, insofern fällt dieses Kapitel ein wenig ausführlicher aus. Mit MySQL steht Ihnen eine relationale ausgewachsene SQL-Datenbank zur Verfügung, die keine Wünsche offen lässt, plattformübergreifend installierbar und leicht zu administrieren ist. Ob Sie nun einen eigenen Datenbank-Server betreiben oder diese Datenbank nur lokal nutzen, ist im Grunde egal – die Möglichkeit des gleichzeitigen Zugriffs auch von verschiedenen Arbeitsplätzen prädestiniert MySQL (oder eben eine andere Datenbank) immer dann, wenn Ihre Anwendung über die Einzel- und Arbeitsplatzlösung hinausgehen soll – eben immer dann, wenn die in Base genutzte HSQLDB-Engine nicht mehr ausreicht.

Die MySQL-Datenbank steht unter einer dualen Lizenz und kann unter GPL genutzt werden. Das heißt, sie ist ebenso frei wie OpenOffice.org. Sie erhalten die komplette, aktuelle Datenbank unter *www.mysql.com*, ebenso wie diverse Verwaltungstools und – wie später noch gezeigt wird – wichtige, notwendige Treiber. Sie finden die Datenbank auch auf der beiliegenden DVD, dort mit einer ausführlichen Installationsanweisung für Windows-Systeme.

Linux-Distributionen bringen in der Regel die MySQL-Datenbank ohnehin mit. Bitte lesen Sie in der Dokumentation Ihrer Distribution nach, wie sich die Datenbank aktivieren lässt.

Im Folgenden wird davon ausgegangen, dass Sie bereits einen MySQL-Datenbank-Server laufen haben und dieser entsprechend konfiguriert ist.

Base und MySQL

Mit Base haben Sie nun das perfekte Frontend für Ihre Datenbank. Sie können einfach zu bedienende Formulare entwerfen, Abfragen gestalten und Berichte generieren. Natürlich können Sie auch Tabellen entwerfen und erzeugen, Daten eingeben und vieles mehr – nicht aber neue Kataloge (Datenbanken) anlegen. Hierzu benötigen Sie am einfachsten ein Verwaltungstool für MySQL (zum Beispiel **MySQL Administrator** – ebenfalls auf der DVD – oder auch **phpMyAdmin**, falls Sie einen Webserver laufen haben), womit Sie dann zumindest eine leere Datenbank (Kataloge oder Schemas) anlegen können. Existiert eine solche Datenbank, können Sie diese dann als Datenquelle in Base einbinden und alle weiteren Aufgaben dort erledigen – auch das Erzeugen der ersten Tabelle.

Starten Sie nun Base, und erzeugen Sie einen neuen Base-Container. Im ersten Aufgabenschritt wählen Sie die Option »Verbindung zu einer bestehenden Datenbank herstellen«, und aus der Dropdown-Liste aktivieren Sie »MySQL«. Der Assistent passt nun die Aufgabenschritte links entsprechend an.

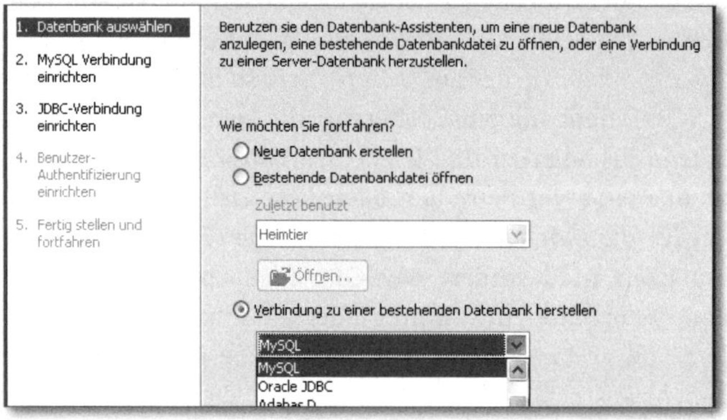

Abbildung 2.47 MySQL-Verbindung auswählen

Nun bringt Base zwar einen offensichtlich nativen MySQL-Treiber mit, aber lassen Sie sich davon nicht täuschen. Die Schrittfolge zeigt schon die zusätzlichen Aufgaben, wobei zunächst nur Schritt 2 und 3 aktivierbar sind. Klicken Sie auf **Weiter**, folgt der Dialog zum Einrichten der MySQL-Verbindung (Abbildung 2.48).

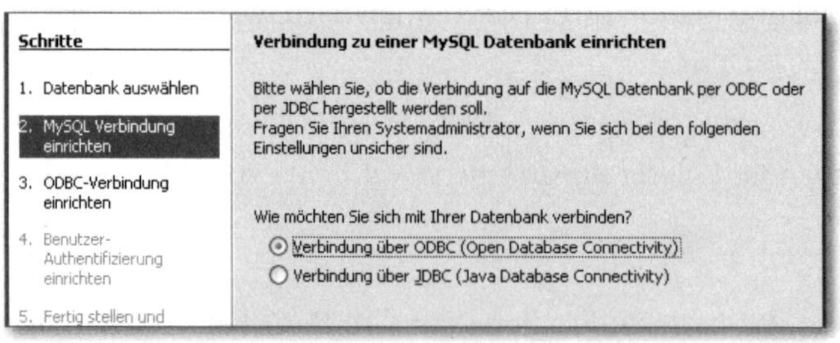

Abbildung 2.48 Auswahl der Verbindung zur MySQL-Datenbank

Hier zeigt sich, dass auch der MySQL-Treiber auf Standard-Verbindungstypen aufsetzt, entweder JDBC oder (meist nur auf Windows-Systemen) ODBC. Beide Verbindungsmöglichkeiten werden im Folgenden ausführlich besprochen, jeweils am Beispiel eines Windows-basierenden Betriebssystems.

MySQL-ODBC-Verbindung

Eine ODBC (Open DataBase Connectivity – frei übersetzt »offene Datenbank-Verbindungsmöglichkeit«) ist eine standardisierte Datenbankschnittstelle, die SQL als Datenbanksprache verwendet. Ursprünglich von Microsoft entwickelt, ist die ODBC-Schnittstelle heute auch in anderen Systemen möglich und vorhanden.

Eine ODBC-Verbindung wird unabhängig von Base im Betriebssystem eingerichtet. Auf diese dann bestehende Struktur greift Base zu.

Unter Windows verwalten und richten Sie ODBC-Datenquellen in einem eigenständigen Programm (Dialog) ein. Diesen Dialog finden Sie bei Windows XP beispielsweise hier:

Abbildung 2.49 ODBC-Datenquellen unter Windows XP einrichten

In anderen Windows-Versionen (beispielsweise Win 2000 oder auch Vista) suchen Sie bitte unter **Systemsteuerung • Verwaltung • Datenquellen(ODBC)** beziehungsweise unter Vista direkt nach ODBC.

Es öffnet sich der »ODBC Datenquellen-Administrator«, in dem Sie die Benutzerdatenquellen verwalten. Bevor Sie nun eine neue Quelle hinzufügen können, sollten Sie überprüfen, ob es überhaupt schon einen MySQL ODBC-Treiber gibt. Gehen Sie dazu auf den Reiter **Treiber**, und suchen Sie den Eintrag **MySQL ODBC 3.51 Driver**.

Dieser Treiber ist standardmäßig nicht Bestandteil des Windows-Systems, Sie müssen ihn manuell nachinstallieren. Besorgen Sie sich dazu den aktuellen Treiber von der MySQL-Homepage unter *http://dev.mysql.com/downloads/*. Sie finden ihn im Abschnitt »Application Programming Interfaces (APIs)« und dort unter »Connector/ODBC«.

! **Wichtig**

Aktuell (Sep 2007) werden dort zwei Releases angeboten: Version 5.0 (Beta) sowie Version 3.51. Wählen Sie unbedingt Version 3.51, Version 5.0 ist für Base (noch) nicht nutzbar – Base kann damit keine Verbindung herstellen!

Der Treiber ist auch auf der DVD im Verzeichnis »MySQL« zu finden (Windows- und Linux-Version).

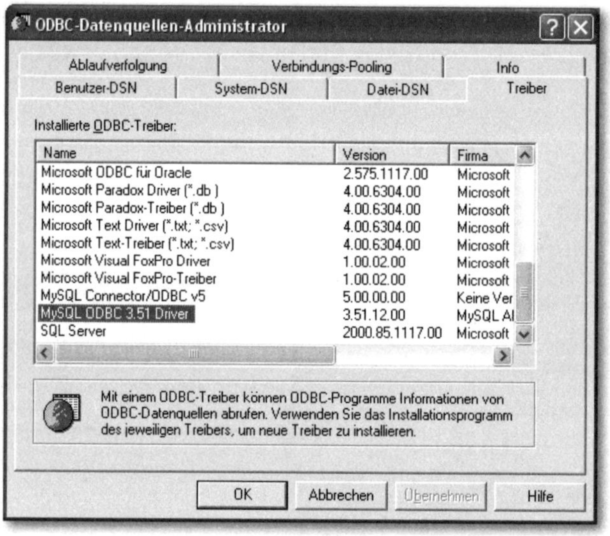

Abbildung 2.50 MySQL-ODBC-Treiber unter Windows XP

Installation des Treibers (Windows)

Der Treiber liegt beispielsweise als *.msi-Datei vor, nutzt also den Microsoft Installer-Dienst. Ein Doppelklick auf die Installer-Datei **mysql-connector-odbc-3.51.19-win32.msi** startet die menügeführte Installation.

Folgen Sie einfach den Anweisungen. Wählen Sie im zweiten Dialog die »typische« Installation (»Typical«), bestätigen Sie alles, und eine Erfolgsmeldung zeigt das Ende des Installationsvorgangs an.

Ist der Treiber installiert, sollten Sie ihn wie oben dargestellt im Datenquellen-Administrator entdecken können. Nun kann eine Datenverbindung zu einem MySQL Server hergestellt werden, unter Verwendung von ODBC.

Erzeugen einer ODBC-MySQL-Benutzerdatenquelle

Stellen Sie zunächst sicher, dass Sie den Treiber installiert haben und dass Ihr MySQL-Server läuft. Während der Treiber auf dem lokalen System installiert sein muss, kann der MySQL-Server auch auf einem anderen Netzwerk-Computer laufen. Achten Sie dann aber darauf, dass Ihre persönlichen Firewall- und Sicherheitseinstellungen eine Verbindung zum Server erlauben.

Wählen Sie nun im Datenquellen-Administrator den Reiter **Benutzer-DSN**. Auf ihm sind alle bereits eingerichteten Datenquellen aufgelistet und können dort auch bearbeitet oder verändert werden. Da Sie ja nun eine neue (MySQL-)Verbindung erstellen wollen, klicken Sie auf den Button **Hinzufügen**.

Als Erstes öffnet sich ein Fenster zur Auswahl des Datenquellen-Treibers (Abbildung 2.51).

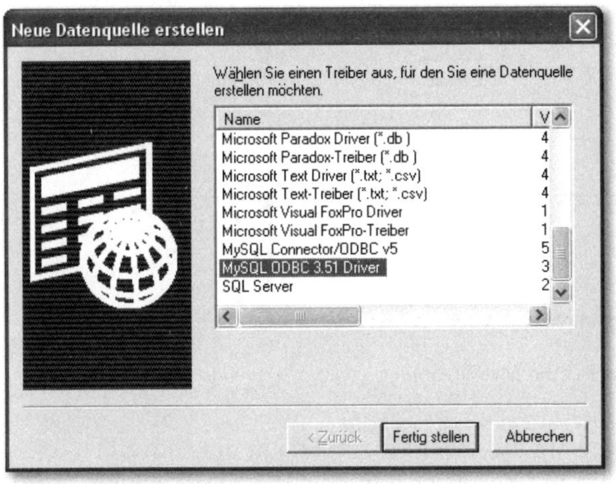

Abbildung 2.51 Wahl des MySQL-ODBC 3.51-Treibers

Suchen Sie den passenden Eintrag (wichtig: Version 3.51!), und bestätigen Sie mit **Fertig stellen**. In diesem Moment starten Sie den MySQL-Treiber und das dort eigene Konfigurationsfenster, in dem Sie jetzt alle weiteren und wesentlichen Verbindungsdaten eingeben können.

Nun benötigen Sie natürlich die Daten zu Ihrer Datenbank. Der MySQL-Connector-Dialog bietet Ihnen auf der rechten Seite immer eine Ausfüllhilfe zu dem jeweiligen Feld an, in dem der Cursor steht. Mindestens auszufüllen sind alle Felder der Karteikarte »Login«. Die beiden anderen Bereiche, »Connect Options« und »Advanced«, sollten nur dann geändert werden, wenn Sie genau wissen, was Sie da tun. Bei Standardeinstellungen ist dort nichts zu ändern. Bleiben wir also zunächst in »Login«.

Als **Data Source Name** können Sie einen beliebigen Namen Ihrer Wahl eingeben. Unter diesem Namen werden Sie später die ODBC-Datenbankverbindung ansprechen und wiederfinden. Dieser **Name** wird auch in der Liste der Benutzer-DSN im Verwaltungsfenster der ODBC-Quellen von Windows erscheinen und kann dort entsprechend identifiziert werden. Der Name sollte also – für Sie – aussagekräftig und kontextbezogen gewählt werden.

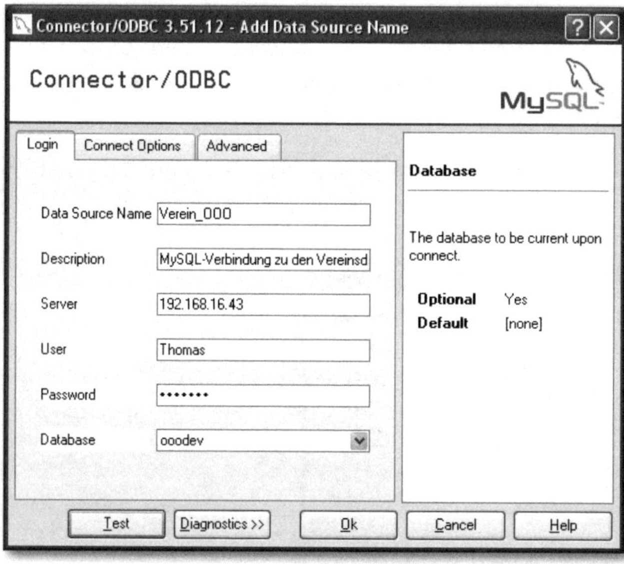

Abbildung 2.52 Die Zugangsdaten zum MySQL-Server

Das Feld **Description** können Sie mit einer kurzen Erläuterung ausfüllen, es ist aber optional. Normalerweise nutzt man es, um den DSN (Data Source Name) anzugeben.

Als **Server** muss nun der (Netzwerk-)Name des Rechners eingetragen werden, auf dem der MySQL-Server läuft. Ersatzweise kann auch die IP-Adresse (bei statischen bzw. fest vergebenen Adressen) als Servername dienen. Läuft der MySQL-Server auf dem gleichen Rechner, auf dem auch die ODBC-Verbindung eingerichtet wird, trägt man als Servernamen entweder »Localhost« oder eben »127.0.0.1« ein.

Unter **User** schließlich wird der Name des Benutzers eingetragen. Dieser Benutzer muss natürlich identisch sein mit einem Benutzer des MySQL-Servers, also dort bekannt und mit entsprechenden Rechten versehen sein. Zusätzlich wird – falls es so in MySQL konfiguriert und eingestellt ist – das **Passwort** des Benutzers verlangt.

Sollten Sie sich bei diesen beiden Einstellungen unsicher sein, schauen Sie einmal in einem MySQL-Verwaltungstool nach: Erreichen Sie dort die Datenbank, können Sie die Daten getrost übernehmen – sie funktionieren dann auch hier. Sind Benutzername und Passwort eingetragen, versucht der Connector automatisch eine Verbindung zum Server herzustellen und bietet dann im letzten Feld eine Dropdown-Liste aller Datenbanken (Schemas oder Kataloge) an, für die der Nutzer die entsprechenden Zugriffsrechte besitzt. Aus dieser Liste wählt man nun die gewünschte Datenbank.

Ist die Liste leer, kann das mehrere Ursachen haben: Verbindungsparameter (Servername, Port oder Socket) stimmen nicht, der MySQL-Server läuft gar nicht, die Benutzerdaten sind falsch, der Benutzer hat gar keine Rechte innerhalb der Datenbanken und so weiter.

Zeigt die Liste Datenbanken an, ohne dass die gewünschte (oder erwartete) dabei ist, so stimmen wohl alle Zugangs- und Benutzerdaten, nicht aber die entsprechenden Rechte innerhalb von MySQL. Auch hier sollten Sie dann erst einmal ein Verwaltungstool heranziehen und die Rechte entsprechend setzen.

Sie sollten jetzt unbedingt den Button **Test** betätigen, dadurch wird die Verbindung geprüft, und es werden entsprechende Meldungen ausgegeben. Schaltet man die **Diagnostics** ein, so erscheinen die Fehlermeldungen unterhalb des Dialogs in einem speziellen Bereich und bleiben dort auch stehen. War der Test erfolgreich, kann die Dialogbox mit **OK** geschlossen werden.

Noch einige Bemerkungen zu **Connect Options**: Dort gibt es die Porteinstellung, die per Default auf den **Port 3306** gesetzt ist. Dies ist üblicherweise der MySQL-Port und muss nicht explizit eingetragen werden. Sollte Ihr MySQL-Server einen anderen Port nutzen, tragen Sie hier die Daten ein.

Sie sollten die neu erstellte Verbindung nun im ODBC-Datenquellen-Administrator sehen können (Abbildung 2.53).

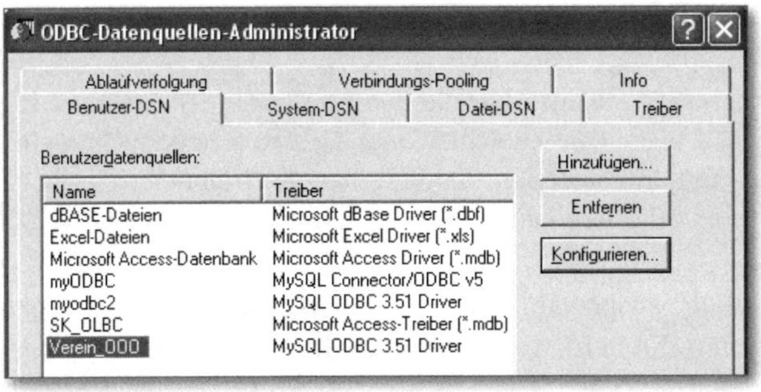

Abbildung 2.53 Die neue ODBC-Verbindung

Genau diese Verbindung benötigen Sie nun in Base, um die MySQL-Datenbank via ODBC einbinden zu können. Nachdem Sie also im 2. Schritt in Base die Option »Verbindung über ODBC« gewählt haben, klicken Sie auf **Weiter** und richten nun die ODBC-Verbindung ein.

Dies ist jetzt ziemlich einfach – gesucht wird der DSN der ODBC-Verbindung. Klicken Sie auf **Durchsuchen**. Dadurch werden Ihnen alle im System vorhandenen ODBC-Datenquellen-Namen (DSN) in einer Dialogbox angezeigt. Diese Liste korrespondiert exakt mit der Liste im systemeigenen Dialog, den Sie übrigens über die Schaltfläche **Verwalten** auch aus dieser Position heraus aufrufen können.

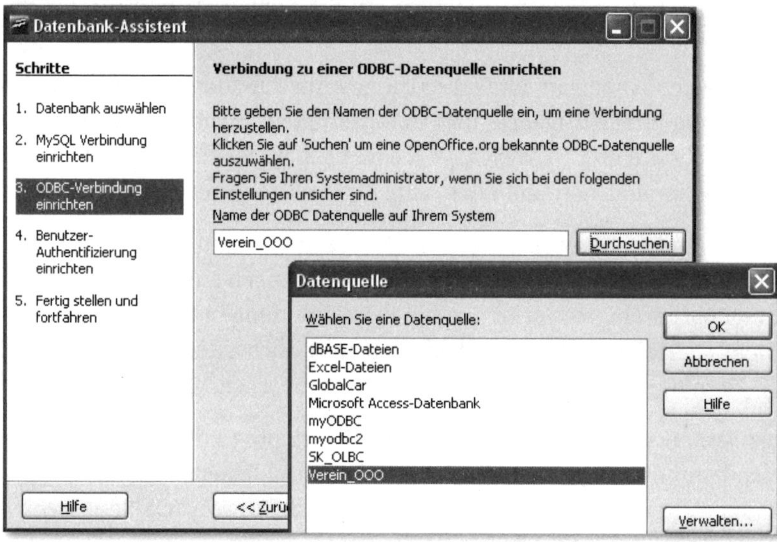

Abbildung 2.54 Auswahl der Datenquelle

Wählen Sie die gewünschte Datenquelle aus, und klicken Sie auf **OK**.

Tipp

Die Namen der Datenquellen sagen nichts über die darunter liegenden Treiber aus. Sie **müssen** aber einen MySQL-Treiber auswählen! Wissen Sie den Namen nicht mehr exakt, klicken Sie auf **Verwalten**. Im folgenden Dialog stehen die Treiber in der zweiten Spalte und erleichtern somit die Auswahl.

Nachdem Sie die Datenquelle ausgewählt und in den Base-Dialog übertragen haben (Klick auf **OK**), werden die beiden nächsten Schritte entsprechend freigeschaltet.

Auch wenn es redundant klingt (und tatsächlich ist): Sie müssen nun Benutzernamen und Passwort erneut eingeben. Zwar sind diese Daten schon bei der ODBC-Verbindung hinterlegt, sie werden hier aber noch einmal explizit benötigt.

Der Grund liegt einfach in der Struktur. OOo Base nutzt den hier übergebenen Benutzernamen und das entsprechende Passwort, um mit dem Server via ODBC Kontakt herzustellen. Dabei müssen die Benutzer der ODBC-Verbindung und der hier zu erstellenden Verbindung nicht notwendigerweise identisch sein. Der eingegebene Benutzer muss jedoch über die entsprechenden Rechte der Datenbank verfügen, die in der ODBC-Verbindung angegeben ist – sonst gelingt die Verbindung nicht.

Abbildung 2.55 Benutzerauthentifizierung und Verbindungstest

Geben Sie also einen **Benutzernamen** ein, kreuzen Sie die Option »Kennwort erforderlich« an – wenn so konfiguriert –, und klicken Sie auf **Verbindungstest**.

Es öffnet sich das schon bekannte Passwortfenster, und nach Eingabe des Passwortes und der Bestätigung erhalten Sie hoffentlich eine Meldung wie in Abbildung 2.56.

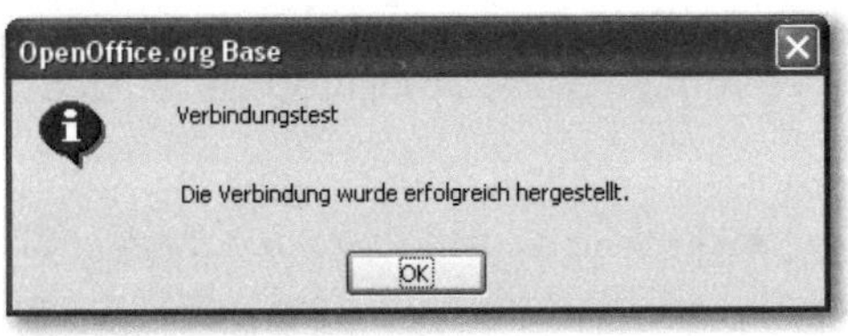

Abbildung 2.56 Die Verbindung aus Base funktioniert.

Jetzt haben Sie Ihre MySQL-Datenbank via ODBC in Base als Datenquelle erfolgreich eingebunden. Es folgt der bekannte letzte Schritt – dann können Sie mit Ihrem Frontend arbeiten.

MySQL-JDBC-Verbindung

Neben der Verbindung per ODBC lassen sich MySQL-Datenbanken auch bequem per JDBC verbinden.

Bei **JDBC** (**J**ava **D**ata**b**ase **C**onnectivity) handelt es sich um ein API (Application Programming Interface) der Java-Plattform, das eine einheitliche Schnittstelle zu Datenbanken – speziell zu relationalen Datenbanken – bietet. JDBC ist somit plattformübergreifend, setzt aber Java (zumindest ein Runtime-Environment – JRE) voraus.

Da OpenOffice.org ebenfalls gern eine Java-Umgebung vorfinden möchte (Base funktioniert ohne Java-Umgebung überhaupt nicht richtig), stellt dies kein Hindernis dar. Somit ist JDBC an sich die bevorzugte Datenbank-Verbindung.

Wählt man also in Schritt 2 des Datenbank-Assistenten zur Einrichtung einer MySQL-Verbindung die Option »Verbindung über JDBC«, wird der MySQL-Java-Treiber verwendet und die Verbindung eben über diese Variante erzeugt.

Bevor man jedoch diesen Weg wählen kann, muss der Java-Treiber zunächst installiert und bekannt gemacht werden – sonst lässt sich keine Verbindung herstellen. OpenOffice.org bringt von sich aus keinen MySQL-JDBC-Treiber mit, dieser muss also separat installiert werden.

JDBC-Treiber installieren

Allerdings gestaltet sich die Installation eines solchen Treibers deutlich einfacher als beispielsweise eines ODBC-Treibers. JDBC-Treiber haben die Form von Java-Klassen oder ausführbaren Java-Dateien (*.jar) und müssen eigentlich nur in die Java-Umgebung eingepasst werden.

Zunächst muss man sich den passenden Treiber besorgen. Hierzu gehen Sie auf die Internetseite *http://dev.mysql.com/downloads/* und wählen dort im Abschnitt **MySQL Connector/J** den passenden Treiber. Auch hier sollte man den aktuell stabilen Treiber (zum Erstehungszeitpunkt dieses Buches war dies die Version 5.0.7) bevorzugen; Development Releases können teilweise zu Problemen bei der Zusammenarbeit mit Base führen.

Den Treiber gibt es jeweils als Archiv gepackt inklusive der Sourcen entweder als Tarball (tar.gz) für Linux/Unix-Systeme oder als Zip (*.zip) für Windows-Systeme. Laden Sie sich das Passende herunter, und speichern Sie es temporär zwischen.

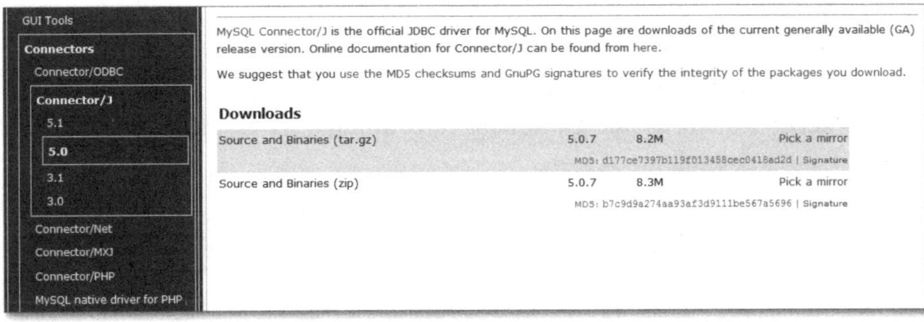

Abbildung 2.57 Die Treiber auf der MySQL-Developer-Seite

Nach dem Herunterladen entpacken Sie das Archiv. Sie finden darin jede Menge *.java-Dateien (Quellcode-Dateien) sowie den Treiber als kompilierte Java-Datei. Der Treiber heißt **mysql-connector-java-5.0.XX-bin.jar**, wobei **XX** für die aktuelle Buildnummer steht (zurzeit 7). Die Versionsnummer 5.0 kann sich natürlich mit der Zeit auch ändern und ist dann entsprechend zu ersetzen. Seit September 2007 gibt es ja schon Version 5.1 (allerdings noch im Beta-Stadium).

Nur diese Datei wird benötigt. Extrahieren Sie sie also aus dem Archiv, und speichern Sie sie an einem geeigneten Ort, idealerweise direkt im Verzeichnis der Java-Installation, aber auch an jedem anderen Ort (etwa in einem eigenen Unterverzeichnis »Treiber«). Sowohl die Archive als auch der Treiber selbst (Version 5.0-7) befinden sich auf der beigefügten DVD.

Jetzt ist der Treiber zwar da, OpenOffice.org findet ihn aber noch nicht. Dazu müssen Sie nun den Pfad zum Treiber in OOo einstellen. Rufen Sie hierzu in einem laufenden OOo-Modul die Optionen auf (**Extras • Optionen**), und gehen Sie dort zum Abschnitt **OpenOffice.org • Java**.

Warten Sie, bis OpenOffice.org die vorhandenen Java-Installationen identifiziert und diese auflistet (die Option »eine Java-Laufzeitumgebung (...) verwenden« muss natürlich aktiviert sein). Sie sehen die Versionen, den Hersteller und die Versionsnummer. Unterhalb der Listbox können Sie auch den kompletten Pfad der Installation ablesen, wenn eine JRE markiert ist. Das kann helfen, den passenden Ort zum Speichern des JDBC-Treibers zu identifizieren. Markieren Sie nun die gewünschte JRE (Radio-Button in der ersten Spalte), und klicken Sie anschließend auf den Button **Class Path...**.

Dadurch öffnet sich ein neues Fenster, das die Pfade zu so genannten »Classes« oder auch zu einzelnen Archiven (und auch der JDBC-Treiber ist nur ein solches »Archiv«) auflistet. Hier klicken Sie auf »Archive hinzufügen«, suchen jetzt im Dateibrowser den Speicherplatz des JDBC-Treibers (also der Datei *mysql-connec-*

tor-java-5.0.XX-bin.jar), wählen diese aus und klicken auf **Öffnen**. Dadurch wird das Archiv in die Liste eingetragen. Der Treiber ist nun der Java-Umgebung unter OpenOffice.org bekannt – und das war es dann auch schon. Schließen Sie die Fenster, und beenden Sie die Optionen: Jetzt können Sie die JDBC Verbindung zur MySQL-Datenbank einrichten.

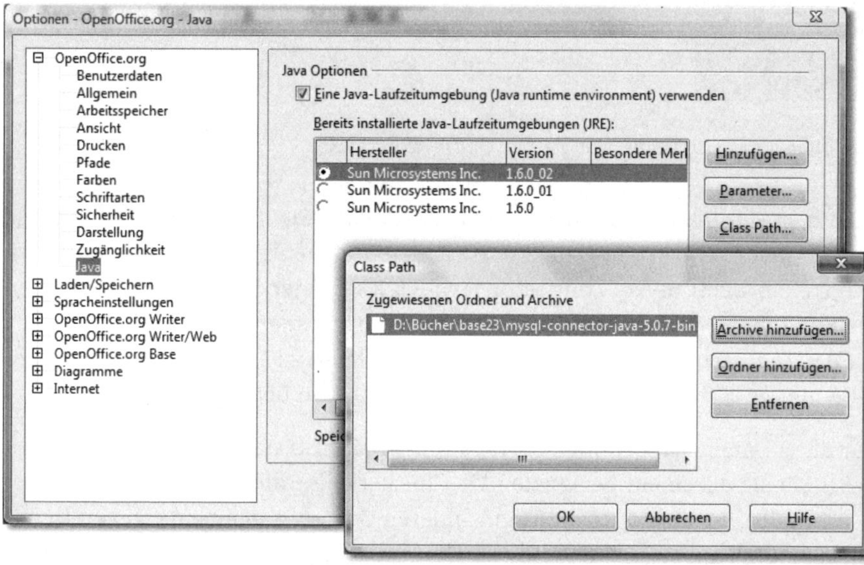

Abbildung 2.58 Einbinden des JDBC-Treibers in OOo

Damit die geänderten Optionen von OpenOffice.org auch verarbeitet werden können, ist es allerdings notwendig, alle Instanzen von OOo zu schließen (auch den Schnellstarter!) und dann neu zu starten. Jetzt werden die Daten der geänderten Konfiguration neu eingelesen und stehen dann allen Modulen zur Verfügung.

JDBC-Verbindung einrichten

Kommen wir nun zurück zu OpenOffice.org Base und dort zu Schritt 3: »JDBC Verbindung einrichten«. Es werden nicht viele Daten erwartet, lediglich der Name der Datenbank sowie der Name des Rechners (auf dem sich die Datenbank befindet beziehungsweise auf dem sich der MySQL Datenbank-Server befindet). Voreingetragen sind der MySQL-Standardport 3306, der natürlich auch geändert werden kann – falls dies notwendig sein sollte –, sowie die MySQL-JDBC-Treiberklasse **com.mysql.jdbc.Driver**.

Tragen Sie nun die entsprechenden Daten ein. Leider gibt es keine Möglichkeit in OpenOffice.org, den Datenbanknamen direkt zu ermitteln (in der Art eines Browsers), den müssen Sie also exakt wissen (wobei Groß- und Kleinschreibung zumindest unter Windows keine Rolle spielt), oder Sie müssen ein anderes Tool benutzen (zum Beispiel den **MySQL Administrator**).

Als Rechnername wird wiederum der in der DNS hinterlegte Name verwendet, ersatzweise auch die IP-Adresse, soweit diese statisch und nicht dynamisch vergeben wird. Läuft der MySQL-Server im lokalen System, so trägt man hier entweder »Localhost« oder eben »127.0.0.1« ein.

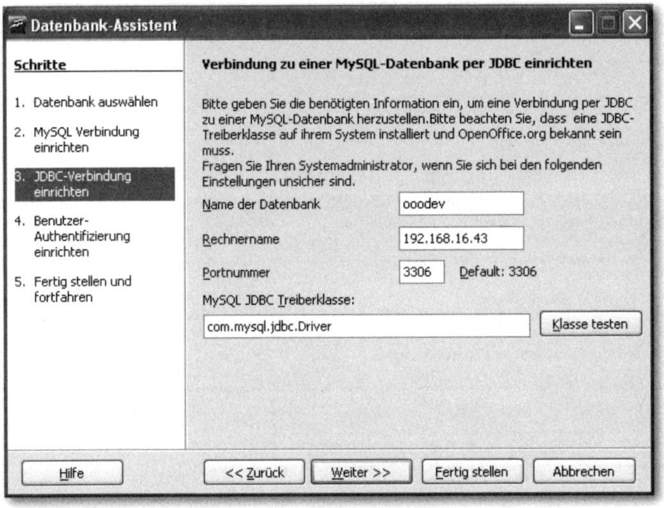

Abbildung 2.59 Die JDBC-Verbindung konfigurieren

> **Hinweis**
>
> Testen Sie unbedingt die »Klasse«. Hierbei wird noch keine Verbindung zur Datenbank hergestellt, sondern lediglich intern geprüft, ob der vorgegebene **com.mysql.jdbc.Driver** auch tatsächlich der Java-Umgebung bekannt ist und angesprochen werden kann.

Erhalten Sie hier bereits eine Fehlermeldung, so kann dies unterschiedliche Ursachen haben:

- Haben Sie den Treiber überhaupt installiert (siehe vorherige Seiten)?
- Haben Sie den Treiber der »richtigen« JRE bekannt gegeben, also der, die Sie auch wirklich benutzen?
- Wurde OOo nach der Installation des Treibers komplett neu gestartet?

Bekommen Sie jedoch eine Erfolgsmeldung, so heißt das nur, dass der Treiber angesprochen werden kann – was noch nicht bedeutet, dass Sie auch auf Ihre MySQL-Datenbank zugreifen können.

Erst nach Eintrag des »Namens der Datenbank« und des »Rechnernamens« werden die beiden noch folgenden Schritte in Base freigeschaltet, wobei hier noch keine Überprüfung der Korrektheit der Daten erfolgt.

Haben Sie also die Daten entsprechend eingetragen und die Treiberklasse getestet, klicken Sie auf **Weiter**. Sie kommen nun zu der Benutzer-Authentifizierung.

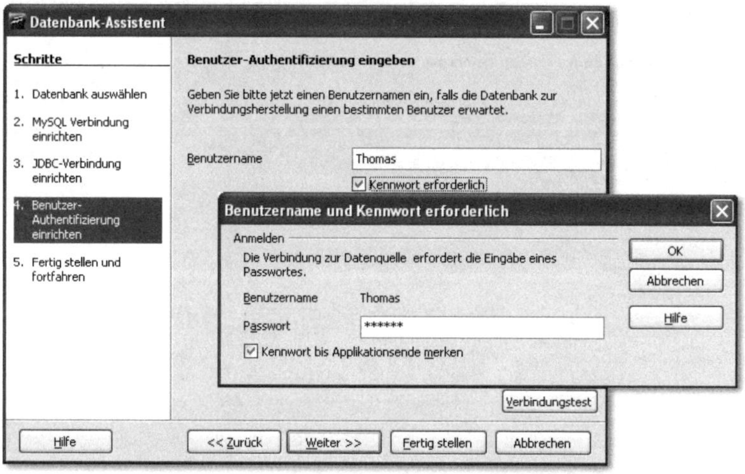

Abbildung 2.60 Eingabe von Benutzername und Kennwort

Auch hier gilt: Testen Sie die Verbindung. Erst dann erscheint der Dialog zur Eingabe des Passworts. Sind alle Daten korrekt, erhalten Sie eine entsprechende Erfolgsmeldung und können beruhigt den Base-Assistenten mit Schritt 5 abschließen. Ihre Datenbank-Verbindung via JDBC hat funktioniert.

Konnte die Verbindung jedoch nicht hergestellt werden, sind die Fehlermöglichkeiten wieder einmal groß: Funktioniert der Treiber überhaupt (siehe weiter oben)? Stimmen der Datenbankname, der Benutzername und das Passwort? Besitzt der Benutzer überhaupt die entsprechenden Rechte? Stimmt der Rechnername, und kann uneingeschränkt auf diesen zugegriffen werden (Firewall, Netzwerk)? Dies sind nur einige der populärsten Fehlerquellen. Hier sind eine sorgfältige Analyse und eine strukturierte Vorgehensweise unerlässlich. Manchmal helfen die angezeigten Fehlermeldungen, doch sind Letztere nicht immer aufschlussreich.

Bemerkungen zu MySQL

Es gibt einige »Merkwürdigkeiten« beim Einbinden von MySQL-Datenbanken. Betrachten wir zunächst die Darstellung der Tabellen im Tabellenbrowser von

Base. Dort werden dann alle vorhandenen Tabellen als Baumstruktur unterhalb der eigentlichen Datenbank dargestellt – obwohl ja nur mit dieser Datenbank verbunden wurde, es also gar keine zweite geben kann. Dies ist gewöhnungsbedürftig. Wird nun aber eine neue Tabelle angelegt (entsprechende Rechte des Benutzers vorausgesetzt), so erscheint diese zunächst auf gleicher Ebene wie die Datenbank – was durchaus zu Verwirrungen führen könnte.

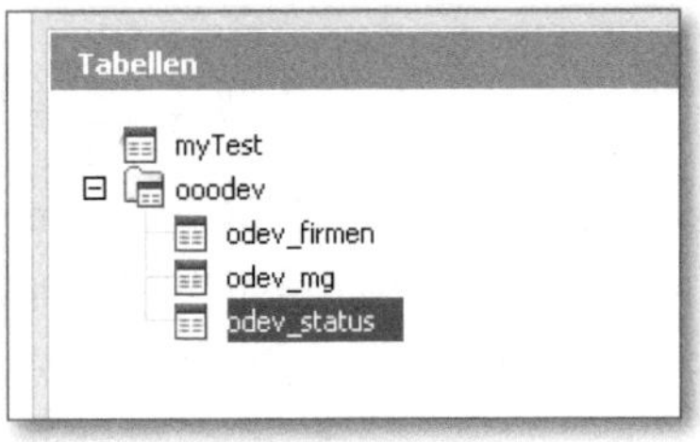

Abbildung 2.61 Die Tabelle »myTest« wurde in Base angelegt.

Schließt man aber jetzt Base und öffnet die Datei neu, dann »rutschen« die neu angelegten Tabellen wieder unter »ooodev«, also unter die Datenbank.

Auch erkennt OOo Base aktuell nicht die Möglichkeit, Relationen in MySQL-Datenbanken zu realisieren. Dies ist zwar in MySQL bei Verwendung der InnoDB Engine möglich (ab Version 5.x), doch werden diese Informationen derzeit nicht korrekt an OOo Base weitergegeben – Relationen müssen also manuell programmiert werden. Teilweise ist das ein sehr aufwändiges Verfahren.

Des Weiteren ist die Rechteverwaltung der Benutzer in Base für MySQL-Datenbanken nur sehr »rudimentär«. Zwar können neue Benutzer angelegt und bestehende gelöscht werden, eine detaillierte Rechtezuweisung ist aber nicht möglich.

OOo verlangt außerdem ein Passwort, das aus mindestens fünf Zeichen besteht, bei der Anlage neuer Benutzer, sonst lassen sich diese nicht erstellen. Da ist MySQL viel großzügiger. Benutzer können dort natürlich auch kürzere Passwörter besitzen (selbst wenn es nicht empfehlenswert ist) oder gar keine. Es empfiehlt sich also, diese Verwaltungsaufgaben nicht mit OpenOffice.org Base vorzunehmen, sondern sich dazu eines speziellen Tools (wie beispielsweise MySQL Administrator) zu bedienen. Weitere Hinweise auf Besonderheiten von MySQL-Datenbanken finden Sie in Kapitel 5 und den folgenden.

Bleibt zum Abschluss des MySQL-Kapitels auch hier noch ein Blick in die **content.xml**, um die unterschiedlichen internen Strukturen zu erkunden. Da zuletzt die **JDBC-Verbindung** besprochen wurde, sehen wir uns zunächst die dazu gehörige **content.xml** (Ausschnitt) an (Abbildung 2.62).

```
xmlns:db="http://openoffice.org/2004/database" office:version="1.0">
  <office:automatic-styles />
- <office:body>
  - <office:database>
    - <db:data-source db:connection-
        resource="sdbc:mysql:jdbc:192.168.16.43:3306/ooodev" db:suppress-version-
        columns="true" db:append-table-alias-name="true" db:boolean-comparison-
        mode="equal-integer" db:ignore-driver-privileges="true" db:java-driver-
        class="com.mysql.jdbc.Driver" db:parameter-name-substitution="true">
        <db:login db:user-name="Thomas" db:is-password-required="true" />
      - <db:table-filter>
```

Abbildung 2.62 content.xml der MySQL-JDBC-Verbindung

Verwendet wird der interne Service »sdbc:mysql:jdbc«, dem der Computername und der genutzte Port sowie der Datenbankname (so, wie er in MySQL hinterlegt ist) übergeben werden. Außerdem wird die Java-Treiberklasse eingebunden.

Auch die ODBC-Verbindung wird über den Service »sdbc:mysql« hergestellt, jetzt eben über »odbc«. Zusätzlich wird nun der definierte DSN (Data-Source Name – der Name, den man den eingerichteten ODBC-Verbindungen gegeben hatte) übergeben. Das war es dann auch schon.

```
  <office:automatic-styles />
- <office:body>
  - <office:database>
    - <db:data-source db:connection-resource="sdbc:mysql:odbc:OOo Verein" db:suppress-
        version-columns="true" db:append-table-alias-name="true" db:boolean-comparison-
        mode="equal-integer" db:ignore-driver-privileges="true" db:parameter-name-
        substitution="true">
        <db:login db:user-name="Thomas" db:is-password-required="true" />
      - <db:table-filter>
          <db:table-filter-pattern>%</db:table-filter-pattern>
        </db:table-filter>
```

Abbildung 2.63 content.xml der MySQL-ODBC-Verbindung

2.7.7 PostgreSQL-Datenbanken

Neben den MySQL-Datenbanken spielen PostgreSQL-Datenbanken aktuell eine immer größere Rolle. Auch PostgreSQL ist eine »freie« Datenbank-Engine und bietet relationale, SQL-basierende Datenbanken für alle wichtigen Betriebssysteme an. Die PostgreSQL-Datenbank-Engine ist in Linux-Distributionen meist bereits enthalten, für Windows kann sie unter *www.postgresql.org* bezogen werden. (Sie erhalten dort natürlich auch die Linux-Varianten, falls Sie eine aktuellere benötigen.) Auf der Webseite ist auch beschrieben, wie man die Datenbank installiert und aktiviert.

Um eine PostgreSQL-Datenbank einzubinden, kann man den Weg über ODBC gehen. Dazu muss jedoch ein entsprechender ODBC-Eintrag existieren, der wiederum einen passenden Treiber voraussetzt. Diese Treiber sind natürlich ebenfalls auf der PostgreSQL-Homepage erhältlich (im Download-Bereich, suchen Sie dort **ODBC**). Wenn man sie ohnehin installiert hat, ist das auch der einfachste Weg. (Lesen Sie hierzu Abschnitt 2.7.8, »JDBC/ODBC-Datenquellen«. Details zur Einbindung eines Treibers finden Sie im Abschnitt »MySQL-ODBC-Verbindung« des Kapitels 2.7.6.)

Allerdings befindet sich aktuell auch ein nativer PostgreSQL-Treiber von OpenOffice.org in der Entwicklung, der eine Anbindung direkt ermöglicht. Informationen dazu sowie den Treiber selbst finden Sie auf der Homepage des DBA-Teams von OpenOffice.org *http://dba.openoffice.org/drivers/postgresql/index.html* sowie auf der DVD im Verzeichnis **PostgreSQL**.

Installation des PostgreSQL-Treibers

Bevor man also versucht, die PostgreSQLDatenbank direkt in Base einzubinden, muss man den zusätzlichen Treiber installieren. Der Treiber ist ein Zip-Archiv (**postgresql-sdbc-0.7.5.zip** – wobei es möglicherweise bereits eine neuere Versionsnummer gibt!) und muss auch als solches belassen werden. Also bitte nicht auspacken! Das Archiv stellt eine Extension dar und wird auch entsprechend installiert.

Speichern Sie den Treiber nach dem Download zunächst in einem Verzeichnis Ihrer Wahl. Um ihn nun in OpenOffice.org zu installieren, gibt es grundsätzlich zwei Wege:

- Der schnellste und einfachste: Starten Sie den **Extension-Manager** (**Extras • Extension Manager...**), klicken Sie auf den Button **Hinzufügen**, suchen Sie die entsprechende Zip-Datei, klicken Sie auf **OK**. Fertig.
- Der allgemeine Weg führt nicht über das Frontend und die GUI, sondern über den direkten Aufruf des »Package-Managers« – über das System. Dieser Vorgang wird im Folgenden beschrieben:

Beenden Sie zunächst alle Instanzen von OOo, auch den eventuell geladenen Schnellstarter! Dies ist wichtig, denn sonst laufen noch Prozesse, und die Konfigurationsdateien werden nicht neu eingelesen.

Nun öffnen Sie eine Konsole – in Windows die »Eingabeaufforderung«, die Sie in XP unter **Start • Programme • Zubehör • Eingabeaufforderung** finden.

Da der jetzt aktuell angezeigte Pfad meist das Benutzerverzeichnis darstellt, wechseln Sie nun zu */Pfad/zur/OpenOffice.org_Installation* und dort in das Unterverzeichnis */program*.

Rufen Sie nun das Programm **unopkg** auf, und übergeben Sie ihm als Parameter den Treiber (als ZIP-Datei), eventuell mit dem kompletten, qualifizierten Pfad.

Das Programm **unopkg** verwaltet zusätzliche UNO-Packages, die als Zip-Dateien übergeben werden. Mit der Eingabe

```
unopkg --help
```

erhalten Sie die Übersicht, welche Parameter dem Programm übergeben werden können und welche Auswirkungen diese haben. Prinzipiell ist der Package-Manager auch unter OpenOffice.org als GUI-Dialog aufrufbar (**Extras • Package Manager**), dort lassen sich aber leider keine für alle Nutzer verfügbaren Packages installieren. Hier bleibt nur das Kommandozeilen-Tool.

Jetzt rufen Sie den Package-Manager auf und übergeben ihm den PostgreSQL-Treiber:

```
unopkg add /pfad/zum/Download/postgresql-sdbc-0.7.5.zip --shared
```

Die Option `--shared` bewirkt dabei, dass der Treiber allen Benutzern von OpenOffice.org später zur Verfügung steht.

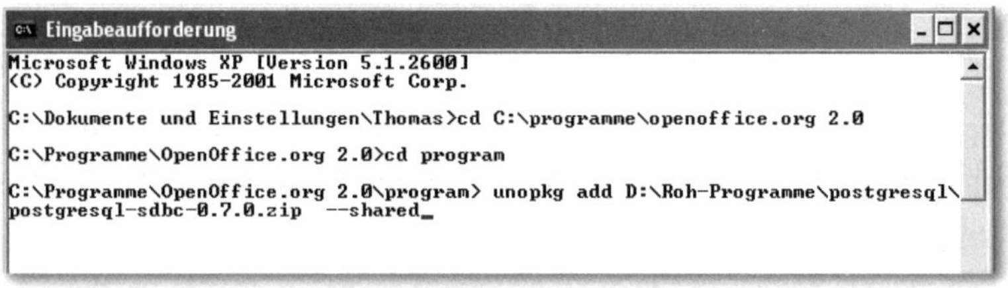

Abbildung 2.64 Installation des PostgreSQL-Treibers für OOo unter Windows

Hat alles funktioniert, erfolgt keine Rückmeldung. Im Fehlerfall wird die entsprechende Meldung ausgegeben.

Starten Sie nun OpenOffice.org, und überprüfen Sie die Installation. Öffnen Sie den **Package-Manager** (**Extras • Package-Manager...**), und schauen Sie nach, ob unter »OpenOffice.org Packages« der PostgreSQL-Treiber auftaucht (siehe Abbildung 2.65).

Gefunden? Jetzt kann Base gestartet werden.

PostgreSQL-Datenquelle verbinden

Die Vorgehensweise ist nun identisch mit den bisher besprochenen Verbindungen. Starten Sie einen neuen Base-Container, und wählen Sie im ersten Schritt die Option »Verbindung zu einer bestehenden Datenbank herstellen«. Im Aufklappmenü der Datenquellen sollte nun – als letzter Eintrag – »postgresql« auftauchen (wenn der Treiber entsprechend dem vorherigen Abschnitt installiert wurde!). Wählen Sie diesen aus.

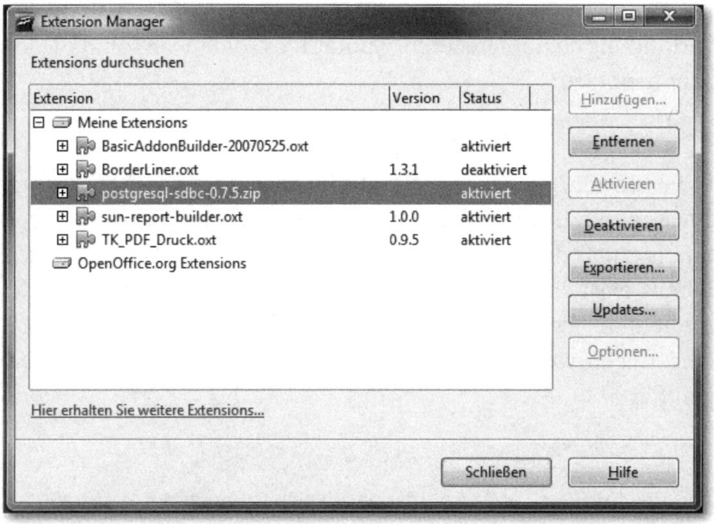

Abbildung 2.65 Alles okay, der Package-Manager mit dem PostgreSQL-Treiber

Abbildung 2.66 1. Schritt: Auswahl der Datenbank

Die Aufgabenfolge besteht nun aus vier Schritten. Im zweiten Schritt muss die Datenbank-Verbindung spezifiziert werden, im dritten werden die Benutzerdaten eingegeben, der vierte und letzte Schritt ist wieder Base-typisch und wurde schon besprochen.

Mit **Weiter** kommen Sie nun zum zweiten Schritt. Das Dialogfenster ist ein wenig »mager« und enthält nichts außer einem leeren Eingabefeld. Zwar sieht die Beschreibung zum Treiber durchaus vor, hier überhaupt nichts einzutragen (dann sollten die lokalen Benutzerdaten und die zu diesem Nutzer gehörige lokale Datenbank verbunden werden), in der Praxis scheitert dies jedoch, da ohne Eintrag die beiden nächsten Schritte gar nicht freigeschaltet werden.

Sie **müssen** also etwas eintragen. Eintragungsfähig sind Namen-Werte-Paare, die die Datenbank-Verbindung charakterisieren. Mindestens sollten Sie somit die folgenden Wertepaare benutzen:

```
dbname=Datenbankname host=PostgreSQLServerName
```

Man kann darauf verzichten, die Werte in einfache oder doppelte Anführungszeichen einzuschließen, die Umwandlung erfolgt automatisch. Spezifiziert werden müssen also mindestens der zu verbindende Datenbankname (die Datenbank muss natürlich bereits existieren – mit den entsprechenden Rechten!) sowie der Rechnername, auf dem der PostgreSQL-Server läuft. Ersatzweise kann auch hier die IP-Adresse eingetragen werden oder »localhost«, wenn der Server auf dem gleichen System läuft.

Hinweis

Damit eine Verbindung im lokalen Netz überhaupt möglich ist, muss der PostgreSQL-Server entsprechend konfiguriert sein. Stichworte: Postmaster-Start mit der Option »-i« (TCP/IP-Funktionalität an) und entsprechende Eintragungen der IP-Adresse des Zielrechners in der **pg_hba.conf**. Lesen Sie hierzu auch die Dokumentationen zu PostgreSQL.

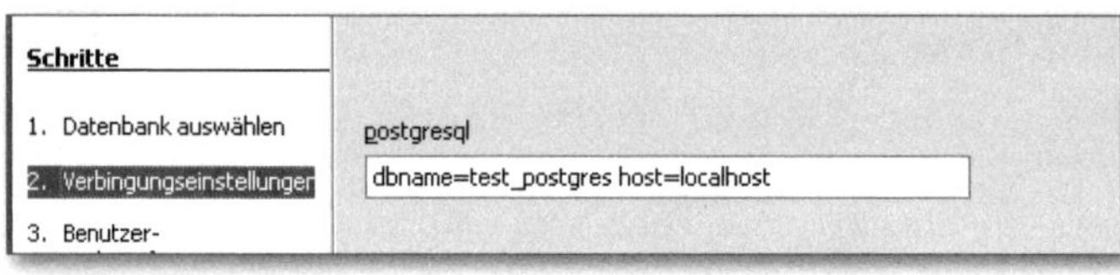

Abbildung 2.67 2. Schritt: Verbindungseinstellungen

Welche zusätzlichen Namen-Werte-Paare Sie übergeben können, ist in der PostgreSQL-Dokumentation oder auf der PostgreSQL-Homepage beschrieben. Es sind im Grunde genommen die gleichen Paare, die man auch auf der Konsole zum Herstellen einer Verbindung verwenden kann.

Benutzer-Authentifizierung

Erst jetzt werden die Benutzer-Authentifizierung und der Abschlussschritt freigeschaltet, Sie können mit **Weiter** zum nächsten Schritt übergehen.

Hier erfolgt – wie bei allen Verbindungen – die Eingabe des Benutzernamens und des Passworts. Testen Sie jetzt unbedingt die Verbindung. Gelingt sie nicht, zeigt die Fehlermeldung in der Regel recht detailliert die Probleme auf. Diese liegen häufig im fehlenden Rechteeintrag in der **pg_hba.conf** (beim Netzwerk), in falschen oder fehlenden Berechtigungen des Benutzers oder in unzureichenden Servereinstellungen (fehlende TCP/IP-Funktionalität). All diese Aufgaben zählen zum Datenbank-Management und sind keine Probleme von OOo – also lösen Sie diese bitte dort entsprechend Ihren Datenbank-Handbüchern.

Funktioniert die Verbindung – Glückwunsch. Jetzt können Sie Base als Frontend für Ihre PostgreSQL-Datenbank nutzen. Schließen Sie Schritt 4 wie gewohnt ab, speichern Sie den Base-Container, und starten Sie die Datenbank.

Ein Blick auf die Tabellen zeigt, dass Sie nun jede Menge davon zur Verfügung haben, wobei natürlich die meisten interne PostgreSQL-Verwaltungstabellen darstellen. Die eigentlichen Daten finden Sie dann unter dem Haupteintrag »Public« und dort in den entsprechenden Tabellen.

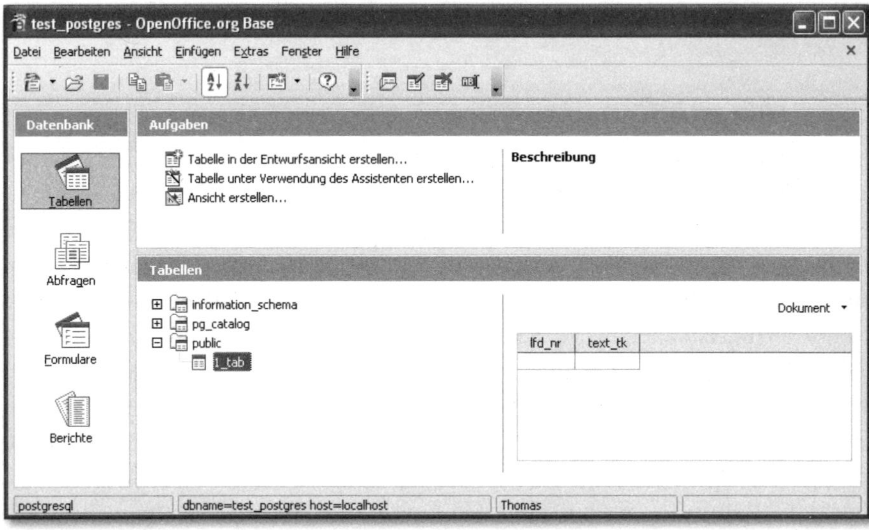

Abbildung 2.68 Base als Frontend zur PostgreSQL-Datenbank

Base unterstützt die Funktionalität von Relationen in PostgreSQL-Datenbanken, und auch sonst erweist sich Base als brauchbares Frontend, wobei man durchaus SQL-Kenntnisse haben sollte. Um nicht alle Tabellen für jeden sichtbar zu haben, kann man den Tabellenfilter verwenden (**Extras • Tabellenfilter...**) und die Systemtabellen ausblenden (siehe hierzu aber auch Kapitel 5).

Bleibt auch bei PostgreSQL-Verbindungen ein Blick in die **content.xml** und die interne Verwendung der Verbindungsdaten. Als Treiber wird der Service »sdbc:postgresql« verwendet, eben jener, der neu installiert wurde. Diesem werden dann die entsprechenden Namen-Werte-Paare übergeben, hinzu kommen noch einige Datenbank-Parameter, und das war es dann auch schon. Natürlich finden Sie auch hier die Infos zum Login, also den Benutzernamen und ob ein Passwort benötigt wird. Das Passwort selbst ist natürlich nicht abgespeichert.

Auch hier bleibt der »DataBase«-Abschnitt in der **content.xml** recht schlank, die Verbindungsdaten sind auf wenige Zeilen reduziert.

```
 xmlns:ooo="http://openoffice.org/2004/office"
 xmlns:db="http://openoffice.org/2004/database" office:version="1.0">
 <office:automatic-styles />
- <office:body>
  - <office:database>
    - <db:data-source db:connection-resource="sdbc:postgresql:dbname=test_postgres
        host=localhost" db:suppress-version-columns="true" db:append-table-alias-
        name="true" db:boolean-comparison-mode="equal-integer" db:enable-sql92-
        check="false" db:ignore-driver-privileges="true" db:parameter-name-substitution="true"
        db:system-driver-settings="" db:use-catalog="false">
        <db:login db:user-name="Thomas" db:is-password-required="true" />
      - <db:table-filter>
```

Abbildung 2.69 Die content.xml für die PostgreSQL-Verbindung

2.7.8 JDBC/ODBC-Datenquellen

Passt keiner der vorgegebenen direkten Datenbank-Treiber, so bleibt immer noch die Möglichkeit, Datenquellen via JDBC oder ODBC einzubinden. Diese universellen Schnittstellen erlauben somit die Verbindung auch zu »exotischen« Datenquellen, vorausgesetzt, diese verfügen über mindestens einen der beiden Verbindungstypen – und stellen die entsprechenden Treiber zur Verfügung. Da sich aber sowohl ODBC als auch JDBC heute quasi als Standard etabliert haben, ist die Wahrscheinlichkeit groß, dass die Möglichkeit besteht und zumindest eine Verbindungsart unterstützt wird. Die beiden folgenden Abschnitte beschreiben exemplarisch die Anbindung über die allgemeinen Schnittstellen, und zwar am Beispiel der MySQL-Datenbank »ooodev«, die auch schon im Abschnitt 2.7.6 über den »Nativ«-Treiber eingebunden wurde. Das ermöglicht einen Vergleich und die einfache Nachvollziehbarkeit, damit Sie dieses Vorgehen auf die eigene Situation und Umgebung übertragen können.

Letztendlich hängt die Verbindung zu OpenOfice.org nicht am Base-Modul, sondern eher an den bereitgestellten Möglichkeiten und Treibern der verwendeten Datenbank.

JDBC-Datenquellen

Fangen wir mit den JDBC-Datenquellen an: Bei **JDBC** (**J**ava **D**ata**b**ase **C**onnectivity) handelt es sich um ein API (Application Programming Interface) der Java-Plattform, das eine einheitliche Schnittstelle zu Datenbanken – speziell relationalen Datenbanken – bietet. JDBC ist somit plattformübergreifend, setzt aber Java (zumindest ein Runtime-Environment – JRE) voraus.

Nun, das dürfte bei OpenOffice.org kein Problem sein. Zusätzlich benötigt man den entsprechenden Java-Treiber, der in der Regel als Java-Klasse daherkommt und entsprechend der Java-Umgebung »bekannt« gemacht werden muss. Wie das geschieht, wurde ausführlich in Abschnitt 2.7.6, »MySQL-Datenbanken« im Unterpunkt »MySQL-JDBC-Verbindungen« beschrieben; auf eine Wiederholung wird hier verzichtet. Das Vorgehen ist analog zu allen anderen JDBC-Treibern.

Nun kann der Datenbank-Container unter Base erstellt werden. Öffnen Sie eine »Neue Datenbank«, und wählen Sie im ersten Schritt die Option »Verbindung zu einer bestehenden Datenbank herstellen«. Im Aufklappmenü entscheiden Sie sich für **JDBC**, die Aufgaben bleiben bei vier Schritten, wobei der nächste Schritt nun die Einrichtung der JDBC-Verbindung darstellt.

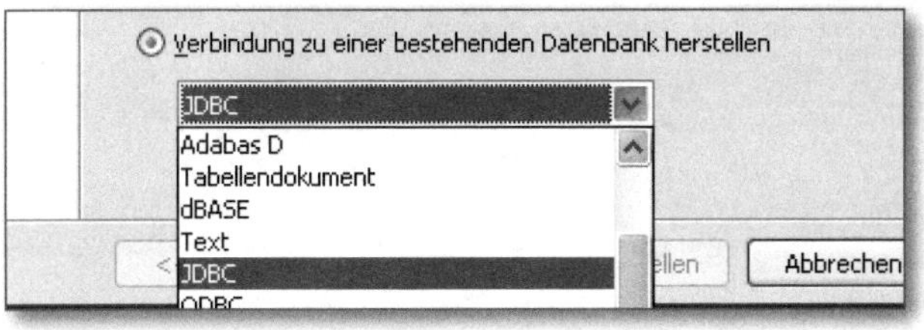

Abbildung 2.70 Auswahl der JDBC-Datenquelle

Klicken Sie auf **Weiter**. Leider werden Sie im Folgenden ziemlich allein gelassen. Die Eingabefelder erfordern nun intensives Wissen über Ihre Verbindung, Ihren Treiber, Ihre Datenbank und so weiter. Was für Fachleute möglicherweise keine Hürde darstellt, kann den Laien überfordern. Zur Not ist Ausprobieren angesagt.

Da in meiner Systemumgebung eine MySQL-Datenbank-Engine läuft und die Anbindung mittels »nativem« JDBC-Treiber bereits gezeigt wurde, nehme ich der Einfachkeit halber genau diese Datenbank und verbinde sie nun direkt über JDBC, ohne die von OOo bereitgestellte Vereinfachung zu nutzen. Voraussetzung ist natürlich, dass der MySQL-JDBC-Treiber ordnungsgemäß installiert und der Java-Umgebung bekannt gemacht wurde (siehe Abschnitt 2.7.6).

Die beiden Eingabefelder erwarten nun entsprechende Einträge und bieten keine Hilfemöglichkeit. Lediglich im ersten Feld ist »jdbc:« fest vorgegeben.

Hintergrundwissen

Intern benutzt OpenOffice.org entweder einen SDBC-Treiber oder eben einen JDBC- beziehungsweise ODBC-Treiber. Bisher wurden immer die SDBC-Treiber genutzt (spezielle Datenbanktreiber, die von OpenOffice.org mitgeliefert werden). Erkennbar war dies in der **content.xml**. Alle Treiber begannen mit »sdbc:« Jetzt wird der JDBC-Treiber genutzt. Diesem werden nun der Protokollname sowie Zusatzinformationen übergeben. Die allgemeine Schreibweise ist somit:

```
jdbc:<Protokollname>:<Zusatzinformationen>
```

Wobei Zusatzinformationen in der Regel aus der qualifizierten URL zur Datenbank, also dem Rechnernamen, dem Port sowie dem Datenbanknamen bestehen.

Da es nun eine MySQL-Datenbank sein soll, ist das Protokoll natürlich auch **mysql**, der Pfad zur Datenbank wird wieder mit der IP-Nummer begonnen, und es folgen der Standardport von MySQL (3306) sowie der Datenbank-Name.

Abbildung 2.71 JDBC-Verbindungsdaten und Test des Treibers

Neben den Verbindungsdaten muss die JDBC-Treiberklasse angegeben werden, also der Name des Java-Treibers. Wie dieser exakt aussieht, erfahren Sie vom Treiberhersteller. Sie sollten unbedingt die Klasse testen, bevor Sie zum nächsten Schritt übergehen. Nur wenn der JDBC-Treiber ordnungsgemäß geladen werden konnte, kann eine Verbindung überhaupt hergestellt werden.

Haben Sie Daten in beide Felder eingegeben, werden die beiden letzten Schritte freigeschaltet, und Sie können mit der Benutzer-Authentifizierung fortfahren.

Der Rest ist Routine: Geben Sie den **Benutzernamen** ein, aktivieren Sie eventuell das **Kennwort** – und testen Sie dann die Verbindung. Jetzt zeigt sich, ob die Datenquellen-URL richtig war, das Kennwort und das Passwort gestimmt haben und die richtige Treiberklasse ausgewählt wurde. Nur wenn alles passt, wird die Verbindung hergestellt. Ansonsten erhalten Sie eine entsprechende Fehlermeldung.

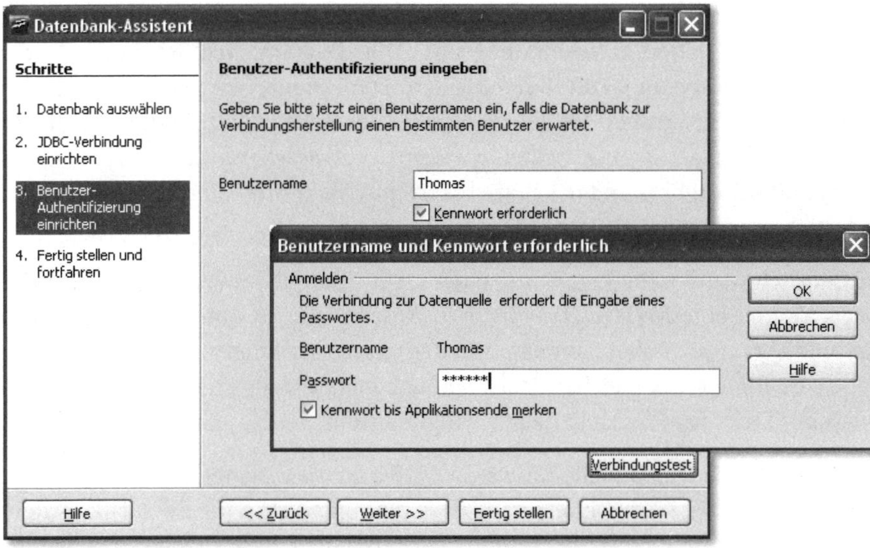

Abbildung 2.72 Wie gehabt – die Benutzer-Authentifizierung

Sollte die Verbindung nicht funktionieren, so kann man dennoch die Datenbank (den Base-Container) fertig stellen. Die Verbindungsdaten können auch später noch editiert und korrigiert werden. In der Arbeitsfläche von Base ruft man dazu den Menü-Befehl **Bearbeiten • Datenbank • Verbindungsart** auf. Jetzt hat man alle oben dargestellten Eingabefelder wieder schön übersichtlich zur Verfügung und kann Änderungen oder Ergänzungen vornehmen – bis die Verbindung funktioniert.

Natürlich könnte auch die **content.xml** direkt editiert werden. Ein Blick in diese Datei zeigt den Sinn der Felder (Abbildung 2.73).

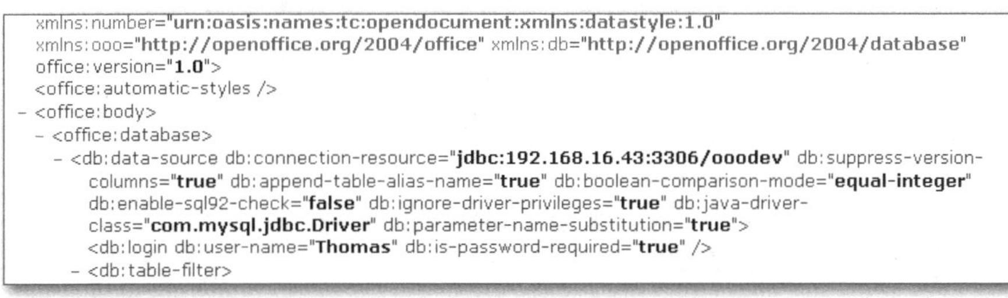

```
  xmlns:number="urn:oasis:names:tc:opendocument:xmlns:datastyle:1.0"
  xmlns:ooo="http://openoffice.org/2004/office" xmlns:db="http://openoffice.org/2004/database"
  office:version="1.0">
  <office:automatic-styles />
- <office:body>
  - <office:database>
    - <db:data-source db:connection-resource="jdbc:192.168.16.43:3306/ooodev" db:suppress-version-
        columns="true" db:append-table-alias-name="true" db:boolean-comparison-mode="equal-integer"
        db:enable-sql92-check="false" db:ignore-driver-privileges="true" db:java-driver-
        class="com.mysql.jdbc.Driver" db:parameter-name-substitution="true">
        <db:login db:user-name="Thomas" db:is-password-required="true" />
      - <db:table-filter>
```

Abbildung 2.73 Die content.xml bei einer reinen JDBC-Verbindung

Sie werden 1:1 in die Datei übertragen, also kann alles, was in den Feldern steht, auch direkt in die **content.xml** eingetragen werden.

ODBC-Datenquellen

Ähnlich wie die direkte Verbindung mit JDBC-Datenquellen arbeitet auch die direkte Anbindung an **ODBC**-Datenquellen. Die Hauptarbeit liegt hier nicht bei Base, sondern im Vorfeld: Im Betriebssystem des Arbeitsplatzes muss die ODBC-Verbindung zunächst eingerichtet werden – entsprechend den Vorgaben des Datenbank-Herstellers und des Betriebssystems. Steht diese Verbindung, lässt sie sich auch sehr einfach in Base einbinden.

Ausführlich wurden die Erzeugung einer ODBC-Datenbankverbindung für Windows XP und eine MySQL-Datenbank in Abschnitt 2.7.6 unter »MySQL-ODBC-Verbindung« beschrieben, auf eine Wiederholung wird hier verzichtet. Das Vorgehen ist immer das gleiche; doch benötigt man jeweils spezielle Treiber, die meist der Datenbankhersteller zur Verfügung stellt.

Bindet man eine Datenquelle direkt via ODBC an, so verlangt Base vier Schritte, wobei nur der 2. Schritt interessant ist – dort nämlich wird die ODBC-Datenquelle eingebunden, die zu diesem Zeitpunkt dem System natürlich bereits bekannt sein muss. Normalerweise kann man den Namen der Datenquelle (so, wie man die ODBC-Verbindung im System genannt hat) bequem aus der Listbox auswählen, die sich öffnet, wenn man den Button **Durchsuchen** anklickt.

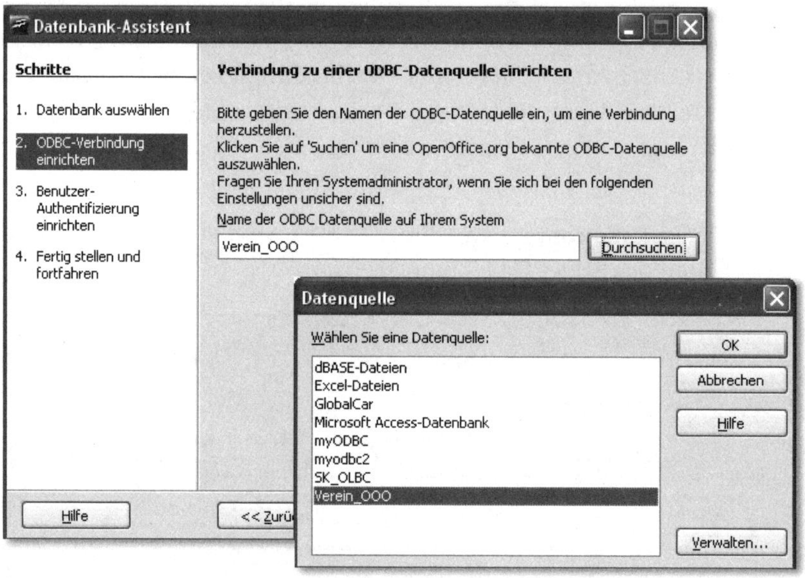

Abbildung 2.74 Die Verknüpfung mit einer existierenden ODBC-Verbindung

Schritt 3 und 4 sind jetzt identisch mit den schon so oft gezeigten und werden hier nicht mehr vertieft.

Wie man jetzt sehen kann, ist die **ODBC-Verbindung** des MySQL Treibers auch nichts anderes als die direkte ODBC-Anbindung. Es wurde an sich nur ein Schritt vorweggeschaltet, der aber nur die Auswahl der Verbindungsart zulässt. Anschließend sind die Dialoge identisch. Insofern ist es nicht verwunderlich, dass die **content.xml** in den Verbindungsdaten genau die gleichen Einträge aufweist.

```
xmlns:number="urn:oasis:names:tc:opendocument:xmlns:datastyle:1.0"
xmlns:ooo="http://openoffice.org/2004/office" xmlns:db="http://openoffice.org/2004/database"
office:version="1.0">
<office:automatic-styles />
- <office:body>
  - <office:database>
    - <db:data-source db:connection-resource="sdbc:odbc:Verein_OOO" db:suppress-version-columns="true"
        db:append-table-alias-name="true" db:boolean-comparison-mode="equal-integer" db:enable-sql92-
        check="false" db:ignore-driver-privileges="true" db:parameter-name-substitution="true" db:system-driver-
        settings="" db:use-catalog="false">
        <db:login db:user-name="Thomas" db:is-password-required="true" />
```

Abbildung 2.75 Ausschnitt der content.xml bei einer ODBC-Verbindung

Als Treiber wird der Service »sbdc:odbc« genutzt, dem lediglich der Name der im System angelegten ODBC-Verbindung übergeben wird. Alles andere ist Standard und nicht weiter diskussionswürdig.

2.7.9 Sonstige Datenquellen

Auch wenn mit JDBC und ODBC universelle Schnittstellen zur Einbindung nahezu jeder beliebigen Datenbank-Quelle zur Verfügung stehen, gibt es immer noch Bestrebungen, die Treiber für bekannte und häufig benutzte Datenbanken direkt einzubinden und so die Bedienung zu erleichtern. Neben den schon besprochenen Spezialtreibern werden in Zukunft weitere folgen – je nach den Aktivitäten des entsprechenden Unterprojekts.

Eine Übersicht der aktuell in Arbeit befindlichen Treiber, die gerade stabilen Versionen, Dokumentationen und vieles mehr finden Sie immer im DBA-Projekt von OpenOffice.org, wobei *http://dba.openoffice.org/drivers/* eine gute Einstiegsseite ist.

Zwei weitere Treiber möchte ich hier kurz erwähnen, ohne jedoch ins Detail zu gehen.

Oracle-Datenbanken

Üblicherweise lassen sich Oracle-Datenbanken unter Windows recht einfach über ODBC anbinden. Die entsprechenden Treiber sind verfügbar, und die ODBC-Anbindung wurde bereits erläutert.

Genauso einfach ist es jedoch, diese Verbindung über JDBC zu erstellen, da es eine entsprechende Java-Klasse gibt. Sie ist insbesondere für die Java-Edition der

Oracle Datenbank sinnvoll, aber als Treiber natürlich auch für alle anderen geeignet. Wichtige Oracle-Treiber erhalten Sie beispielsweise direkt auf der Oracle-Homepage *www.oracle.com/technology/software/index.html.*

Speziell für die Oracle-JDBC-Verbindung liefert OpenOffice.org einen angepassten Assistenten mit. Wählt man also beim Erstellen einer neuen Datenbank (Base) im ersten Schritt die Option »Verbindung zu einer bestehenden Datenbank herstellen« aus und aus der Dropdown-Liste nun »ORACLE (JDBC)«, passt der Assistent die Aufgabenschritte links entsprechend an.

Jetzt kann man im 2. Schritt (**Oracle Datenbankverbindung einrichten**) direkt die wichtigsten Daten eingeben, wobei typische Standardvorgaben (zum Beispiel der Oracle Standardport) bereits eingetragen sind.

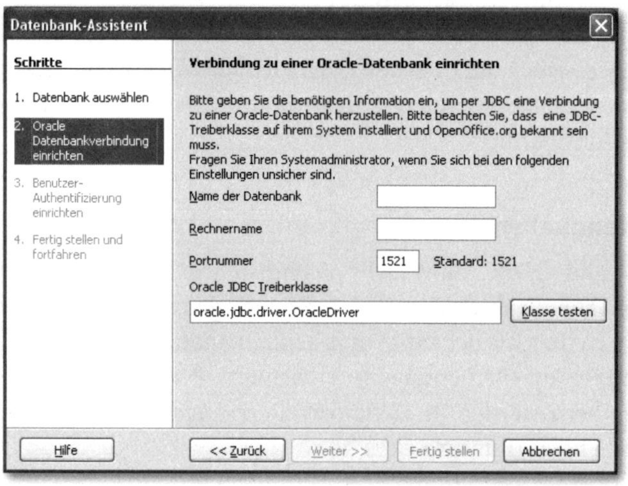

Abbildung 2.76 Oracle-Datenbankverbindung via JDBC einrichten

Auch die vorgegebene Treiberklasse ist schon eingetragen – wird aber von OpenOffice.org nicht automatisch installiert! Das müssen Sie manuell mit den entsprechenden *.jar- oder Class-Dateien vornehmen und diese dann OpenOffice.org bekannt geben. Das Vorgehen wurde ausführlich im Abschnitt »MySQL-JDBC-Verbindung« erläutert und kann äquivalent übertragen werden.

Die übrigen Schritte sind mit den bisher erläuterten identisch und bedürfen keiner weiteren Erklärung.

SQLite

Für die Datenbank **SQLite** Version 2.8.x befindet sich aktuell ein nativer OpenOffice.org-Treiber in Arbeit, der – zunächst für Linux, später auch für Windows

– eine direkte Verbindung mit einzelnen SQLite-Datenbank-Dateien herstellen kann.

Der Treiber befindet sich noch in einem sehr frühen Alpha-Versionsstadium und sollte noch nicht für Produktionssysteme eingesetzt werden. Wer aber testen möchte oder sich aktiv an der Weiterarbeit beteiligen will, kann sich die Treiber (**sqlite-sdbc-driver-0.1.1.zip** oder **sqlite3-sdbc-0.1.1.zip**) von der Seite *http://dba.openoffice.org/drivers/sqlite/index.html* herunterladen und sie ausprobieren. Der Sqlite3-Treiber stellt dabei einen ersten Vorgriff auf die kommende Version 3.0 der SQLite-Datenbank-Engine dar, ohne jedoch aktuell die erweiterten Möglichkeiten der Version 3.0 zu unterstützen. Beide Treiber befinden sich auch auf der DVD, doch nochmals der Hinweis: Es handelt sich um ein frühes Alpha-Stadium!

Kopieren Sie die Treiber nach dem Download zunächst in ein Verzeichnis Ihrer Wahl. Um sie nun in OpenOffice.org zu installieren, beenden Sie zunächst alle Instanzen von OOo, auch den eventuell geladenen Schnellstarter! Das ist wichtig, da sonst noch Prozesse laufen und die Konfigurationsdateien nicht neu eingelesen werden.

Nun öffnen Sie eine Konsole – in Windows die »Eingabeaufforderung«, die Sie in XP unter **Start • Programme • Zubehör • Eingabeaufforderung** finden. Da der jetzt aktuell angezeigte Pfad meist das Benutzerverzeichnis darstellt, wechseln Sie nun zu */Pfad/zur/OpenOffice.org_Installation* und dort in das Unterverzeichnis */program*.

Rufen Sie nun das Programm **unopkg** auf, und übergeben Sie ihm als Parameter den Treiber (als ZIP-Datei), eventuell mit dem kompletten, qualifizierten Pfad. Das Programm **unopkg** verwaltet zusätzliche UNO-Packages, die als Zip-Dateien übergeben werden.

Prinzipiell ist der Package-Manager auch unter OpenOffice.org als GUI-Dialog aufrufbar (**Extras • Package Manager**), doch lassen sich dort leider keine für alle Nutzer verfügbaren Packages installieren. Hier bleibt nur das Kommandozeilen-Tool.

Jetzt rufen Sie den Package-Manager auf und übergeben ihm den SQLite-Treiber:

```
unopkg add /pfad/zum/Download/sqlite-driver-sdbc-0.1.1.zip --shared
```

Die Option `--shared` bewirkt dabei, dass der Treiber allen Benutzern von OpenOffice.org später zur Verfügung steht.

Gab es keine Fehlermeldung, so kann OpenOffice.org jetzt neu gestartet werden. Anschließend steht Ihnen der neue Treiber zur Verfügung.

Der Treiber unterstützt zurzeit noch nicht allzu viele Optionen (Details finden Sie auf der Homepage) – wundern Sie sich also nicht, wenn einiges noch nicht so funktioniert, wie man es sich vorstellt. Wie gesagt: es handelt sich noch um eine frühe Alpha-Version.

2.7.10 Text- und Tabellendokumente

Bleibt ein letzter Abschnitt – das Verbinden einfacher Textdateien und Calc-Tabellen als Datenquellen.

Dieser Abschnitt endet hier, da es sich ja um keine »echten« Datenbanken handelt (also keine Datenbank-Engine zur Verfügung steht), sondern quasi nur um eine Sammlung strukturierter Daten. Hier ergeben sich auch gleich die klaren Einschränkungen:

OpenOffice.org Base kann aktuell zwar Text- und Tabellendokumente als Datenquellen einbinden, aber leider nur lesend. Es ist also weder möglich, über Base (Formulare, Tabellen) bestehende Daten zu ändern noch neue hinzuzufügen. Lediglich die Anzeige ist möglich, und diese kann strukturiert werden (Abfragen, Berichte).

Bleibt natürlich die Frage: Wozu werden sie dann überhaupt als Datenquellen eingebunden? Nun, das ist einfach zu beantworten. Da das Konzept von Base nun alle Datenquellen in OpenOffice.org umfasst, müssen auch einfache Text- oder Calc-Tabellen, die möglicherweise nur als Steuerdatei für Serienbriefe dienen, als solche eingebunden werden. Und genau hierfür benötigt man ja lediglich einen lesenden Zugriff. Mehr wäre zwar schöner, ist aber aktuell nicht möglich.

Tabellendokumente

Als **Tabellendokumente** können sowohl OpenOffice.org-Calc-Dateien als auch MS Office-Excel-Dateien eingebunden werden. Diese müssen jedoch eine Datenbank beinhalten beziehungsweise sollten die dort vorzufindenden Daten einer Datenbank-Struktur ähnlich sein. Darunter versteht man ganz allgemein eine Tabellenzeile mit den **Feldnamen** (an die Feldnamen werden im Allgemeinen spezielle Anforderungen gestellt) und direkt darunter die **Datensätze**, jeweils ein Satz in einer Zeile. Unter den Feldnamen darf keine Leerzeile folgen, da eine Leerzeile das Ende der Datenbank oder des Datenbankbereichs definiert. Abbildung 2.77 zeigt eine typische Datenbank-Quelle in Calc.

Base bindet jede **Calc-Tabelle**, in der Daten zu finden sind, als eigenständige Tabelle ein – jedoch auch nur maximal eine Tabelle pro Calc-Tabelle. Haben Sie also in Ihrer Kalkulationstabelle mehrere Datenbereiche auf einem Tabellenblatt, so ist Chaos vorprogrammiert. Haben Sie hingegen mehrere Datenbereiche auf mehreren Tabellenblättern, gibt es keine Probleme, und Sie können später in Base die gewünschten Daten bequem auswählen.

	Vorname	Name	Geburtstag	Telefonnummer	Hobbys	Alter
2	Hans	Klein	22.05.64	236587	Autos	42
3	Thomas	Breitfuss	15.11.75	58974	Angeln, Wandern	31
4	Sybille	Frisch	03.04.68	0171-451287	Disko	38
5	Gudrun	Schwall	07.01.38	898989	Oma	68
6	Herbert	Maier	19.11.53	451568	Nachhilfelehrer	53
7	Ursula	Grüngrass	16.08.71	421536	Schwimmen	35
8	Jan	Bettmann	05.06.76	1239874	Computer	30
9	Theo	Winkler	12.11.75	3698542	Computer	31
10	Petra	Solo	27.07.78	125478	Disko	28
11	Huber	Hein	02.06.55	689788	Nachhilfelehrer	51
12	Klaus	Meier	08.04.69		Schwimmen	37
13	Liesbeth	Schulz	03.10.46	159875	Stricken	60
14	Hugo	Mayer	05.07.58	569874	Computer	48

Abbildung 2.77 Eine Calc-Tabelle mit Datenbank

Um das Tabellendokument nun als Datenquelle einzubinden, starten Sie einen neuen Base-Container (Base-Dokument) und wählen im ersten Schritt die Option »Verbindung zu einer bestehenden Datenbank herstellen« aus und dann aus der Dropdown-Liste »Tabellendokument«.

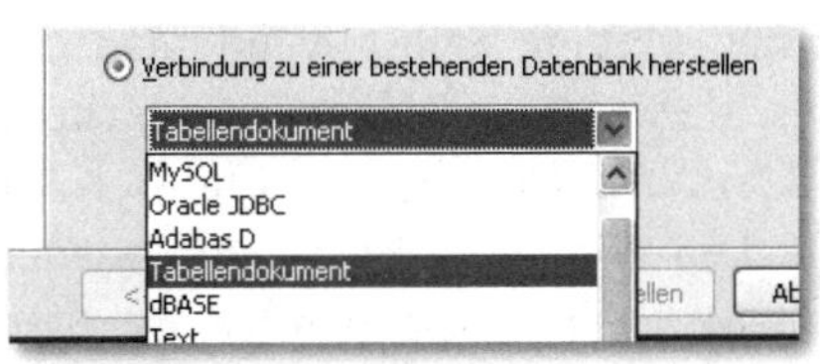

Abbildung 2.78 Verbindung zu einem Tabellendokument

Die weiteren Einstellarbeiten sind einfach: Im zweiten Schritt wird das entsprechende Quelldokument ausgewählt und spezifiziert. Als Option muss lediglich angegeben werden, ob die Tabelle durch ein Kennwort geschützt ist oder nicht, das war es dann aber auch schon.

Sollte das Dokument mit einem Kennwort geschützt sein, müssen Sie die entsprechende Option ankreuzen. Das Kennwort wird hier nicht erfragt und auch nicht gespeichert. Wird jedoch eine Verbindung zum Dokument erstellt, so erfolgt eine Passwortabfrage in einem eigenen Dialog. Dieser würde nicht aufpoppen, wenn die Option hier nicht aktiviert wird, die Verbindung zum Dokument schlägt dann in Folge dessen fehl.

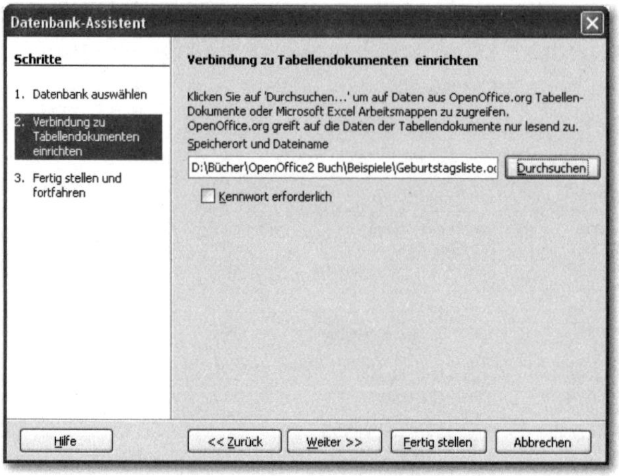

Abbildung 2.79 Spezifikation des QuellDokuments

> **Achtung**
>
> **Typische Fehlerquelle:** OOo meldet später nicht, dass ein Passwort für die Verbindung nötig ist, sondern nur, dass die Verbindung fehlgeschlagen ist. Testen Sie, ob Sie ein Passwort für das Tabellendokument benötigen (öffnen Sie es einfach), und stellen Sie dann die Option entsprechend ein.

Noch ein Hinweis: Excel-Dokumente der Office-Version 2003 und höher mit einem Passwortschutz können nicht geöffnet werden. Selbst wenn man das Kennwort kennt, wird eine Verbindung fehlschlagen. OpenOffice.org ist nicht in der Lage, die MS-Verschlüsselung nachzubilden. In solch einem Fall müssen Sie das Excel-Dokument im MS-Programm mit dem Kennwort öffnen und wieder ohne Kennwort abspeichern. Nur ist es jetzt auch in OpenOffice.org Base problemlos einbindbar.

Der letzte – dritte – Schritt entspricht wieder dem Abschlussschritt, der schon ausführlich beschrieben wurde.

Textdateien

Neben einer Tabelle kann natürlich auch ein einfaches Textdokument als Datenquelle dienen, soweit die dort vorhandenen Daten gewissen Kriterien entsprechen.

Auch hier gilt: Ein Datensatz pro Zeile; die erste Zeile beinhaltet normalerweise die Feldnamen, die Datenfelder sind durch bestimmte, eindeutige Zeichen voneinander getrennt. Typische Daten-Textdateien sind so genannte CSV-Dateien (Comma Separated Value), oft haben sie auch die Dateierweiterung *.csv. Natürlich lassen sich auch alle anderen »einfachen« Textdateien mit beliebigen Dateierweiterungen einbinden.

Wenn Sie also eine Textdatei als Datenquelle nutzen möchten, wählen Sie im Schritt 1 des Assistenten als Datenbanktyp **Text** aus.

Der zweite Schritt erwartet nun die entsprechenden Angaben zur Textdatei: Zunächst müssen der Pfad und der Dateiordner ausgewählt beziehungsweise angegeben werden. Dabei erweist sich das Konzept von Base als sehr interessant: Der komplette Dateiordner wird als Datenquelle eingebunden, alle dort befindlichen Dateien des entsprechenden Typs werden als Tabellen der Datenbank interpretiert. Haben Sie also beispielsweise fünf verschiedene CSV-Dateien im Verzeichnis, so erhalten Sie später fünf unterschiedliche Tabellen – alles in einer Datenbank. Dieses Konzept hat manchmal Vorteile; doch auch Nachteile, wenn man beabsichtigt, nur eine Datei einzubinden.

Tipp

Möchten Sie nur auf eine Datei zugreifen, erzeugen Sie vorher (im Datei-Explorer) ein neues Verzeichnis und packen dort nur diese Datei hinein.

Auch Textdateien lassen sich nur lesend einbinden. Ein Hinzufügen oder Ändern der dort vorhandenen Datensätze ist leider nicht möglich!

Dann wird die entsprechende Dateierweiterung ausgewählt (mit ihr wird die Datei identifiziert). Die üblichen sind *.txt und *.csv, Sie können aber auch jede andere beliebige Erweiterung angeben (im Format *.abc – wobei abc Ihre Erweiterung darstellt). Denken Sie daran: Alle Dateien mit dieser Dateierweiterung werden im gewählten Verzeichnis als Tabelle eingebunden!

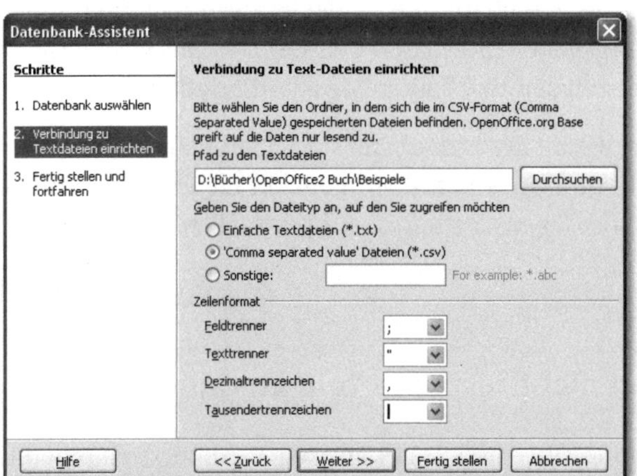

Abbildung 2.80 Die Einstellungen, um Textdateien als Datenbanken einzubinden

Achtung

Es muss sich schon um eine reine ASCII-Textdatei handeln, Sie können kein *.doc oder *.odt einbinden!

Schließlich muss man noch das Zeilenformat definieren, damit OOo die Struktur der Datensätze erkennt. Mindestens die ersten drei Felder müssen ausgefüllt werden, wobei man schnell erkennt , dass in Deutschland nicht viele Kombinationen möglich sind, denn Feldtrenner und Dezimaltrennzeichen müssen immer verschieden sein (übrigens auch das Tausendertrennzeichen – aber das kann zur Not weggelassen werden).

Natürlich müssen Sie nicht nur aus den Listen die entsprechenden Trennzeichen auswählen, Sie können auch eigene definieren und eingeben (die Datei muss natürlich diese ebenfalls beinhalten). Dabei ist jedoch zu beachten, dass lediglich das erste Zeichen berücksichtigt wird. Wenn Ihre Textdatei also beispielsweise so aussieht:

```
lfdNr ## Beschreibung ## Preis
1 ## Mein Produkt ## 12,50
```

und Sie »##« als Feldtrennzeichen definieren, so akzeptiert OpenOffice.org Base nur das erste Zeichen (hier also »#«) und trennt genau dort. Sie erhalten dann also eine Tabelle mit 5 Spalten, wobei die 2. und 4. Spalte einfach leer bleiben und generisch erstellte Feldbezeichner erhalten. Zur Not ist einfach ein wenig Experimentieren angesagt.

Noch ein Hinweis: Gleiche Zeichen in der Liste der Zeilenformate führen hier direkt zu einem Fehler – der nächste Schritt wird nicht freigeschaltet.

Auch wenn die Listboxen es so andeuten – die Felder müssen nicht ausgefüllt sein. Sie können auch die vorgegebenen Zeichen löschen und die Felder somit leer lassen. Einen Feldtrenner müssen und sollten Sie allerdings definieren.

Die weiteren Schritte zur Erzeugung der Datenbank sind dann identisch mit den bisher beschriebenen. Im Übrigen ist es natürlich möglich, die entsprechenden Einstellungen zu den Datenbank-Eigenschaften auch nachträglich zu korrigieren – doch dazu später.

2.8 Registrierte und nicht registrierte Datenquellen

Im letzten Schritt der Erzeugung einer Base-Datei müssen Sie unter anderem die Option aktivieren, ob die Datenquelle angemeldet werden soll oder nicht. Als Vorauswahl ist die Anmeldung eingestellt.

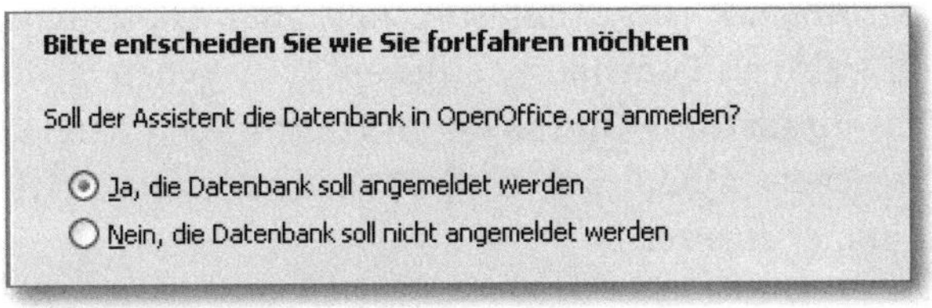

Abbildung 2.81 Datenbank anmelden oder nicht – letzter Schritt der Erstellung

Nur: Was bedeutet das »Anmelden in OpenOffice.org«? Um es gleich vorweg zu sagen: Die Datenbank ist selbstverständlich immer nutzbar, ob Sie sie nun anmelden oder nicht. Gerade beim Testen und Probieren empfiehlt sich sogar, sie nicht anzumelden. Insofern ist meiner Ansicht nach die Voreinstellung nicht gerade glücklich gewählt.

Registrierte Datenbanken stehen auch allen anderen Modulen von OpenOffice.org direkt zur Verfügung und werden – nur sie – im Datenbank-Explorer (siehe auch Abschnitt 2.9) aufgeführt.

Das ist zum Beispiel notwendig, wenn Sie mit OpenOffice.org Writer Serienbriefe erstellen möchten und die Inhalte der Felder aus den Datenbanken entnommen werden. Dann muss die Datenbank auch angemeldet oder registriert sein. Oder grundsätzlich: Immer wenn Sie in einer Applikation (Writer, Calc, Impress) auf Daten aus einer Datenbank zugreifen möchten und diese einbinden, muss die Datenbank registriert sein – sonst kommt die Verbindung nicht zustande.

Natürlich können Sie zu jedem Zeitpunkt Datenbanken anmelden oder auch wieder »entfernen«, je nach Bedarf. Nur: Je mehr Datenbanken Sie angemeldet haben, umso »größer« wird OpenOffice.org im Hauptspeicher – denn umso mehr Daten werden »vorgeladen«. Und das ergibt irgendwann keinen Sinn mehr. Es empfiehlt sich also, nur die Datenbanken anzumelden, die man wirklich braucht, und alle anderen erst einmal nicht.

Hinweis

In OpenOffice.org 2.x lassen sich Datenbanken nur noch über das **Optionen-Menü** hinzufügen oder löschen! Die Möglichkeit, dies auch im Datenquellen-Explorer zu erledigen (wie es in Version 1.x noch möglich war) besteht nicht mehr.

Anmelden von Datenbanken

Jede Base-Datenbank (auch die Base-Datenbank-Container) kann direkt bei der Erzeugung angemeldet werden. Dann übernimmt OpenOffice.org intern alle notwendigen Eintragungen, und die Datenbank ist dann sofort verfügbar.

Natürlich können Sie auch nachträglich jede Datenbank anmelden. Diese muss jedoch im Base-Format (*.odb – also als Container) vorliegen! Dazu gehen Sie in die Optionen von OpenOffice.org (**Extras • Optionen**) und dort in den Bereich **OpenOffice.org Base**. Aus welchem Modul Sie die Optionen aufrufen, spielt dabei keine Rolle, Base wird immer angezeigt.

Im Bereich **Base** finden Sie zwei Unterpunkte:

- **Verbindungen**: Hier können Sie festlegen, dass bestimmte Verbindungen »aufbewahrt« werden, auch wenn sie aktuell nicht benötigt werden. OpenOffice.org behält dann die Verbindung im Speicher, selbst wenn aktuell gar keine Datenanforderungen vorliegen. Dies kann die Performance zur Datenbank erheblich steigern, aber auch die Arbeitsgeschwindigkeit von OpenOffice.org generell mindern. Üblicherweise ist es nicht notwendig, Verbindungen aufzubewahren. Die maximale »Aufbewahrungszeit« beträgt übrigens 60 Sekunden.
- **Datenbanken**: In diesem Bereich verwaltet man die angemeldeten Datenbanken.

Mindestens eine Datenbank ist immer registriert: die »Bibliography«, also die mitgelieferte Literaturdatenbank. Alle anderen wurden vom Benutzer später registriert beziehungsweise angemeldet.

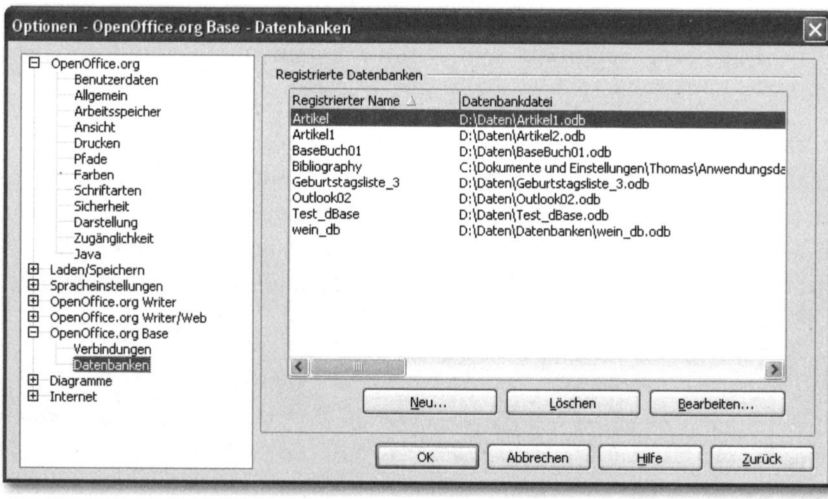

Abbildung 2.82 Optionen zum Anmelden und Verwalten von Datenbanken

Um eine neue Datenbank anzumelden, klickt man einfach auf den Button **Neu...**, wählt über den Dateibrowser die gewünschte Datei (wie gesagt, es muss sich um eine Base-Datei handeln!), vergibt noch einen aussagekräftigen Namen (die Vorgabe ist der Dateiname ohne Erweiterung), und schon ist die Datenbank registriert.

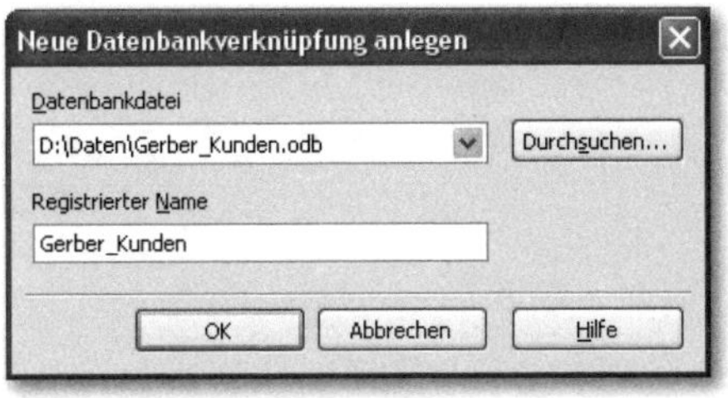

Abbildung 2.83 Neue Datenbank registrieren

Der »Registrierte Name« ist dabei der Name der Datenquelle, der intern verwendet wird. Dieser taucht auch im Datenquellen-Explorer auf (im linken Fenster) und sollte daher entsprechend gewählt werden. Natürlich können Sie diesen Namen auch noch nachträglich ändern.

Dazu markieren Sie die Datenbank im **Optionen**-Feld und klicken auf »Bearbeiten ...«; es öffnet sich der Dialog zur Registrierung der Datenbank, und Sie können die Einträge verändern.

Abmelden von Datenbanken

Spätestens wenn die Übersichtlichkeit leidet, sollten Sie beginnen, nicht benötigte Datenquellen wieder abzumelden. Auch hierfür nutzen Sie das **Optionen**-Menü, markieren die entsprechende Datenbank und klicken auf »Löschen«.

Hinweis

»Löschen« ist hier nicht geschickt gewählt. Die Datenbank wird nämlich keineswegs gelöscht, sondern nur der Eintrag derselben im internen Register. Die Datenbank wird also nur »abgemeldet«.

Aber Achtung: Dokumente, die auf Daten in dieser Datenbank zugreifen, sind nun ihrer Quelle »beraubt«. Ihr Serienbrief kann nicht mehr funktionieren, Ihre Calc-Tabelle Daten nicht mehr aktualisieren. OpenOffice.org warnt Sie auch nicht, wenn Sie einen Tabelleneintrag löschen wollen und dieser anderweitig benötigt wird. Die alten Feldbezeichnungen bleiben im Dokument, nur funktionieren sie dann eben nicht mehr. Also: Vorsicht beim Löschen!

Sollten Sie übrigens tatsächlich einmal versehentlich einen Eintrag gelöscht haben, den Sie aber noch benötigen, so stellen Sie diesen wie folgt wieder her: Öffnen Sie das Dokument, das die Feldbefehle enthält, die auf die Datenquelle zugreifen. Aktivieren Sie unter **Ansicht** die Feldbefehle, so dass im Dokument statt der Feldergebnisse die Feldbefehle stehen. Jetzt erkennen Sie den ursprünglichen (registrierten) Namen der Datenbank (Abbildung 2.84).

Abbildung 2.84 Feldbefehle in Writer

Der erste Begriff ist immer der angemeldete Datenbank-Name. Nun können Sie die ursprüngliche Datenquelle also erneut einbinden und den richtigen Namen vergeben – fertig. Nun sollte wieder alles funktionieren. Der zweite Begriff beschreibt im Übrigen den Daten-Tabellennamen und der dritte Begriff die Datenfeld-Bezeichnung (Spaltenname).

Zusammenfassend noch einmal die Grundsätze:

- Möchte man eine Datenquelle in anderen Modulen und Dokumenten benutzen, so muss sie angemeldet oder registriert sein. Dies gilt auch immer dann, wenn Formulare in Dokumenten mit Datenquellen verknüpft werden sollen.
- Wird die Datenbank lediglich allein genutzt (mit all ihren Formularen und Berichten), dann braucht – und sollte – sie nicht angemeldet werden.

2.9 Der Datenquellen-Explorer

Der Datenquellen-Explorer stellt einen vereinfachten Zugriff auf alle registrierten Datenbanken dar und war schon vor der Verfügbarkeit von Base präsent. Im Grunde handelt es sich dabei um eine einfache Zugriffsmöglichkeit auf die Datenquellen-Tabellen und deren Daten, die sich dann auch ganz einfach in die Dokumente einbinden lassen. Er ist in jedem Modul (außer Base natürlich) verfügbar und wird über folgende Varianten aktiviert:

- Menübefehl: **Ansicht • Datenquellen**
- Kurzbefehl [F4] oder über das entsprechende Icon in der Standard-Symbolleiste.

Der Datenquellen-Explorer teilt das Arbeitsfenster der aktuellen Anwendung und bietet selbst eine eigene Symbolleiste, einen eigenen geteilten Arbeitsbereich sowie eine eigene Navigationsleiste. Je nach Wunsch kann die Teilungslinie zur Anwendung beliebig verschoben werden. Ein »Abreißen« des Datenquellen-Fensters ist aktuell leider nicht möglich, auch wenn es zunächst so aussieht.

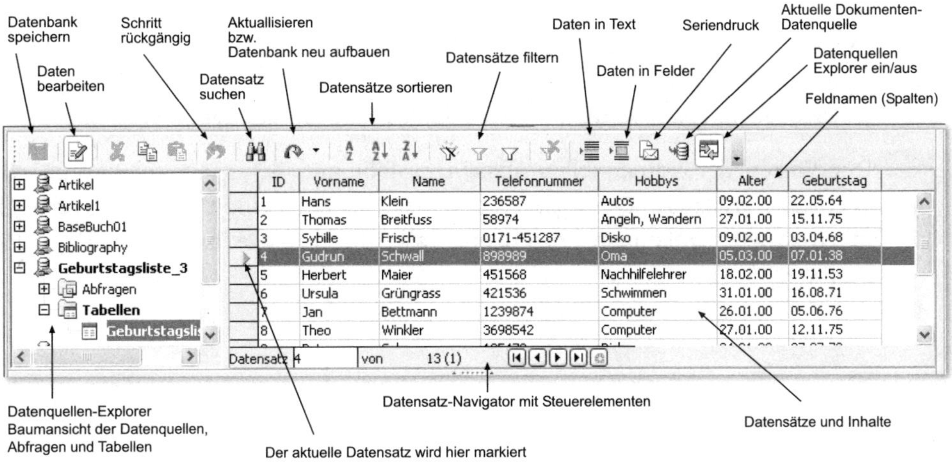

Abbildung 2.85 Die Datenquellen-Ansicht

Um eine Namenskonkurrenz auszuschließen, wird dieses komplette Fenster ab jetzt einfach »Datenquellen« genannt. Der eigentliche Datenquellen-Explorer bezieht sich jetzt nur noch auf das linke Teilfenster, das alle registrierten Datenquellen (siehe Abschnitt 2.8) mit deren registrierten Namen auflistet. Das Pluszeichen vor dem Namen signalisiert, dass Unterobjekte vorhanden sind. Ein Klick darauf öffnet den dazugehörigen »Baum«. Angezeigt werden alle Tabellen und alle Abfragen, die sich in der Datenquelle befinden (Abfragen sind ja an sich auch nur Tabellen – eben Auszüge aus dem Datenbestand). Sowohl die Tabellen als auch die Abfragen müssen aber bereits existieren. Der vorliegende Explorer bietet keine Möglichkeit, neue anzulegen oder bestehende zu bearbeiten.

Es gibt aber sehr wohl die Möglichkeit (über das Kontextmenü auf Abfragen oder Tabellen), direkt die Datenbankdatei zu bearbeiten. Dann wird Base geöffnet, und die aktuelle Datenquelle steht dort zur Bearbeitung bereit. Wählt man eine Abfrage oder eine Tabelle aus (in der linken Baumstruktur), so erscheinen die Daten im rechten Arbeitsfenster. Sie sind als Tabelle aufgebaut, mit den Feldnamen in den Spaltenüberschriften und den Daten als Zeilen.

Die Zeilen selbst sind nicht durchnummeriert, wohl aber die Datensätze. Mit dem Datensatz-Navigator (in der Statuszeile) und den entsprechenden Schaltflächen können Sie den Zeilenzeiger (das kleine grüne Dreieck) entsprechend platzieren – oder man benutzt die Maus.

Handelt es sich bei der Datenquelle um eine editierbare Datenbank (also zum Beispiel eine HSQLDB mit Primärschlüssel), dann können die Daten auch direkt in der Tabelle geändert und manipuliert werden. Auch neue Datensätze können Sie hier hinzufügen.

Bei nicht editierbaren Datenquellen (zum Beispiel einer Calc-Tabelle) ist diese Möglichkeit natürlich nicht gegeben. Hier muss dann zunächst die Originaldatei geöffnet, verändert und anschließend die Datenbank aktualisiert beziehungsweise neu aufgebaut werden (entsprechende Icons in der Symbolleiste).

Der Vorteil der Datenquellen-Ansicht besteht nun darin, auf relativ einfache Weise Datensätze zu identifizieren und diese oder einzelne Daten daraus schnell in ein aktuelles Dokument einzufügen. Praktische Beispiele finden Sie in Kapitel 8, *Berichte*.

Auch OpenOffice.org nutzt im Hintergrund für alle Datenbank-Manipulationen die Sprache SQL, eine standardisierte Quasi-Programmiersprache, die genau für Datenbanken entwickelt wurde. Auch wenn der Anwender dank der Benutzeroberfläche diese Detailinformationen für »normale« Anwendungen nicht mehr braucht, schadet es nichts, sich auch mit SQL zu beschäftigen.

3 Einführung in die Sprache SQL

Die **Standard Query Language** (SQL) wurde schon sehr früh (1986) normiert und gilt heute quasi als Standard für die Erstellung und Bearbeitung von relationalen Datenbanken. Heute ist es weniger eine Frage, ob die Datenbank SQL unterstützt, sondern nur noch, wie exakt und in welchem Umfang sie diese Sprache umsetzt.

Auch OpenOffice.org Base nutzt im Hintergrund ausschließlich SQL-Befehle, um mit Datenquellen zu arbeiten und den Datenaustausch vorzunehmen. Wer also »fit« in SQL ist, kann direkt die SQL-Syntax verwenden und so Abfragen ohne grafisches Frontend erstellen – OpenOffice.org setzt dies später auch grafisch um (siehe hierzu auch Kapitel 6, »Abfragen«). Ein weiterer Vorteil dieser Struktur ist natürlich auch, dass man SQL-Abfragen (bei denen es sich ja um reine Textdateien handelt) auch aus anderen Programmen übernehmen kann (per Drag&Drop) und sich so manchen Arbeitsschritt erspart.

SQL ist somit fundamentales Grundwissen und soll hier kurz dargestellt werden. Beginnen wir mit einer kurzen Übersicht über die Geschichte:

1970: Erste Relationen-Modelle als Datenbank-Sprache

1986: SQL-Normierung durch ANSI (American National Standard Institute) – ANSI-Standard X3.135-1986

1987: Übernahme des ANSI-Standards durch die ISO – ISO 9075-1987

1989: Erweiterung des SQL-Standards – ISO 9075-1989

1992: SQL 2-Standard – ISO 9075-1992

Alle wesentlichen Eigenschaften sind in der ISO-Norm fixiert.

SQL ist eine Sprache, um Anweisungen für ein relationales Datenbanksystem zu formulieren. Dabei lassen sich zwei Gruppen von Befehlen unterscheiden:

- **DDL (Data Definition Language)** zur Definition, zum Erstellen oder zum Ändern des Datenbankdesigns (Tabellen und mehr)
- **DML (Data Manipulation Language)** zur Manipulation (eingeben, ändern, löschen) von Daten

Allerdings ist SQL keine prozedurale Sprache, so dass sie keine Schleifen, Funktionen und Ähnliches kennt. Man kann mit ihr auch nicht an sich programmieren, dafür lassen sich aber Daten suchen und sortieren, eingeben, ändern oder löschen, ja ganze Datentabellen und Datenbanken können erstellt oder geändert werden.

3.1 SQL-Grundlagen

Hinweis

Die SQL-Grundlagen sind nicht speziell auf Base abgestimmt. Sie können alle Beispiele direkt ausprobieren und nachvollziehen, wenn Sie eine SQL-fähige Datenbank installieren (zum Beispiel MySQL), den DB-Server starten und die Anweisungen dann über die Konsole (bei Windows »Eingabeaufforderung«) eingeben.

SQL ist eine zeilenorientierte Sprache. Anweisungen können entweder direkt an der Konsole beziehungsweise Eingabeaufforderung eingetippt werden; sie können aber auch als einfache Textdatei abgespeichert und später ausgeführt werden.

Eine SQL-Eingabe besteht immer aus einer oder mehreren **Anweisungen**. Eine Anweisung setzt sich aus einer Reihe von Kommandos und Parametern zusammen und wird immer mit einem Semikolon (;) abgeschlossen. Die SQL-Eingabe ist beendet, wenn der Strom aus Anweisungen beendet ist.

Die Anweisungen selbst müssen dabei nicht in einer Zeilenstruktur übergeben werden. Jede Zeile kann auch mehrere Anweisungen beinhalten, genauso wie Anweisungen auch über mehrere Zeilen gehen dürfen (was oft sinnvoll ist, um die Anweisungen übersichtlich zu gestalten).

Eine Anweisung beginnt in der Regel mit einem Schlüsselwort (Kommando), auf das diverse Parameter folgen, die entweder aus einem Namen, einem String in Anführungszeichen, einer Konstante, einem Sonderzeichen oder weiteren Schlüsselwörtern bestehen. Diese Parameter sind normalerweise durch ein Leerzeichen, einen Tabulator oder durch einen Zeilenumbruch voneinander getrennt. Zusätzlich können Kommentare verwendet werden.

Die folgenden drei Zeilen stellen eine gültige SQL-Eingabe dar (Syntax). Sie bestehen aus zwei Anweisungen sowie einem Kommentar:

```
SELECT * FROM mytabl;

-- jetzt wird ein neuer Datensatz eingefügt

INSERT INTO myTabl(kn22, name) VALUE (123, 'Meier');
```

Schlüsselwörter sind Wörter, die eine feste Bedeutung in SQL haben, meist in Verbindung mit Anweisungen. So ist zum Beispiel SELECT genauso ein Schlüsselwort wie FROM.

Namen oder **Bezeichner** sind vom Benutzer frei definierte Begriffe für Datenbanken, Spalten (Attribute) oder andere Datenbankobjekte. Diese werden einmalig festgelegt und können dann beliebig genutzt werden.

Hinweis

Obwohl die Sprache SQL nicht zwischen Groß- und Kleinschreibung unterscheidet und diese somit keine Rolle spielt, hat es sich doch eingebürgert, Schlüsselwörter nur in Großbuchstaben zu schreiben, Namen hingegen in Kleinbuchstaben.

Noch eine Konvention: Namen und Schlüsselwörter müssen in SQL mit einem Buchstaben oder einem Unterstrich beginnen, die folgenden Zeichen können Buchstaben, Ziffern oder Unterstriche sein. Nicht erlaubt sind Sonderzeichen; allerdings zählen Umlaute oder nichtlateinische Buchstaben auch zu der Gruppe der Buchstaben und sind somit erlaubt. Aus Kompatibilitätsgründen wird jedoch davon abgeraten, diese zu nutzen.

Ausnahme: Keine Regel ohne Ausnahmen. **Namen** können auch in doppelte Anführungszeichen eingeschlossen werden. Dadurch ist erstens sichergestellt, dass es sich um einen Namen handelt (und nicht um ein Schlüsselwort), zum anderen können diese Namen jetzt beliebige Zeichen enthalten – außer dem Anführungszeichen selbst. Dafür sind sie aber nun **case-sensitiv**, das heißt, es wird zwischen Groß- und Kleinschreibung unterschieden.

Wichtig

Der interne Interpreter von OpenOffice.org Base wandelt alle SQL-Befehle zunächst um, bevor er diese an die Datenbank schickt. Dabei werden alle Buchstaben in Großbuchstaben umgewandelt, es sei denn, sie sind in doppelte Hochzeichen (Anführungszeichen) eingeschlossen. In Base ist es also zwingend notwendig, alle Bezeichner zu »maskieren«. Dies gilt sowohl in den entsprechenden SQL-Eingabefenstern als auch bei der direkten Makroprogrammierung!

SQL kennt drei Gruppen von **Konstanten**:

Konstante	Bedeutung
Zeichenketten	Eine Zeichenkette ist eine Folge beliebiger Zeichen und wird in einfache Anführungszeichen oder Apostrophe (') eingeschlossen. Beispiel: 'ein Text'
Bitketten	Bitketten sehen ähnlich wie Zeichenketten aus, beginnen jedoch mit einem B, auf das direkt das öffnende Hochzeichen folgt. Bitzeichenketten dürfen nur 0 oder 1 enthalten. Beispiel: B'11001'
Zahlen	Zahlen werden als Zahlen geschrieben. Dezimalstellen werden durch den Punkt getrennt. Zulässig ist auch eine Exponential-Schreibweise. Beispiel: 23 , 3.2 , 1.23e2

Konstanten werden zur Datenübergabe und zur Verarbeitung genutzt.

Operatoren sind in SQL ein Sonderzeichen oder eine Folge von Sonderzeichen aus der folgenden Liste:

`+ - * / < > = ~ ! @ # % ^ & | ` ? $`

Dabei gibt es jedoch einige Einschränkungen:

- Die Kombinationen `--` und `/*` dürfen nicht genutzt werden. Sie definieren den Beginn eines Kommentars.
- Das `$`-Zeichen darf nicht als einzelnes Zeichen benutzt werden, wohl aber in der Kombination mit anderen Operatorenzeichen.
- Unter den Operatoren gibt es **Vorrang-Stellungen**, so dass manchmal mit Klammern gearbeitet werden muss.

Eine Reihe von **Sonderzeichen** haben in SQL eine besondere Bedeutung. Hier eine kurze Zusammenfassung:

Zeichen	Bedeutung
$1..$9	Das Dollarzeichen ($), gefolgt von einer Ziffer, steht für den Positionsparameter einer Funktion.
( )	Runde Klammern gruppieren Ausdrücke oder erzwingen eine bestimmte Reihenfolge der Auswertung.
[ ]	Eckige Klammern wählen die Elemente aus Arrays aus.
;	Das Semikolon schließt einen SQL-Befehl (Anweisung) ab.
:	Mit dem Doppelpunkt werden aus Arrays Bereiche ausgewählt.
.	Der Punkt wird als Dezimaltrenner bei Zahlen verwendet sowie um Schemas, Tabellen und Spaltennamen zu trennen.
,	Mit Kommas werden die Elemente einer Liste getrennt.

Zeichen	Bedeutung
*	Der Stern dient als Platzhalter in SELECT- oder COUNT-Anweisungen, quasi als »Jokerzeichen« für alles. Ansonsten ist er ein mathematischer Operator.

Und schließlich gibt es noch Kommentare, die in eine Folge von SQL-Ausdrücken eingebracht werden können.

Einfache, einzeilige **Kommentare** beginnen mit `--` und reichen bis zum Ende der Zeile (Zeilenumbruch). Umfangreiche Kommentare werden als Block im C-Stil gekennzeichnet. Sie beginnen also mit `/*` und enden mit `*/`, wobei sie verschachtelt werden können. Beispiele:

```
-- dies ist eine Kommentarzeile

/* hier beginnt ein Blockkommentar,

der sich über mehrere Zeilen

hinzieht */
```

Der SQL-Parser entfernt die Kommentare, bevor der Code weiter analysiert wird, und ersetzt sie durch Leerzeichen.

Die kleinste Einheit in einer Datenbank ist die Zelle, also der Wert in einer bestimmten Spalte einer Datenbank-Tabelle. Damit dieser eingegeben und später manipuliert werden kann, ist es notwendig, einen bestimmten Typ zu deklarieren, damit das Programm weiß, was zu tun ist. Beispielsweise können nur mit Zahlen mathematische Operationen durchgeführt werden, und auch Zeit- oder Datumswerte müssen gesondert gekennzeichnet sein.

SQL unterscheidet zumindest die drei Gruppen:

- Numerische Datentypen (Zahlen)
- Datums- und Zeitwerte
- Zeichenketten (Texte, Strings, Zeichen)

Je nach verwendetem Datenbank-System wird es noch viele weitere Typen geben, außerdem werden die Gruppen meist noch stark untergliedert, um eine hohe Performance der Datenbank bei gleichzeitigem sparsamen Speicherbedarf zu erreichen. Hier einige ausgewählte Datentypen:

Numerische Datentypen

Name	Speichergröße	Beschreibung
integer, int	4 Byte	Ganze Zahlen (normale Wahl)
decimal	variabel	Fließkommazahl, exakt
double	8 Byte	Fließkommazahl, nicht exakt, 15 Dezimalstellen Präzision

Datums- und Zeitwerte

Name	Speichergröße	Beschreibung
date	4 Byte	Nur Datum, Genauigkeit 1 Tag
timestamp	8 Byte	Datum und Zeit, Genauigkeit 1 Mikrosekunde / 14 Stellen

Zeichenketten

Name	Speichergröße	Beschreibung
text	variabel	Beliebige Zeichen, variable Länge ohne Höchstgrenzen
character(n) char(n)	fest	Gespeichert werden immer n Zeichen, eventuell mit Leerzeichen aufgefüllt.
varchar(n)	variabel	Variable Länge, maximal jedoch n Zeichen. Gespeichert werden nur die tatsächlichen Zeichen.

Das mag als Einführung genügen. Für weitere Datentypen sollten Sie die Dokumentation der verwendeten Datenbank konsultieren.

3.2 Datenbanken erzeugen

Wie schon erwähnt, besteht eine Datenbank aus einer Gruppe von zweidimensionalen Tabellen, die die eigentlichen Werte (Daten) in den einzelnen Zellen speichern. Für jeden Datensatz steht genau eine Zeile zur Verfügung.

Die Tabelle selbst hat einen Namen sowie eine festgelegte Anzahl von Spalten, die wiederum eigene, eindeutige Namen besitzen. Die Anzahl der Zeilen ist nicht festgelegt und hängt von der Anzahl der Datensätze ab. Die Datensätze (Zeilen) sind in der Regel nicht sortiert, und es gibt auch keine feste Reihenfolge.

Jede Spalte der Tabelle hat einen bestimmten Datentyp, der die Menge der zu speichernden Daten eingrenzt. Dieser Datentyp wird während der Erstellung festgelegt und bestimmt auch den Speicherplatz-Bedarf der späteren Datenbank.

Neben den selbst definierten Feldern erhält jede Tabelle auch noch so genannte Systemspalten, die automatisch erzeugt werden (abhängig vom DBMS).

3.2.1 CREATE

Mit dem Schlüsselwort **CREATE** werden Datenbanken, Tabellen oder andere Datenbank-Objekte erzeugt. Vom Begriff her ist eine Datenbank eine Sammlung von SQL-Objekten, also von Tabellen, Funktionen und so weiter. Im SQL-Sprachjargon werden diese oft auch »Kataloge« genannt. Also erzeugt man zuerst eine Datenbank (mindestens eine muss existieren!) mit

```
CREATE DATABASE produkte;
```

wobei jetzt die – noch leere – Datenbank »produkte« erzeugt wurde.

Als Nächstes erzeugt man eine **Tabelle**, also ein Schema zum Speichern von Datensätzen. Über die Struktur muss man sich jetzt schon im Klaren sein, da bei der Erzeugung der Tabellen in der Regel die Spalten gleich mit erstellt werden. Man benötigt also die Spaltennamen sowie den Datentyp. Wir erzeugen nun eine Tabelle »Bälle«, die zunächst drei **Spalten** (Attribute) hat: Farbe, Durchmesser und Bezeichnung:

```
CREATE TABLE baelle (
    farbe    text,
    durchm    decimal(4, 2),
    bezeich    text
);
```

Jede **Spalte** wird hier mit ihrem Namen und Datentyp beschrieben. Man könnte weitere Parameter, jeweils getrennt durch mindestens ein Leerzeichen, zu jeder Spalte hinzufügen, zum Beispiel Vorgabewerte, Constraits (also Beschränkungen für Eingabewerte) oder Schlüssel. Die folgende Zeile wäre beispielsweise eine Alternative zur Durchmesser-Spalte:

```
durchm  decimal(4, 2)  default 25.5   not NULL,
```

Jetzt wird ein Vorgabewert mit übergeben sowie die Beschränkung, dass der Wert nicht leer sein darf.

3.2.2 DROP

Jedes angelegte Objekt lässt sich natürlich auch wieder löschen. Hierzu nutzt man das Schlüsselwort **DROP**.

`DROP Tabelle;` löscht die angegebene Tabelle mit ihrem gesamten Inhalt, wobei bei manchen DBMS zusätzliche Checks durchgeführt werden und eventuell ergänzende Aktionen notwendig sind.

Mit `DROP datenbank;` wird aber immer die komplette Datenbank gelöscht, und zwar ohne Nachfrage und nicht wiederherstellbar. Sie sollten beim Einsatz dieses Kommandos also sehr vorsichtig sein.

3.3 Tabellen verändern

Nicht jede erstellte Tabelle entspricht schon endgültig der gewünschten Form. Also gibt es Befehle, um die bereits erzeugten Tabellen zu manipulieren, also Spalten einzufügen oder zu löschen, Tabellen- und Spaltennamen zu ändern oder die Definitionen zu modifizieren. Die wichtigsten Befehle sind RENAME, ADD und ALTER TABLE.

RENAME

Mit `RENAME TABLE baelle TO sportbaelle;` wird die Tabelle »baelle« in »sportbaelle« umbenannt.

ALTER TABLE

Häufiger jedoch werden Kommandos zum Verändern der Spalten einer Tabelle benötigt. Alle diese Manipulationen beginnen normalerweise mit `ALTER TABLE tabellenname` und fügen dann die gewünschte Aktion hinzu.

ADD

Um eine Spalte zu der bestehenden Tabelle »baelle« hinzuzufügen (zum Beispiel eine Spalte für die Artikelnummer »artnr«, die gleichzeitig als Primärschlüssel dienen soll), nutzt man den folgenden Ausdruck:

```
ALTER TABLE baelle ADD artnr integer primary key;
```

In gleicher Art und Weise lässt sich eine Spalte auch leicht wieder löschen. Dazu verwenden Sie **DROP**:

```
ALTER TABLE baelle DROP artnr;
```

So wie sich schon bei der Erzeugung einer Tabelle für die einzelnen Spalten Bedingungen und Beschränkungen festlegen lassen (**Constraint**), können diese auch später noch hinzugefügt, geändert oder gelöscht werden:

```
ALTER TABLE baelle ADD CHECK (farbe <> ' ');
```

Hier wird beispielsweise die Beschränkung »nicht leer« der Spalte »farbe« hinzugefügt.

In gleicher Art und Weise lassen sich auch Vorgabewerte setzen oder ändern:

```
ALTER TABLE baelle ALTER COLUMN durchm SET DEFAULT 22.7;
```

Und natürlich können auch bestehende Spalten umbenannt werden:

```
ALTER TABLE baelle RENAME farbe TO design;
```

Diese kurze Einführung in die Möglichkeiten, eine Datenbank zu erstellen oder zu manipulieren, ist natürlich nicht vollständig. Sie gibt aber einen Einblick in die SQL-DDL, also den Bereich, der für die Datenbankstruktur zuständig ist.

Hinweis

Auch wenn das zunächst verwirrt: Für die meisten Datenbanken gibt es grafische Frontends, die Ihnen das akribische Arbeiten mit SQL-Befehlen abnehmen und bequeme Tools für die Administration von Datenbanken bereitstellen. Ein solches Frontend ist Base. All diese Befehle werden im Hinergrund ausgeführt – der Nutzer bekommt davon in der Regel nichts mit.

3.4 Daten eingeben und verändern

Steht die Struktur der Datenbank erst einmal, kann man damit beginnen, Daten einzugeben. Für die jetzt folgenden Abschnitte ist die **DML**, die **Data Manipulation Language**, zuständig (dies nur zur Vollständigkeit, denn die Syntax ist vergleichbar, und in der Praxis ergeben sich kaum Unterschiede).

Daten werden zeilenweise eingegeben, das heißt, jeder Datensatz entspricht genau einer Zeile in der Tabelle. Es ist nicht notwendig, jedes Attribut (Spalte) mit einem Wert zu belegen. Ein Datensatz kann theoretisch aus minimal einem Attribut bestehen (sofern dies entsprechend den Spalten-Beschränkungen möglich ist), er kann aber maximal so viele Attribute aufweisen, wie Spalten vorhanden sind.

3.4.1 INSERT

Um eine neue Zeile in eine Tabelle einzufügen (und damit einen Datensatz zu erzeugen), wird der Befehl **INSERT** verwendet. Dieser Befehl benötigt den Namen der Tabelle (in die die Zeile eingefügt werden soll) sowie entsprechende Werte für die Attribute. Nehmen wir als Beispiel unsere Balltabelle:

```
INSERT INTO baelle VALUES ('hellblau', 27.4, 'Volleyball');
```

Dieser Ausdruck fügt einen Datensatz in die Tabelle »baelle« ein, und zwar mit Werten für die ersten drei Spalten. Die Werte werden dabei in der Reihenfolge aufgelistet und durch Kommas getrennt, wie auch die Spalten angeordnet sind. Üblicherweise sind die Werte Konstanten, es können aber auch Ausdrücke zulässig sein.

Allerdings hat diese Schreibweise auch Nachteile: Man muss die Reihenfolge der Spalten kennen und benötigt für jede Spalte einen Wert. Insofern gibt es eine zweite Möglichkeit, bei der man auch die Spaltennamen mit angeben und somit auch unvollständige Datensätze bequem eingeben kann:

```
INSERT INTO baelle (farbe, bezeich)
          VALUES ('rot', 'Baseball');
```

Hier werden nur die beiden Attribute (Spalten) »farbe« und »bezeich« mit entsprechenden Werten belegt, es wird aber ein kompletter Datensatz eingefügt.

3.4.2 UPDATE

Sind erst einmal Daten in den Tabellen enthalten, können diese modifiziert (also geändert) werden. Diesen Vorgang nennt man häufig auch »**Aktualisieren**« oder eben »**Update**«. Dabei können einzelne Datensätze (Zeilen), alle Datensätze einer Tabelle oder eine Auswahl geändert werden, wobei sich jede Spalte getrennt aktualisieren lässt.

Allerdings stellt sich dabei eine kleine Schwierigkeit ein: Da SQL nicht in der Lage ist, Zeilen und damit Datensätze eindeutig zu identifizieren, lässt sich nicht direkt angeben, welche Zeile denn geändert werden soll (anders als beispielsweise in einer Tabellenkalkulation, wo die Zeilennummer diese eindeutig identifiziert). Es muss also eine Bedingung formuliert werden, mit der der betroffene Datensatz (oder die Datensätze) eindeutig lokalisiert werden kann. Hat man eine Spalte mit einem Primärschlüssel, so ist dies einfach (denn dieser ist ja immer eindeutig) – es geht aber auch ohne ihn.

```
UPDATE baelle SET durchm = 9.8 WHERE farbe = 'rot';
```

Das Schema eines Aktualisierungsbefehls ist einfach: Nach dem Schlüsselwort **UPDATE** folgen der Tabellenname, dann das Schlüsselwort **SET**, gefolgt von den Wertepaaren, die aktualisiert werden sollen (Spalte = Wert). Dabei können ein oder mehrere Wertepaare, jeweils getrennt durch Kommas, übergeben werden. Jetzt folgt das Schlüsselwort **WHERE**, gefolgt von der Bedingung, die erfüllt sein muss, damit der Datensatz aktualisiert wird.

Im Beispiel wurde dem zuvor eingegebenen Datensatz der Wert des Ball-Durchmessers übergeben. Man muss allerdings dazu sagen, dass alle Datensätze, bei denen die Farbe mit »rot« definiert wurde, jetzt diesen Durchmesser zugewiesen bekommen. Sie sollten also die Bedingungen mit Bedacht wählen!

Fehlt die WHERE-Klausel, werden alle Zeilen der Tabelle aktualisiert. So ließe sich zum Beispiel eine Preiserhöhung von 5 % recht einfach durchführen:

```
UPDATE artikeldb SET preis = preis * 1.05;
```

Hier werden in der Datenbanktabelle »artikeldb« alle Werte der Spalte »preis« mit 1,05 multipliziert, also um 5 % angehoben.

Hinweis

Zahlenwerte werden in SQL immer in der internationalen Schreibweise übergeben, das bedeutet: Der Dezimaltrenner ist immer ein Punkt, und Tausender-Trennzeichen gibt es nicht. Das ist insbesondere bei der Makroprogrammierung oft ein Problem.

Gut, nun können Sie Daten einfügen sowie vorhandene verändern, es fehlt nur noch die Möglichkeit, diese auch wieder loszuwerden, sprich, sie zu löschen.

3.4.3 DELETE

Hierzu nutzt man den Befehl **DELETE**. Die Syntax ähnelt dem des Update-Befehls. Auch hier muss der zu löschende Datensatz bzw. müssen die Datensätze irgendwie eingegrenzt und lokalisiert werden.

```
DELETE FROM baelle WHERE bezeich = 'Baseball';
```

Dieser Ausdruck löscht den oder die Datensätze, bei dem bzw. denen in der Spalte »bezeich« der Wert »Baseball« steht. Möchte man alle Datensätze einer Tabelle löschen, so verzichtet man einfach auf die WHERE-Bedingung.

Damit sind die wichtigsten Kommandos zur Datenmanipulation eingeführt worden. Sie sind nun in der Lage, eine SQL-Datenbank zu erstellen und Daten einzugeben sowie diese zu verändern. Jetzt fehlt nur noch die Möglichkeit, gezielt Informationen wieder aus der Datenbank zu erhalten.

3.5 Anfragen beziehungsweise Abfragen

Hinweis

Die SQL-Literatur nutzt den Begriff »Anfragen«, in OpenOffice.org Base spricht man hingegen von »Abfragen«. Nun ist »Abfragen« sicher eingängiger und logischer, in diesem Kapitel bleibe ich jedoch bei »Anfragen«, um die SQL-Syntax zu benutzen. Inhaltlich gibt es jedoch keine Unterschiede.

Um mit einer Datenbank arbeiten zu können, benötigt man Verfahren, um an die gespeicherten Informationen zu gelangen. Üblicherweise werden diese dabei ausschließlich lesend zur Verfügung gestellt, so dass das DBMS unterschiedliche Anfragen gleichzeitig bearbeiten kann. Der wichtigste SQL-Befehl für Anfragen ist zweifelsohne **SELECT**.

Eine Anfrage kann sehr umfangreich aufgebaut werden, wobei die generelle Syntax wie folgt aussieht:

```
SELECT   spaltennamen
    FROM  Tabellennamen
    [WHERE  auswahlbedingungen]
    [GROUP BY  spaltenlisten]
    [HAVING  auswahlbedingungen]
    [ORDER BY  spaltenlisten];
```

Die wesentlichen Segmente werden im Folgenden noch kurz besprochen.

3.5.1 SELECT

Die allgemeine Syntax einer Anfrage sieht dann wie folgt aus:

SELECT *liste* FROM *tabelle* [*sortierung*]

Wobei *liste* die Spalten aufzählt, deren Werte ausgegeben werden sollen, und *tabelle* als Platzhalter für einen Tabellenausdruck steht, der entweder einfach eine Tabelle bezeichnet, aber auch aus komplexen Konstruktionen bestehen kann wie Basistabellen, Verbunden und Unteranfragen.

Um eine Liste aller eingegebenen Werte und Datensätze der Tabelle »baelle« zu erhalten, gibt man das folgende Kommando ein:

```
SELECT * FROM baelle;
```

Es erfolgt dann normalerweise die Ausgabe:

```
+----------+---------+-----------+
| farbe    | durchm  | bezeich   |
+----------+---------+-----------+
| hellblau |   27.40 | Volleyball |
| rot      |    9.80 | Baseball   |
+----------+---------+-----------+
```

Der * in der SELECT-Liste bewirkt, dass alle Spalten berücksichtigt werden. Der Tabellenausdruck ist recht einfach und bezeichnet einfach die zu wählende Tabelle.

Gerade bei umfangreicheren Datenbanken und Tabellen ist es natürlich oft nicht sinnvoll, eine SELECT-Anfrage über alles zu starten. In diesem Fall könnte man die SELECT-Liste als Liste der gewünschten Spaltennamen, getrennt durch Kommas, übergeben:

```
SELECT farbe, bezeich FROM baelle;
```

Als Ergebnis erhält man die gleiche Darstellung wie oben, jedoch ohne die Spalte »durchm«.

Man kann dem SELECT-Befehl noch ein weiteres Schlüsselwort mit übergeben: **DISTINCT**. Damit werden nur eindeutige Datensätze ausgegeben – und zwar einmal. So ließe sich beispielsweise eine Liste der Städte erstellen, in denen meine Kunden zu Hause sind:

```
SELECT DISTINCT ort FROM kunden
```

Nun werden alle Städte aufgelistet, wobei jeder Städtename nur einmal vorkommt, auch wenn mehrere Kunden dort wohnen, die Tabelle »kunden« in der Spalte »ort« also durchaus mehrmals den gleichen Eintrag aufweist.

3.5.2 FROM

Die **FROM**-Klausel errechnet eine Ergebnis-Tabelle aus einer oder mehreren Tabellen, die durch Kommas getrennt übergeben werden. Im einfachsten Fall wird nur eine Tabelle übergeben. Dieses ist dann eine so genannte Basistabelle.

Werden mehrere Tabellen für einen SELECT-Befehl herangezogen, so müssen auch die Spalten eindeutig zugeordnet werden. Dies geschieht üblicherweise über die Punktnotation, also `Tabelle.Spalte`:

```
SELECT bealle.farbe, baelle.bezeich, vpreis.endpreis FROM baelle,
vpreis;
```

Hier werden nun drei Spalten in der Ergebnistabelle zu finden sein, und zwar »farbe« und »bezeich« aus der Tabelle »baelle« sowie »endpreis« aus der Tabelle »vpreis«. Beide Tabellen sollten aber in einer Beziehung zueinander stehen, sonst wird jeder Datensatz der einen Tabelle mit jedem Datensatz der anderen Tabelle kombiniert.

Die SQL-Syntax erlaubt bei der **FROM**-Klausel die Angabe der Spalte sowie eines Aliasnamens für dieselbe, getrennt durch mindestens ein Leerzeichen. Werden mehrere Spalten angegeben, müssen diese durch ein Komma getrennt werden. Dies reduziert insbesondere bei längeren Befehlen den Schreibaufwand, oft aber auch die Übersichtlichkeit. So könnte der oben genannte Befehl auch so lauten:

```
SELECT a.farbe, a.bezeich, b.endpreis FROM baelle a, vpreis b;
```

Der Spalte »baelle« wird also der Aliasname »a« zugeordnet, der Spalte »vpreis« der Aliasname »b«. Es genügt dann, im kompletten Befehl statt der Spaltenbezeichnungen die Aliasnamen zu verwenden.

Hinweis

Der interne Base-Interpreter setzt dieses Verhalten konsequent um. Und zwar werden dabei als Aliasnamen die gleichen Namen für die Spalten verwendet. Wundern Sie sich also nicht, wenn der Spaltenname immer doppelt in den FROM-Klauseln auftaucht.

Selbstverständlich können statt zwei auch mehr Spalten und/oder Tabellen benutzt werden.

SELECT-Berechnungen

Es gibt auch die Möglichkeit, direkt Berechnungen in der SELECT -Liste zu verarbeiten und somit gleich entsprechende Ergebnisse zu erhalten:

```
SELECT durchm * 10 AS 'Durchmesser in mm' FROM baelle;
```

Diese Abfrage liefert:

```
+------------------+
| Durchmesser in mm |
+------------------+
|           274.00 |
|            98.00 |
+------------------+
```

Die Werte der Spalte »durchm« werden also zunächst alle mit 10 multipliziert und anschließend einem neuen Attribut »Durchmesser in mm« zugewiesen. Dieses Ergebnis wird dann zurückgeliefert. Das Attribut stellt somit die neue Spaltenbezeichnung dar, die auch in der Ergebnistabelle angezeigt wird. Sowohl hier als auch bei den Tabellen kann zur Klarstellung des Aliasnamens das Schlüsselwort **AS** benutzt werden, es ist aber nicht notwendig.

Natürlich lassen sich Rechenoperationen nicht nur mit Zahlen durchführen, es gibt noch viele andere Möglichkeiten. Zudem stellt jedes DBMS eingebaute Funktionen zur Verfügung, die ebenfalls hier genutzt werden können.

Das folgende Beispiel liefert die ersten 10 Buchstaben des Textinhalts der Spalte »texte«:

```
SELECT  SUBSTRING(texte FROM 1 TO 10) AS textstart FROM  literatur
```

Nun sind die Funktionen je nach DBMS unterschiedlich, wobei auch SQL einige Standardfunktionen besitzt. Dennoch sollten Sie die jeweils passenden Funktionen in der Dokumentation der Datenbank nachlesen, die Sie verwenden. Für die HSQLDB sind alle Funktionen in Kapitel 4 aufgelistet.

3.5.3 WHERE

Die Ergebnistabelle kann auch als »verbundene« Tabelle erzeugt werden, wobei dann mindestens zwei Tabellen benötigt werden. Es gibt innere, äußere und Kreuzverbunde, ich gehe jetzt aber nicht näher darauf ein.

Neben der FROM-Klausel kann auch noch eine **WHERE**-Bedingung eingefügt werden, um entsprechende Suchkriterien zu formulieren:

```
SELECT farbe,bezeich FROM baelle WHERE bezeich='Volleyball';
```

Das ergibt dann:

```
+----------+------------+
| farbe    | bezeich    |
+----------+------------+
| hellblau | Volleyball |
+----------+------------+
```

Mit der **WHERE**-Klausel werden nun die eigentlichen Suchkriterien übergeben, die einen Auszug aus der Datenbank liefern. Gerade bei den Suchbedingungen zeigt sich die Leistungsfähigkeit eines DBMS. Je genauer die Datensätze bereits hier gefiltert werden, umso weniger Nacharbeit ist später erforderlich. Insofern lassen sich natürlich auch hier umfangreiche Berechnungen einfügen und zu komplexen Bedingungen verknüpfen.

```
SELECT vname, name, plz, ort, strasse, email
    FROM adressen
    WHERE email IS NOT NULL
    AND name LIKE 'M__er'
    AND (LEFT(plz, 2) = '10' OR LEFT(plz, 2) = '11')
```

Hier werden aus der Adressendatenbank-Tabelle alle Datensätze gesucht, deren `email`-Feld nicht leer ist, deren Name »Meier«, »Maier«, »Mayer«, »Meyer« etc. lautet und deren Postleitzahl entweder mit `10***` beginnt oder mit `11***`.

Bedingungen können geschachtelt und verknüpft werden, es können eingebaute Funktionen verwendet und Berechnungen durchgeführt werden – es gibt also jede Menge Möglichkeiten.

SQL verwendet als Vergleichsoperator für Texte (Strings) das Schlüsselwort **LIKE**, und zwar immer dann, wenn eine »unscharfe« Suche verwendet wird, das heißt, wenn der Wert nicht exakt bestimmbar ist. Eine »unscharfe« Suche benötigt **Platzhalter**, und SQL verwendet die folgenden:

- % steht für keines bis beliebig viele Zeichen.
- _ (der Unterstrich) steht für exakt ein beliebiges Zeichen.

Die Platzhalter können von DBMS zu DBMS variieren – hier sollte man unbedingt die Dokumentation heranziehen.

Hinweis

Base ist hier zwiegespalten. Während in den direkten SQL-Eingabefenstern die SQL-Platzhalter verwendet werden müssen, akzeptiert Base in den »normalen« Fenstern sowohl die SQL-Schreibweise als auch die OpenOffice.org-eigene, also den * für null bis beliebig viele Zeichen, das ? für genau ein beliebiges Zeichen. Passen Sie also auf!

Alle Bedingungen können auch noch mit dem Schlüsselwort **NOT** negiert werden. Wichtig bei der Formulierung von insbesondere komplizierteren Bedingungen ist das Setzen von Klammern, um entsprechende Blöcke richtig zu markieren.

3.5.4 ORDER BY

Bleibt noch als Letztes, die Ausgaben entsprechend zu sortieren. Hierzu nutzt man den Befehl **ORDER BY**, der als letzter an die Abfrage angehängt werden kann. Erwartet wird mindestens eine Spaltenbezeichnung (diese Spalte muss in der SELECT-Liste vorkommen!), der man das Schlüsselwort **ASC** (ascending – aufsteigend) oder **DESC** (descending – absteigend) nachstellen kann, um eine entsprechende Sortierreihenfolge zu erhalten.

```
SELECT * FROM baelle ORDER BY durchm DESC;
```

Das Ergebnis ist die Liste der Bälle, sortiert nach dem Durchmesser, wobei der größte Ball oben steht.

Gruppierungen (GROUP BY) und Mengenoperationen (UNION, INTERSECT und so weiter) sind möglich, werden hier aber nicht weiter behandelt. Dies würde den Rahmen dieses Buches sprengen. Daher empfehle ich Ihnen einen Blick in die entsprechende SQL-Literatur.

3.6 Abfragen aus mehreren Tabellen

Je nach unterstütztem SQL-Standard sind Abfragen aus mehreren Tabellen auf unterschiedliche Weise möglich. Mit Abfragen aus mehreren Tabellen meine ich Tabellen, die untereinander in Beziehung stehen – also über Primär- oder Sekundärschlüssel (vergleiche auch Datenbank-Entwurf – Abschnitt 5.1). Jetzt kann man Abfragen abhängig von Werten aus anderen Tabellen durchführen. Im Standard SQL-89 geschieht dies über die **WHERE**-Klausel, ab SQL 92 wurde der **JOIN**-Befehl eingeführt.

Beispiel: In der ersten Tabelle »Artikel« stehen Artikeldaten, unter anderem in Langtext (Beschreibung). Außerdem gibt es eine Spalte »Lieferant«, die die Lieferantennummer aufnimmt. In der Tabelle »Lieferant« schließlich gibt es Informationen über den Lieferanten selbst – zum Beispiel den Namen (Spalte »Name«). Beide Tabellen sind über den Schlüssel »Lieferantennummer« miteinander verbunden.

Eine Abfrage soll nun die Artikelbeschreibung sowie den dazugehörigen Lieferanten im Klartext (also den Namen) darstellen, wobei die Beschreibung den Begriff »Hund« beinhalten soll – wir suchen also alle Hundeartikel. Die Lösung mit der WHERE-Klausel sieht so aus:

```
SELECT a.Beschreibung, b.Name FROM Artikel a, Lieferanten b WHERE
a.Lieferant = b.Lieferanten_nr AND a.Beschreibung LIKE '%hund%'
```

Diese Variante funktioniert eigentlich immer, in nahezu allen DBMS.

Mit **JOIN** wurde die verschachtelte Abfrage geändert. Jetzt würde ein solcher Befehl wie folgt aussehen:

```
SELECT a.Beschreibung, b.Name FROM Artikel a JOIN Lieferanten b
ON a.Lieferant = b.Lieferanten_nr WHERE a.Beschreibung
LIKE '%hund%'
```

Auch hier müssen die Beziehungen entsprechend dargestellt werden. Sie werden aber aus der WHERE-Klausel herausgenommen, und man erhält so mehr Übersicht.

Mit **JOIN** werden also Tabellenverbindungen auf der Basis von bestehenden Verbindungen erzeugt und daraus ein Ergebnis ausgegeben. Dabei unterscheidet man noch zwischen dem INNER JOIN und dem OUTER JOIN.

- **INNER JOIN**: Der INNER JOIN liefert nur Datensätze zurück, bei denen die Verknüpfungsbedingungen exakt übereinstimmen. Das obere Beispiel zeigt dies. Der INNER JOIN ist die übliche Form, wenn Sie verknüpfte Tabellen benutzen.

Die typische Syntax des INNER JOIN lautet wie folgt:

```
SELECT Spaltenname
    FROM  Tabellenname1
    [INNER] JOIN Tabellenname2  ON
        Tabellenname1.Spalte1 = Tabellenname2.Spalte2
    [INNER] JOIN Tabellenname3  ON
        Tabellenname2.Spalte4 = Tabellenname3.Spalte1
```

und so weiter. Das Schlüsselwort INNER ist optional.

- **OUTER JOIN**: Mit dem OUTER JOIN werden hingegen alle Datensätze einer Tabelle ausgegeben, auch wenn kein verknüpfter Datensatz vorhanden ist. In diesem Fall wird ein leerer Datensatz verbunden. Da es nun ja mindestens zwei verschiedene Tabellen gibt (links und rechts vom Begriff JOIN), benötigt der **OUTER JOIN** noch das entsprechende Schlüsselwort (»LRFT« oder »RIGHT«), das angibt, welche Tabelle denn komplett dargestellt werden soll.

  Die typische Syntax des OUTER JOIN lautet wie folgt:

```
SELECT Spaltenname
    FROM  Tabellenname1
    {LEFT | RIGHT} [OUTER] JOIN Tabellenname2  ON
        Tabellenname1.Spalte1 = Tabellenname2.Spalte2
```

  Das Schlüsselwort OUTER ist optional, es muss aber ein **LEFT** oder ein **RIGHT** mit angegeben werden, wobei diese Begriffe definieren, welche Tabelle(n) denn komplett ausgegeben wird bzw. werden, also ##die Tabelle links oder rechts vom JOIN.

3.6.1 Unterabfragen

Unter **Unterabfragen** versteht man die Möglichkeit, die Ergebnisse aus einer anderen Abfrage (eben der Unterabfrage, oft auch Sub-Select oder Sub-Query genannt) direkt als Bedingung für die Abfrage zu verwenden. Der grundsätzliche Aufbau einer Unterabfrage sieht dabei wie folgt aus:

```
SELECT Spaltenname
    FROM  Tabellenname1
    WHERE  spaltenname Vergleichsoperator
    (
    SELECT  Unterabfrage
    );
```

Das Ergebnis der Unterabfrage wird also direkt als Vergleichswert für die Hauptabfrage genutzt. Die Unterabfrage muss dabei immer in Klammern gesetzt werden.

Nun kann die Unterabfrage einen Datensatz zurückliefern – oder eben auch mehr. In diesem Fall werden Mengenoperatoren genutzt, um die entsprechenden Selektionen darzustellen.

Eine weitere Detaillierung ist hier nicht sinnvoll und gehört nicht in dieses Buch. Insofern beende ich nun den Exkurs in die Datenbanksprache SQL.

Hinweis

Mit Base lassen sich ja unterschiedliche DBMS ansteuern, insofern ist der Umfang der SQL-Sprache, den Sie benutzen können, auch sehr unterschiedlich. Alle bisher dargestellten Befehle werden auch von Base und der HSQLDB verstanden und können genutzt werden; die typischen SQL-Funktionen hingegen versagen häufig. Hier können Sie eben nur die von HSQLDB bereitgestellten nutzen – doch das wird ausführlich im nächsten Kapitel beschrieben.

OpenOffice.org Base kann als Frontend für viele verschieden Datenbank-Managementsysteme dienen. Sie hat aber auch ein eigenes, direkt integriertes DBMS – die HSQLDB. Damit können mit wenig Aufwand schnell umfangreiche Desktop-Datenbank-Applikationen erzeugt werden.

4 Die HSQLDB

Nachdem in Kapitel 2 die verschiedenen Wege aufgezeigt wurden, wie man die unterschiedlichsten Datenbanken – genauer: die unterschiedlichen Datenbank-Managementsysteme (DBMS) – mit Base verbindet, stellt dieses Kapitel nun eine kurze Einführung in das mit OpenOffice.org mitgelieferte Datenbanksystem dar.

Ziel von Base war es zunächst, dem Benutzer die Möglichkeit zu bieten, an seinem Arbeitsplatz mit möglichst wenig Aufwand und ohne umfangreiche Installation eines Datenbank-Managementsystems eine einfache, aber dennoch leistungsfähige Datenbank aufbauen zu können.

Vorrangig hierbei waren zunächst die Einfachheit und die sofortige Nutzbarkeit, aber natürlich auch die Qualität und die Geschwindigkeit sowie die Systemunabhängigkeit, denn schließlich funktioniert OpenOffice.org ja auch auf unterschiedlichen Betriebssystemen. Dadurch fiel die Wahl auf die HSQLDB, eine vollständig in Java realisierte relationale Datenbank, die die Standard-SQL-Syntax unterstützt. Seit der Version 2.0 ist nun dieses DBMS in einer speziell für OpenOffice.org angepassten Version integraler Bestandteil des Gesamtpakets und wird immer dann genutzt, wenn bei der Anlage eines neuen Base-Dokuments (eines Base-Containers) kein anderes DBMS ausgewählt wird.

4.1 Voraussetzungen für die Nutzung von HSQLDB

Die erste Grundvoraussetzung ist natürlich, dass das Base-Modul überhaupt mit installiert wurde. Die Datenbank ist Bestandteil dieses Base-Moduls und wird nur dann mit installiert, wenn sie nicht bei der benutzerdefinierten Installation abgewählt wurde. Haben Sie die Standardinstallation durchgeführt, so gehört Base und damit die HSQLDB automatisch mit zum installierten Umfang.

Da die Datenbank vollständig in Java geschrieben ist, benötigt sie darüber hinaus zwingend eine Java-Laufzeitumgebung (JRE). Die meisten Module von OpenOffice.org funktionieren auch ohne eine solche, lediglich einige Assistenten verweigern ihren Dienst, wenn keine JRE gefunden wird. Sobald aber Base genutzt werden soll, ist die Java-Umgebung unumgänglich.

Tipp

Es empfiehlt sich, die Orginal-Java-Umgebung von Sun Microsystems zu installieren. Gerade in manchen Linux-Distributionen, die nur völlig freie Software einsetzen, fehlt diese häufig. Die dort installierten Java-Laufzeitumgebungen führen jedoch häufig zu Problemen mit Base. Sollte das bei Ihnen der Fall sein, dann installieren Sie einfach eine Sun JRE zusätzlich und aktivieren diese in Base.

Wenn also Base installiert wurde und eine Java-Laufzeitumgebung zur Verfügung steht, ist die Datenbank einsatzfähig.

4.2 Details zur HSQLDB

Die HSQL-Datenbank (HSQLDB) ist ein eigenständiges Projekt und kann auch unabhängig von OpenOffice.org geladen und genutzt werden. Aktuelle Informationen und die neueste Version der unabhängigen Datenbank finden Sie unter *www.hsqldb.org*.

In OpenOffice.org 2.x ist die Version 1.8.0 eingearbeitet worden. Diese unterscheidet sich ein wenig von der Standalone-Version. Es ist also aktuell nicht möglich, die interne Datenbank mit einer neueren Version upzudaten, Sie können aber beide Versionen parallel auf Ihrem Rechner betreiben.

Während die Standalone-Version der HSQLDB – wie sie von der Homepage heruntergeladen werden kann – durchaus von verschiedenen Nutzern gleichzeitig angesprochen werden kann, ist dies bei der in OpenOffice.org eingebauten Version derzeit nicht möglich. Hier hat nur der aktuelle Benutzer von OpenOffice.org Zugriff – und zwar auch nur allein.

Die eingebaute Datenbank ist also eine reine Desktop-Datenbank: Sie ist nur für den aktuellen Nutzer gedacht, und die Daten können nur von einer Person gleichzeitig bearbeitet werden. Ein geteilter Zugriff steht zwar auf der »To-Do«-Liste der Entwickler, ist aber derzeit noch nicht realisiert.

Die HSQLDB unterstützt die Standard-SQL-Sprache, was bedeutet: Die benutzte Abfrage- und Verwaltungssprache ist identisch mit anderen DBMS und muss nicht geändert werden. Dabei basiert die Syntax auf dem Standard SQL 92 mit

Erweiterungen von SQL 200x, wobei allerdings nicht alle Features dieser Definitionen unterstützt werden. Hinzu kommen aber auch noch einige eigene Erweiterungen, wobei diese wohl eher Spezialisten zu empfehlen sind. Eine ausführliche Dokumentation der HSQLDB ist ebenfalls auf der Homepage zu finden.

Die **HSQLDB** unterstützt alle Möglichkeiten, die Sie auch direkt in Base wiederfinden. Das beginnt bei der automatischen Hochzählung von Feldinhalten (Autoincrement) und reicht über die Möglichkeit, Fremdschlüssel zu definieren (Beziehungen), bis hin zu der Variante, Ansichten (Views) zu erstellen.

Einige Highlights in der Übersicht:

- Die Datenbank startet extrem schnell. Die Datenbank-Engine wird bei Bedarf schnell geladen und die Verbindung hergestellt.
- Dadurch sind Zugriffe und Befehlsausführung sehr schnell, insbesondere bei den Befehlen SELECT, INSERT, DELETE und UPDATE.
- HSQLDB unterstützt Abfragen aus mehreren Tabellen (INNER und OUTER JOINS).
- Tabellen können zusätzlich indiziert werden, was die Suche beschleunigt.
- Primärschlüssel können über mehrere Spalten definiert werden.
- Es gibt diverse eingebaute Funktionen (siehe auch den nächsten Abschnitt).
- SQL-Funktionen wie CASEWHEN(), NULLIF und so weiter werden unterstützt.
- HSQLDB erlaubt abhängige Tabellen mit Fremdschlüsseln, dadurch werden auch Stufenoptionen zum Beispiel bei DELETE und UPDATE unterstützt.
- Datenbanken können mit einem Passwort geschützt werden.
- HSQLDB unterstützt die JDBC-Schnittstelle mit nahezu allen Funktionen.

Im Grunde wird der Nutzer des Base-Frontends davon wenig mitbekommen – das wird alles automatisch im Hintergrund erledigt. Und wer sich eingehender mit der HSQLDB beschäftigen möchte, findet ausreichend Informationen auf der Homepage. Die folgenden Abschnitte sind somit mehr für diejenigen interessant, die mittels direkter Programmierung oder durch Formulierung von direkten SQL-Statements die Möglichkeiten der HSQLDB voll ausschöpfen möchten.

4.3 Die SQL-Syntax

In diesem Abschnitt werden alle SQL-Befehle der HSQLDB dargestellt, soweit diese nicht schon in Kapitel 3, »Einführung in die Sprache SQL«, angesprochen und beschrieben wurden.

Die SQL-Syntax ist immer dann vonnöten, wenn man entweder per API (Basic oder eine andere Scriptsprache) die Datenbank anspricht oder direkt SQL-Befehlssequenzen in Base eingibt – über das Fenster **Extras • SQL...** oder als Abfrage mit **Einfügen • Abfrage (SQL-Ansicht)**.

> **Wichtig**
>
> Sowohl in den SQL-Fenstern als auch bei der direkten Programmierung werden die SQL-Befehle alle durch einen internen HSQLDB-Interpreter geschickt, der alle Kleinbuchstaben in Großbuchstaben umwandelt, es sei denn, diese sind »maskiert« – entweder durch doppelte oder durch einfache Hochzeichen. Das muss bei der Eingabe von direkten SQL-Kommandos unbedingt berücksichtigt werden!

Üblicherweise (siehe Kapitel 3) werden in SQL Befehle und Schlüsselwörter in Großbuchstaben geschrieben und alle anderen Namen in beliebiger Schreibweise. SQL selbst unterscheidet nicht zwischen Groß- und Kleinschreibung, das aber wurde in Base in der Kombination mit HSQLDB geändert. Hier werden vom internen Interpreter zunächst alle Zeichen in Großbuchstaben umgewandelt und erst dann als Befehlssequenz an das HSQL-DBMS geschickt. Dort kann es schnell zu Fehlern kommen – wenn beispielsweise die Spaltenbezeichnungen nicht mehr identisch sind. Hier muss der Benutzer selbst Sorge dafür tragen, dass die Daten »richtig« übergeben werden.

Beispiel: Sie haben die Tabelle aus Abbildung 4.1 in Ihrer Base-Datenbank (HSQLDB).

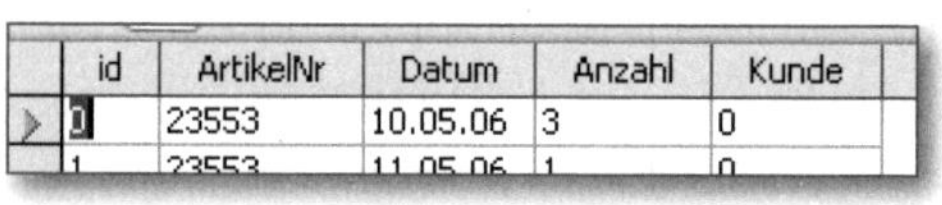

id	ArtikelNr	Datum	Anzahl	Kunde
0	23553	10.05.06	3	0
1	23553	11.05.06	1	0

Abbildung 4.1 Ausschnitt einer Beispieltabelle in der HSQLDB

Möchten Sie nun eine Abfrage über Artikelnummer und Anzahl durchführen, in der alle Mengen größer 5 Stück enthalten sind, so lautet das entsprechende **SQL-Kommando** normalerweise:

```
SELECT  ArtikelNr, Anzahl  FROM  Verkaeufe  WHERE Anzahl > 5
```

Daraus würde der interne Interpreter jedoch die folgende Befehlssequenz erzeugen und an die HSQLDB schicken:

```
SELECT  ARTIKELNR, ANZAHL  FROM  VERKAEUFE  WHERE ANZAHL > 5
```

Nun, diese Spalten gibt es nicht, es kommt zu Fehlern. Richtig heißt es dann in den entsprechenden Eingabefenstern von Base:

Abbildung 4.2 Korrekter SQL-Befehl für die HSQLDB

Es werden also alle Spaltennamen maskiert – mit doppelten Hochzeichen. Jetzt werden sie vom internen Interpreter nicht umgesetzt: Der SQL-Befehl ist korrekt und wird ausgeführt. Das ist übrigens bei anderen DBMS nicht notwendig, nur bei der HSQLDB.

Gleiches gilt, wenn Sie einen SQL-Befehlsstring in Basic formulieren: Auch hier müssen die Feldnamen maskiert werden, falls Sie nicht sowieso nur Großbuchstaben verwenden. Das sähe dann wie folgt aus:

```
...
sSQL = "SELECT ""ArtikelNr"", ""Anzahl"" FROM " & _
       """Verkaeufe"" WHERE ""Anzahl"" > 5"
oErgSet = oStatement.executeQuery(sSQL)
...
```

Das ist zumindest für den Anfang verwirrend und fehlerträchtig, da ja nun innerhalb des Strings die doppelten Hochzeichen an sich nochmals maskiert werden müssen. Aber bei Verwendung der HSQLDB ist es anders nicht möglich.

4.4 Datentypen

Die **Datentypen** der HSQLDB entsprechen im Wesentlichen all den Datentypen, die Sie auch direkt in Base wählen können. Da die HSQL-Datenbank aber komplett in Java geschrieben wurde, lassen sich zusätzlich Verbindungen zu Javaeigenen Datentypen herstellen. Die folgende Tabelle stellt eine Übersicht der Datentypen dar und zeigt die interne Umsetzung auf die Java-Variablen. Die maximale Größe der speicherbaren Werte ergibt sich dann aus der Größenbegrenzung des Java-Typs. Im Normalfall brauchen Sie sich darüber aber keine Gedanken zu machen.

Datentyp-Name	Java-Typ-Name	Maximale Größe
INTEGER INT	int java.lang.Integer	wie der Java-Typ
DOUBLE FLOAT	double java.lang.Double	wie der Java-Typ
VARCHAR	java.lang.string	Integer.MAXVALUE

Datentyp-Name	Java-Typ-Name	Maximale Größe
VARCHAR_ IGNORECASE	java.lang.string	Integer.MAXVALUE
CHAR CHARACTER	java.lang.string	Integer.MAXVALUE
LONGVARCHAR	java.lang.string	Integer.MAXVALUE
DATE	java.sql.Date	wie der Java-Typ
TIME	java.sql.Time	wie der Java-Typ
TIMESTAMP DATETIME	java.sql.Timestamp	wie der Java-Typ
DECIMAL	java.math.BigDecimal	keine Begrenzung
NUMERIC	java.math.BigDecimal	keine Begrenzung
BOOLEAN BIT	boolean java.lang.Boolean	wie der Java-Typ
TINYINT	byte java.lang.Byte	wie der Java-Typ
SMALLINT	short java.lang.Short	wie der Java-Typ
BIGINT	long java.lang.Long	wie der Java-Typ
REAL	double java.lang.Double	wie der Java-Typ
BINARY	byte[]	Integer.MAXVALUE
VARBINARY	byte[]	Integer.MAXVALUE
LONGVARBINARY	byte[]	Integer.MAXVALUE
OTHER OBJECT	java.lang.Object	Integer.MAXVALUE

Der Wert INTEGER.**MAXVALUE** bedeutet, dass der theoretische Wert der größten Speichermenge abhängig ist vom Arbeitsspeicher des verwendeten Rechners und des Prozessors. In der Praxis wurden jedoch Einzelobjekte (Texte, Bilder) bis zu einem Megabyte Größe ohne Problem in Produktionsdatenbanken genutzt.

Die HSQLDB akzeptiert bei einigen Datentypen auch noch Größenangaben (size – s) und Genauigkeitsbezeichnungen (precision – p). Diese wären: **CHAR(s), VARCHAR(s), DOUBLE(p), NUMERIC(p), DECIMAL(p, s)**. So wird ein Feldtyp, der als VARCHAR(50) definiert ist, genau 50 Zeichen aufnehmen können und ein Feld DECIMAL(8,2) insgesamt 8 Stellen bereitstellen, von denen 2 Dezimalstellen sind.

Der Feldtyp **TIMESTAMP(p)** akzeptiert als Genauigkeitsbezeichnung nur die Werte 0 und 6, wobei 6 die Vorgabe ist. Null (0) bedeutet, dass der Sekundenteil des Zeitwertes um die Hundertstelsekunden gekürzt wird. Es heißt dann also nur noch: JJJJ-MM-TT HH:MM:SS.

Spalten, denen als Feldtyp **OTHERS** oder **OBJECT** zugewiesen wurde, akzeptieren nur einen speziellen, serialisierten Typ eines Java-Objekts im binären Format. Base unterstützt diesen Typ nicht direkt über die Benutzerschnittstelle; daher sollten Sie diese Variante nicht wählen.

4.5 Eingebaute Funktionen

Mit eingebauten Funktionen können Sie berechnete Felder erzeugen und somit zum Beispiel in Abfragen neue Informationen generieren. Beispiele zu Funktionen finden Sie auch in den Kapiteln 6 bis 9.

Die hier aufgelisteten Funktionen werden alle von der HSQLDB unterstützt. Manche sind nur hier (HSQLDB) einsetzbar, andere entsprechen dem Standard der SQL-Sprache und werden auch von anderen DBMS entsprechend ausgewertet. Dieses Kapitel bezieht sich aber nur auf die HSQLDB, insofern gibt es auch keine Aussagen darüber, inwieweit die Funktionen auch anderweitig funktionieren.

Funktionen müssen vom DBMS bereitgestellt werden und dort implementiert sein. Um ein berechnetes Feld zu erzeugen, kann dies entweder direkt in einer SQL-Abfrage durchgeführt werden oder im Design-Modus von Base.

Das folgende Beispiel zeigt die Verwendung der CASEWHEN()-Funktion, einmal direkt im SQL-Eingabefenster, einmal in der Abfragen-Designansicht. In beiden Fällen wird eine neue Spalte erzeugt und dafür die Funktion genutzt.

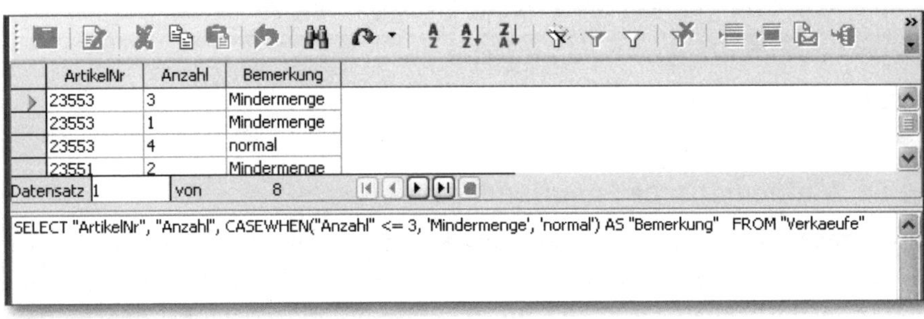

Abbildung 4.3 Eine berechnete Spalte in Base

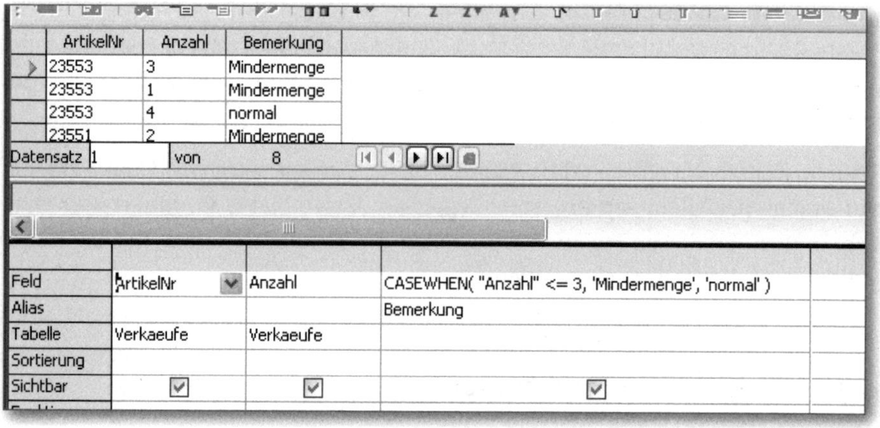

Abbildung 4.4 Die Funktion in der Design-Ansicht

Grundsätzlich ist eine Funktion wie folgt aufgebaut:

```
Funktionsname(Parameter1 [, Parameter2]...)
```

Manche Funktionen erwarten keine Parameter oder Argumente, andere zwei beziehungsweise drei oder sogar noch mehr. Parameter können Zahlen, Zeichenketten oder Datumswerte sein – je nach Funktion.

Eine Funktion wird dann auf alle Datensätze einer Tabelle angewendet und liefert in der Regel einen Rückgabewert. Dieser kann dann entweder wiederum als Parameter für eine weitere Funktion genutzt werden (verschachtelte Funktionen) oder wird als Ergebnis in die Tabelle eingetragen. Die Funktionen sind in vier Bereiche gegliedert (entsprechend der HSQLDB-Dokumentation):

- mathematische Funktionen
- Funktionen für Zeichenketten (Texte, Strings)
- Funktionen für Datums- und Zeitwerte
- sonstige Funktionen

4.5.1 Mathematische Funktionen

Diese Gruppe der Funktionen dient zum Berechnen einfacher Zusammenhänge und stellt Funktionen zum Runden sowie trigonometrische Funktionen dar. Auch Auswahlmöglichkeiten aus Zahlenreihen sind mit dabei. Allen mathematischen Funktionen ist gemeinsam, dass sie mit Zahlen arbeiten. Als Argumente werden in der Regel Zahlen erwartet, und eben solche werden auch als Rückgabewerte geliefert. Weil dabei häufig mit Dezimalzahlen gearbeitet wird, noch einige Worte zum **Dezimaltrenner**.

Üblicherweise nutzen SQL-Datenbanken den **Punkt** als **Dezimaltrenner**. Insbesondere bei der Benutzung direkter SQL-Kommandos wird oft erwartet, dass der Punkt auch als solcher eingegeben wird. Das Gleiche gilt für alle Argumente mathematischer Funktionen – Zahlen mit Kommastellen müssen den Punkt als Dezimaltrenner verwenden, und Tausendertrennzeichen dürfen nicht genutzt werden.

Bei der Darstellung von Tabellen hingegen werden die Dezimaltrenner direkt wieder in die national üblichen umgewandelt und entsprechend angezeigt – bei uns also als Kommas. Dies kann dann teilweise zu Verwirrungen führen. Werden jedoch Felder oder Rückgabewerte von Funktionen wieder weitergenutzt, so werden intern die richtigen Dezimaltrenner verwendet – darum muss man sich dann nicht kümmern.

Noch ein Hinweis

Base legt als Standard für eine Fließkommazahl stets eine Formatierung des Wertes zu Grunde, der bei der Spaltenformatierung eingestellt ist – typischerweise ein Wert mit zwei Nachkommastellen. Bekommen Sie also einmal überraschende Ergebnisse, so ändern Sie die Spaltenformatierung – dann passt wieder alles.

Die Funktionen: (d = Fließkommazahl)

Funktion	Beschreibung, Beispiel
ABS(d)	Der Absolutwert einer Fließkommazahl. Beispiel: ABS(1.2345) -> 1,2345, ABS(-2.3) -> 2,3
ACOS(d)	Der Arcus-Cosinus einer Zahl (-1 bis 1). Das Ergebnis wird in Bogenmaß ausgegeben. Beispiel: ACOS(0.5) -> 1,0472
ASIN(d)	Der Arcus-Sinus einer Zahl (-1 bis 1). Das Ergebnis wird in Bogenmaß ausgegeben. Beispiel: SIN(0.8) -> 0,7174
ATAN(d)	Der Arcus-Tangens einer Zahl (-1 bis 1). Das Ergebnis wird in Bogenmaß ausgegeben. Beispiel: ATAN(0.4) -> 0,3805
ATAN2(a, b)	Liefert denWinkel von a/b in Bogenmaß. Beispiel: ATAN2(0.2, 0.4) -> 0,4636
BITAND(a, b)	Verknüpft bitweise a und b mit einem logischen UND.
BITOR(a, b)	Verknüpft bitweise a und b mit einem logischen ODER.

Funktion	Beschreibung, Beispiel
CEILING(d)	Liefert die nächste ganze Zahl (Integer) auf der Basis von d. Ist d eine Ganzzahl, dann d, sonst wird aufgerundet. Beispiel: CEILING(3.0) -> 3, CEILING(4.2) -> 5
COS(d)	Cosinus des Winkels d (d in Bogenmaß). Beispiel: COS(1.0) -> 0,5403
COT(d)	Cotangens des Winkels d (d in Bogenmaß).
DEGREES(d)	Wandelt eine Winkelangabe in Bogenmaß (d) in eine Gradangabe um. Beispiel: DEGREES(0.7854) -> 45
EXP(d)	Liefert e(2.718...)^{d} also e(2.718) hoch d. Beispiel: EXP(3) -> 20,0855
FLOOR(d)	Rundet auf die nächstkleinere, ganze Zahl ab. Liefert d, wenn d eine ganze Zahl ist. Beispiel: FLOOR(2.0) -> 2, FLOOR(3.23) -> 3
LOG(d)	Liefert den natürlichen Logarithmus von d (zur Basis e). Beispiel: LOG(3) -> 1,0986 Bemerkung: In OpenOffice.org Base gibt es derzeit einen Fehler. LOG() wird als LOGF umgesetzt und führt dann zu einem Fehler. Aktuell (V. 2.0.2) ist diese Funktion nicht nutzbar.
LOG10(d)	Liefert den natürlichen Logarithmus von d (zur Basis 10). Beispiel: LOG10(3) -> 0,4771
MOD(a, b)	Liefert a Modulo b – also den Rest der ganzzahligen Division a/b. Beispiel: MOD(10, 3) -> 1
PI()	Liefert die Konstante PI -> 3,1415....
POWER(a, b)	Liefert a hoch b: a^b. Beispiel: POWER(4, 3) -> 64
RADIAN(d)	Wandelt eine Winkelangabe in Grad (d) in eine Angabe in Bogenmaß um. Beispiel: RADIAN(45) -> 0.7854
RAND()	Liefert eine zufällige Zahl zwischen 0,0 und kleiner als 1,0. Beispiel: RAND() -> 0,234
ROUND(a, b)	Rundet die Zahl a auf b Dezimalstellen. Beispiel: ROUND(1.8382, 2) -> 1,84
ROUND-MAGIC(d)	Löst Rundungsprobleme, die durch die Ungenauigkeit des Prozessors bedingt sind. Beispiel: 4,11 – 4,1 – 0,01 ergibt leider meist nicht null (0), sondern es bleibt eine sehr kleine Dezimalzahl übrig. Mit ROUNDMAGIC() wird es null.

Funktion	Beschreibung, Beispiel
SIGN(d)	Liefert ein Vorzeichenbit, und zwar: ▸ –1, wenn d kleiner null ist ▸ 0, wenn d gleich null ist ▸ +1, wenn d größer null ist
SIN(d)	Sinus des Winkels d (d in Bogenmaß). Beispiel: SIN(0.5) -> 0,4794
SQRT(d)	Quadratwurzel aus d. Beispiel: SQRT(9) -> 3
TAN(d)	Tangens des Winkels d (d in Bogenmaß).
TRUNCATE(a,b)	Kürzt die Ziffer a auf die mit b angegebenen Nachkommastellen (keine Rundung! – Stellen werden abgeschnitten). Beispiel: TRUNCATE(2.5673, 2) -> 2.56

Damit sind nun alle eingebauten, mathematischen Funktionen erschöpfend dargelegt. Benötigen Sie noch mehr oder sonstige Spezialfunktionen, bleibt Ihnen nur noch die direkte Programmierung – zum Beispiel als Makroprogrammierung.

4.5.2 Funktionen für Zeichenketten

Neben den mathematischen Funktionen stellen die Möglichkeiten zur Zeichenketten-Manipulation eine zweite große Gruppe der eingebauten Funktionen dar. Hiermit können Texte (eben Zeichenketten) analysiert, verändert oder ausgewertet werden. Viele Felder in Datenbanken beinhalten Texte, und häufig werden auch Zahlen in Textfeldern gespeichert. Insofern sind diese Funktionen enorm wichtig.

Vielen Textfunktionen müssen als Argumente »Strings« – also Zeichenfolgen oder Texte – übergeben werden. In der SQL-Syntax – und somit auch bei der HSQLDB – werden direkt eingegebene Texte mit einfachen Hochzeichen »maskiert«. Dadurch werden sie als Strings erkannt und entsprechend verarbeitet. Nutzen Sie hingegen Feldnamen, so können Sie diese entweder entsprechend SQL unmaskiert eingeben oder – HSQLDB entsprechend – in doppelte Hochzeichen setzen. Wenn Sie in der Design-Ansicht arbeiten, genügt die unmaskierte Eingabe; in der SQL-Ansicht und bei der Makro-Programmierung müssen Sie die doppelten Hochzeichen benutzen, es sei denn, alle Feldnamen bestehen nur aus Großbuchstaben. Beispiele:

- `'mein text'` wird als Text übergeben und so analysiert.
- `meineSpalte` wird in der Design-Ansicht als Feldname interpretiert und intern mit doppelten Hochzeichen maskiert: `"meineSpalte"`.

- `meineSpalte` wird in der SQL-Ansicht ebenfalls als Befehl oder Feldname interpretiert, intern aber zunächst in `MEINESPALTE` umgesetzt. Stimmt jetzt die Schreibweise mit dem Feldbezeichner nicht überein, kommt es zu einem Fehler.
- `"meineSpalte"` wird intern immer als Spaltenbezeichnung in der exakten Schreibweise belassen.

Die folgende Tabelle führt alle **Text-Funktionen** auf (`s` steht für einen String, entweder Direkteingabe oder über Feldbezeichnung).

Funktion	Beschreibung, Beispiel
ASCII(s)	Liefert den ASCII-Wert des ersten Zeichens von links in der Zeichenkette `s`. Beispiel: ASCII('Hallo') -> 72 (entspricht dem H)
BIT_LENGTH(s)	Liefert die Länge der Zeichenkette in Bits. Beispiel: BIT_LENGTH('Hallo') -> 80
CHAR(n)	Liefert das Zeichen mit dem ASCII-Code `n`. `n` kann dabei als Zahl oder auch als String übergeben werden. Beispiel: CHAR(72) -> H oder CHAR('072') -> H
CHAR_LENGTH(s)	Liefert die Anzahl der Zeichen in der Zeichenkette `s` (Länge des Strings). Beispiel: CHAR_LENGTH('Hallo') -> 5
CONCAT(s1, s2)	Verbindet die beiden Zeichenketten `s1` und `s2` ohne Zwischenzeichen. Beispiel: CONCAT('Ein', 'horn') -> Einhorn
DIFFERENCE(s1, s2)	Liefert einen Wert zurück, der einen kalkulierten »Klangunterschied« der beiden Zeichenketten `s1` und `s2` darstellt. Benutzt wird dabei der SOUNDEX-Algorithmus, der für die englische Sprache optimiert ist. Je größer der Wert, desto größer der Unterschied. Beispiel: DIFFERENCE('Ein', 'horn') -> 3 DIFFERENCE('Ein', 'ein') -> 0
HEXTORAW(s)	Wandelt eine Zeichenfolge aus hexadezimalen Werten in Zeichen um. Wichtig: `s` muss als String übergeben werden. Beispiel: HEXTORAW('004C004D') – > LM
INSERT(s start, len, s2)	Fügt die Zeichenkette `s2` in die Zeichenkette `s1` ein, und zwar an der Position `start`. Dabei werden die mit `len` angegebenen Zeichen ab der Position `start` überschrieben. Beispiel: INSERT ('Beispiel', 2, 2, 'all') -> Ballspiel
LCASE(s)	Wandelt die Zeichenkette in Kleinbuchstaben um. Beispiel: LCASE('BeiSpiel') -> beispiel

Funktion	Beschreibung, Beispiel
LEFT(s , n)	Liefert die n Zeichen von links der Zeichenkette s – also vom Anfang. Beispiel: LEFT('heute ist es schön', 5) -> heute
LENGTH(s)	Anzahl der Zeichen in der Zeichenkette s (ähnlich wie CHAR_LENGTH). Beispiel: CHAR_LENGTH('Hallo') -> 5
LOCATE(s1, s [,n])	Liefert die erste Position, an der der Suchtext s1 innerhalb der Zeichenkette s gefunden wird. Mit n kann optional eine Startposition der Suche übergeben werden. Liefert null (0), wenn s1 nicht in s gefunden wird. Beispiel: LOCATE('i', 'Beispiel') -> 3
LTRIM(s)	Entfernt alle führenden Leerzeichen und nicht druckbaren Zeichen aus der Zeichenkette s. Beispiel: LTRIM(' Beispiel') -> Beispiel
OCTET_LENGTH(s)	Liefert die Länge der Zeichenkette s in Bytes (Zeichenanzahl * 2). Beispiel: OCTET_LENGTH('Hallo') -> 10
RAWTOHEX(s)	Wandelt eine Zeichenkette in die Hexadezimal-Darstellung um. Beispiel: RAWTOHEX('LM ') – > 004C004D
REPEAT(s, n)	Wiederholt die Zeichenkette s genau n-mal. Beispiel: REPEAT('*|*', 4) -> *|**|**|**|*
REPLACE(s, s1, s2)	Ersetzt alle Vorkommen von s1 in der Zeichenkette s durch s2. Beispiel: REPLACE('Beispiel', 'i', 'x') -> Bexspxel
RIGHT(s , n)	Liefert die n Zeichen von rechts der Zeichenkette s – also vom Ende ab gerechnet. Beispiel: RIGHT('heute ist es schön', 5) -> schön
RTRIM(s)	Entfernt alle Leerzeichen und nicht druckbaren Zeichen am Ende der Zeichenkette s. Beispiel: RTRIM('Beispiel......') -> Beispiel
SOUNDEX(s)	Liefert einen vierstelligen Code, der den Klang der Zeichenkette s repräsentieren soll. Ist auf Englisch optimiert. Beispiel: SOUNDEX('heute ist es schön') -> H323
SPACE(n)	Liefert eine Zeichenkette aus n Leerzeichen.
SUBSTR(s, n [,l]) SUBSTRING(s, n [,l])	Liefert einen Teil der Zeichenkette s, und zwar ab der Position n. Optional kann eine Längenangabe l (in Zeichen) übergeben werden. Beispiel: SUBSTR('heute ist es schön', 7, 3) -> ist
UCASE(s) UPPER(s)	Wandelt die Zeichenkette in Großbuchstaben um. Beispiel: UCASE('BeiSpiel') -> BEISPIEL

Funktion	Beschreibung, Beispiel
LOWER(s)	Wandelt die Zeichenkette in Kleinbuchstaben um. Beispiel: LCASE('BeiSpiel') -> beispiel

Denken Sie bei der Nutzung von Zeichenketten-Funktionen immer an die interne Unterscheidung von Groß- und Kleinschreibung bei den Feldinhalten von Textfeldern. Lediglich der Feldtyp VARCHAR_IGNORECASE unterscheidet sie nicht. Ansonsten sollten Sie bei den Suchen-und-Ersetzen-Funktionen vorher eine Umwandlung vornehmen (LCASE() oder UCASE()), um alle Ergebnisse sicher zu erhalten.

4.5.3 Funktionen für Datums- und Zeitwerte

Die dritte Gruppe schließlich kümmert sich speziell um Datums- und Zeitwerte. Damit können zum Beispiel Zeitdifferenzen, Ziel-Datumswerte oder Zeiträume betrachtet werden – und vieles mehr.

Auch bei Datums- und Zeitwerten ist wieder auf eine »richtige« Ein- und Übergabe zu achten. Während im Design-Modus von Base fast alle Darstellungen des Datums eingegeben werden können, die OpenOffice.org versteht (also zum Beispiel 10.09.2007, 10.09.07, 10-09-07, 10/09/07, aber auch 2007-09-10: All das wird intern umgewandelt und es erscheint #10.09.2007#), müssen die Werte in der SQL-Ansicht oder bei der Makroprogrammierung immer als String im Format JJJJ-MM-TT übergeben werden, also zum Beispiel als '2007-09-10'.

Natürlich müssen die Spalten, die Datumswerte oder Zeitwerte enthalten, auch den entsprechenden Feldtyp unterstützen – sonst geht das natürlich nicht. Werden solche Felder dann als Argumente für Datums- oder Zeitfunktionen genutzt, braucht man sich keine Sorgen um die »richtige« Eingabe der Werte zu machen – das passiert jetzt intern.

Es gibt in HSQLDB folgende **Datums- und Zeitfunktionen** (d steht für einen Datumswert, t für einen Zeitwert).

Funktion	Beschreibung, Beispiel
CURDATE()	Liefert das aktuelle Datum (aus dem Systemdatum extrahiert!). Beispiel: CURDATE() -> 10.09.2007
CURTIMR()	Liefert die aktuelle Zeit (auch aus dem Systemdatum extrahiert!). Beispiel: CURTIME() -> 11:27:12

Funktion	Beschreibung, Beispiel
DATEDIFF(s, dt1, dt2)	Liefert die vergangene Zeitspanne zwischen den Datums-/Zeitwert-Werten dt1 und dt2. Dabei kann mit dem String s eine Einheit übergeben werden, in der die Differenz angezeigt wird. Zulässige Einheiten sind (für s): ▸ 'ms' oder 'millisecond': Millisekunden ▸ 'ss' oder 'second': Sekunden ▸ 'mi' oder 'minute': Minuten ▸ 'hh' oder 'hour': Stunden ▸ 'dd' oder 'day': Tage ▸ 'mm' oder 'month': Monate ▸ 'yy' oder 'year': Jahre Beispiel: DATEDIFF('dd', '2007-03-16', '2007-04-25'): 40
DAYNAME(d)	Liefert den Namen des Wochentags zum Datum d – allerdings nur in Englisch. Beispiel: DAYNAME('2007-04-24') -> Tuesday
DAYOFMONTH(d)	Liefert den Tag des Monats als Zahl (1-31). Beispiel: DAYOFMONTH('2007-04-25') -> 25
DAYOFWEEK(d)	Liefert den Tag der Woche als Zahl (1-7; 1 bedeutet Sonntag). Beispiel: DAYOFWEEK('2007-04-25') -> 4
DAYOFYEAR(d)	Liefert den Tag des Jahres als Zahl (1-366). Beispiel: DAYOFYEAR('2007-04-25') -> 115
HOUR(t)	Liefert die Stunde (0-23) des Zeitwertes t. Beispiel: HOUR('11:27:34') -> 11
MINUTE(t)	Liefert die Minuten (0-59) des Zeitwertes t. Beispiel: MINUTE('11:27:34') -> 27
MONTH(d)	Liefert den Monat des Datums d als Zahl (1-12). Beispiel: MONTH('2007-04-25') -> 4
MONTHNAME(d)	Liefert den Monat des Datums d im Klartext (auf Englisch). Beispiel: MONTHNAME('2007-04-25') -> April
NOW()	Liefert das aktuelle Datum und die aktuelle Zeit (auch aus dem Systemdatum extrahiert!). Beispiel: NOW() -> 05.09.07 11:27:34
QUARTER(d)	Liefert das Quartal des Datums d als Zahl (1-4). Beispiel: QUARTER('2007-04-25') -> 2
SECOND(t)	Liefert die Sekunden (0-59) des Zeitwertes t. Beispiel: SECOND('11:27:34') -> 34
WEEK(d)	Liefert die Kalenderwoche des Datums d als Zahl (1-53). Beispiel: WEEK('2007-04-25') -> 17

Funktion	Beschreibung, Beispiel
YEAR(d)	Liefert das Jahr des Datums d als Zahl. Beispiel: YEAR('2007-04-25') -> 2007
CURRENT_DATE	Liefert das aktuelle Datum (aus dem Systemdatum extrahiert!) Beispiel: CURDATE() -> 10.09.2007
CURRENT_TIME	Liefert die aktuelle Zeit (auch aus dem Systemdatum extrahiert!). Beispiel: CURTIME() -> 11:27:12
CURRENT_TIME-STAMP	Liefert das aktuelle Datum und die aktuelle Zeit (auch aus dem Systemdatum extrahiert!). Beispiel: NOW() -> 10.09.07 11:27:34

Es wird empfohlen, CURRENT_DATE, CURRENT_TIME, CURRENT_TIMESTAMP zu nutzen und nicht CURDATE(), CURTIME(), NOW(), noch aber funktionieren beide Varianten. Die ersten drei genannten Varianten entsprechen der allgemeinen SQL-Syntax und sind somit universeller nutzbar.

4.5.4 Sonstige Funktionen

In diesen Bereich tummeln sich nun all jene Funktionen, die sonst nirgends hineinpassen. Es sind allerdings nicht mehr allzu viele. Auch hier bleibt Folgendes anzumerken: Laut Spezifikation der HSQLDB sollen auch die SQL-typischen Funktionen unterstützt – und entsprechend eher genutzt – werden. Hierzu zählen insbesondere die Konstruktion CASE...WHEN... mit ihren diversen Erweiterungen sowie EXTRACT(). Leider sind diese in Base (noch) nicht funktionstüchtig – es kommt zu Fehlermeldungen, wenn Sie sie benutzen.

Die sonstigen eingebauten Funktionen sind (a = ein Ausdruck, s = ein String, n = eine Zahl(Wert)):

Funktion	Beschreibung, Beispiel
DATABASE()	Liefert den Pfad und den Namen der aktuellen Datenquelle, also der aktuellen Verbindung. Dabei wird die Dateierweiterung (.odb) nicht mit angezeigt! Beispiel: DATABASE() -> D:\Datenbanken\Test
IFNULL(a, n)	Wenn der Ausdruck a NULL ist, wird der Wert n zurückgeliefert, sonst a. Beispiel: IFNULL(Anzahl, 1) -> 1, wenn Anzahl nicht belegt ist.
COALRSCE(a1, a2, a3,...)	Ähnlich wie IFNULL(), jedoch können mehrere Ausdrücke hintereinander abgefragt werden. Die Logik ist wie folgt: Wenn der Ausdruck a1 ungleich NULL ist, wird a1 zurückgeliefert, wenn nicht, wird Ausdruck a2 analysiert und so weiter.

Funktion	Beschreibung, Beispiel
CASEWHEN(a1, a2, a3)	Wenn der Ausdruck a1 wahr ist, wird a2 zurückgeliefert, wenn nicht, a3. Dies entspricht der Wenn()-Funktion in Calc. Beispiel: CASEWHEN(5>2, 'wahr', 'falsch') -> wahr
NULLIF(a1, a2)	Wenn a1 = a2, wird NULL zurückgeliefert, ansonsten a1. (Zur Erinnerung: NULL wird in Base nicht angezeigt!) Beispiel: NULLIF('ae', 'ae') -> NULL (nichts) NULLIF('ae', 'af') -> ae
POSITION(s1 IN s2)	Gibt die Position an, an der der String s1 im String s2 beginnt. Liefert 0, wenn s1 nicht in s2 enthalten ist, ansonsten die Position (beginnend ab 1) des ersten Auftretens. Beispiel: POSITION('om' IN 'Thomas') -> 3
SUBSTRING(s1 FROM n1 [FOR n2])	Liefert einen Teilstring aus s1, und zwar von der Position n1 ab. Optional kann die Länge des Teilstrings übergeben werden (n2). Die Zählung beginnt jeweils bei 1. Beispiel: SUBSTRING('Thomas' FROM 3 FOR 3) -> oma
TRIM({LEADING | TRAILING | BOTH} FROM s1)	Entfernt nicht druckbare Sonderzeichen und Leerzeichen vom Anfang (LEADING), Ende (TRAILING) oder von beiden Seiten (BOTH) des Strings s1. Beispiel: TRIM(LEADIND FROM ' Hey') -> Hey

Damit wären die Funktionen alle erläutert. Wie gesagt, Funktionen werden überwiegend in Abfragen genutzt, um die unterschiedlichsten Sachverhalte verständlich und lesefreundlich (und damit auch auswertefreundlich) zu gestalten.

4.6 Operatoren

Neben den eingebauten Funktionen sind noch die möglichen **Operatoren** von Interesse. Auch diese lassen sich beliebig in Abfragen einbauen und bestimmen das Ergebnis mit. Operatoren werden auch für berechnete Felder benutzt. In der Regel stimmen die Operatoren mit den üblichen mathematischen Operatoren und Vergleichsoperatoren überein. Nur der Vollständigkeit halber liste ich hier die von HSQLDB unterstützten Operatoren auf.

4.6.1 Vergleichsoperatoren

Diese liefern einen Booleschen Ausdruck zurück – entweder True (1) oder False(0).

Operator	Beschreibung	Beispiel
=	gleich	4 = 5 -> false 'tk' = 'tk' -> true
> <	größer kleiner	3 < 5 -> true 3 > 5 -> false
>= <=	größer oder gleich kleiner oder gleich	4 > = 4 -> true 4 <= 3 -> false
<>	ungleich	'tk' <> 'tk' -> false 3 <> 4 -> true

4.6.2 Mathematische Operatoren

Neben den Vergleichoperatoren spielen die mathematischen Operatoren eine große Rolle. Folgende mathematische Operatoren werden unterstützt.

> **Wichtig**
>
> Bei Nutzung der Operatoren in Abfragen wird die Spaltendefinition aus dem ersten übergebenen Wert abgeleitet. Das kann zu Verwirrung führen!

Operator	Beschreibung	Beispiel
+	Addition – geht auch zur Stringverkettung	4 + 5 -> 9 'Tho' + 'mas' -> Thomas
-	Subtraktion	7 – 4 -> 3
*	Multiplikation	3 * 4 -> 12
/	Division	5 / 3 -> 1 !!!! 5.0 / 3 ->1,7

4.7 Sonstiges

Bleiben noch einige abschließende Bemerkungen zur HSQLDB. Diese Hinweise sind fast alle identisch mit den SQL-Regeln und werden auch im Folgenden in den Beispielen oft erwähnt. Nur der Vollständigkeit halber zählen wir die Grundlagen noch einmal auf.

Die HSQLDB unterstützt derzeit nicht die in der SQL-Syntax 200x erlaubten und beschriebenen Ausdrücke für eine »Sequenz«, also so etwas wie »NEXT VALUE FOR <sequence>«.

Strings werden in HSQLDB als Unicode-Strings gespeichert. Eine Zeichenfolge (String) beginnt immer mit einem einfachen Hochzeichen (') und endet auch damit. Benötigt man innerhalb einer Zeichenfolge, die mit einem Hochkomma begann, erneut ein Hochkomma, so wird dieses einfach verdoppelt (d.h. es handelt sich um zwei einfache Hochkommas, kein doppeltes Hochkomma!).

In Übereinstimmung mit der SQL-Standardsyntax benutzt auch die HSQLDB in Vergleichen mit dem Schlüsselwort LIKE das Prozentzeichen (%) als Platzhalter für keines bis beliebig viele Zeichen und den Unterstrich (_) für genau ein Zeichen. Werden diese Zeichen an sich benötigt oder sind sie Teil des Suchstrings, so werden sie mit einem so genannten **Escape-Zeichen** maskiert. Das Escape-Zeichen kann in den Grundeinstellungen festgelegt werden. Die in Base genutzte HSQLDB verwendet den »Backslash« (\) als Escape-Sequenz.

Bezeichner (also zum Beispiel Feldnamen/Spaltennamen, Tabellen, Aliasnamen etc.) beginnen immer mit einem Buchstaben und können dann beliebige Buchstaben oder Ziffern sowie den Unterstrich enthalten. Sonderzeichen oder Leerzeichen sind nicht erlaubt.

Bezeichner können »gequotet« werden. Hierzu wird das doppelte Hochzeichen genutzt. Das ist immer dann zwingend notwendig, wenn Bezeichner nicht nur aus Großbuchstaben bestehen. Die HSQLDB wandelt in einem SQL-Statement alle nicht gequoteten Begriffe in Großbuchstaben um. Stimmen jetzt die Bezeichner nicht mehr überein (case-sensitiv!), gibt es Fehlermeldungen. Gequotete Bezeichner hingegen werden nicht umgewandelt.

Werte (Zahlen) werden normalerweise nicht gequotet übergeben. Sie können aber – entsprechend SQL – auch mit einfachen Hochzeichen maskiert werden. Der Dezimaltrenner ist immer der Punkt.

Datums- und Zeitwerte müssen hingegen immer maskiert übergeben werden. Sie beginnen und enden mit einem einfachen Hochkomma ('). Ein Datumswert wird in Übereinstimmung mit SQL immer im Format 'JJJJ-MM-TT' übergeben, ein Zeitwert als 'hh:mm:ss'.

Ein **TIMESTAMP**-Wert trägt das Format 'JJJJ-MM-TT hh:mm:ss.SSSSSSSS', wobei die letzten Ziffern die Tausendstelsekunden darstellen. Diese können bei Base auch weggelassen werden.

Binäre Daten werden ebenfalls mit einfachen Hochzeichen maskiert – eben wie Strings.

Wie bei der SQL-Syntax können beliebige Kommandos kombiniert werden. Ein Kommando (Befehlszeile) endet immer mit einem Semikolon (;), dann beginnt das neue Kommando. In Base können die Sequenzen auch ohne abschließendes Semikolon eingegeben werden – dies wird automatisch hinzugefügt. Werden aber mehrere Befehle im SQL-Fenster kombiniert, muss natürlich das Semikolon zwischen den Befehlszeilen stehen. Weitere Details finden Sie im Internet auf der Homepage des HSQLDB-Projekts (*www.hsqldb.org*).

Viele Einzelheiten werden von Base automatisch berücksichtigt und spielen nur dann eine Rolle, wenn Sie per Skript oder Makro auf die Datenbank zugreifen und dann native SQL-Kommandos benutzen müssen oder wenn Sie die SQL-Eingabefenster erstmalig nutzen. Wurde das Kommando dann von Base erst einmal ausgeführt, ist der SQL-Befehl entsprechend umgewandelt worden, und Sie können erkennen, wie Base intern arbeitet.

Tabellen stellen das Grundgerüst aller relationalen Datenbanken dar. Mit dem Entwurf von Tabellen beginnt also jede Aktivität im Datenbank-Umfeld. Entsprechend ausführlich sollte man sich mit diesem Teil beschäftigen.

5 Tabellen

Mit OpenOffice.org Base lassen sich ausschließlich relationale Datenbanken verknüpfen, und auch die eingebaute Engine HSQLDB erzeugt eine solche (vergleiche auch Abschnitt 2.1, »Einführung in Datenbanken«, und Kapitel 4, »Die HSQLDB«).

Zur Erinnerung: **Relationale Datenbanken** speichern die Informationen in zweidimensionalen Tabellen, wobei jeder Datensatz genau eine Zeile der Tabelle darstellt. Eine Datenbank kann eine oder mehrere Tabellen umfassen, und die Verbindungen dieser Tabellen untereinander werden über Indizes hergestellt. Die Identifikation der einzelnen Datensätze wird über (oft willkürlich) vergebene Schlüssel eindeutig gewährleistet.

Tabellen können unter OpenOffice.org Base auf zweierlei (eigentlich sogar auf dreierlei) Weise erzeugt werden: einmal mit Hilfe eines Assistenten und einmal direkt in einer Entwurfsansicht. Und weil auch Base intern auf einer SQL-Sprache aufsetzt, kann man natürlich auch »reine« SQL-Befehle übermitteln und so Tabellen erzeugen.

Bevor Sie jetzt aber mit der Erstellung einer Datenbank (besser gesagt: der Datenbank-Tabellen) beginnen, sollten Sie sich ein paar Gedanken über die Struktur und die Aufgaben der Datenbank machen. Eine spätere Korrektur ist oft mit viel Arbeit verbunden und manchmal sogar unmöglich.

5.1 Datenbank-Entwurf – Grundlagen

Unabhängig von der später verwendeten Datenbank benötigt man einige Grundkenntnisse im Entwurf und Design von Datenbanken – ganz allgemein. Begehen Sie nicht den Fehler, erst einmal anzufangen und die Datenbank mit der Zeit auszubauen. Das führt sehr schnell zu einer sehr unübersichtlichen Struktur, redundanten Daten, immer langsamerer Performance und im Extremfall zu Daten-Inkonsistenzen. Die nachträgliche Reparatur oder Optimierung einer umfangreichen Datenbank ist oft mit viel größerem Aufwand verbunden (und damit natürlich auch mit höheren Kosten) als eine gründliche Planung und ein entsprechendes Projekt zu Beginn der Aufgabenstellung.

Geht man von einer relationalen Datenbank aus – und nur mit einer solchen kann Base arbeiten –, so besteht diese aus einzelnen Tabellen (mit Spalten und Zeilen) sowie deren Beziehungen untereinander. Diese werden üblicherweise durch ein logisches Schema beschrieben, das auch schon die Schnittstellen zum späteren Anwender enthält, wie zum Beispiel Formulare oder Berichte. Diese grundsätzliche Struktur nennt man häufig auch **Datenbank-Design** oder **Datenbank-Entwurf**, und sie stellt die schwierigste Aufgabe eines Projekts dar. Base bietet dafür ein komplettes Datenbank-Managementsystem (DBMS) mit den Komponenten Tabellen, Abfragen, Formulare und Berichte.

Steht diese Struktur, beginnt die Implementierung, das heißt die Umsetzung der logischen Beziehungen in Datenbank-Tabellen sowie deren tatsächliche Erzeugung. Hierfür stellen die DBMS eine **Datendefinitionssprache** (DDL – Data Definition Language) zur Verfügung, mit deren Hilfe zum Beispiel Datenbanken angelegt sowie die einzelnen Felder definiert werden können.

Ist die Datenbank dann erst einmal eingerichtet, kann sie mit Daten und Informationen gefüllt werden. Hierfür nutzt man eine so genannte **Datenmanipulationssprache** (DML – Data Manipulation Language), mit deren Hilfe selbstverständlich auch bestehende Daten bearbeitet oder gelöscht werden können. Diese Phase entspricht der täglichen Nutzung der Datenbank.

Normalerweise muss während der Entwurfsphase noch nicht das später genutzte Datenbank-Managementsystem feststehen (es wird oft einfach als »die Datenbank« bezeichnet), da man dieses eigentlich aus der sich ergebenden logischen Struktur sowie unter Berücksichtigung weiterer Parameter (erwartete Datensatz-Zahl, Anzahl der gleichzeitigen Nutzer und vieles mehr) optimal auswählen sollte. In der Praxis berücksichtigt man jedoch die Möglichkeiten eines DBMS oft schon beim Design.

Betrachtet man nun das relationale Datenmodell, so werden immer die Daten in einer Tabelle gespeichert, die miteinander in Beziehung stehen. Dabei bedient man sich oft des **Entity-Relationship-Modells**, kurz **ERM** genannt. Als »Entity« wird dabei eine eigenständige Einheit von Informationen betrachtet, die eindeutig beschrieben werden kann. Jede **Entität** besitzt bestimmte Eigenschaften (oft auch Attribute genannt), hat einen eindeutigen Namen und kann – ebenso wie die Werte ihrer Eigenschaften – erzeugt, geändert oder gelöscht werden.

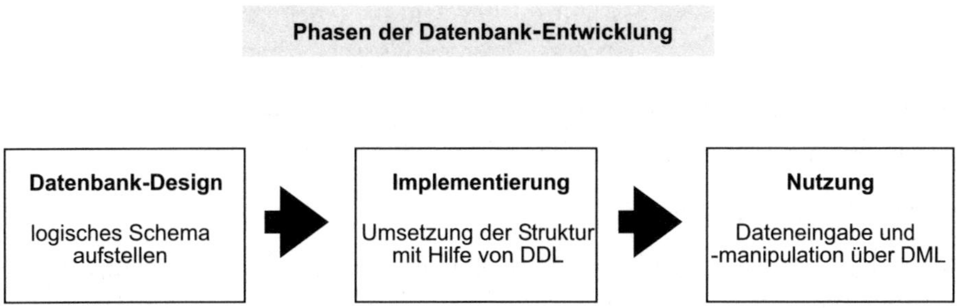

Abbildung 5.1 Datenbankentwicklung

Als Entität kann man sich beispielsweise eine Person, mit den Eigenschaften »Name«, »Vorname«, »Geburtstag«, »Telefonnummer« und »Geschlecht« vorstellen. Die Implementierung dieser Datenbank würde nun als Tabelle erfolgen, mit den Eigenschaften als Spalten. Da aber keine der Eigenschaften eindeutig ist (auch der Name einer Person kann doppelt vorkommen), würde jeder Datensatz noch einen eindeutigen Namen erhalten, zum Beispiel eine fortlaufende Nummer, so etwas wie eine PIN (Personal Identification Number).

Intern wird eine solche Beziehung (Attribut) durch ein Wertepaar abgebildet, also durch einen Bezeichner, dem ein Wert (Inhalt) zugewiesen wird. Beispielsweise wird die Person mit

```
Name = "Maier"
Geburtstag: = "12.06.1962"
Geschlecht = 2
```

beschrieben. Die Summe aller Attribute ergibt dann den kompletten Datensatz, also eine Gruppe von Wertepaaren:

```
D= (Name = "Maier", Geburtstag: = "12.06.1962", Geschlecht = 2)
```

Ein solcher Datensatz wird dann also in einer Zeile einer Tabelle dargestellt, und die Summe aller Datensätze ergibt die vollständige Tabelle (Relation). Da in der Regel nicht alle Informationen in einer Zeile abgespeichert werden, gibt es innerhalb einer Datenbank verschiedene Tabellen mit unterschiedlichen Informationen, die durch Beziehungen miteinander verknüpft sind.

Um die verschiedenen Beziehungen innerhalb einer Datenbank überhaupt abbilden und wiedergeben zu können, sind so genannte Schlüssel nötig. In relationalen Datenbanken unterscheidet man dabei zwischen Primär- und Fremdschlüsseln.

Jeder Datensatz einer Tabelle muss absolut eindeutig identifizierbar und adressierbar sein. Erreicht wird dies über den **Primärschlüssel**, ein Attributfeld mit einem eindeutigen Inhalt. Ist ein solches Feld nicht schon vorhanden, muss es zusätzlich erstellt werden. Für einen Primärschlüssel gilt immer:

- Er darf nur einmal in der gesamten Datenbank-Tabelle vorkommen.
- Er darf nicht leer sein.

Für die Tabelle gilt weiterhin:

- Es darf nur **ein** Primärschlüsselfeld geben (siehe aber die Bemerkung weiter unten).

Manchmal sind die Datenstrukturen schon so aufgebaut, dass ein spezielles Feld direkt als Primärschlüssel dienen kann (zum Beispiel die eigene Produktdatenbank, in der jeder Artikel eine eindeutige Artikelnummer trägt). Oft muss man jedoch ein eigenes zusätzliches Feld erzeugen und als Primärschlüssel definieren. (Beispiel Personaldatenbank: Weder der Name noch das Geburtsdatum ist eindeutig, es können immer Doppelwerte vorkommen. Also wird eine eindeutige Personalnummer zusätzlich als Feld eingefügt.)

In speziellen Fällen kann es vorkommen – und das ist dann erlaubt –, dass ein Primärschlüssel nicht durch ein Feld abgebildet wird, sondern durch mehrere Felder in Kombination. Hierauf gehe ich aber nicht näher ein – nutzen Sie lieber ein eindeutiges Feld.

> **Hinweis**
>
> Als Primärschlüssel sollten immer nur Felder genutzt werden, deren Inhalt (Wert) sich während der Lebenszeit eines Datensatzes nicht ändert. Wer beispielsweise eine Fuhrpark-Datenbank aufbaut, sollte nicht das Kennzeichen als Primärschlüssel verwenden, denn dieses könnte sich theoretisch ändern. Besser geeignet wäre hier die Fahrgestellnummer.

5.1.1 Beziehungen (Relationen)

Die Beziehungen der Datensätze zu den Inhalten anderer Tabellen innerhalb der Datenbank werden mit den so genannten **Fremdschlüsseln** oder **Foreign-Keys** realisiert und abgebildet. Ein Fremdschlüssel ist dabei ein Attribut, das sich auf einen Wert des Primärschlüssels einer anderen Tabelle bezieht. Beispiel: Die kleine Tabelle »Geschlecht« besteht aus nur zwei Datensätzen:

key	Geschlecht
1	männlich
2	weiblich

Der weiter oben stehende einzelne Personal-Datensatz verwies mit seinem Attribut `Geschlecht` auf genau diese Tabelle. Das heißt, dort war der Wert 2 eingetragen, die Person ist also weiblichen Geschlechts.

...	Name	Geburtstag	Geschlecht	....
...	Meier	12.06.1962	2	....

Bei der Verwendung von Fremdschlüsseln ergeben sich diverse Probleme für die Integrität von Datenbanken. Denn was passiert, wenn man aus der Tabelle »Geschlecht« den Datensatz 2 einfach löscht? Jetzt sind die Attribute der Personalliste nicht mehr auflösbar, die Daten nicht mehr konsistent.

Gefragt ist hier das entsprechende DBMS, das eine solche Konstellation nicht zulassen darf, beziehungsweise muss man diese Problematik schon während der Design-Phase mit durchdenken.

Grundsätzlich unterscheidet man drei große Gruppen von Beziehungen oder Relationen:

- **1:1-Relation**: Die Eins-zu-eins-Beziehung bedeutet nichts anderes, als dass zu einem Wert der Tabelle genau ein anderer Wert gehört und umgekehrt. So ließe sich zum Beispiel im Fuhrpark das Kfz-Kennzeichen (erfasst in einer Spalte) immer eindeutig der Kfz-Typ-Beschreibung (erfasst in einer anderen Spalte) zuordnen und umgekehrt. Häufig werden 1:1-Relationen direkt innerhalb der Tabelle in einem Datensatz abgebildet.
- **1:n-Relation:** Dies ist der häufigste Anwendungsfall einer Beziehung in einer Datenbank: Hier wird einem Element (Datensatz) einer Tabelle eine Vielzahl anderer Datensätze zugeordnet. Im Umkehrschluss ist jedoch eine eindeutige Zuordnung gewährleistet. So kann ein Fahrzeug (eindeutig entsprechend einer Tabelle) durchaus zwischen 0 und beliebig vielen Fahrten durchgeführt haben (jede Fahrt ist ein Datensatz in einer anderen Tabelle), es besteht also eine 1:n-Beziehung, denn im Umkehrschluss kann zu jeder einzelnen Fahrt ein eindeutiges Fahrzeug bestimmt werden.

  Um eine solche Beziehung abzubilden, benötigt man eindeutige Datensätze und entsprechende Identifikationsmöglichkeiten. Oft ist dies der Primärschlüssel, denn dieser ist schon zwecks Definition eindeutig und erfüllt somit alle Voraussetzungen.
- **m:n-Relation**: Hierbei kann ein Datensatz der einen Tabelle mehreren Datensätzen von anderen Tabellen zugeordnet werden und umgekehrt. In einem Seminar-Beispiel wäre zum Beispiel die Kombination »Teilnehmer – Seminar« eine solche. Ein Teilnehmer kann mehrere Seminare besuchen, und ein Seminar wird von mehreren unterschiedlichen Teilnehmern besucht werden.

5.1.2 Datenbankdesign

Doch wie erzeugt man nun Tabellen und Untertabellen? Wie erreicht man die »richtige« Aufteilung der Daten? Das sind alles Fragen des Datenbankdesigns und weniger die dann tatsächlich verwendete Datenbank (das Programm) betreffende Fragen.

Der erste Schritt, um zu einer Datenbank zu kommen, besteht darin, alle benötigten Informationen in einer einfachen Tabelle zu sammeln. Hierzu legt man die Eigenschaften fest und macht sich Gedanken über die wahrscheinliche Ausprägung der Inhalte. Das heißt, man legt den **Typ** und die maximale **Länge** des Feldes fest. Sehen wir uns das am Beispiel einer Personaltabelle an:

Feldname	Typ	Länge	Bemerkung
Vname	Text	30	Vorname
Name	Text	50	Nachname
Geburtstag	Datum		Als Datumsfeld
Abt	Auswahl	30	(Vertrieb, Personal, Geschäftsführung, Produktion, Verwaltung,...)
PID	Zahl	5	Ganzzahl, 5-stellig, Personalnummer
Geschlecht	Auswahl	8	(männlich, weiblich)
....			

Jetzt gibt man probehalber einmal diverse Datensätze ein und testet die ersten Entwürfe. Reichen die Informationen? Sind alle notwendigen Angaben erfasst? Ist jeweils immer nur eine Information pro Feld gewährleistet? Eventuell müssen zusätzliche Felder eingefügt oder vorhandene umdefiniert werden.

5.1.3 Datenbank-Normalisierung

Trägt man aber erst einmal diverse Datensätze ein, so stellt man sehr schnell fest, dass sich manche Eingaben häufig wiederholen: Bei diesem kurzen Ausschnitt mag das nicht so deutlich sein, aber zum Beispiel werden die Abteilungen immer wieder vorkommen und natürlich auch die Geschlechtsangabe. Sehr viel deutlicher wird es aber bei einer Kunden-Bestelldatenbank: Hier muss ja zu jedem einzelnen Bestellvorgang (einem Artikel) ein kompletter Datensatz mit Adresse und so weiter gespeichert werden. Dabei fallen Wiederholungen – wenn der gleiche Kunde beispielsweise zehn Artikel bestellt – schon deutlich auf.

Solche vielfach abgespeicherten Informationen ohne zusätzlichen Informationsgewinn nennt man **Redundanz**, die man natürlich zu vermeiden versucht. Im Übrigen spielt die Konsistenz der Daten eine entscheidende Rolle. Angenommen, die in der Personaltabelle gespeicherten Abteilungen ändern sich insofern, als die »Produktion« jetzt plötzlich in »Fertigung« umbenannt wird. Jetzt müssen alle Datensätze der Personen, die bisher der »Produktion« zugeordnet waren, geändert werden. Das Ändern so vieler Sätze birgt aber Fehlerquellen und kann zu Inkonsistenzen führen.

Zu diesem Zweck teilt man die Tabelle auf und packt alle sich wiederholenden Informationen in eigene Tabellen. Bei dem oben gezeigten Beispiel würden wir also eine Tabelle »Geschlecht« und eine Tabelle »Abteilung« anlegen. Diesen Vorgang nennt man auch **Normalisierung** der Datenbank. Insgesamt kennt man bis zu neun Stufen dieser Normalisierung. Die ersten Normalformen sind am wichtigsten. Sie sind wie folgt definiert:

Eine Tabelle befindet sich in der **ersten Normalform**, wenn:

- keine doppelten Datensätze vorhanden sind (wobei hier die Informationen eines Datensatzes nicht doppelt in verschiedenen Spalten vorkommen dürfen);
- jeder Datensatz für sich allein aussagekräftig ist und keine Abhängigkeiten zu anderen Datensätzen der gleichen Tabelle bestehen;
- jeder Datensatz eindeutig identifizierbar ist (Primärschlüssel) und wenn es keine hierarchische Abhängigkeit (Reihenfolge) von anderen Datensätzen gibt.

Leere Zellen (Felder) sind in der ersten Normalform erlaubt. Jede weitere Normalform setzt die Bedingungen der vorherigen als erfüllt voraus!

Darüber hinaus ist die **zweite Normalform** dadurch charakterisiert, dass alle Attribute, die nicht Schlüssel sind, funktional vom Primärschlüssel abhängig sein müssen. Im Beispiel hängen die Informationen der Abteilungen nicht funktional vom Datensatz (dem einzelnen Mitarbeiter) ab, also wird die Abteilung in einer eigenen Tabelle organisiert.

In der **dritten Normalform** schließlich befinden sich Tabellen, wenn sie die Bedingungen der zweiten Normalform erfüllen und wenn darüber hinaus keine funktionalen Abhängigkeiten zwischen den Feldern eines Datensatzes bestehen.

Wird zum Beispiel die Adresse mit aufgenommen und werden dabei Postleitzahl und Ort erfasst, so besteht eigentlich eine Abhängigkeit zwischen diesen beiden Feldern: Immerhin ist jedem Ort eine eindeutige Postleitzahl zugeordnet. Insofern müsste, um die dritte Normalform zu erfüllen, eine eigene Tabelle für die Relation »Postleitzahl und Ort« erstellt werden. Der ursprüngliche Datensatz darf dann nur noch die Postleitzahl als Schlüsselattribut beinhalten und auf diese Tabelle verweisen.

Alle weiteren Normalisierungsformen definieren noch detailliertere Regeln und Abhängigkeitsauflösungen. Sie sind für die Praxis aber meist nicht relevant und werden hier nicht weiter besprochen.

Für die **Datenbank-Designphase** gibt es ausreichend Literatur und Hilfestellungen unabhängig von der verwendeten Software, so dass wohl jeder etwas Passendes finden wird. Sie sollten sich nur darüber im Klaren sein, dass Sie im Entwurfsstadium die Grundlagen für eine Datenbank schaffen, die Sie dann oft über Jahre hinweg verwenden und nutzen. Es ist also durchaus sinnvoll, sich ausreichend Zeit für die Design-Phase zu nehmen und entsprechende Vorarbeiten mit akribischer Sorgfalt zu erledigen. Es kann durchaus sein, dass die Kosten der Planungsphase deutlich höher sind als die dann auftretenden tatsächlichen Kosten der Implementierung. Ein gutes Datenbankdesign macht sich aber über die Laufzeit und Nutzungsdauer durch eine höhere Performance und einen geringeren Wartungsaufwand mittel- bis langfristig immer bezahlt.

5.2 OpenOffice.org Base-Datentypen

Nach so viel Theorie wenden wir uns jetzt wieder Base zu. Eine Datenbank-Tabelle besteht also aus Spalten, die wiederum die entsprechenden Werte aufnehmen können. Die Spaltenbezeichnungen entsprechen den Feldnamen. Jede Datenbank (genauer gesagt: jedes Datenbank-Managementsystem (DBMS)) muss nun Speicherplatz für jedes Feld zur Verfügung stellen, und das soll möglichst ökonomisch vollzogen werden. Um dies zu realisieren, gibt es die Möglichkeit, Spalten von vornherein intern entsprechend zu definieren – also einen speziellen **Datentyp** für das Feld festzulegen – und somit den Speicherbedarf zu fixieren. Dadurch wird die Datenbank schneller und besser organisiert.

Man kann sich das in etwa so vorstellen: Hat jedes Datenfeld genau eine Länge von 50 Zeichen, so können sehr effektive Speicheralgorithmen genutzt und realisiert werden. Die Datenbank wird dadurch sehr schnell, unabhängig davon, wie viele Daten tatsächlich im Feld stehen. Nun ist das nicht immer möglich oder sinnvoll, beim Datenbank-Design kann man aber schon hier durch entsprechende Vorüberlegungen deutlich punkten.

OpenOffice.org Base kennt diverse Datentypen, die dann den einzelnen Feldern zugewiesen werden können. Grundsätzlich lassen sich die Typen in die folgenden Gruppen einteilen:

- Zeichenketten
- Zahlen – nochmals aufgeteilt in Ganzzahlen und Fließkommazahlen

- Datums- und Zeitwerte
- Binärdaten (wie beispielsweise Bilder)

Manchmal wird noch der Binär-Typ (Boolean) als eigenständige Gruppe aufgeführt. Hierbei handelt es sich um einen Feldtyp, der nur zwei Werte speichern kann: wahr (meist 1) und falsch (meist 0). Da aber in der binären Welt auch diese Werte als Zahlen gespeichert werden (eben 1 und 0), lassen sie sich auch in die Gruppe der Zahlen einsortieren.

Je nach Datenbank-Managementsystem werden nun in den Gruppen unterschiedliche Bezeichnungen verwendet und auch unterschiedliche Feldtypen unterstützt. OpenOffice.org Base versucht – je nach Treiber – diese auch aufzulisten und zu nutzen.

Achtung

Bevor Sie Ihre Datenbank-Tabelle für ein produktives System in der Praxis anlegen (insbesondere wenn Sie andere DBMS-Systeme als die HSQLDB benutzen), sollten Sie unbedingt Tests mit den Datentypen durchführen. Legen Sie also die Datenbank an, geben Sie Daten ein, und rufen Sie Daten ab. Hier kann es manchmal zu unerwarteten Fehlermeldungen kommen. Im Ernstfall kämen Sie dann nicht mehr mit Bordmitteln an Ihre Daten heran!

Die folgende Übersicht zeigt die von Base unterstützten **Feldtypen**. Allerdings funktionieren nicht alle Feldtypen mit allen Datenbanken! Hier hilft erstens ein Blick in die Datenbank-Dokumentation und zweitens – (dringend empfohlen!) ein Test.

5.2.1 Zeichenketten

Zeichenketten sind sicher einer der häufigsten Typen in Datenbanken und lassen sich eigentlich für fast alles nutzen. Sie sollten diesen Typ einsetzen, wenn Sie sich unsicher über die zukünftigen Inhalte sind. Zeichenketten nehmen üblicherweise Texte und Inhalte auf, die aus Textzeichen und Sonderzeichen bestehen, können aber auch Zahlen oder Datumswerte darstellen – jetzt allerdings eben als Text und nicht mehr als Wert. Mit Zeichenketten (Strings) können die DBMS in der Regel nicht direkt rechnen, aber sortiert werden können diese durchaus. Typische Zeichenkettenfelder sind Felder für Namen, Bemerkungen, Straßen- und Ortsbezeichnungen und Artikelbeschreibungen. Aber auch die Postleitzahl wird häufig als Textfeld definiert, um die teilweise führende Null zu erhalten.

Zeichenkettenfelder können – und sollten, wenn es möglich ist – von der Größe her begrenzt werden, da das den Speicherbedarf des DBMS deutlich reduziert.

Feldtyp	Beschreibung
Text [VARCHAR]	VARCHAR-Typen belegen genau den Speicherplatz, dem der Inhalt entspricht. Ein Varchar-Typ muss bei der Definition in seiner maximalen Länge fixiert werden, also zum Beispiel mit 50 Zeichen. Maximal können 2 GB aufgenommen werden. Text[VARCHAR] ist der übliche Feldtyp für alle Bezeichnungen und Ähnliches.
Text [VARCHAR_IGNORECASE]	Wie Text[VARCHAR], jedoch wird bei Sortier- oder Suchfunktionen die Groß-/Kleinschreibung ignoriert. Das Feld ist also nicht case-sensitiv.
Text (fix) [CHAR]	Textfeld mit festem Speicherbedarf. Das Textfeld muss in seiner Länge definiert werden, und genau für diese Länge wird immer der Speicherbedarf reserviert und fixiert, unabhängig vom tatsächlichen Inhalt. Maximaler Speicherplatz auch hier 2 GB.
Memo[LONGVARCHAR]	Textfeld für sehr lange Texte. Die Länge wird nicht vorgegeben, der einzelne Datenblock ist die maximal mögliche Datenlänge (2 GB).

Diese vier Textfeldtypen sind immer da – können also zum Beispiel mit der internen HSQLDB genutzt werden. Je nach eingebundenem Treiber können dann aber auch noch DBMS-spezifische Textfelder-Typen auftauchen, die dann parallel zu den eben aufgezählten in der Dropdown-Liste erscheinen.

Haben Sie beispielsweise den MySQL-Treiber eingebunden und nutzen Sie eine entsprechende Datenbank, so finden Sie auch Typen wie Memo [MEDIUMTEXT], Memo [LONGTEXT], Memo [TEXT], Memo [TINYTEXT], Text [ENUM], Text [SET] und Text [VARCHAR], die ebenfalls Zeichenketten repräsentieren, die für die MySQL-Datenbank spezifisch sind. Die jeweiligen Datentypen haben dann die DBMS-spezifischen Größenbegrenzungen, also zum Beispiel »Tiny« mit 255 Zeichen, »Medium« mit 2^24-1 Zeichen und »Long« mit 2^32-1 Zeichen.

Noch ein paar Worte zu dem **maximalen Speichervolumen**: OpenOffice.org speichert intern alle Werte als Unicode-(UTF-8-)Zeichen. Das heißt, pro Zeichen werden 2 Byte belegt. Bei einer maximalen Datensatzgröße pro Feld von 2 GB ließe sich jetzt recht einfach der theoretische Wert errechnen. In der Praxis ist dies jedoch irrelevant. Erstens macht es kaum Sinn, die Datenfelder so groß zu definieren, zweitens dürfte dann wohl eher der Hauptspeicher des Rechners den Engpass bilden. Hätten Sie nur eine Tabelle mit 3 Feldern bei jeweils 2 GB mit 2 Datensätzen und wollten Sie diese beide angezeigt bekommen, so müsste der Hauptspeicher ja schon 3 * 2 * 2GB = 12 GB Platz zur Verfügung stellen – neben den eigentlichen Programm- und Betriebssystemdaten, die ja auch noch Platz benötigen. Ohne Probleme lassen sich jedoch mehr als 50.000 Zeichen in den Feldern abspeichern (eigenen Tests zufolge) – und das sind immerhin im Durchschnitt mehr als 10 DIN-A4-Seiten, nimmt man die Normseite mit 4.800 Zeichen an. Ob eine solche Größenordnung jedoch überhaupt praxisrelevant ist oder dann eher anders gelöst wird, lasse ich hier dahingestellt.

5.2.2 Zahlen

Bei Zahlen werden zwei beziehungsweise drei Untergruppen unterschieden: Ganzzahlen, Fließkommazahlen und Wahrheitswerte (Boolean).

Grundsätzlich gilt: Da die HSQLDB eine in Java realisierte Datenbank darstellt, sind die Zahlentypen auch identisch mit den in Java unterstützten beziehungsweise zur Verfügung gestellten Datentypen.

Ganzzahlen

Ganzzahlen sind Werte ohne Dezimalstellen, die in unterschiedlichen Längen abgespeichert werden können. Je nach entsprechendem Typ belegen sie dann unterschiedliche Speicherbereiche. Ganzzahlen können mit oder ohne Vorzeichen gespeichert werden, wobei sich dadurch der darstellbare Wertebereich verändert.

Achtung

Beim Tabellenentwurf in Base wird die Anzahl der Stellen dargestellt – nicht der tatsächliche Wertebereich. Das kann gerade am Anfang zu Fehlern führen. Ein »TinyInteger« wird mit 3 Stellen angezeigt, kann aber tatsächlich nur Werte von 0 bis 255 (unsigned) beziehungsweise –127 bis 127 (signed) annehmen (1 Byte).

Feldtyp	Beschreibung
Tiny Integer [TINYINT]	Ganzzahl (1 Byte) Wertebereich: –127 bis +127 Die HSQLDB kann keine »unsigned«-Werte darstellen, daher der +/– Wertebereich.
Small Integer [SMALLINTEGER]	Ganzzahl (2 Byte) Wertebereich: –32767 bis +32768
Integer [INTEGER]	Ganzzahl (4Byte) Wertebereich: –2.147.483.647 bis +2.147.483.648
BigInt [BIGINT]	Ganzzahl (8 Byte) Wertebereich: +/– 9,223372036 * 10 E 18

Ganzzahlen sollten Sie immer dann einsetzen, wenn Sie sicher sind, dass es Ganzzahlen bleiben (sie sind nicht für Währungsbeträge oder für Divisionsergebnisse geeignet), und wenn Sie ihre Größe abschätzen können. Wie gesagt: Lassen Sie sich durch die angezeigten Stellen nicht täuschen: Auch der Wert 523 hat drei Stellen, ist aber als »Tiny Integer« ungültig!

Dezimalzahlen und Fließkommazahlen

Sobald zu einer Zahl eine Dezimalstelle hinzukommt, können Sie nicht mehr mit den Ganzzahlen arbeiten. Jetzt kommen Fließkommazahlen zum Tragen, wobei die Genauigkeit nun vom Typ abhängt.

Feldtyp	Beschreibung
Zahl [NUMERIC]	Dezimalzahl, deren Größe beim Anlegen der Tabelle festgelegt wird (Anzahl Nachkommastellen, Länge insgesamt). Der Wertebereich ist dabei beliebig, die Anzahl der Stellen bestimmt die Genauigkeit. Platzbedarf: 1 Byte pro Ziffer + 2 Byte Verwaltung.
Dezimal [DECIMAL]	wie Zahl [NUMERIC], quasi ein Synonym
Float [FLOAT]	Fließkommazahl mit 8 Stellen Genauigkeit (4 Byte) Wertebereich: +/– 3.40282347 * 10 E 38
Double [DOUBLE]	Fließkommazahl mit 16 Stellen Genauigkeit (8 Byte) Wertebereich: +/– 1.79769313486231570 * 10 E 308
Real [REAL]	wie Double [DOUBLE], ein Synonym

Auch hier gilt: Die im Tabellenentwurf angezeigten Stellen sind nicht aussagekräftig, was den Wertebereich oder die Genauigkeit betrifft!

Im Übrigen dürfte in den meisten Fällen eine Float-Variable ausreichen, und für das Rechnen mit oder Speichern von Währungsbeträgen eignet sich der Dezimal-Feldtyp ideal, wobei man dann beispielsweise zwei Dezimalstellen festlegt.

5.2.3 Wahrheitswerte

Die letzte Zahlengruppe sind die **Boolean-Werte**. Hier werden nur »Wahr« (1) und »Falsch« (0) abgespeichert, also nur zwei Zustände, die durch zwei Zahlen repräsentiert werden.

Feldtyp	Beschreibung
Ja/Nein [BOOLEAN]	Kann nur 1 oder 0 annehmen und wird entsprechend so interpretiert. Bei Base durch ein Markierfeld repräsentiert. Kleinster Speicherbedarf.

Auch bei den Zahlenfeldern gilt: Je nach Datenbank und Treiber können hier noch andere Bezeichnungen oder Beschreibungen angezeigt werden. Es kommt jedoch auch hier vor, dass es dann beim Editieren von Tabellen zu unerwarteten Ergebnissen kommt.

5.2.4 Datums- und Zeitwerte

Mit **Datums- und Zeitfeldern** können direkt Datums- und/oder Zeitwerte abgespeichert werden, die sich dann auch zu Berechnungen heranziehen lassen. Neben der Felddefinition ist es später aber auch sehr wichtig, dass die Daten in einem Format eingegeben werden, das OpenOffice.org Base als Datums- und Zeitwerte interpretieren kann. Leider kommt es dabei sowohl auf das verwendete DBMS an als auch auf den Eingabetyp (Formular, Basic oder Tabelle direkt). Auch hier empfiehlt es sich, zunächst einige Tests durchzuführen.

Feldtyp	Beschreibung
Datum [DATE]	Datumsfeld zur Aufnahme eines Datums. Beispiel: »12.09.2007«
Zeit [TIME]	Zeitfeld zur Aufnahme eines Zeitwertes. Beispiel: »14:23:00«
Datum/Zeit [TIMESTAMP]	Feld zur Aufnahme eines Datums- sowie eines Zeitwertes (Zeitstempel). Beispiel: »12.09.2007 14:23:00«

Auch hier gilt wieder: Bei anderen DBMS als der HSQLDB kann es auch andere und zusätzliche Felder geben – je nachdem, welche der Filter unterstützt.

5.2.5 Binärwerte

Als letzte Gruppe bleiben noch die **Binärwert-Felder**. Natürlich speichert der Computer alle Daten immer als Binärdaten, also auch Zahlen, Datums- oder Textfelder; beim Auslesen werden diese Daten jedoch interpretiert und wieder umgewandelt. Wird als Feldtyp jedoch ein Binärfeld gewählt, so wird das DBMS diese Daten 1:1 als Datenstrom speichern und auch wieder so ausgeben – es erfolgt keine Interpretation durch die Datenbank. Insofern sind dann keine Sortier- oder Auswahlfunktionen möglich, die Daten werden einfach nicht interpretiert. Typischerweise speichert man in solchen Feldern Bilder, aber manchmal auch ganze Dateien oder ähnliche Daten.

Hinweis

Binärfelder heißen häufig auch BLOB – abgeleitet vom Ausdruck »Binary Large Object«. Andere DBMS unterscheiden hier nach der Datenmenge und reservieren entsprechend Platz.

Feldtyp	Beschreibung
Bild [LONGVARBNARY]	Binärfeld – ideal zum Speichern von Bildern. Maximale Größe: 2 GByte Keine Interpretation durch die Datenbank
Binärfeld [VARBINARY]	Binärfeld – auch ideal zum Speichern von Bildern. Maximale Größe: 2 GByte Keine Interpretation durch die Datenbank
Binärfeld (fix) [BINARY]	Binärfeld – üblicherweise wird der nicht genutzte Speicher mit Nullen aufgefüllt. Maximale Größe: 2 GByte Keine Interpretation durch die Datenbank
OTHER [OTHER]	Ebenfalls ein Binärfeld. Wird üblicherweise nicht vom Benutzer genutzt. Hier werden unter anderem Java-Code-Fragmente der HSQLDB untergebracht – als Java-Binary-Code. Maximale Größe auch hier: 2 GByte Keine Interpretation durch die Datenbank

Wie schon erwähnt, finden sich bei anderen DBMS auch zusätzliche Felder, die meist alle als Typ »Bild« klassifiziert werden, dann aber unterschiedliche Bezeichnungen tragen. So gibt es zum Beispiel bei MySQL:

Datentyp	Art	Bereich
TINYBLOB	Binärdaten variabler Länge	max. 255 Byte
BLOB	Binärdaten variabler Länge	max. $2^{16} - 1$ Byte
MEDIUMBLOB	Binärdaten variabler Länge	max. $2^{24} - 1$ Byte
LONGBLOB	Binärdaten variabler Länge	max. $2^{32} - 1$ Byte

Mit all diesen Informationen ist es nun möglich, die optimale Datenbank zu designen. Bevor Sie anfangen, eine Tabelle zu erzeugen, sollten Sie sich unbedingt Gedanken über die Struktur und die Datentypen machen. Eine einmal erzeugte Tabelle lässt sich nachträglich nur noch in bestimmten Bereichen verändern (zum Beispiel beim Feldnamen). Eine Änderung des Datentyps ist zwar ebenfalls möglich, doch können dadurch Daten verloren gehen.

Am besten skizzieren Sie sich vor dem Erstellen einer Datenbank-Tabelle auf einem Notizzettel die Struktur und die wichtigsten Informationen, zum Beispiel in einer Art Tabelle. (Wir verwenden hier die Tabelle »Artikel« aus dem Beispiel mit dem Heimtierbedarf zu Anfang des Kapitels.)

Feldname	Typ	Länge	Sonstiges	Bemerkung
ID	Integer	5	automatisch	Primärschlüssel
Artikel_nr	Integer	5	nicht NULL	Artikelnummer von 10000 bis 99999

Feldname	Typ	Länge	Sonstiges	Bemerkung
Beschreibung	VarChar	255		Text
Lieferant	VarChar	255		Text
EK	Dezimal	5,2		Einkaufspreis pro Stück
Rabatt	TinyInt	3		Rabattschlüssel 1–99

Je genauer Sie vor der Erzeugung der Tabelle gearbeitet haben, umso besser und fehlerfreier wird später die Datenbank funktionieren.

Aber natürlich gilt: Wer nicht wirklich eine unternehmensweite Datenbank aufbauen muss, sondern nur eine kleine Adressdatenbank oder eine überschaubare Datenverwaltung erzeugen möchte (zum Beispiel für CDs, Kochrezepte oder Ähnliches), der erfährt bei den heutigen Rechnerkonfigurationen und Speichermöglichkeiten kaum irgendwelche Einschränkungen. Hier reicht es, die Feldtypen Integer, VarChar, Bild und eventuell Datum zu benutzen, die Voreinstellungen so zu belassen, wie sie sind, und los geht es. Das funktioniert meist, und ein Performance-Problem wird auch kaum auftreten.

5.3 Tabellen mit Hilfe des Assistenten erstellen

Doch nun genug der Theorie, der Vorüberlegungen, der Planungen. Jetzt legen wir eine Tabelle an, ohne intensive Planung, so, wie man es auch im Alltag erledigen würde. Genau dafür bietet OpenOffice.org einen Assistenten, der mit Ihnen in wenigen Schritten eine komplette Datenbank-Tabelle erzeugt. Hierzu brauchen Sie nur geringe Vorkenntnisse (wobei diese natürlich nicht schaden) und kommen schnell zu einem Ergebnis.

Erzeugen Sie zunächst einen leeren Base-Container (eine Base-Datei) auf der Basis der eingebauten HSQLDB. Wählen Sie also einfach **Neu** aus, kreuzen Sie die Option »Die Datenbank zum Bearbeiten öffnen« an, und vergeben Sie anschließend einen aussagekräftigen Namen – zum Beispiel »Freunde« für eine Adressdatenbank.

In der Base-Ansicht wechseln Sie nun in den Bereich **Tabellen** und klicken im Aufgabenbereich auf »Tabelle unter Verwendung des Assistenten erstellen...«. Es öffnet sich der Assistent, der Sie nun in vier Schritten anleitet, einfach eine Datenbanktabelle zu erstellen.

5.3.1 Schritt 1: Felder wählen

Um es Ihnen möglichst leicht zu machen, bietet der Assistent schon vorgefertigte, typische Tabellenmuster an und lässt Sie entsprechend auswählen. Dabei unterscheidet OpenOffice.org zunächst zwei große Gruppen – geschäftlich und privat, wobei sich diese Unterscheidung eher auf die typischen Einsatzgebiete bezieht. Schauen Sie sich ruhig mal beide Kategorien an, und wählen Sie die passende aus.

Kategorie: Geschäftlich	Kategorie: Privat
Anlagegueter	Konten
Kategorien	Adressen
Kontakte	Kategorien
Kunden	CD-Sammlung
Lieferungen	Diaet-Tagebuch
Mitarbeiter	DVD-Sammlung
Mitarbeiteraufgaben	Fitness-Tagebuch
Veranstaltungen	Haushaltsgeraete
Ausgaben	Investitionen
Rechnungsdetails	Buchsammlung
Rechnungen	Kleinbildfilme
Kundendatei	Fotoalbum
Projekte	Pflanzen
... und viele mehr	Rezepte

Wundern Sie sich bitte nicht über die manchmal merkwürdige Schreibweise der Beispieltabellen. Da diese Namen gleichzeitig als Tabellennamen dienen, entsprechen sie schon der Namenskonvention: keine Sonderzeichen, keine Leerzeichen, nur der Unterstrich ist erlaubt.

Nach der Auswahl einer Beispieltabelle werden in der unteren linken Listbox alle dort vorhandenen Felder aufgelistet. Aus diesen Feldern wählen Sie nun die aus, die Sie in Ihrer Tabelle haben möchten. In der rechten Listbox sehen Sie dann immer die aktuelle Struktur Ihrer zu erzeugenden Tabelle. Über die Pfeiltasten zwischen den Listboxen können Sie die Felder beliebig hin- und herschieben.

Wichtig

Die gewählten Felder werden in der jetzt ausgewählten Reihenfolge in der neuen Tabelle angeordnet. Diese Struktur ist später nicht mehr änderbar! Achten Sie jetzt schon auf die für Sie optimale Reihenfolge. Über die Tasten ganz rechts können Sie einzelne Einträge in Ihrer Tabelle nach oben oder unten verschieben – Sie können also hier noch Einfluss auf die endgültige Struktur nehmen.

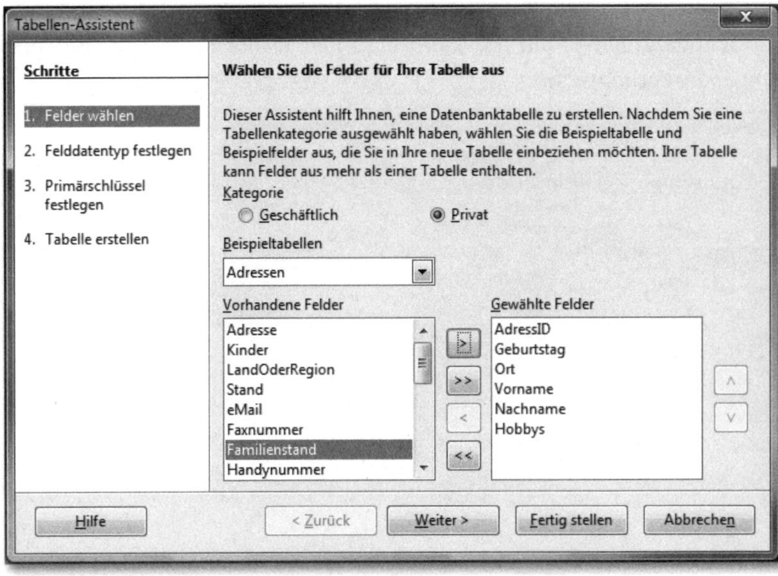

Abbildung 5.2 Felder aus der Beispieltabelle wählen und platzieren

Tipp

Sie können natürlich auch Felder aus verschiedenen Beispieltabellen in Ihrer neuen Tabelle mischen. Dazu wählen Sie einfach eine andere Beispieltabelle aus und fügen die zusätzlichen Felder hinzu.

Sie müssen mindestens ein Feld ausgewählt haben, vorher sind die folgenden Schritte des Assistenten nicht aktiv.

Fehlen Ihnen noch wichtige Felder – kein Problem. Diese können Sie im nächsten Schritt manuell hinzufügen.

5.3.2 Schritt 2: Felddatentyp festlegen

Stimmt die Struktur und haben Sie alle Felder gewählt? Gut, dann klicken Sie auf **Weiter**. Sie kommen so zum 2. Schritt, in dem Sie nun Details zu den Feldern fixieren können.

Durch die Beispieldatenbank als Muster haben bereits alle Felder typische und passende Definitionen. In der Regel brauchen Sie also kaum mehr etwas zu ergänzen oder zu ändern. Sie sollten sich aber durchaus einmal die einzelnen Werte ansehen. In der Listbox links sehen Sie nun alle von Ihnen zusammengestellten Felder. Markieren Sie eines, dann erscheinen die Details rechts im Bereich der Feldinformationen und können dort nun manuell angepasst werden.

So soll beispielsweise das Feld **AdressID** später als Primärschlüssel dienen und automatisch hochgezählt werden. Da kann man gleich hier einmal die entsprechenden Eingaben vornehmen.

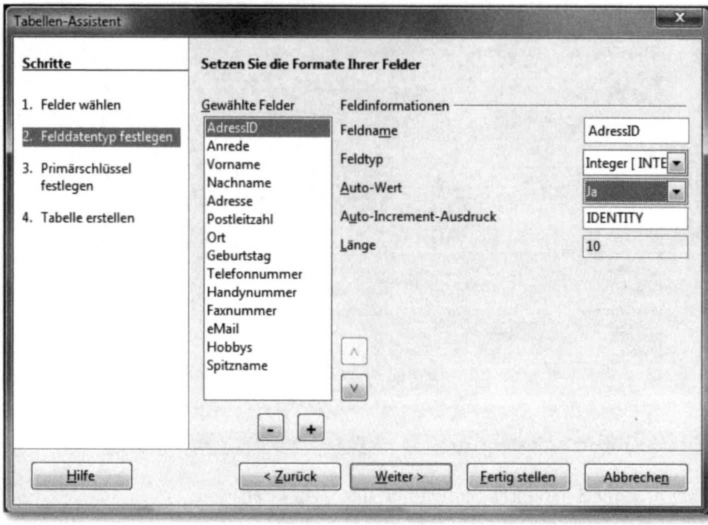

Abbildung 5.3 Felddetails definieren

Selbstverständlich können auch die Feldtypen (vergleiche Abschnitt 5.2) hier angepasst und/oder geändert werden. Auch die Feldnamen – also die Bezeichnungen – lassen sich an dieser Stelle editieren. Aber Achtung: Sie müssen einen gültigen Bezeichner eingeben, sonst gibt es später Probleme mit der Datenbank.

Fehlt Ihnen ein bestimmtes Feld, klicken Sie auf den +-Button, dadurch wird ein neues Feld mit dem Feldnamen »Feld« erzeugt – und zwar als letztes Feld der Liste. Markieren Sie dieses Feld. Jetzt können Sie die Eigenschaften editieren. Vergeben Sie zunächst einen neuen Namen (hier zum Beispiel »ICQ_Nummer«), und achten Sie auf die Namenskonvention.

Ein markiertes Feld wird über den Button – direkt wieder gelöscht. Achtung: Es erfolgt keine Rückfrage!

Richtlinien für Feldbezeichnungen

Feldbezeichnungen enthalten keine Sonderzeichen oder Umlaute. Sie dürfen nicht mit einer Ziffer beginnen. Sie enthalten auch keine Leerzeichen, der Unterstrich ist aber erlaubt.

Mit den Pfeiltasten rechts neben der Listbox können Sie auch hier noch die Reihenfolge der Felder verändern – schieben Sie also beispielsweise das neue Feld

»ICQ_Nummer« hinter die »eMail«. Das ist allerdings auch die letzte Möglichkeit, etwas zu ändern. Überprüfen Sie hier unbedingt noch einmal die Struktur!

Hinweis zur Tabellenstruktur

Die Reihenfolge der Felder spielt intern für die Datenbank an sich keine Rolle, da jedes Feld (Spalte) durch seinen Namen angesprochen wird. Eine einmal erzeugte Struktur ist aber nicht mehr änderbar! Sie können also später die Tabellenspalten nicht verschieben. Das kann beim Programmieren wesentlich sein, da Resultsets die Daten in der Reihenfolge der Spalten beinhalten. Es ist also durchaus sinnvoll, die Spalten in einer ganz speziellen Reihenfolge anzuordnen und diese entsprechend zu dokumentieren.

Ist alles in Ordnung, klicken Sie auf **Weiter**. Selbstverständlich können Sie in dieser Phase jederzeit mit der Taste **Zurück** zu den vorangegangenen Schritten zurückkehren und noch Änderungen vornehmen – die Tabelle wird physikalisch erst ganz am Ende erzeugt.

5.3.3 Schritt 3: Primärschlüssel festlegen

Jede relationale Datenbank benötigt pro Tabelle eine Spalte mit eindeutigen Werten für jede Zeile (Datensatz), den so genannten Primärschlüssel. Mit Hilfe des Primärschlüssels kann ein Datensatz innerhalb der Datenbank eindeutig identifiziert werden. Primärschlüssel können manuell eingegeben oder auch automatisch erzeugt und hochgezählt werden. Wenn Sie ein bestehendes Feld als Primärschlüssel definieren möchten, achten Sie darauf, dass dort auch wirklich nur eindeutige Werte vorkommen können. Ein Geburtsdatum ist zum Beispiel nicht geeignet, da durchaus zwei Personen am selben Tag geboren sein können. Es empfiehlt sich in der Regel immer ein zusätzliches Feld »ID« einzufügen und Base die Erzeugung des Primärschlüssels zu überlassen.

Im Beispiel (Abbildung 5.4) wird das vorhandene Feld **AdressID** als Primärschlüssel definiert, und zwar als **Autowert**. Das bedeutet: Dieser Wert kann nicht eingegeben werden, sondern wird automatisch von DBMS (hier also HSQLDB) vergeben – die Eindeutigkeit ist somit auf jeden Fall gewährleistet.

Sind Sie sich bei der Erzeugung eines Primärschlüssels unsicher, so aktivieren Sie die erste Option: »Primärschlüssel automatisch hinzufügen«. Dann fügt Base ein Feld »ID« zur Datenbank-Tabelle hinzu, und wenn Sie die **Autowert**-Option aktiviert lassen, so verfügen Sie über einen funktionierenden Primärschlüssel.

Es ist auch möglich, Primärschlüssel aus mehreren Feldern zu kombinieren. Haben Sie beispielsweise Artikel in Gruppen aufgeteilt und innerhalb der Gruppe durchnummeriert, so wäre weder die Gruppe (mehrere Artikel mit dem gleichen

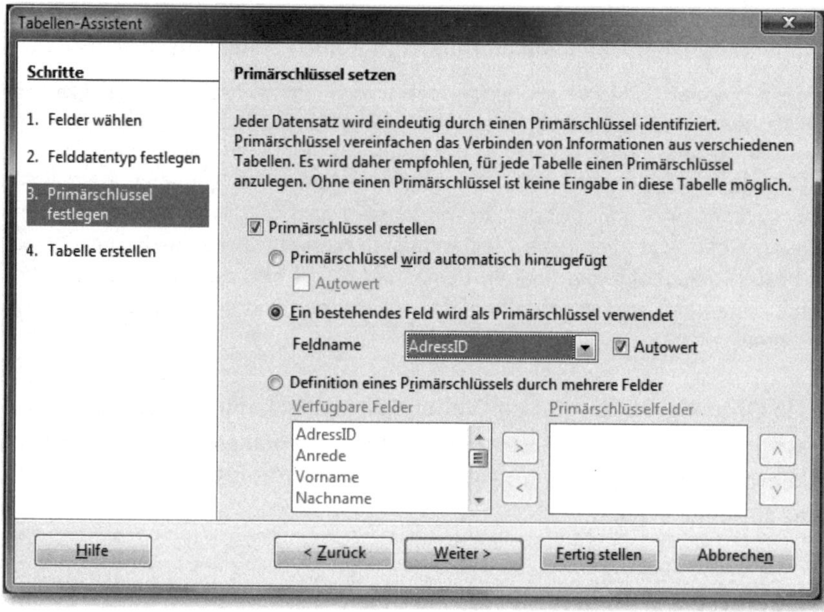

Abbildung 5.4 Primärschlüssel erzeugen

Gruppennamen) noch die Nummer (mehrere Artikel mit gleichen Nummern) eindeutig, aber eine Kombination aus beiden (Gruppenname und Nummer kombiniert) ist immer nur einmal vorhanden. Auch das kann hier eingestellt werden. In der Praxis empfiehlt es sich aber eher, ein eindeutiges Feld zu wählen und gegebenenfalls ein zusätzliches Feld hinzuzufügen.

Liegt der Primärschlüssel fest, können Sie mit **Weiter** zum letzten Schritt übergehen.

5.3.4 Schritt 4: Tabelle erzeugen

Jetzt bleibt nur noch eine Aufgabe: Sie müssen der Tabelle einen **Namen** geben. Der Vorgabename orientiert sich an dem Namen der Beispieltabelle und kann natürlich beliebig geändert werden. Aber auch hier gilt: Keine Umlaute, keine Leerzeichen, der Unterstrich ist aber erlaubt. Mit diesem Namen spricht man später die Tabelle an, und sie wird auch in der Tabellenübersicht mit diesem Namen angezeigt. Sie sollten sich also einen aussagekräftigen und klar identifizierbaren Namen ausdenken.

Haben Sie später mehrere Datenbanken mit unterschiedlichen Tabellen, so macht es auch Sinn, den Namen noch entsprechende Kürzel voranzustellen, um so die Eindeutigkeit besser dokumentieren zu können. Nehmen wir an, Sie leiten unterschiedliche Projekte und haben zwei Datenbanken: Projekt_A und Projekt_B. Beide Projekte haben eine Adresstabelle. Dann nennt man die erste zum Beispiel »PA_Adressen« und die zweite »PB_Adressen«. Im Projekt A beginnen alle Tabellen ebenfalls mit »PA_«, ebenso wie alle Felder damit beginnen. Dann hat man intern eine maximale Übersichtlichkeit und Eindeutigkeit erzeugt.

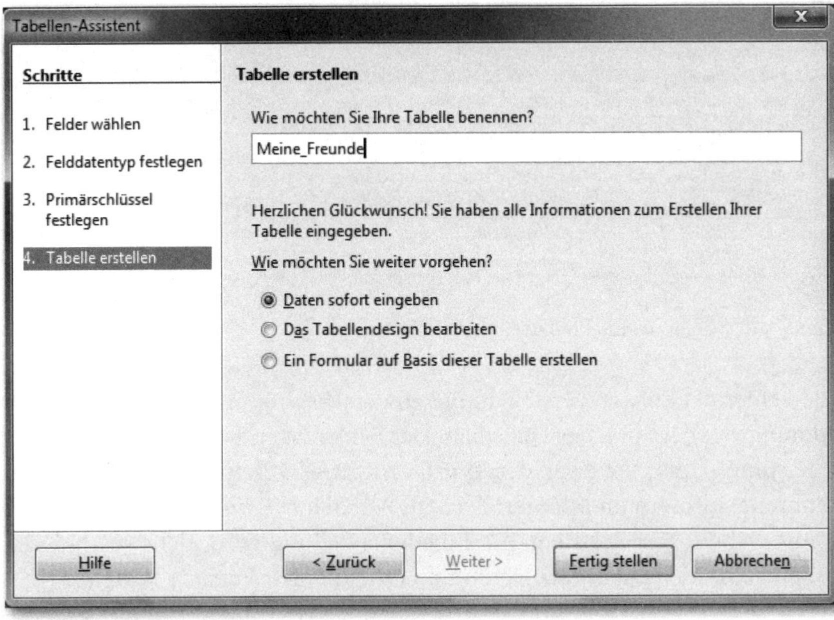

Abbildung 5.5 Tabelle benennen und erstellen

Dann wählen Sie noch die jetzt folgende Aktivität. Mit **Daten sofort eingeben** öffnet sich als Nächstes die Tabellenansicht, und Sie können die Daten direkt dort eingeben, ähnlich wie in einer Tabellenkalkulation. Dies ist für einen Testdatensatz sicher geeignet, in der Praxis aber eher unüblich. Details hierzu finden Sie in Abschnitt 5.6., »Tabellen direkt bearbeiten«.

Die zweite Option (**Das Tabellendesign bearbeiten**) öffnet die Tabelle in der Design-Ansicht (siehe auch Abschnitt 5.4, »Tabellen direkt erstellen und strukturieren«). Hier können Sie nochmals Änderungen vornehmen.

Die dritte Option startet hingegen den Assistenten zur Erzeugung eines Formulars, mit dem Sie dann beispielsweise Daten eingeben können. Dieser Assistent wird in Abschnitt 7.1, »Formulare in Base«, beschrieben.

Klicken Sie jetzt auf **Fertig stellen**, wird die Tabelle erzeugt und die nächste Aktion gestartet.

Das Erzeugen der Tabelle erfolgt übrigens als reines SQL-Kommando im Hintergrund. Nur wenn etwas schief läuft, wenn also der interne Interpreter auf einen Fehler stößt, werden Sie dieses Kommando zu sehen bekommen. Um dies einmal zu demonstrieren, habe ich bei dem neuen Feld »ICQ_Nummer« die Feldeigenschaften unvollständig eingegeben. Beim Versuch, die Tabellen zu erzeugen, erhalten Sie nun die Fehlermeldung aus Abbildung 5.6.

Abbildung 5.6 Fehlermeldung bei der Tabellenerzeugung

Um die Fehlermeldung zu verstehen und zu verarbeiten, müssen Sie jetzt natürlich Ahnung von der Sprache SQL haben. Der Fehler ist erkennbar im letzten Feld »ICQ_Nummer«: dort ist zwar der Typ (»VARCHAR«) definiert, nicht aber die Spaltenbreite. Insofern funktioniert der SQL-Befehl nicht, und die Fehlermeldung wird ausgegeben. Der Assistent zur Tabellenerstellung wird nicht geschlossen, Sie können also die Fehler korrigieren und erneut einen Versuch starten.

War alles in Ordnung, so wurde die Tabelle im Hintergrund erzeugt, der Assistent beendet und die nächste Aktion gestartet.

Mit Hilfe des Assistenten können Sie also sehr schnell einfache Tabellen erzeugen, und auf der Basis der mitgelieferten Beispieltabellen lassen sich auch die meisten »normalen« Applikationen abdecken. Möchten Sie jedoch individuelle Tabellen erstellen und haben Sie feste eigene Vorstellungen, so nutzen Sie besser die Designansicht und legen dort alle Eigenschaften direkt fest.

5.4 Tabellen direkt erstellen und strukturieren

Bevor Sie jedoch eine Tabelle direkt erstellen, sollten Sie sich wirklich ausführlich Gedanken machen über die gewünschte Struktur, über die benötigten Felder und deren Typen, über mögliche Eingaben und deren Längen und über Primär- und eventuelle Sekundärschlüssel. Vergleichen Sie hierzu nochmals Abschnitt 5.1.

Als Beispiel erzeugen wir eine »Fuhrpark«-Datenbank, die folgende Tabellen erhalten soll:

Tabelle	Beschreibung
Fahrzeuge	Listet alle vorhandenen Fahrzeuge einer Firma mit den wichtigsten Daten auf.
Typen	(Fahrzeugtypen) Hier werden die verschiedenen möglichen Fahrzeugtypen mit Detaildaten klassifiziert.
Fahrer	Eine Liste der zugelassenen Fahrer der Firma mit fahrspezifischen Daten
Journal	Eine Art »Fahrtenbuch«: die Haupttabelle, in der jede Fahrt verzeichnet ist

Diese Struktur spiegelt eine einfache Normalform wider und nimmt alle wichtigen Daten auf. Die Fahrertabelle besitzt einen Querverweis auf die Personaltabelle eines Unternehmens, und in ihr sind keine »echten« Personaldaten gespeichert.

5.4.1 Tabellen entwerfen

Im Detail soll nun die Tabelle »Fahrzeuge« erzeugt werden. Zunächst überlegt man sich die benötigten Felder:

Tabelle: Fahrzeuge				
Feldname	**Typ**	**Länge**	**Sonstiges**	**Bemerkung**
FahrzeugID	Integer	6	automatisch	Primärschlüssel
Marke	Text[VarChar]	50		Fahrzeugmarke
Bezeichnung	Text[VarChar]	100		Fahrzeugbezeichnung
TypID	TinyINT	3	nicht Null	Sekundärschlüssel, verweist auf die Tabelle »Typen«
Baujahr	Datum		nicht Null	Tag der Erstzulassung
Kaufdat	Datum		nicht Null	Tag des Fahrzeugkaufs
Verkaufdat	Datum			Tag des Verkaufs
Bild	Bild			Foto des Fahrzeugs
Bem	Text[VarChar]	255		sonstige Bemerkungen, Ergänzungen

Das mag als Struktur genügen – man könnte sicherlich noch weitere Felder einfügen, zum Beispiel Leistungsdaten wie KW, Anhängelast, Kraftstoffart, oder Ähnliches. Für unser Beispiel reichen aber die oben genannten Daten.

Hat man sich diese Daten überlegt und sie entsprechend strukturiert, kann man jetzt die Tabelle erzeugen.

Öffnen Sie nun hierzu die Datenbank »Fuhrpark«, oder legen Sie diese an. Dann gehen Sie in den Bereich **Tabellen** und wählen entweder den Menübefehl **Einfügen • Tabellenentwurf** oder klicken auf den Punkt »Tabelle in der Entwurfsansicht erstellen« im Aufgabenbereich. Es öffnet sich ein neues Arbeitsfenster – die Entwurfsansicht (manchmal auch Designansicht genannt).

Dieses Fenster ist zweigeteilt, oben befindet sich eine Tabelle mit drei Spalten (Feldname, Feldtyp und Beschreibung) und einigen Zeilen, darunter eine große Informationsfläche, die noch leer ist. Es gibt eine Menüleiste und eine Standardsymbolleiste, die jeweils die OpenOffice.org-typischen Grundbefehle beinhalten. Am Zeilenkopf sehen Sie einen kleinen grünen Pfeil. Dieser indiziert, welche Zeile gerade bearbeitet wird, und der Cursor blinkt in der ersten Zelle.

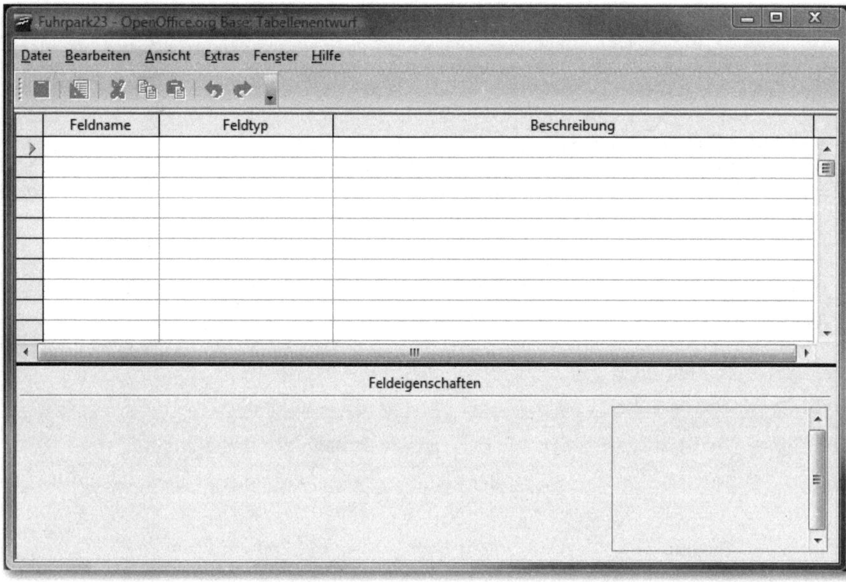

Abbildung 5.7 Das Arbeitsfenster »Tabellenentwurfsansicht«

In dieser Tabelle legen Sie nun für jede Spalte Ihrer zukünftigen Datenbanktabelle genau einen Datensatz – also eine Zeile – an. Dabei beginnen Sie mit dem Feldnamen. Jetzt hilft die vorher erstellte Skizze: Sie können die Daten quasi direkt übernehmen.

Hinweis

Feldnamen unterliegen normalerweise den Richtlinien für Bezeichner. Das heißt: keine Leerzeichen, keine Sonderzeichen, keine Zahl am Anfang. OpenOffice.org Base sieht das hier sehr tolerant und akzeptiert auch Feldnamen wie »Mein Feld«, »123« oder »Straße« – also entgegen der allgemeinen Spezifikation. Dies kann aber beim Datenaustausch, bei speziellen direkten SQL-Kommandos oder bei der Zusammenarbeit mit anderen Datenbanken zu Problemen führen. Ich empfehle daher, solche »Exoten« zu vermeiden.

Mit der Eingabe eines ersten Feldnamens ergänzt OpenOffice.org Base automatisch die zweite Spalte und schreibt den Vorgabetyp »Text [VARCHAR]« hinein. Gleichzeitig erscheinen die möglichen Optionen im unteren Bereich des Arbeitsfensters. Hier können Sie nun für jedes Feld die gewünschten Einstellungen vornehmen – in unserem Fall also zunächst für den Primärschlüssel, die `FahrzeugID`:

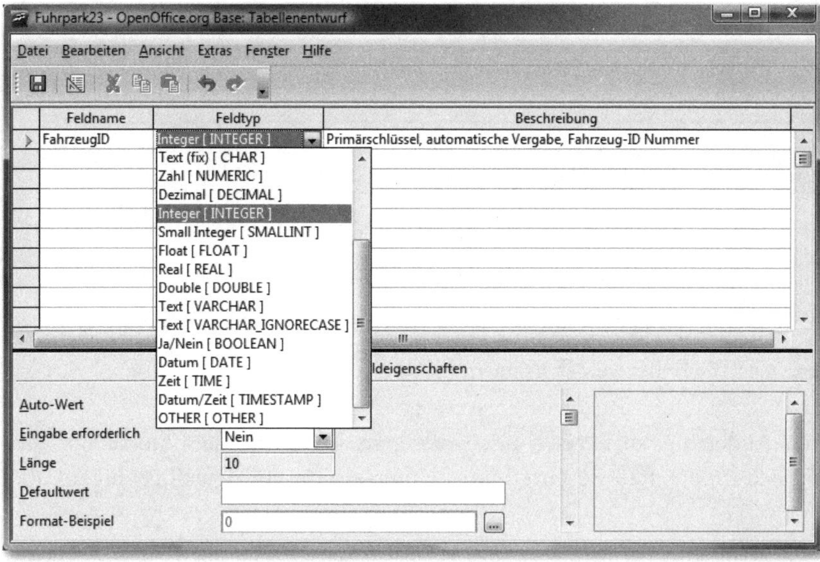

Abbildung 5.8 Auswahl des Feldtyps aus der Listbox

Da es sich bei dem ersten Feld um ein automatisch hochzählendes Feld handeln soll, muss der Typ »Integer« ausgewählt werden. Zwar ist es unwahrscheinlich, dass die Firma tatsächlich einmal mehr als 2 Milliarden Fahrzeuge haben wird (der Wertebereich einer Integer-Variablen), aber nur bei diesem Typ gibt es in OpenOffice.org Base den Typ »Auto-Wert«, also einen automatisch erzeugten Wert, der intern hochgezählt wird.

Wichtig

Ein automatischer Primärschlüssel muss immer vom Typ »Integer [INTEGER]« sein, sonst ist die Funktion »Auto-Wert« nicht vorhanden!

In gleicher Art und Weise können Sie nun die anderen Felder definieren. Achten Sie dabei auch auf die Länge der Felder. OpenOffice.org stellt als Vorgabe immer »Text [VARCHAR]« der Länge 50 (Zeichen) ein, was in den meisten Fällen sicher auch richtig und ausreichend ist. In unserer Variante haben wir aber eigene Vorgaben – und die müssen Sie natürlich auch umsetzen.

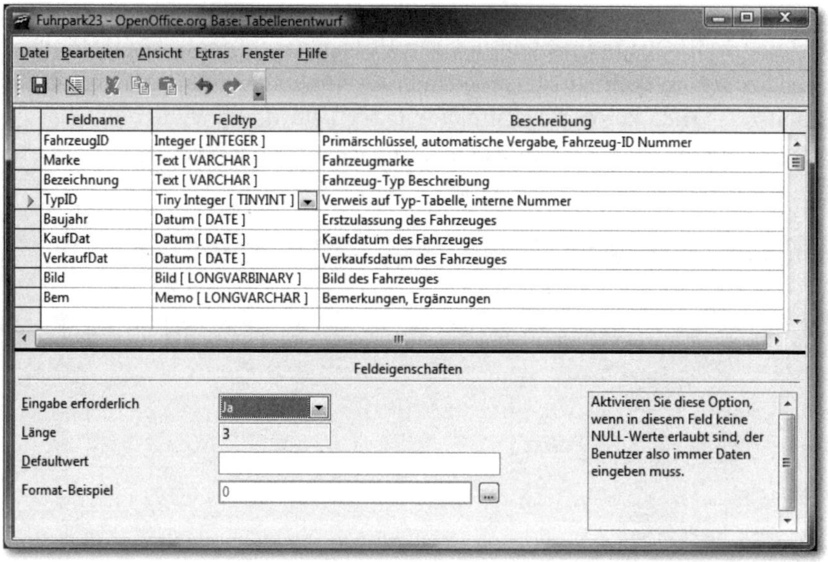

Abbildung 5.9 Die Felder wurden definiert.

Bei einer Änderung im Bereich der Feldeigenschaften können Sie rechts auch immer noch eine kurze Beschreibung (Hilfetext) für die jeweilige Eigenschaft lesen.

Für die TypID genügt ein Typ »TINYINT«, denn die später noch zu definierenden Typen bleiben zählbar (wohl kaum mehr als 100).

Bei dem Feld »TypID« sowie bei den Feldern »Baujahr« und »Kaufdatum« wählen Sie zusätzlich die Option »Eingabe erforderlich: Ja«. Dadurch muss hier eine Eingabe vorgenommen werden, ein Datensatz würde sonst nicht gespeichert. Das ist von der Logik der Tabelle her auch sinnvoll und unterstützt später den Benutzer.

Außerdem können Sie jedem Feld einen Vorgabewert mitgeben (Defaultwert), der immer dann automatisch eingetragen wird, wenn im Datensatz für dieses Feld kein Eintrag vorgenommen wurde. In diesem Beispiel brauchen wir das nicht, ebenso wenig wie die Vorgabe eines speziellen Eingabe- und Anzeigeformats, das ebenfalls pro Feld definiert werden kann.

5.4.2 Primärschlüssel bestimmen

Nun ist die Tabellendefinition fast fertig. Es fehlt nur noch die Festlegung des **Primärschlüssels**. Wie schon einmal erwähnt, kann als Primärschlüssel im Grunde jedes Feld und jeder Feldtyp dienen, es ist aber sinnvoll, hier entweder Zahlen oder eindeutige Texte (Strings) als Schlüsselfelder zu verwenden.

Hinweis zu Primärschlüsseln

OpenOffice.org Base kann in der Regel Datenbanken nur dann editieren (also Daten ändern oder hinzufügen), wenn jede Tabelle einen eindeutigen Primärschlüssel besitzt. Ersatzweise kann bei bestimmten Datenstrukturen auch ein eindeutiger Index (siehe nächster Abschnitt) diese Funktion übernehmen, eine HSQLDB braucht aber einen Primärschlüssel in jeder Tabelle!

Der Primärschlüssel ist ein internes Verwaltungsinstrument und identifiziert einen Datensatz eindeutig. Wenn Sie versuchen, eine Tabelle ohne Primärschlüssel zu speichern, erhalten Sie die Warnmeldung aus Abbildung 5.10.

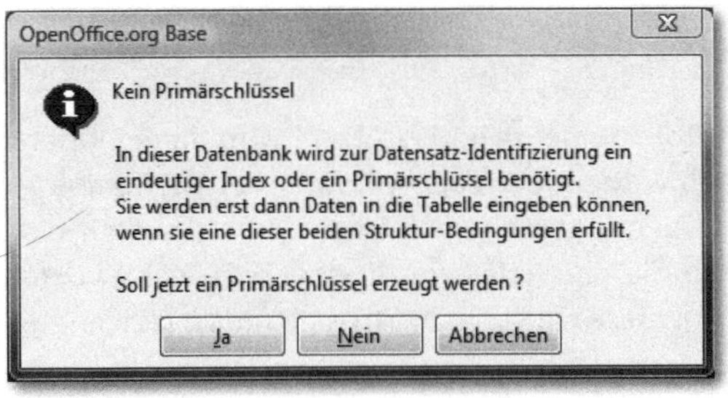

Abbildung 5.10 Warnhinweis beim Speichern einer Tabelle ohne Primärschlüssel

Hier sollten Sie in der Regel abbrechen. Dann kommen Sie zur Entwurfsansicht zurück und können selbst den Primärschlüssel definieren, oder Sie klicken auf »Ja«, dann fügt OpenOffice.org ein zusätzliches Feld (»ID«) ein, und erklärt es zum Primärschlüssel. Dieses Feld wird aber nicht als »Autowert« gekennzeichnet. Das sollten Sie entweder später selbst nachholen oder entsprechend bedenken.

Um nun ein Feld in der Tabellenentwurfsansicht als Primärschlüssel zu definieren, markieren Sie zunächst das Feld (klicken Sie auf den Zeilenkopf, der grüne Pfeil steht nun dort) und wählen dann aus dem Kontextmenü (Rechtsklick auf den Zeilenkopf) die Option »Primärschlüssel«. Im Zeilenkopf des entsprechenden Feldes sehen Sie nun einen kleinen gelben Schlüssel als Zeichen dafür, dass dieses Feld als Primärschlüssel dient (siehe Abbildung 5.11).

Noch einmal der Hinweis: Am einfachsten haben Sie es, wenn Sie den Primärschlüssel als **Autowert** definieren, dann berechnet das DBMS den jeweils passenden Wert, und Bedienungsfehler sind ausgeschlossen. Dazu muss der Feldtyp aber als Integer [INTEGER] festgelegt worden sein, sonst ist ein Autowert nicht möglich!

Abbildung 5.11 Primärschlüssel definieren

Wichtig bei Verwendung von anderen DBMS

Auch wenn diese Datenbanken ein »Autoincrement« unterstützen, wird diese Option beim Feld im Tabellenentwurf dennoch aktuell (bis Version 2.0.3) bei Verwendung mancher Treiber (zum Beispiel MySQL) nicht angezeigt und ist somit mit Bordmitteln nicht einstellbar. In diesem Fall nutzen Sie entweder ein direktes SQL-Kommando oder ein Verwaltungstool des DBMS, um diese Option einzustellen und zu aktivieren.

5.4.3 Tabellen speichern

Sind nun alle Vorarbeiten abgeschlossen, kann die Tabelle erzeugt werden. Ganz wichtig: Bevor Sie Ihren Entwurf nicht gespeichert und somit die Tabelle physikalisch erzeugt haben, sind alle Daten und Strukturen »flüchtig«. Stürzt der Rechner zum Beispiel jetzt ab, ist alles weg!

Zum Speichern klicken Sie auf den ersten Button der Symbolleiste; es erscheint der »Speichern«-Dialog, in dem Sie nun noch den Namen der Tabelle eingeben. Klicken Sie dann auf **OK**. Jetzt wird die Tabelle per SQL-Kommando intern erzeugt und steht nun zur Verfügung.

Abbildung 5.12 Geben Sie einen aussagekräftigen Namen für die Tabelle ein.

5.4.4 Tabellendesign verändern

So wie man eine neue Tabelle in der Entwurfsansicht erzeugt, kann man natürlich auch eine schon bestehende Tabelle bearbeiten. Dafür markieren Sie zunächst die Tabelle im Arbeitsfenster von Base, wählen dann aus dem Kontextmenü (Rechtsklick) den Befehl **Bearbeiten** (oder auch direkt aus der Menüleiste: **Bearbeiten • Bearbeiten...**) und haben nun die Struktur von der Tabelle im Entwurfsfenster. Dort können Sie Felder hinzufügen oder löschen sowie die Eigenschaften der vorhandenen Felder verändern.

> **Achtung**
>
> Gehen Sie sehr vorsichtig mit Änderungen um, insbesondere, wenn die Tabelle schon Daten enthält. Es droht unwiederbringlicher Datenverlust!

Meist unkritisch ist das Hinzufügen von neuen Feldern; bei Typveränderungen wird es schon sehr kritisch, und die Änderung des Primärschlüssels ist meist nicht möglich! Auch hier bleibt die Erkenntnis: Je besser Sie beim Datenbank-Entwurf gearbeitet und je sorgfältiger Sie die Struktur von vornherein erzeugt haben, umso sicherer ist Ihre Datenbank.

Solange Sie noch keine Daten in der Tabelle gespeichert haben, sind natürlich Änderungen unkritisch und Typumwandlungen möglich. Was sich aber nicht mehr verändern lässt: die Reihenfolge der Felder (die später als Spalten in der Tabelle erscheinen). Diese Reihenfolge wird beim ersten Erzeugen (Speichern) der Tabelle entsprechend geschrieben und steht dann für immer fest. Sie können lediglich am Ende neue Felder anfügen und zwischendrin welche löschen – auch das ändert natürlich die Reihenfolge.

Sollte die Tabelle noch nicht erstmals gespeichert worden sein, können Sie auch nachträglich noch Zeilen zwischen den schon eingegebenen Feldern einfügen – ist die Tabelle aber erst einmal gespeichert, können nur noch am Ende neue Zeilen (und somit Felder) eingefügt werden.

5.5 Tabellen per SQL erzeugen

Der Vollständigkeit halber stelle ich Ihnen auch noch die dritte Möglichkeit vor, Tabellen zu erzeugen: direkt als SQL-Befehl. Dieser Abschnitt ist nicht für Anfänger geeignet und kann von »normalen« Benutzern einfach überblättert werden.

Wie schon einmal erwähnt, nutzt OpenOffice.org Base intern SQL-Befehle, um mit Datenbanken zu kommunizieren. Alle Aktionen von Assistenten oder Frontends werden intern in SQL-Strings umgesetzt und an die jeweils genutzten DBMS-Systeme gesendet. Als Nutzer (und Programmierer) ist man aber nicht auf die interne Umsetzung angewiesen, sondern kann seine SQL-Befehle direkt eingeben und weiterleiten, und wer die Datenbanken direkt in Basic oder über die

API bearbeiten will, kommt um die Formulierung von SQL-Befehlen sowieso nicht herum. Insofern gibt es in jedem Kapitel auch einen Abschnitt zu genau dieser Vorgehensweise – und einige praktische Tipps.

Als Beispiel soll nun eine zweite Tabelle der Fuhrpark-Datenbank per SQL-Befehl erzeugt werden. Auch hier gilt: Sie brauchen zunächst eine gründliche Vorüberlegung und eine entsprechende Struktur.

In Anlehnung an das letzte Unterkapitel definieren wir zunächst die Struktur der Tabelle – jetzt für die Fahrzeugtypen. Diese Tabelle soll einfach die klassischen Fahrzeugtypen auflisten –und quasi Hinweise auf die Nutzbarkeit liefern:

Tabelle: Typen				
Feldname	**Typ**	**Länge**	**Sonstiges**	**Bemerkung**
TypID	TinyInteger	3	nicht Null	Primärschlüssel, manuell verwaltet, erwartet max. 1–99
KurzBeschr	Text[VARCHAR]	15		Kurzbezeichnung
Beschreibung	Text[VARCHAR]	50		Langtext Beschreibung
Personenzahl	TinyInteger	3		Anzahl Personen, entsprechend Sitzplätze
Ladevolumen	Integer	6		Ladevolumen in Liter

Sicher lassen sich auch hier noch weitere Spalten finden, die wichtig sind. Für dieses Beispiel sind jedoch die Felder ausreichend. Entsprechend der Normalisierung werden die Fahrzeugtypen in einer eigenen Tabelle verwaltet. Schließlich kann der Typ »PKW, 4 Sitzplätze, 550 Liter Ladevolumen« auf verschiedene Fahrzeuge zutreffen. Und wenn jemand ein Fahrzeug mit mindestens 3 Sitzplätzen sucht, reichen diese Angaben.

Der **Primärschlüssel** wird hier manuell verwaltet. Das bedeutet, Sie müssen selbst dafür sorgen, dass kein Datensatz die gleiche Fahrzeug-TypID erhält. Da es sich aber um eine recht statische Tabelle handelt (die Typen werden einmal festgelegt – das war es dann) und die Anzahl sicher überschaubar bleibt (es wird wohl nur um die 10 verschiedene Typen geben), ist das sicher auch machbar. Insofern reicht hier auch eine TinyInt-Variable aus, die ja maximal 127 Werte annehmen kann (negative ausgelassen). Sie hat zwar den Nachteil, keinen AutoWert zu unterstützen, aber das ist ja tragbar.

5.5.1 SQL-Befehlsfenster

Mit der nun feststehenden Struktur kann man recht einfach einen SQL-Befehl zusammenbauen und diese Tabelle damit erzeugen.

Wichtig

Während die eingebaute Datenbank (HSQLDB) dem Benutzer alle Rechte zuweist, ist dies bei externen DBMS nicht der Fall. Hier muss der Benutzer explizit das Recht erhalten, Tabellen zu erzeugen (CREATE). Das lässt sich meist nur im DBMS-System selbst über entsprechende Verwaltungstools einrichten, aber nicht in Base!

Um einen SQL-Befehl direkt in Base einzugeben, rufen Sie das dafür bestimmte Fenster über **Extras • SQL...** auf.

Das eigenständige Fenster ist zweigeteilt. Im oberen Bereich können Sie direkt Ihren SQL-Befehl in SQL-Schreibweise eingeben. Sie brauchen sich dabei nicht um einen Zeilenumbruch zu kümmern, OOo Base umbricht automatisch am Ende des Eingabebereichs, ohne jedoch tatsächlich einen Zeilenumbruch in den SQL-String zu integrieren. Es ist auch nicht nötig, den Befehl mit einem Semikolon (;) abzuschließen (was ja in SQL zwingend notwendig ist), solange Sie nicht mehrere Befehle hintereinander eingeben wollen.

Sobald Sie etwas in das Feld eingetragen haben, ist die Schaltfläche **Ausführen** aktiv, und mit einem Klick darauf wird der SQL-Befehl direkt an das DBMS übertragen – und zwar so, wie Sie ihn formuliert haben. Durch Base erfolgt keine Fehlerkontrolle oder Ähnliches, wohl aber erhalten Sie die Rückmeldung des DBMS – diese wird dann direkt im unteren Bereich (in der Listbox) ausgegeben. Fehlermeldungen werden dort ebenfalls aufgelistet – diese sind jedoch in der Regel direkt vom DBMS übermittelt worden. Hat alles geklappt, erhalten Sie auch eine Erfolgsmeldung (siehe Beispiel).

Die Eingabe in das SQL-Fenster folgt dabei den Regeln von SQL, Sie können also die Darstellung des einzelnen Befehls auch durch Zeilenumbrüche lesbarer strukturieren, eben so, wie Sie es von SQL gewohnt sind.

Achtung

SQL ist nicht SQL – leider. Eingaben des SQL-Fensters werden direkt an das aktivierte DBMS weitergegeben – Sie müssen sich also an die Besonderheiten Ihres DBMS halten.

Nutzen Sie die eingebaute HSQLDB, so werden die SQL-Befehle nochmals von Base speziell umgewandelt, und zwar werden alle Begriffe in Großbuchstaben verwandelt, es sei denn, sie stehen in einfachen Hochzeichen: Dann werden sie als Werte behandelt. Stehen die Begriffe in doppelten Hochzeichen, werden sie in der gegebenen Schreibweise übernommen. Deswegen müssen auch Spaltenbezeichnungen bei HSQLDB in doppelten Hochzeichen übergeben werden, anders als beispielsweise bei MySQL, bei dem die Spaltenbezeichnung ohne die Hochzeichen erfolgt!

Um jetzt also die weiter oben definierte Tabelle direkt über ein SQL-Kommando zu erzeugen, geben Sie die folgende Kommandozeile ein:

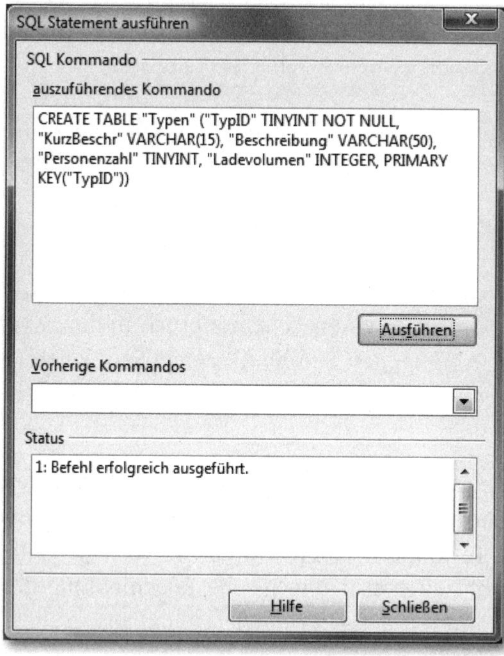

Abbildung 5.13 SQL-Sequenz zum Erzeugen einer Tabelle

Ganz wichtig: Diese Befehlssequenz funktioniert so nur mit der eingebauten HSQLDB. Wenn Sie ein anderes DBMS nutzen, muss die Sequenz entsprechend angepasst werden!

Im Beispiel wurde die SQL-Anweisung in einer Zeile eingegeben, im Eingabefenster wird jetzt automatisch umbrochen. Wer es gewohnt ist, SQL-Befehle strukturierter einzugeben, kann dies natürlich hier auch machen. Zeilenumbrüche werden im Eingabefenster nicht interpretiert, die Eingabezeile endet erst bei einem Semikolon – oder eben, wenn die Schaltfläche **Ausführen** betätigt wird.

Um die gleiche Tabelle in einer MySQL-Datenbank zu erzeugen, müsste der Befehl wie in Abbildung 5.14 aussehen (jetzt auch strukturiert dargestellt). Die Unterschiede sind leicht erkennbar: Es fehlen die Hochkommas, der Typ TINYINT erfordert in MySQL noch eine Größenangabe. Der Rest ist identisch.

Wenn Sie also mit dem **SQL-Fenster** arbeiten und Ihre Befehle direkt eingeben, achten Sie darauf, sich an die Konventionen Ihres DBMS zu halten und die dort verwendete Schreibweise entsprechend anzuwenden.

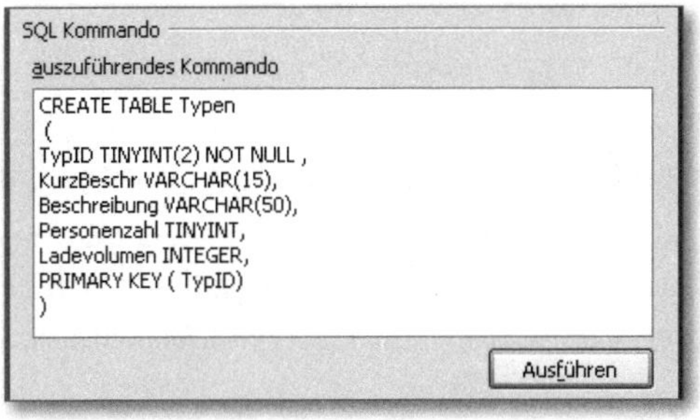

Abbildung 5.14 Erzeugung der gleichen Tabelle in einem MySQL-DBMS

Konnte der Befehl nicht ausgeführt werden, so erhalten Sie im Statusbereich des SQL-Fensters eine entsprechende Fehlermeldung. Allerdings sind diese Meldungen nicht immer sehr aussagekräftig und werden in der Regel direkt vom DBMS zurückgeliefert. War der Befehl erfolgreich, so erhalten Sie ebenfalls eine entsprechende Meldung (siehe auch Abbildung 5.13).

Um eine per SQL-Direktbefehl erzeugte Tabelle auch tatsächlich in der aktiven Ansicht zu erkennen, müssen nun Tabellen aktualisiert werden – sonst bleiben die neuen Tabellen unsichtbar.

Hierzu wählen Sie den Menübefehl **Ansicht • Tabellen aktualisieren**. Damit werden die Strukturen von Base neu eingelesen und die Ansicht entsprechend aktualisiert. Jetzt sind auch alle Tabellen sichtbar. Zur Erläuterung: Alle SQL-Befehle werden direkt an das entsprechende DBMS gesendet, das Frontend Base bekommt hiervon nichts mit. Die Tabelle wird im DBMS erzeugt und ist nun Bestandteil der Datenbank. Die Informationen über Tabellen hat Base aber vorher – also zum Beispiel beim Laden – aus dem DBMS ausgelesen und stellt diese dann dar. Eine Änderung im DBMS wird nicht automatisch an Base weitergereicht. Insofern muss Base explizit aufgefordert werden, die Informationen neu einzulesen.

5.5.2 Basic-Befehle

Genauso, wie man die Befehlssequenz im SQL-Fenster direkt eingeben kann, lässt sich dies natürlich auch per API erledigen. Für eine **HSQLDB** sähe die Sequenz wie folgt aus:

```
...
sSQL="CREATE TABLE ""Typen"" (""TypID"" TINYINT NOT NULL ,"&_
  """KurzBeschr"" VARCHAR(15), ""Beschreibung"" VARCHAR(50), "&_
  """Personenzahl"" TINYINT, ""Ladevolumen"" INTEGER, " &_
  "PRIMARY KEY ( ""TypID""))"
```

```
oStatement = oVerbindung.createStatement()
oStatement.execute(sSQL)
...
```

Wichtig ist hierbei, dass nun auch die doppelten Hochzeichen »maskiert« werden müssen, sonst funktioniert es nicht. Voraussetzung ist die Verbindung selbst – hier das Objekt »oVerbindung«, auf das hier nicht weiter eingegangen wird (siehe hierzu auch Details zur Erzeugung einer Verbindung mit Hilfe von Makro-Code im Anhang).

Einfacher wird das Ganze wieder, wenn man beispielsweise eine **MySQL-Datenbank**-Verbindung benutzt. Dann entfallen die doppelten Hochzeichen, und die Feldbezeichnungen können direkt übergeben werden:

```
...
sSQL="CREATE TABLE Typen (TypID TINYINT(2) NOT NULL ,"&_
  "KurzBeschr VARCHAR(15), Beschreibung VARCHAR(50), "&_
  "Personenzahl TINYINT, Ladevolumen INTEGER, " &_
  "PRIMARY KEY (TypID))"
oStatement = oVerbindung.createStatement()
oStatement.execute(sSQL)
...
```

In beiden Fällen wurde hier direkt mit den SQL-Befehlen gearbeitet, die API bietet aber auch die Möglichkeit, Tabellen und Spalten direkt über einen eigenen Service einzufügen. Da der SQL-Befehl in der Regel einfacher, effizienter und schneller ausführbar ist, werde ich diese Möglichkeit nun nicht mehr im Detail behandeln. Die folgenden Codeabschnitte zeigen jedoch das Prinzip auf und können selbstständig weiterbearbeitet werden.

```
...
REM Container für bestehende Tabellen abfragen
oTabellen = oVerbindung.getTables()
REM Neues Tabellenobjekt erzeugen
oNeuTab = oTabellen.createDataDescriptor()
oNeuTab.name = "Typen"    'Tabellennamen
REM Container für Spalten abfragen
oNeuTabSpalten = oNeuTab.getColumns()
REM Neues Spaltenobjekt
oSpalte = oNeuTabSpalten.createDataDescriptor()
REM Spalte definieren
oSpalte.name = "Beschreibung"
oSpalte.typ = com.sun.star.sdbc.DataType.VARCHAR
oSpalte.precision = 50
REM Spalte einfügen
```

```
oNeuTabSpalten.appendByDescriptor(oSpalte)
'... weitere Spalten einfügen
REM Tabelle einfügen
oTabellen.appendByDescriptor(oNeuTab)
...
```

Über die jeweiligen Descriptor-Objekte können sowohl Tabellen als auch Spalten definiert und anschließend eingefügt werden.

Es zeigt sich aber auch, dass hier sehr viel mehr Aufwand erforderlich ist. Unterstützt werden dabei nur die im Service »com.sun.star.sdbc« definierten Datentypen, was insbesondere bei der Verwendung anderer DBMS als der eingebauten HSQLDB zu Problemen bei der Umsetzung führen kann.

5.6 Tabellen direkt bearbeiten

Sind die Tabellen erst einmal im Base-Container erstellt, lassen sich entweder direkt Daten darin eingeben, oder aber Sie können die Definition und Beschreibung der Spalten erweitern oder verändern. Die möglichen Befehle stehen entweder über die Menü-Leiste (**Bearbeiten**) oder über das Kontextmenü zur Verfügung (Abbildung 5.15).

Abbildung 5.15 Kontextmenü einer Tabelle

5.6.1 Tabellen bearbeiten

Wenn Sie den Befehl **Bearbeiten** wählen, erhalten Sie wieder die Tabellen-Entwurfsansicht wie in Abschnitt 5.4 beschrieben. Dort können Sie nun die jeweiligen Spaltendefinitionen verändern oder auch neue Spalten (Felder) hinzufügen. Neue Spalten werden immer am Ende der Tabelle eingefügt und sind auch nicht in ihrer Position verschiebbar.

Achtung

Seien Sie beim Verändern der Felddefinitionen sehr vorsichtig. Es droht Datenverlust!

Sie können den Typ und die Eigenschaften einer Spalte auch nachträglich verändern. Sollten jedoch schon Daten in der Tabelle eingetragen worden sein, ist nicht gewährleistet, dass diese auch problemlos übernommen werden. Wenn Sie beispielsweise die Länge eines Textfeldes verkürzen, so verlieren Sie alle über diese neue Länge hinausreichenden Eintragungen – ohne Warnung. Auch die Konvertierung von Datums- oder Zeitwert-Spalten aus einem anderen Typ oder in einen anderen Typ führt häufig zu Datenverlusten.

In der Regel nicht mehr änderbar sind hingegen Primärschlüssel-Spalten. Die meisten DBMS indizieren diese Spalten und lassen dann keine Typ-Änderungen mehr zu.

5.6.2 Daten direkt eingeben

Klicken Sie doppelt auf eine Tabelle oder wählen Sie den Befehl **Öffnen**, so erscheint ein neues Fenster, in dem die Tabelle mit der ihr eigenen Struktur erscheint. Hier geben Sie manuell Daten ein oder können diese (sofern bereits vorhanden) ändern. Unterhalb der bereits bestehenden Datensätze gibt es immer einen leeren Datensatz, der für einen neuen Datensatz steht. Im Zeilenkopf dieses Satzes sehen Sie noch einen gelben Stern – als Hinweis, dass er noch nicht gespeichert wurde und somit in der Datenbank noch nicht existiert.

Ein grüner Pfeil am Zeilenkopf zeigt immer den aktuell bearbeiteten Datensatz. Haben Sie dort etwas geändert, so verändert sich der Pfeil in einen Stift. Sobald Sie den Datensatz dann verlassen (zum Beispiel, indem Sie in ein anderes Feld klicken), werden die geänderten Daten dieses Datensatzes in die Datenbank zurückgeschrieben, auch hier ohne Warnung (siehe Abbildung 5.16).

Am unteren Rand des Eingabefensters gibt es eine Navigationsleiste, in der Sie mit Hilfe der Pfeiltasten den aktuellen Datensatz auswählen können. Dies geht allerdings mit der Maus deutlich schneller. Darüber hinaus lassen sich die Datensätze sortieren oder filtern, wozu die Icons in der Symbolleiste dienen. Diese Funktionen werden bei den Abfragen noch detaillierter behandelt (insofern verzichte ich hier auf Einzelheiten).

Wie in einer Tabellenkalkulation können Sie die **Spaltenbreite** in den Kopfzeilen Ihren Bedürfnissen anpassen. Dabei handelt es sich aber nur um eine optische Darstellung, die Definition (beispielweise die Anzahl der eingebbaren Zeichen) ist dadurch nicht betroffen. Die Tabelle selbst sieht allerdings auch keine Hinweise vor, was Sie an dieser Stelle eingeben können.

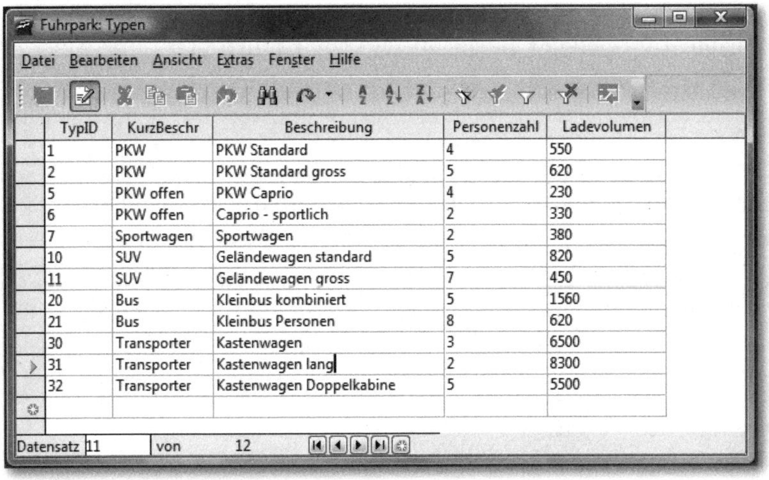

Fuhrpark: Typen

Datei Bearbeiten Ansicht Extras Fenster Hilfe

TypID	KurzBeschr	Beschreibung	Personenzahl	Ladevolumen
1	PKW	PKW Standard	4	550
2	PKW	PKW Standard gross	5	620
5	PKW offen	PKW Caprio	4	230
6	PKW offen	Caprio - sportlich	2	330
7	Sportwagen	Sportwagen	2	380
10	SUV	Geländewagen standard	5	820
11	SUV	Geländewagen gross	7	450
20	Bus	Kleinbus kombiniert	5	1560
21	Bus	Kleinbus Personen	8	620
30	Transporter	Kastenwagen	3	6500
31	Transporter	Kastenwagen lang	2	8300
32	Transporter	Kastenwagen Doppelkabine	5	5500

Datensatz 11 von 12

Abbildung 5.16 Tabelle in der Dateneingabe-Funktion

Falsche Werte werden entweder automatisch umgewandelt – dann kommen oft unerwartete Ergebnisse heraus (wird zum Beispiel versucht, in ein Zahlenfeld einen Text einzugeben, so wird dieser als null (»0«) interpretiert und diese Zahl eingetragen) –, oder Sie erhalten eine Fehlermeldung, wenn Sie versuchen, den Datensatz zu speichern (zum Beispiel über das Icon **Speichern** oder durch Klick in einen anderen Datensatz).

Abbildung 5.17 Fehlermeldung bei falscher Eingabe: Typ-Missmatsch

Eine Dateneingabe direkt in die Tabelle sollte die Ausnahme bleiben – die Fehlermöglichkeiten sind einfach zu groß. Sinn macht es bei kleinen, einmalig zu erstellenden Tabellen, für die man keine Formulare benötigt. So wie hier im Beispiel: Die Typ-Tabelle kann einfach in der Tabellenansicht aufgefüllt werden. Ist sie einmal fertig, dient sie ja nur als Referenz-Tabelle für komplexere Abfragen. Da ergibt es also einen Sinn.

Aber auch hier muss man einige Feinheiten beachten: Diese Tabelle hat bereits einen Primärschlüssel – die Spalte Typ-ID. Nun muss man nur selbst Sorge dafür tragen, dass dieses Feld auch ausgefüllt wird und dass es einen eindeutigen Wert erhält! Bei den überschaubaren Daten ist das ja kein Problem. Die Typnummer muss auch gar nicht fortlaufend aufgebaut sein. Sie können hier ohne weiteres Sprünge mit einbauen und somit Platzreserven für spätere Datensätze schaffen. Falls in unserem Beispiel also ein weiterer Bustyp hinzukommt, kann man die 20er-Reihe beibehalten.

Gerade, wenn man die Spalten mit diversen Eigenschaften ausgestattet hat, treten immer wieder Fehlermeldungen auf. Meist ist die Qualität so, dass man den Fehler schnell findet, oft aber benötigt man schon ein wenig SQL-Erfahrung, um zu verstehen, worum es geht. So wurde beispielsweise zunächst versucht, einen Datensatz ohne Primärschlüssel zu speichern, d.h., der Wert in der Spalte »TypID« wurde nicht gesetzt, wohl aber die Daten in anderen Spalten.

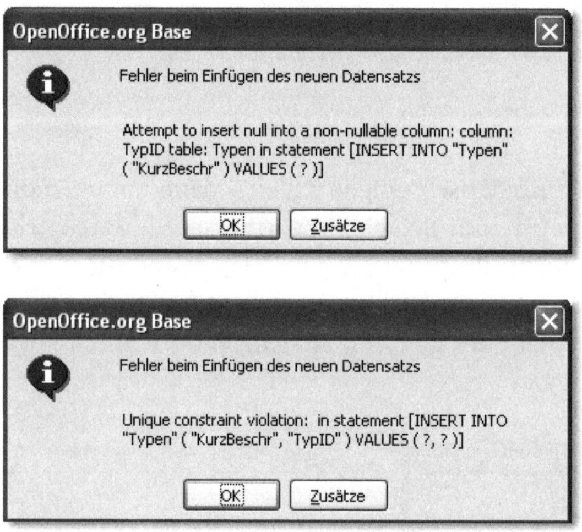

Abbildung 5.18 Fehlermeldungen im Zusammenhang mit dem Primärschlüssel

Dann wurde ein Primärschlüsselwert gesetzt, der aber schon vorhanden war, eine Typbezeichnung also, die schon in einem anderen Datensatz verwendet wurde. Dies ist für den Primärschlüssel nicht zulässig, da dieser immer eindeutig sein muss! Die ausgegebenen Fehlermeldungen beschränken sich hier auf allgemeine Hinweise und zeigen den unvollständigen SQL-String als mögliche Ursache. Tatsächlich handelt es sich aber jedes Mal um einen Fehler im Feld »TypID«.

Die Eingabe von Daten in die Tabelle bietet weitere »Tücken«. So lassen sich **Binärdaten** hier gar nicht editieren, also können beispielsweise Bildfelder nicht eingegeben werden. Die Tabelle zeigt jetzt lediglich `<Object>` an, um zu signalisieren, dass hier Binärdaten »drin« sind. Haben Sie den Feldtyp darüber hinaus mit der Eigenschaft NOT NULL definiert, muss eine Eingabe passend zum Typ erfolgen.

Zeit- und Datumsfelder erfordern die Eingabe der Werte in einem bestimmten Format, sonst werden sie falsch interpretiert. Das Format kann von DBMS zu DBMS schwanken, daher sollten Sie es in den jeweiligen Handbüchern nachschlagen. OpenOffice.org Base (mit HSQLDB) akzeptiert in der Regel folgende Formateingaben:

- **Datumswerte**: TT.MM.JJJJ, also zum Beispiel: 12.09.2007, wobei einstellige Werte auch ohne führende Null akzeptiert werden. Möglich sind auch Langtexteingaben, wenn das Feld eine entsprechende Formatzuweisung erhalten hat. Datumswerte werden mit dem Punkt getrennt, es wird aber auch der Divisionsschrägstrich des Nummernblocks akzeptiert, also die Form 12/09/2007.
- **Zeitwerte**: HH:MM:SS, also zum Beispiel: 11:20:00 für 11 Uhr 20 Minuten. Zeitwerte werden mit dem Doppelpunkt getrennt.

  OpenOffice.org wandelt die eingegebenen Werte zunächst in eine interne Datumszahl um und speichert diese dann entsprechend dem DBMS. Das ist ähnlich wie in Calc. Geben Sie in ein Datumsfeld also beispielsweise lediglich die Zahl 5 ein, so wird diese als interne Datumszahl direkt interpretiert, und die Ergebnisse werden überraschend sein!
- **Booleanwerte (Ja/Nein-Felder)**: Hier zeigt die Tabellenansicht lediglich ein Ankreuz-Feld, das Eintragen der Werte ist denkbar einfach: Ein Klick auf das Feld setzt einen Haken (True = 1), ein erneuter Klick entfernt diesen Haken wieder (False = 0). Eine Fehlbedienung ist hier ausgeschlossen.

Bei **Text**feldern und **Zahlen**werten ist die Eingabe unkritisch. Textfelder akzeptieren alle Zeichen, Zahlen können direkt, mit Exponent (0,2 e +5), negativ (-3,4), als Ganzzahl oder als Dezimalzahl eingegeben werden. Der Dezimaltrenner ist dabei (in Deutschland) das Komma. Auch Zahlenfelder können im Entwurfsmodus ein bestimmtes Format erhalten und werden dann auch so interpretiert.

5.6.3 Datensätze löschen

Vorhandene Datensätze können in der Tabelle auch direkt gelöscht werden. Dazu markieren Sie den Datensatz (linker Mausklick auf den Zeilenkopf) und wählen dann aus dem Kontextmenü **Zeilen löschen**. Sie erhalten noch eine Sicherheitsabfrage, danach ist der Datensatz weg.

Achtung

Das Löschen von Datensätzen ist irreparabel. Es gibt kein »Rückgängig«! Einmal gelöschte Daten sind definitiv verloren.

5.6.4 Schreibgeschützte Tabellen

Das Ändern von Daten oder das Neuanlegen von Datensätzen ist jedoch nicht in allen Fällen möglich. Base benötigt hierzu einige wichtige Grundlagen, und natürlich müssen die Rechte des aktuellen Benutzers die Änderungs-, Lösch- und Editierfunktionen erlauben.

Damit aber Änderungen und neue Datensätze überhaupt verarbeitet werden können, muss die Tabelle entweder einen Primärschlüssel besitzen oder – was aber nur in Ausnahmefällen gilt – mindestens eine Spalte als eindeutiger Index (siehe Abschnitt 5.7, »Indizes erstellen«) markiert sein. Da der zweite Fall eher nur für bestimmte Strukturen zutrifft (zum Beispiel dBase-Dateien), kann man sich den Grundsatz merken:

Tabellen ohne Primärschlüssel (und das entsprechende Feld) sind nicht editierbar. Daher lassen sich auch keine neuen Datensätze hinzufügen.

Typische Beispiele:

- CSV-Dateien, die als Datenquelle eingebunden sind (gilt für alle Textdateien)
- Calc-Dateien (alle Tabellenkalkulationen), die als Datenquellen eingebunden sind

Natürlich können auch andere DBMS Tabellen enthalten, die keinen Primärschlüssel besitzen (dann sind diese ebenfalls nicht editierbar). Um solche Tabellen dennoch editieren zu können, muss man entweder – wenn es die Datenverbindung zulässt – einen Primärschlüssel erzeugen (Achtung: Kopieren Sie unbedingt die Tabelle, bevor Sie so etwas versuchen. Hier droht Datenverlust!) oder zumindest ein Feld indizieren.

Beides funktioniert bei Text- und Calc-Dateien nicht, wo nur der Ausweg bleibt, die komplette Datentabelle in eine andere Datenbank (zum Beispiel HSQLDB) zu übertragen (siehe Abschnitt 5.8, »Tabellen von anderen Datenbanken übertragen«) und anschließend einen Primärschlüssel zu erzeugen. Dann ist auch der Editiermodus freigeschaltet.

5.6.5 Tabellen kopieren

Innerhalb einer Datenbank oder auch über mehrere geöffnete Base-Dokumente hinweg kann man eine schon bestehende Tabelle recht einfach kopieren und so diese entweder sichern oder auf der Basis dieser Tabelle eine neue anlegen.

Hierzu wählt man die Tabelle in der Base-Ansicht aus und wählt aus dem Kontextmenü **Kopieren** oder direkt aus der Menüzeile **Bearbeiten • Kopieren**. Dadurch wird das Objekt der Tabelle in die Zwischenablage kopiert, und dieses kann nun von Base beim **Einfügen** ausgewertet und entsprechend verarbeitet werden.

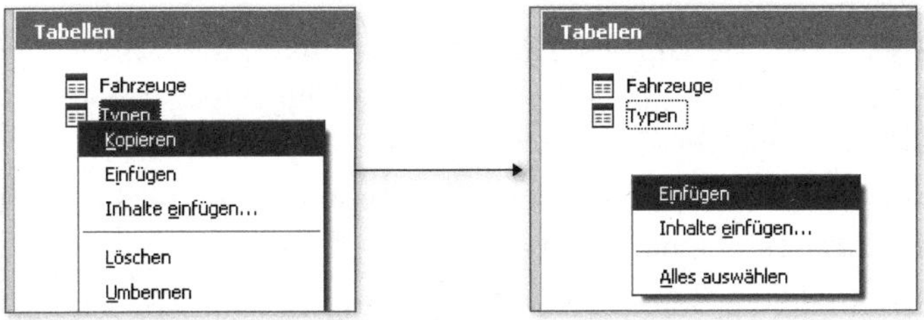

Abbildung 5.19 Tabelle markieren, kopieren und einfügen

Wählen Sie jetzt also entweder den Menübefehl **Bearbeiten • Einfügen**, oder klicken Sie in den leeren Bereich dort, wo sich die Tabellen befinden, und rufen Sie mit einem Rechtsklick das Kontextmenü auf. Dort wählen Sie dann ebenfalls **Einfügen**.

Es startet nun ein Einfüge-Assistent, in dem Sie sehr detailliert auswählen können, was und wie eingefügt werden soll.

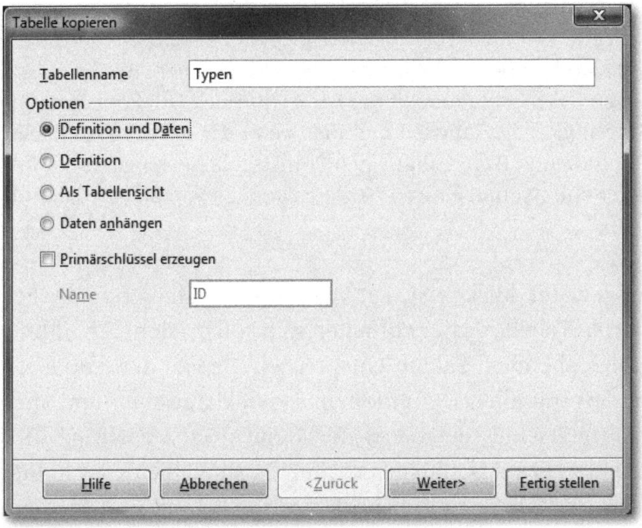

Abbildung 5.20 Einfügen einer Tabelle – Schritt 1

Als Erstes vergeben Sie einen neuen Tabellennamen – die Vorgabe ist der Name von der kopierten Tabelle. Den müssen Sie natürlich ändern, sonst gibt es später eine Fehlermeldung, falls Sie die Tabelle in die gleiche Datenbank einfügen wollen. Dann wählen Sie die auszuführende Aktion:

- **Definition und Daten** – Hier werden sowohl die Spaltendefinitionen (Felder) als auch alle vorhandenen Daten übernommen. Das ist immer empfehlenswert, wenn man eine Sicherungskopie der Datentabelle anfertigen möchte.
- **Definition** – In dem Fall werden nur die Spaltendefinitionen übernommen, alle Daten werden entfernt. Das ist immer dann sinnvoll, wenn man auf der Basis der kopierten Tabelle eine neue Datenbank-Tabelle aufbauen möchte.
- **Als Tabellensicht** – Jetzt erzeugt man quasi eine Abfrage. Hier wird also ein Teil der Tabelle mit Daten neu eingefügt.
- **Daten anhängen** – In diesem Fall werden nur die Daten der kopierten Tabelle an eine vorhandene Tabelle (diese muss vorher markiert sein) angehängt. Es versteht sich von selbst, dass die Spalten und die Spaltendefinitionen (also auch die Feldnamen) beider Tabellen identisch sein müssen.

Als Letztes kann man eine zusätzliche Spalte als Primärschlüssel hinzufügen lassen. Das ist nur dann sinnvoll, wenn man Tabellen kopiert, die noch keinen Primärschlüssel haben, oder wenn man die Spalte mit dem Primärschlüssel nicht übernehmen möchte (siehe nächster Schritt).

Tipp

Das Kopieren von Tabellen ist auch innerhalb unterschiedlicher Datenbanken möglich. Auf diese Art und Weise kann man beispielsweise Datenbanken, die auf Calc-Tabellen oder auf Textdateien beruhen, sehr schnell editierbar machen. Man erzeugt zunächst einen zusätzlichen Base-Container auf der Basis von HSQLDB, kopiert dann in der ursprünglichen Datenbank die Tabellen und fügt sie in der neuen Datenbank ein. Jetzt wählt man Definition und Daten, fügt einen Primärschlüssel hinzu, wählt im nächsten Schritt alle Felder und hat nun eine editierbare Datenbank mit allen Feldern und Daten.

Haben Sie die Optionen gewählt, klicken Sie auf **Weiter** und wählen nun die Felder aus, die in der kopierten Tabelle später enthalten sein sollen (siehe Abbildung 5.21). Die zur Auswahl stehenden Felder entsprechen denen der kopierten Tabelle, und zwar komplett mit allen Definitionen, Typdeklarationen und auch mit der Eigenschaft als Primärschlüssel (sofern zutreffend). **Ganz wichtig:** Auch Ihre neue Tabelle sollte einen Primärschlüssel erhalten. Wählen Sie das Feld hier nicht zur Übernahme aus, sollten Sie zum Schritt 1 zurückkehren und Base ein neues Primärschlüsselfeld anlegen lassen. Nur so ist sicher gewährleistet, dass die Tabelle später auch bearbeitet werden kann.

Haben Sie die gewünschten Spalten übernommen, klicken Sie auf **Weiter**. Im letzten Schritt schließlich können Sie zu jedem Feld (Spalte) nochmals die Typdefinition überprüfen und auch ändern.

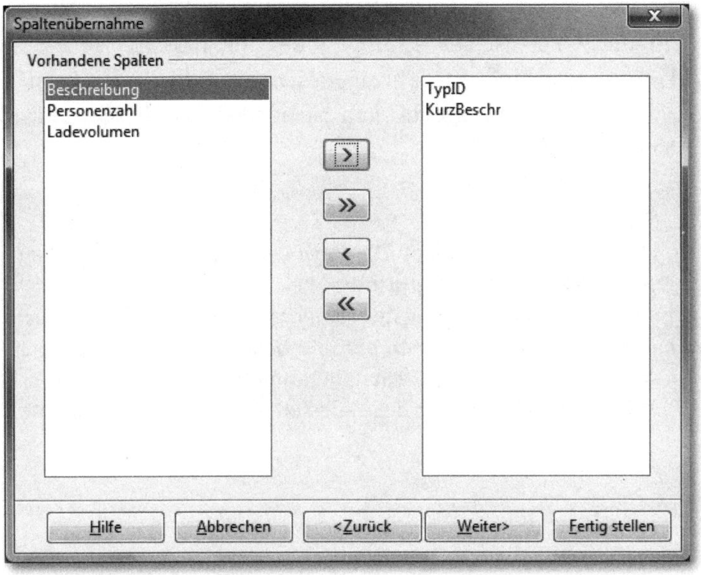

Abbildung 5.21 Tabellen einfügen, 2. Schritt – Spaltenübernahme

Aber Vorsicht: Übernehmen Sie auch die Daten, kann eine Felddefinitionsänderung zu Datenverlusten oder zu Fehlern führen, wenn die Daten nicht mehr kompatibel zu den neuen Definitionen sind!

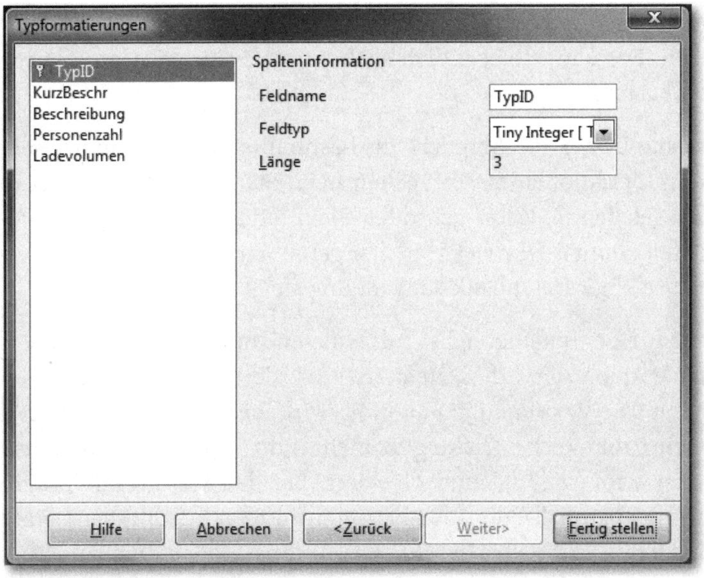

Abbildung 5.22 Tabellen einfügen, 3. Schritt – Felddefinitionen

Sie können hier allerdings keinen Primärschlüssel festlegen. Entweder hat ein übernommenes Feld diese Eigenschaft schon – oder Sie müssen zurück zu Schritt 1 gehen und dort Base veranlassen, ein eigenes, neues Feld für den Primärschlüssel anzulegen. Ist alles in Ordnung, klicken Sie auf **Fertigstellen**, und Ihre neue (alte) Tabelle ist eingefügt.

Tipp

Es empfiehlt sich durchaus – gerade bei neuen Datenbanken –, bestehende Tabellen häufig zu sichern. OpenOffice.org Base »vernichtet« bei internen Fehlern nämlich gern den Zugriff auf die Daten (bis auf den ersten Datensatz). Das ist dann ziemlich ärgerlich. Interne Fehler können beim Arbeiten mit und beim Erzeugen von Formularen oder Berichten schnell mal passieren. Die Stabilität nimmt jedoch bei jeder Version zu. Arbeiten Sie bei Base also immer mit der neuesten OpenOffice.org-Variante!

5.7 Indizes erstellen

Datenbanken speichern die Datensätze in der Regel nicht geordnet oder in einer bestimmten Reihenfolge, sondern immer dort, wo gerade Platz ist. Wird also einmal ein Datensatz gelöscht, so rutschen nicht alle anderen genau eine Zeile hoch, sondern der Platz bleibt frei, und das DBMS speichert dort irgendwann einen neuen Datensatz. Je häufiger also eine Datenbank geändert wird und je »älter« diese dadurch wird, umso »chaotischer« sind die Daten intern abgelegt.

Wenn nun ein bestimmter Datensatz benötigt wird, muss das DBMS alle Informationen durchsuchen. Das kann gelegentlich auch etwas länger dauern – je nach Rechenleistung und Datenbankgröße.

Daher bieten fast alle DBMS die Möglichkeit, bestimmte Felder zu indizieren. Dann werden die Informationen dieser Spalten beim Start des DBMS sofort in den Hauptspeicher geladen und dort geordnet (eben indiziert) aufbewahrt. Solche indizierten Daten können sehr viel schneller gefunden und identifiziert werden: Die Performance einer Datenbank-Anwendung steigt.

Beispiel: Sie haben eine umfangreiche Adressdatenbank und suchen überwiegend nach den Namen der Adressaten. Hier würde es sich anbieten, den Namen zu indizieren. Die Verwendung von Indizes ist aber immer ein Abwägen zwischen Performance und Rechenleistung: Je mehr Indizes Sie definieren, umso mehr Hauptspeicher wird benötigt und blockiert. Bei den »normalen« Datenbanken in einem Privathaushalt oder Kleinbetrieb ist dies auf Grund der Datenmenge und bei den heute vorhandenen schnellen Rechnern ohnehin nicht nötig.

Primärschlüssel sind übrigens auch nichts anderes als Indizes. Diese Felder werden also sowieso schon vom DBMS indiziert und geladen. Um eigene Felder zu indizieren, wechseln Sie in die Tabellen-Entwurfsansicht einer Tabelle und wählen den Menübefehl **Extras • Indexentwurf...**. Sie können auch das zweite Icon von links in der Standard-Symbolleiste nutzen, was den gleichen Effekt hat. Es öffnet sich das Dialogfenster »Indizes«.

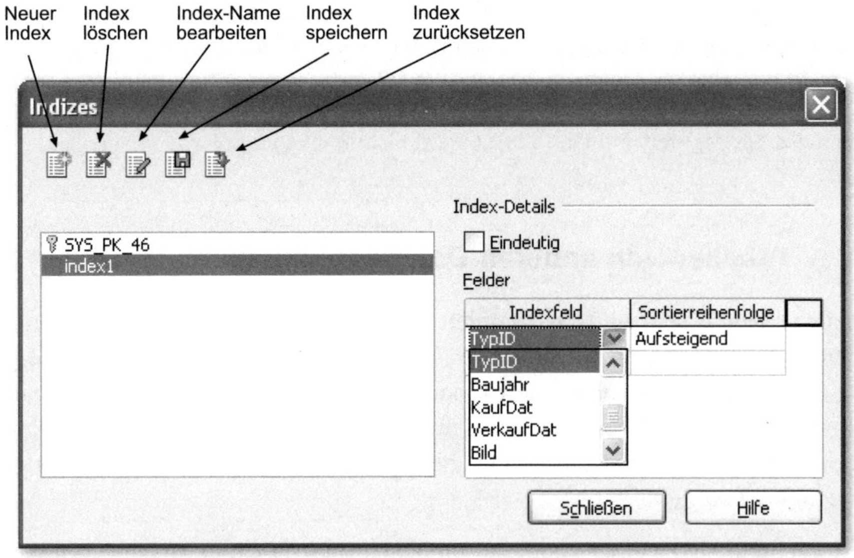

Abbildung 5.23 Index-Entwurf

Bereits aufgelistet – und nicht änderbar – ist der vorhandene Primärschlüssel. Sie können nun weitere Indizes hinzufügen. Klicken Sie hierzu zunächst auf den Button **Neuer Index**. Es wird ein Indexfeld mit einem automatisch vergebenen Namen erzeugt. Gleichzeitig sind nun rechts die Tabellenfelder aktiv. In der ersten Spalte wählt man das Feld der Datenbank aus, das man indizieren möchte (im Beispiel handelt es sich um die Tabelle »Fahrzeuge« aus Abschnitt 5.3), in der zweiten Spalte legt man die Sortierreihenfolge fest. Es gibt nur zwei Wahlmöglichkeiten: **Aufsteigend** oder **Absteigend**.

Ein Index-Name kann über den Button **Bearbeiten** geändert, ein bestehender Index über **Löschen** entfernt werden. Haben Sie Daten eines Index geändert, aber noch nicht gespeichert, können Sie über den Button **Zurücksetzen** die ursprünglichen Werte wieder rekonstruieren.

Handelt es sich um ein Feld mit eindeutigen Werten, kann man diese Option ebenfalls noch aktivieren, dann geht die Suche noch ein wenig schneller. Eindeutig bedeutet, dass kein Wert in der Spalte doppelt vorkommen darf!

Haben Sie alles ausgewählt, **Speichern** Sie Ihren Index und schließen Sie das Fenster.

Praxistipp

Indizes brauchen Sie erst bei sehr großen Datenbanken. Dann aber haben Sie häufig auch ein spezielles Management-Tool für das DBMS, und nur der Administrator darf Indizes setzen oder verändern. Für die normale Desktop-Datenbank ist das Setzen von Indizes neben dem Primärschlüssel meist nicht notwendig.

5.8 Tabellen von anderen Datenbanken übertragen

Tabellen können sehr einfach komplett oder auch nur teilweise von anderen Datenbanken übertragen werden. Diese Besonderheiten bietet OpenOffice.org Base aufgrund des internen Objektmodells. Das kann man sehr einfach überprüfen: Öffnen Sie eine Datenbank (ein Base-Dokument), markieren Sie eine Tabelle, und wählen Sie den Menübefehl **Kopieren** (**Bearbeiten • Kopieren** oder aus dem Kontextmenü).

Jetzt wechseln Sie zu einer anderen Datenbank (Base-Dokument), gehen in den Tabellenbereich und wählen **Bearbeiten • Inhalte einfügen**. Es öffnet sich der bekannte OpenOffice.org-**Einfügen**-Dialog, der Ihnen anzeigt, welche Daten zum Einfügen bereitstehen (in der Zwischenablage).

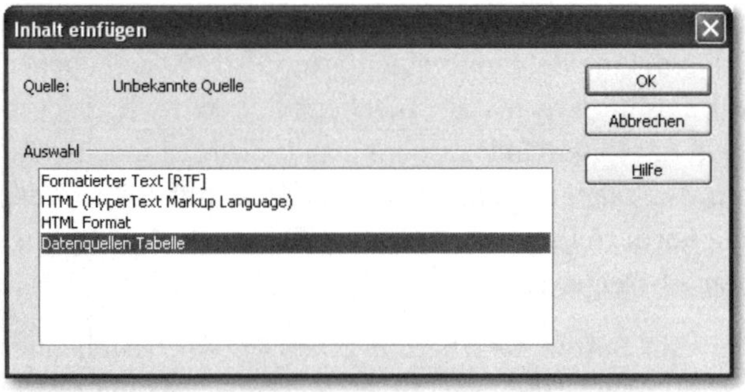

Abbildung 5.24 Inhalte bei kopierter Tabelle einfügen

Der Inhalt »Datenquelle Tabelle« steht Ihnen übrigens nur in Base zur Verfügung, die anderen Varianten auch in Writer oder Calc.

Wenn Sie nun die Tabelle auswählen, startet der **Tabelle-kopieren**-Dialog, wie er ausführlich bereits im Abschnitt »Tabelle kopieren« von Abschnitt 5.6 besprochen wurde. Damit sind Sie nun in der Lage, komplette Tabellen mit allen Daten, Teile von Tabellen mit Daten, nur Tabellendefinitionen oder sogar nur die Daten zu übernehmen. Letzteres gelingt natürlich nur, wenn die entsprechenden Felder identisch sind. So sind Sie unabhängig vom DBMS sehr flexibel.

Dadurch, dass OpenOfice.org die Tabellen komplett als Objekt behandelt und somit diese mitsamt ihren Inhalten übertragen kann, bieten sich weitere Möglichkeiten an: Sie können die Daten formatiert in ein Textdokument (Writer) einbringen oder zur Auswertung direkt in eine Tabellenkalkulation (zum Beispiel Calc).

Dies ist sehr angenehm für Dokumentationszwecke oder auch zur selektiven Weiterverarbeitung. Wenn Sie beispielsweise den **Inhalte-Einfügen-**Dialog in einem Writer-Dokument aufrufen, nachdem Sie in Base eine Tabelle kopiert haben, so bleiben Ihnen die Auswahlmöglichkeiten, die Sie in Abbildung 5.25 sehen.

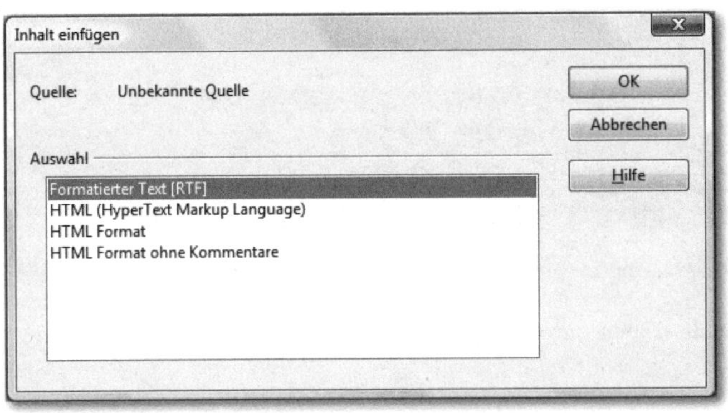

Abbildung 5.25 Kopierte Tabelle in Writer

Wenn Sie jetzt **Formatierter Text (RTF)** wählen und auf **OK** klicken, haben Sie Ihre Tabelle mit allen Datensätzen direkt im Textdokument – hier am Beispiel der Typen-Tabelle aus Abschnitt 5.5. Allerdings muss die Tabelle ein wenig nachbearbeitet (Formatierung) werden, insbesondere was Zeilenhöhe (einfach auf »automatisch« stellen) und Spaltenbreite betrifft.

Auf gleiche Art und Weise lassen sich die Daten natürlich auch in eine Calc-Tabelle einfügen: Dann wird die Struktur der Tabellenkalkulation gleich genutzt, die Daten werden zeilenweise eingetragen, Zahlen als Zahlen, Datumswerte als Datum und so weiter, und damit können Sie dann direkt arbeiten.

Wer also nicht mit Formularen und Berichten arbeiten möchte, kann sich über das Abfragen und Kopieren der Daten diese Informationen auch manuell leicht beschaffen und anschließend selbst die gewünschten Dokumente erzeugen.

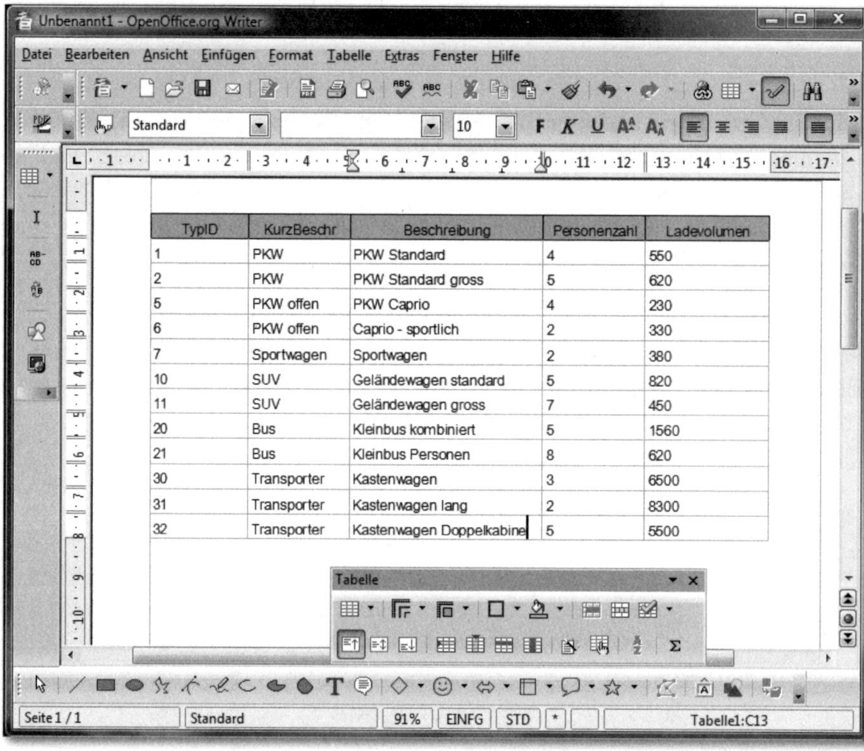

Abbildung 5.26 Die Tabelle »Typen«, in Writer eingefügt

5.9 Tabellen-Relationen

Bleibt noch ein letztes Thema im Bereich Tabellen: die Relationen. Wie bereits in Abschnitt 5.1.1 erläutert, können Tabellen in relationalen Datenbanken zueinander in Beziehung stehen, also abhängig voneinander sein. Gelöst wird dies durch Sekundärschlüssel – und eben durch Relationen.

Viele DBMS sind auch in der Lage, diese Relationen permanent abzuspeichern und somit die Beziehungen in Abfragen oder Formularen direkt zu benutzen. Auch die HSQLDB kann dies, insofern ist es nur konsequent, wenn Base eine Möglichkeit bietet, die Beziehungen innerhalb einer Datenbank darzustellen und abzuspeichern.

Um nun eine Relation einer Datenbank hinzuzufügen, müssen erst einmal mindestens zwei Tabellen vorhanden sein – sonst kann es keine Beziehung geben. Über den Menübefehl **Extras • Beziehungen**... kann man nun ein eigenes Fenster öffnen, in dem die Relationen grafisch dargestellt werden.

Sind noch keine Beziehungen definiert, öffnet sich automatisch auch das Fenster »Tabellen hinzufügen«, in dem nun alle vorhandenen Tabellen aufgelistet werden. Markieren Sie die gewünschten Tabellen und klicken Sie auf **Hinzufügen** – schon finden sich die Tabellen, jetzt mit allen Feldern, auf der Oberfläche des Relationsentwurfs-Fensters.

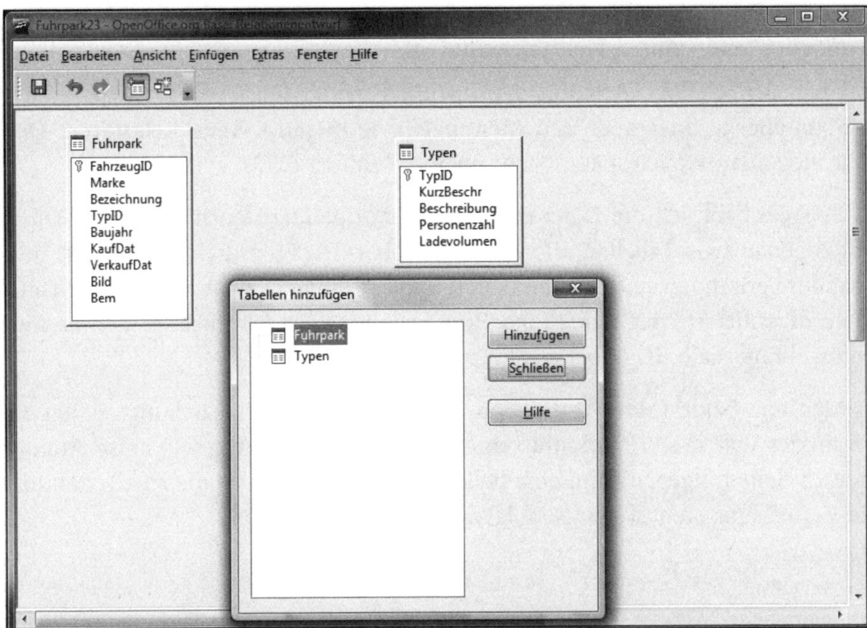

Abbildung 5.27 Hinzufügen der Tabellen für die Relationen

In den Tabellendarstellungen lassen sich auch gut die Primärschlüssel erkennen, ansonsten werden einfach die Feldnamen aufgelistet.

Fügen Sie zunächst alle gewünschten Tabellen hinzu, dann können Sie das kleine Fenster (»Tabellen hinzufügen«) schließen. Haben Sie eine vergessen, ist das nicht weiter dramatisch: Über das Icon der Symbolleiste oder über den Menübefehl **Einfügen • Tabellen hinzufügen** lässt es sich jederzeit wieder öffnen, und Sie können nachträglich Tabellen hinzufügen.

Bereits vorhandene Tabellen lassen sich übrigens kein zweites Mal hinzufügen. Bei dem Abfrage-Entwurf hingegen ist das durchaus möglich, während es an dieser Stelle keinen Sinn ergeben würde. Die Tabellen können Sie nun mit der Maus auf der Fläche frei verschieben und so optimal platzieren.

Eine Relation lässt sich nun auf zweierlei Arten hinzufügen:

1. Direkt mit der Maus: Markieren Sie ein Feld in einer Tabelle, klicken Sie die linke Maustaste, halten Sie diese gedrückt, und ziehen Sie nun die Maus auf das Feld einer zweiten Tabelle, das die Relation abbildet, also das Schlüsselfeld. Dann lassen Sie die Maustaste los. Wenn sich eine Beziehung zwischen den beiden Feldern herstellen lässt, so sehen Sie nun eine grafische Verbindung beider Felder sowie die Art der Beziehung (1:n oder 1:1). Kann keine Beziehung hergestellt werden, erfolgt eine Fehlermeldung, und Fehlermöglichkeiten gibt es viele (siehe unten).
2. Über den Dialog »Relationen«: aufrufbar entweder über das Icon in der Symbolleiste oder über den Menübefehl **Einfügen • Neue Relation...**. Den Dialog erläutere ich später (siehe auch Abbildung 5.30).

Im Beispiel habe ich die Datei *Fuhrpark23.odb* genutzt (auch auf DVD). Diese besitzt genau zwei Tabellen, die wiederum über den Fremdschlüssel TypID miteinander verbunden sind. Das bedeutet: In der Tabelle »Typen« werden die Fahrzeuge klassifiziert, der eindeutige Primärschlüssel ist gleichzeitig der Fremdschlüssel innerhalb der Tabelle »Fuhrpark«.

Werden nun beide Felder verbunden, ergibt sich eine 1:n-Beziehung, wobei die »1« auf der Seite des Primärschlüssels auftaucht, also eindeutig sein muss. Auf der anderen Seite hingegen kann eine beliebige Zahl stehen, also die »n«-Beziehung. Die Verbindung sieht dann wie folgt aus (Abbildung 5.28):

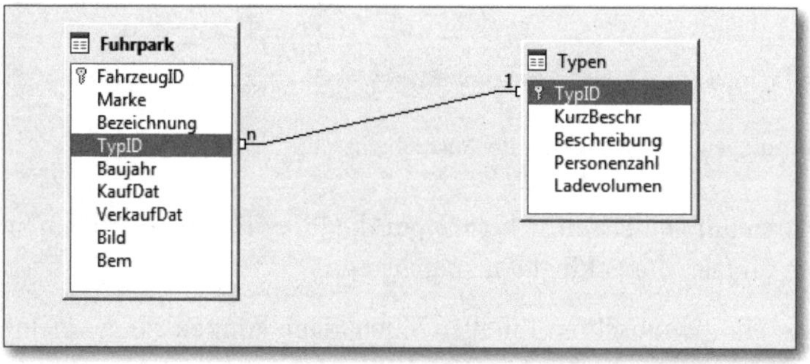

Abbildung 5.28 Die Relation zwischen den Tabellen

Wichtig beim Relationsentwurf:

- Beide Felder müssen vom gleichen Typ sein. Beziehungen lassen sich nur unter Feldern herstellen, die mit dem gleichen Feldtyp definiert wurden (also beispielsweise beide mit INTEGER). Es reicht nicht, dass beide zum Beispiel Zahlenfelder sind, sie müssen wirklich vom gleichen Typ sein (TINYINT und INTEGER geht somit nicht!).

- Base akzeptiert nur zwei Typen von Relationsentwurf (1:1 und 1:n). Eine n:m-Beziehung lässt sich hier nicht abbilden. Die »1« verweist dabei immer auf ein eindeutiges Feld innerhalb der Tabelle (meist der Primärschlüssel, es kann aber auch als »eindeutiges« Feld definiert worden sein).
- Zwischen zwei Tabellen kann es nur eine Beziehung geben – der Versuch, eine zweite zu erzeugen, führt zu einer Fehlermeldung.

Überhaupt Fehlermeldungen: Gerade beim Relationsentwurf können diese häufig entstehen und erläutern dann meist, warum eine Relation nicht erzeugt werden kann. Gleichzeitig erkennt man auch, wie die Relation in SQL umgesetzt und versucht wird, sie zu realisieren. Zum Verständnis der Fehlermeldungen ist es also durchaus hilfreich, die SQL-Sprache zu verstehen (vergleiche auch Abbildung 5.29).

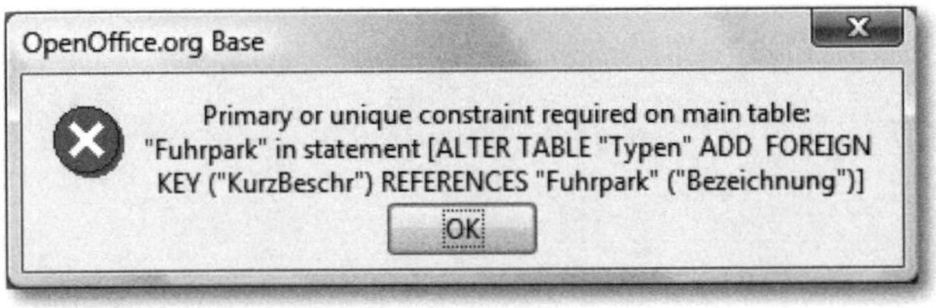

Abbildung 5.29 Fehlermeldung beim Versuch, eine Beziehung herzustellen

Eine einmal erzeugte Beziehung kann leicht bearbeitet oder modifiziert werden. Hierzu markiert man die Linie mit der Maus und wählt aus dem Kontextmenü den Befehl **Bearbeiten**. Dadurch öffnet sich das Fenster Relationen, in dem sich dann die Änderungen bearbeiten lassen. Lediglich eins lässt sich nicht mehr ändern: die beteiligten Tabellen. Die sind nun festgelegt.

Das gleiche Fenster öffnet sich auch, wenn man eine neue Relation hinzufügt (über die Menüpunkte und nicht mit der Maus). Jetzt kann man auch zunächst die Tabellen wählen, vorausgesetzt, sie wurden zum Relationsentwurf überhaupt hinzugefügt.

Der Dialog »Relationen« ist recht einfach aufgebaut: der obere Teil besteht aus zwei Spalten, die jeweils eine Tabelle der Beziehung repräsentieren. Unterhalb der Tabelle lassen sich dann aus den Listboxen die beteiligten Felder auswählen (in der Regel ist dies nur eins, es kann jedoch der Fall eintreten, dass ein Primärschlüssel sich aus mehreren Feldern zusammensetzt; dann wären hier auch mehrere Felder wählbar). Dadurch ist die Beziehung eindeutig festgelegt.

Jetzt kann man noch Update- und Löschoptionen setzen – je nachdem, ob das DBMS diese unterstützt und ob die Vorgaben bei der Felddefinition überhaupt getroffen wurden (zum Beispiel kann die Option »Default setzen« natürlich nur realisiert werden, wenn dem Feld bei der Tabellendefinition ein »Default-Wert« mitgegeben wurde!).

Es empfiehlt sich dringend, zunächst die Optionen auf »keine Aktion« zu belassen und die Beziehung zu erzeugen, und erst später (wenn die Beziehung erstellt wurde) die Optionen zu verändern. Das grenzt die Fehlermöglichkeiten ein und zeigt eher, was geht und was nicht.

Ansonsten gelten natürlich die gleichen Rahmenbedingungen für Relationen wie sie auch für das Erzeugen mit der Maus gelten. Die Fehlermöglichkeiten sind vielfältig und »bunt«.

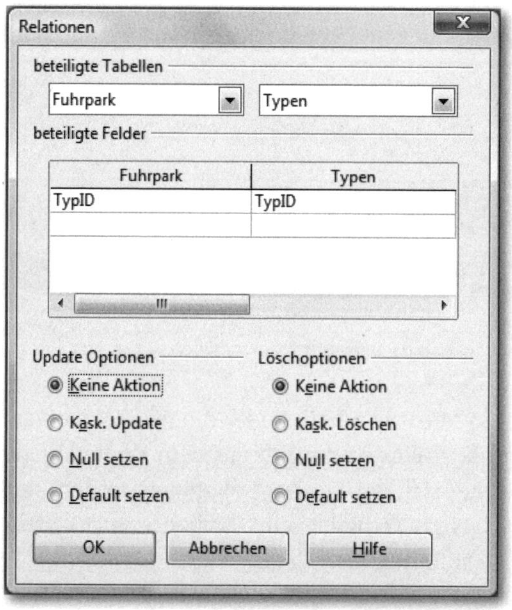

Abbildung 5.30 Die Dialogbox »Relationen«

Besonders vorsichtig sollten Sie mit den Optionen »Kask. Update« und »Kask. Löschen« umgehen (»Kask.« steht für kaskadierend). Hier würde man nämlich Datensätze aus allen Tabellen löschen beziehungsweise ändern, die in dieser Beziehung beteiligt sind. Und das ist oft nicht erwünscht – schließlich könnten diese auch noch bei anderen Datensätzen eine Rolle spielen.

Noch einige Worte zum Sinn von Relationen: Relationen stellen ja Beziehungen (Abhängigkeiten) zwischen verschiedenen Tabellen dar. Wichtig ist das bei

Abfragen, Formularen und Berichten. Zwar könnten dort diese Beziehungen auch noch temporär erzeugt werden, einmal vorhandene Abhängigkeiten werden aber vom DBMS verwaltet (bei relationalen Datenbanken) und sind dann ohnehin schon vorhanden. Man kann also direkt darauf zurückgreifen und erleichtert sich somit die Arbeit.

Bei Base werden einmal definierte Relationen auch direkt beim Abfrageentwurf, bei Subformularen und anderen Anlässen wieder ausgewertet – und stehen dann sofort zur Verfügung.

Abfragen stellen die klassische Art der Arbeit mit Datenbanken dar. Während die Datenbanken (Tabellen) selbst alle Daten beinhalten, stellen Abfragen hieraus resultierende Teilmengen dar – kleiner und übersichtlicher.

6 Abfragen

Denkt man an Datenbanken, so verknüpft man dies meist mit riesigen Datenmengen. So sind zum Beispiel alle Bestellungen eines Versandhauses wie Quelle oder Otto über die Jahre gerechnet eine gewaltige Datenflut; ja schon ein einziger Katalog übersteigt schnell die Grenzen der einfachen Übersichtlichkeit. Diese komplexen Datenmengen hingegen sind für den Nutzer in der Regel weder interessant noch wirklich nutzbar – ihn interessieren eigentlich immer nur bestimmte Ausschnitte aus der gesamten Datenmenge.

Hier kommen Abfragen ins Spiel. Mit Abfragen kann der Nutzer komplexe Datenmengen entsprechend aufbereiten und auf bestimmte Informationen reduzieren. Abfragen sind also immer nur Teilmengen aller Daten, sie können aber eigenständige Tabellen erzeugen und Daten aus unterschiedlichen Tabellen einer Datenbank entsprechend verknüpfen und gemeinsam darstellen.

Für den Nutzer geben Abfragen entweder genau einen Datensatz zurück (oder auch keinen, wenn die Suchkriterien nicht zutreffen), oder es entsteht eine neue Datentabelle mit eigenen Datensätzen, die aber immer eine Teilmenge der gesamten, vorhandenen Daten ist.

Beispiel: Sie führen einen Heimtier-Bedarfshandel und haben alle Ihre Produkte in einer großen Datenbank abgespeichert. Für alle Hundefreunde und Kunden mit Hunden möchten Sie nun aus Ihrer Datenbank eine Liste der Datensätze erzeugen, bei deren Produkt es sich um Hundehalsbänder handelt. Dabei sollen gar nicht alle Informationen darin vorkommen (also beispielsweise Ihr Einkaufspreis oder der Lieferant), sondern eben nur die für den Kunden relevanten: Artikelnummer, Artikelbeschreibung, Verkaufspreis, vielleicht noch so etwas wie Verfügbarkeit. Das war es aber auch schon. Ihre Datenbank selbst speichert hingegen noch jede Menge weiterer Informationen zum Datensatz: eben zum Beispiel den Lieferanten, das Datum des letzten Einkaufs, die bisher abgenommene

Gesamtmenge, den Einkaufspreis, die Anzahl bisheriger Reklamationen und so weiter, um nur einige Aspekte zu nennen.

Um eine solche kleine Informationstabelle zu erzeugen, nutzen Sie nun das Mittel der Abfrage.

Nun sind Abfragen vielfältig möglich: Die einfachste Variante ist das Filtern der Datensätze nach den auszuwählenden Kriterien. Das wird in Abschnitt 6.1 behandelt. »Echte« Abfragen können entweder mit Hilfe eines Assistenten erzeugt werden oder manuell in einer teilgrafischen Entwurfsansicht. Selbstverständlich sind Anfragen auch direkt in SQL oder auch im Makromode möglich, das erläutere ich in Abschnitt 6.4. Außerdem taucht manchmal der Begriff »Ansichten« auf, die ähnlich wie Abfragen genutzt werden können. Und schließlich können Abfragen Inhalte unterschiedlicher Tabellen darstellen – auch darauf gehe ich ein.

Im Folgenden wird die Tabelle »Artikel« aus dem Beispiel »Heimtierbedarf« genutzt, die Sie auch auf der DVD finden. Es wird hierbei mit der HSQLDB-Engine gearbeitet. Abbildung 6.1 zeigt die Tabelle.

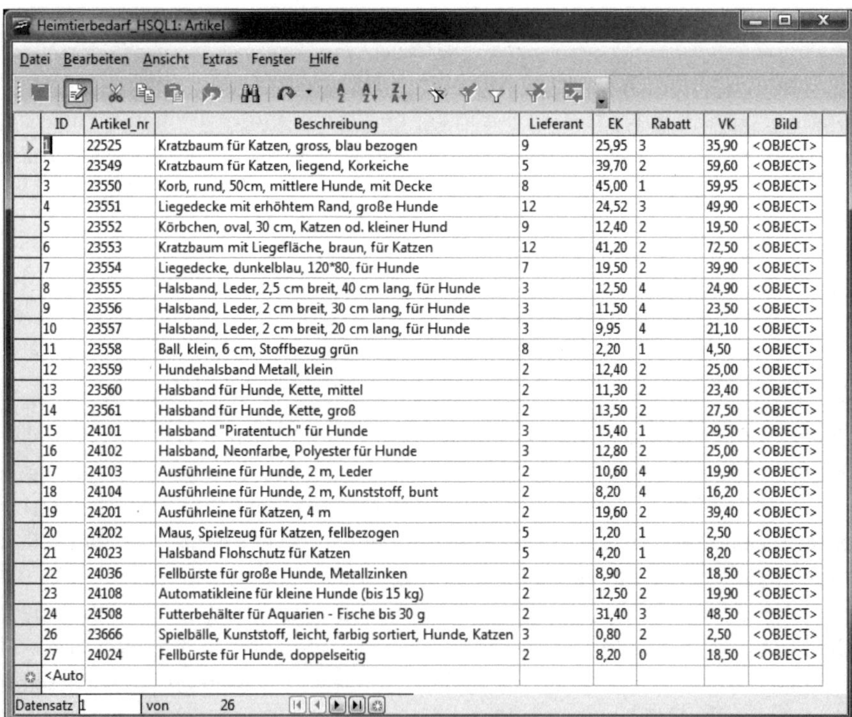

ID	Artikel_nr	Beschreibung	Lieferant	EK	Rabatt	VK	Bild
1	22525	Kratzbaum für Katzen, gross, blau bezogen	9	25,95	3	35,90	<OBJECT>
2	23549	Kratzbaum für Katzen, liegend, Korkeiche	5	39,70	2	59,60	<OBJECT>
3	23550	Korb, rund, 50cm, mittlere Hunde, mit Decke	8	45,00	1	59,95	<OBJECT>
4	23551	Liegedecke mit erhöhtem Rand, große Hunde	12	24,52	3	49,90	<OBJECT>
5	23552	Körbchen, oval, 30 cm, Katzen od. kleiner Hund	9	12,40	2	19,50	<OBJECT>
6	23553	Kratzbaum mit Liegefläche, braun, für Katzen	12	41,20	2	72,50	<OBJECT>
7	23554	Liegedecke, dunkelblau, 120*80, für Hunde	7	19,50	2	39,90	<OBJECT>
8	23555	Halsband, Leder, 2,5 cm breit, 40 cm lang, für Hunde	3	12,50	4	24,90	<OBJECT>
9	23556	Halsband, Leder, 2 cm breit, 30 cm lang, für Hunde	3	11,50	4	23,50	<OBJECT>
10	23557	Halsband, Leder, 2 cm breit, 20 cm lang, für Hunde	3	9,95	4	21,10	<OBJECT>
11	23558	Ball, klein, 6 cm, Stoffbezug grün	8	2,20	1	4,50	<OBJECT>
12	23559	Hundehalsband Metall, klein	2	12,40	2	25,00	<OBJECT>
13	23560	Halsband für Hunde, Kette, mittel	2	11,30	2	23,40	<OBJECT>
14	23561	Halsband für Hunde, Kette, groß	2	13,50	2	27,50	<OBJECT>
15	24101	Halsband "Piratentuch" für Hunde	3	15,40	1	29,50	<OBJECT>
16	24102	Halsband, Neonfarbe, Polyester für Hunde	3	12,80	2	25,00	<OBJECT>
17	24103	Ausführleine für Hunde, 2 m, Leder	2	10,60	4	19,90	<OBJECT>
18	24104	Ausführleine für Hunde, 2 m, Kunststoff, bunt	2	8,20	4	16,20	<OBJECT>
19	24201	Ausführleine für Katzen, 4 m	2	19,60	2	39,40	<OBJECT>
20	24202	Maus, Spielzeug für Katzen, fellbezogen	5	1,20	1	2,50	<OBJECT>
21	24023	Halsband Flohschutz für Katzen	5	4,20	1	8,20	<OBJECT>
22	24036	Fellbürste für große Hunde, Metallzinken	2	8,90	2	18,50	<OBJECT>
23	24108	Automatikleine für kleine Hunde (bis 15 kg)	2	12,50	2	19,90	<OBJECT>
24	24508	Futterbehälter für Aquarien - Fische bis 30 g	2	31,40	3	48,50	<OBJECT>
26	23666	Spielbälle, Kunststoff, leicht, farbig sortiert, Hunde, Katzen	3	0,80	2	2,50	<OBJECT>
27	24024	Fellbürste für Hunde, doppelseitig	2	8,20	0	18,50	<OBJECT>
<Auto							

Abbildung 6.1 Beispieltabelle »Artikel« aus der Datenbank Heimtierbedarf

Sie beinhaltet nur wenige Felder: eine Artikelnummer, eine Beschreibung, den Lieferantenschlüssel, den Einkaufs- und Verkaufspreis sowie einen Rabattcode für den Einkauf. Es gibt Artikel für Hunde, Katzen und sonstige Artikel, und diese Artikel gehören zu unterschiedlichen Warenarten.

6.1 Filter anwenden

Um wichtige Informationen aus dieser Tabelle übersichtlicher zu organisieren, stehen diverse Möglichkeiten in der Tabellen-Ansicht zur Verfügung. Die Symbolleiste bietet zwei Gruppen der Informationsaufbereitung: Sortierung und Filterung.

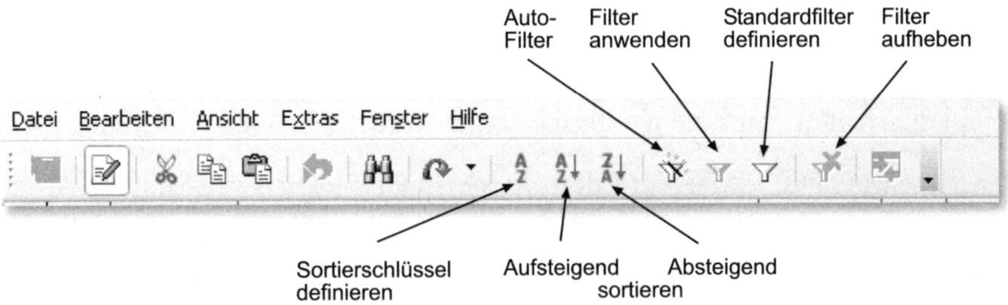

Abbildung 6.2 Die Symbolleiste der Tabellenansicht

6.1.1 Daten sortieren

Am einfachsten können die Daten durch Sortierung strukturiert dargestellt werden. Das ist immer dann sinnvoll, wenn es sich nicht um allzu viele Datensätze handelt. Setzen Sie den Cursor in die Spalte, die Sie sortiert haben möchten, klicken Sie auf die Icons »Aufsteigend« oder »Absteigend«, und alle Datensätze werden entsprechend so sortiert, und zwar mit der Spalte als Bezugsgröße, in der sich der Cursor gerade befindet. Möchten Sie die ursprüngliche Ordnung wiederherstellen, dann lassen Sie einfach nach dem Primärschlüssel »Aufsteigend« sortieren.

Über das Icon »Sortierschlüssel« können Sie die zu sortierenden Spalten auch exakt definieren, jetzt sogar bis zu drei Spalten hintereinander, die dann bei der Sortierung berücksichtigt werden.

Durch die Sortierung der Daten können bestimmte Datensätze schneller gefunden werden, eine echte Reduktion der Informationen lässt sich damit aber nicht erreichen. Suchen Sie also nur Produkte für Hunde, so hilft Ihnen die Sortiermethode nicht.

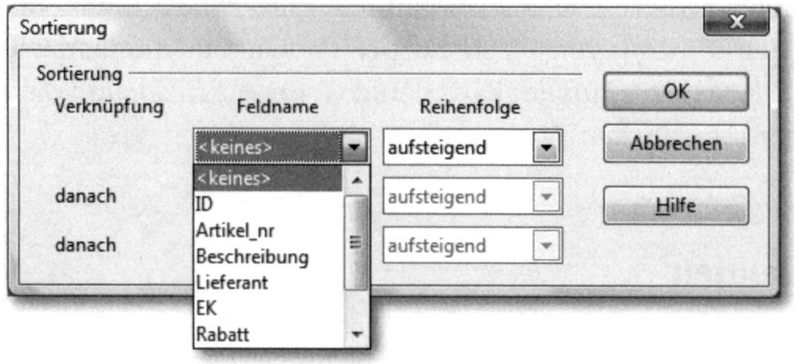

Abbildung 6.3 Sortierschlüssel bestimmen

6.1.2 Autofilter anwenden

Filter dienen dazu, nur noch die Datensätze anzuzeigen, die den Filterkriterien entsprechen. Die Datensätze werden dabei nicht verändert, die Tabellen bleiben komplett erhalten – nur die gefilterten Daten werden eben jetzt noch angezeigt.

Der schnellste Filter ist der **Autofilter**. Möchten Sie beispielsweise nur die Artikel des Lieferanten mit der Codenummer 2 aufgelistet bekommen, so setzen Sie zunächst den Cursor in die Spalte »Lieferanten« und dort in eine Zeile (Zelle), in der diese Codenummer enthalten ist. Klicken Sie dann auf das Icon **Autofilter**.

In diesem Fall wird der Wert der Zelle als Filterkriterium genutzt, und alle anderen Datensätze werden damit verglichen. Übrig bleiben alle Artikel des Lieferanten 2.

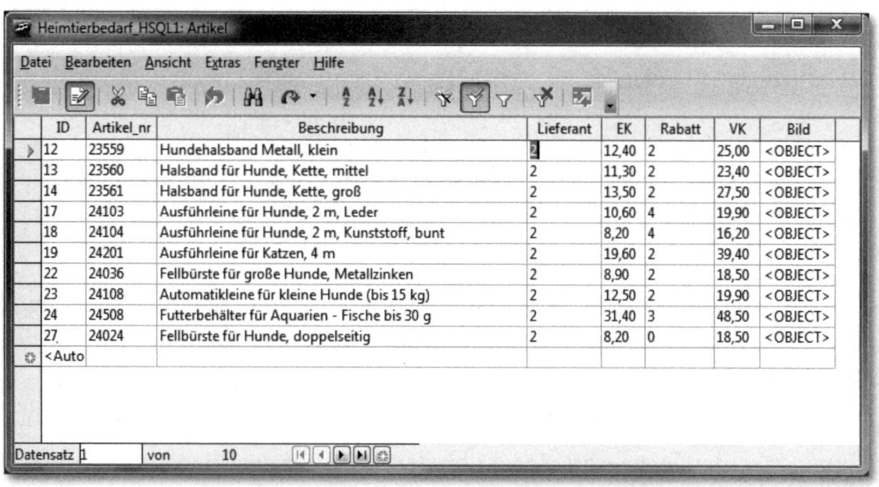

Abbildung 6.4 Der Autofilter wurde genutzt.

Auf die nun schon verkürzte Tabelle können Sie weitere Autofilter anwenden. Interessieren Sie zum Beispiel jetzt nur noch die Artikel des Lieferanten 2, die Sie mit der Rabattstufe 4 einkaufen können, so reicht es, den Mauscursor in der Spalte »Rabatt« dort zu platzieren, wo eine »4« steht, und dann erneut das Icon **Autofilter** anzuklicken.

Der Autofilter nutzt dabei immer den kompletten Inhalt der aktuellen Zelle und vergleicht direkt (also wie »=«). Varianten sind nicht möglich. Um die Filter wieder auszuschalten, klicken Sie nun auf das Icon **Filter aufheben**. Nur so können Sie wieder alle Datensätze sehen.

Autofilter nutzt man immer dann, wenn man Datensätze mit gleichen Informationen haben möchte – dann sind sie schnell und hilfreich. In vielen Fällen aber reichen die Autofilter nicht. Wenn Sie beispielsweise alle Artikel auflisten wollen, die teurer als 30 EUR sind (VK), oder alle Hundeartikel, dann versagen in unserem Beispiel die Autofilter.

6.1.3 Standardfilter definieren

In diesem Fall nutzen Sie den Standardfilter. Dieser muss aber zuerst definiert werden. Klicken Sie einfach auf das Icon **Standardfilter definieren**. Es öffnet sich das Definitionsfenster.

Suchen wir zunächst nach allen Artikeln, die im Verkauf teurer als 30 EUR, aber günstiger als 50 EUR sind. Sie können bis zu drei Kriterien festlegen, wobei Sie diese entweder mit »Und« (d.h., alle Kriterien müssen zutreffen) oder mit »Oder« (d.h., immer nur eines der Kriterien muss zutreffen) verknüpfen können. Sie müssen im Übrigen die Kriterien nicht für die gleiche Spalte festlegen, auch unterschiedliche Spalten sind natürlich zugelassen.

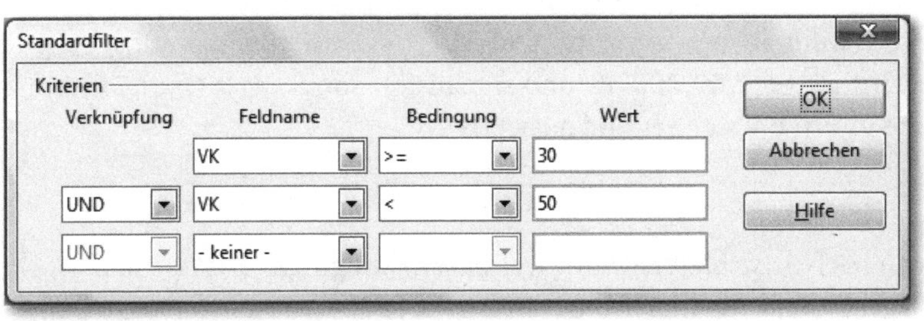

Abbildung 6.5 Standardfilter mit zwei Kriterien definiert

Der Standardfilter wird angewendet, sobald Sie auf **OK** klicken, und das Ergebnis ist sofort sichtbar: Es bleiben fünf Datensätze übrig.

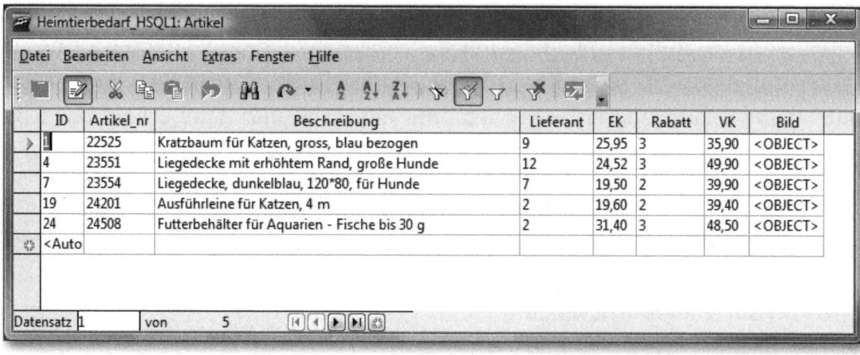

ID	Artikel_nr	Beschreibung	Lieferant	EK	Rabatt	VK	Bild
1	22525	Kratzbaum für Katzen, gross, blau bezogen	9	25,95	3	35,90	<OBJECT>
4	23551	Liegedecke mit erhöhtem Rand, große Hunde	12	24,52	3	49,90	<OBJECT>
7	23554	Liegedecke, dunkelblau, 120*80, für Hunde	7	19,50	2	39,90	<OBJECT>
19	24201	Ausführleine für Katzen, 4 m	2	19,60	2	39,40	<OBJECT>
24	24508	Futterbehälter für Aquarien - Fische bis 30 g	2	31,40	3	48,50	<OBJECT>
<Auto							

Abbildung 6.6 Anwendung des Standardfilters

Immer dann, wenn Sie einen Filter angewendet haben, ist das Icon **Filter anwenden** aktiv und zeigt die Verwendung an. Klicken Sie darauf, wird der Filter vorübergehend ausgeschaltet, die Kriterien bleiben jedoch erhalten. Sie können diesen Filter jederzeit wieder über einen erneuten Klick auf den Button aktivieren. Erst wenn Sie auf **Filter aufheben** klicken, werden die Kriterien gelöscht.

Numerische Felder

Die meisten Filterbedingungen lassen sich nur auf numerische Felder anwenden. Zur Verfügung stehen gleich (=), ungleich (<>), kleiner (<), kleiner gleich (<=), größer (>) und größer gleich (>=). Zu den numerischen Feldern zählen auch Datums- und Zeitfelder; die Werte müssen im entsprechenden Format eingegeben werden. Sie erhalten dann von Base automatisch eine Maskierung (vorn und hinten ein Doppelkreuz #) und werden entsprechend interpretiert. Hätten Sie also ein Datumsfeld, geben Sie beispielsweise als Wert »12.09.2007« (ohne Hochzeichen) und als Kriterium »>« ein, dann erhalten Sie alle Datensätze, die nach diesem Datum liegen. Im Filterfeld »Wert« erscheint das eingegebene Datum zunächst als »#12.09.2007#« und signalisiert somit, dass OpenOffice.org diese Eingabe intern umrechnet und auswertet.

Textfelder

Für die Suche nach Text bleiben nur zwei Filterbedingungen: »wie« und »nicht wie«. Die Begriffe sind unglücklich gewählt und bedeuten »gleich« beziehungsweise »nicht gleich«. Bei der Textsuche sind Wildcards – also Platzhalter – zulässig. Dabei steht der Stern (*) für kein bis beliebig viele unterschiedliche Zeichen, das Fragezeichen für genau ein Zeichen. Damit lassen sich schon recht ordentliche Textabfragen durchführen.

Jetzt können wir also auch einen Filter definieren, der nur die Hunde-Artikel anzeigt (Abbildung 6.7).

Abbildung 6.7 Filter auf ein Textfeld definieren

Die Liste ist jetzt schon recht vollständig, wenn man davon ausgeht, dass in jeder Artikelbeschreibung die Tierart irgendwo mit aufgelistet ist. Natürlich kann man auch hier wieder schachteln: Möchte man beispielsweise nur die Datensätze des Lieferanten mit der Codenummer 2, bei denen es sich um Hundehalsbänder handelt, so könnte man die Filter wie in Abbildung 6.8 definieren.

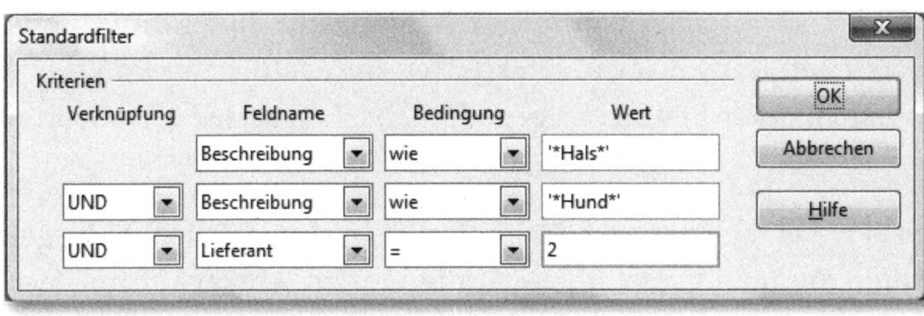

Abbildung 6.8 Verschachteltete Filter

Das Ergebnis (Abbildung 6.9) zeigt nun in diesem Fall drei weitere Datensätze, die den Kriterien entsprechen.

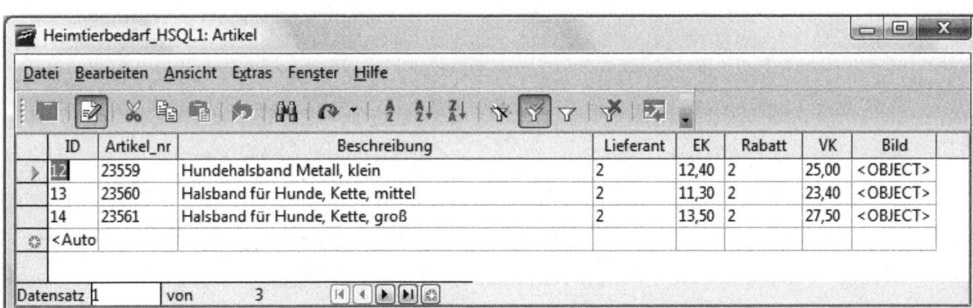

Abbildung 6.9 Das Ergebnis des Filters

> **Hinweis**
>
> Filterkriterien arbeiten **case-sensitiv**, man muss also die Groß- und Kleinschreibung der Wörter berücksichtigen, es sei denn, die Felddefinitionen der Felder wurden mit dem Typ »TEXT[VARCHAR_IGNORECASE]« vorgenommen. Nur dann spielt die Schreibweise keine Rolle. Diese Änderung der Definition kann man übrigens auch nachträglich ohne Angst vor Datenverlusten vornehmen.

Filter eignen sich somit zur schnellen Übersicht bei nicht zu komplexen Verhältnissen und bei nicht zu großen Tabellen. Ansonsten sollte man lieber eine Abfrage starten.

Die ursprüngliche Aufgabenstellung, eine Liste aller Hundehalsbänder zu erzeugen, wäre zwar auch mit Filtern möglich, doch ist die selektive Information ohne Einkaufspreis und ohne Lieferant so eben nicht mehr zu ermitteln.

6.2 Erstellen einer Abfrage mit Hilfe des Assistenten

Hierzu soll nun eine Abfrage erzeugt werden. Dabei entsteht durch die Abfrage eine neue Tabelle, die eben nur noch die selektierten und gefilterten Daten enthält. Diese Tabelle hat für den Benutzer aber ähnliche Eigenschaften wie eine Datenbank-Tabelle.

Um eine Abfrage zu erzeugen, wechseln Sie zunächst in den Bereich **Abfragen** von Base. Dort wählen Sie im Aufgabenbereich die Option **Abfrage unter Verwendung des Assistenten erstellen...**. Der Assistent erscheint und führt Sie in acht Schritten dialogorientiert zur fertigen Abfrage.

6.2.1 Tabellen und Feldauswahl

Im ersten Schritt entscheiden Sie zunächst, aus welchen Tabellen und Spalten Ihre Abfrage die Daten extrahieren soll. Im ersten Dropdown-Feld können Sie unter allen in der Datenbank vorhandenen Tabellen die gewünschte heraussuchen. Haben Sie eine gewählt, werden automatisch in der linken Liste alle vorhandenen Felder (Spalten) aufgelistet, und Sie können mit Hilfe der Pfeiltasten in der Mitte zwischen beiden Listen die Spalten wählen, die in Ihrer Abfrage vorhanden sein sollen. Die rechte Liste spiegelt dabei die Struktur Ihrer zukünftigen Tabelle – Ihrer Abfrage – wider. Die Felder werden in der Reihenfolge der Auswahl angeordnet, können aber nachträglich mit den Pfeiltasten ganz rechts in ihrer Reihenfolge noch verändert werden (siehe Abbildung 6.10).

Beinhaltet Ihre Datenbank mehrere Tabellen, können Sie jederzeit auch die Tabelle wechseln und so Kombinationen aus verschiedenen Tabellen in Ihrer

Abfrage realisieren. Woher das endgültige Feld tatsächlich stammt, zeigt die Bezeichnung in der rechten Liste: Der Name ist nämlich zusammengesetzt aufgebaut: *Tabellenname.Feldname*.

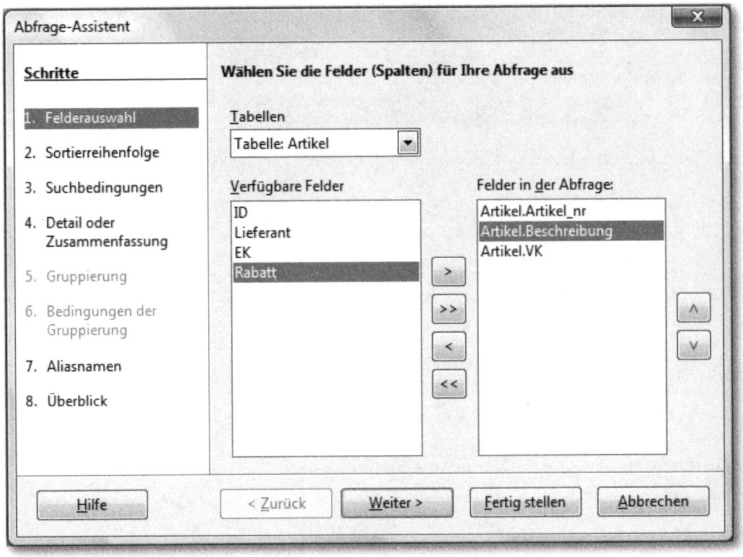

Abbildung 6.10 Tabellen und Feldwahl für die Abfrage

Wichtig

Wenn Sie Felder aus unterschiedlichen Tabellen nutzen, müssen die Tabellen untereinander in Beziehung stehen (Fremdschlüssel), um eine sinnvolle Abfrage zu erhalten. Der Assistent kann dies aber nicht auflösen beziehungsweise realisieren. Sie müssen die Abfrage dann unbedingt noch nachbearbeiten (siehe nächster Abschnitt)! Der Assistent sollte nur dafür genutzt werden, Abfragen basierend auf einer Tabelle zu erzeugen!

Haben Sie die Felder für Ihre Abfrage ausgewählt, klicken Sie auf **Weiter**.

6.2.2 Sortierreihenfolge

Im nun folgenden Schritt legen Sie die Sortierreihenfolge fest, das heißt, wie die Datensätze Ihrer Abfrage aufgelistet werden sollen. Sie können bis zu vier Felder als Sortierkriterien definieren und jeweils bestimmen, ob aufsteigend oder absteigend geordnet werden soll. Im Beispiel sollen die Datensätze nach dem Verkaufspreis aufsteigend sortiert werden. Sie müssen hier übrigens nicht unbedingt eine Sortierung festlegen – dann bleiben die Datensätze eben unsortiert.

Mit **Weiter** kommen Sie zum nächsten Schritt, dem Selektionsschritt.

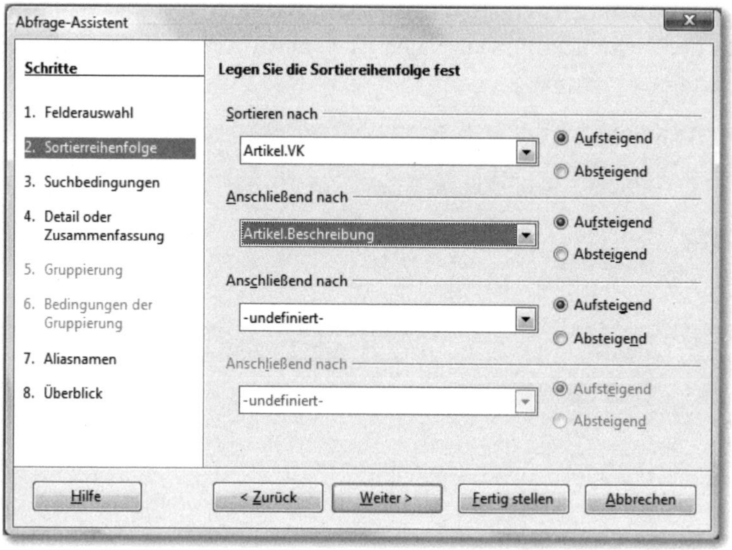

Abbildung 6.11 Sortierreihenfolge der Datensätze festlegen

6.2.3 Suchbedingungen

Im dritten Schritt legen Sie exakt fest, welche Datensätze in die Abfrage aufgenommen werden sollen – hier entstehen also die typischen Abfragebedingungen. Doch auch hier gilt: Sie müssen nichts definieren. Lassen Sie die Felder leer, so werden einfach alle Datensätze in die Abfragetabelle eingetragen. Dann erhalten Sie quasi eine Kopie der Datenbank-Tabelle, eventuell eben nur mit ausgewählten Spalten (siehe Schritt 1).

Ansonsten gilt hier die gleiche Vorgehensweise wie bei der Definition der Filter, leider nur mit neuen Begriffen. Während bei den Filtern auf mathematische Zeichen bei den Bedingungen zurückgegriffen wurde, stehen hier Langtexte in den Listboxen. Dabei handelt es sich nur um mathematische Vergleichsoperationen für numerische Felder, also sehr ähnlich wie bei den Filtern. Die folgende Tabelle stellt die Begriffe zusammen:

Bedingung Abfrage	Bedingung Filter	Beschreibung	Anwendbar auf Feldtypen
ist gleich	=	Exakte Gleichheit der Werte	numerische Felder (Textfelder)
ist ungleich	<>	Werte sind nicht identisch	numerische Felder (Textfelder)
ist kleiner als ist größer als	< >	Werte sind kleiner bzw. größer als	numerische Felder (Textfelder)

Bedingung Abfrage	Bedingung Filter	Beschreibung	Anwendbar auf Feldtypen
ist kleiner oder gleich ist größer oder gleich	<= >=	Werte sind kleiner oder gleich bzw. größer und gleich als	numerische Felder (Textfelder)
ähnlich	wie	Textsuche mit Platzhaltern	Textfelder

Die mathematischen Vergleichsoperatoren funktionieren bedingt auch bei Textfeldern, sind dafür aber eigentlich nicht gedacht. Es wird hier auch nur die exakte Suche unterstützt, keine Platzhalter. Diese sind in der letzten Bedingung möglich. Dabei steht der Stern (*) wieder für »kein bis beliebig viele Zeichen« und das Fragezeichen (?) für genau ein beliebiges Zeichen. Die Suchkriterien nur für Hundeartikel sind also schnell gesetzt (Abbildung 6.12).

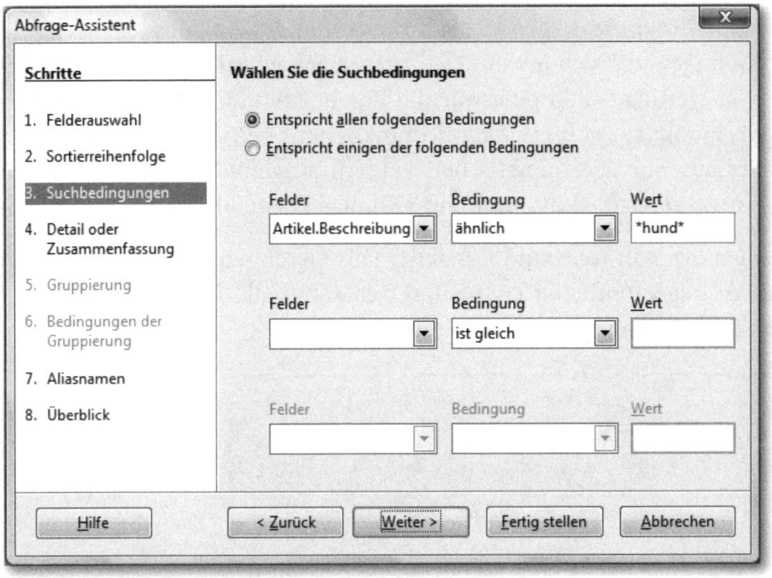

Abbildung 6.12 Suchbedingungen für die Abfrage

Hinweis: Auch hier gilt, dass die Suchkriterien »case-sensitiv« arbeiten. Um also alle Hundeartikel zu erfassen, müssen zwei Suchbedingungen definiert werden – verknüpft mit einem »Oder«, einmal die Kleinschreibweise (»*hund*«) und einmal die Großschreibweise (»*Hund*«). Nicht erfasst wurden dann allerdings Artikel mit der Bezeichnung »HUND« oder Ähnlichem. Einfacher ist es da, die Datenfelder gleich mit dem Typ »TEXT[VARCHAR_IGNORECASE]« zu definieren, dann reicht es, ein Kriterium zu definieren, egal in welcher Schreibweise.

Tipp

Die Unterscheidung zwischen Groß- und Kleinschreibung können Sie grundsätzlich umgehen, indem Sie dem Datenbankfeld den Typ »Text[VARCHAR_IGNORECASE]« zuweisen. Dann spielt die Groß-/Kleinschreibung keine Rolle mehr.

Auch hier zeigt sich die Beschränkung des Assistenten: Sie können maximal drei Bedingungen definieren – und das ist für komplexe Abfragen in umfangreichen Datenbanken eindeutig zu wenig. Aber dafür ist der Assistent ja auch nicht gedacht. Er soll vor allem dem Benutzer kleiner Desktop-Datenbanken helfen, schnell zu einem Ergebnis zu gelangen. Die Kriterien reichen dann aus, zumal sie sich später jederzeit erweitern lassen.

Klicken Sie nun auf **Weiter.** Sie kommen zum nächsten Schritt.

6.2.4 Details oder Zusammenfassung

Dieser (Schritt 4) und die folgenden Schritte 5 und 6 beinhalten Spezialfunktionen von Abfragen, die sich in der Regel auf die Frage beziehen, ob alle Datensätze angezeigt werden sollen oder nur die Ergebnisse von speziellen, vordefinierten Berechnungen – hier Aggregatfunktionen genannt. Berechnungen können allerdings nur mit numerischen Feldern ausgeführt werden, insofern sind die Schritte 4–6 nicht aktiv, wenn Ihre Abfrage keine solchen Felder enthält.

Ebenso bleiben die Schritte 5 und 6 inaktiv, falls Sie die voreingestellte Option »Detaillierte Abfrage« bestehen lassen und sich somit alle Datensätze anzeigen lassen, wie dies normalerweise der Fall sein wird.

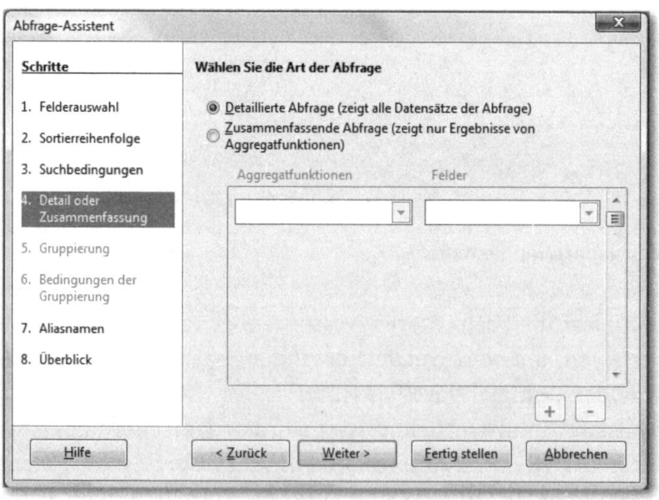

Abbildung 6.13 Wahl der Abfrage

Ein Beispiel für eine zusammenfassende Abfrage finden Sie am Ende des Abschnitts 6.2. In der Praxis spielt dies jedoch nur eine geringe Rolle. Zusammenfassende Abfragen und Gruppierungen sind eigentlich Spezialfunktionen, die man immer besser entweder direkt in SQL formuliert oder in der Entwurfsansicht erstellt.

Behalten Sie die Option »Detaillierte Abfrage« bei, und klicken Sie auf **Weiter**.

6.2.5 Aliasnamen

Sie kommen nun direkt zum Schritt 7, der Möglichkeit, den Abfragespalten eigene Namen zuzuordnen. Eine Abfrage ist ja eine Teilmenge aus einer oder auch aus mehreren Tabellen. Insofern werden die Spaltennamen (Feldnamen) von den ursprünglichen Tabellen übernommen, jetzt aber in der kompletten Schreibweise, also als »Tabellennamen.Feldname«. Dies ist nicht immer hilfreich und manchmal auch »unverständlich«, wenn man beispielsweise kryptische Namen für Spalten gewählt hat (wie etwa »mdb_1SP4n«). Um dieses nun lesefreundlicher zu gestalten, kann man den Feldnamen in der Abfrage neue Begriffe zuordnen, so genannte **Aliasnamen**. Diese werden dann immer angezeigt und erleichtern die Orientierung.

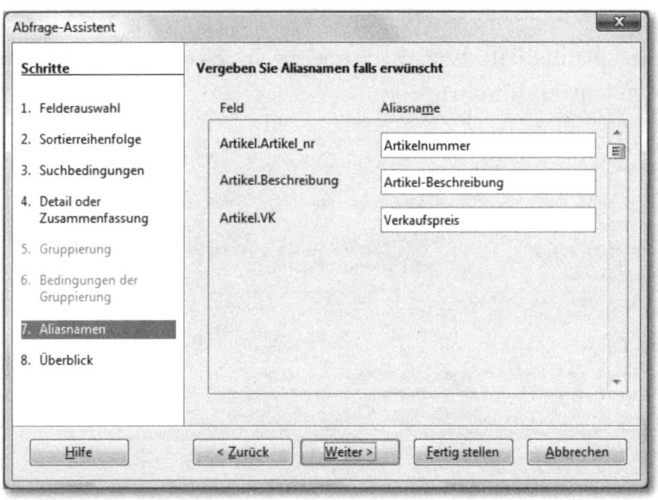

Abbildung 6.14 Aliasnamen einfügen

Im Beispiel wurden die Spaltennamen durch aussagekräftige Langtexte ersetzt, die jeder versteht. Die Vergabe von Aliasnamen entspricht intern dem SQL-Befehl »AS«; die Spaltenbezeichnungen werden also entsprechend umbenannt.

Klicken Sie jetzt auf **Weiter**. Sie kommen zum letzten Schritt des Assistenten.

6.2.6 Zusammenfassung – Überblick

Dieser letzte Schritt fasst noch einmal alle Ihre Einstellungen zusammen und listet Ihnen auf, wie die Abfrage aussehen soll. Der Text der Übersicht (also das, was nun passieren soll) ist praktischerweise in Klartext gehalten und nicht in dem SQL-Sprachdialekt, der dann aber ausgeführt wird – na ja, zumindest fast. Sortierreihenfolgen werden immer noch in SQL-typischen Abkürzungen dargestellt (ASC = ascending – aufsteigend, DESC = descending – absteigend). Dies erleichtert zwar dem Anfänger oder dem normalen Benutzer die Arbeit, dem Profi aber bleiben so die Details verborgen – und auch mögliche Fehlerquellen.

Außerdem können Sie hier der Abfrage (der zu erstellenden Tabelle) einen aussagekräftigen Namen geben, der dann auch in Base angezeigt wird und diese Abfrage charakterisiert. Ferner können Sie festlegen, welche Aktion nach Fertigstellung der Abfrage erfolgen soll. Wählt man die Vorgabe »**Abfrage anzeigen**«, dann wird die Anfrage ausgeführt und das Ergebnis in einer Tabellenansicht ausgegeben. Wählt man hingegen »**Abfrage bearbeiten**«, so öffnet sich die Abfrage-Entwurfsansicht. Dort sind die Angaben, die Sie im Assistenten vorgenommen haben, bereits eingetragen, und Sie haben die Möglichkeit, die Abfrage zu verfeinern und/oder umzugestalten. Das ist insbesondere bei komplexeren Abfragen sinnvoll, oder wenn Sie beispielsweise Felder mehrerer Tabellen gewählt haben. Da der Assistent keine Beziehungen zwischen den Tabellen erzeugen kann, müssen mindestens diese manuell nachbearbeitet werden. Der Schritt **Abfrage anzeigen** würde hier zu Unsinn führen.

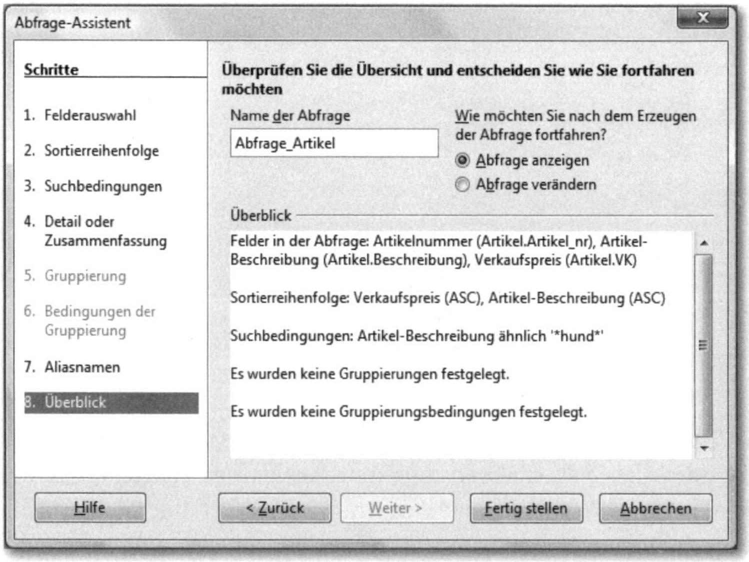

Abbildung 6.15 Überblick über die zu erstellende Abfrage

Für unser Beispiel sind alle Angaben gemacht, die Abfrage muss nicht nachbearbeitet werden. Klicken Sie auf **Fertigstellen**, und betrachten Sie das Ergebnis.

6.2.7 Abfrageergebnis

Die Tabelle enthält nun drei Spalten. Diese sind mit den gewählten Aliasnamen überschrieben, in der gewählten Reihenfolge aufgelistet und nach Preisen (aufsteigend) sortiert.

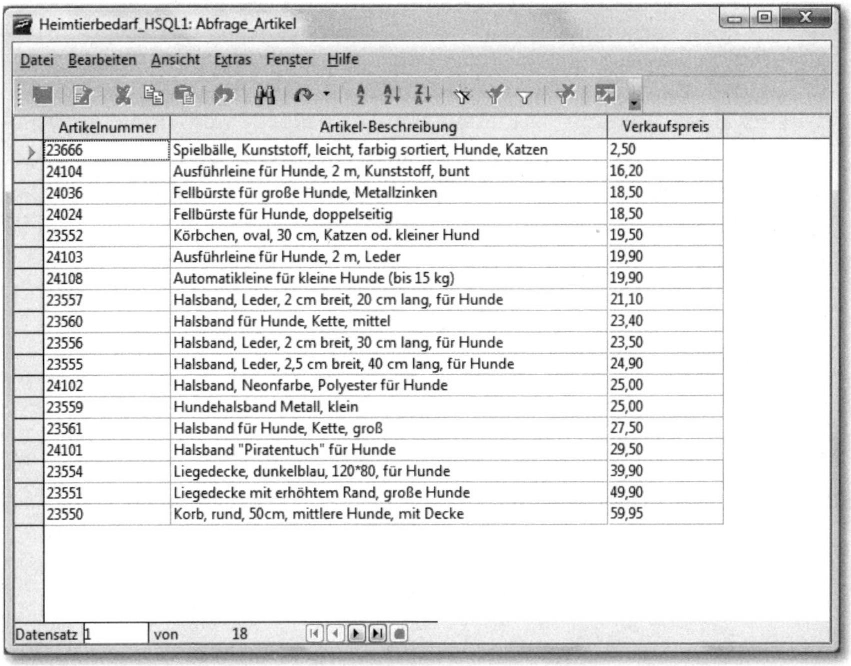

Artikelnummer	Artikel-Beschreibung	Verkaufspreis
23666	Spielbälle, Kunststoff, leicht, farbig sortiert, Hunde, Katzen	2,50
24104	Ausführleine für Hunde, 2 m, Kunststoff, bunt	16,20
24036	Fellbürste für große Hunde, Metallzinken	18,50
24024	Fellbürste für Hunde, doppelseitig	18,50
23552	Körbchen, oval, 30 cm, Katzen od. kleiner Hund	19,50
24103	Ausführleine für Hunde, 2 m, Leder	19,90
24108	Automatikleine für kleine Hunde (bis 15 kg)	19,90
23557	Halsband, Leder, 2 cm breit, 20 cm lang, für Hunde	21,10
23560	Halsband für Hunde, Kette, mittel	23,40
23556	Halsband, Leder, 2 cm breit, 30 cm lang, für Hunde	23,50
23555	Halsband, Leder, 2,5 cm breit, 40 cm lang, für Hunde	24,90
24102	Halsband, Neonfarbe, Polyester für Hunde	25,00
23559	Hundehalsband Metall, klein	25,00
23561	Halsband für Hunde, Kette, groß	27,50
24101	Halsband "Piratentuch" für Hunde	29,50
23554	Liegedecke, dunkelblau, 120*80, für Hunde	39,90
23551	Liegedecke mit erhöhtem Rand, große Hunde	49,90
23550	Korb, rund, 50cm, mittlere Hunde, mit Decke	59,95

Abbildung 6.16 Das Ergebnis der Abfrage

Das Ergebnis dieser Abfrage kann nun wie eine Tabelle behandelt werden – Sie können sortieren und Filter definieren, diese aber auch kopieren und beispielsweise direkt in ein Writer-Dokument einfügen, um so eine Hundeartikel-Preisliste zu drucken. Sie können sie ebenfalls in ein Calc-Dokument zur Weiterverarbeitung übernehmen, eben alles tun, was mit einer Tabelle möglich ist.

Bevor wir uns nun noch detaillierter mit Abfragen befassen, folgen der Vollständigkeit halber einige Worte zu den Möglichkeiten der Zusammenfassung und Gruppierung von Abfrageergebnissen im Assistenten.

6.2.8 Zusammenfassung und Gruppierungen

Auch wenn ich diese Schritte im Assistenten für wenig sinnvoll halte und sie aktuell auch noch sehr fehlerträchtig oder unausgereift erscheinen, will ich zumindest ihre Wirkung und den Verwendungszweck kurz erläutern.

Sie möchten beispielsweise den durchschnittlichen Einkaufspreis bei Ihrem Lieferanten Nummer 2 erfahren. Dazu wählen Sie zunächst nur die Felder »Lieferant« und »EK« aus. (Wichtig: Wenn Sie zusammengefasste Abfragen ausführen wollen, wählen Sie nur die wirklich benötigten Felder aus. Der Assistent nimmt nämlich alle anderen noch vorhandenen Felder als Gruppierungsfelder.) Schritt 2 und 3 können Sie in diesem Fall überspringen – Eingaben dort sind nicht notwendig.

In Schritt 4 wählen Sie nun »Zusammenfassung«; dadurch werden die Auswahlfelder freigeschaltet. »Zusammenfassen« (ein nicht glücklich gewählter Ausdruck für mathematische Berechnungen) können Sie natürlich nur numerische Felder, doch beide gewählten Felder erfüllen ja diese Bedingung. Als Aggregatsfunktionen stehen zur Verfügung:

- Nehme Summe aus
- Nehme den Durchschnitt
- Nehme das Maximum aus
- Nehme das Minimum aus

Wählen Sie jetzt den **Durchschnitt** und als Feld den **Einkaufspreis** (»EK«).

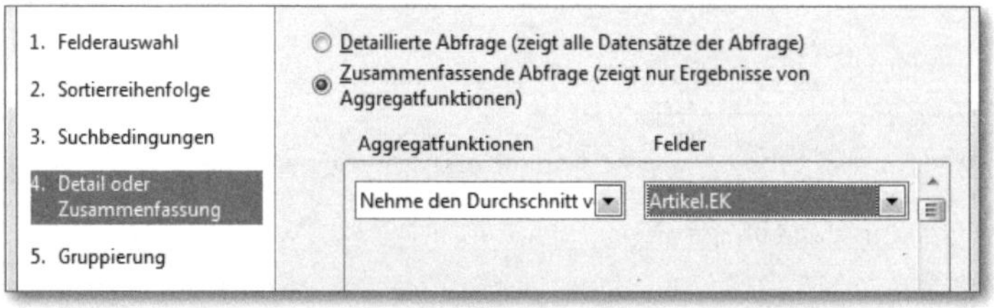

Abbildung 6.17 Auswahl der Zusammenfassung

Mit den nun aktiven Tasten **+** und **–** könnten weitere Aggregatsfunktionszeilen eingefügt oder auch gelöscht werden. Für unseren Zweck reicht jedoch diese eine. Es ist ohnehin nicht sicher, ob Base weitere Zeilen richtig interpretiert und zu sinnvollen Ergebnissen kommt – meines Erachtens sind diese Bereiche einfach noch nicht ausgereift.

Im nächsten Schritt – Gruppierung – haben Sie jetzt die Möglichkeit, die Felder auszuwählen, nach denen gruppiert wird. Allerdings können nur die Felder gruppiert werden, für die auch Aggregatfunktionen ausgewählt wurden. Alle verfügbaren Felder sind nun in den beiden Listen dargestellt, wobei die linke Liste die Gruppierungsfelder repräsentiert, und die rechte die verfügbaren, aber nicht gruppierten Felder.

Mit Hilfe der Pfeiltasten in der Mitte können nun Felder zwischen den Listen hin- und hergeschoben, mit den rechten Pfeiltasten hingegen kann die Reihenfolge der rechten Liste geändert werden. Aber: Sie können in die linke Liste nur Felder verschieben, für die auch Aggregatfunktionen definiert wurden, anderenfalls erhalten Sie eine Fehlermeldung (siehe auch Abbildung 6.18)

Typischerweise stehen alle nicht in Aggregatsfunktionen eingebundenen Felder auf der rechten Liste, und nach diesen wird später »gruppiert«. Das heißt, die Ergebnisse werden nach diesen Feldern aufgegliedert, Felder mit Aggregatsfunktionen stehen hingegen links.

Für unseren Zweck brauchen Sie gar nichts zu machen – wir haben nur zwei Felder: den EK (mit der Aggregatsfunktion) und den Lieferanten (als Gruppierung).

Intern funktioniert eine Gruppierung übrigens nur, wenn die Datenquelle den SQL-Befehl ORDER BY CLAUSES unterstützt.

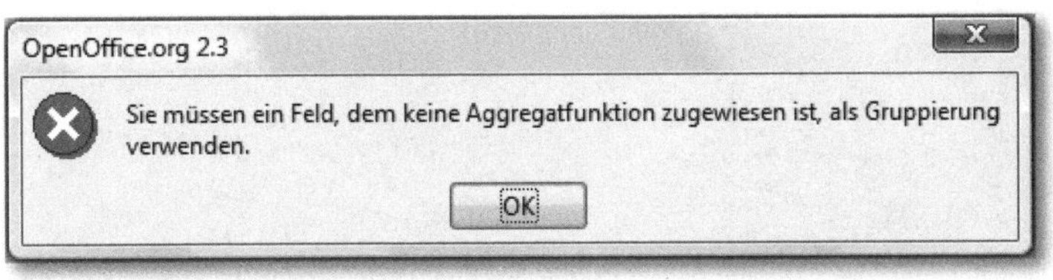

Abbildung 6.18 Fehlermeldung beim Versuch, Gruppierungsfelder zu verschieben

Hier rächt es sich also, wenn Sie ursprünglich zu viele Felder ausgewählt haben.

Im nächsten Schritt können Sie nun die Bedingungen der Gruppierung festlegen. In unserem Fall interessiert nur der Lieferant Nummer 2, also definieren Sie diese Bedingung so, wie in Abbildung 6.19 gezeigt.

Die Abfrage kann jetzt fertig gestellt werden. Aliasnamen können natürlich auch vergeben werden, es wird aber ohnehin nur eine Spalte dargestellt – die mit der Aggregatsfunktion. Ich habe diese »Durchschnitt Einkaufspreis« genannt. Das Ergebnis der Abfrage sieht dann so aus wie in Abbildung 6.20.

Die Spalte des Lieferanten ist nicht mehr sichtbar, es bleibt lediglich eine einzige Zahl stehen: der Durchschnitt der Einkaufspreise. Hätte man keine Lieferantenauswahl mehr getroffen, wären jetzt hier für jeden Lieferanten die Durchschnittspreise aufgelistet – aber eben auch ohne Zuordnung zu den Lieferanten. Insofern bleibt der Nutzwert einer solchen Abfrage aktuell verborgen.

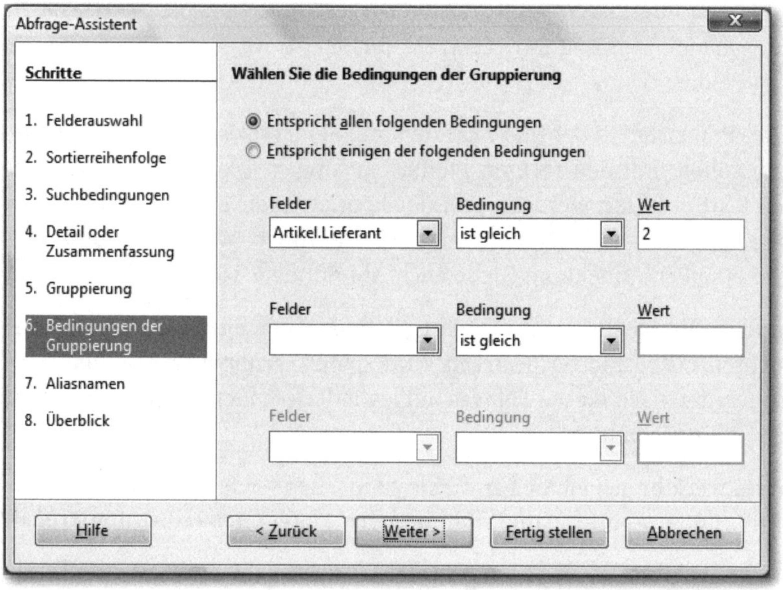

Abbildung 6.19 Bedingungen für die Gruppierung festlegen

Abbildung 6.20 Die zusammengefasste Abfrage

Allerdings kann man die zusammengesetzte Abfrage später auch noch in der grafischen Ansicht weiterverarbeiten – es ist also dann eine gute Hilfe für den Anfang. Man bekommt schon mal eine »Idee« der möglichen Funktionen und Auswirkungen.

Dennoch mein Tipp

Wer zusammengefasste und/oder gruppierte Abfragen benötigt und erzeugen will, sollte dies nicht mit dem Assistenten tun. Nutzen Sie direkt SQL-Kommandos, oder erzeugen Sie die Abfrage in der Entwurfsansicht.

6.3 Abfragen mit Hilfe der Entwurfsansicht erstellen

Auch wenn der Assistent durchaus in der Lage ist, schnell einfache Abfragen zu erzeugen und diese darzustellen, scheitert er doch bei komplexen Situationen, bei Abfragen über mehrere Tabellen oder bei mehr als drei Kriterien. Spätestens dann sollten Sie Abfragen immer in der Entwurfsansicht erzeugen. Und natürlich können Sie bereits bestehende Abfragen auch jederzeit dort bearbeiten – verfeinern, verändern oder ergänzen.

In diesem Abschnitt möchte ich Ihnen zeigen, wie Sie zunächst eine einfache Abfrage in der Entwurfsansicht erzeugen können, in der Sie direkt Ergebnisse sehen und verfeinern können. Als Beispiel dient weiterhin die Heimtierartikel-Tabelle. Abfragen über mehrere Tabellen werden in Abschnitt 6.6 behandelt und bleiben hier zunächst außen vor.

Um eine neue Abfrage in der Entwurfsansicht zu erstellen, wählen Sie in Base den Bereich **Abfragen** und klicken dann im Aufgabenbereich auf die Option **Abfrage in der Entwurfsansicht erstellen...**.

Im Übrigen lassen sich auch Abfragen jederzeit über den Menübefehl **Einfügen • Abfrage (Entwurfsansicht)** oder **Abfrage (SQL-Ansicht)** erzeugen, egal, wo Sie sich gerade in Base befinden.

Es öffnet sich ein neues Fenster – die Arbeitsumgebung der Entwurfsansicht – und zusätzlich noch ein kleines Fenster, das alle verfügbaren Tabellen und Abfragen der aktuellen Datenbank auflistet. Zwischen Tabellen und Abfragen schalten Sie über die Optionsfelder im Kopf um – Sie können mehrmals hin- und herschalten. Eine neue Abfrage kann also mit Daten aus allen Tabellen sowie aus allen schon vorhandenen Abfragen »gefüttert« werden (siehe Abbildung 6.21).

Wählen Sie mindestens eine Tabelle oder Abfrage aus, und klicken Sie auf **Hinzufügen**. In unserem Fall nehmen Sie die Tabelle »Artikel«. Danach können Sie das Fenster »Tabellen hinzufügen« schließen.

6.3.1 Die Arbeitsumgebung

Das Fenster »Abfrageentwurf« ist vielfältig aufgebaut und besitzt zwei bis drei Arbeitsbereiche. Üblicherweise sehen Sie zwei:

- einen grafischen Arbeitsbereich, in dem die gewählten Tabellen mit ihren verfügbaren Feldern dargestellt werden und per Maus Relationen erzeugt werden können (siehe hierzu auch Abschnitt 6.6), sowie
- einen tabellarischen Arbeitsbereich, in dem Sie die Details der Abfrage einfach definieren können.

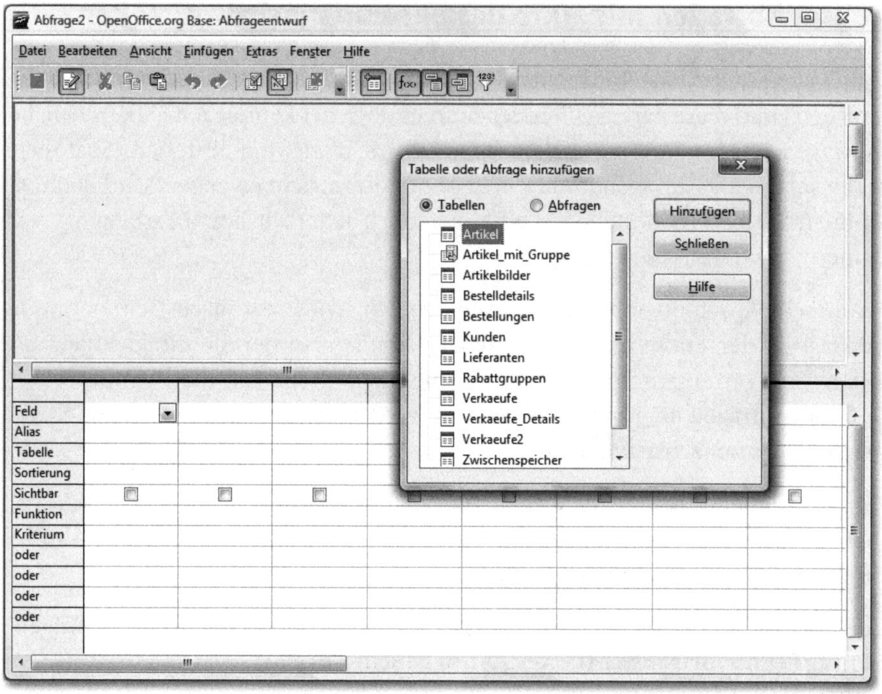

Abbildung 6.21 Die Abfrage-Entwurfsansicht

Haben Sie Abfragekriterien definiert, können Sie auch noch einen Ergebnisbereich einblenden, der dann die Datensätze der Abfrage auflistet. Des Weiteren stehen zwei Symbolleisten zur Verfügung, die wichtige Funktionen direkt bereitstellen – und natürlich können Sie die Befehle auch in der Menüleiste finden.

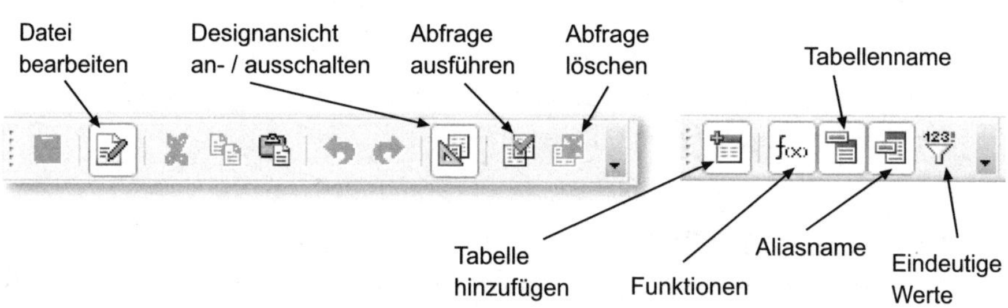

Abbildung 6.22 Die Symbolleisten der Designansicht

Grundsätzlich kann die Entwurfsansicht von Abfragen in zwei verschiedenen Modi genutzt werden: in der Designansicht – wie sie in Abbildung 6.21 zu sehen ist – und in der SQL-Ansicht, die dann nur den SQL-Befehl darstellt (siehe Abschnitt 6.4).

Natürlich ist die Designansicht angenehmer, lassen sich hier doch Abfragen auch ohne Kenntnis der SQL-Syntax recht einfach erstellen. Hat man erst einmal Kriterien für eine Abfrage definiert, so kann die Abfrage über das entsprechende Icon direkt ausgeführt werden. Dann entsteht ein dritter Arbeitsbereich (direkt unterhalb der Symbolleisten) und zeigt die Ergebnisse der Abfrage in Form einer Tabellenansicht.

Die zweite Symbolleiste (die man übrigens aus Platzgründen ohne weiteres neben die erste ziehen kann) schaltet die Ansicht einiger Felder in der Designansicht (Tabelle) ein oder aus. Es empfiehlt sich, alle Schalter eingeschaltet zu lassen – dann hat man alle Möglichkeiten zur Verfügung. Das Icon **Tabelle hinzufügen** öffnet wieder das Zusatzfenster, in dem man dann aus allen Tabellen der Datenbank zur Abfrage weitere hinzufügen kann.

Eine Abfrage erzeugt man nun in der Designansicht, indem man im unteren Arbeitsbereich – in der Tabelle – die gewünschten Felder auswählt und dann die entsprechenden Eigenschaften zuweist.

Tipp

Ein Doppelklick auf ein Feld einer gewählten Tabelle in der grafischen Ansicht fügt dieses automatisch als nächstes Feld der Abfrage hinzu.

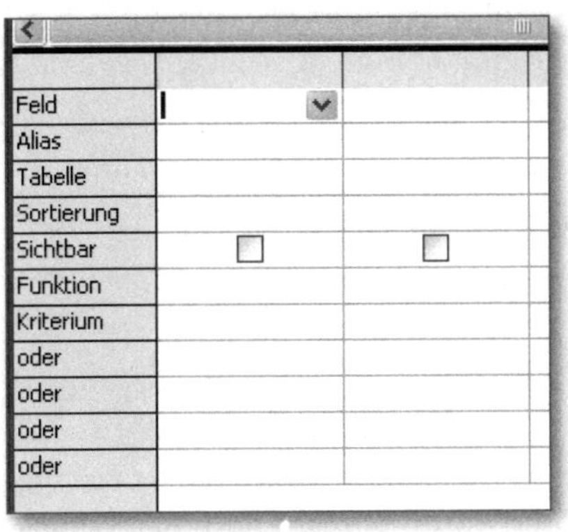

Abbildung 6.23 Die Spalten der zukünftigen Abfrage

Ähnlich wie in einer Tabelle können die Spaltenbreiten beliebig verändert werden – mit der Maus durch Verschieben der Begrenzung in der Kopfzeile. Das ist jedoch rein kosmetischer Natur und hat keine Auswirkung auf die Abfrage an sich; manchmal hilft es aber, die Übersicht zu behalten. Klickt man mit der Maus in ein Feld, so erscheinen in der Regel dort Hilfen, wo dies möglich ist – so zum Beispiel bei der Zeile **Feld**, das dann eine Dropdown-Liste aller verfügbaren Felder bereitstellt, aus der man nur das gewünschte Feld aussuchen muss.

Nun zu den Eingaben an sich:

- **Feld**: Hier wählen Sie die Feldbezeichnung (Spalte) für die Abfrage. Zur Verfügung stehen alle Felder der gewählten Tabellen, gleichgültig, ob diese schon einmal gewählt wurden oder nicht. Anstatt aus der Dropdown-Liste den Namen zu wählen, können Sie auch einfach doppelt auf den Namen in der grafischen Ansicht klicken. Dabei wird dann nicht nur der Feldname in die nächste, freie Spalte eingetragen, sondern auch gleich noch der Tabellenname – im Feld »Tabelle«.
- **Alias**: Hier können Sie der Spalte in der Abfrage einen neuen Namen zuweisen, eben einen Aliasnamen. Dieser wird dann in der Ergebnistabelle als Feldname angezeigt.
- **Tabelle**: Haben Sie mehrere Tabellen gewählt, suchen Sie hier die passende aus. Ein Feldname ist ja nur eindeutig definiert in der Kombination »Tabellenname.Feldname«. In dem Moment, in dem man eine Tabelle auswählt, ändert sich die Dropdown-Liste bei dem Feld: Jetzt sind nur noch die Felder der gewählten Tabelle auswählbar.
- **Sortierung**: Hier können Sie einstellen, ob die Ergebnisse der Abfrage aufsteigend oder absteigend sortiert werden sollen. Theoretisch lässt sich dies für alle Spalten aktivieren, doch werden die Suchkriterien von vorn nach hinten abgearbeitet. Das heißt: Die erste Spalte mit einem Sortierkriterium ist der Startpunkt und erst, wenn es gleiche Werte gibt, kommt die nächste Spalte mit Sortierkriterium zum Tragen, und so weiter.
- **Sichtbar**: Dieser Boolesche Wert gibt an, ob die Spalte im Ergebnis der Abfrage später sichtbar sein soll oder nicht. Dies wird zum Beispiel genutzt, wenn man berechnete Felder einfügt und die Grundlagen der Berechnung nicht ausgeben möchte.
- **Funktion**: Hier können Sie wieder vordefinierte Funktionen für Zusammenfassungen definieren – die so genannten **Aggregatsfunktionen**. Wird allerdings hier eine Funktion ausgewählt, dann können keine anderen Spalten für die Abfrage mehr definiert werden, es sei denn, sie erhalten im Feld »Funktionen« den Begriff »Gruppierung«. Wichtiger als die hier vordefinierten Funktionen sind oft **berechnete Felder**. Auch das ist natürlich möglich, dann müssen aber die Formeln nicht hier, sondern in der Feldzelle entsprechend eingegeben werden. Sie werden dann automatisch übernommen. Dann ist es natürlich auch sinnvoll, einen Aliasnamen zu vergeben.
- **Kriterium**: In diesen und den folgenden Zellen werden nun die Selektionskriterien festgelegt. Dabei gelten zwei wichtige Grundsätze: In der gleichen Spalte definierte Kriterien werden immer mit »oder« verknüpft. Möchten Sie

eine »und«-Verknüpfung, so erzeugen Sie eine neue Spalte, die auf dem gleichen Feld basiert, und tragen dort die Suchkriterien ein. Sie können die weiteren Spalten ja »unsichtbar« schalten.

6.3.2 Filterbedingungen

Gerade bei Abfragen ist es wichtig, Filterbedingungen zu definieren. Die Felder der Spalten lassen hier jede Menge Möglichkeiten zu, man muss nur wissen, wie man Letztere eingibt.

Am einfachsten sind die Bedingungen bei mathematischen Vergleichen. Hier gibt es wenig Interpretationsspielraum, und die Syntax ist immer gleich. Üblicherweise wendet man diese Bedingungen allerdings auch nur auf numerische Felder an. Zwar gibt es keinen Fehler bei Textfeldern, doch muss dann entweder der Text exakt identisch sein, oder die Größer/kleiner-Kriterien werden auf das Alphabet angewendet.

Folgende Operatoren sind möglich:

Operator	Bedeutung	Bedingung ist erfüllt, wenn...
=	ist gleich	... der Feldinhalt mit dem angegebenen Ausdruck identisch ist. Der Operator = wird in den Abfragefeldern nicht angezeigt; geben Sie einen Wert ohne Operator ein, wird der Operator = angenommen.
<>	ist ungleich	... der Feldinhalt dem angegebenen Ausdruck nicht entspricht.
>	ist größer	... der Feldinhalt größer als der angegebene Ausdruck ist.
<	ist kleiner	... der Feldinhalt kleiner als der angegebene Ausdruck ist.
>=	ist größer gleich	... der Feldinhalt größer oder gleich dem angegebenen Ausdruck ist.
<=	ist kleiner gleich	... der Feldinhalt kleiner oder gleich dem angegebenen Ausdruck ist.

Ein wenig komplizierter wird es dann schon, wenn man sonstige Kriterien anwenden möchte. OpenOffice.org Base unterstützt hier nämlich zwei verschiedene Sprachkonstrukte: die OpenOffice.org-eigene Syntax und die klassische SQL-Syntax. Das funktioniert allerdings nur in der Design-Ansicht. Arbeiten Sie später direkt in der SQL-Ansicht, werden natürlich nur noch SQL-Befehle unterstützt.

Die Unterschiede zwischen beiden Sprachversionen sind erheblich. Die folgende Tabelle zeigt die Unterschiede und die Bedeutung:

OpenOffice.org-Befehl	SQL-Befehl	Bedeutung	Bedingung ist erfüllt, wenn...
IST LEER	IS NULL	ist leer	... das Datenfeld leer ist. Bei Ja/Nein-Feldern mit drei Zuständen fragt dieser Befehl den unbestimmten Zustand ab (weder Ja noch Nein).
IST NICHT LEER	IS NOT NULL	ist nicht leer	... das Datenfeld nicht leer ist.
WIE (Platzhalter * für beliebig viele Zeichen, Platzhalter ? für genau ein Zeichen)	LIKE (Platzhalter % für beliebig viele Zeichen, Platzhalter _ für genau ein Zeichen)	ist Bestandteil von	... das Datenfeld den angegebenen Ausdruck enthält. Platzhalter (*) geben hierbei an, ob der Ausdruck x am Anfang (x*), am Ende (*x) oder innerhalb des Feldinhalts (*x*) vorkommt. Als Platzhalter können Sie in SQL-Abfragen das SQL-Zeichen % eingeben, in der OpenOffice.org-Oberfläche die aus dem Dateisystem gewohnten Platzhalter (*). Der Platzhalter * oder % steht für beliebig viele Zeichen. Als Platzhalter für genau ein Zeichen dient in der OpenOffice.org-Oberfläche das Fragezeichen (?) und in SQL-Abfragen der Unterstrich (_).
NICHT WIE	NOT LIKE	ist nicht Bestandteil von	... das Datenfeld den angegebenen Ausdruck nicht enthält.
ZWISCHEN x UND y	BETWEEN x AND y	liegt im Intervall [x,y]	... das Datenfeld einen Wert enthält, der zwischen den beiden Werten x und y liegt.
NICHT ZWISCHEN x UND y	NOT BETWEEN x AND y	liegt nicht im Intervall [x,y]	... das Datenfeld einen Wert enthält, der nicht zwischen den beiden Werten x und y liegt.
IN (a; b; c...) Achten Sie auf die Semikola als Trenner in allen Wertelisten!	IN (a, b, c...)	enthält a, b, c...	... das Datenfeld einen der angegebenen Ausdrücke a, b, c,... enthält. Es können beliebig viele Ausdrücke angegeben werden, das Abfrageergebnis wird durch eine Oder-Verknüpfung ermittelt. Die Ausdrücke a, b, c... können sowohl Zahlen als auch Zeichen sein.
NICHT IN (a; b; c...)	NOT IN (a, b, c...)	enthält nicht a, b, c...	... das Datenfeld einen der angegebenen Ausdrücke a, b, c,... nicht enthält.
= WAHR	= TRUE	hat den Wert True	... das Datenfeld den Wert True hat.
= FALSCH	= FALSE	hat den Wert False	... das Datenfeld den Wert False hat.

Wie gesagt, in der Designansicht ist die Schreibweise des Dialekts egal, OpenOffice.org versucht, das Richtige zu interpretieren. Die Befehle sind auch nicht case-sensitiv, Sie können also groß- und/oder kleinschreiben; üblicherweise werden Befehle aber immer großgeschrieben.

Noch ein Wort zu Textmaskierungen: Üblicherweise müssen Strings in einfache Hochzeichen eingeschlossen werden. OpenOffice.org versucht allerdings, Ihre Eingabe entsprechend zu interpretieren, und setzt die Hochzeichen dann selbst. Im Zweifelsfall sollten Sie diese gleich richtig mit eingeben. Einige Beispiele:

- `= 123` liefert alle Datensätze, deren Wert exakt 123 darstellt, als Zahl.
- `= 'Thomas'` liefert alle Datensätze, die exakt den Begriff »Thomas« im Feld stehen haben.
- `LIKE 'Tho%'` liefert alle Datensätze, deren Inhalt im Feld mit »Tho« beginnt, also zum Beispiel »Thomas«, »Thommy« und »Thor«.
- `WIE 'Tho*'` wie eben, nur in OpenOffice.org-Schreibweise.
- `ZWISCHEN 20 UND 40` liefert alle Datensätze, die im Feld einen Wert zwischen 20 und 40 stehen haben.

Mehr Beispiele finden Sie weiter unten.

Datumsformate können entweder im OpenOffice.org-Format oder im SQL-eigenen Format eingegeben werden.

OpenOffice.org-Format	SQL-Format	Bedeutung
02.09.2007 02/09/2007 2007.09.02	2007-09-02	Datumswert. Beim OpenOffice.org-Format können führende Nullen weggelassen werden. Außerdem können die Daten in einfache Hochzeichen eingeschlossen werden.
#02.09.2007#	{D '2007-09-02'}	Interne Darstellung – beide Varianten werden akzeptiert.
12:10:00	{D '12:10:00'}	Zeitwert

Kombinierte Datums-/Zeitwerte (Timestamp) werden in ähnlicher Form eingegeben, also einfach kombiniert. Darüber hinaus akzeptiert die Designansicht auch bestimmte Escape-Sequenzen, wie sie aus ODBC- und JDBC-Verbindungen bekannt sind (Beispiel: Datum/Zeit: {ts 'YYYY-MM-DD HH:MM:SS'}).

Weitere Informationen zu Filterbedingungen finden Sie in der Hilfe von OpenOffice.org Base – Stichwort »Abfrageentwurf«.

6.3.3 Abfragen erzeugen

Wenden wir die Informationen nun an, und erzeugen wir eine Liste aller Hundeartikel zwischen 15 und 30 EUR Verkaufspreis. Hierzu benötigen Sie die Tabelle »Artikel«. Wählen Sie die Felder »Artikel_nr«, »Beschreibung« und »VK«. Um die Felder schnell hinzuzufügen, klicken Sie einfach mit der linken Maustaste in der dargestellten Reihenfolge auf die Felder in der Tabelle.

Um sofort ein Ergebnis zu erhalten und zur Überprüfung klicken Sie jetzt gleich einmal auf das Icon **Abfrage ausführen**. Das Ergebnis erscheint in Form einer Tabelle direkt in der Arbeitsansicht (Abbildung 6.24).

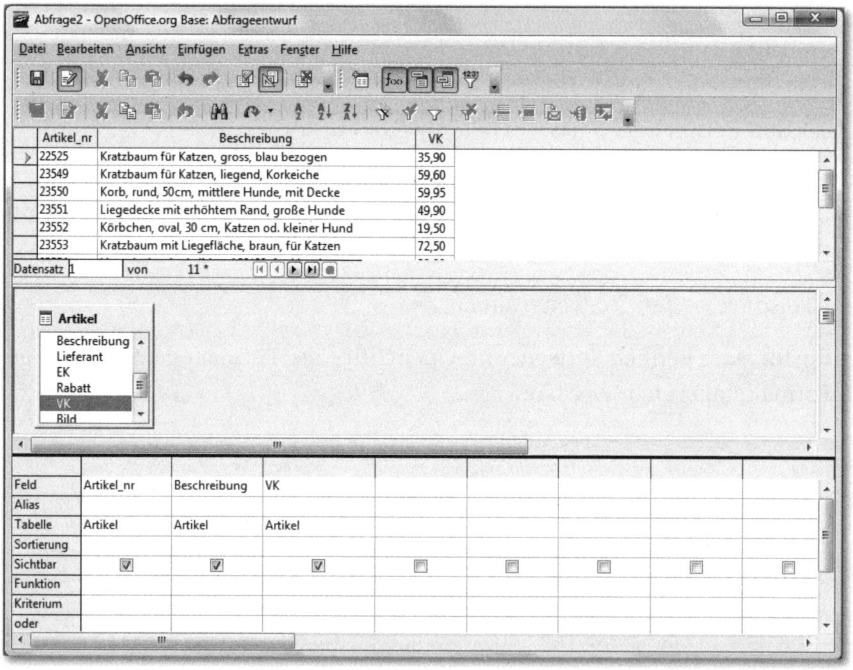

Abbildung 6.24 Die erste, schnelle Abfrage

Diese Abfrage ist noch nicht gesichert und nur temporär im Speicher. Um sie permanent zur Verfügung zu haben, können Sie diese nun speichern. Vergeben Sie dabei einen aussagekräftigen Namen, zum Beispiel »Hundeartikel_15 bis 30 Euro«.

Wichtig

Das Speichern der Abfrage sichert zwar diese in der Base-Datei, die Base-Datei selbst muss aber auch noch einmal gesichert werden, damit die Abfrage auch wirklich gespeichert ist! Aufpassen!

Das war ein guter Anfang und ein schnelles Ergebnis – nur noch nicht das, was wir haben wollten. Allerdings können Sie auf dieser Basis nun einfach Schritt für Schritt weiterarbeiten und dabei jeden Einzelschritt überprüfen – das minimiert die Fehlermöglichkeiten und grenzt eventuelle Fehleingaben schnell ein. Würde man alles in einem Zug erledigen und würde das Ergebnis nicht den Erwartungen entsprechen – wenn zum Beispiel keine Datensätze angezeigt werden –, so ist die Fehlersuche recht mühsam.

Nun verbessern Sie die Suchkriterien, wie in Abbildung 6.25 gezeigt.

Feld	Artikel_nr	Beschreibung	VK	
Alias				
Tabelle	Artikel	Artikel	Artikel	
Sortierung				
Sichtbar	☑	☑	☑	
Funktion				
Kriterium		WIE '*hund*'	ZWISCHEN 10 UND 30	
oder				

Abbildung 6.25 Abfrage: Hundeartikel zwischen 10 und 30 EURO Verkaufspreis

Klicken Sie erneut auf das Icon **Abfrage ausführen**. Die nun angezeigte Liste ist schon das gewünschte Ergebnis (Abbildung 6.26).

Artikel_nr	Beschreibung	VK
23552	Körbchen, oval, 30 cm, Katzen od. kleiner Hund	19,50
23555	Halsband, Leder, 2,5 cm breit, 40 cm lang, für Hunde	24,90
23556	Halsband, Leder, 2 cm breit, 30 cm lang, für Hunde	23,50
23557	Halsband, Leder, 2 cm breit, 20 cm lang, für Hunde	21,10
23559	Hundehalsband Metall, klein	25,00
23560	Halsband für Hunde, Kette, mittel	23,40
23561	Halsband für Hunde, Kette, groß	27,50
24101	Halsband "Piratentuch" für Hunde	29,50
24102	Halsband, Neonfarbe, Polyester für Hunde	25,00
24103	Ausführleine für Hunde, 2 m, Leder	19,90
24104	Ausführleine für Hunde, 2 m, Kunststoff, bunt	16,20

Abbildung 6.26 Das Ergebnis der Abfrage

Aber Achtung: So einfach es aussieht, die Tücken stecken im Detail! Ich erinnere nur an Folgendes: Das Feld »Beschreibung« der Datenbank »Artikel« wurde mit dem Feldtyp »Text[VARCHAR_IGNORECASE]« definiert, um Groß- und Kleinschreibung nicht unterscheiden zu müssen. Wäre die Artikelbeschreibung als »Text[VARCHAR]« definiert, so wäre die Abfrage hier leer – denn »hund« (mit kleinem h) kommt gar nicht vor. Um dann alle Artikel zu erreichen, die den Begriff »Hund« beinhalten, müssten zwei Kriterien definiert werden, mit **ODER**

verknüpft: **Wie '*Hund*'** und **Wie '*hund*'**. Nun gut, das wäre ja noch machbar – jetzt aber würde die zweite »Falle« zuschnappen:

ODER-Kriterien werden für eine Spalte untereinander definiert, **UND**-Bedingungen in unterschiedlichen Spalten. Leider verknüpft OpenOffice.org Base intern die Zeilen dann auch miteinander, und das bedeutet: Habe ich mehrere ODER-Bedingungen definiert, so benötige ich auch für jede Zeile eine UND-Bedingung. Das ist unüblich und gegen jeden Arbeitsfluss.

Beispiel: Sie möchten jetzt nicht nur die Hundeartikel, sondern auch die Katzenartikel in dem Bereich von 15 bis 30 Euro selektieren. Die logische Definition würde wie in Abbildung 6.27 aussehen.

Feld	Artikel_nr	Beschreibung	VK
Alias			
Tabelle	Artikel	Artikel	Artikel
Sortierung			
Sichtbar	☑	☑	☑
Funktion			
Kriterium		WIE '*hund*'	ZWISCHEN 10 UND 30
oder		WIE '*Katze*'	
oder			

Abbildung 6.27 Hunde- und Katzenartikel zwischen 10 und 30 Euro

Führt man die Abfrage aus, so wird man aber enttäuscht. Schon die ersten Datensätze zeigen ein Ergebnis, das vom erwarteten abweicht (Abbildung 6.28).

Artikel_nr	Beschreibung	VK
23548	Kratzbaum für Katzen, gross, blau bezogen	35,90
23549	Kratzbaum für Katzen, liegend, Korkeiche	59,60
23552	Körbchen, oval, 30 cm, Katzen od. kleiner Hund	19,50
23553	Kratzbaum mit Liegefläche, braun, für Katzen	72,50
23555	Halsband, Leder, 2,5 cm breit, 40 cm lang, für Hunde	24,90

Abbildung 6.28 Das Ergebnis der Abfrage

Katzenartikel sind zwar mit dabei, der Preis stimmt jedoch nicht. Was ist passiert? Jetzt hilft ein Blick in den tatsächlich übertragenen SQL-Code (siehe hierzu auch Abschnitt 6.4). Da erkennt man, dass die Zuordnung nicht stimmt und die zweite Bedingung (Zwischen...) nur der ersten Zeile der ODER-Bedingung zugeordnet wurde – nicht der zweiten. Nun: Wer die Sprache SQL beherrscht, kann hier direkt korrigieren. Für alle anderen gilt: Jedem ODER-Kriterium in einer Zeile muss ein eventuelles UND-Kriterium in einer anderen Spalte zusätzlich zugeordnet werden.

```
SELECT "Artikel_nr", "Beschreibung", "VK" FROM "Artikel" "Artikel" WHERE ( ( "Beschreibung" LIKE '%hund%' AND "VK"
BETWEEN 10 AND 30 ) OR ( "Beschreibung" LIKE '%Katze%' ) )
```

Abbildung 6.29 SQL-Code der Abfrage

Richtig müsste der SQL-Code so lauten wie in Abbildung 6.30 (manuell korrigiert), wobei es auch andere Möglichkeiten gäbe.

```
SELECT "Artikel_nr", "Beschreibung", "VK" FROM "Artikel" "Artikel" WHERE ( ( "Beschreibung" LIKE '%hund%' OR
"Beschreibung" LIKE '%Katze%' ) AND ("VK" BETWEEN 10 AND 30 ) )
```

Abbildung 6.30 Der korrigierte Code

Ein solcher Code würde dann wieder in der Design-Ansicht so umgesetzt, wie Sie es in Abbildung 6.31 sehen.

Feld	Artikel_nr	Beschreibung	VK
Alias			
Tabelle	Artikel	Artikel	Artikel
Sortierung			
Sichtbar	☑	☑	☑
Funktion			
Kriterium		WIE '*hund*'	ZWISCHEN 10 UND 30
oder		WIE '*Katze*'	ZWISCHEN 10 UND 30
oder			

Abbildung 6.31 Zwei ODER-Bedingungen = zwei UND-Bedingungen

Gerade bei komplizierteren Abfragen kann man hier schnell einen Fehler machen!

6.3.4 Kalkulierte Felder

Mit den bisherigen Möglichkeiten lassen sich sehr schnell einfache Abfragen erzeugen. Doch nun möchten wir zusätzlich wissen, wie viel Geld wir denn pro Artikel verdienen. Wir benötigen also ein Feld, das den Einkaufspreis vom Verkaufspreis abzieht und das Ergebnis als zusätzliche Spalte darstellt.

Für diesen Fall fügen Sie eine neue Spalte der Abfrage hinzu, indem Sie einen Feldnamen eingeben. Da es sich nun um ein berechnendes Feld handelt, können Sie nicht mehr auf die Dropdown-Liste zurückgreifen, sondern müssen die Feldnamen manuell eintippen – und zwar richtig, sonst gibt es später einen Fehler. Feldnamen fungieren hier sozusagen als Variablennamen und nehmen später den Inhalt der jeweiligen Datenfelder auf.

Um den Gewinn zu kalkulieren, muss nur der Wert des Einkaufspreises (Spalte »EK«) vom Verkaufspreis (Spalte »VK«) abgezogen werden (mathematische Operation – »-«). Die Spalte erhält noch einen Aliasnamen (»Gewinn«) – fertig.

Und weil es so schön ist, berechnen wir gleich noch die prozentuale Gewinnspanne, bezogen auf den Verkaufspreis. Diese Formel lautet: (VK – EK) / VK. Auch diese Spalte erhält einen Aliasnamen, und dann führen Sie die Abfrage aus (Abbildung 6.32).

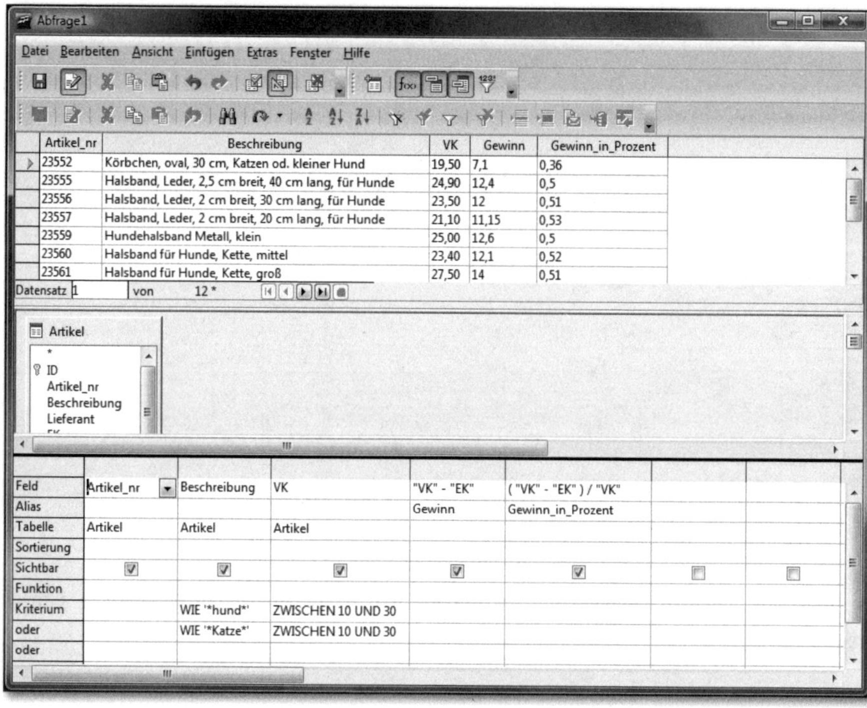

Abbildung 6.32 Abfrage mit berechneten Feldern

Bleibt noch ein bisschen »Kosmetik«. Die Spalte **Gewinn** zeigt die Werte als Fließkommazahl, ebenso die Spalte **Gewinn_in_Prozent**. Wenn Sie das stört, können Sie das Format der Spalte ändern (wie in Calc). Hierzu klicken Sie mit der rechten Maustaste auf den Spaltenkopf und wählen aus dem Kontextmenü **Spaltenformatierung**. Es öffnet sich das aus Calc bekannte Formatierungsfenster für Zellen, und Sie können nun Ihre Einstellungen vornehmen. Es lassen sich also Währungs- und Prozentzahlen entsprechend einstellen, wobei die Schönheit allerdings endlich ist: Wird die Abfrage geschlossen, ist das Format verloren. Ein erneuter Aufruf stellt dann die Standardwerte wieder her.

Artikel_nr	Beschreibung	VK	Gewinn	Gewinn_in_Prozent
23552	Körbchen, oval, 30 cm, Katzen od. kleiner Hund	19,50 €	7,10 €	36,00%
23555	Halsband, Leder, 2,5 cm breit, 40 cm lang, für Hunde	24,90 €	12,40 €	50,00%
23556	Halsband, Leder, 2 cm breit, 30 cm lang, für Hunde	23,50 €	12,00 €	51,00%

Abbildung 6.33 Die Abfragetabelle in formatierter Ausgabe

Es gibt noch einen Schönheitsfehler: die Rechenungenauigkeit. Sowohl das Feld »EK« als auch das Feld »VK« waren als Typ »Dezimal[Dezimal]« definiert worden, mit zwei Nachkommastellen. Also erzeugt auch die Berechnung einen solchen Feldtyp mit maximal zwei Dezimalstellen. Dadurch kommen dann auch nur ganzzahlige Prozentzahlen heraus, obwohl sich bei genauer Berechnung eben durchaus noch Kommawerte ergeben würden.

Wer also mit berechneten Feldern arbeitet, muss sehr genau die Feldtypen-Deklaration berücksichtigen und entsprechend handeln. Um hier eine höhere Genauigkeit zu erhalten, könnte man beispielsweise die Formel

*(("VK" * 100) – ("EK" * 100)) / "VK"*

nutzen, dann kommen Werte wie 36,41 und 49,8 heraus. Diese dürfen jetzt natürlich nicht mehr als Prozentzahlen formatiert werden – das wurde ja schon bei der Berechnung berücksichtigt –, dann stimmt die Genauigkeit.

6.3.5 Speichern von Abfragen

Es wir Ihnen aufgefallen sein, dass jedes Mal, wenn Sie den Button **Abfrage ausführen** betätigen, die Ergebnistabelle wieder die Standard-Spaltenbreite besitzt, die Informationen der einmal eingestellten Formatierungen also offensichtlich nirgends abgelegt werden. Das trifft auch zu. Abfragen werden lediglich als SQL-String (also als SQL-Befehl) intern gespeichert und jedes Mal neu ausgeführt, wenn Sie die Abfrage benötigen. Anders als bei Tabellen, deren Werte (zumindest bei Verwendung der HSQLDB-Engine) und Datensätze in der Datei selbst gespeichert werden, ist dies bei Abfragen nicht der Fall. Auch wenn diese wie Tabellen erscheinen – gespeichert werden lediglich die zur Erzeugung benötigten SQL-Befehlssequenzen (siehe hierzu auch Abschnitt 6.7).

6.4 Abfragen direkt mit SQL erzeugen

Auch Base arbeitet intern mit der SQL-Sprache, insofern können Sie alle Aktionen auch direkt in SQL eingeben. Nun bietet Base leider zwei SQL-Eingabe-Fenster mit unterschiedlichen Wirkungen.

Sie erinnern sich: Über **Extras • SQL** in der Arbeitsumgebung von Base öffnet sich ein eigenes Fenster für die direkte Eingabe von SQL-Befehlen (siehe auch Abbildung 5.13 in Abschnitt 5.5). Selbstverständlich können Sie dort auch Abfragen eingeben (etwas wie `SELECT * FROM "Artikel"`), nur liefert dieses SQL-Fenster außer der Statusmeldung leider keine Ergebnisse. Das bedeutet: Die Abfrage wird zwar an das DBMS gesendet und dort auch ausgeführt, nur wird das zurückgelieferte Result-Set eben nicht genutzt. Insofern hilft dieses Fenster nicht wirklich weiter. Dennoch müssen wir es mit berücksichtigen. Aber dazu später mehr.

Eine Abfrage muss also auch noch als solche auswertbar bleiben und angezeigt werden können. Hierzu steht der Menübefehl **Einfügen • Abfrage (SQL-Ansicht)** in der Base-Umgebung zur Verfügung – und nur der kann dann auch genutzt werden. Es öffnet sich wieder das Abfrage-Entwurfsfenster, jetzt aber in der SQL-Ansicht (Abbildung 6.34).

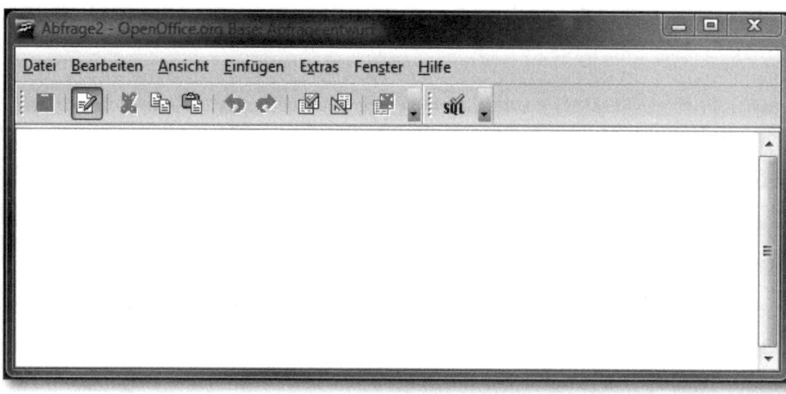

Abbildung 6.34 Der Abfrageentwurf in der SQL-Ansicht

Direkt nach dem Öffnen gibt es nur einen Arbeitsbereich: den SQL-Eingabebereich. Hier können Sie nun durch Eintippen der gewünschten Kommandos direkt Ihre SQL-Befehlssequenz erzeugen.

Das Fenster selbst ist übrigens identisch mit dem Abfragefenster aus Abbildung 6.24, nur eben jetzt in der SQL-Ansicht. Die neue, zusätzliche Symbolleiste weist nur ein Icon auf, »SQL-Kommando direkt ausführen«, und dieses ist aktiviert.

Abbildung 6.35 Das zusätzliche Icon

Solange dieses Icon aktiviert ist, lässt sich die Ansicht nicht in die Entwurfsansicht umschalten, die Sie in Abschnitt 6.3 gesehen haben. Klicken Sie jedoch auf das Icon (dadurch wird die Aktivierung aufgehoben) oder entfernen Sie die Option im Menüpunkt **Bearbeiten • SQL-Kommandos direkt ausführen**, können Sie auch die Ansicht wieder umschalten (**Ansicht • Design-Ansicht ein/aus** oder direkt über das Icon in der Standardsymbolleiste).

Bleiben wir aber bei der SQL-Ansicht. In das Arbeitsfenster können Sie nun einen, im Grunde beliebigen SQL-Befehl eingeben. Allerdings wertet Base das Kommando aus, und nur wenn es ein Resultset als Rückgabe liefert, wird es auch wirklich ausgeführt. Das heißt: In diesem Fenster können Sie keine CREATE-, INSERT- oder ähnliche Statements unterbringen, diese würden die Fehlermeldung aus Abbildung 6.36 produzieren.

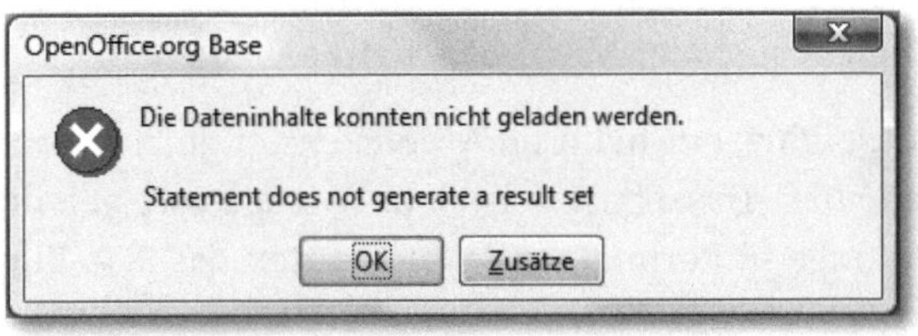

Abbildung 6.36 Fehler bei falschen Statements

Sobald es sich aber um eine Abfrage (Schlüsselwort **SELECT**) handelt, haben Sie alle Freiheiten und Möglichkeiten der Sprache SQL. Und jetzt gleich eine Besonderheit: Dieses Fenster akzeptiert den SQL-Code in seiner tatsächlichen »Urform« und leitet ihn direkt an das DBMS weiter, ohne Umwandlungen und »Verbesserungen« durch Base. Hierin unterscheidet sich dieses Fenster signifikant von dem SQL-Fenster für allgemeine Eingaben (siehe Abschnitt 5.5): Dort werden nämlich die Eingaben von Base zunächst »gefiltert« und intern noch einmal in SQL umgesetzt, zumindest für die interne Datenbank HSQLDB. Das führt dann zu den unterschiedlichen Eingabenotwendigkeiten.

Für die HSQLDB gilt:

Allgemeines SQL-Fenster (**Extras • SQL**)	Tabellennamen und Spaltennamen müssen in doppelte Hochzeichen eingeschlossen werden. Base wandelt intern alle nicht-maskierten Begriffe in Großbuchstaben um. Beispiel: `INSERT "MeineTabelle" ("id" Integer, ...`
SQL-Abfragefenster (**Einfügen • Abfrage (SQL...)**)	Eine Maskierung ist nicht nötig. Der SQL-Befehl wird direkt zum DBMS gesendet. Beispiel: `SELECT * FROM MeineTabelle WHERE id = 2;`

Mit diesem Vorwissen und unter Beachtung der Besonderheiten können nun Abfragen direkt in SQL definiert werden.

6.4.1 Abfragen in SQL

Bleiben wir beim Beispiel der Artikeldatenbank des Haustierbedarfs. Wir möchten nun einmal alle Katzenartikel aufgelistet bekommen, wobei uns nur die Artikelnummer, die Beschreibung und der Verkaufspreis interessieren. Der SQL-Befehl für diese Abfrage lautet:

```
SELECT Artikel_Nr, Beschreibung, VK FROM Artikel WHERE Beschreibung
LIKE '%Katze%';
```

Das Semikolon, das den SQL-Befehl üblicherweise abschließt, kann in Base entfallen. Der Befehl wird ausgeführt, wenn Sie auf das Icon **Abfrage ausführen** klicken oder den gleichnamigen Befehl aus dem Menü **Bearbeiten** wählen.

Wird eine Abfrage erstmalig ausgeführt, erscheint im Arbeitsfenster auch wieder die Ergebnisvorschau. Das bedeutet: Das Fenster ist jetzt wieder zweigeteilt: Oben steht das Ergebnis der Abfrage in Form einer Tabelle, unten das SQL-Eingabefenster mit der Abfrage an sich.

Auch hier kann man schrittweise arbeiten und die Abfrage Punkt für Punkt verfeinern, bis man das gewünschte Ergebnis erreicht hat. Die der Abfrage zugrunde liegende SQL-Befehlssequenz bleibt dabei immer erhalten, kann also jederzeit neu editiert und verändert werden.

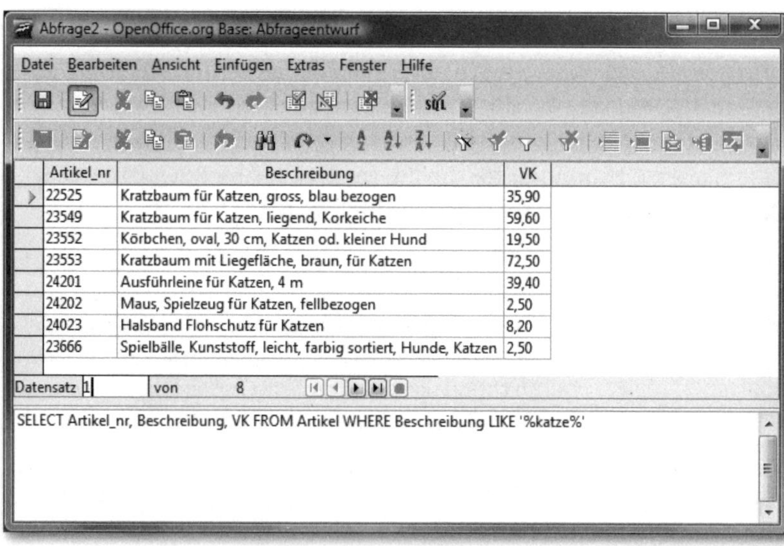

Abbildung 6.37 Die SQL-Abfrage und das Ergebnis

Tipp

Sie können jederzeit zwischen der Design-Ansicht und der SQL-Ansicht umschalten. Der SQL-Befehl wird dann von Base in die Design-Ansicht umgesetzt oder eben umgekehrt. So lassen sich die Schwächen der Designansicht direkt im SQL-Code umgehen, ohne aber auf die Annehmlichkeiten der Designansicht verzichten zu müssen.

Natürlich können Sie in dem SQL-Fenster jetzt nur noch »echte« SQL-Befehle verwenden (vergleiche hierzu auch Kapitel 3), die Base-eigenen Dialektvarianten sind hier natürlich nicht anwendbar. Allerdings gibt es natürlich dennoch unterschiedliche Schreibmöglichkeiten. So können Sie die in Abbildung 6.37 gezeigte Abfrage einmal in die Design-Ansicht umschalten – und dann wieder zurück in die SQL-Ansicht. Dadurch wird der SQL-String von Base entsprechend dem internen Parser »verbessert«. Das Ergebnis lautet jetzt:

```
SELECT "Artikel_nr", "Beschreibung", "VK" FROM "Artikel"
AS "Artikel" WHERE (("Beschreibung" LIKE '%katze%'))
```

Tabellen- und Spaltennamen werden also »maskiert«, die »AS«-Funktion hinzugefügt und Klammern gesetzt, wobei deren Sinn oft nicht klar ist (doppelte Klammer hier ist einfach Unsinn).

Statt Base-eigenen Dialekten lassen sich wohl aber die DBMS-eigenen Funktionen einsetzen: So wäre es zum Beispiel möglich, eine zusätzliche Spalte einzufügen und alle Katzenartikel als »Sonderpreis« 10 % günstiger anzubieten. Um das zu realisieren, benötigt man die eingebauten Funktionen der HSQLDB (siehe hierzu auch Kapitel 4). Der folgende SQL-Befehl würde nun der oben aufgeführten Selektion eine weitere Spalte mit einem Aliasnamen »Angebot« hinzufügen, die aus dem Verkaufspreis (Spalte VK) reduziert um 10 % besteht und durch den Schriftzug »EUR« ergänzt wird.

Um dies zu realisieren, geht man ebenfalls schrittweise vor: Möchte man 10 % Rabatt vom Verkaufspreis abziehen, nutzt man eine einfache mathematische Formel: `VK - ( VK * 0.1)`. Wichtig: Der Dezimaltrenner ist in SQL immer der Punkt!

Eine solche Berechnung führt jetzt immer zu einer Fließkommazahl mit unbekannten Nachkommastellen (es kann sich dabei um eine, aber auch um drei Nachkommastellen handeln). Daher nutzt man nun den Befehl TRUNCATE, um diese auf zwei Stellen zu kürzen:

```
TRUNCATE( (VK - ( VK * 0.1)), 2)
```

Das Ergebnis dieser Funktion wird nun noch mit einem Textteil verknüpft – fertig:

```
CONCAT ( TRUNCATE( (VK - ( VK * 0.1)), 2), '  Euro')
```

Daraus können Sie nun den SQL-Befehl zusammenbauen. Abbildung 6.38 zeigt das Ergebnis.

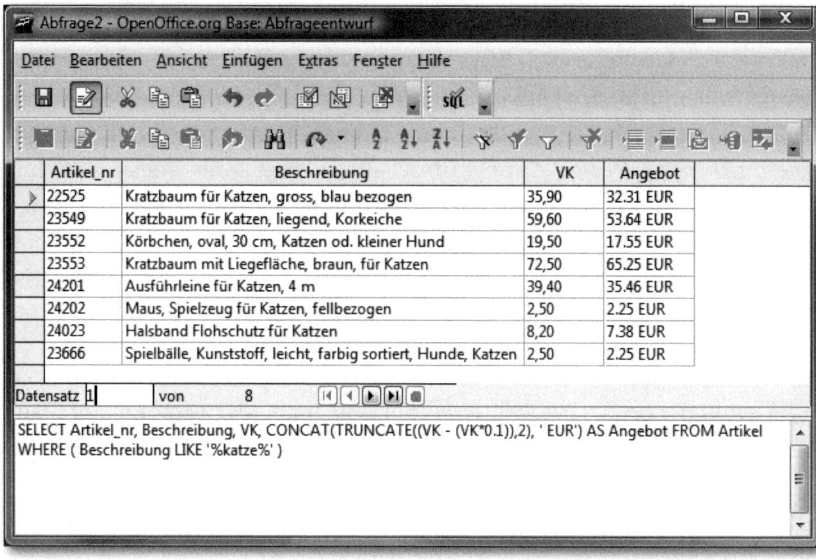

Artikel_nr	Beschreibung	VK	Angebot
22525	Kratzbaum für Katzen, gross, blau bezogen	35,90	32.31 EUR
23549	Kratzbaum für Katzen, liegend, Korkeiche	59,60	53.64 EUR
23552	Körbchen, oval, 30 cm, Katzen od. kleiner Hund	19,50	17.55 EUR
23553	Kratzbaum mit Liegefläche, braun, für Katzen	72,50	65.25 EUR
24201	Ausführleine für Katzen, 4 m	39,40	35.46 EUR
24202	Maus, Spielzeug für Katzen, fellbezogen	2,50	2.25 EUR
24023	Halsband Flohschutz für Katzen	8,20	7.38 EUR
23666	Spielbälle, Kunststoff, leicht, farbig sortiert, Hunde, Katzen	2,50	2.25 EUR

Abbildung 6.38 Die Select-Anfrage mit Funktionen

Unschön ist hier lediglich, dass der Dezimaltrenner als Punkt dargestellt wird. Das ist SQL-bedingt, und wer das nicht mag, muss eben noch eine zusätzliche Funktion einbauen:

```
CONCAT ( REPLACE( TRUNCATE( (VK - ( VK * 0.1)), 2),'.',','),
' EUR')
```

Jetzt würde der Punkt noch durch ein Komma ersetzt. Der Befehl wäre damit komplett und perfekt.

Die doppelten Hochzeichen im Befehl (Abbildung 6.39) kommen übrigens daher, dass zwischenzeitlich einmal die Design-Ansicht eingeschaltet wurde. Jetzt interpretiert OpenOffice.org Base die SQL-Sequenz, überträgt diese in den internen Code, und beim Zurückschreiben werden die Spaltennamen immer in doppelte Hochzeichen eingeschlossen. Das ist für die SQL-Ansicht zwar nicht nötig, weil SQL die Spaltennamen auch so erkennt, schadet aber auch nicht. Daher die Differenz.

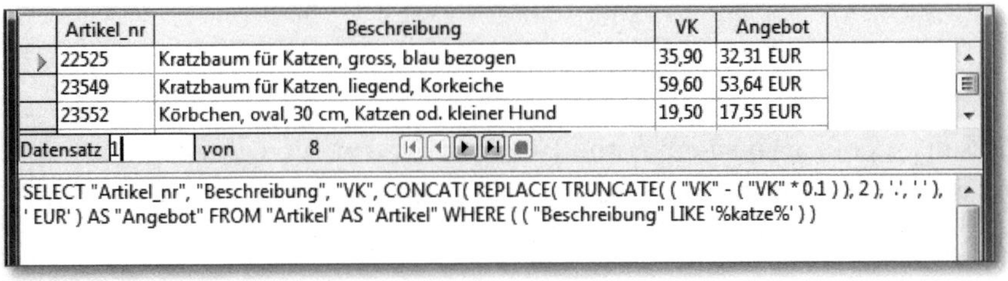

Abbildung 6.39 Die Abfrage mit Komma

Noch eine Besonderheit: Base wiederholt die FROM-Bezeichnung, deswegen taucht jetzt zweimal »Artikel« auf. Im Sinne der Sprache SQL kann auch einer Tabelle ein Alias zugewiesen werden (was eben hier geschieht). Diese »Kann«-Bedingung wird von Base konsequent umgesetzt, und da kein »echter« Alias verwendet wird, wiederholt man einfach den Tabellennamen.

6.4.2 Abfragen in Programmierungen

Spätestens wenn Sie Datenbank-Applikationen in OpenOffice.org selbst programmieren wollen, müssen Sie sich intensiv mit der Sprache SQL beschäftigen. Jede Abfrage wird dort direkt als SQL-String formuliert und dann an ein Statement-Objekt übergeben.

Abfragen (SELECTs) liefern ein ResultSet-Objekt als Ergebnis zurück, das die von dem DBMS zurückgegebenen Daten repräsentiert. Dieses Objekt unterstützt mindestens den Service `com.sun.star.sdbc.ResultSet`, dessen Interfaces wiederum grundlegende Methoden zum Abfragen der Daten zur Verfügung stellen.

Um ein Resultset – und letztendlich eine Abfrage – zu erzeugen, gehen Sie wie folgt vor:

```
...
REM Definition des SQL-Strings - des eigentlichen Befehls
sSQL = "SELECT Artikel_nr, Beschreibung, VK, CONCAT( " & _
   "TRUNCATE( ( VK - ( VK * 0.1 ) ), 2 ), '  EUR' ) AS " & _
   "Angebot FROM Artikel WHERE ( ( Beschreibung LIKE " & _
   "'%Katze%' ) )"
REM Statementobjekt erzeugen, Verbindung siehe Anhang
oStatement = oConnection.createStatement()
oResultset = oStatement.executeQuery(sSQL)
oConnection.close()
REM Das Resultset-Objekt kann nun bearbeitet werden
```

```
REM - z.B. Auslesen des ersten String-Wertes 1. Datensatz
msgbox oResultset.getString(1)   'Ergebnis:  23548
...
```

Ein Resultset kann auch einem Formular zugewiesen werden, das dann quasi das Frontend darstellt. Doch dazu später (Kapitel 7 ff.).

6.5 Ansichten versus Abfragen

Ein Blick in die Menübefehle unter **Einfügen** zeigt, dass es neben **Abfragen** auch **Ansichten** gibt. Hier finden Sie ebenfalls einen **Ansichtenentwurf** und eine **Ansicht (einfach)**. Klicken Sie hierauf, so öffnen sich die von der Abfrage her bekannten Fenster. Es gibt keinen Unterschied.

Was also unterscheidet eine Ansicht von einer Abfrage? Die Antwort ist einfach: Abfragen werden von Base (dem Frontend also) verwaltet und entsprechend ausgeführt; Ansichten vom Backend (dem DBMS) verwaltet und ausgeführt. Die Syntax von Ansichten oder Abfragen ist identisch, die Ergebnisse auch, nur die Verwaltung eben nicht.

Nun gibt es DBMS-Systeme, die Ansichten gar nicht verwalten können; dann sind die entsprechenden Menüpunkte auch nicht aktiv (zum Beispiel bei Tabellendokumenten oder dBase-Dateien), Abfragen hingegen können immer erstellt werden.

Ansonsten können Ansichten bei Verwendung einer externen Datenquelle (wie zum Beispiel einer MySQL- oder PostgreSQL-Datenbank) durchaus Geschwindigkeitsvorteile mit sich bringen. Was auch logisch ist, da jetzt die Abfrage im DBMS verwaltet und ausgeführt wird, während in Base gespeicherte Abfragen immer erst aktuell wieder gesendet werden müssen.

Und noch einen Unterschied gibt es: Ansichten werden in der Base-Arbeitsumgebung unter »Tabellen« aufgeführt (wenn auch mit einem anderen Icon, eben dem der Abfragen), Abfragen hingegen immer im Bereich »Abfragen«. Dies wiederum bedeutet, dass Ansichten (wie Tabellen eben auch) einen Teil von Abfragen darstellen können. Das ist mit Abfragen selbst nicht möglich. Das heißt: Wenn die Tabellen ursprünglich sehr komplex sind, kann es durchaus sinnvoll sein, diese »Komplexität« für den Benutzer mit Hilfe von Ansichten zunächst ein wenig aufzulösen und dann Abfragen auf der Basis dieser Ansichten zu erzeugen.

Beispiel: In der Artikeldatenbank wurden die Artikel in den Gruppen »Hund« und »Katze« bisher über eine Ähnlichkeitssuche im Beschreibungsfeld gestaltet. Kennt man die Syntax hierfür nicht, wird es schwierig. Eine Ansicht soll nun eine

Kopie der Tabelle »Artikel« darstellen, jedoch mit einem zusätzlichen Feld, das die extrahierte Gruppenbezeichnung enthält. Hierfür wird wieder auf eine eingebaute Formel zurückgegriffen:

```
CASEWHEN(LOCATE('Hund', Beschreibung) = 0, 'Katze', 'Hund')
```

Sie liefert »Hund«, wenn dieser Begriff innerhalb der Artikelbeschreibung vorkommt, ansonsten »Katze«. Das ist sicherlich noch nicht perfekt, für das Beispiel aber ausreichend. Eigentlich müsste nämlich auch noch die Bedingung geprüft werden, ob der Begriff »Katze« denn überhaupt vorkommt, und wenn er es nicht tut, sollte der Hinweis »Sonstiges« eingetragen werden. Aber das kann ja jeder für sich selbst verbessern.

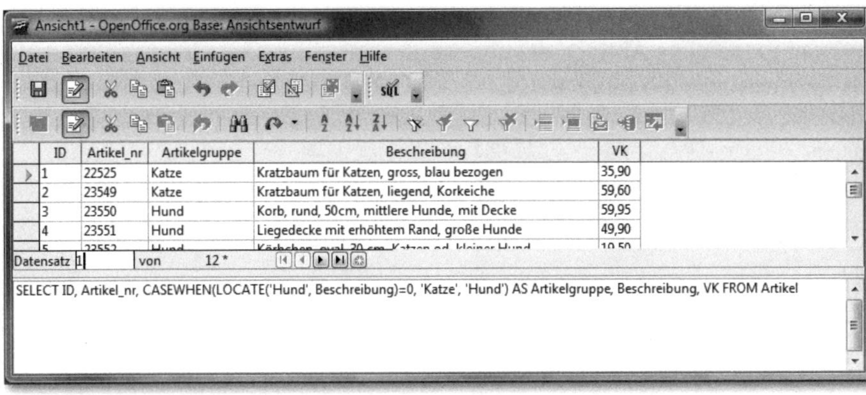

Abbildung 6.40 Ansicht mit zusätzlicher Spalte

Die Spalte bekommt noch einen Aliasnamen – die Ansicht ist perfekt.

Achtung

Überprüfen Sie die Ergebnisse Ihrer Ansicht unbedingt immer hier, in diesem Fenster. Jetzt können Sie noch den dazugehörigen SQL-Befehl editieren und entsprechend nachbessern. Haben Sie die Ansicht erst einmal gespeichert, besteht diese Möglichkeit nicht mehr! Nun wird die Ansicht ja wie eine Tabelle behandelt, das heißt, der ursprüngliche Befehl zum Erzeugen besteht nicht mehr, das DBMS liefert aber die Ergebnisse.

Stimmt alles, speichern Sie die Ansicht unter einem aussagekräftigen Namen, zum Beispiel »Artikel_mit_Gruppe«. Dabei wird der SQL-Befehl an das DBMS übertragen und steht dann nur noch über diesen Namen – als Tabellenansicht im Bereich »Tabellen« (Abbildung 6.41) – zur Verfügung.

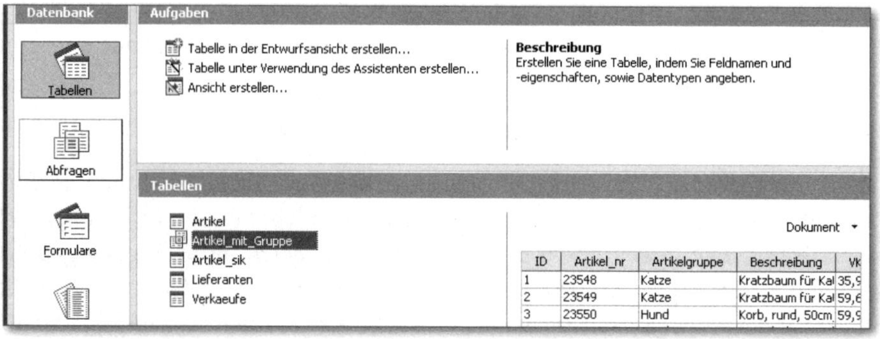

Abbildung 6.41 Die Ansicht als Tabelle

Nun kann eine neue Abfrage erzeugt werden, und die Ansicht steht als Tabelle mit zur Auswahl (Abbildung 6.42).

Abbildung 6.42 Tabelle für Abfrage hinzufügen

Jetzt ist es natürlich einfach, alle Hundeartikel auszuwählen. Das Feld »Artikelgruppe« kann als Auswahlfeld genutzt werden, und da es nur als Selektionskriterium dient, können Sie es in der eigentlichen Abfrage auch ausblenden (Sichtbarkeit ausschalten). Das Ergebnis sind die Datensätze mit Hundeartikeln (siehe Abbildung 6.43).

Ansichten können einen weiteren Vorteil haben: Stellen Sie sich die Artikeldatenbank mit mehreren tausend Eintragungen vor. Es könnte durchaus sinnvoll sein, Ansichten der größten Artikelgruppen zu erzeugen, also zum Beispiel eine Ansicht »Alle Hundeartikel« und eine Ansicht »Alle Katzenartikel«. Aus diesen Ansichten lassen sich dann weiter Unterabfragen erzeugen, zum Beispiel alle »Halsbänder« und so weiter. Womit Sie aber letztendlich arbeiten, bleibt Ihnen überlassen.

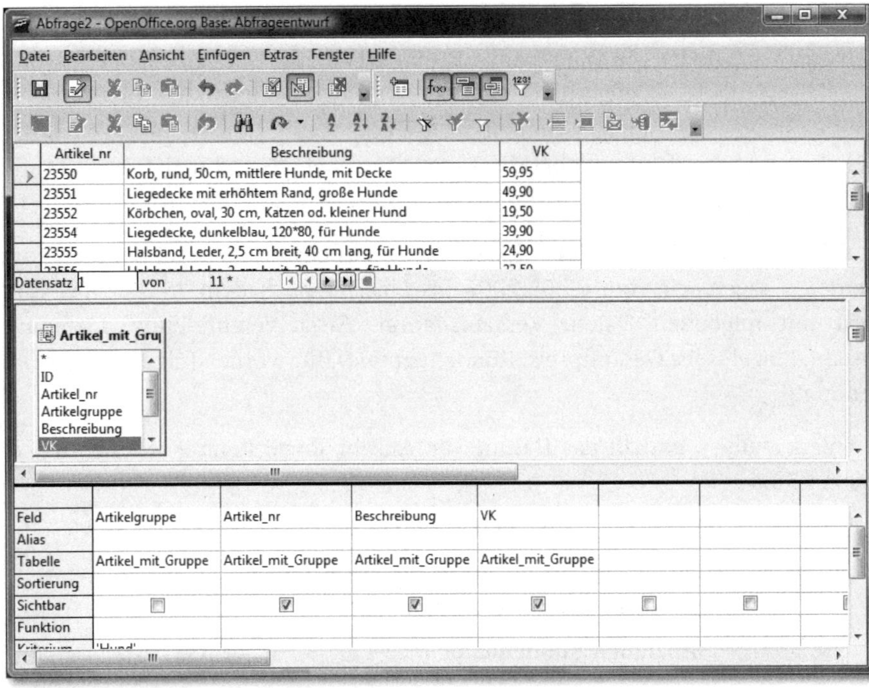

Abbildung 6.43 Abfrage auf der Basis einer Ansichten-Tabelle

6.6 Abfragen über mehrere Tabellen

Bisher wurden alle Abfragen – ich verwende ab sofort nur noch den Begriff »Abfragen«, wobei alles natürlich ebenso für Ansichten gilt – immer nur für eine Tabelle erstellt. Dabei erreichen Abfragen immer dann ihre größte Funktionalität, wenn sie über mehrere Tabellen hinweg durchgeführt werden können. Voraussetzung hierfür ist natürlich, dass sich eine eindeutige Beziehung zwischen den Tabellen herstellen lässt. Zu den theoretischen Grundlagen vergleiche auch Abschnitt 5.1, »Datenbankentwurf – Grundlagen«.

Wichtig

Relationen werden, soweit als solche erkannt, automatisch auch für Abfragen übernommen. Das erleichtert die Arbeit. Neue können selbstverständlich hinzugefügt werden.

6.6.1 Abfragen in der Entwurfsansicht

Nehmen wir wieder die Datenbank »Heimtierbedarf«. Dort gibt es neben den Tabellen »Artikel«, »Lieferanten« und »Rabattgruppen« auch eine Tabelle »Verkaeufe« sowie eine Tabelle »Kunden«. Die Verkäufe sind quasi ein Logbuch der täglichen Einzelverkäufe, wobei die Tabelle nur wenige und meist referierende Spalten enthält.

Es soll nun eine Abfrage aller Verkäufe in einem bestimmten Zeitraum erzeugt werden – sagen wir vom 09.05.2006 bis einschließlich dem 15.05.2006, und zwar mit folgenden Daten: Verkaufsdatum, Artikelbeschreibung, Lieferant, Anzahl, Einzelpreis, Gesamtpreis, Kundenname. Dafür werden folgende Tabellen benötigt:

- »Verkaeufe« – enthält das Datum, die Anzahl sowie Referenzen auf Artikel und Kunde.
- »Artikel« – enthält die Artikelbeschreibung und den Einzelpreis sowie eine Referenz auf den Lieferanten.
- »Lieferanten« – enthält den Lieferantennamen.
- »Kunden« – enthält den Kundennamen.

Öffnen Sie also eine neue Abfrage in der Entwurfsansicht, und wählen Sie aus der Dialogbox die aufgeführten Tabellen aus (Abbildung 6.44).

Abbildung 6.44 Tabellen für Abfrage-Entwurf auswählen

Bereits bestehende Beziehungen werden automatisch übernommen, Sie können sie gut im Design-Fenster sehen. Eventuell müssen Sie die Tabellen ein wenig neu anordnen (mit der Maus), um Klarheit zu erhalten, welche Felder bereits miteinander verknüpft sind.

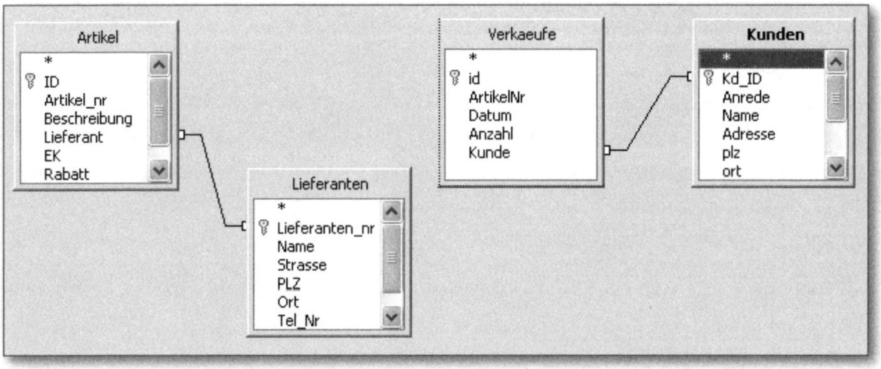

Abbildung 6.45 Die vier Tabellen in der Abfrage-Entwurfsansicht

Was noch fehlt, ist die Verbindung zwischen der Artikelnummer (Feld »Artikel_nr«) in der Tabelle »Artikel« und der Artikelnummer in der Tabelle »Verkaeufe« (Feld »ArtikelNr«). Diese können Sie nun einfach mit der Maus nachträglich herstellen. Dazu klicken Sie mit der linken Maustaste auf das Feld »Artikel_nr« in der Tabelle »Artikel«, halten die Maustaste gedrückt und ziehen den Mauszeiger auf das Feld »ArtikelNr« in der Tabelle »Verkaeufe«. Lassen Sie die Maustaste los – eine Linie zeigt nun die Verbindung an.

Aber warum die Tabellen überhaupt miteinander verbinden? Nun, wenn es keine eindeutige Referenz (Abhängigkeit) unter den später für die Abfrage gewählten Feldern gibt, so wird die Abfrage in einer beliebigen Kombination aller möglichen Felder ausgeführt. Das ergibt nicht nur unsinnige Ergebnisse, sondern je nach gewählter Feldanzahl auch jede Menge Datensätze. Durch die Verbindung werden hingegen eindeutige Beziehungen geschaffen. Zu jedem Datensatz einer Tabelle passt dann immer genau ein Datensatz einer anderen Tabelle, aus dem dann der gewünschte Wert genommen wird.

Sind also die Tabellenbeziehungen erst einmal in Ordnung, so können nun die Felder wie oben beschrieben der Abfrage hinzugefügt werden. Einzig ein Feld »Gesamtpreis« ist nicht vorhanden, sondern wird als berechnetes Feld neu eingefügt. Es erhält den Aliasnamen »Gesamtpreis«. Die Formel ist einfach, allerdings muss sie jetzt vollständig – das heißt mit dem Tabellennamen – eingegeben werden:

```
Verkaeufe.Anzahl * Artikel.VK
```

Zwischen dem Tabellennamen und dem Feldnamen steht immer ein Punkt, kein Leerzeichen.

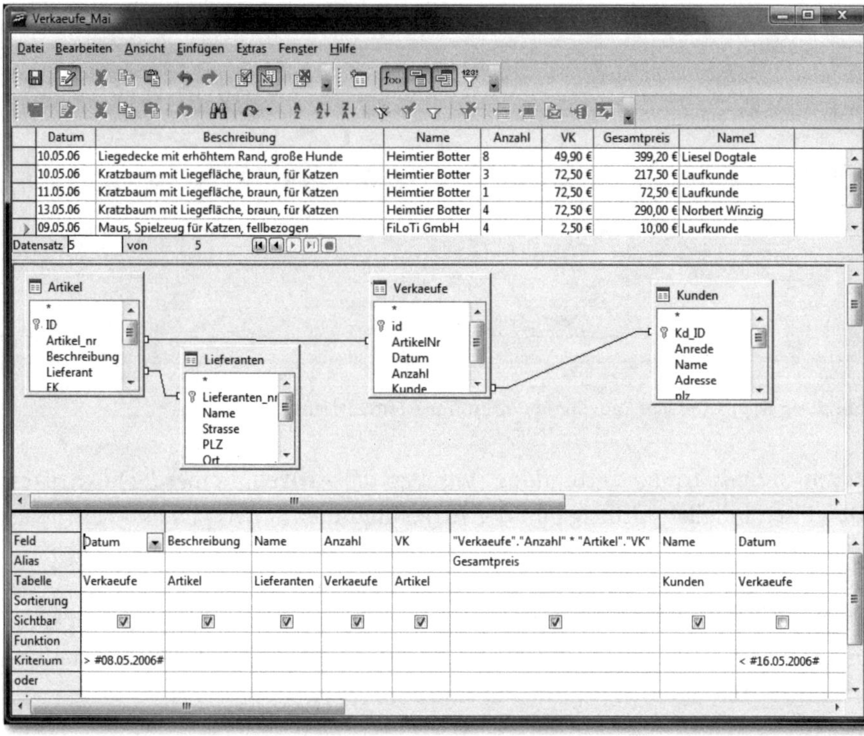

Abbildung 6.46 Abfrage mit mehreren Tabellen

Weil das Datum mit zwei Werten eingegrenzt werden soll, benötigt man hier der Einfachheit halber eine weitere Spalte »Datum«, die aber nicht sichtbar ist, sondern nur als Kalkulationsbasis dient. Die beiden Kriterien werden nun mit einem logischen UND verbunden, und das gewünschte Ergebnis wird dargestellt. Man könnte dieses Ergebnis sicher auch mit einem Kriterium erzeugen; dieses müsste dann folgendermaßen lauten:

```
ZWISCHEN '2006-05-08' UND '2006-05-15'
```

Oder Sie verwenden gleich die SQL-Syntax mit `BETWEEN...AND ....`

In der Ergebnistabelle habe ich außerdem die Spalten »VK« und »Gesamtpreis« passend formatiert, als Währung also, mit zwei Nachkommastellen und rechtsbündig. Das ist zwar nicht nötig, sieht aber einfach besser aus.

6.6.2 Kombinierte Abfragen direkt in SQL

So wie man die Abfragen in der Entwurfsansicht über mehrere Tabellen ausdehnen kann, ist dies natürlich auch in der SQL-Direktansicht möglich.

Als Beispiel soll diesmal die folgende Abfrage dienen: alle Käufe, die Laufkundschaft im Monat Mai aus der Artikelgruppe »Hunde« getätigt hat. In der Datenbank sind das nicht sehr viele, es geht uns aber ja um die Technik. Alle Laufkunden haben die Kundennummer Null (»0«), für das Mai-Kriterium wählen wir den 01. bis 30. Mai, und die Artikelgruppe »Hunde« entsteht aus der früher definierten Ansicht.

Leider unterstützt Base (beziehungsweise die HSQLDB) aktuell den INNER JOIN-Befehl nicht, insofern müssen Fremdschlüssel noch über die WHERE-Klausel übergeben werden. Das ist aber nicht so schlimm. Der SQL-Befehl wird wie folgt zusammengesetzt (aller Code gehört zusammen, der Text dazwischen ist einfach Kommentar):

Zunächst erfolgt die Auswahl der anzuzeigenden Spalten:

```
SELECT  Verkaeufe.Datum, Artikel.Beschreibung, Verkaeufe.Anzahl,
Artikel.VK ,
```

Jetzt ergänzen wir das zu berechnende Feld:

```
Verkaeufe.Anzahl * Artikel.VK AS Gesamtpreis
```

Nun die benötigten Tabellen:

```
FROM Verkaeufe, Artikel, Artikel_mit_Gruppe
```

Schließlich die Selektionen; zunächst die Fremdschlüssel:

```
WHERE
(Artikel.Artikel_nr = Verkaeufe.ArtikelNr AND
Verkaeufe.ArtikelNr = Artikel_mit_Gruppe.Artikel_nr)
```

Und jetzt die Selektionen im Detail:

```
AND (Verkaeufe.Kunde = 0 AND Artikel_mit_Gruppe.Artikelgruppe
= 'Hund' AND
```

Datumsfunktion:

```
Verkaeufe.Datum BETWEEN {D '2006-05-01'} AND {D '2006-05-31'} )
```

So eingegeben, ergibt sich die Abfrage aus Abbildung 6.47.

Wenn Sie diese Abfrage jetzt speichern und sie später wieder im Bearbeitungsmodus aufrufen, würde OpenOffice.org diese interpretieren, d.h., die Namen in doppelte Hochzeichen setzen und dann anzeigen. Wundern Sie sich also nicht, wenn Sie diese Form hier nie wieder sehen. Sie können natürlich auch gleich alle Namen »maskieren«, was dann der Namenskonvention in Base entspricht. Für SQL selbst ist das jedoch nicht erforderlich.

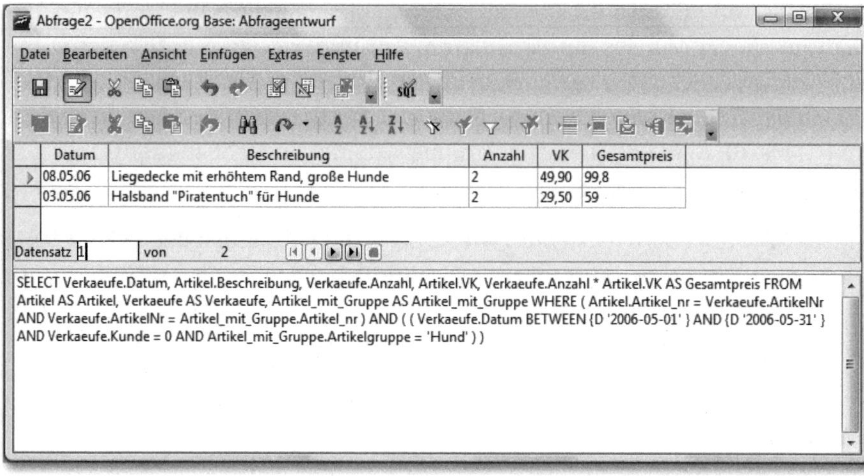

Abbildung 6.47 SQL-Abfrage über mehrere Tabellen

Hier (Abbildung 6.48) zum Vergleich noch einmal die umgesetzte Schreibweise:

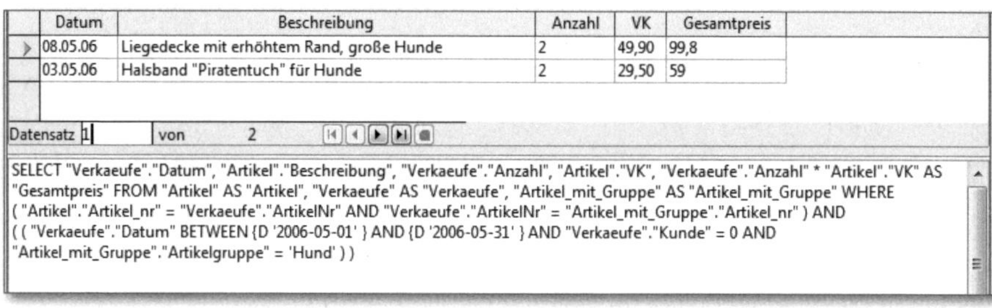

Abbildung 6.48 Die Abfrage in maskierter Darstellung

6.7 Speicherung der Abfragen in der Datei

Abfragen werden, anders als Tabellen, im Base-Container als SQL-String abgespeichert und immer dann aufgerufen, wenn die Abfrage benötigt wird. Dabei wird dann die SQL-Abfrage direkt an das DBMS gesendet, und die zurückgelieferten Daten werden entsprechend aufbereitet.

Wenn Sie in Base arbeiten und Sie die Dokumentenvorschau in der Arbeitsumgebung aktiviert haben, kann es passieren, dass dort noch »ältere« Darstellungen der Abfragen angezeigt werden. Die Darstellung wird ja nur beim ersten Markieren der Abfrage/Tabelle eingelesen, und dann nicht mehr.

Um die Anzeige zu aktualisieren, können Sie den Menübefehl **Ansicht • Tabellen aktualisieren** nutzen. Er bewirkt, dass die Daten neu eingelesen werden und dann auf jeden Fall den neuesten Stand repräsentieren.

Schauen wir nun aber, wo und wie Abfragen eigentlich gespeichert werden. Zur Erinnerung: Abfragen werden von Base verwaltet und daher auch dort gespeichert, während DBMS Ansichten verwaltet und speichert.

Abfragen werden immer im Base-Container abgelegt, unabhängig davon, welches DBMS eingebunden wurde. Nur die eigene HSQLDB legt auch die Daten im Base-Container ab. Bei allen anderen Datenquellen werden nur die Verbindungsdaten gespeichert (siehe auch Abschnitt 2.7).

Achtung

Den folgenden Abschnitt sollten nur versierte Anwender nachvollziehen. Fehler können irreparable Schäden im Dokument erzeugen, es droht Datenverlust.

Um die Abfragen in der Datei zu finden, benennen Sie das Base-Dokument zunächst um. Statt der Dateierweiterung *.odb vergeben Sie die Dateierweiterung *.zip. Jetzt wird die Datei als Zip-Archiv erkannt und lässt sich auf Betriebssystemebene als solches öffnen.

Tipp

Nutzen Sie unbedingt eine Kopie Ihrer Datenbank, nicht Ihre wichtige und einzige Orginal-Datei.

Sie werden eine Struktur wie die folgende finden. Im Unterordner **database** sind die eigentlichen Daten der Datenbank untergebracht (nur bei HSQLDB-Datenquellen, ansonsten gibt es dieses Verzeichnis nicht), die meisten anderen Dateien enthalten interne Steuer- und Konfigurationsinformationen.

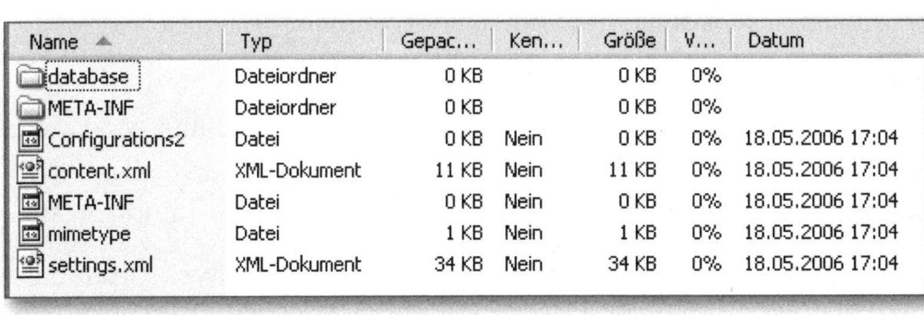

Name	Typ	Gepac...	Ken...	Größe	V...	Datum
database	Dateiordner	0 KB		0 KB	0%	
META-INF	Dateiordner	0 KB		0 KB	0%	
Configurations2	Datei	0 KB	Nein	0 KB	0%	18.05.2006 17:04
content.xml	XML-Dokument	11 KB	Nein	11 KB	0%	18.05.2006 17:04
META-INF	Datei	0 KB	Nein	0 KB	0%	18.05.2006 17:04
mimetype	Datei	1 KB	Nein	1 KB	0%	18.05.2006 17:04
settings.xml	XML-Dokument	34 KB	Nein	34 KB	0%	18.05.2006 17:04

Abbildung 6.49 Die Datenstruktur eines Base-Containers

Entscheidend sind zwei Dateien: die **content.xml** (hier sind die Abfragen als SQL-Strings komplett gespeichert) und die **settings.xml**, in der die Felder und Einstellungen der Abfragen-Designansicht abgelegt und gespeichert werden. Im Grunde werden also Abfragen doppelt gespeichert – einmal im »echten« SQL-Format und einmal im internen Feldbeschreibungsformat.

Betrachten wir zunächst die **content.xml**. Abschnitt `<db:queries>` listet alle Abfragen im Klartext auf, mit allen SQL-typischen Bezeichnungen (Abbildung 6.50).

```
- <db:queries>
    <db:query db:name="Abfrage1" db:command="SELECT "Artikel_nr", "Beschreibung", "VK", "VK" - "EK" AS "Gewinn",
      ( "VK" - "EK" ) / "VK" AS "Gewinn_in_Prozent" FROM "Artikel" "Artikel" WHERE ( ( "Beschreibung" LIKE '%
      hund%' AND "VK" BETWEEN 10 AND 30 ) OR ( "Beschreibung" LIKE '%Katze%' AND "VK" BETWEEN 10 AND
      30 ) )" />
    <db:query db:name="Hunde_Artikel" db:command="SELECT "Artikel"."VK" AS "Verkaufspreis",
      "Artikel"."Beschreibung" AS "Artikel-Beschreibung", "Artikel"."Artikel_nr" AS "Artikelnummer" FROM "Artikel"
      "Artikel" WHERE ( "Artikel"."Beschreibung" LIKE '%Hund%' ) OR ( "Artikel"."Beschreibung" LIKE '%hund%' )
      ORDER BY "VK", "Beschreibung"" />
    <db:query db:name="Katen_Angebote" db:command="SELECT "Artikel_nr", "Beschreibung", "VK", CONCAT
      ( TRUNCATE( ( "VK" - ( "VK" * 0.1 ) ), 2 ), ' EUR' ) AS "Angebot" FROM "Artikel" "Artikel" WHERE
      ( ( "Beschreibung" LIKE '%Katze%' ) )" />
    <db:query db:name="Verkaeufe_Mai" db:command="SELECT "Verkaeufe"."Datum", "Artikel"."Beschreibung",
      "Lieferanten"."Name", "Verkaeufe"."Anzahl", "Artikel"."VK", "Verkaeufe"."Anzahl" * "Artikel"."VK" AS
      "Gesamtpreis", "Kunden"."Name" FROM "Artikel" "Artikel", "Lieferanten" "Lieferanten", "Verkaeufe"
      "Verkaeufe", "Kunden" "Kunden" WHERE ( "Artikel"."Lieferant" = "Lieferanten"."Lieferanten_nr" AND
      "Verkaeufe"."Kunde" = "Kunden"."Kd_ID" AND "Verkaeufe"."ArtikelNr" = "Artikel"."Artikel_nr" ) AND
      ( ( "Verkaeufe"."Datum" > {D '2006-05-08' } AND "Verkaeufe"."Datum" < {D '2006-05-16' } ) )" />
    <db:query db:name="Verkaufe_Hunde_Mai" db:command="SELECT "Verkaeufe"."Datum", "Artikel"."Beschreibung",
      "Verkaeufe"."Anzahl", "Artikel"."VK", "Verkaeufe"."Anzahl" * "Artikel"."VK" AS "Gesamtpreis" FROM
      "Verkaeufe", "Artikel_mit_Gruppe", "Artikel" WHERE ( "Artikel"."Artikel_nr" = "Verkaeufe"."ArtikelNr" AND
      "Verkaeufe"."ArtikelNr" = "Artikel_mit_Gruppe"."Artikel_nr" ) AND ( "Verkaeufe"."Kunde" = 0 AND
      "Verkaeufe"."Datum" BETWEEN {D '2006-05-01' } AND {D '2006-05-31' } AND
      "Artikel_mit_Gruppe"."Artikelgruppe" = 'Hund' )" />
  </db:queries>
- <db:tables>
```

Abbildung 6.50 Die Abfragen in der content.xml

Im Grunde genommen gibt es nur zwei Inhalte pro Abfrage: den Abfragenamen und das SQL-Kommando. Mehr ist auch nicht nötig. Genau damit liefert das DBMS die entsprechenden Daten.

Intern muss dieses Abfrageergebnis jedoch noch aufbereitet und anschließend angezeigt werden. Dazu benötigt OpenOffice.org einige weitere Informationen, die in der **settings.xml**-Datei abgelegt werden. Ohne auf die Details der Struktur dieser Datei eingehen zu wollen, hier einige übergreifende Hinweise:

Die Datei ist in mindestens zwei Abschnitte aufgeteilt: »ooo:view-settings« (unter dem dann auch alle Abfragen-Einstellungen untergebracht sind) und »ooo:configuration-settings« (in dem die Tabellen an sich beschrieben werden). Ganz wichtig: Nur die Darstellung in Base wird hier festgelegt, nicht die Definition an sich!

Die Darstellung in Abbildung 6.51 nutzt die Möglichkeit der aktiven Zusammenfassung von Tags (die meisten Browser bieten diese Möglichkeiten). Das Pluszeichen deutet an, dass es weitere Inhalte gibt. Durch einen Klick darauf können diese eingeblendet werden. Unter dem Tag **Queries** verbergen sich dann die unterschiedlichen Abfragen, wobei jede Abfrage wiederum in »Tabellenansicht« und »Felder« aufgeteilt wird. Die Tabellenansicht beinhaltet hauptsächlich

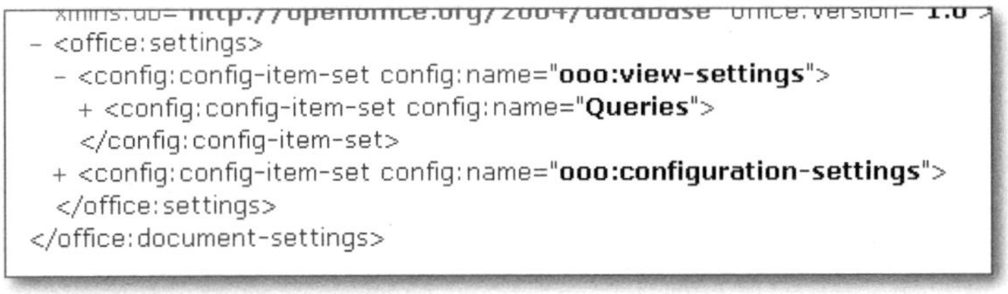

Abbildung 6.51 Die Hauptbereiche der XML-Datei settings.xml; hier eine zusammengefasste Darstellung

Informationen über die Positionierung des Tabellenfensters auf dem Bildschirm sowie Größenhinweise. Unter den **Settings** für die Felder finden sich dann die Informationen, die Sie von der Design-Ansicht her kennen: die Beschreibungen der Einstellungen in der Tabelle.

Dabei werden die Feldnamen intern automatisch vergeben und erhalten dann den tatsächlichen Feldnamen als Eigenschaft wie auch viele andere Informationen. Bei der Suche finden Sie dann auch die Formeln bei berechneten Feldern, die Einstellungen für Sortierungen und Suchkriterien.

Die doppelte Ablage der Informationen – einmal als SQL-Kommando in der Datei **content.xml** und einmal in der Beschreibungsvariante hier in dieser Datei – erklärt auch die teilweise auftretenden Fehlermeldungen und die offensichtlichen Probleme bei Spezialfunktionen. Wird die SQL-Abfrage an das DBMS gesendet und dort ordnungsgemäß ausgeführt, kann die Beschreibung der Abfrage hier dennoch Schwächen oder Fehler beinhalten, sodass eine Darstellung der der Abfrage zu Grunde liegenden Details nicht mehr möglich ist und mit einer Fehlermeldung quittiert wird.

Nun kann man zwar versuchen, in den XML-Dateien direkt Korrekturen vorzunehmen, doch sollten Sie dabei sehr vorsichtig vorgehen! Nicht alle Einstellungen sind immer unbedingt intuitiv sichtbar und verständlich.

Abbildung 6.52 zeigt das Feld »Gesamtpreis« aus der Abfrage »Verkaeufe_Mai« der Datenbank »Heimtierbedarf«. Erkennbar sind der Feldname – hier als Formel erzeugt –, der Aliasname sowie einige weitere Eigenschaften.

Nochmals der Hinweis

Die Darstellung dieser Verhältnisse ist rein informativ. Bevor Sie anfangen, in der XML-Datei direkt etwas zu verändern, sollten Sie sich sicher sein, was genau Sie damit bewirken und wo die Information eventuell zusätzlich benötigt oder gespeichert wurde.

```
- <config:config-item-set config:name="ooo:view-settings">
  - <config:config-item-set config:name="Queries">
    + <config:config-item-set config:name="Abfrage1">
    + <config:config-item-set config:name="Katen_Angebote">
    - <config:config-item-set config:name="Verkaeufe_Mai">
      + <config:config-item-set config:name="Tables">
      - <config:config-item-set config:name="Fields">
        + <config:config-item-set config:name="Field1">
        + <config:config-item-set config:name="Field2">
        + <config:config-item-set config:name="Field3">
        + <config:config-item-set config:name="Field4">
        + <config:config-item-set config:name="Field5">
        - <config:config-item-set config:name="Field6">
            <config:config-item config:name="AliasName" config:type="string" />
            <config:config-item config:name="TableName" config:type="string" />
            <config:config-item config:name="FieldName" config:type="string">"Verkaeufe"."Anzahl" *
              "Artikel"."VK"</config:config-item>
            <config:config-item config:name="FieldAlias" config:type="string">Gesamtpreis</config:config-
              item>
            <config:config-item config:name="DatabaseName" config:type="string" />
            <config:config-item config:name="FunctionName" config:type="string" />
            <config:config-item config:name="DataType" config:type="int">8</config:config-item>
            <config:config-item config:name="FunctionType" config:type="int">9</config:config-item>
            <config:config-item config:name="FieldType" config:type="int">0</config:config-item>
            <config:config-item config:name="OrderDir" config:type="int">0</config:config-item>
            <config:config-item config:name="ColWidth" config:type="int">193</config:config-item>
            <config:config-item config:name="GroupBy" config:type="boolean">false</config:config-item>
            <config:config-item config:name="Visible" config:type="boolean">true</config:config-item>
          </config:config-item-set>
        + <config:config-item-set config:name="Field7">
```


Abbildung 6.52 Beispiel einer Feldbeschreibung in settings.xml

Die Arbeit mit Datenbanken macht erst Spaß, wenn der Benutzer möglichst einfache Ein- und Ausgabemöglichkeiten erhält, ohne sich im Einzelnen Gedanken darüber machen zu müssen, wie denn die Daten tatsächlich gespeichert oder ausgelesen werden.

7 Formulare

Formulare sind die benutzerfreundlichen Oberflächen für die Datenein- und Datenausgabe. Mit Formularen werden einzelne Datensätze optisch aufbereitet dargestellt, gegliedert, angeordnet und eventuell mit erklärenden Texten versehen. Formulare besitzen häufig auch Navigationselemente, um von einem Datensatz zum nächsten zu schalten, zu springen oder Datensätze zu suchen.

Im Grunde genommen sind Formulare gestaltete Dialogelemente mit speziellen Feldern, die entweder einzelne Daten anzeigen oder in die der Benutzer Daten eingeben kann. Die Verarbeitung und Auswertung der Daten, die Speicherung in der Datenbank oder das Abrufen aus ihr geschieht im Hintergrund und ist für den Benutzer nicht sichtbar.

Genau hier liegt auch die Problematik. Formulare müssen ja erst einmal erzeugt und mit den entsprechenden Funktionalitäten ausgestattet werden – und das kann durchaus umfangreiches Programmier- und Datenbankwissen erfordern. Wahrscheinlich wäre es ohne weiteres möglich, ein eigenes Buch nur mit den Möglichkeiten der Datenbank-Frontend-Programmierung zu füllen, und selbst dann wären sicher noch Lücken vorhanden und Erweiterungen denkbar, insofern darf nicht allzu viel erwartet werden, wenn es um die Formulare in Base direkt geht.

Base wurde konzipiert, um den »unbedarften« Anwender sehr einfach mit Datenbanken vertraut zu machen und so möglichst vielen Nutzern die Möglichkeit zu bieten, schnell mal eine Datenbank zu realisieren – inklusive der notwendigen einfachen Oberflächen zur Bedienung: eben der Formulare. Und genau hier beginnt das Dilemma: In vielen Gesprächen mit Nutzern hört man sehr schnell sehr hoch geschraubte Erwartungen: die Datenbank-Applikation soll perfekt sein, unterschiedliche Tabellen einbinden, bequeme Listboxen zur Auswahl bereitstellen, perfekte Berichte drucken und so weiter. Sicher, das alles ist durchaus möglich, nur – wie intensiv will sich der Anwender einarbeiten? Programmieren,

API, SQL, Dialog- und Formularwesen? Die Defizite sind dann immer groß. »Nein, das muss doch automatisch gehen ...« lautet eine gängige Antwort.

Jedem, der sich intensiv mit Base beschäftigt, soll gesagt sein: Das Feld der Datenbanken ist sehr weit – und wie überall gibt es unterschiedliche Möglichkeiten, sich damit auseinanderzusetzen. Ja, Base bietet einige Werkzeuge, um sehr einfach zu ersten Ergebnissen zu kommen – wer aber darüber hinaus etwas machen möchte, kommt nicht umhin, sich intensiver mit der Programmierung im Makro-Modus zu beschäftigen, sich mit der Sprache SQL auseinanderzusetzen und auch mit den entsprechenden DBMS. Der Sprung vom ersten, einfachen Formular, das man mit den Base-eigenen Assistenten erstellt, zum etwas komplizierteren Eingabeformular mit diversen verknüpften Unterabfragen und Fremdschlüsseln mag optisch (in der fertigen Formularansicht) nicht sehr groß sein, intern und vom Aufwand für den Ersteller her jedoch liegen Welten zwischen ihnen.

Dieses Kapitel ist nun genau in diese Schritte gegliedert: Zunächst erzeugen Sie ein Formular mit Hilfe des Assistenten – der übliche und einfachste Weg. Das Formular können Sie dann individuell ein bisschen anpassen, also direkt bearbeiten. Hierzu benötigen Sie schon ein wenig Ahnung, wie Formulare erzeugt werden, wie die einzelnen Kontrollelemente funktionieren, wie Sie Eigenschaften verändern und zusätzliche Funktionalitäten einbringen können. Auch Grundlagen der Sprache SQL schaden jetzt nicht. Im letzten Teil schließlich zeige ich Ihnen exemplarisch, wie Sie ganz individuell Ihre »Frontends« für die Datenbank erzeugen können – mit Formularen oder auch Dialogen. Dazu benötigen Sie schon intensive Kenntnisse in Makros (ich nutze hier nur die eingebaute Basic-Sprache) und der API. Hier kann ich dann nur noch Denkanstöße vermitteln, Ideen geben, Lösungen andiskutieren. Eine vollständige Abhandlung dieser Möglichkeiten ist im Rahmen dieses Buches leider nicht realisierbar.

7.1 Formulare in Base

Formulare werden in Base auf der Basis eines Writer-Dokuments erzeugt. Dieses Dokument wird als Teil des Base-Containers in der Base-Datei selbst mit abgespeichert. Ein solches Dokument hat einige Besonderheiten: Die Formulare des Dokuments sind automatisch mit der Base-Datei verknüpft, dem Dokument kann kein eigenständiger Dateiname (als *.odt) vergeben werden, wohl aber ein spezieller Formularname, der auch im Bereich »Formulare« in Base erscheint. Zum Speichern gibt es dann einen eigenen Dialog: Das Formular ist eben Teil des Base-Dokuments und nicht eigenständig.

Tipp

Natürlich kann man auch ein Base-Formular extern abspeichern. Hierzu wählt man **Datei • Kopie Speichern unter ...** und erhält jetzt den normalen Datei-Speicherdialog, in dem man sowohl den Pfad als auch den Dateinamen auswählen kann. Das Formular wird jetzt als normales Writer-Dokument gespeichert (*.odt), das Formular bleibt erhalten. Aber: Die Verbindung zur Datenbank geht verloren. Die galt nämlich nur in Base! Um dieses Dokument später dennoch als Formular nutzen zu können, muss die Datenquelle in Base angemeldet und die Verbindung erneut in den Formulareigenschaften eingestellt werden (dazu siehe auch Abschnitt 7.3).

Der Aufruf eines Formulars erfolgt direkt in Base – zum Beispiel durch Doppelklick auf den gewünschten Formularnamen. Es öffnet sich wiederum ein eigenständiges Fenster mit dem Writer-Dokument, das aber nun schreibgeschützt ist. Damit können Sie zwar Änderungen in den Feldern an sich (falls das Formular eine Schreibeigenschaft zulässt), nicht aber am Formular selbst durchführen. Dieser Schreibschutz lässt sich nicht so einfach wieder aufheben, anders eben als bei einem mit Schreibschutz geöffneten normalen Writer-Dokument. Die Befehle und Icons für das Umschalten in den Bearbeitungsmodus sind nämlich inaktiv und funktionieren bei Base-Formularen nicht. So bleibt nur das Öffnen eines Formulars aus Base mit dem Befehl **Bearbeiten**. Jetzt lassen sich die Layout-Elemente und die Kontrollfelder wieder frei manipulieren.

Hinweis

In den Versionen bis 2.2.x wurde ein neues Base-Formular immer in der maximal Breiten-Ansicht (maximale Breite des Bildschirms) geöffnet. Diese Einstellung wurde dann für die Writer-Dokumente allgemein auch gespeichert und verwendet. Hier handelte es sich um ein unschönes Verhalten. Seit der Version 2.3.0 sind Base-Formulare von den Writer-Dateien »entkoppelt« und können nun eigenständige Größenwerte annehmen, die auch nach dem Speichern erhalten bleiben.

Während im bisherigen Verlauf des Buches Datenbanken »nur« als Tabellen dargestellt wurden, die zwar ebenfalls editierbar, filterbar und sortierbar waren, bieten Formulare eine deutlich »angenehmere« Aufbereitung der Daten selbst an. Die Abbildungen 7.1 und 7.2 zeigen die Unterschiede, wobei hier noch keine Filterung oder Anpassungen vorgenommen wurden, das heißt, alle Datenfelder wurden 1:1 in das Formular integriert.

Wie schon erwähnt, sind alle Formulare Teil der Base-Datei und können dort auch gefunden und identifiziert werden. Innerhalb der Zip-Datei (dem Container der Base-Datei) findet sich ein Unterverzeichnis **forms**, in dem sich dann für jedes Formular ein weiteres Unterverzeichnis findet. Diese Unterverzeichnisse erhalten interne Namen (**Obj10** bis **Objn0**) und beinhalten dann wiederum die typischen OpenDocument-Dateien.

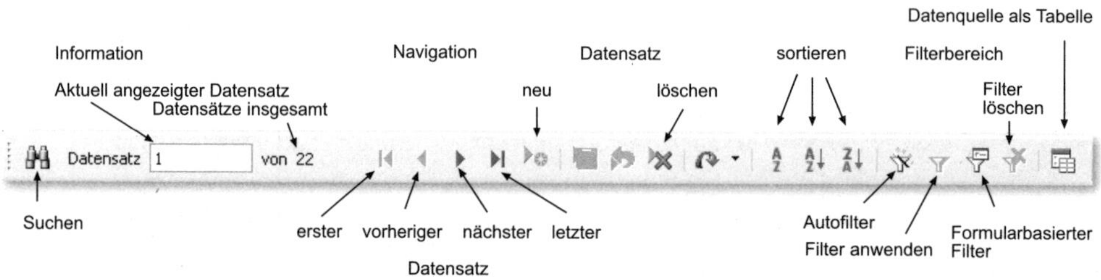

Abbildung 7.1 Tabellenansicht einer Datenbank

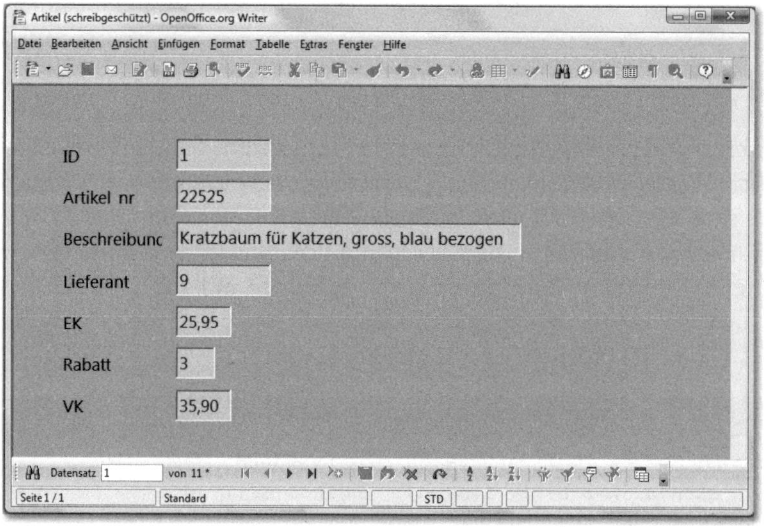

Abbildung 7.2 Ansicht der Datensätze in einem Formular

Nun ist es aber nicht so, dass man eine solche Datei aus dem Container direkt extrahieren und sie dann als Textdatei (Writer) öffnen könnte – dazu fehlen wiederum diverse Einstellungsdateien. Dennoch kann man mit einem »Trick« diese Dateien auch direkt aus dem Container »retten«.

Die drei Inhaltsdateien **content.xml**, **settings.xml** und **styles.xml** enthalten alle wesentlichen Inhaltsinformationen des Formular-Textdokuments. Um diese nun zu extrahieren, reicht es, eine leere OpenOffice.org-Textdatei zu erzeugen, diese abzuspeichern, dann in eine ZIP-Datei umzubenennen und die dort dann enthaltenen gleichnamigen Dateien durch die Formulardateien zu ersetzen.

Jetzt hätte man das Formular aus der Base-Datei »extrahiert«, wobei interessanterweise die Funktionalität erhalten bleibt, also die Verbindung zur eigentlichen Datenbank. Das Formular funktioniert jetzt autark.

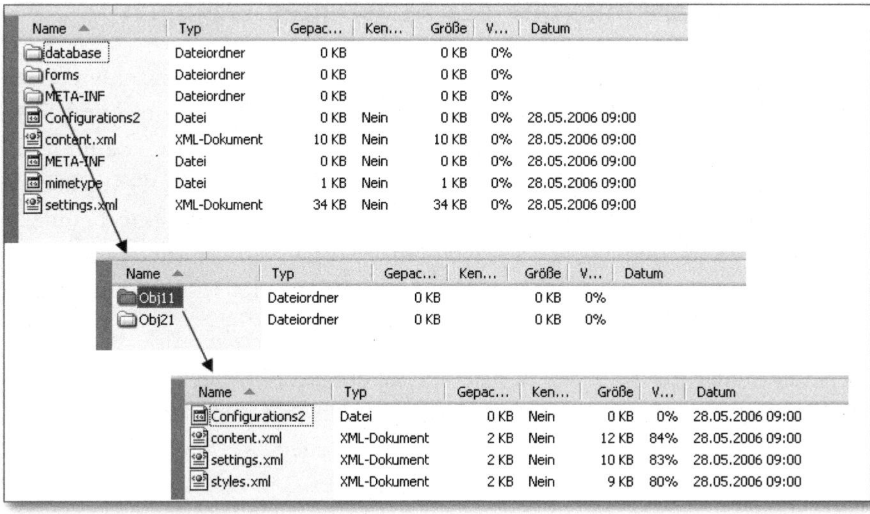

Abbildung 7.3 Speicherort der Formulare in Base

Zugegeben, das ist natürlich nicht der »normale« Weg, hilft aber, wenn einmal eine Datenbank-Datei beschädigt ist und man die Formulare »retten« möchte.

Die Verbindung zu den Formulardateien wiederum findet sich in der **content.xml** der eigentlichen Base-Datei. Dort gibt es einen Abschnitt **forms**, der die Verknüpfungen zu den Formularen sowie deren vergebene, interne Namen speichert. Die Namen werden später in dem Bereich »Formulare« des Base-Arbeitsbereichs angezeigt und greifen auf die internen »Forms«-Objekte zu.

Nochmals die dringende Bitte

Ich rate dringend von jeder Veränderung innerhalb der Datenstrukturen in einer Datei ab, es sei denn, Sie wissen genau, was Sie da tun. Falsche Eingaben innerhalb der .xml-Dateien können die Datei insgesamt unbrauchbar machen!

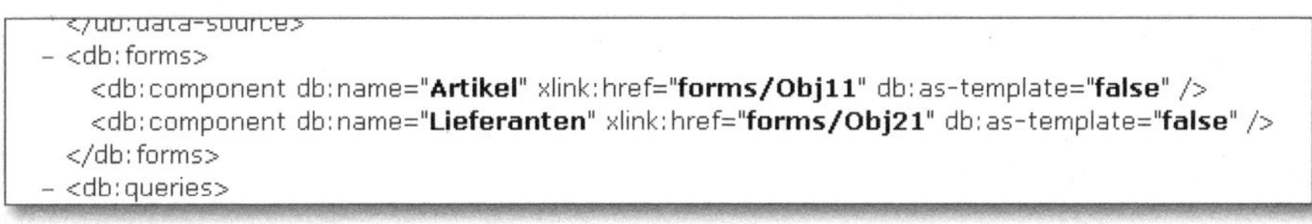

Abbildung 7.4 Die Formulare in der Base-Datei – die Verknüpfung innerhalb der content.xml

So viel zur Einführung, nun sollen die Formulare erst einmal erzeugt werden.

7.2 Formulare mit Hilfe des Assistenten erzeugen

Im einfachsten Fall erzeugen Sie ein Formular mit Hilfe des Assistenten. Dazu sind weder Programmierkenntnisse noch tief reichende Datenbank- und SQL-Kenntnisse erforderlich. Der Assistent führt Sie in wenigen Schritten zum funktionstüchtigen und anschaulichen Formular. Gerade am Anfang ist dies sicher die bequemste Methode, sich ein ansprechendes »Frontend« (also eine Benutzerschnittstelle) zu schaffen. Aber auch wenn man vorhat, ein individuelles Formular zu erzeugen, kann ein solches automatisches Formular eine sehr gute Ausgangsbasis sein; anpassen können Sie es später immer noch.

Um ein Formular mit Hilfe des Assistenten zu erzeugen, wählen Sie zunächst in Base den Bereich »Formulare« und dann aus den Aufgaben den Menüpunkt »Formular unter Verwendung des Assistenten erstellen...«. Der Assistent ist nur so erreichbar (Abbildung 7.5).

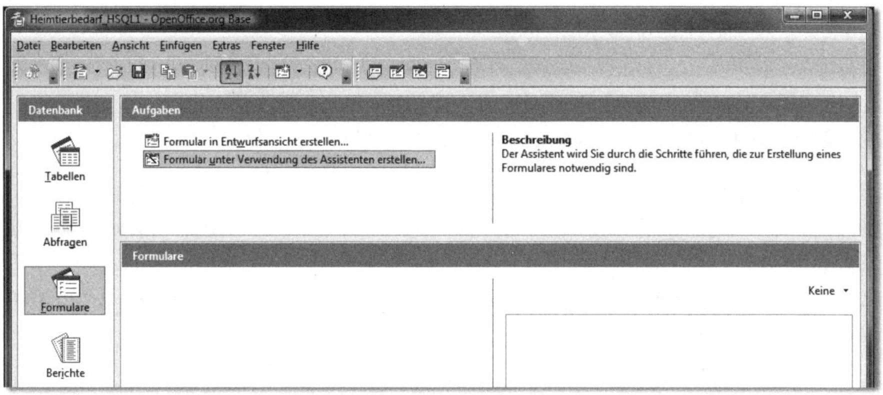

Abbildung 7.5 Start des Assistenten zur Formularerzeugung

Als Beispiel soll hier die Datei »Heimtierbedarf« dienen, und das Formular soll die Artikel darstellen – sowohl zur Information als auch zur Pflege. Das heißt, das Formular muss auch die Möglichkeit des Editierens bereitstellen.

Nach dem Start des Assistenten öffnet sich zunächst das Modul »Writer«. Es stellt ein leeres Dokument in der Web-Ansicht (ohne sichtbare Dokumentenränder) dar, und erst dann erscheint im Vordergrund der Dialog des Assistenten zur Formularerzeugung. Sie können diesen Dialog jetzt zwar verschieben, nicht aber das Writer-Dokument aktivieren. Andererseits werden Sie alle Aktivitäten direkt beobachten können. Doch dazu später.

Der Formularassistent führt Sie in acht Schritten zum fertigen Formular, wobei zwei Schritte nur bei Subformularen aktiviert werden.

1. Schritt – Auswahl der Tabellen und der Felder

Im ersten Schritt legen Sie die Grunddaten für das Formular fest, das heißt: welche Felder aus welchen Tabellen dargestellt werden sollen.

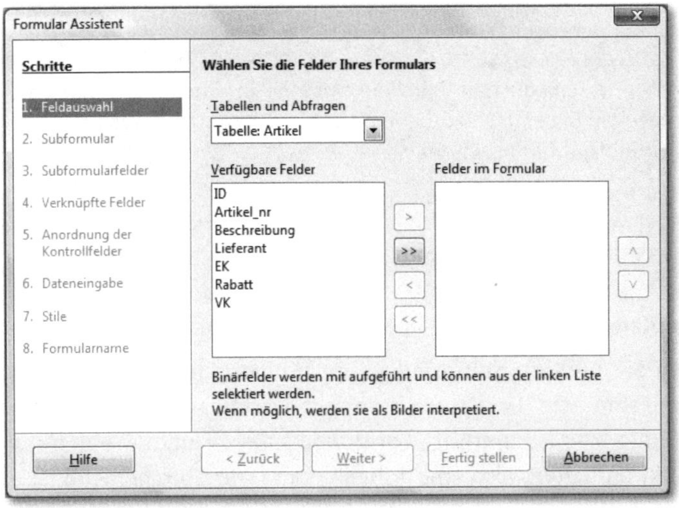

Abbildung 7.6 Schritt 1 des Formularassistenten – Tabellen-/Felderauswahl

Alle in Ihrer Datenbank vorhandenen Tabellen und Abfragen (die intern ja wie Tabellen behandelt werden) stehen Ihnen in der ersten Listbox zur Verfügung. Unterschieden werden sie durch eine entsprechende Vorsilbe: Tabelle oder Abfrage.

Wichtig

Auch Ansichten werden unter Tabellen aufgeführt – ohne weitere Zusätze. Die Listbox unterscheidet hier nicht mehr, wohl aber Ihr DBMS. Eventuell können in Ansichten keine Daten editiert werden!

Nach der Wahl der Tabelle stehen in der linken Listbox dann alle verfügbaren Felder aufgelistet, und man muss mindestens eines auswählen, sonst werden die übrigen Schritte des Assistenten nicht freigeschaltet. Die Felder werden mit Hilfe der Tasten zwischen den beiden Listboxen hin- und herbewegt, alle Felder der rechten Listbox werden in der dort aufgeführten Reihenfolge später auch im Formular auftauchen. Man kann die Reihenfolge also wie gehabt mit den Tasten ganz rechts noch verändern. Möchten Sie alle Felder übernehmen, so klicken Sie einfach auf den Doppelpfeil, dann wird alles direkt übernommen.

Noch ein Hinweis: Ein Formular benötigt einen eindeutigen Bezugspunkt, also eine Tabelle oder Abfrage. Ändern Sie nach der Wahl von Feldern diesen Bezugspunkt, werden alle Felder wieder entfernt. Anders als in Abfragen können Sie hier nicht Felder aus unterschiedlichen Tabellen wählen (das ist später die Aufgabe von Subformularen). Hier gilt der Grundsatz: ein Formular für eine Tabelle oder Abfrage.

Tipp

Um Sachverhalte aus unterschiedlichen Tabellen dennoch in einem Formular darstellen zu können, erzeugen Sie einfach vorher eine entsprechende Abfrage und nehmen diese dann als Grundlage für das Formular.

Für das erste Formular wählen Sie zunächst alle Felder der Tabelle »Artikel«, und mit **Weiter** kommen Sie dann zum nächsten Schritt.

Schritt 2 – Subformulare

Im Schritt 2 können Sie nun ein Subformular hinzufügen. Subformulare (oder auch Unterformulare) sind, wie der Name schon sagt, Formulare innerhalb eines Formulars. Noch einmal zur Erinnerung: Formulare müssen immer einen eindeutigen Bezugspunkt enthalten, also eine Tabelle oder eine Abfrage. Nun ist es aber häufig in der Praxis so, dass »sinnvolle« Informationen aus unterschiedlichen Tabellen zusammengestellt werden. Ein Beispiel hierfür ist unsere Artikeldatenbank. Ein Datensatz enthält die Informationen über den Lieferanten in Form eines Schlüssels. Wird ein solches Feld nun in das Formular eingebracht, muss der Benutzer wissen, welcher Schlüssel dem Lieferanten zugeordnet ist, er bekommt ja nur den Schlüssel angezeigt. Das ist natürlich nicht benutzerfreundlich. Besser wäre es, statt des Schlüssels den Lieferanten im Klartext darzustellen. Der steht aber in einer anderen Tabelle.

ID	Artikel_nr	Beschreibung	Lieferant	EK	Rabatt	VK
1	23548	Kratzbaum für Katzen, gross, blau bezogen	12	25,95	3	35,90
2	23549	Kratzbaum für Katzen, liegend, Korkeiche	5	39,70	2	59,60

Abbildung 7.7 Der Datensatz mit dem Lieferantenschlüssel

Die Lösung: Entweder erzeugen Sie vorher eine Abfrage und ersetzen das Schlüsselfeld durch den Lieferantennamen aus der anderen Tabelle, oder – die hier angestrebte Lösung – Sie erzeugen ein Unterformular, also ein eigenes Formular, das genau diese Information aus der Tabelle »Lieferanten« bereitstellt. Dieses Unterformular wird in das Hauptformular eingebunden, entsprechend mit einem Feld als Schlüsselfeld verknüpft und zeigt dann den Namen des Lieferanten im Klartext an.

Die Arbeit mit Subformularen ist nicht gerade unproblematisch, insbesondere wenn das Formular nicht nur zur Datenansicht, sondern auch zur Dateneingabe genutzt werden soll. Dann kann es nämlich schnell passieren, dass es zu inkonsistenten Daten und damit zu Fehlermeldungen kommt. Wollen Sie hingegen nur Daten abrufen und lesen, ist es oft einfacher, zunächst eine entsprechende Abfrage zu erzeugen und diese dann als Grundlage für die Formulare zu nutzen.

Das ganze Thema Subformulare stelle ich weiter unten (Abschnitt 7.2.2 und 7.4) detaillierter vor; für die Erzeugung des ersten Formulars spielen sie zunächst keine Rolle. Aktivieren Sie also die Option »Subformulare hinzufügen« jetzt nicht, und klicken Sie auf **Weiter**. Die Schritte 3 und 4 werden nun übersprungen, es geht direkt weiter mit Schritt 5.

Schritt 5 – Anordnung der Kontrollfelder

An sich sind die wesentlichen Informationen zur Datenverbindung nun gesammelt, jetzt geht es um die Optik. Für jedes gewählte Feld wird ein Eingabe- beziehungsweise Darstellungsfeld erzeugt. Ein solches Feld heißt »Kontrollfeld«, und in diesem Schritt bestimmen Sie, wie der Assistent denn die Kontrollfelder anordnen soll. Ein solches Kontrollfeld besteht im Detail eigentlich aus zwei Feldern, einem **Beschriftungsfeld**, das eine Beschreibung des Kontrollfeldes an sich darstellt, und dem **Eingabe- bzw. Kontrollfeld** an sich. Die Beschreibung des Kontrollfeldes wird dabei aus den Feldnamen der Tabelle oder der Abfrage generiert und lässt sich hier aktuell nicht ändern.

Nun ist es ganz wichtig, einen möglichst großen Bildschirm zu besitzen, denn man kann die Ergebnisse der möglichen Auswahlen direkt im Writer-Dokument verfolgen und beurteilen – nur braucht das eben ein bisschen Platz. Andererseits stehen ja nur vier Auswahlmöglichkeiten zur Verfügung, kombiniert mit links- und rechtsbündiger Ausrichtung der Beschriftungsfelder, so dass man sich die Ergebnisse auch durchaus vorstellen kann (siehe Abbildung 7.8).

OpenOffice.org Base nimmt die Anordnung der Felder selbstständig vor, auch die Länge der Eingabefelder. Darauf haben Sie hier nur wenig Einfluss. Als Besonderheit ist auch hier die Möglichkeit gegeben, eine Tabellenansicht zu generieren, nur haben Sie damit wenig gewonnen. Interessant wird dies erst in Kombination mit Subformularen, wenn zum Beispiel zu einzelnen Datensätzen im Hauptformular eine tabellarische Übersicht im Subformular dargestellt werden soll. Ansonsten können Sie ja gleich die Tabelle editieren.

Haben Sie Ihren Favoriten gefunden, klicken Sie auf **Weiter** und kommen zum nächsten Schritt.

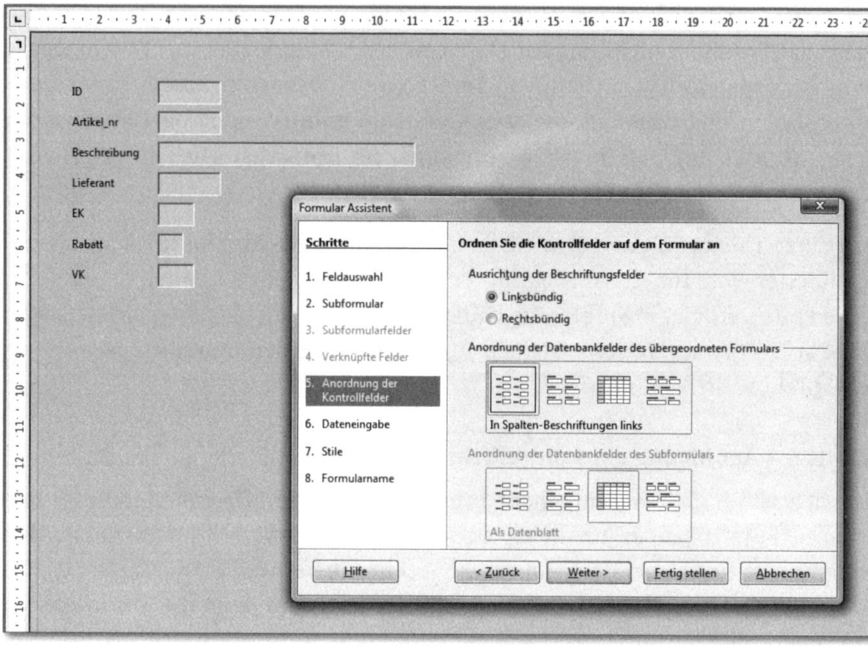

Abbildung 7.8 Auswahl der Anordnung und Ergebniskontrolle im Hintergrund

Schritt 6 – Dateneingabe

Hier legen Sie fest, wie das zukünftige Formular genutzt werden soll. Dabei gibt es zunächst zwei grundsätzliche Auswahlmöglichkeiten:

- **Das Formular wird nur zur Eingabe neuer Daten genutzt.** Das bedeutet, die Datenbankfelder werden regelmäßig leer dargestellt. Sie können jetzt Daten eingeben, und wenn Sie diese Daten speichern, werden sie in die Datenbank geschrieben; gleichzeitig werden die Felder wieder geleert. Einmal eingegebene Daten sind nicht mehr abrufbar (jedenfalls nicht über dieses Formular), es gibt auch keine Möglichkeit, die Daten durchzublättern oder einzelne Datensätze zu suchen. Dieser Weg wird in der Regel nur für reine Datenerfassungsformulare gewählt. Intern bedeutet dies, dass beim Aufruf des Formulars keine SELECT-Abfrage gestartet wird und erst nach der Eingabe des Datensatzes ein INSERT-Befehl ausgeführt wird.
- **Das Formular zeigt existierende Daten an.** Dies ist wohl der Normalfall, und es bedeutet, dass mit dem Start des Formulars auch eine SELECT-Anfrage an das DBMS geschickt wird und die Ergebnisse, also die einzelnen Datensätze, dann im Formular angezeigt werden können. Automatisch wird der erste Datensatz dargestellt.

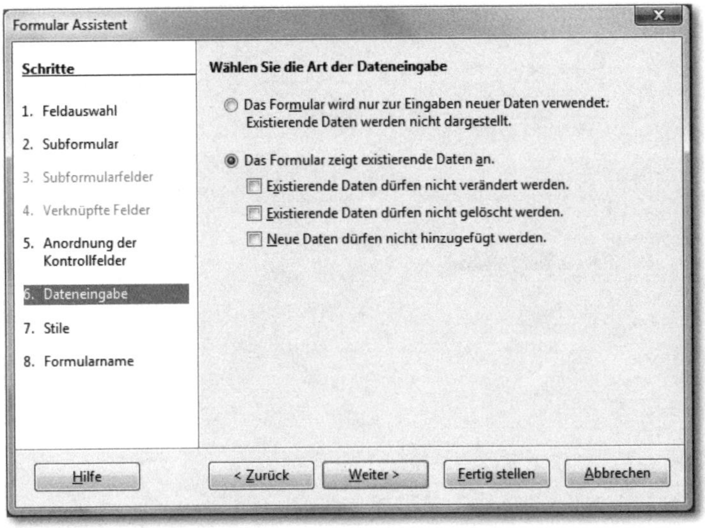

Abbildung 7.9 Schritt 6 des Formularassistenten – Wahl der Dateneingabe

Wenn Sie sich für die zweite Möglichkeit entscheiden, können Sie die Rechte noch detaillierter definieren, also festlegen, ob beispielsweise der aktuelle Datensatz gelöscht werden darf, ob Daten geändert oder neue hinzugefügt werden können. Übersetzt in SQL bedeutet dies: Sie legen fest, ob die Aktionen DROP (löschen), UPDATE (ändern) oder INSERT (hinzufügen) zugelassen werden.

Dient das Formular lediglich zum Anzeigen von Daten – soll der Benutzer also Daten auslesen, nicht aber ändern oder einfügen können –, dann sollten Sie alle drei Optionen markieren! Achtung, umgekehrte Logik: Um etwas zu verhindern, müssen Sie eine Aktion vornehmen. Kreuzen Sie hier nichts an, können alle Daten auch gelöscht oder verändert werden.

Da in unserem Beispiel ein Formular erzeugt werden soll, in dem auch bestehende Daten manipuliert und neue hinzugefügt werden können, klicken Sie nun auf **Weiter**.

Schritt 7 – Stil auswählen

Im siebten und vorletzten Schritt können Sie nun noch ein Farbschema für Ihr Formular auswählen. Das ist zwar schon farbig (oranger Hintergrund, hellgraue Feldhinterlegung), aber hier haben Sie nun noch die Chance, diese Farbkombination zu ändern. Zur Auswahl stehen 10 verschiedene Farbstile, dazu noch drei Möglichkeiten, die Feldumrandung festzulegen – also in der Regel genug für alle Situationen. Auch hier gilt wieder: Jede Änderung wird direkt im Hintergrund ausgeführt und kann dort beurteilt werden.

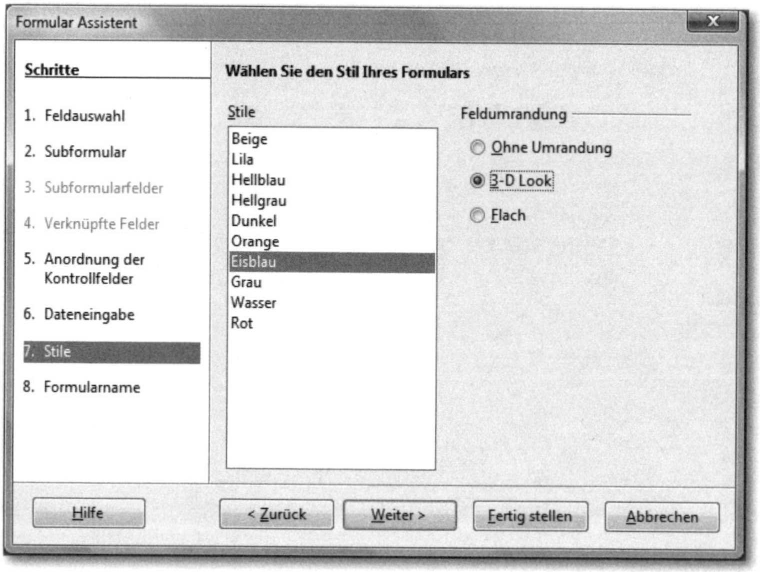

Abbildung 7.10 Auswahl der Formularfarbe und der Feldumrandung

Die zur Auswahl stehenden Stile sind natürlich nicht die einzigen Möglichkeiten, farbliche Aspekte zu setzen. Andere Varianten allerdings müssen später manuell durchgeführt werden (siehe hierzu auch den nächsten Abschnitt 7.3).

Klicken Sie jetzt auf **Weiter**, um zum letzten Schritt des Assistenten zu gelangen.

Schritt 8 – Formularname

Im letzten Schritt geben Sie nun Ihrem Formular einen (möglichst aussagekräftigen) **Namen**. Unter diesem Namen werden Sie das Formular später im Formularbereich von Base finden und aufrufen können. Als Vorgabe hierbei wird übrigens der Tabellenname genutzt, auf den das Formular zugreift. Dieser kann (und sollte natürlich) von Ihnen geändert werden.

Neben dem Formularnamen legen Sie im letzten Schritt auch noch fest, was denn nach dem Erzeugen des Formulars geschehen soll:

- **Mit dem Formular arbeiten** – speichert das Formular und stellt es anschließend direkt in den Vordergrund. Dabei werden eventuelle SQL-Kommandos im Hintergrund ausgeführt und der erste Datensatz dargestellt.
- **Das Formular weiter verändern** – Hier wird das Formular zunächst ebenfalls gespeichert, anschließend aber in der Entwurfsansicht geöffnet. Jetzt werden keine Daten angezeigt und können auch keine eingegeben werden, sondern Sie können manuell weitere Dialogelemente hinzufügen, verändern oder auch

wieder löschen, kurz gesagt: das Formular individuell anpassen. Dies setzt dann allerdings schon ein wenig mehr Ahnung voraus (siehe auch Abschnitt 7.3).

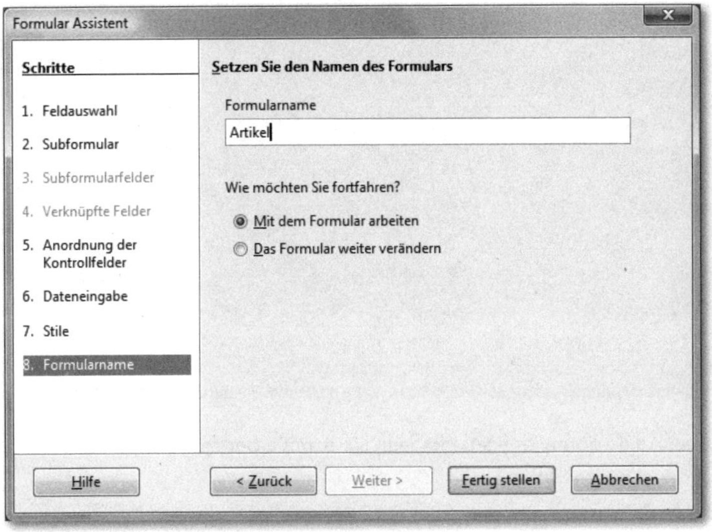

Abbildung 7.11 Letzter Schritt des Assistenten

Solange Sie nicht auf den Button **Fertig stellen** klicken, können Sie zu jedem Zeitpunkt über die Tasten **Zurück** und **Weiter** die einzelnen Schritte des Assistenten erneut aufrufen und noch Änderungen vornehmen. Erst wenn das Formular wirklich erzeugt wird (Button **Fertig stellen**), schließt sich der Assistent, und Manipulationen am Formular selbst sind jetzt nur noch manuell möglich.

Für den Normalgebrauch sind die Formulare nun aber ausreichend, und Sie können beginnen, Daten zu suchen, einzugeben oder zu verändern.

7.2.1 Ein Formular verwenden

Betrachten Sie nun einmal das erzeugte Formular. Es weist alle Felder auf, die die Tabelle hatte, auf der es basiert (zugegeben, wir haben ja auch alle gewählt), und es zeigt einen Datensatz direkt an.

Erkennbar ist noch die Struktur des Writer-Moduls, die meisten Icons – und auch die meisten Menüpunkte – sind jedoch nicht aktiv und nicht nutzbar. Im Titel des Fensters ist der Grund zu erkennen: »Schreibgeschützt«. Das bezieht sich, wie schon erwähnt wurde, nur auf das Formular an sich sowie auf das Writer-Dokument. Die Inhalte (also die Feldinhalte) können sehr wohl geändert oder auch neu eingegeben werden, falls das Formular dafür vorgesehen war.

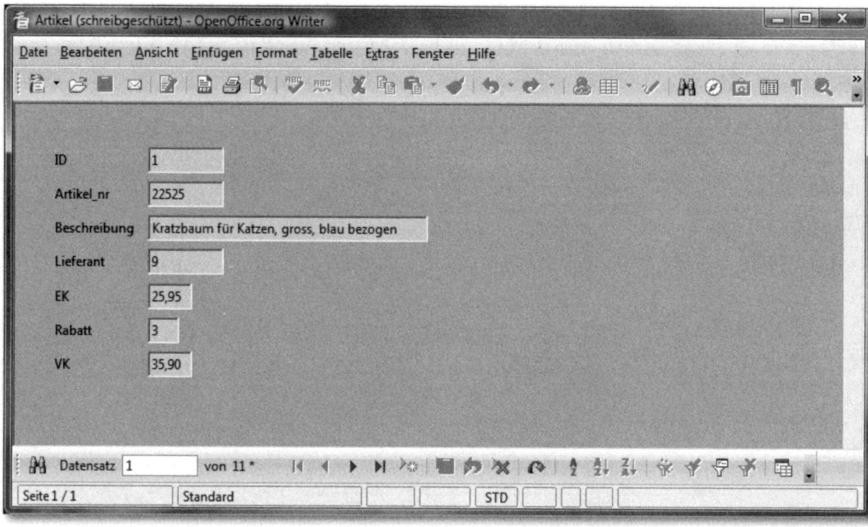

Abbildung 7.12 Das erzeugte Formular – jetzt können Sie damit arbeiten

Hinweis

Aufgrund eines Bugs ist zwar die Writer-Struktur zu sehen, der Menüpunkt »Zoom« ist jedoch wie die entsprechenden Icons inaktiv. Unglücklicherweise übernimmt Base für seine Formulare die zuletzt in Writer eingestellten Zoomfaktoren, was zu Verwirrungen führen kann.

Glücklicherweise funktioniert aber die Tastenkombination zur Veränderung der Ansichtengröße (Zoom). Sie können also das Formular in seiner Darstellung Ihren Bedürfnissen leicht anpassen – mit gedrückter [Strg]-Taste und dem Zoomrad (Mittelrad) Ihrer Maus.

Am unteren Rand des Formulars befindet sich die Navigationsleiste, die Ihnen sicher bekannt vorkommt. Sie ist vom Aufbau der Navigationsleiste im Fenster »Datenquellen« sehr ähnlich, jetzt eben nur ganz nach unten gerutscht.

An sich sind die meisten Informationen selbsterklärend, interessant sind jedoch die Such-, Filter- und Tabellenfunktion, da sie sich doch ein wenig von den bisher bekannten unterscheiden.

Die Tabellenfunktion ist dabei noch am schnellsten erläutert: Klicken Sie auf das Icon, wird oberhalb des Formulars eine Tabelle dargestellt, in der sich alle Datensätze befinden, ähnlich wie im Datenquellen-Explorer. Alle Filterfunktionen wirken sowohl auf die Tabelle als auch auf die im Formular angezeigten Werte. Allerdings ist der Nutzen eher gering, schließlich hat man ja das Formular für die Navigation erzeugt.

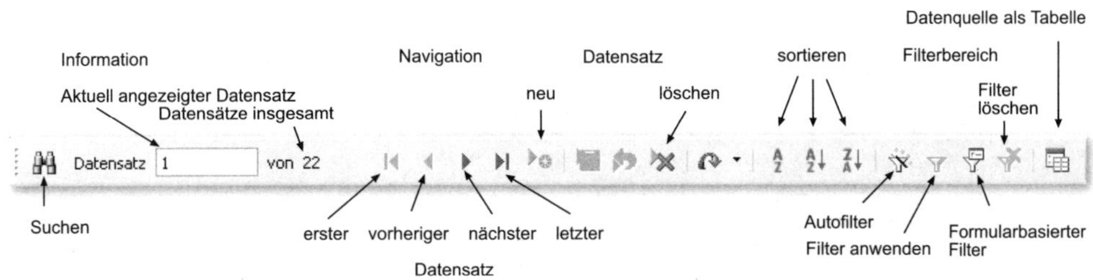

Abbildung 7.13 Die Navigationsleiste bei Formularen

Interessant ist ein neuer Suchdialog. Lassen Sie sich bitte durch das Icon nicht verwirren, das finden Sie nämlich auch in der Standardsymbolleiste von Writer wieder, also oben. Es sieht zwar gleich aus, startet aber einen völlig anderen Dialog. Mit dem **Suchen**-Dialog in der Navigationsleiste können Sie sehr gezielt nach einzelnen Datensätzen suchen.

Suchen von Informationen in den Datensätzen

Der Suchdialog bleibt dabei immer im Vordergrund geöffnet. Mit jedem Klick auf den Button **Suchen** wird zur nächsten Fundstelle, also zum nächsten Datensatz, der den Suchkriterien entspricht, weitergeschaltet. Auch hier erweist sich wieder ein großer Bildschirm als sehr hilfreich: So können Sie sowohl den Suchdialog als auch das Formular selbst (und damit das Suchergebnis) gleichzeitig im Blick behalten. Bevor jedoch die Suche gestartet werden kann, müssen diverse Einstellungen im Dialog vorgenommen werden.

Zuerst definieren Sie, wonach gesucht werden soll: Text, Feldinhalt ist gleich NULL oder ungleich NULL. Wichtig: Sie können wirklich nur nach Text suchen! Zahlenfelder werden nicht berücksichtigt, die Zahlen werden auch nicht in Texte umgewandelt! Das heißt: In unserem Beispiel können Sie nicht nach Artikelnummern suchen – die waren nämlich als INTEGER-Felder angelegt worden, also als Zahlenfelder. Dort versagt eine Textsuche (statt einer Suche sollten Sie hier Filter verwenden). Möglich aber ist es, durch Eingabe des Begriffs »Hund« alle Artikel für »Hunde« zu suchen.

Im zweiten Teil des Dialogs können Sie nun noch die Suche auf einzelne Felder eingrenzen (in unserem Fall nur »Artikelbeschreibung«) oder über alle Felder laufen lassen. Die Listbox rechts (aufklappbar) bietet dabei alle vorhandenen Felder an. Wählen Sie mit der Maus.

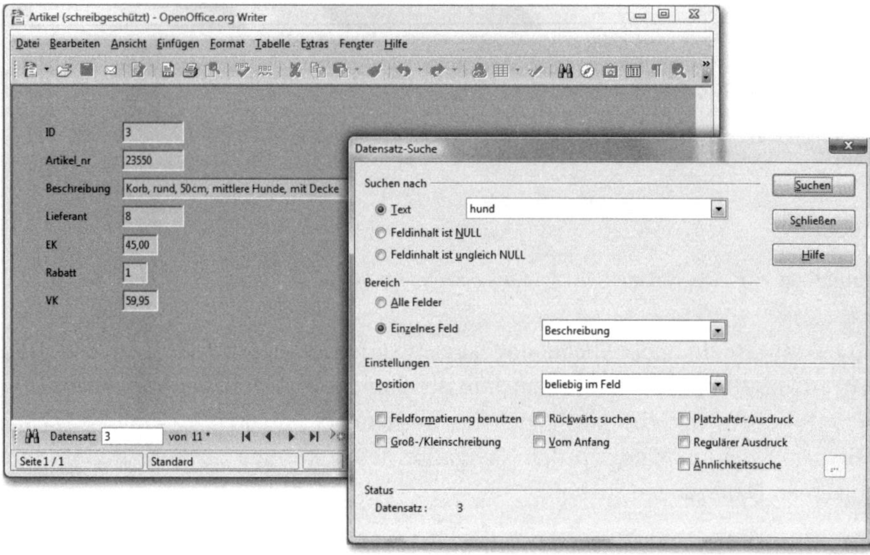

Abbildung 7.14 Suchen von Datensätzen

Im unteren Bereich **(Einstellungen)** können Sie nun weitere Details zur Suche fixieren, zum Beispiel, wo der Suchtext stehen soll. Sie können auch reguläre Ausdrücke oder eine Ähnlichkeitssuche einsetzen, das heißt: Hier können Sie einen Suchbegriff so definieren, dass auch ähnliche Wörter gefunden werden.

Wird Ihr Suchbegriff gefunden, zeigt das Formular dann den aktuellen Datensatz an. Die Suche stoppt und wartet auf Ihre nächste Aktion. Klicken Sie erneut auf **Suchen**, wird der nächste passende Datensatz gesucht. Sind alle Datensätze durchlaufen, beginnt die Suche wieder beim ersten Datensatz. Werden keine passenden Sätze gefunden, erhalten Sie eine entsprechende Fehlermeldung. Anders als bei Filtern wird Ihnen allerdings nicht angezeigt, wie viele Datensätzen insgesamt den Suchkriterien entsprechen. Die Suche erfolgt nur sequenziell.

Den Suchdialog schließen Sie wieder über den Button **Schließen**. Die letzte Fundstelle im Formular bleibt aktiv.

Filter für Datensätze verwenden

Ähnlich wie eine Suche können Sie alternativ auch einen Filter für die Datensätze verwenden. Auch hier legen Sie Such- beziehungsweise Filterkriterien fest, auf deren Basis dann die Datensätze ausgewählt werden. Dabei werden die Kriterien direkt in die Felder des Formulars eingegeben und dann entsprechend ausgewertet.

Bevor ein Filter angewendet werden kann, muss er zunächst definiert werden. Klicken Sie hierzu auf das Icon »Formularbasierter Filter«. Dann ändert sich Ihr Formular ein wenig: Alle Feldinhalte werden entfernt, die Navigationsleiste ausgeblendet. Dafür erscheint eine neue, kleine Symbolleiste »Formular Filter« mit gerade einmal zwei Icons und einem Befehl.

- Das erste Icon bedeutet **Filter anwenden**. Dadurch werden die definierten Filterkriterien auf die Datensätze angewendet. Das normale Formular ist wieder sichtbar, und der erste, gefilterte Datensatz ist sichtbar. Die Navigation funktioniert jetzt nur noch innerhalb der gefilterten Datensätze.
- Das zweite Icon öffnet das Fenster **Filter-Navigator**, das ebenfalls immer im Vordergrund bleibt. Dort finden Sie die Filterkriterien im Klartext, und dort können Sie diese auch jederzeit anpassen oder ändern.

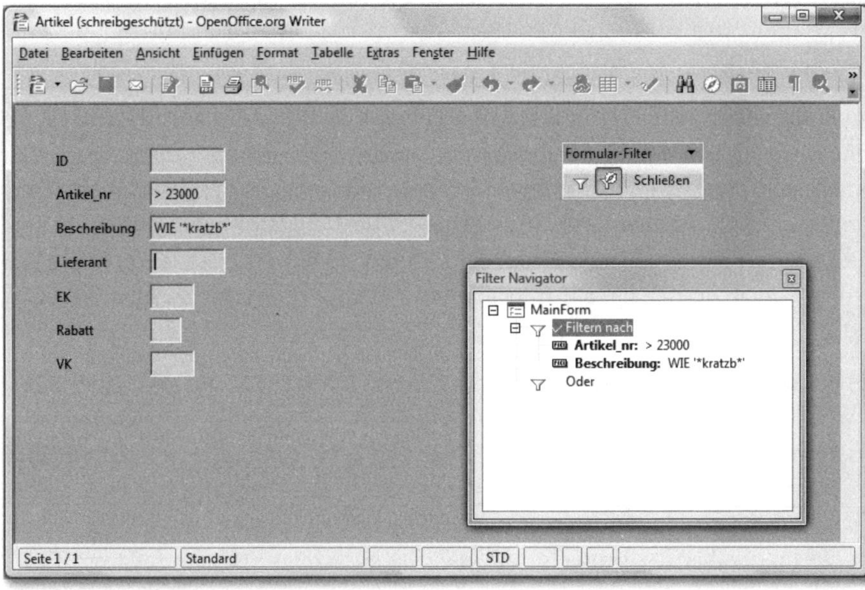

Abbildung 7.15 Formularfilter definieren

Um nun einen Filter zu definieren, geben Sie die Kriterien einfach direkt in die Formularfelder ein. Dabei stehen Ihnen alle Möglichkeiten der Datenbank-Abfragen zur Verfügung (siehe auch Kapitel 6). Das heißt, Sie können Vergleichsoperatoren oder auch Funktionen (in eingeschränktem Maße) verwenden. Wichtig ist hierbei, dass der Feldtyp beachtet wird. So lassen sich Zahlenvergleichsoperatoren sinnvollerweise nur auf Zahlenfelder anwenden, Textvergleiche hingegen nur auf Textfelder.

Eingaben in die Felder können sowohl in »echter« SQL-Syntax erfolgen als auch in der von Base definierten eigenen Syntax. Intern wird das dann schon richtig umgesetzt. So sind beispielsweise die folgenden Eingaben identisch (im Feld »Beschreibung«):

- Base-interne Schreibweise: `WIE '*kratzB*'`
- SQL-Schreibweise: `LIKE '%kratzb%'`

In beiden Fällen werden Einträge gesucht, die den Begriff »kratzb« irgendwie beinhalten, also zum Beispiel alle »Kratzbäume«. OpenOffice.org Base würde bei der Eingabe der SQL-Schreibweise diese intern entsprechend interpretieren und auf die eigene Syntax umsetzen. Wundern Sie sich also nicht, wenn im Feld dann dennoch »Wie...« auftaucht.

Tatsächlich werden ja die Filterkriterien als interne SQL-Sequenzen (SELECT) ausgeführt und entsprechend an das DBMS gesendet, dann übernimmt aber Base die »Übersetzung«.

Durch die mehrmalige Interpretation ergeben sich allerdings auch Nachteile. So können Sie leider keine Spaltennamen oder Variablen benutzen, da Base alles als Strings interpretiert und es in entsprechende einfache Hochzeichen setzt. Zwar können die Filterausdrücke auch direkt im Filter-Navigator bearbeitet und angepasst werden (Ausdruck markieren, dann Kontext-Menü wählen, Befehl **Bearbeiten**), dennoch werden bei der Interpretation noch weitere Hochzeichen hinzugefügt.

Haben Sie dann alle Filterkriterien definiert, klicken Sie auf das Icon **Filter anwenden**. Der Filter-Navigator und die zusätzliche Symbolleiste verschwinden, das Formular taucht wieder in seiner Ursprungsform auf und zeigt jetzt nur noch die Datensätze an, die den Kriterien entsprechen. Aus den Informationen in der Navigationsleiste können Sie nun auch die Anzahl der passenden Datensätze auslesen; es fehlt aber der Hinweis, wie viele Datensätze es insgesamt waren.

Der Filter selbst bleibt gespeichert, auch wenn er über das Icon »Filter anwenden« wieder ausgeschaltet wird.

Wichtig

Ein angewendeter Filter ist nur am Icon »Filter anwenden« erkennbar. Ist dies »gedrückt«, ist der Filter aktiv. Durch erneuten Klick auf dieses Icon wird der Filter wieder deaktiviert. Die Kriterien bleiben jedoch gespeichert. Sie können den Filter jederzeit durch einen erneuten Klick auf das Icon wieder aktivieren.

Erst wenn Sie den Filter löschen (Icon **Löschen**), werden auch die Filterkriterien entfernt. Jetzt können Sie diesen Filter nicht mehr nutzen!

Daten eingeben

Außer zur Anzeige von Daten wird ein solches Formular sicher häufig zur Eingabe neuer Datensätze genutzt. Hierzu muss das Formular natürlich entsprechend freigegeben worden sein (vergleiche Schritt 6 beim Erzeugen des Formulars). Ist es dafür vorgesehen, können Sie auf das Icon »Neuer Datensatz« klicken. Es erscheint ein leerer, neuer Datensatz. Hier können Sie jetzt die neuen Daten eingeben.

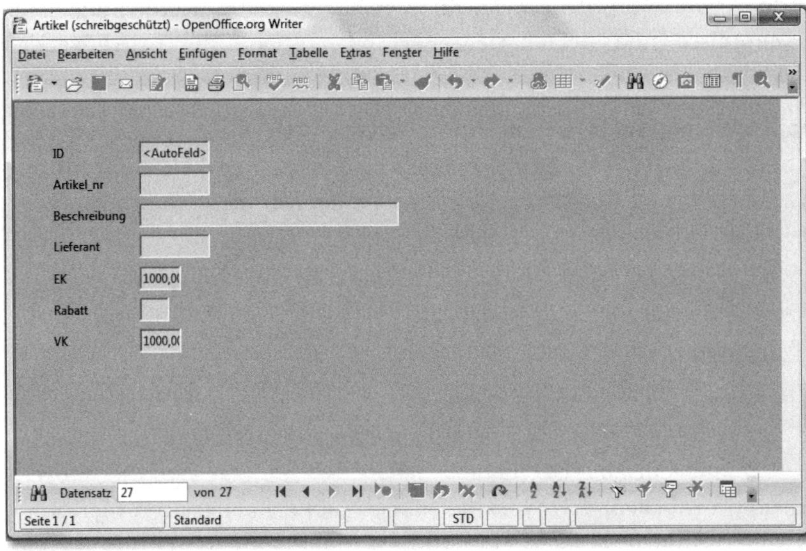

Abbildung 7.16 Eingabe neuer Datensätze

Ganz »leer« stimmt nicht ganz, einige Daten stehen schon drin, wie in Abbildung 7.16 zu erkennen ist. Das sind immer die Vorgabewerte, sofern sie definiert wurden, oder Formatstrukturen. Ebenfalls erkennbar ist das Feld »ID« als »AutoFeld«. Das heißt, der Wert wird vom DBMS automatisch ermittelt und eingegeben, da können Sie nichts eintragen.

In den Feldern »EK« und »VK« steht als Vorgabe 1000,00. Wie Base auf diesen Wert kommt, ist allerdings nicht ganz klar. Die Felder sind als Dezimalfelder im Format (8,2) definiert. Das heißt, sie haben 8 Stellen insgesamt, davon sind 2 Nachkommastellen. Selbst wenn man davon noch eine Vorzeichenstelle abziehen würde, bleibt es ein Rätsel, wie die Vorgabe 1000,00 zustande kommt.

Beginnen Sie mit der Eingabe. Um sich von Feld zu Feld zu bewegen, können Sie entweder die Maus nutzen oder die [⇆]-Taste. Die Eingabe-Taste schließt den Datensatz ab, speichert ihn in die Datenbank (intern wird der INSERT-Befehl ausgeführt) und stellt erneut einen leeren Satz zur Eingabe zur Verfügung.

Auf diese Weise können Sie nun all Ihre Daten erfassen. Allerdings werden Sie auch schnell auf die Grenzen Ihres Formulars stoßen: Da Sie bei der Anlage der Datenbank-Tabellen auf eine Normalisierung geachtet haben, sind manche Felder hier nur als Schlüssel einzugeben – zum Beispiel der Lieferant oder auch die Rabattstaffel. Nun müssen Sie diese Schlüssel kennen, um den Datensatz eingeben zu können. Der Lieferantenname selbst hilft hier nicht weiter.

Und spätestens ab hier wird es komplizierter. Natürlich sind solche Aufgabenstellungen lösbar, jedoch oft nicht mehr mit einfachen Mitteln. Jetzt benötigen Sie tiefere Kenntnisse und detailliertere Methoden (siehe die nachfolgenden Abschnitte).

Festzuhalten bleibt: Formulare mit Hilfe des Assistenten zu erzeugen, ist einfach, schnell und ohne viele Vorkenntnisse möglich. Je einfacher die Datenbank aufgebaut ist, umso besser funktioniert diese Methode. Mit diesen Formularen lassen sich Daten optisch aufbereitet darstellen, suchen und auch pflegen (ändern, löschen oder neu eingeben).

7.2.2 Subformulare

Bei den bisherigen Überlegungen wurde immer nur auf eine Tabelle zurückgegriffen – Formulare stellten die Informationen einer Datentabelle dar. Pro Formular kann es immer nur eine Datenquelle geben. Möchte man nun die Informationen mehrerer Tabellen verwenden, nutzt man Subformulare, also Unterformulare. Ein Unterformular ist quasi ein Formular innerhalb eines Formulars, und damit ist es möglich, Informationen aus unterschiedlichen Tabellen gemeinsam darzustellen. Für jede Tabelle benötigen Sie eben ein Unterformular. Ich möchte hier zwei Beispiele darstellen:

- Das am Anfang dieses Kapitels erzeugte Formular besitzt ein Feld »Lieferant«, das den Schlüssel des Lieferanten anzeigt. Dieses Formular soll insofern abgeändert werden, als es statt des Schlüssels den Namen des Lieferanten im Klartext anzeigen soll. Dieser Name ist in der Tabelle »Lieferanten« erhalten, die Verbindung ist eben dieser »Schlüssel«. Hierbei handelt es sich um eine klassische 1:1-Beziehung.
- Im zweiten Beispiel sollen zu einem Lieferanten alle bezogenen Artikel aufgelistet werden. In diesem Fall muss als Haupttabelle die Lieferantentabelle herangezogen werden (dort sind alle Lieferanten gespeichert), und als abhängige Tabelle sind dann die Artikel einzubeziehen. Zu jedem Lieferanten kann es mehrere Artikel geben. Es handelt sich also um eine 1:n-Beziehung.

Bleiben wir aber zunächst beim ersten Beispiel. Das Formular wird ebenfalls mit dem Assistenten erzeugt. Man wählt die »Artikel«-Tabelle aus, dann die entsprechenden Felder (wählen Sie alle bis auf das Feld »ID«, das keine zusätzlich verwertbare Information bietet und diesmal nicht berücksichtigt werden soll).

Subformular in einer 1:1-Beziehung

Haben Sie also den ersten Schritt beendet, klicken Sie auf **Weiter** und kommen nun zum Punkt **Subformular**. Markieren Sie hier zunächst die Option »Subformular hinzufügen«. Erst dann werden die übrigen Schritte und Optionen aktiviert.

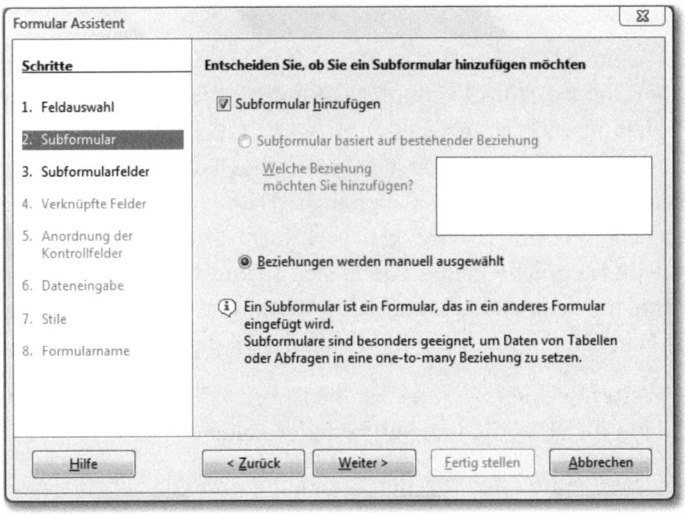

Abbildung 7.17 Ein Subformular wird eingefügt.

Der wichtigste Punkt ist nun, wie das Subformular mit dem Hauptformular in Beziehung gesetzt werden kann. Dazu werden **Sekundärschlüssel** verwendet (siehe hierzu auch Abschnitt 5.1, »Datenbankentwurf – Grundlagen«). Diese müssen eindeutig und in beiden Tabellen (hinsichtlich der Felddefinition) identisch sein. In unserem Fall gibt es das Feld »Lieferantennummer«, das gleichzeitig als Schlüssel in der Tabelle »Artikel« dient.

Sie können nun die Abhängigkeit des Subformulars über eine bestehende Beziehung (Relation) herstellen, sofern Sie eine definiert hatten beziehungsweise Ihr DBMS dies überhaupt zulässt. Oder Sie setzen hier manuell zwei Felder miteinander in Beziehung.

Beide Methoden haben Vor- und Nachteile. Wenn eine vorhanden ist, sollten Sie aber immer eine Beziehung vorziehen. Leider offenbart sich hier eine Schwäche von OOo Base: Zwar haben wir in der Datenbank Beziehungen definiert (es gibt eine Beziehung zwischen den Tabellen »Artikel« und »Lieferanten«, entsprechend den Base-Vorgaben aber nur eine »n:1«-Beziehung; also ist nur die ID des Lieferanten als Primärschlüssel der Tabelle »Lieferanten« eindeutig), doch werden hier nur Beziehungen mit einer »1« auf der Seite der aktiven Tabellen (also »1:1«- und »1:n«-Beziehungen) dargestellt. Eine »n:1«-Beziehung würde hier zwar funktionieren (und wurde bei früheren 2.0.x Versionen auch angezeigt), aktuell gibt es jetzt aber nur mehr die Möglichkeit, die Beziehung manuell auszuwählen.

Besteht bereits eine Relation und wird diese angezeigt, können Sie auf die Übernahme der Schlüsselfelder auch verzichten. Die Relation hat Letztere ohnehin gespeichert.

Anders sieht es aus, wenn Sie manuell eine Beziehung herstellen wollen oder müssen, weil zum Beispiel Ihr DBMS keine Beziehungen unterstützt, oder (wie hier der Fall) die Beziehung nicht aufgelistet wird. Jetzt brauchen Sie sowohl im Hauptformular als auch im Unterformular ein identisches Feld – eben das die Beziehung definierende Feld. Das bedeutet aber auch, dass Sie später ein Feld im Formular doppelt sehen werden, das eine gleiche Information trägt, was ergonomisch sehr ungünstig ist. Solche Felder lassen sich später, bei der manuellen Nacharbeit des Formulars, auch ausblenden. Falls Sie diesen Weg wählen, vergessen Sie nicht das Feld »Lieferanten« bei der Feldauswahl des Hauptformulars.

Klicken Sie nun auf **Weiter**, wählen Sie zunächst die zu verbindende Tabelle (hier »Lieferanten«) und dann die gewünschten Subformular-Felder.

Wichtig: Da wir die manuelle Erstellung der Beziehung gewählt haben (etwas anderes ist ja nicht möglich), benötigen Sie unbedingt die Beziehungsfelder, hier also neben dem »Namen« auch das Feld »Lieferanten_nr«:

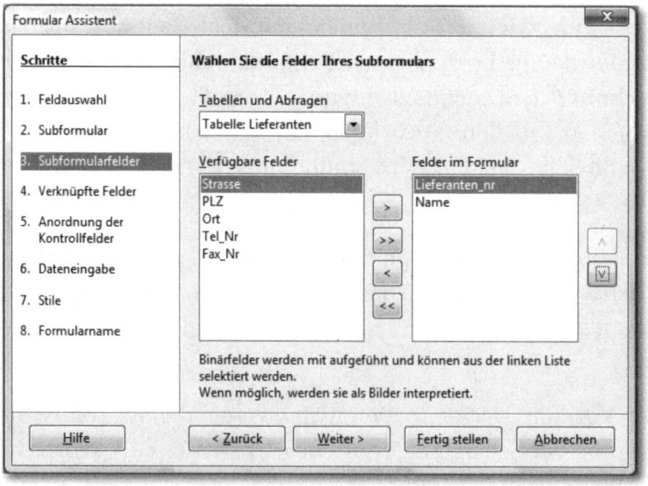

Abbildung 7.18 Auswahl der Subformular-Felder

Nochmals der Hinweis: Die einfache Auswahl (in diesem Fall nur der »Name«) ist nur möglich, wenn Sie im vorigen Schritt eine bestehende Beziehung ausgewählt hatten. Sonst müssen Sie hier mindestens das Schlüsselfeld mit auswählen, also »Lieferanten_nr«.

Besteht eine Beziehung zwischen den Tabellen (Relation) und haben Sie diese ausgewählt, wird die dazugehörige Tabelle automatisch hier im Dialog eingetragen und ist auch nicht mehr änderbar. Die vorhandenen Felder werden wieder (wie gehabt) zur Auswahl angeboten.

Anders sieht es aus, wenn Sie eine manuelle Beziehung gewählt haben. Jetzt stehen im Auswahlfeld »Tabelle/Abfrage« wieder alle Tabellen und Abfragen zur Verfügung, und Sie können individuell bestimmen, welche Tabelle oder Abfrage denn nun die Grundlage des Subformulars werden soll. Hier zeigt sich dann der Vorteil der manuellen Beziehungsverknüpfung: Sie können auch Abfragen mit als Subformular einbinden, was bei Relationen nicht möglich ist.

Hinweis

Der Assistent von OpenOffice.org Base hat hier leider einen kleinen Bug: Wenn Sie beim ersten Mal eine Relation gewählt haben, dann aber zurückgehen und sich doch für eine manuelle Beziehung entscheiden, lässt sich keine Tabelle oder Abfrage mehr wählen. Die einmal ausgewählte Beziehung bleibt einfach bestehen. Jetzt hilft nur, den Assistenten abzubrechen und neu zu starten.

Wurde eine manuelle Einrichtung der Beziehung ausgewählt, folgt nun als nächster Schritt die Zuordnung der Schlüsselfelder (siehe Abbildung 7.19). Bei Relationen entfällt dieser Schritt!

Die linke Feldliste beinhaltet die gewählten Felder des Subformulars, die rechte die des Hauptformulars. Wählen Sie hier nun die zueinander passenden Felder aus. **Wichtig**: Die Felder müssen komplett übereinstimmen – also insbesondere auch in Ihrer Definition! Eine Beziehung lässt sich nicht herstellen, wenn beispielsweise in der einen Tabelle das Feld als »TinyInt« definiert ist, in der anderen aber als »Dezimal«. Die Feldnamen selbst spielen hingegen keine Rolle, sie können, müssen aber nicht gleich sein (vgl. auch Abschnitt 5.9, »Tabellen-Relationen«).

Sie können bis zu vier Beziehungen herstellen. Allerdings können Sie im Assistenten nur ein Unterformular definieren, weswegen vier Beziehungen eher unwahrscheinlich sind. Die Beziehungen in ihrer Summe müssen jedoch eine eindeutige Relation zwischen den Tabellen erzeugen – also pro Datensatz des Hauptformulars einen oder mehrere Datensätze des Unterformulars extrahieren.

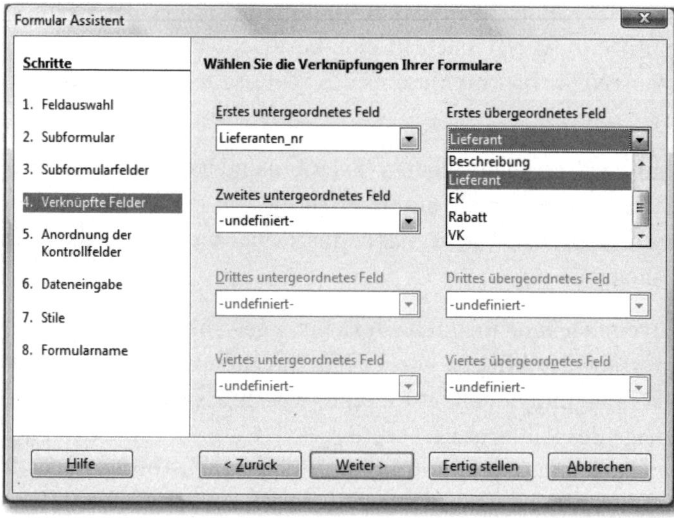

Abbildung 7.19 Manuelle Verknüpfung der Formulare

Haben Sie im Beispiel manuelle Beziehungen gewählt, stellen Sie diese bitte wie in Abbildung 7.19 dargestellt ein.

Bei der Wahl eines Unterformulars können nun auch die Anordnungen der Kontrollfelder getrennt nach Haupt- und Subformular vorgenommen werden. Für dieses erste Beispiel werden beide zunächst identisch gewählt, und das neue Formular sieht dann aus wie in Abbildung 7.20.

Weil das Formular auf der Basis manueller Beziehungen erzeugt wurde, sind hier noch die beiden Beziehungsfelder zu sehen, jeweils mit den gleichen Inhalten. Das ist natürlich unschön – und überflüssig. Die Felder können aber manuell später noch ausgeblendet werden.

Jetzt ist zwar die Information des Lieferanten im Klartext lesbar, aber es zeigen sich nun auch die Grenzen der automatisierten Formularerstellung: Als Beschreibung (Bezeichner) für das Feld wird immer der Feldname genutzt, eine Änderung ist mit dem Assistenten nicht möglich. Insofern ist jetzt der »Name« wenig aussagekräftig – es müsste schon eher »Lieferant« heißen.

Auch ist die Anordnung der Felder immer wie folgt: erst alle Felder des Hauptformulars, dann alle Felder des Subformulars. Auch das passt nur ganz selten. Wenn Sie also mit Subformularen arbeiten, werden Sie um eine manuelle Anpassung kaum herumkommen (Abschnitt 7.3).

Doch bevor wir uns damit im Detail auseinandersetzen, sehen wir uns noch das zweite Beispiel des Einsatzes von Subformularen an: in einer 1:n-Beziehung.

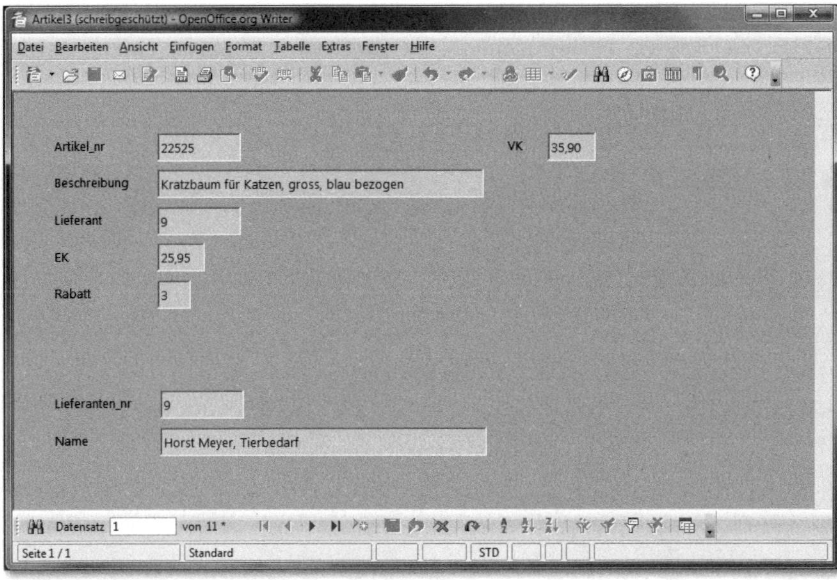

Abbildung 7.20 Formular mit Unterformular

Subformular in einer 1:n-Beziehung

In diesem Teil möchten Sie nun ein Formular erzeugen, das Ihnen neben den Informationen der Lieferanten alle Artikel auflistet, die von diesem bezogen werden.

- Dazu erzeugen Sie ein neues Formular mit Hilfe des Assistenten und wählen in Schritt 1 die Tabelle »Lieferanten« und die Felder »Name«, »Strasse«, »PLZ«, »Ort« und »Telefonnumer«, »Faxnummer« – also eigentlich alle.
- Dann wählen Sie »Subformular hinzufügen« sowie (da jetzt die vorhandenen Beziehung angezeigt werden) die Option »Subformular basiert auf bestehender Beziehung« und dort die Tabelle »Artikel«.

  Falls es Sie wundert, warum denn jetzt Beziehungen angezeigt werden, so liegt das einfach an der Art, wie damals die Beziehung erzeugt wurde: Definiert wurde eine n:1-Beziehung von der Tabelle »Artikel« zur Tabelle »Lieferanten«, und eine solche kann hier aufgelöst werden, von der Lieferanten-Richtung ausgehend.
- Im Schritt **Subformularfelder** brauchen Sie keine Tabelle mehr auszuwählen (die wurde schon durch die Beziehung festgelegt), sondern nur noch die gewünschten Felder: »Artikel_nr«, »Beschreibung« und »EK«.

  Auf die Auswahl der Sekundär-Schlüsselfelder kann gänzlich verzichtet werden, die Beziehung ist ja durch die gewählte Relation gewährleistet!

- Bei der Anordnung der Kontrollfelder gehen Sie diesmal anders vor. Hier wählen Sie für das Hauptformular (die Lieferanten-Details) eine beliebige Feldanordnung, also zum Beispiel die erste Option, und für das Unterformular die Tabellenansicht (Abbildung 7.21).

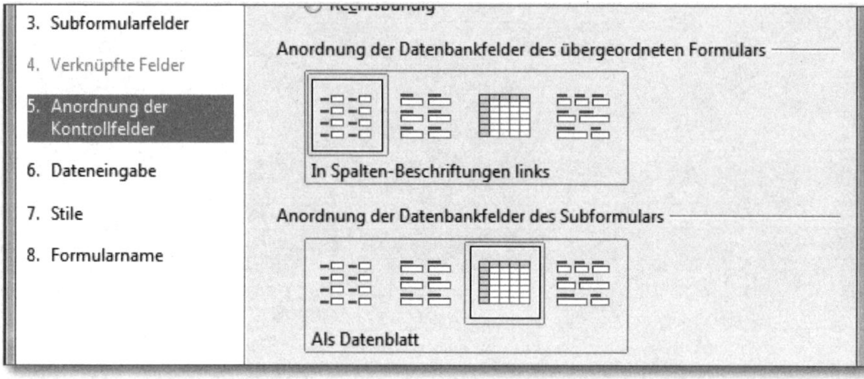

Abbildung 7.21 Für das Unterformular wird die Tabellenansicht gewählt.

- Da das Formular nur zur Ansicht existierender Daten genutzt werden soll, können Sie nun im nächsten Schritt alle Negativ-Optionen aktivieren; dann dient das Formular nur zum Lesen der Daten.
- Wählen Sie nun noch einen Stil, geben Sie dem Formular einen Namen (zum Beispiel »Lieferanten«), und stellen Sie es fertig.

Das Formular zeigt nun sehr schön die Wirkung von Unterformularen: Über die Hauptnavigationsleiste – am unteren Fensterrand – können Sie jetzt die Lieferanten durchblättern. Die eingebettete Tabelle listet dann immer zum Lieferanten passend alle Datensätze aus der Tabelle »Artikel« mit auf. Sie haben somit alle Produkte, die Sie von diesem Lieferanten beziehen, in der Übersicht vorliegen.

Ein Schwachpunkt der automatischen Erstellung ist natürlich die Tatsache, dass man nur ein Unterformular definieren kann – dadurch bleiben oft Informationen noch »verschlüsselt« wie beispielsweise die Rabattstaffel im ersten Formular. Dennoch: Auch für die einfachen Fälle von Unterformularen liefert der Assistent recht brauchbare Ergebnisse und reduziert so das benötigte Wissen über Programmierung und Datenbanken erheblich.

Bleiben noch einige Bemerkungen zur Nutzung von Formularen mit eingebetteten Subformularen: Das Abrufen von Informationen klappt immer problemlos, falls die Beziehungsfelder eindeutige Werte beinhalten. Das aber wurde ja schon beim Datenbank-Design berücksichtigt und entsprechend geplant. Hier gibt es in der Regel also keine Probleme.

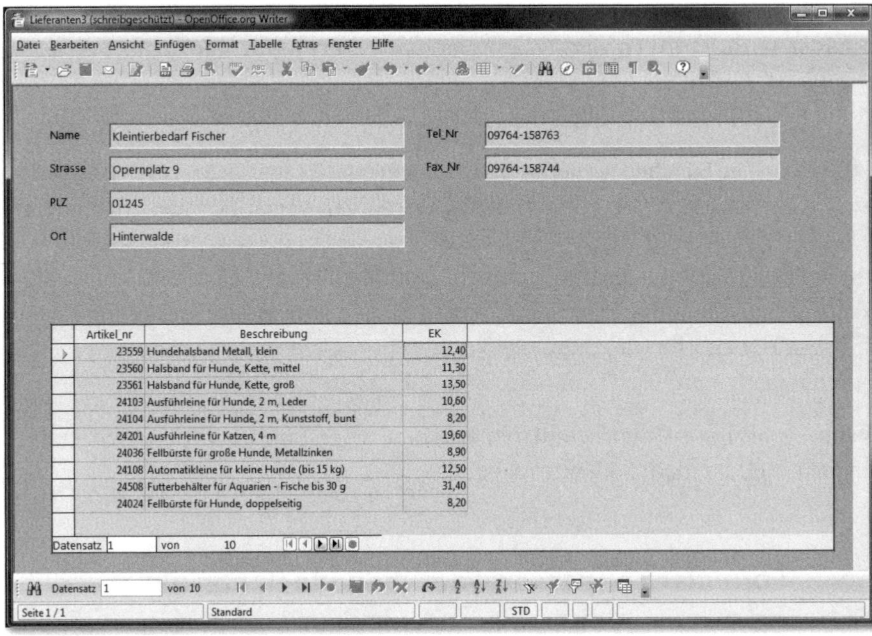

Abbildung 7.22 Das Formular mit einem Unterformular – alle Artikel des Lieferanten

Kritisch wird es erstmals dann, wenn »mehr als das normale« Verhalten erwartet und angewendet wird. Filter zum Beispiel sollten nur auf das Hauptformular gesetzt werden. Ein Filter, der auf ein Feld im Unterformular gesetzt wird, kann zu überraschenden Ergebnissen führen. Das ist auch verständlich, werden doch alle Filter als SELECT-Befehle auf die mit dem Hauptformular verknüpfte Tabelle angewendet und die Subformulare wiederum von den ersten Ergebnissen abgeleitet. Hier ist eine Umkehrung der Logik nicht möglich. Sie können also nicht zuerst das Subformular eingrenzen und dann die dazugehörigen Haupteinträge suchen. Leider ist im Formular selbst nicht mehr zu unterscheiden, was Haupt- und was Unterformular darstellt; hier ergibt sich also eine typische Fehlerquelle in der Anwendung.

Auch bei der Neueingabe von Datensätzen kann es zu Problemen kommen. Datensätze werden dann oft nur unvollständig oder ohne Prüfung eingefügt, es kann zu Unstimmigkeiten kommen.

Einfach und unproblematisch ist es meist dann, wenn die Formularbereiche sichtbar getrennt sind wie im letzten Beispiel. Hier kann in der Tabelle jederzeit ein neuer Datensatz zum Lieferanten angelegt werden – ja, die Tabelle hat sogar eine eigene Navigationsleiste. Jeder in der Tabelle eingegebene Datensatz wird direkt in der Datenbank gespeichert, und wenn Sie so ziemlich alle Felder mit einbezogen haben, wird es auch kaum zu Problemen kommen. Die Lieferantennummer wird natürlich immer automatisch gesetzt, was durch die Beziehung bedingt ist. Einen neuen Lieferanten können Sie auch problemlos anlegen, dann ist die Beziehungstabelle eben zunächst leer.

Auch mit dem **Löschen** von Datensätzen muss man nun sehr vorsichtig sein – doch gilt das eigentlich grundsätzlich. Wird hier beispielsweise ein Lieferant gelöscht, dem aber schon Artikel zugeordnet wurden (Sekundärschlüssel ist vorhanden und im Artikeldatensatz eingetragen), bewirkt das Löschen zwar das Entfernen des Lieferanten-Datensatzes, nicht aber des oder der Artikeldatensätze. Dort bleibt weiterhin der Schlüssel auf den nun nicht mehr vorhandenen Lieferanten eingetragen. Die Datenbank wird inkonsistent.

Wenn Sie also mit Unterformularen arbeiten, seien Sie sich aller Auswirkungen bewusst, und handeln Sie entsprechend.

7.3 Formulare anpassen oder individuell erzeugen

Bisher wurden die Formulare automatisch mit Hilfe des Assistenten und eines Skripts erzeugt. Natürlich können Sie diese Arbeit auch manuell erledigen: individueller, umfangreicher und detaillierter. Dazu brauchen Sie jedoch mehr Wissen über Programmierung, die API, über Datenbanken und SQL. In diesem und im nächsten Unterkapitel werde ich Ihnen eine Einführung in die Möglichkeiten von OpenOffice.org geben, Formulare und Dialoge mit Datenbanken zu verknüpfen.

Auch Base ist ein Teil des OpenOffice.org-Programmpakets und nutzt die gleichen Objekte und Strukturen wie alle anderen Module. Das wiederum bedeutet, dass Formulare unabhängig vom jeweiligen Modul in allen Dokumenten erzeugt werden können, also in Writer, Calc, Draw oder Impress. Alle nun folgenden Aussagen gelten also auch außerhalb von Base, Formulare sind Elemente von OpenOffice.org ganz allgemein.

7.3.1 Formulare allgemein

Formulare sind in OpenOffice.org spezielle Objekte, die definierte Eigenschaften besitzen und Teil eines Dokuments sind. Ein Formular selbst ist in der Regel nicht sichtbar, es ist eher ein »abstraktes«, internes Objekt. Das Formular selbst dient dann aber als Träger so genannter Kontrollelemente: sichtbarer Gebilde, die ebenfalls mit unterschiedlichen Eigenschaften ausgestattet werden können und die der Benutzer dann als das eigentliche Formular wahrnimmt (also zum Beispiel die Eingabefelder oder die Beschriftungsfelder, aber auch Schalter und Ähnliches). So viel zunächst zur Theorie. Detaillierter wird dies im übernächsten Abschnitt dargestellt (7.5, »Formulare intern«).

Wurde ein Formular in Base mit dem Assistenten erzeugt, so hatte man als Benutzer gar keinen Zugang zu den einzelnen Formularfunktionen, zu den Steuerelementen, zu den Details. Das erledigte alles der Assistent (eben ein Skript). Allerdings deckt der Assistent nur einen kleinen Bereich des Möglichen ab. Es gibt noch viel mehr Varianten.

Base nutzt als Träger für ein Formular immer ein Writer-Dokument, und nur ein solches lässt sich auch direkt innerhalb des Base-Containers speichern. Formulare jedoch können in allen Dokumenten erzeugt und gespeichert werden, je nach eigenen Vorlieben oder Wünschen. Diese Formulare sind dann jedoch nicht mehr Teil des Base-Containers, sie werden eben wie ein OpenOffice.org-Dokument separat gespeichert, können aber die gleiche Funktionalität bieten wie ein in Base direkt gespeichertes Formular. Mit externen Dokumenten wächst somit die Unabhängigkeit. Diese werden allerdings auch nicht im Bereich »Formulare« in Base angezeigt.

Nun ist das Formular selbst ein eher nicht sichtbares Konstrukt. Es dient quasi als Basis für die Kontrollelemente und beinhaltet die kompletten Informationen bezüglich der verbundenen Datenquelle. Um ein neues Formular anzulegen, gibt es allerdings keine separate Möglichkeit; ein Formular wird automatisch erzeugt, wenn ein Kontrollelement platziert wird. Der Vorgabename lautet »Standard«, und es wird üblicherweise nur ein Formular pro Dokument angelegt. Alle Steuerelemente werden automatisch diesem zugeordnet.

Wenn Sie in Base im Bereich »Formulare« auf die Aufgabe »Formular in der Entwurfsansicht erstellen...« klicken oder den Menübefehl **Einfügen • Formular** wählen, passiert im Grunde auch nichts anderes: Es wird das Modul »Writer« separat gestartet, die Ansicht wechselt in das Weblayout (dadurch sehen Sie keine Seitenränder mehr, und die volle Fläche steht nun zur Bearbeitung zur Verfügung), es wird ein Layout-Raster angezeigt (zur einfacheren Platzierung der Kontrollelemente), und es werden zwei Symbolleisten automatisch eingeblendet: **Formular-Steuerelemente** und **Formular-Entwurf**.

Allerdings: Nur mit diesen beiden Symbolleisten werden Sie für ein komplettes Formular nicht auskommen. Sie bilden nur die Basis und bieten mit ihren Icons Zugang zu allen anderen, wichtigen Details. Natürlich stehen Ihnen diese Symbolleisten in jedem Modul zur Verfügung (und die Funktionalitäten auch). Also gilt alles, was jetzt gesagt wird, genauso für ein unabhängiges Dokument, mit dem Sie ein Formular aufbauen wollen.

Abbildung 7.23 zeigt noch einmal die wichtigsten Symbolleisten und Dialoge, die zur Formularerstellung benötigt werden. Die Pfeile symbolisieren gleichzeitig, wie die einzelnen Elemente zusammenhängen und wie sie aktiviert werden können.

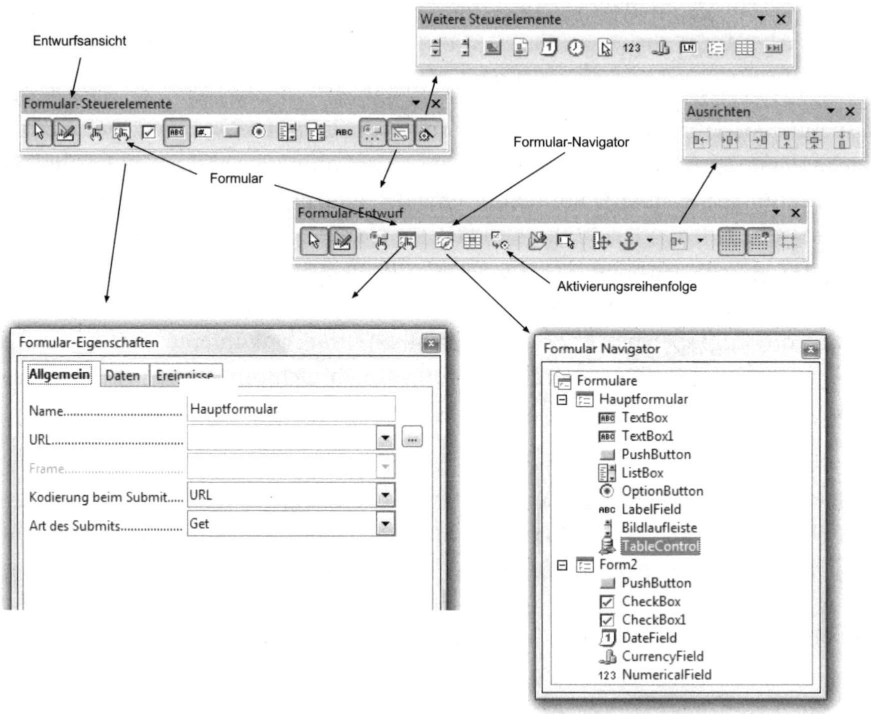

Abbildung 7.23 Für die Formularerzeugung wichtige Symbolleisten und Dialoge

Mit dem Öffnen eines Moduls (zum Beispiel Writer) und dem Anzeigen der Symbolleisten ist aber noch kein Formular entstanden – nur die Arbeitsumgebung ist aufgebaut worden. Noch sind einige Icons nicht aktiv, zum Beispiel die Formulareigenschaften. Hier können Sie erst dann Eintragungen vornehmen, wenn ein Formular erzeugt wurde, das heißt, erst dann, wenn Sie ein erstes Kontrollelement platzieren.

Merke

Ein Formular wird automatisch erzeugt, wenn ein erstes beliebiges Kontrollelement platziert wurde. Erst dann können die allgemeinen Formulareigenschaften zugewiesen werden.

Kontrollelemente

Bevor nun ein erstes Formular erzeugt werden soll, noch ein paar Worte zu den Kontrollelementen: Diese »Controls« dienen dazu, Informationen aufzunehmen und mit dem Benutzer in Wechselwirkung zu treten, sei es zur reinen Darstellung der Information (wie bei Beschriftungsfeldern oder Bildfeldern), zur Interaktion (wie über Schaltflächen, Checkboxen oder Optionsfelder) oder zur Ein- und Ausgabe von Daten (Text-, Zahlen-, Datumsfelder, Listboxen etc.).

Diese Kontrollelemente platzieren Sie in der Regel mit der Maus und weisen ihnen später die benötigten Eigenschaften zu. Folgende Kontrollelemente stehen Ihnen zur Verfügung, wobei sich diese in fünf Gruppen einteilen lassen:

Gruppe	Elemente
Schalter	▸ gewöhnliche Schaltflächen ▸ grafische Schaltflächen (nur Formulare) ▸ Checkboxen ▸ Optionsfelder
Eingabefelder	▸ Textfelder ▸ Zahlenfelder ▸ Währungsfelder ▸ Datumsfelder ▸ Zeitfelder ▸ maskierte Felder ▸ formatierte Felder
Auswahllisten	▸ Listenfelder ▸ Kombinationsboxen
sonstige Felder	▸ Dateiauswahlfelder ▸ Tabellen-Kontrollfeld (nur Formular) ▸ Beschriftungsfelder ▸ grafische Felder
Designelemente	▸ Drehfelder ▸ Bildlaufleisten (horizontal und vertikal) ▸ Fortschrittsbalken (nur Dialog) ▸ Gruppierungsrahmen ▸ Trennlinien (horizontal und vertikal) ▸ Navigationsleiste (nur Formular)

Es gibt noch eine Besonderheit: In OpenOffice.org können Sie Formulare und Dialoge erzeugen, die beide im Grunde auf die gleichen Objekte zurückgreifen und daher sehr ähnlich arbeiten. Während Formulare immer Bestandteil eines Dokuments sind und nur mit diesem zusammen dargestellt werden können, sind Dialoge eigenständige Fenster und unabhängig von einem Dokument – und damit auch unabhängig von einem bestimmten Modul. Viele der folgenden Aussagen treffen also auch auf Dialoge zu, jedoch ist die Anbindung von Datenbanken dort manuell vorzunehmen und etwas komplizierter.

Die einzelnen Kontrollelemente finden Sie alle auf den angesprochenen Symbolleisten. Diese können Sie dann einfach mit der Maus anklicken und im Dokument (Formular) durch Aufziehen eines Rahmens platzieren. Doch dazu später. Abbildung 7.24 zeigt die Symbolleisten im Detail (auch wenn Ihre Darstellung der Symbolleiste anders aussieht – Sie können diese freischwebende Leiste ja in ihrer Form ändern –, die Icons sind auf jeden Fall gleich).

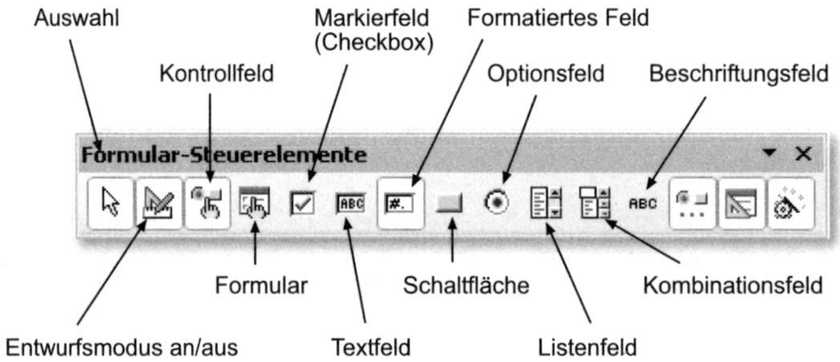

Abbildung 7.24 Die Formular-Steuerelemente-Symbolleiste

In der Formular-Steuerelemente-Symbolleiste sind die wichtigsten und am häufigsten verwendeten Elemente sowie die wichtigsten Schaltflächen für weitere Dialoge untergebracht.

Die fehlenden Kontrollelemente finden Sie dann in einer weiteren Symbolleiste namens »Weitere Steuerelemente«. Diese Leiste ist nicht über den Menü-Befehl **Ansicht • Symbolleisten** erreichbar, sondern nur über das Icon der Leiste **Formular-Steuerelemente**.

Die Begriffe der Steuerelemente sind an sich selbsterklärend, Details folgen noch im weiteren Verlauf, wenn die Kontrollelemente eingesetzt werden.

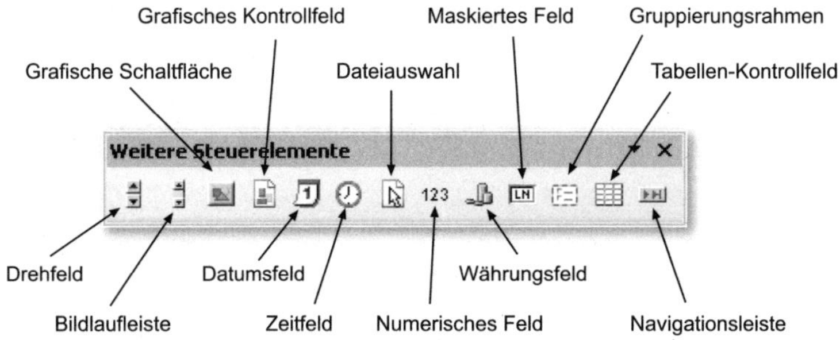

Abbildung 7.25 Die übrigen Steuerelemente

Hinweis

Das Kontrollelement an sich ist nichts anderes als eine grafische Kombination einzelner Elemente und per se nicht mit irgendwelchen Funktionalitäten ausgestattet. Intern wird es allerdings als Objekt verwaltet, und diesem können Sie dann die unterschiedlichsten Eigenschaften zuweisen. Erst dadurch erhält es seine Funktionalität!

7.3.2 Ein erstes Formular erzeugen

Kommen wir zurück zum Formularentwurf in Base. Unser Ziel soll es diesmal sein, manuell ein Formular zur Artikelverwaltung innerhalb der Datenbank »Heimtierbedarf« zu erzeugen. Das war über den Assistenten zwar schön einfach, hier soll aber das Prinzip der manuellen Formularerstellung dargestellt werden.

Das Formular wird einmal innerhalb von Base erzeugt, parallel dazu aber auch als Formular in einem Calc-Dokument. Unterschiede werde ich an gegebener Stelle darstellen. Es soll damit auch gezeigt werden, dass Formulare nicht auf Base beschränkt sind.

Nach der Aufgabenwahl »Formular in der Entwurfsansicht erstellen…« erscheint der Arbeitsplatz wie folgt: Sie sehen ein leeres Writer-Dokument, ein Layout-Raster und die besprochenen Symbolleisten.

Geben Sie Ihrem zukünftigen Formular zunächst eine aussagekräftige Überschrift (als Beschriftungstext). Dazu wählen Sie mit der Maus das Icon »Beschriftungstext« und ziehen einen entsprechenden Textrahmen im Formular auf. Dabei ist die komplette Arbeitsfläche Ihr (zukünftiges) Formular, platzieren Sie den Schriftzug also beliebig.

Nach der Platzierung eines ersten Kontrollelements wurde intern das Formular erstellt. Sie können jetzt die Eigenschaften dieses Formulars definieren. Ihr Kontrollelement ist nun »markiert«, was Sie an acht grünen »Anfasspunkten« erkennen, und ein Vorgabetext steht auch schon da: »Beschriftungsfeld1«.

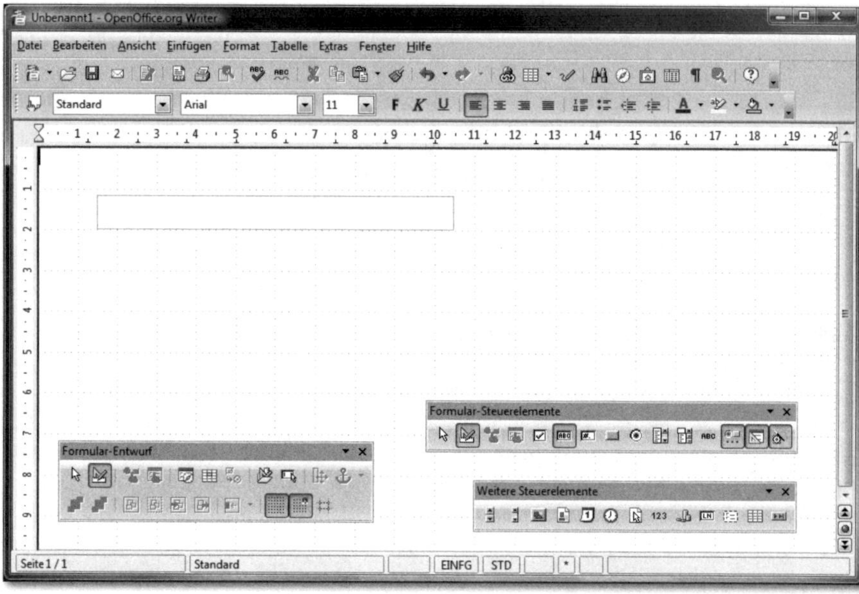

Abbildung 7.26 Die Arbeitsfläche zur Formular-Erstellung

Mit Hilfe der Maus kann das Kontrollfeld nun sowohl in seiner Größe als auch in seiner Position direkt verändert werden. Sobald Sie sich mit dem Mauszeiger innerhalb der Umrisslinie (markiert durch die Anfasser) bewegen, ändert sich dieser zu einem Doppel-Kreuzpfeil. Klicken Sie nun mit der linken Maustaste, und halten Sie diese gedrückt, können Sie das Kontrollelement beliebig verschieben. Auf der anderen Seite verwandelt sich der Mauszeiger direkt über den grünen Anfasspunkten in einen Doppelpfeil, und Sie können jetzt die Größe entsprechend verändern. Das funktioniert mit allen Kontrollelementen.

Eigenschaften des Formulars

Mit dem Platzieren des ersten Kontrollelements wurde intern das Formular erzeugt – allerdings noch ohne jegliche Funktionalität, ohne Bindung zu einer Datenbank-Tabelle und ohne weitere Eigenschaften. Lediglich ein automatischer Name wurde erzeugt. Der erste Schritt sollte also sein, die Eigenschaften des Formulars entsprechend einzustellen.

Nochmals der Hinweis

Haben Sie noch kein Kontrollelement platziert, ist das Formular intern auch noch nicht erstellt worden (als Objekt) und hat überhaupt noch keine Eigenschaften. Der Dialog ist dann nicht aufrufbar! Auch wenn kein Steuerelement markiert ist, lässt sich der Dialog nicht aufrufen, da so nicht eindeutig ist, welches Formular Sie meinen.

Klicken Sie jetzt auf das Icon »Formular« in der Formular-Steuerelement-Symbolleiste. Es öffnet sich ein Eigenschaftsfenster in einem eigenen Dialog. Dieser Dialog hat drei Eigenschaftsbereiche, von denen zunächst zwei wichtig sind **Allgemein** und **Daten**.

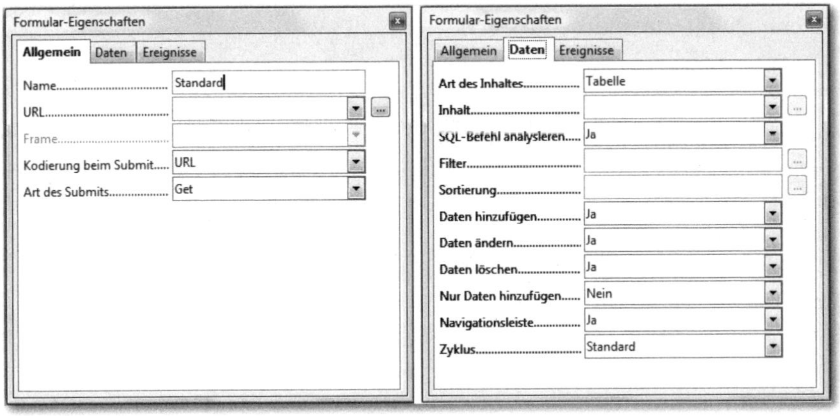

Abbildung 7.27 Formular-Eigenschaften

Im Bereich **Allgemein** legen Sie zunächst den **Namen** des Formulars fest. Vorgegeben wird ein automatisch erzeugter Name – hier »Standard« –, der natürlich überschrieben werden kann. Der Name des Formulars wird überwiegend intern verwendet und später bei der Programmierung benötigt. Er ist nicht identisch mit dem Namen, unter dem das Formular später in Base zu sehen sein wird. Dennoch sollten Sie ihn anpassen. Unter diesem Namen finden Sie später das Formular auch im Formularnavigator. Insbesondere, wenn man mehrere Formulare innerhalb eines Dokuments verwaltet (zum Beispiel Haupt- und Unterformulare), ist die Orientierung am Namen doch deutlich einfacher als »Standard«, »Standard1«, »Standard2« und so weiter.

Den übrigen Feldern im Bereich **Allgemein** müssen Sie hier jetzt keine Beachtung schenken, sie sind nicht relevant. Zur Erläuterung: Die Felder werden bei der Erzeugung von Web-Formularen benötigt, wobei sie dann die URL-Adresse speichern, an die die Formulardaten zu senden sind, die Art der Übersendung (GET oder POST) sowie die Form der Datenübertragung (URL, Text oder Multipart). Zusätzlich kann bei HTML-Seiten ein Frame gewählt werden, in dem die Daten ausgegeben werden sollen. All diese Punkte sind für die Datenbank-Formulare nicht relevant.

Wichtiger sind die Eigenschaften im Bereich **Daten**. An dieser Stelle legen Sie nämlich fest, welche Daten im Formular angezeigt oder bearbeitet werden sollen. Hier stellen Sie nun die Verbindung zur Datenquelle her.

Haben Sie das Formular direkt aus Base gestartet, so ist die **Datenquelle** schon intern eingestellt und bezieht sich auf die Base-Datei selbst. Hier brauchen Sie zunächst nichts weiter einzustellen, das entsprechende Eigenschaftsfeld fehlt einfach. Anders sieht es aus, wenn das Formular extern gestartet wurde. Dann haben Sie in den Eigenschaften ein zusätzliches Feld **Datenquelle,** in dem Sie die URL zur Datenquelle (Datenbank) festlegen.

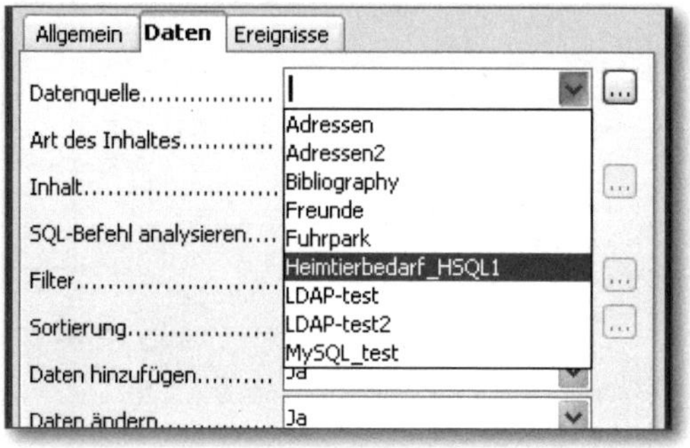

Abbildung 7.28 Datenquelle bei eigenständigen Formularen

Es handelt sich dabei um eine Listbox, in der schon mal alle angemeldeten Datenquellen aufgeführt sind. Hier können Sie direkt eine auswählen. Es ist aber auch ohne weiteres möglich, eine nichtangemeldete Datenquelle einzubinden (dabei muss es sich aber um eine Base-Datei – *.odb – handeln). Klicken Sie hierzu auf den Button rechts neben dem Eingabefeld. Es öffnet sich ein Dateiauswahl-Fenster, und Sie können bequem Ihre Datei suchen.

Ist die Verbindung zur Datenbank fixiert, sind die restlichen Felder wieder identisch mit internen Formularen.

Über die **Art des Inhaltes** legen Sie fest, welche Daten das Formular darstellen soll. Zur Auswahl stehen drei Möglichkeiten:

- **Tabelle** – Jetzt wird auf eine vorhandene Tabelle zurückgegriffen.
- **Abfrage** – Die Abfrage muss in Base vorhanden sein.
- **SQL** – In dem Fall wird ein SQL-Befehl (meist eine Abfrage) direkt als Sequenz vom Formular ausgeführt. Hierzu braucht noch keine explizite Abfrage vorhanden zu sein.

Je nach Auswahl wird dann die zweite Listbox **Inhalt** entsprechend vorgefüllt. Das heißt, alle Tabellen der Datenquelle sind dann dort aufgelistet oder eben alle Abfragen. Hier wählen Sie dann die gewünschte aus. Haben Sie **SQL** gewählt, können Sie nun direkt einen SQL-SELECT-Befehl eintragen, oder Sie klicken auf den Button rechts daneben und erhalten das grafische Abfragefenster von Base und erstellen dann dort die gewünschte Abfrage. Der dadurch erzeugte Befehl wird dann hier im Formular eingetragen.

Abbildung 7.29 Auswahl der Tabelle »Artikel« als Basis für das Formular

Zusätzlich bieten die Felder **Filter** und **Sortierung** die Möglichkeit, die Datensätze vorzufiltern oder eben zu sortieren. Auch hier bietet es sich an, nicht direkt einen Ausdruck einzutragen, sondern die gewohnten Dialogboxen zu nutzen (Sie erreichen sie jeweils über die Schaltflächen rechts neben der Eingabebox). Die dort definierten Ausdrücke werden dann hier ebenfalls in den Formulareigenschaften eingetragen. Allerdings werden diese Tätigkeiten üblicherweise erst später im Formular vom Benutzer vorgenommen, Sie brauchen hier also an sich nichts einzutragen.

Die übrigen Felder stellen das Verhalten des Formulars ein, so wie Sie es auch im Assistenten gesehen haben. Es bedeuten:

- **Daten hinzufügen**: Bei **Nein** können keine neuen Datensätze hinzugefügt werden. Bestehende Datensätze können aber angezeigt, geändert und gelöscht werden.
- **Daten ändern**: Bei **Nein** können bestehende Datensätze nicht geändert werden.
- **Daten löschen**: Bei **Nein** können Datensätze nicht gelöscht werden.
- **Nur Daten hinzufügen**: Bei **Ja** wird das Formular nur zur Eingabe neuer Datensätze verwendet. Es zeigt dann keine bereits vorhandenen Datensätze an.
- **Navigationsleiste**: Bei **Nein** wird die automatische Navigationsleiste am unteren Formularrand ausgeblendet. Dann allerdings muss man selbst dafür Sorge tragen, dass ein Datensatzwechsel (also eine Navigation) möglich ist. Diese Option ist bei Subformularen sehr hilfreich, damit nicht jedem Formular eine eigene Navigationsleiste »verpasst« wird.

Nur der Vollständigkeit halber: Im Registerbereich **Ereignisse** können noch zu vielen möglichen Aktionen oder Vorfällen (wie beispielsweise »Beim Laden«,

»Vor dem Datensatzwechsel«, »beim Fehler« und so weiter) spezielle Makros zugeordnet werden, die immer dann ausgeführt werden, wenn das Ereignis eintritt. Doch dazu mehr in Abschnitt 7.5, »Formulare intern«.

Jedes Formular ist somit Träger der einzelnen Kontrollelemente, ohne selbst direkt sichtbar zu sein. Um zu erkennen, welches Formular Sie schon erzeugt haben und welches Kontrollelement zu welchem Formular gehört, nutzen Sie den Formularnavigator (Abbildung 7.30).

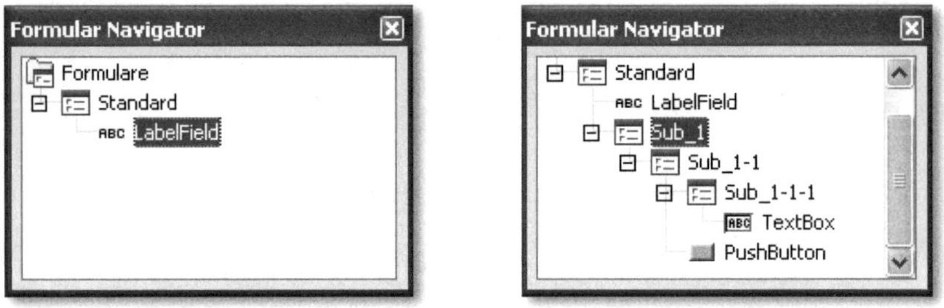

Abbildung 7.30 Der Formularnavigator – links normal, rechts mit diversen Unterformularen

Im Navigator werden alle Formulare aufgelistet, darunter die diesem Formular zugewiesenen Kontrollelemente. Im aktuellen Beispiel sollte es nun so aussehen wie im linken Bildteil: Es gibt ein Formular (Name »Standard«), und diesem ist ein Kontrollelement mit dem Namen »LabelField«, also ein Beschriftungsfeld, zugeordnet. Der Name kann natürlich später auch geändert werden, erkennbar sind die Kontrollelemente also nur durch ihre Icons davor.

Um nun ein neues Formular im gleichen Dokument zu erzeugen, benötigen Sie ebenfalls den Navigator (was nur hier funktioniert). Alle Formulare werden hierarchisch verwaltet, und als Ausgangspunkt dient der Sammelbegriff »Formulare«. Über das Kontextmenü dieser »Quelle« können Sie jetzt beliebige weitere Formulare hinzufügen (**Neu • Formular**). Diese werden dann alle auf die gleiche Ebene platziert wie das erste Formular.

Alle Elemente im Navigator lassen sich mit der Maus verschieben, und somit auch die Hierarchie. Dadurch können Sie sowohl Formulare unter anderen Formularen anordnen (und damit Subformulare, also abhängige Formulare definieren) als auch vorhandene Kontrollelemente anderen Formularen zuordnen. Ein Verschieben eines Kontrollelements im Navigator ändert übrigens nicht die physikalische Position im Formular, was völlig unabhängig von der internen Zuordnung zu einem Formularobjekt ist.

Doch verlassen wir jetzt das Formularobjekt, und wenden wir uns wieder den Kontrollelementen zu.

Eigenschaften der Kontrollelemente

So wie das Formular selbst Eigenschaften besitzt, haben natürlich auch alle Kontrollelemente eigene Eigenschaften. Auch diese werden sehr bequem in einem Dialogfenster aufgelistet und können so einfach gesetzt oder verändert werden. Die Liste der Eigenschaften ist natürlich vom gewählten Kontrollelement abhängig. Manchmal ist sie länger, manchmal kürzer, aber einige Eigenschaften finden sich bei nahezu allen Elementen. Aktuell haben wir ja nur ein Element im Formular. Markieren Sie dieses (anklicken, die grünen Anfasser werden sichtbar), können Sie das Eigenschaftsfenster aufrufen.

> **Tipp**
>
> Das Eigenschaftsfenster bleibt immer im Vordergrund und muss nicht geschlossen werden. Möchten Sie die Eigenschaften eines anderen Kontrollelements betrachten, so aktivieren Sie dieses einfach im Formular (Anklicken mit der Maus). Jetzt werden die Eigenschaften sofort im Dialogfenster gezeigt und können direkt bearbeitet werden.

Unser bisher einziges Element ist ein Beschriftungsfeld, wie Sie unschwer an der Überschrift des Eigenschaftsdialogs erkennen. Ein solches Beschriftungsfeld hat keine direkte Funktionalität in einem Formular, es zeigt einfach Informationstext fest an. Insofern dient es sehr gut als Beispiel für die Eigenschaften, die eigentlich alle Elemente besitzen. Die jeweiligen speziellen Funktionen werden dann bei den einzelnen Kontrollelementen besprochen.

Alle Elemente besitzen einen Namen. Das ist ein eindeutiges Identifikationsmerkmal intern, in der Objekthierarchie. Dieser Name wird automatisch vergeben. Sie können ihn natürlich überschreiben, er muss nur eindeutig bleiben.

> **Achtung**
>
> Nutzen Sie einen schon vergebenen Namen, so wird der neue Name nicht übernommen. Das bekommen Sie aber so einfach gar nicht mit! Sie können nämlich den Namen eintragen, und erst beim Verlassen des Eigenschaftsdialogs (beispielsweise wenn Sie ein neues Kontrollelement laden) erfolgt die interne Prüfung. Da ein Name nicht zweimal auftauchen darf, wird Ihr Name einfach verworfen und wieder ein automatischer vergeben – ohne Fehlermeldung oder Hinweis. Das kann – insbesondere bei der Programmierung – zu Irritationen führen!

Der Name wird immer beim Programmieren benötigt: Damit sprechen Sie dann das Kontrollelement an. Haben Sie nicht vor zu programmieren oder werden Sie dieses Kontrollelement nicht verändern, sollten Sie die automatischen Namen beibehalten. Ein Beschriftungsfeld wird in der Regel nicht mehr geändert.

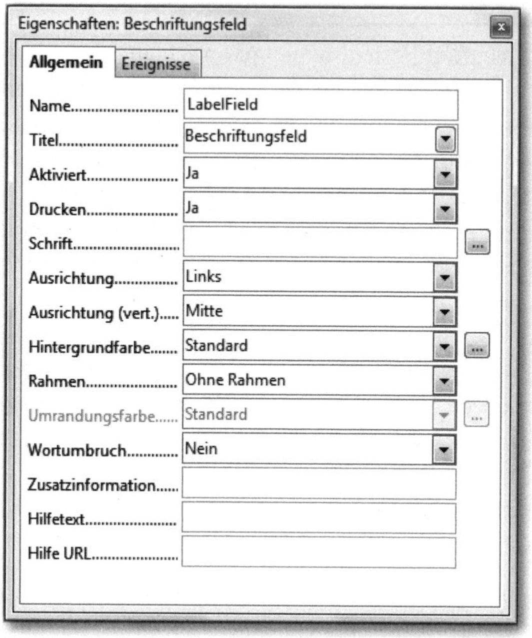

Abbildung 7.31 Eigenschaften eines Kontrollelements – hier Beschriftungsfeld

Der **Titel** definiert bei einem Beschriftungsfeld den angezeigten Text. Hier schreiben Sie hinein, was tatsächlich im Formular stehen soll. Bei der Erstellung wird hier ein Standardtext eingefügt: »Beschriftungsfeld«. Ändern Sie dies hier nun zum Beispiel in »Artikel des Heimtierbedarfs«.

Unter **Aktiviert** legen Sie fest, ob das Feld »aktiv« erscheinen soll – oder eben »inaktiv«. Auch inaktive Felder sind sichtbar, der Text und die eventuellen Rahmen werden jedoch leicht hellgrau dargestellt – so wie ein nicht aktiver Menüeintrag. Inaktive Felder sind nicht ansprechbar, nicht editierbar und haben auch keine Aktion.

Bei **Drucken** können Sie festlegen, ob das Kontrollelement mit gedruckt wird oder eben nicht. So können zum Beispiel Navigationselemente oder Schaltflächen beim Ausdruck ausgespart werden – das gibt dann sinnvollere Papierauszüge.

Unter **Schrift** legen Sie die Schrift fest, mit der die Information des Kontrollelements im Formular dargestellt wird. Aktuell (Version 2.3) wird in Windows als Standard-Vorgabeschrift die Schriftart »Segoe UI« in 9 Punkt Größe verwendet, haben Sie noch eine ältere Version so ist »Tahoma« in 8 Punkt Größe voreingestellt. Sie können diese aber für jedes Element gesondert festlegen.

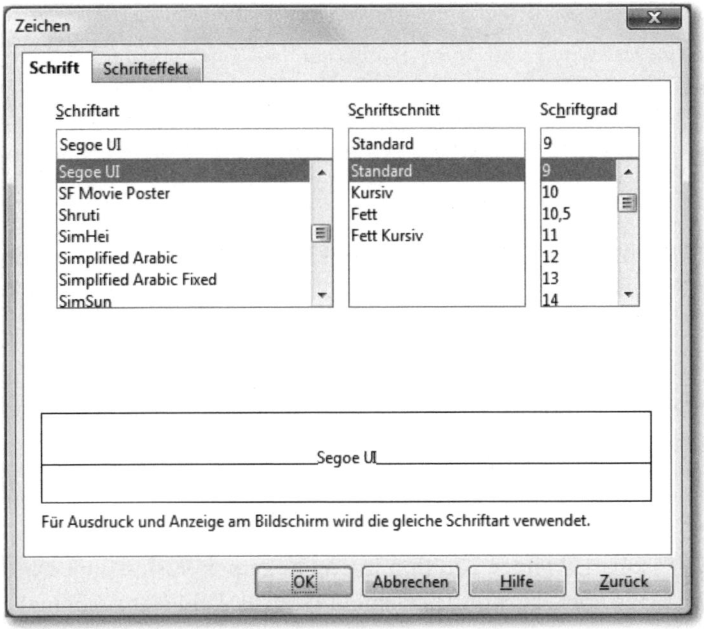

Abbildung 7.32 Schriftart für das Kontrollelement festlegen

Neben der Schrift selbst können auch Schrifteffekte definiert werden, wie beispielsweise Unterstreichungen oder die Schriftfarbe. Dazu nutzen Sie dann die Registerkarte **Schrifteffekt**. Den Dialog selbst rufen Sie übrigens wie üblich über die Taste rechts neben dem Eigenschaftseingabefeld auf.

Die **Ausrichtung** legt fest, wie die Texte horizontal im Kontrollelement ausgerichtet werden: linksbündig, rechtsbündig oder mittig (zentriert). Auch hier gibt es seit der Version 2.3 eine Neuerung: Es ist jetzt auch möglich, die vertikale Ausrichtung innerhalb des Kontrollelementes festzulegen. Zur Verfügung stehen neben »Standard« (bezieht sich auf die Voreinstellung für alle Kontrollelemente) auch »Oben«, »Mitte« und »Unten«.

Grundsätzlich bezieht sich die Ausrichtung immer auf den Grafikrahme, der nicht sichtbar, aber durch die Anfasspunkte definiert ist, wenn man ein Objekt markiert. Dieser »Rahmen« wird bestimmt durch die Eigenschaften »Größe und Position«, die man über das Kontextmenü erreichen kann.

Jedes Kontrollelement kann auch eine **Hintergrundfarbe** erhalten. Reichen Ihnen die in der Listbox aufgelisteten Standardfarben nicht, können Sie auch über die rechte Taste den OpenOffice.org-eigenen Farbselektor-Dialog aufrufen und ganz individuell eine Farbe wählen oder erzeugen.

> **Hinweis**
>
> Standard bedeutet meist: keine Farbe. Nur Schaltflächen und Eingabefelder besitzen eine Standardhintergrundfarbe. Dies ist insofern von Bedeutung, als alle Kontrollelemente »auf« dem Dokument sitzen. Wählen Sie eine Hintergrundfarbe für dieses (als Farbe des Formulars), würden die Flächen des Kontrollelements sie oft unschön überdecken.

Jedes Kontrollelement kann weiterhin einen **Rahmen** erhalten. Dieser kann dann wiederum flach oder im 3D-Look ausfallen. Eingabefelder und Schaltflächen haben automatisch einen Rahmen, die meisten anderen nicht. Wird ein Rahmen ausgewählt, können Sie diesem natürlich auch eine **Umrandungsfarbe** zuweisen.

Bei Textfeldern, Beschriftungsfeldern und anderen können Sie weiterhin einen **Wortumbruch** definieren. Ist dieser eingeschaltet, wird der Text auch auf zwei oder mehr Zeilen verteilt, sofern das Kontrollelement groß genug ist.

Zum Schluss kann jedem Kontrollelement noch ein **Hilfetext** zugeordnet werden. Dieser wird immer dann als kleiner Tooltipp in einem gelben Kasten angezeigt, wenn man mit der Maus über das Kontrollelement streicht. Und wer noch mehr Hilfe anbieten möchte, kann auch noch eine **Hilfe-URL** angeben, die sich auf die OpenOffice.org-eigene Hilfe bezieht. Diese Seite wird dann aufgerufen, wenn das Element aktiv ist und der Benutzer Hilfe anfordert (F1 oder über den Menübefehl **Hilfe • Hilfe**).

Kontrollelemente platzieren

Bisher ist ja erst ein Kontrollelement im Formular angelegt worden. Das Formular soll später aber zur Pflege der Artikeldaten genutzt werden, es fehlen also noch die folgenden Felder:

- Artikelnummer (in der Tabelle als INTEGER-Feld angelegt)
- die Artikelbeschreibung (Textfeld)
- der Einkaufspreis (ein Dezimal-Feld)
- der Verkaufspreis (auch ein Dezimal-Feld)

Für die Artikelnummer nehmen Sie ein Zahlenfeld, für die Beschreibung ein Textfeld und für die Preise jeweils ein Währungsfeld. Für alle Felder benötigen Sie zusätzlich Beschreibungsfelder, um festzulegen, worum es denn eigentlich geht.

Das Formular nimmt langsam Formen an. Um eine **Hintergrundfarbe** zu definieren, ändern Sie die Seiteneinstellungen (**Format • Seiteneinstellungen • Hintergrundfarbe**). Hier könnten Sie theoretisch auch ein Foto als Grafik wählen, was oft auch sehr hübsch ist.

Doch zurück zu den Kontrollelementen. Die Beschriftungen waren einfach, jetzt stellen Sie noch die spezialisierten Eigenschaften für die anderen Controls ein.

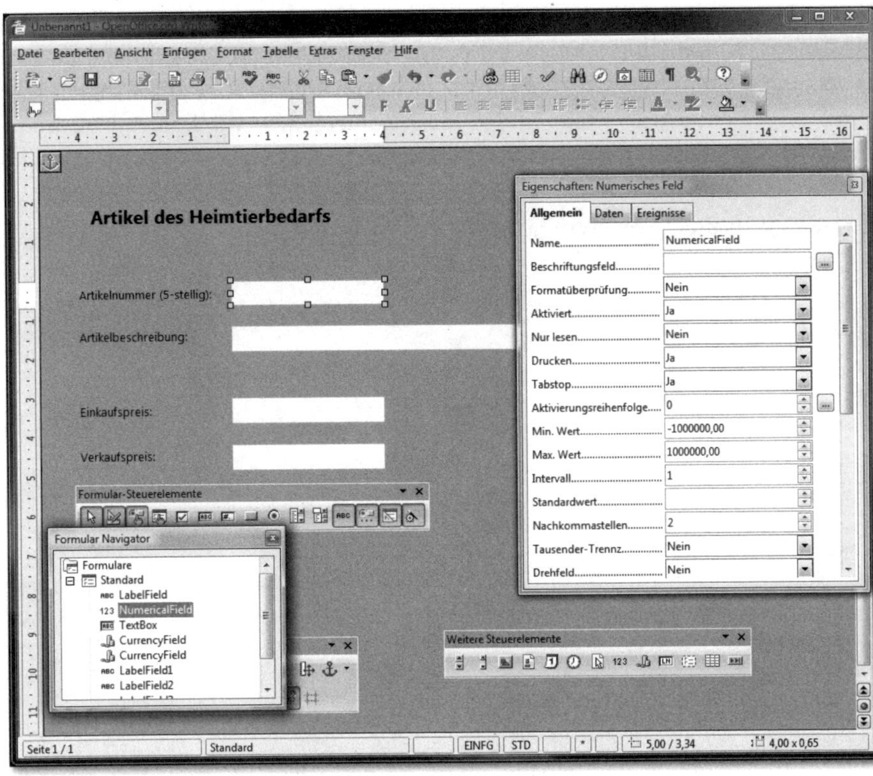

Abbildung 7.33 Das Formular nimmt Formen an.

Alle aktiven Kontrollelemente (wozu Schalter und Eingabefelder zählen) können während der Benutzung des Formulars mit der [⇥]-Taste angesprungen werden. Hierfür gibt es immer die Eigenschaften **Tabstop** (hier legen Sie grundsätzlich fest, ob das Feld überhaupt mit der [⇥]-Taste erreichbar sein soll) und **Aktivierungsreihenfolge**.

In dieser letztgenannten Eigenschaft definieren Sie die Reihenfolge der Aktivierung, das heißt, hier schreiben Sie eine Zahl hinein. Die [⇥]-Taste beginnt immer bei dem Kontrollelement mit der Ziffer 0, dann geht es weiter zur 1, zur 2 und so weiter. Sind alle Elemente durch, beginnt die Reihe wieder von vorn. Die Vorgabezahlen orientieren sich an der Reihenfolge des Erzeugens der Kontrollelemente, und diese kann natürlich jederzeit geändert werden. Die zuletzt eingegebene Zahl »schlägt« alle anderen; das heißt: wurde die Zahl schon anderweitig vergeben, erhält nun das aktive Kontrollelement die gewünschte Tab-

Stopp-Reihenfolge, das andere Element verliert sie und wird ganz hinten wieder angestellt.

Wissen Sie bei mehreren Kontrollelementen die exakte, bisherige Reihenfolge nicht mehr, so hilft Ihnen OpenOffice.org. Klicken Sie einmal auf den Schalter rechts neben dem Eingabefeld. Es öffnet sich jetzt ein eigenständiges Fenster, in dem Sie sehr einfach die Reihenfolge Ihrer Kontrollelemente kontrollieren und verändern können.

Abbildung 7.34 Ändern der Aktivierungsreihenfolge

Alle Kontrollelemente werden mit ihren **Namen** (dem internen Namen) aufgeführt, und die Reihenfolge entspricht dem bisherigen Ablauf. Sie können nun entweder diese Reihenfolge direkt mit der Maus verändern, indem Sie das gewünschte Steuerelement einfach an eine andere Position ziehen, oder über die Tasten »Index kleiner«/»Index größer«. Auch dadurch wird die Reihenfolge geändert, die Auswirkungen sehen Sie sofort.

Bei numerischen Kontrollelementen können nun **Minimale** und **Maximale Werte** vorgegeben werden, also quasi Wertegrenzen, außerhalb derer keine Daten akzeptiert werden. Aber Vorsicht: Es erfolgt bei der Eingabe keine Fehlermeldung, der Wert wird nur automatisch auf die nächstliegende Grenze zurückgesetzt.

Da das Feld die Artikelnummer anzeigen soll und diese 5-stellig und nie negativ ist, können Sie als Grenzen eingeben: Min: 0 Max: 99999. Dann können natürlich **Nachkommastellen** und **Tausendertrennzeichen** festgelegt werden sowie ein so genanntes **Drehfeld**. Das erleichtert die Eingabe und Änderung von Zahlen enorm. Probieren Sie es einfach einmal aus.

Das Kontrollfeld ist so weit nun in Ordnung, jetzt fehlt nur noch die Verbindung zur Datenbank. Wechseln Sie hierzu in den Eigenschaften auf den neuen Reiter **Daten**. Dort stellen Sie die Verbindung zu den gewünschten Quellen her.

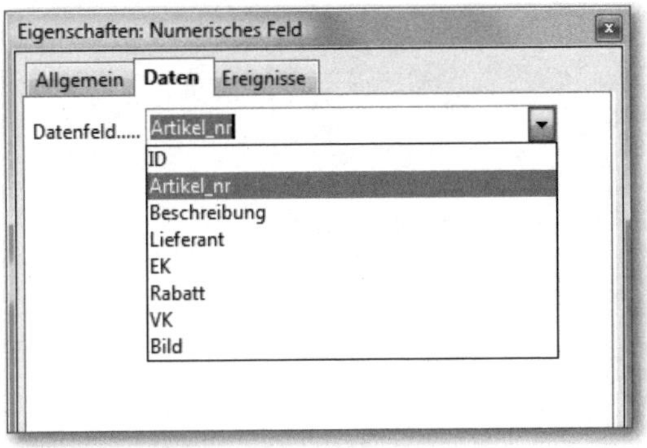

Abbildung 7.35 Verbindung zur Datenbank-Tabelle

Bei numerischen Feldern gibt es hier nur ein Feld: das **Datenfeld**. Die Listbox beinhaltet bereits alle Felder der verbundenen Datenbank-Tabelle. (Sie erinnern sich: Die Datenbank-Tabelle wurde dem Formular direkt zugeordnet, unterhalb des Formulars können die Felder nur noch aus dieser Tabelle Daten anzeigen.) Wählen Sie also »Artikel_nr«, und das wäre es dann.

Hinweis

Die Listboxen sortieren die Feldnamen. Die Reihenfolge entspricht somit nicht der Reihenfolge der Datenfelder (Spalten) in der Datenbanktabelle!

In gleicher Form gehen Sie nun auch bei den anderen Kontrollfeldern vor. Bei den Währungsfeldern können Sie auch noch ein Währungssymbol mit anzeigen lassen, und Textfelder können ein- oder mehrzeilig ausgeführt werden.

Verknüpfen Sie alle Felder mit den entsprechenden Datenbank-Feldern, und testen Sie zwischendurch einfach mal das Formular (Abbildung 7.36).

Abbildung 7.36 Schaltet die Entwurfsansicht ein und aus – zum schnellen Testen

Sie finden das Symbol in jeder der Symbolleisten (**Formular-Entwurf** und **Formular-Steuerelemente**). Beim Test werden die Eigenschaften- und sonstigen Dialoge ausgeblendet und wird eine Verbindung zur Datenbank hergestellt. Sie sehen die Ergebnisse sofort.

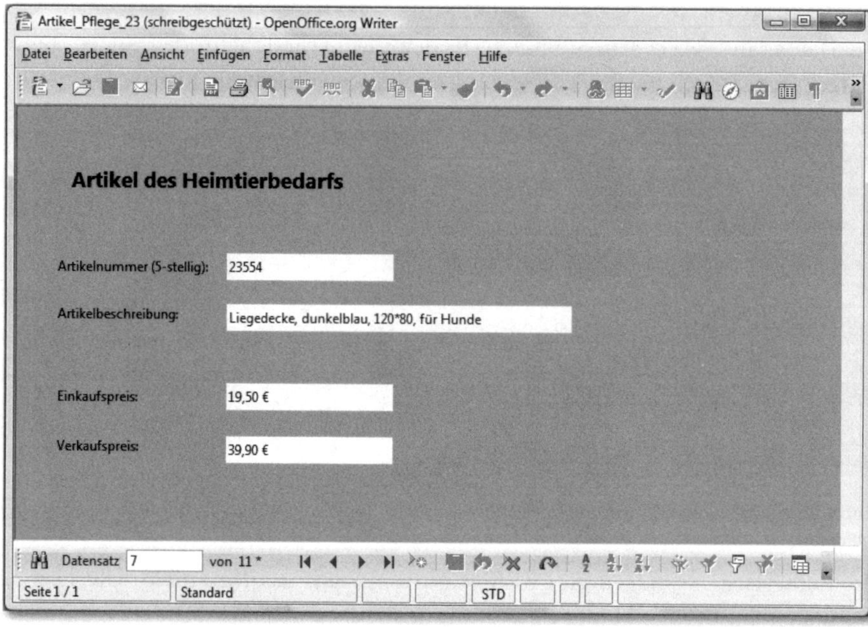

Abbildung 7.37 Das erzeugte Formular im Einsatz

Auf eine Besonderheit möchte ich noch hinweisen: Ein Formular stellt ja das Ergebnis einer Abfrage dar. OpenOffice.org Base lädt dabei jedoch nicht alle Datensätze in den Speicher, sondern zunächst nur eine gewisse Anzahl, hier 11 Datensätze. Erkennbar ist dies am Sternchen hinter der Gesamtzahl der Datensätze (Datensatz 7 von 11*), dieses signalisiert, dass weitere Datensätze vorhanden sind.

7.3.3 Weitere wichtige Kontrollelemente

Das Formular funktioniert, das Prinzip ist erläutert, und nun kann jeder selbst weitere Formulare aufbauen und testen. Bisher jedoch wurden nur drei Typen von Steuerelementen besprochen. Daher gehe ich jetzt auf die Besonderheiten der sonstigen Elemente ein.

Schalter

Unter **Schaltern** versteht man grundsätzlich alle Elemente, die zwei oder mehr Zustände annehmen können und diese entsprechend darstellen.

Der bekannteste Schalter ist natürlich der **Schaltknopf** (Button), auf den man mit der Maus klicken kann, woraufhin irgendetwas passiert. Solche Schaltknöpfe können natürlich beliebig in das Formular eingebaut werden, sie haben jedoch

– ähnlich wie Beschriftungsfelder – keine direkte Funktionalität mit der Datenbank. Alle Aktionen müssen zunächst selbst als Makro programmiert und dem Button dann zugeordnet werden (dazu mehr in Abschnitt 7.5, »Formulare intern«).

Weitere Schalter sind die **Optionsfelder** und die **Checkboxen**. Betrachten wir zunächst die Checkbox:

Eine **Checkbox** (auch **Markierfeld** genannt) kann zwei Zustände anzeigen: eingeschaltet (abgehakt = 1) oder ausgeschaltet (nicht abgehakt = 0). Eine Checkbox eignet sich somit ideal für das Anzeigen von Booleschen Werten, aber auch für alle anderen Felder, solange die Feldwerte nur die Inhalte 1 und 0 haben.

Abbildung 7.38 Ein Markierfeld wird eingefügt.

Der Titel des Markierfeldes repräsentiert den neben der Checkbox stehenden Text, der dem Benutzer erläutert, wofür die Checkbox steht. Diesen sollten Sie entsprechend anpassen. Ansonsten ähneln die allgemeinen Optionen denen anderer Kontrollelemente.

Auf der Karteikarte **Daten** legen Sie dann die Verknüpfung zur Datenbank fest. Die Tabelle oder Abfrage wird wie üblich direkt über das Formular geregelt; hier wählt man dann nur noch das passende Feld aus.

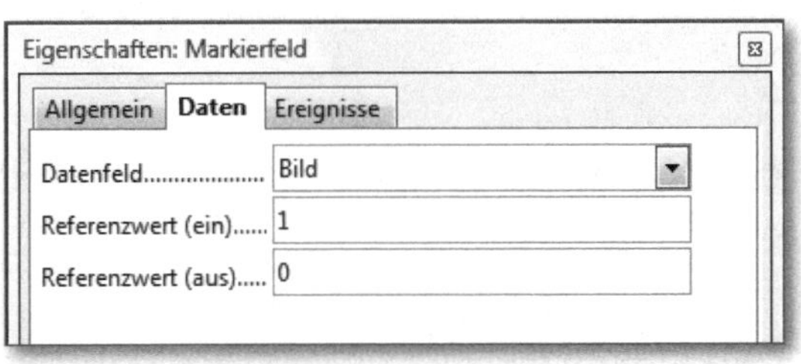

Abbildung 7.39 Datenverknüpfung des Markierfeldes

Für das **Datenfeld** wählen Sie aus der Listbox das passende Feld der Datenbank-Tabelle aus. Dann geben Sie noch die Referenzwerte an, die die Zustände »ein« (abgehakt) und »aus« (nicht angehakt) repräsentieren. Fertig.

Lassen Sie sich allerdings durch die Darstellung nicht verwirren – akzeptiert werden nur »True« und »False«, egal, was Sie als Referenzwert dort hineinschreiben. »Wahr« (»True«) wird durch Werte größer null repräsentiert und »Falsch« (»False«) eben durch null. Hätten Sie eine Spalte, deren Werte immer »3« oder »4« beinhalten, können Sie diese dennoch nicht mit einer Checkbox darstellen lassen. Beide Werte würden als »Wahr« interpretiert. Und wenn Sie diese Referenzwerte dann entsprechend eingeben würden, käme eben jedes Mal ein »Wahr« heraus. Schreiben Sie dann aber einen neuen Datensatz, so liefert eine Checkbox eben nur die Werte »1« und »0« – egal, was Sie als Referenzwerte hineingeschrieben haben.

Optionsfelder

Auch **Optionsfelder** können zwei Zustände darstellen: eingeschaltet oder ausgeschaltet. Allerdings sind Optionsfelder flexibler und können zu Gruppen zusammengefasst werden. Dann sind selbstverständlich deutlich mehr Zustände darstellbar, weil innerhalb einer Gruppe von Optionsbuttons immer nur eine Option eingeschaltet sein kann; alle anderen sind automatisch ausgeschaltet.

Beispiel: In der Datenbank »Heimtierbedarf« gibt es bei der Tabelle »Artikel« eine Spalte mit Rabattstaffeln, die durch die Schlüsselzahlen 1–4 repräsentiert werden. Dieses ließe sich nun durch vier Optionsfelder sehr gut darstellen.

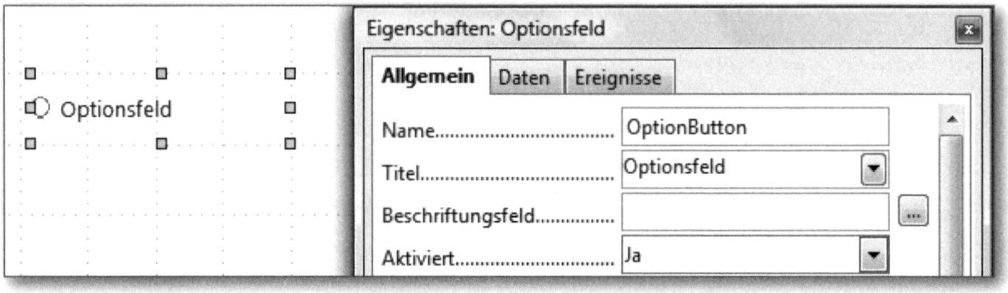

Abbildung 7.40 Optionsfeld im Formular

Auch beim Optionsfeld gibt der **Titel** den Text neben dem eigentlichen Feld wieder; der Rest der allgemeinen Eigenschaften ist wieder vergleichbar.

Allerdings: Ein einzelnes Optionsfeld wird selten genutzt werden – da wäre ein Markierfeld besser geeignet. Will man jedoch mehrere Optionsfelder platzieren und diese untereinander in Abhängigkeit bringen, so ergibt sich nun eine Besonderheit: Die Namen (Eigenschaft »Name«) aller abhängigen Optionsfelder müssen gleich sein! Nur dann funktioniert die Abhängigkeit – das heißt, wird ein Optionsfeld gewählt, werden automatisch alle anderen abgewählt. Es kann also nur eines geben!

Wichtig

Voneinander abhängige Optionsfelder müssen den gleichen Namen erhalten! Nur dann gehören sie in eine Gruppe!

Auch hier wieder werden im Datenbereich die Bezüge zur Datenbank hergestellt (Abbildung 7.41).

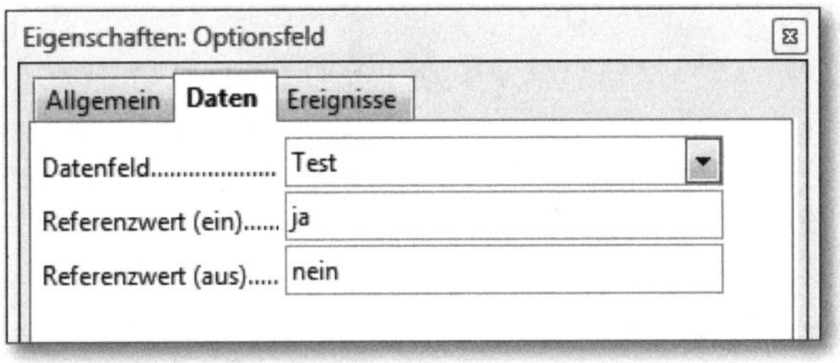

Abbildung 7.41 Verknüpfung der Optionsfelder zur Datenbank

Aus der Listbox für das Datenfeld wählt man das entsprechende Feld, dann gibt man mindestens einen Referenzwert für »Ein« vor. Der Aus-Wert ist nicht mehr wichtig, denn dieser wird in der Regel immer genutzt, wenn der Ein-Wert nicht erfüllt ist. Die Optionsfelder sind hierbei deutlich toleranter, was die Referenzwerte betrifft: Es können Zahlen, aber auch Texte sein, mit denen verglichen wird – in diesem Fall die Textfolge »ja«, die exakt so in dem Feld stehen muss.

Haben Sie verschiedene abhängige Optionsfelder definiert, sollten natürlich auch unterschiedliche Referenzwerte festgelegt werden. Der hier festgelegte »Ein«-Referenzwert wird auch in die Datenbank geschrieben (bei gewähltem Optionsfeld).

Um die Gruppierung von Optionsfeldern zu erleichtern, hat OpenOffice.org Base einen Assistenten eingebaut, der Sie Schritt für Schritt bei der Erzeugung einer Optionsfeld-Gruppe unterstützt.

Hierzu wählen Sie den **Gruppierungsrahmen**, ziehen diesen auf dem Formular auf, und der Assistent startet. Ich verbessere das bisherige Heimtierzubehör-Formular nun um die Rabattstufen – als Optionsfeldgruppe. Dabei gilt die folgende Staffel: 0 = kein Rabatt, 1 = 5 % Rabatt, 2 = 7,5 % Rabatt, 3 = 8 % Rabatt und 4 = 10 % Rabatt.

Optionsfeldgruppe anlegen

Bei geplanten fünf Optionen ziehen Sie einen entsprechend großen Gruppierungsrahmen im Formular auf. Es öffnet sich dann sofort der Assistent.

Im ersten Dialogfenster geben Sie die Bezeichnung (beschreibende Texte) der zukünftigen Optionsfelder ein. Dies geschieht in der linken Eingabebox, dann müssen Sie den Namen mit den mittigen Pfeiltasten in die rechte Listenbox übernehmen. Die Anzahl der dort stehenden Namen ergibt später die Anzahl der Optionsfelder.

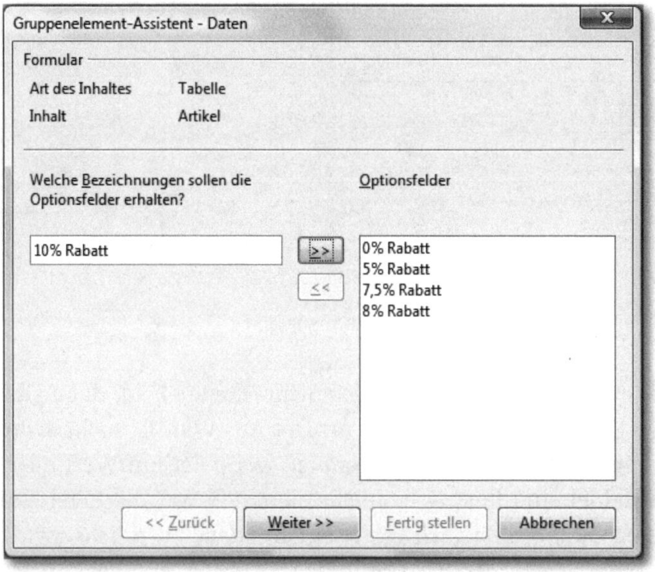

Abbildung 7.42 Eingabe der Optionsfeldbezeichnungen

Sind alle fünf Beschreibungen in der rechten Liste, klicken Sie auf **Weiter**.

Im nächsten Schritt können Sie eines Ihrer Optionsfelder als Vorauswahl aktivieren. Das ergibt immer dann einen Sinn, wenn zumindest ein Wert später sicher in die Datenbank eingetragen werden soll. Die Vorauswahl betrifft in der Regel nur neue Datensätze, bestehende sollten ja einen eigenen Wert haben. Lassen Sie die »0 % Rabatt« als Vorauswahl stehen, und klicken Sie auf **Weiter**.

Nun erfolgt die Zuweisung der internen und abzuspeichernden Werte zu den einzelnen Optionsfeldern (es handelt sich hierbei um die »Ein«-Werte). Die Vorgabe gibt den Feldern in Ihrer Reihenfolge einfach Zahlen von 1 bis n als Vergleichswerte vor, das können Sie natürlich ändern. Hier im Beispiel müssen Sie dies tun, weil der Rabattgruppe 0 % eben die »0« zugewiesen werden muss, und so weiter. Sie können auch Texte (oder nur Buchstaben) als Kriterien benutzen.

Auf jeden Fall sollten Sie alle Felder betrachten! Markieren Sie in der rechten Liste ein Feld, wird der dazugehörige Feldwert in dem linken Eingabefeld dargestellt.

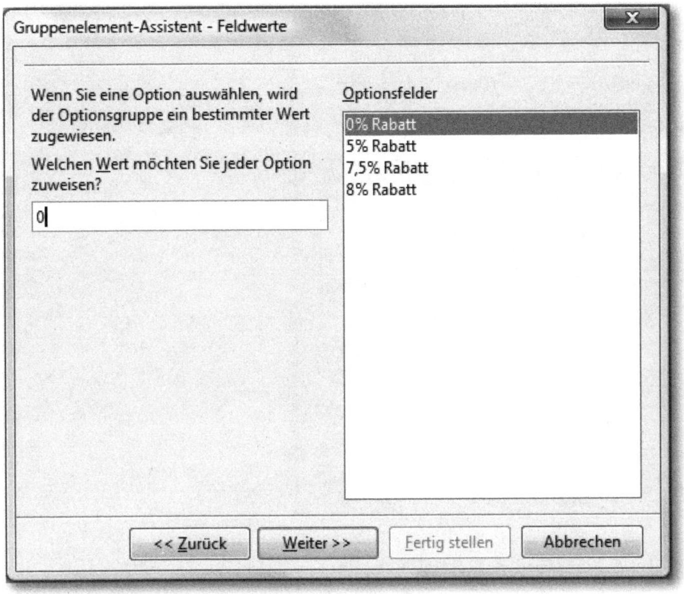

Abbildung 7.43 Die Feldwerte werden den Optionsfeldern zugewiesen.

Sind alle Zuordnungen erledigt, klicken Sie auf **Weiter**. Es erfolgt jetzt die Zuordnung der Optionsfelder zu einem Datenbank-Feld (siehe Abbildung 7.44). Erst hier verbinden Sie die Optionsfelder mit Ihrer Datenbank, lesend und schreibend! Der Beschreibungstext ist möglicherweise etwas verwirrend. Auch wenn Sie nur Daten aus der Datenbank lesen, aber möchten, dass die Optionsfelder den entsprechenden Zustand darstellen, müssen Sie hier die erste Option wählen und ein Datenfeld bestimmen. Sonst gibt es keine Verbindung zur Datenbank.

Die zweite Option ist eigentlich nur dann interessant, wenn Sie das Formular noch mit eigenen Funktionalitäten belegen, programmierten Makros also, und diese Aktionen vom Optionsfeldwert abhängig machen: immer dann, wenn die Optionsfelder nichts mit der eigentlichen Datenbank zu tun haben.

Im letzten Schritt schließlich können Sie noch einen Gruppennamen vergeben. Dieser ist rein beschreibender Natur und wird im Rahmen angezeigt. Ich wähle hier »Einkaufs-Rabatte«. Mit **Fertig stellen** wird die Gruppe endgültig im Formular eingefügt und ist sofort funktionstüchtig (siehe Abbildung 7.45).

Optionsgruppenfelder sind immer dann geeignet, wenn es um kleinere, feststehende Auswahlmöglichkeiten geht. Ab einer gewissen Anzahl von Varianten jedoch werden auch Optionsgruppen unübersichtlich.

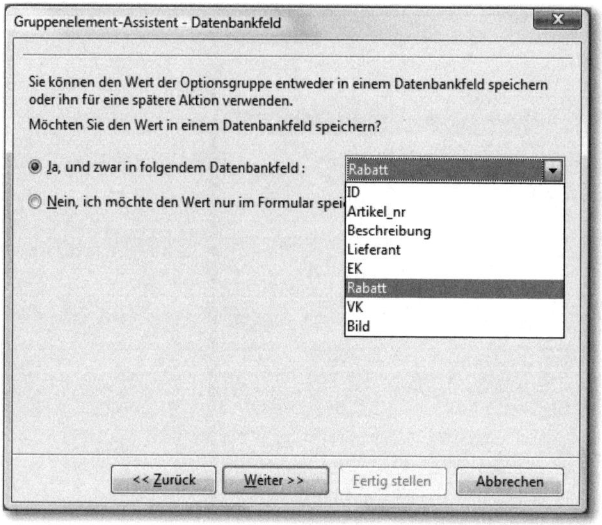

Abbildung 7.44 Verbindung zur Datenbank herstellen

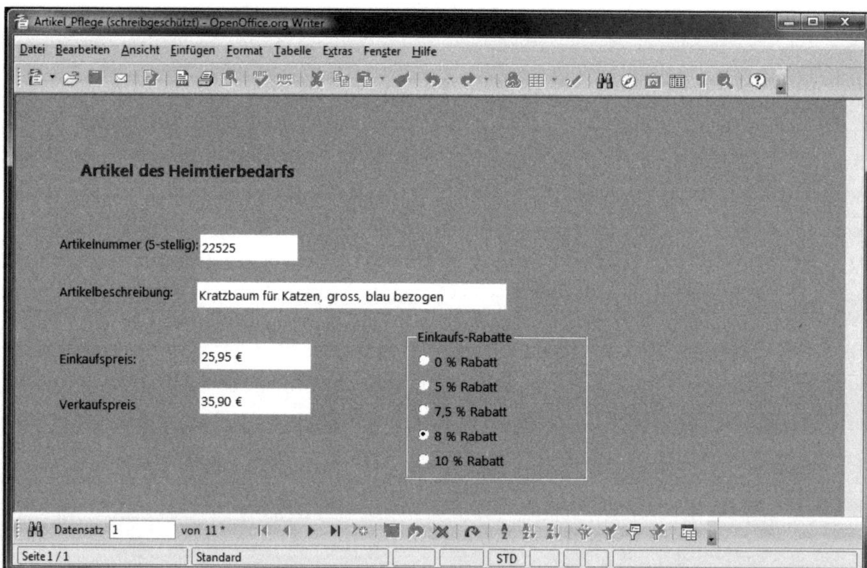

Abbildung 7.45 Das Formular mit der Optionsgruppe

Eine mit dem Assistenten erstellte Optionsgruppe wird automatisch gruppiert. Wollen Sie also eine solche manuell verändern, müssen Sie zunächst die Gruppierung aufheben und können dann die einzelnen Kontrollelemente markieren und über ihre Eigenschaften verändern.

Datums- und Zeitfelder

Ähnlich wie Text-, Zahlen- oder Währungsfelder stellen auch die **Datums**- und **Zeitfelder** spezielle Anzeige- und Eingabefelder dar, eben für Zeit- oder Datumswerte. Geeignet sind diese insbesondere für die Feldtypen Datum, Zeit und Timestamp in den Datenbanken. Nun bieten auch diese Formularfeldtypen ein paar Besonderheiten.

Ein **Datumsfeld** kann das Datum unterschiedlich darstellen: als Kurzformat, Langtext oder in diversen anderen Kombinationen. Die Darstellung kann im Feld **Datumsformat** eingestellt werden. Die hier gewählte Darstellung hat im Übrigen nichts damit zu tun, wie das Datum in der Datenbank selbst abgespeichert wird; es beschreibt lediglich die Darstellung im Formular.

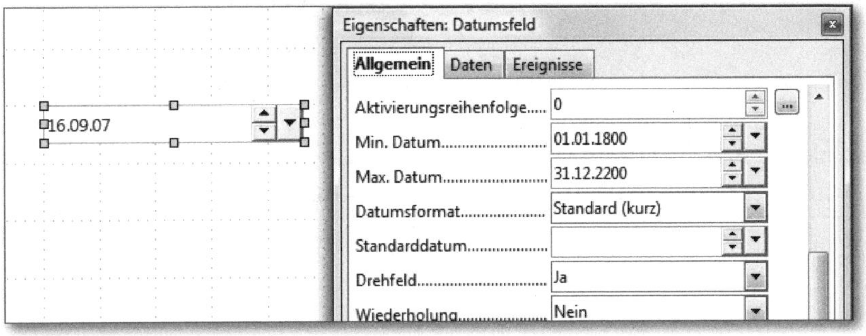

Abbildung 7.46 Ein Datumsfeld

Auch hier können Sie einen Minimal- und einen Maximalwert sowie ein Standarddatum vorgeben. Interessant sind auch zwei weitere Optionen: **Drehfeld** und **Aufklappbar** (nicht in Abbildung 7.46, es befindet sich weiter unten in der Liste).

Das Drehfeld bewirkt die Anzeige des Doppelpfeils am Ende des Eingabefeldes und ermöglicht die schnelle Datumsänderung mit der Maus. **Aber Achtung**: Das angezeigte Datum beinhaltet verschiedene Sektoren: Tag, Monat und Jahr. Das Drehfeld wirkt immer auf den Sektor, in dem der (Eingabe-)Cursor vorher stand. Stand er beispielsweise im Jahressektor (die Standardposition bei keiner Eingabe am Ende des Feldes), werden durch die Drehfelder die Jahre herauf- oder heruntergezählt!

Hier hilft die **Aufklapp-Option** deutlich weiter. Der Pfeil am Ende des Eingabefeldes lässt bei Datumswerten einen kleinen Kalender aufklappen, in dem man dann ganz einfach mit der Maus das gewünschte Datum auswählen kann. Diese Option ist benutzerfreundlich und hilfreich; die Drehfeldoption ist eher etwas für Spezialisten.

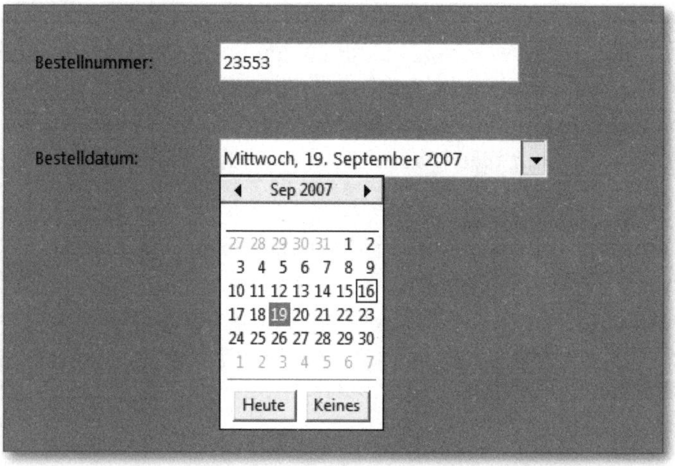

Abbildung 7.47 Ein Datumsfeld mit aufgeklappter Auswahl

Bei **Zeitfeldern** haben Sie wie bei Datumsfeldern die Möglichkeit, das Zeitformat vorzuwählen, eine minimale und eine maximale Grenze festzulegen, sowie das Drehfeld zu aktivieren. Dieses wirkt dann ähnlich wie beim Datumsdrehfeld in den jeweiligen Sektoren.

Zeitfelder sehen leider keine Möglichkeit einer direkten Auswahl vor (kein Aufklapp-Modus) und sollten unbedingt auch nur mit Datenbank-Feldern verknüpft werden, die ebenfalls in einem Zeitformat vordefiniert sind.

Formatiertes Feld

Ein weiteres einzelnes Eingabefeld ist das **formatierte Feld**. Hierbei handelt es sich um ein allgemeines Eingabefeld, dem Sie wie in Calc für eine Zelle eine bestimmte »Zellformatierung« vorgeben können. Im Grunde erreichen Sie den gleichen Effekt aber auch mit den anderen Feldern (Zahlenfeldern). Formatierte Felder werden für Zahlen genutzt.

Maskiertes Feld

Die **maskierten Felder** unterscheiden sich von den oben genannten Feldern. Bei maskierten Feldern können Sie eine ganz spezielle »Eingabemaske« vorgeben und so bestimmte Eingaben erzwingen. Ein solches Feld bietet die Möglichkeit, sowohl eine **Eingabemaske** als auch eine **Zeichenmaske** vorzugeben. Die Eingabemaske definiert, welche Zeichen überhaupt an welcher Stelle eingegeben werden dürfen, die Zeichenmaske legt fest, wie die Zeichen im Feld selbst dargestellt werden.

Die Länge der Eingabemaske bestimmt zusätzlich, wie viele Stellen die mögliche Eingabe haben darf. Nicht richtig eingegebene Zeichen werden ignoriert und nicht angenommen. Zur Definition der Eingabemaske stehen folgende Zeichen zur Verfügung:

Zeichen	Bedeutung
L	Eine Textkonstante. Diese Stelle kann nicht editiert werden. Es wird das Zeichen an der entsprechenden Position der Zeichenmaske angezeigt.
a	Es können beliebige Buchstaben von a–z und A–Z eingegeben werden. Es gibt keine Unterscheidung von Groß- und Kleinschreibung.
A	Es können nur Großbuchstaben von A–Z eingegeben werden. Kleinbuchstaben werden automatisch konvertiert.
c	Es können Buchstanden und Ziffern eingegeben werden: a–z, A–Z, 0–9.
C	Es können nur große Buchstaben und Ziffern eingegeben werden: A–Z, 0–9. Kleinbuchstaben werden automatisch konvertiert.
N	Es können nur die Zahlen 0–9 eingegeben werden.
x	Es können alle druckbaren Zeichen eingegeben werden.
X	Es können alle druckbaren Zeichen eingegeben werden. Kleinbuchstaben werden automatisch in Großbuchstaben konvertiert.

Ein Beispiel hierfür ist die Eingabe einer ganz speziellen Artikelnummer. Diese beginnt möglicherweise immer mit den Buchstaben ABC, es folgt dann ein Bindestrich und darauf eine 5-stellige Zahl; dann kommt der Großbuchstabe »Z«, gefolgt von 3 beliebigen Zeichen. Das sähe dann so aus wie in Abbildung 7.48.

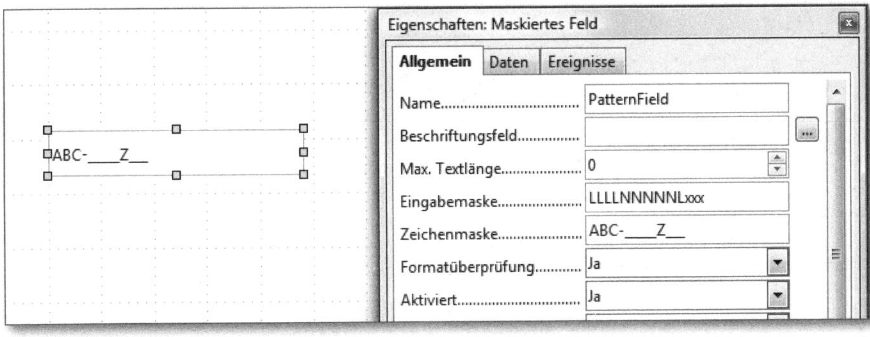

Abbildung 7.48 Ein maskiertes Feld

Die Unterstriche dienen jetzt in der Zeichenmaske lediglich als Platzhalter; da könnte auch etwas anderes stehen. Aber nur an diesen Stellen ist eine Eingabe überhaupt möglich – entsprechend der Maske.

Auswahllisten

Eine weitere wichtige Gruppe der Formularfelder sind die Listenfelder, wobei es hier zwei unterschiedliche gibt: das einfache **Listenfeld** und das **Kombinationsfeld**. Die wichtigste Unterscheidung: In einfache Listenfelder kann man nichts eingeben – sie dienen ausschließlich der Anzeige und Auswahl. Kombinationsfelder hingegen haben auch ein Eingabefeld. Der Wert dort kann entweder aus einer Liste gewählt oder manuell editiert werden.

Listenfelder spielen insbesondere bei Subformularen eine wichtige Rolle. Die grundsätzliche Arbeitsweise soll schon einmal erläutert werden.

Einfache **Listenfelder** können auf zweierlei Weise definiert werden: als **Aufklappfelder** (einzeilige Anzeige, mit Aufklappbutton zur Anzeige der kompletten Liste) oder als »echte« **Liste**, das heißt: man sieht Eintrag unter Eintrag, eventuell mit einer Scrollleiste.

Um die Wirkung eines Listenfeldes zu demonstrieren, bemühen wir das Beispiel mit den Rabattgruppen. Statt Optionsfeldern sollen nun Listenfelder die jeweilige Rabattgruppenbezeichnung ausgeben. Die Datenbank besitzt ja eine eigene Tabelle, in der die Rabattgruppen definiert wurden. Auf dieser Basis kann nun ein Listenfeld erzeugt werden. Direkt nach dem Aufziehen des Rahmens für das Listenfeld im Formular startet ein kleiner Dialog, der die Datenbank-Verknüpfung mit dem Listenfeld übernimmt. Dabei müssen Sie Folgendes bedenken: Ein Listenfeld zeigt grundsätzlich alle Daten in seiner Liste an – das Passende wird entweder markiert (mehrzeilige Listbox) oder steht in der Ansichtszeile (aufklappbare Listbox).

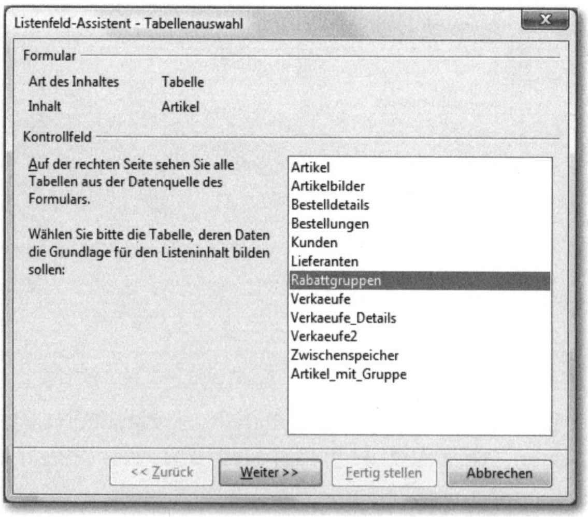

Abbildung 7.49 Listenfeld Tabellenauswahl

Im ersten Schritt des Assistenten wählen Sie die Tabelle aus, in der die Information enthalten ist, die angezeigt werden soll. Wichtig: Wenn dies nicht die gleiche Tabelle ist wie beim aktuellen Formular, müssen beide Tabellen durch einen eindeutigen Schlüssel verknüpft werden können! Wählen Sie hier die Tabelle »Rabattgruppen«, da dort die Klartexte verborgen sind.

Im nächsten Schritt des Assistenten werden nun alle Spalten der gewählten Tabelle aufgelistet. Hier suchen Sie nun die passende heraus, die angezeigt werden soll. Denken Sie daran: Alle Datensätze werden dargestellt! Ein Listenfeld eignet sich definitiv nicht zum Anzeigen einiger hundert Einträge!

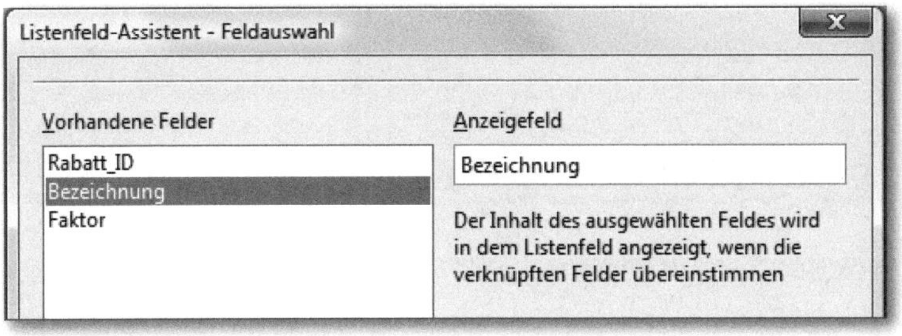

Abbildung 7.50 Auswahl des anzuzeigenden Feldes

Jetzt folgt mit der wichtigste Schritt: die Auswahl der Verknüpfung. Ein Listenfeld stellt an sich schon ein Unterformular im Formular dar – und benötigt somit einen eindeutigen Schlüssel.

In unserem Fall ist das einfach: Die linke Liste weist alle Felder der mit dem Formular verknüpften Tabelle auf, die rechte Liste alle Felder der mit der Listbox verknüpften Tabelle (siehe Abbildung 7.51). Hier brauchen Sie nur die passenden Felder (Sekundärschlüssel) auszuwählen – fertig.

Was bewirkt das nun? Gut, die Listbox wird alle Einträge der Tabelle »Rabattgruppen« in der Spalte »Bezeichnung« auflisten – dabei wird dann der Eintrag markiert, dessen Schlüsselwert (Rabatt_ID) identisch mit dem Wert im Feld »Rabatt« des Datensatzes ist, der gerade aktiv im Formular angezeigt wird. Das Feld »Rabatt« muss dabei nicht angezeigt werden. Wird die Listbox nur einzeilig dargestellt, was in den Eigenschaften des Kontrollelements festgelegt wird, steht eben nur der gewünschte Eintrag drin. Das Beispiel in Abbildung 7.52 zeigt zweimal die gleiche Listbox (mit den gleichen Verknüpfungsdaten).

Durch den Schlüssel ist eine Eindeutigkeit hergestellt. Das bedeutet: Auch bei der Eingabe neuer Datensätze genügt es, aus der Listbox den entsprechenden Wert zu wählen – die entsprechende Schlüsselzahl wird dann richtig dem Datensatz hinzugefügt.

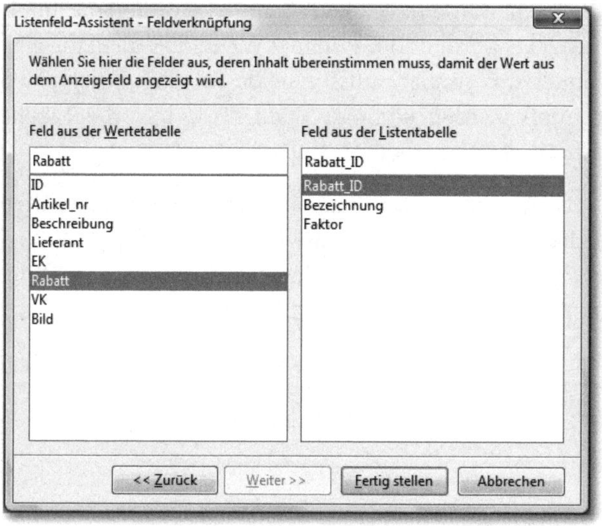

Abbildung 7.51 Auswahl der Feldverknüpfung

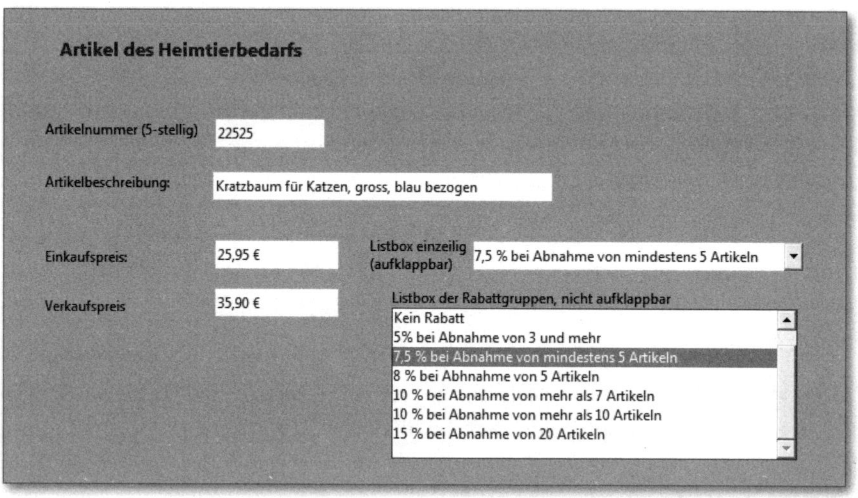

Abbildung 7.52 Beispiel einer Listbox

Listboxen eignen sich also überall dort, wo man eine Auswahl aus überschaubaren und unveränderbaren (zumindest in diesem Formular) Daten trifft. Wie hier zum Beispiel aus Rabattgruppen. Es wäre aber auch möglich, Artikelgruppen zu definieren, Lieferanten und vieles mehr.

Nochmals zum Unterscheiden: Die Listbox zeigt Einträge an, speichert aber einen Schlüssel, nicht den Eintrag selbst.

Kombinationsfelder

Kombinationsfelder sind Listenfeldern sehr ähnlich – mit einer kleinen Ausnahme: Die Liste ist nicht fix, Sie können, falls die entsprechende Option nicht gesperrt wurde (**Eigenschaften • Nur lesen**), eigene, neue Einträge hinzufügen. Außerdem wird der Inhalt des angezeigten Kombinationsfelds – wenn es aktiviert ist – als Ganzes so wie angezeigt gespeichert, also im Klartext.

Ein typischer Einsatz von Kombinationsfeldern wäre also beispielsweise die Erzeugung einer Rechnung und dort die Angabe der Zahlungsbedingungen: In einer kleinen Datenbanktabelle werden die fünf häufigsten Formulierungen vorgehalten und dann in das Kombinationsfeld eingelesen. Jetzt kann man entweder aus der Liste einen Eintrag wählen oder eben eine spezielle Bedingung direkt formulieren. Der ganze Eintrag wird dann im Datensatz abgespeichert.

Ein **Kombinationsfeld** wird genauso wie ein Listenfeld angelegt. Der Assistent startet, und die Dialoge sind identisch. Zuerst wählen Sie die Tabelle, aus der die Information für die Liste bezogen werden soll, anschließend die passende Spalte (Feld). Der nächste Schritt jedoch (gleichzeitig der letzte) unterscheidet sich dann (Abbildung 7.53).

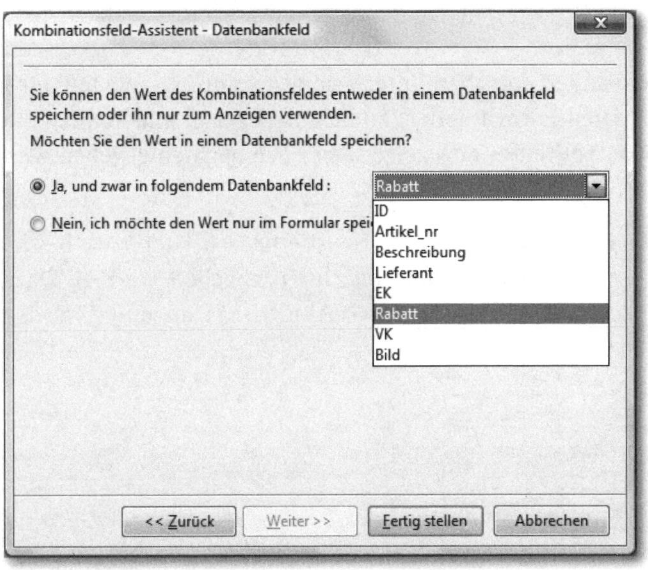

Abbildung 7.53 Kombinationsfeld – Speicherort

Hier legen Sie nämlich jetzt fest, wo (in welchem Feld) der Inhalt des angezeigten Eingabefeldes einer Kombinationsbox gespeichert werden soll. Angeboten werden Ihnen die Felder der mit dem Formular verbundenen Tabelle. Nur dort kann gespeichert werden. Idealerweise handelt es sich bei dem Feld um ein Textfeld (VARCHAR), dann gibt es die wenigsten Irritationen und Fehlerquellen.

Die zweite Option zeigt den Wert lediglich im Formular an (zum Beispiel zum Ausdrucken), ohne die Möglichkeit, ihn in der Datenbank zu speichern.

Zusammenfassung: Ein Kombinationsfeld kann die Informationen einer beliebigen Spalte einer beliebigen Tabelle der Datenbank darstellen – in der Listbox. Ein solcher Eintrag kann dann ausgewählt werden. Es kann aber auch ein eigener Eintrag erzeugt werden. Unabhängig davon kann der angezeigte Eintrag in der aktuellen Datenbank mit gespeichert werden.

Grafisches Kontrollfeld

Grafische Kontrollfelder sind zum Anzeigen von Bildern gedacht. Grundsätzlich lassen sie sich auf zweierlei Arten nutzen:

- zur Anzeige von Grafiken und Bildern als Gestaltungselement des Formulars. Die Bilder sind dann statisch und fest mit dem Dokument verbunden.
- zur Anzeige von Bildern, die in der Datenbank als Dateien gespeichert sind. Jetzt wird das Kontrollfeld mit der Datenbank verbunden und zeigt die entsprechenden Daten an.

Solange wir über Datenbanken sprechen, interessiert uns nur der zweite Punkt. Bilder werden im Binärdaten-Format in der Datenbank abgelegt und können mit Hilfe des **grafischen Kontrollfeldes** angezeigt, aber eben auch eingegeben werden. Insofern ist dieses Feld ziemlich wichtig.

Zur Vorbereitung: Die Tabelle »Artikel« der Haustierbedarfsdatenbank besitzt noch kein Datenfeld für Bilder. Dies kann zunächst nachgeholt werden. Dazu muss dieses Feld einfach als Typ Bild [LONGVARBINARY] angefügt werden (Abbildung 7.54). Fertig.

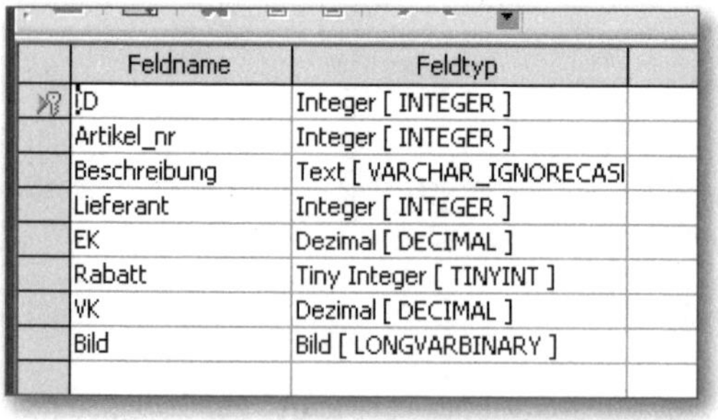

Feldname	Feldtyp
ID	Integer [INTEGER]
Artikel_nr	Integer [INTEGER]
Beschreibung	Text [VARCHAR_IGNORECASI
Lieferant	Integer [INTEGER]
EK	Dezimal [DECIMAL]
Rabatt	Tiny Integer [TINYINT]
VK	Dezimal [DECIMAL]
Bild	Bild [LONGVARBINARY]

Abbildung 7.54 Ein zusätzliches Feld wird der Tabelle »Artikel« hinzugefügt.

Vorbereitung der Bilder

Die Bilder für Ihre Datenbank müssen Sie natürlich erst noch erzeugen. Achten Sie auf die Größe der Bilder, insbesondere auf die Speichergröße: Für die Bildschirmanzeige genügen 75 dpi, und Sie können ruhig ein komprimiertes Speicherformat verwenden (JPEG, GIF oder PNG). Das senkt die Bildgröße erheblich. Bilder aus Digitalkameras sollten unbedingt vorher überarbeitet werden – sie sind sonst eindeutig zu groß.

Noch ein Tipp

Achten Sie bei der Bildaufbereitung auf ein gleiches Seitenverhältnis, sonst werden die Bilder später verzerrt. Bereiten Sie also alle Bilder identisch vor, zum Beispiel mit einem Seitenverhältnis von 4:3. Dann passen sie später auch.

Nun können Sie ein **grafisches Kontrollfeld** in das Formular »Artikel_Pflege« einfügen. Ziehen Sie auch hier den Rahmen zunächst »so ungefähr« auf, der Feinschliff folgt später.

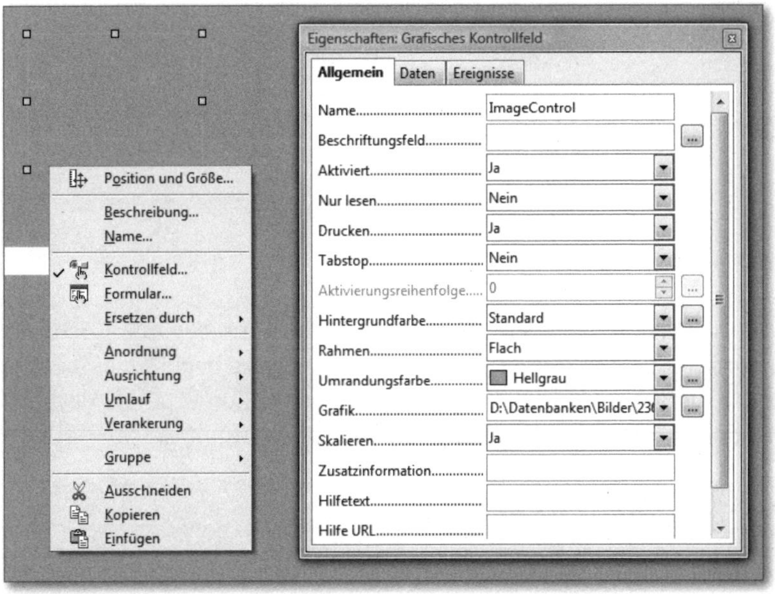

Abbildung 7.55 Einbringen eines grafischen Kontrollfeldes

Die Eigenschaften des Kontrollfeldes weisen keine Besonderheiten auf, lediglich im Eigenschaftsfeld »Grafik« könnten Sie eine statische Grafik definieren, die dann immer angezeigt wird, falls Sie keine Verbindung zur Datenbank erzeugen. Ansonsten würde dieses Feld ignoriert. Wichtig ist die Eigenschaft »Skalieren«, die sinnvollerweise auf »Ja« gesetzt werden sollte, sonst werden eventuell nur Teile des Bildes angezeigt.

Im Bereich **Daten** stellen Sie jetzt die Verbindung zum Feld »Bild« her. Die Liste der verfügbaren Feldnamen wird ja in der Listbox angezeigt.

Jetzt aber noch zu einigen Details: Ein Bild würde nun in das grafische Kontrollfeld »eingepasst«, also skaliert, bis es die Fläche völlig ausfüllt. Dies hat zur Folge, dass ein Bild verzerrt wird, wenn das Kontrollelement nicht das gleiche Seitenverhältnis aufweist wie das Bild selbst. Um das anzupassen, rufen Sie das Kontextmenü über dem markierten Kontrollelement auf und wählen den Menüpunkt **Position und Größe**. In der gleichnamigen Karteikarte können Sie jetzt die Größe des Kontrollelements (und damit auch die spätere Bildgröße) exakt einstellen. Setzen Sie hier das gleiche Seitenverhältnis ein, das auch Ihre Bilder besitzen, dann gibt es keine Verzerrungen.

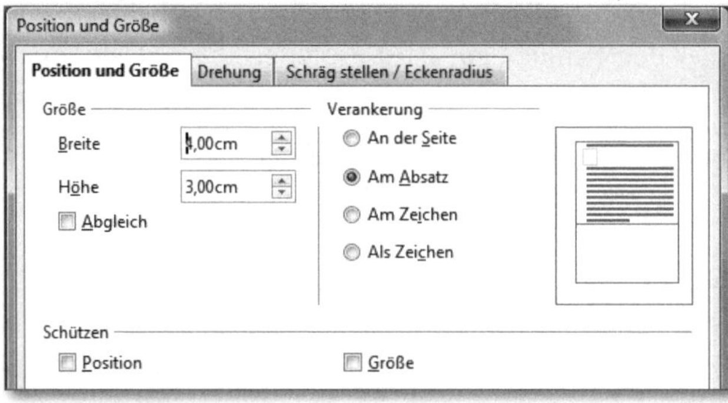

Abbildung 7.56 Größe des Bildes fixieren

Jetzt sind alle Vorbereitungen getroffen, und der Test kann beginnen. Schalten Sie die Entwurfsansicht des Formulars aus, navigieren Sie zu dem Datensatz, dem Sie ein Bild hinzufügen wollen, und wählen Sie aus dem Kontextmenü des Bild-Kontrollelements den (einzigen) Befehl **Grafik einfügen** aus.

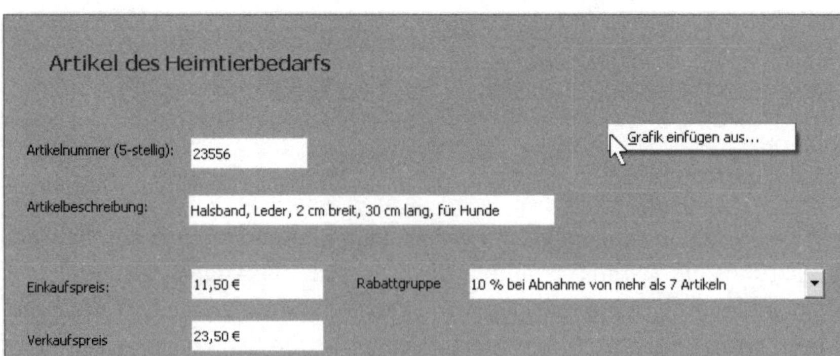

Abbildung 7.57 Grafik zum Datensatz einfügen

Es öffnet sich das normale Dateiauswahl-Fenster, und Sie können Ihr passendes Bild auswählen. Wenn Sie die Vorschau aktivieren, haben Sie auch noch einen entsprechenden Überblick. Erkannt werden alle gängigen Grafikformate, wie Sie es eben von OpenOffice.org gewohnt sind. Mit einem Klick auf **Öffnen** wird das Bild eingefügt. Es ist jetzt Teil des Kontrollelements und wird beim Wechsel des Datensatzes in der Datenbank abgespeichert. Navigieren Sie zurück, wird das Bild auch wieder angezeigt.

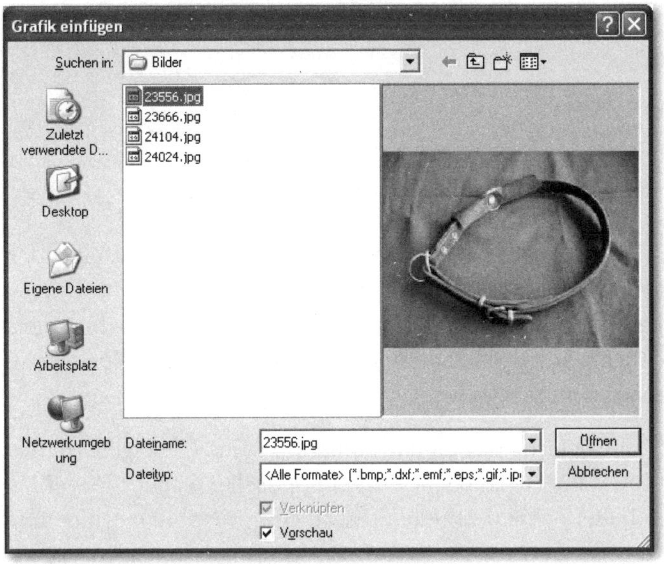

Abbildung 7.58 Auswahl des Grafik-Bildes

Auf diese Weise können Sie nun für jeden Datensatz auch noch ein Bild in der Datenbank abspeichern. Sind die Bilder dann erst einmal drin, werden sie durch das grafische Kontrollelement entsprechend interpretiert und angezeigt (siehe Abbildung 7.59). Das grafische Kontrollfeld dient also einmal zum Anzeigen der Bilder einer Datenbank, andererseits aber auch zum Hinzufügen der Bilddaten an sich.

Tabellen

Das Tabellenfeld wurde schon einmal bei der automatischen Formularerzeugung angesprochen. In einer Tabelle werden die gewählten Felder als Spalten dargestellt und alle Datensätze aufgelistet. Auch die Tabellenansicht eignet sich ideal für Subformulare.

Noch etwas ist wichtig: Wird eine Tabelle in ein Formular eingefügt, öffnet sich ein Assistent, der die wichtigsten Details abfragt.

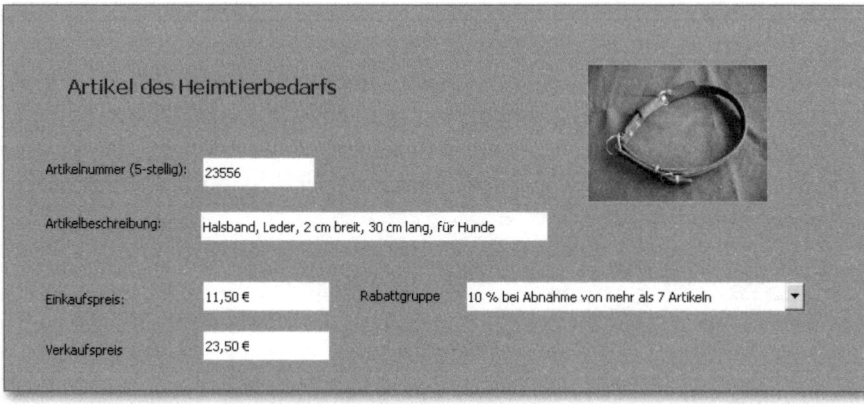

Abbildung 7.59 Das Formular jetzt mit Bilddaten

Zunächst wählen Sie die Tabelle oder Abfrage, die die Basis für die anzuzeigenden Daten darstellt. Dabei wird jede Tabelle als Subformular definiert und kann unabhängig vom Hauptformular beliebige Datenquellen anbinden. In einem zweiten Schritt schließlich wählen Sie dann noch die entsprechenden Spalten aus – die verfügbaren werden Ihnen aufgelistet.

Dann können Sie die Tabelle fertig stellen und somit einfügen. Die Eigenschaften der Tabelle selbst sind nun überschaubar – und rein optischer Natur. Sie werden auch keinen »Daten-Reiter« mehr finden, diese Informationen sind nun woanders »versteckt«.

Wie gesagt: Jede Tabelle (Tabellen-Kontrollfeld) stellt ein eigenes (Sub-)Formular dar. Dieses wiederum speichert die Datenquellen-Anbindung. Markieren Sie also Ihre Tabelle, und wählen Sie dann die Formulareigenschaften; hier finden Sie die Datenanbindung (global für die gesamte Tabelle).

In der Tabelle selbst stellen die einzelnen Spalten wiederum einzelne Kontrollelemente dar und können die entsprechenden Eigenschaften annehmen. Um dies zu ändern, klicken Sie auf den Spaltenkopf (markieren ihn somit) und öffnen nun die (Kontrollfeld-)Eigenschaften. Hier können Sie jetzt die Einzelheiten fixieren.

Der Tabelle können Sie weitere Spalten hinzufügen (über das Kontextmenü in der Kopfzeile in einem noch ungenutzten Bereich) oder auch vorhandene Kontrollfelder durch andere Typen ersetzen (auch über das Kontextmenü in der Kopfzeile, dann über der zu ändernden Spalte).

Ein Beispiel zum Einsatz von Tabellen in Formularen folgt noch in diesem Kapitel (Abschnitte 7.4.1, 7.4.2).

Navigationsleiste

Jetzt ist noch ein Element übrig, das sinnvoll bei Formularen eingesetzt werden kann: die **Navigationsleiste**.

Typischerweise erhält ja jedes Formular am unteren Ende automatisch eine komplette Navigationsleiste, die neben Informationen und Schaltflächen zur Navigation auch Filter- und Sortierfunktionen anbietet. Diese automatische Funktionsleiste kann man in den Formular-Eigenschaften abschalten – dann hat das Formular keine mehr. Das ist immer dann sinnvoll, wenn man mit Subformu laren arbeitet (sonst hätte ja jedes Formular eine Navigationsleiste) oderdiese individuell platzieren und anpassen will.

Und nun kommt das Kontrollelement Navigationsleiste zum Tragen: Dieses Element können Sie frei platzieren. Sie können unerwünschte Bereiche ausblenden, die Symbole vergrößern und die Hintergrundfarbe verändern.

Abbildung 7.60 Eine komplette Navigationsleiste

Die Leiste selbst ist automatisch von ihrer Funktionalität her mit dem Formular verbunden, zu dem sie gehört (Formularnavigator), da brauchen Sie nichts mehr einzustellen. Die folgenden Eigenschaften jedoch verändern das Aussehen:

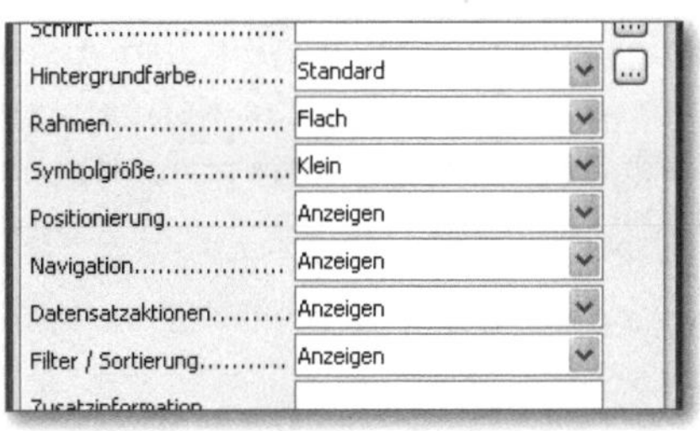

Abbildung 7.61 Eigenschaften der Navigationsleiste

Die **Positionierung** ist die Information des Datensatzes (Datensatz x von y), die **Navigation** umfasst die nächsten vier Icons. Die **Datensatzaktionen** fassen die Icons »Speichern«, »Neu«, »Löschen«, »Rückgängig« und »Wiederherstellen« zusammen, die **Filter/Sortierung** die restlichen Icons. So lassen sich beispielsweise alle Icons außer der Navigation ausblenden, wenn Datensätze lediglich informativ angezeigt werden und weitere Aktionen nicht erwünscht sind. Dadurch wird dann ein Formular benutzerfreundlicher und fehlerresistenter.

Die jetzt noch nicht besprochenen Felder – zum Beispiel das Dateiauswahl-Kontrollelement – haben nicht viel mit Datenbanken zu tun und besitzen auch keine direkte Bindung hierzu. Ihre Funktionalität wird hier nicht besprochen.

7.4 Formular und Subformular

Im nächsten Schritt geht es darum, auch Subformulare manuell einzubinden. Das ist immer dann sinnvoll, wenn Informationen nicht ausschließlich aus einer Quelle stammen und mehrere Tabellen beteiligt sind.

Es bleibt aber im Vorfeld immer zu prüfen, ob tatsächlich Subformulare notwendig sind oder ob nicht auch der gleiche Sachverhalt auf andere Weise erreichbar ist, wie beispielsweise über eine Abfrage, die Daten aus unterschiedlichen Tabellen bezieht, berechnete Felder beinhaltet und dann als Basis für das Hauptformular dient.

Wie schon dargestellt, können auch in einem Hauptformular recht einfach Daten aus anderen Tabellen eingebunden werden, wie beispielsweise durch Listboxen oder Comboboxen, und auch hier wird sich immer die Frage stellen, ob ein Unterformular überhaupt nötig ist. Doch spätestens bei der Dateneingabe kann es Sinn ergeben. Dabei werden dann die Daten in unterschiedliche Tabellen geschrieben – wie es die Normalisierung verlangt.

Das Feld der Subformulare ist riesig und oft nicht einfach strukturiert, vieles lässt sich sinnvoll nur mit Makroprogrammierung lösen. Andererseits lassen sich die praktischen Anwendungen von Subformularen häufig recht gut mit den Assistenten lösen, so dass sich Veränderungen meist auf kosmetische Korrekturen reduzieren lassen. Dennoch zeige ich hier zwei Anwendungen, wie man manuell Subformulare erzeugt und verknüpft.

Das erste Beispiel gleicht dabei vom Prinzip her dem Assistentenbeispiel, Sie können also beide leicht vergleichen.

7.4.1 Ein Subformular erzeugen

Im ersten Schritt muss man natürlich zuerst das Hauptformular erstellen. Das jetzt folgende Formular soll nichts anderes tun, als Ihnen die Details zu einem Lieferanten anzuzeigen, das heißt, neben Kommunikationsdaten auch die von ihm bezogenen Artikel. Nun soll es aber dennoch eine Änderung zu dem in Abschnitt 7.2.2 beschriebenen Subformular geben: Diesmal sollen keine Stammdaten geändert werden können, wohl aber Artikeldatensätze. Des Weiteren soll der Lieferant über seinen Namen ausgewählt werden können.

Um dies zu realisieren, ohne Makroprogrammierung zu nutzen, benötigt man eine zusätzliche Tabelle – quasi eine Platzhaltertabelle. Noch einige Worte, um das zu verdeutlichen:

Formulare basieren auf einer Tabelle oder einer Abfrage, stellen also diese Daten dar. Nun repräsentiert die Tabelle »Lieferanten« alle Lieferantendaten, sie könnte also als Basistabelle dienen. Dann aber muss man die gewünschten Daten entweder per Filter auswählen oder einzeln durchschalten. Andererseits könnte über eine Listbox der Inhalt spezieller Daten auch aus anderen Tabellen dargestellt werden, sie müssten dann aber in einer separaten Tabelle gespeichert werden. Das kann man sich nun zu Nutze machen und eine einfache Tabelle mit nur einem Datensatz anlegen, der dann immer situationsbedingt geändert wird.

Die Tabelle nenne ich **Zwischenspeicher**. Sie bekommt eine Spalte ID (Primärschlüssel), »lfnr« (Lieferantennummer – Typ Integer) und »lftext« (Lieferantenname – Typ VarChar). Dann wird ein Datensatz mit den Werten ID = 1, lfnr = 1 eingegeben. Das war es. Diese Daten werden zwar später regelmäßig geändert, es kommen aber keine Datensätze mehr hinzu.

Das Formular soll also so aufgebaut werden wie in Abbildung 7.62.

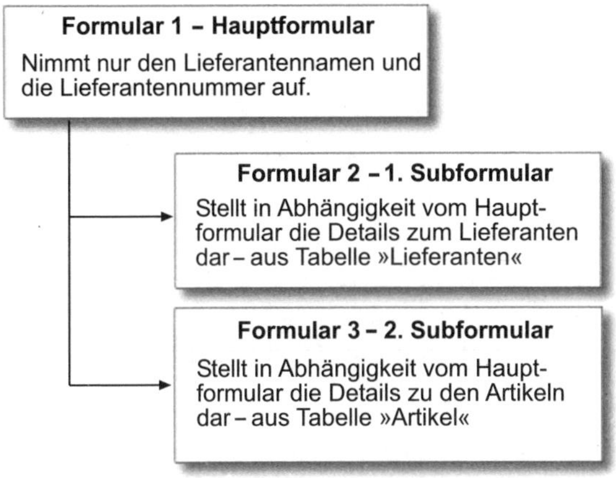

Abbildung 7.62 Formularstruktur – Haupt- und Subformulare

Noch mal: Wenn man auf Makroprogrammierung verzichtet, muss jedes Formular mit einer Tabelle oder mit Abfragen in Verbindung stehen. Um dort dann unterschiedliche Daten anzeigen zu können, müssen auch unterschiedliche Datensätze vorhanden sein, durch die man dann navigieren kann. Die angezeigten beziehungsweise im Formular gespeicherten Daten (Inhalte) können dann als Basis für die Subformulare dienen, zum Beispiel als Selektionskriterien. Die Abhängigkeit wird intern hergestellt.

Erzeugen des Hauptformulars

Starten Sie den Formularentwurfsmodus über die Aufgabe »Formular in Entwurfsansicht erstellen...«, legen Sie zunächst die gewünschte Seitenhintergrundfarbe fest, und erstellen Sie dann das erste Kontrollelement: ein Beschriftungsfeld. Durch das Platzieren des ersten Elements wird automatisch auch das erste Formular erzeugt, dessen Eigenschaften Sie nun anpassen können. Insbesondere wichtig sind die Datenverbindungen. Da dieses erste Formular ja nur einen Datensatz anzeigen soll (den einzigen in der Tabelle »Zwischenspeicher«), wird die Datenverbindung hier über einen SQL-Befehl realisiert:

```
SELECT * FROM "Zwischenspeicher" WHERE "id" = 1
```

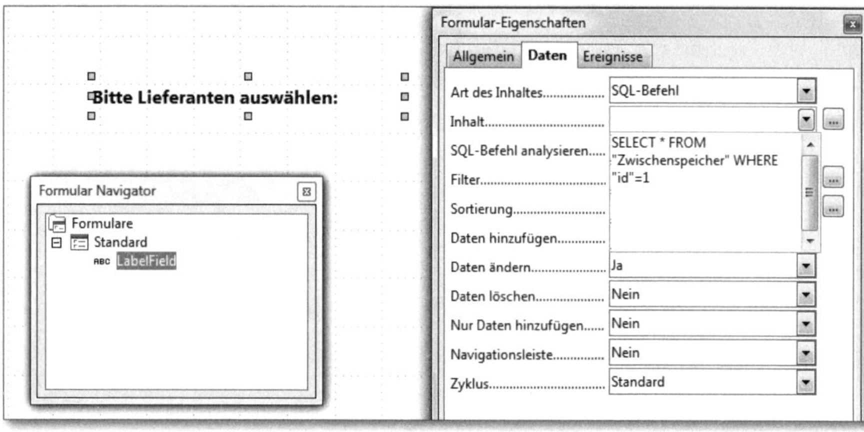

Abbildung 7.63 Eigenschaften des Hauptformulars

Neben dem SQL-Befehl sollten Sie noch die Aktivitätenarten wie folgt ändern:

- **Daten hinzufügen** -> **Nein** (Es wird nur ein Datensatz benötigt, die Nr. 1.)
- **Daten ändern** -> **Ja** (Der einzige Datensatz wird regelmäßig geändert.)
- **Daten löschen** -> **Nein** (Der einzige Datensatz darf nicht gelöscht werden!)
- **Navigationsleiste** -> **Nein** (Eine Navigationsleiste brauchen Sie nicht – bei nur einem Datensatz!)

Damit wäre das Hauptformular definiert. Jetzt benötigen Sie noch ein entsprechendes Kontrollelement, um die Daten überhaupt anzeigen zu können. Da später darin eine Auswahl (die Lieferantenwahl nach Namen) getroffen werden soll, nehmen Sie ein **Listenfeld** (kein Kombinationsfeld, nur das reine Listenfeld). Platzieren Sie es neben den Text, und verbinden Sie es nun mit der Tabelle »Lieferanten« (denn nur dort stehen die Namen der Lieferanten) und dort mit dem Feld »Name«.

Im letzten Schritt des Assistenten verknüpfen Sie nun das Feld »num« aus dem Wertebereich (dies entspricht der Tabelle/Abfrage, die mit dem Formular verbunden ist, hier also der Tabelle »Zwischenspeicher«) mit dem Feld »Lieferanten_nr« in der Lieferantentabelle. Im Ergebnis bedeutet dies, dass entsprechend dem gewählten Begriff die Lieferantennummer in das Feld »num« der Tabelle »Zwischenspeicher« eingetragen wird. Dies also ist unser Schlüsselbegriff.

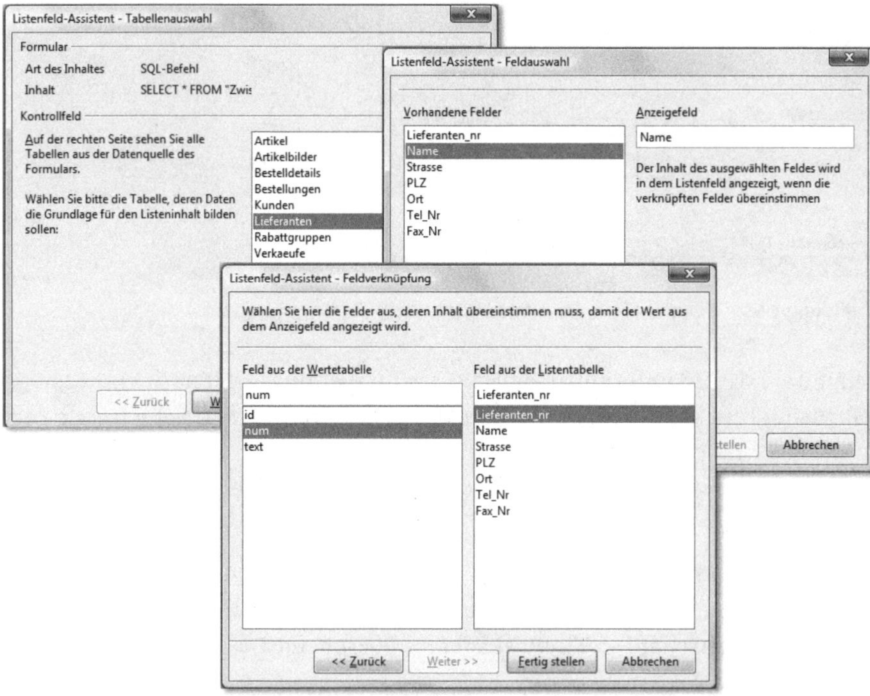

Abbildung 7.64 Die Eigenschaften des Listenfeldes – mit dem Assistenten eingestellt

Dieser Assistent startet ja nur, wenn Sie das Listenfeld erstmalig im Formular platzieren. Möchten Sie die Eigenschaften später manuell anpassen, haben Sie diese Auswahlmöglichkeiten nicht mehr zur Verfügung. Dann bleibt nur noch SQL und das entsprechende Wissen über die Zusammenhänge.

```
SELECT "Name", "Lieferanten_nr" FROM "Lieferanten"
```

Diese SQL-Sequenz erzeugt eine kleine Abfrage, die intern gespeichert wird, als Array. Während die ersten Werte (Array-Index 0 – hier also der Name) in der Listbox angezeigt werden, stehen die zweiten Werte (Array-Index 1, hier die Lieferantennummer) als Daten für das verbundene Feld zur Verfügung. Das wiederum wird ebenfalls in den Eigenschaften definiert – so wie der entsprechende Array-Index.

Achtung

Für alle, die auch programmieren: Vorsicht, inkonsequente Zählung! Hier beginnt die Zählung bei null (0), entsprechend den Arrays. Ansonsten beginnt die Spaltenzählung von Resultsets bei 1!

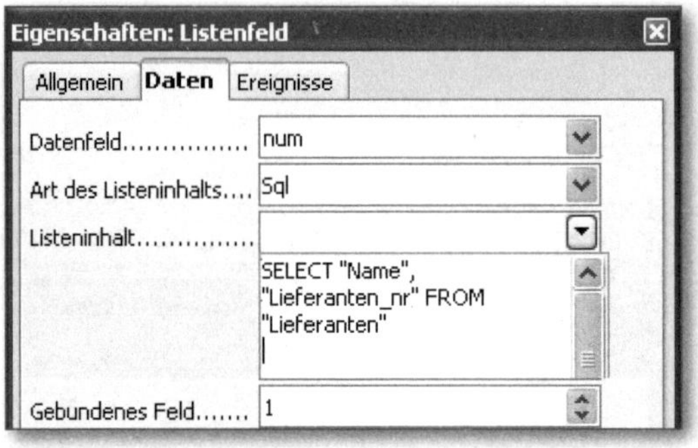

Abbildung 7.65 Eigenschaften des Listenfeldes

Damit wäre das Hauptformular zunächst fertig, allerdings fehlt noch eine Kleinigkeit: Beim Test können Sie zwar direkt die entsprechenden Namen aufrufen, diese neuen Daten sind aber nun zunächst im temporären Arbeitsspeicher. Die Unterformulare würden dadurch nicht aktualisiert, auch das Hauptformular nicht. Genau das soll die Auswahl aber erreichen.

Um dies ohne Programmierung (was natürlich auch möglich wäre) zu ermöglichen, fügen Sie nun noch einen Button ein, den Sie zum Beispiel wie folgt benennen (**Eigenschaft** -> **Titel**): »Lieferant übernehmen«.

Ein **Button** selbst hat keine direkte Verbindung zur Datenquelle, gehört aber sehr wohl zum Formular. Daher sind diverse Aktionen vordefiniert, die man dem Button direkt zuweisen kann, ohne sie programmieren zu müssen. Sie beziehen sich immer auf das Formular, dem der Button zugeordnet ist (Formularnavigator) und auf die dem Formular zugewiesene Datenbankverbindung.

Jede Schaltfläche kann also zum Beispiel die Aufgaben der Datensatz-Navigation übernehmen, falls Sie vorhaben, eine völlig eigene Navigationsleiste zu erstellen, aber eben auch einige andere Aktionen direkt auslösen.

Für unseren Fall ist »Formular aktualisieren« ideal: Dabei werden die neuen Werte aus der Datenbanktabelle ausgelesen und im Formular gespeichert. Eigentlich müsste vorher eine Datenspeicherung stattfinden, was ideal wäre, doch ist eine Kombination beider Aktionen nur per Makro möglich (siehe hierzu Abschnitt 7.5). Belassen wir es daher beim Aktualisieren.

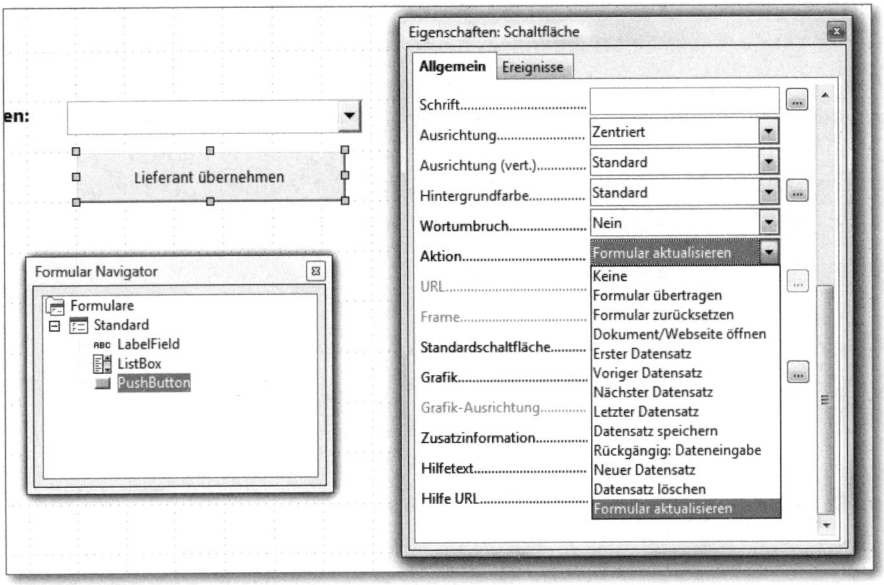

Abbildung 7.66 Der Button »Aktualisieren«

Das 1. Subformular – die Lieferantendetails

Als Nächstes kommen die Detailinformationen zum Lieferanten: Dazu benötigen Sie ein neues Formular, das Sie am einfachsten im Formularnavigator erzeugen.

Markieren Sie dazu das erste Formular (Hauptformular – hier »Standard« genannt) und wählen Sie dann aus dem Kontextmenü **Neu • Formular**.

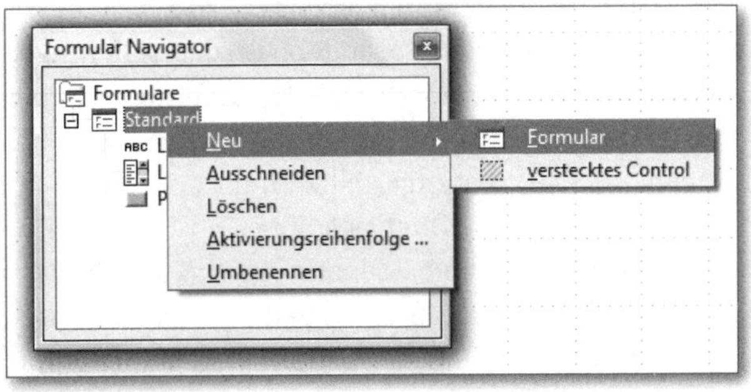

Abbildung 7.67 Ein neues Formular erzeugen

Auf diese Weise wird ein neues Formularobjekt erstellt und dem Hauptformular untergeordnet. Der Name ist markiert und kann sofort geändert werden – nennen Sie es »Lieferantendetails«.

Im **Formularnavigator** können Sie auch die Formulare und Kontrollelemente direkt mit der Maus verschieben, das heißt, die Zugehörigkeit zu einem »Mutterobjekt« verändern. Haben Sie also beispielsweise das Formular versehentlich dem Hauptobjekt »Formulare« (dem Ursprungsobjekt aller Formulare) untergeordnet, so können Sie es einfach neu verschieben. Das geht auch mit Kontrollelementen, die versehentlich anderen Formularen zugeordnet wurden. Die Eigenschaften dieses ersten Unterformulars legen Sie nun wie folgt fest:

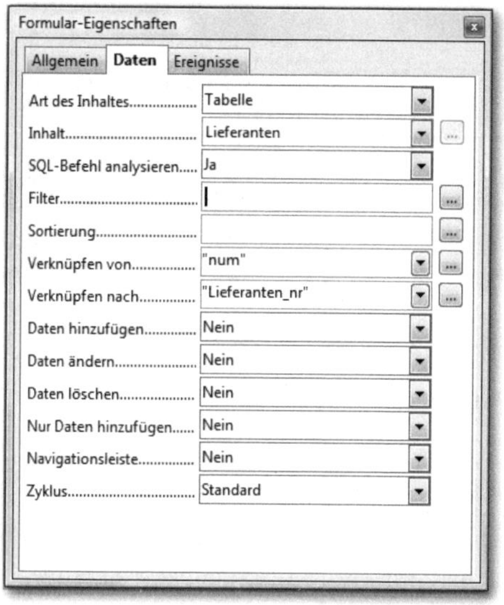

Abbildung 7.68 Formulareigenschaften des 1. Subformulars

Dieses Subformular soll ja die Daten der Lieferanten anzeigen, also wird es mit der Lieferantentabelle verknüpft. Da keine Daten geändert werden sollen, werden alle diesbezüglichen Optionen auf »Nein« gestellt. Die Verbindung zwischen Haupt- und Subformular wird über die entsprechenden Felder hergestellt. Auch hierfür nutzt man die von OpenOffice.org bereitgestellte Hilfe: Klicken Sie auf den Button rechts neben dem Eingabefeld. Es öffnet sich ein eigenständiger Dialog, in dem Sie sehr bequem die entsprechenden Felder auswählen können (siehe Abbildung 7.69). Sie könnten theoretisch zwar auch manuelle Eingaben tätigen (wie im 2. Subformular dargestellt), doch ist hier der andere Weg eindeutig der bequemere.

Das Formular (Subformular) wurde somit definiert, jetzt können Sie die gewünschten Felder entsprechend hinzufügen. Achten Sie dabei darauf, dass das Unterformular »Lieferantendetails« im Formularnavigator aktiv (also markiert) ist, dann werden auch alle neuen Kontrollelemente automatisch diesem Formular zugeordnet.

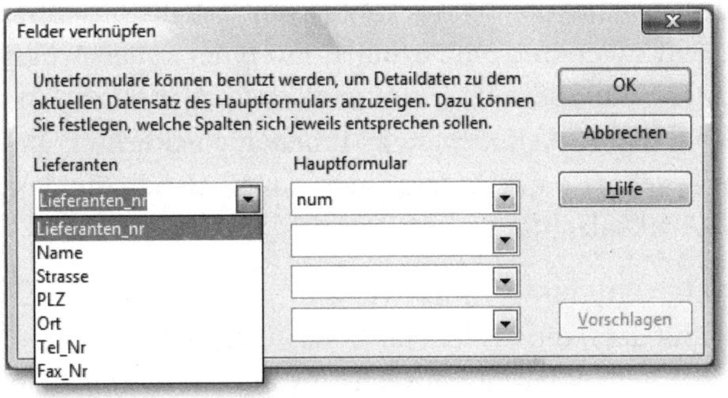

Abbildung 7.69 Auswahl der verknüpften Felder

Die Eingabefelder selbst verknüpfen Sie dann in den Eigenschaften im Bereich **Daten** mit den möglichen Tabellenfeldern. Sie können diese aus der Liste auswählen.

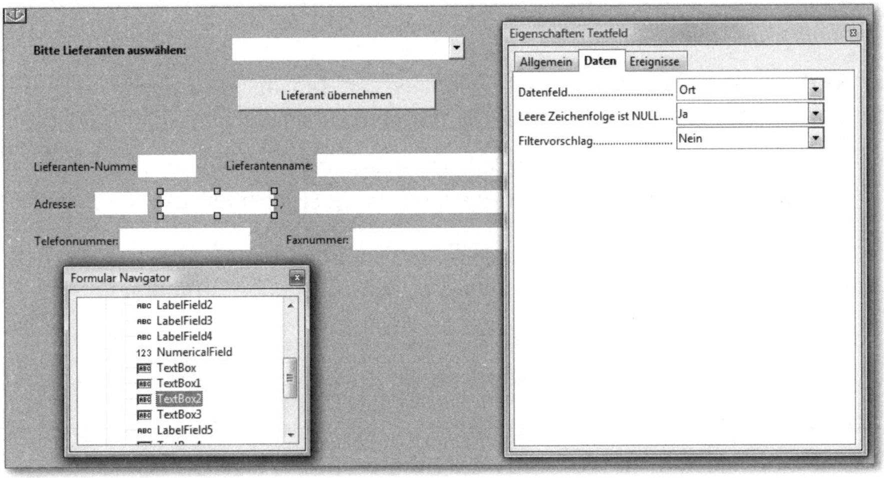

Abbildung 7.70 Das Formular und das erste Unterformular

Haben Sie alle Datenfelder integriert, testen Sie Ihr Formular zwischendurch. Schon beim Aufruf sollte es Daten anzeigen. Wählen Sie dann aus der Auswahlliste einen anderen Lieferanten, klicken Sie auf den Button, und bestätigen Sie die eventuelle Sicherheitsabfrage von OpenOffice.org mit »Ja«. Dann sehen Sie die Daten des neu gewählten Lieferanten.

Das 2. Subformular – Die Artikeldetails

Genauso wie das erste Subformular legen Sie nun im **Formularnavigator** unterhalb des Hauptformulars ein weiteres Formular an (hier trägt es noch den Namen

»Standard«). Das weitere Formular benötigen Sie, weil ja nun Inhalte aus einer anderen Tabelle genutzt werden sollen und ein Formular nur einer Tabelle zugeordnet werden kann (na ja, für die Spezialisten: Man könnte auch eine SQL-Abfrage formulieren und dabei dann zwei oder mehr Tabellen ansprechen, und das Formular würde auf die Ergebnisse der Anfrage gebunden). Geben Sie dem 2. Subformular den Namen »Artikeldetails«.

Dieses zweite Formular könnte man nun genauso wie das erste Subformular an die Tabelle »Artikel« binden und dann die Felder »num« des Hauptformulars und »Lieferant« des Subformulars miteinander verknüpfen. Fertig. Jetzt können alle passenden Daten geladen und angezeigt werden.

Der zweite Weg, denich hier einmal detaillierter vorstellen möchte, wäre die **manuelle Verknüpfung** des Unterformulars mit dem Hauptformular. Es ist nämlich so, dass ein Hauptformular die Werte der Felder an das Unterformular weitergibt, und dabei ist es unerheblich, ob diese in vorhandenen Feldern gespeichert oder als Variablen genutzt werden. Insofern können Sie jetzt die folgende Zuordnung vornehmen:

- **Verknüpfen von**: »num« (das Feld aus der Tabelle »Zwischenwerte« des Hauptformulars; es beinhaltet die Nummer des Lieferanten)
- **Verknüpfen nach**: »myVar« (eine frei definierte Variable, an die dann der Inhalt des »num«-Feldes vom Hauptformular übergeben wird)

Den Variablennamen können Sie natürlich frei definieren und entweder direkt in das Eigenschaftsfeld eintippen oder auch in den Hilfsdialog aufnehmen.

Mit der Verknüpfung allein ist natürlich noch nichts gewonnen. Es muss ja noch das Formular an sich gebunden werden. Das erledigt man in diesem Fall direkt mit einem SQL-Befehl.

Zunächst einmal müssen Sie die **Art des Inhaltes** in den Eigenschaften auf »SQL-Befehl« einstellen. Dann können Sie beim **Inhalt** den gewünschten SQL-String eingeben. In dem Fall sollen ja alle Felder und Datensätze aus der Tabelle »Artikel« angezeigt werden, die dem Lieferanten zugeordnet sind, dessen Lieferantennummer im Feld »Lieferant« also hinterlegt ist. Somit muss nun genau diese Lieferantennummer als Variable übergeben werden, und die liefert das Formular. Der SQL-Befehl lautet also:

```
SELECT * FROM "Artikel"  WHERE "Lieferant" = :myVar
```

Der Doppelpunkt weist den internen SQL-Interpreter darauf hin, dass ein Parameter abgefragt werden soll. Normalerweise geschieht dies über einen eigenen Dialog, den der Benutzer »per Hand« eingeben kann. Im Falle eines Subformulars und der Bindung der Variablen an ein entsprechendes Feld des Hauptformulars wird dieser Wert aber direkt übernommen. Genau das wollten wir erreichen.

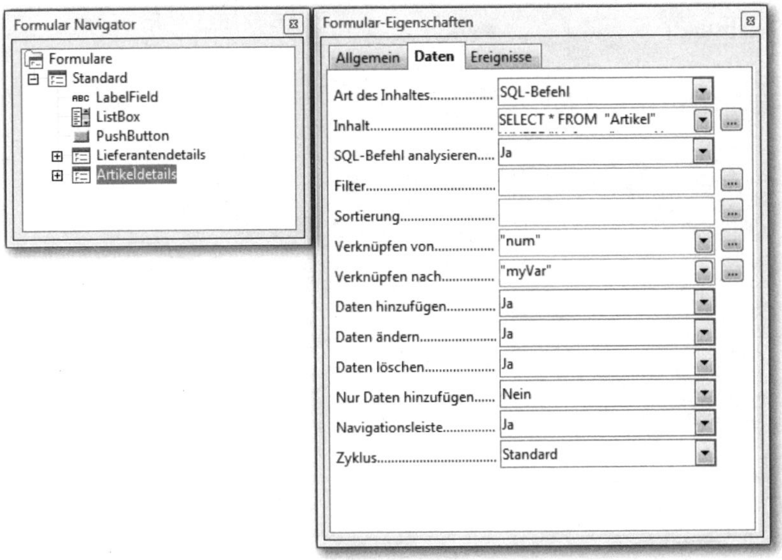

Abbildung 7.71 Eigenschaften des 2. Subformulars, hier mit direkter SQL-Anbindung

Hinweis

Achten Sie bei der Verwendung von Variablen unbedingt auf die Struktur der Formulare! Die Übergabe funktioniert nur zum Subformular, das muss in der Struktur (Formularnavigator) so definiert sein. Sonst erhalten Sie den Dialog zur Parametereingabe.

Noch etwas: Wenn Sie die Eigenschaft »Art des Inhaltes« ändern, wird der Wert im Feld »Inhalt« immer gelöscht, und zwar unwiederbringlich. Achten Sie auf die Reihenfolge, und kopieren Sie den Inhalt eventuell in eine normale Textdatei.

So, das zweite Subformular ist fertig definiert, nun können Sie die Kontrollelemente integrieren.

Für die Artikel bietet sich die Tabellendarstellung an. Nehmen Sie die Felder »Artikel_nr«, »Beschreibung«, »EK«, »Rabatt« und »VK« und passen Sie die Darstellung noch entsprechend an (Spaltenbreite und Felddarstellungen). Fertig ist das Formular.

Gerade bei den numerischen Feldern (Artikel-nr und Rabatt) sollten Sie in den Feldeigenschaften (klicken Sie auf den Feldnamen im Tabellenkopf, und rufen Sie das Eigenschaftsfeld auf) die Nachkommazahlen auf »0« setzen und die Darstellung auf »Zentriert«. Dann haben Sie ein wunderbares Formular zur schnellen

Überprüfung der Lieferanten. Stammdaten können hier nicht verändert oder editiert werden, wohl aber Artikeldaten. Sie können hier sowohl vorhandene ändern als auch neue hinzufügen, allerdings ohne Bild. Dieses Feld wurde nicht mit berücksichtigt.

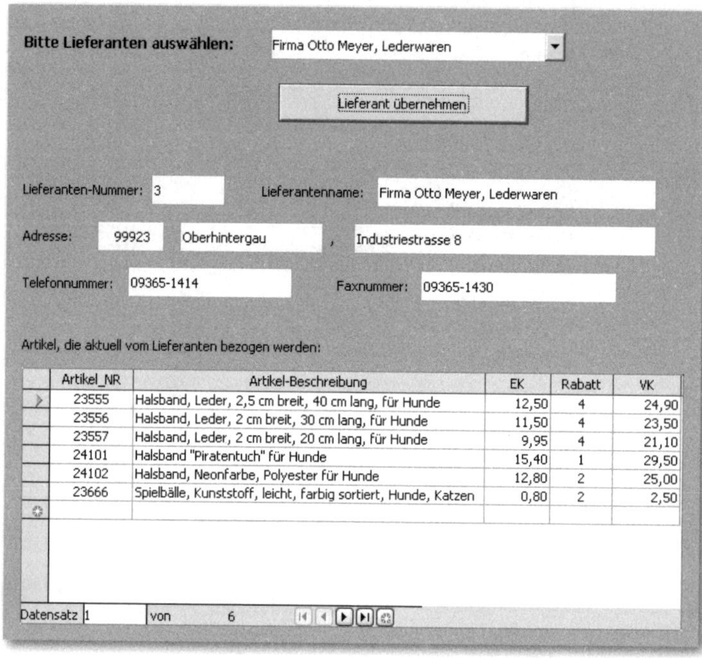

Artikel_NR	Artikel-Beschreibung	EK	Rabatt	VK
23555	Halsband, Leder, 2,5 cm breit, 40 cm lang, für Hunde	12,50	4	24,90
23556	Halsband, Leder, 2 cm breit, 30 cm lang, für Hunde	11,50	4	23,50
23557	Halsband, Leder, 2 cm breit, 20 cm lang, für Hunde	9,95	4	21,10
24101	Halsband "Piratentuch" für Hunde	15,40	1	29,50
24102	Halsband, Neonfarbe, Polyester für Hunde	12,80	2	25,00
23666	Spielbälle, Kunststoff, leicht, farbig sortiert, Hunde, Katzen	0,80	2	2,50

Abbildung 7.72 Das fertige Formular – ein Haupt- und zwei Subformulare

Auch dieses Formular ließe sich mit Makroprogrammierung noch verbessern: der Button fällt dann weg, und das Ändern des Lieferanten würde direkt die Daten aufrufen.

7.4.2 Ein Formular für Verkäufe

Basierend auf dem Wissen, wie nun Subformulare arbeiten und wie man diese erstellt, zeige ich Ihnen in Stichworten noch eine zweite typische Anwendungsmöglichkeit: den Verkauf.

Die Daten zum Verkauf von Artikeln sind alle in Ihrer Datenbank gespeichert, und zwar in der Artikeldatenbank. Nun kann ein Kunde mehrere Daten bei einem Einkauf bestellen/kaufen. Wenn Sie also zu jedem Kauf einen Datensatz in einer Tabelle »Verkaeufe2« speichern möchten, benötigen Sie entsprechend der ersten Normalform noch eine weitere Tabelle »Verkaeufe_Details«, die dann die einzelnen Artikeldaten, die Menge und den Einzelpreis abspeichert.

Haben Sie jetzt noch eine Tabelle mit den Kundendaten, können Sie sehr einfach ein Verkaufsformular erzeugen. Das Hauptformular schreibt dabei folgende Daten in eine Datentabelle »Verkaeufe2«:

- »ReNr« – die Rechnungsnummer (automatisch vergeben), Primärschlüssel, Autoincrement
- »Kundennr« – Auswahl über das Listenfeld »Kundennamen« aus der Tabelle »Kunden«
- »ReDatum« – das Datum des Verkaufs

Das Subformular soll dann die Detaildaten in die Tabelle »Verkaeufe_Details« schreiben, und zwar folgende Felder:

- »ID« – Primärschlüssel (automatisch)
- »ReNr« – die dazugehörige Rechnungsnummer
- »Artikel« – der jeweilige Artikel, auswählbar aus einer Listbox, die mit der Tabelle »Artikel« verbunden ist
- »Anzahl« – Anzahl des Artikels

Das sind nur die Rumpfdaten für das Beispiel. Für Produktionszwecke können – und sollten – Sie das natürlich ausweiten.

Legen Sie zuerst die Tabellen mit den entsprechenden Spalten an. Rechnungsnummer und Kundennummer sowie die »Anzahl« sind Integer-Typen, das »ReDatum« ist ein Date-Typ, die Artikel werden im Klartext eingetragen, also in ein VARCHAR-Feld.

Das Hauptformular

Für die Anlage des Hauptformulars beginnen Sie wieder mit einem Beschriftungsfeld. Dann passen Sie die Eigenschaften des Formulars an: Der Name könnte »Rechnungsdaten« lauten. Verknüpfen Sie dieses Formular dann mit der Tabelle »Verkaeufe2«. Jetzt können Sie die jeweiligen Kontrollelemente anlegen.

Die Kundennummer wird über ein numerisches Feld gelöst (binden Sie es an »ReNr«). Für den Kundennamen wählen Sie ein Listenfeld. Dieses soll dann die Daten aus der Tabelle »Kunden« auslesen, die Werte aus der Spalte »Name« anzeigen und die dazugehörigen Werte der Spalte »Kd_ID« in die Spalte »Kundennr« eintragen. Entweder stellen Sie die Beziehungen mit Hilfe des Assistenten her oder direkt über den entsprechenden SQL-Befehl:

```
SELECT "Name", "Kd_ID" FROM "Kunden"
```

Wobei das gebundene Feld wieder die 1 ist (das erste Feld).

Das Datum realisieren Sie durch ein Datumsfeld (am besten aufklappbar), dann hat es der Benutzer einfacher. Somit wäre das Hauptformular fertig.

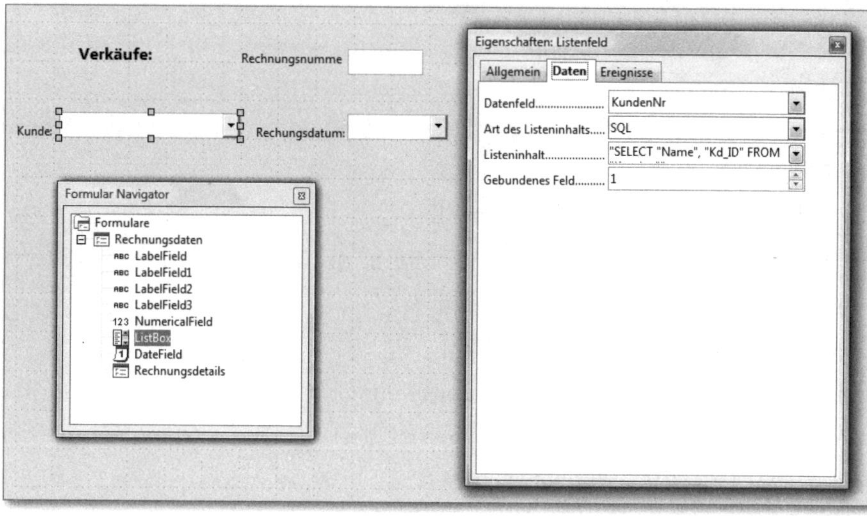

Abbildung 7.73 Das Hauptformular »Verkäufe«

Das Subformular

Der nächste Schritt ist die Erzeugung eines Subformulars. Dieses Subformular soll jetzt wieder in einer Tabellendarstellung die einzelnen Bestelldetails auflisten.

Das Subformular wird mit der Tabelle »Verkaeufe_details« verknüpft und über die Felder »ReNr« mit dem Hauptformular verbunden. In unserem Fall haben beide Formular-Tabellen eine Spalte mit dem gleichen Namen, nämlich »ReNr«, so dass die Zuordnung einfach ist.

Dann fügen Sie ein Tabellen-Kontrollfeld unterhalb des Subformulars ein. Wählen Sie die folgenden drei Spalten aus: »ReNr«, »Artikel« und »Anzahl«, das ID-Feld benötigen Sie nicht. Erstens wird es sowieso automatisch erzeugt, und zweitens hat es keinen besonderen Informationsgehalt.

Ihre Tabelle sollte jetzt so aussehen wie in Abbildung 7.74. Die drei Felder wurden automatisch erzeugt, mit Standard-Eigenschaften als **Formatierte Felder**, aber schon an die jeweiligen Datenfelder gebunden.

Nun können Sie grundsätzlich jedes Kontrollelement durch ein anderes ersetzen. Sie behalten die schon eingestellten Funktionalitäten und Eigenschaften, soweit diese auch für das neue Feld zutreffen. Diese Möglichkeit können Sie nun nutzen, um das Artikelfeld durch ein Kombinationsfeld zu ersetzen. Der Vorteil liegt auf der Hand: Das Kombinationsfeld bietet eine Auswahlliste, die Sie dann an die

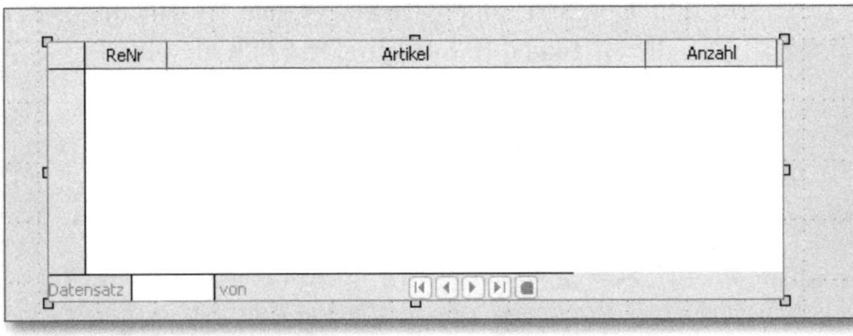

Abbildung 7.74 Die Artikeltabelle in ihrer Ursprungsform

Artikeldatenbank binden können. Dadurch können Sie bequem aus den vorhandenen Artikeln den gewünschten auswählen – Sie können aber auch einen freien Text in das Feld schreiben und somit eben auch Artikel erfassen, die nicht gespeichert sind.

Um ein Feld auszutauschen, aktivieren Sie zunächst das Feld (Linksklick auf den Spaltenkopf), wählen aus dem Kontextmenü (rechte Maustaste) den Befehl »Ersetzen durch« und wählen dann das gewünschte Kontrollelement in der Liste aus.

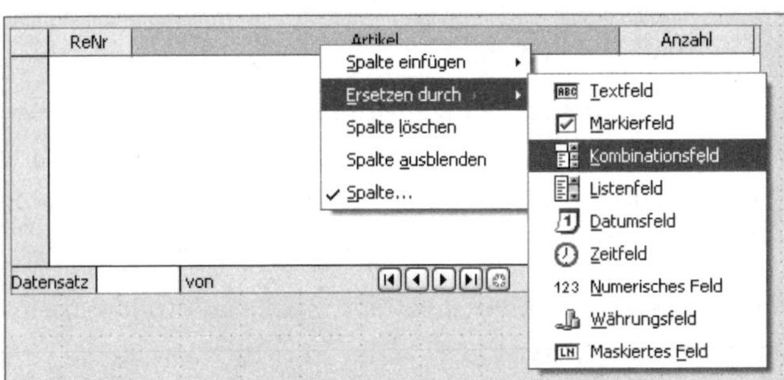

Abbildung 7.75 Kontrollfeld ersetzen

Tipp

Diese Möglichkeit haben Sie übrigens bei allen Kontrollfeldern, nicht nur bei Tabellen! Sie können jedes austauschen.

Die schon definierten Eigenschaften (zum Beispiel die Bindung an die Spalte »Artikel« der Tabelle »Verkaeufe-Details«) bleiben natürlich erhalten. Allerdings müssen Sie nun noch die Liste der Kombinationsbox füllen. Da jetzt der Assistent, der sich sonst automatisch öffnet, wenn Sie ein Kombinationsfeld neu platzieren, nicht mehr zur Verfügung steht, bleibt Ihnen hier nur noch Handarbeit, sprich:

SQL. Nun, die Liste soll den Langtext aller Artikel darstellen, also der Daten »Beschreibung« aus der Tabelle »Artikel«. Daher lautet der SQL-Befehl:

```
SELECT "Beschreibung" FROM "Artikel"
```

Diesen tragen Sie nun in die Eigenschaften ein, wählen aber vorher auch die **Art des Listeninhalts**, und zwar SQL (Abbildung 7.76). Das war es auch schon.

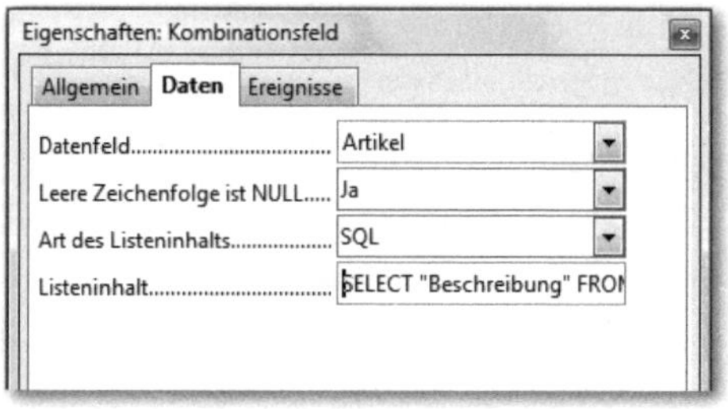

Abbildung 7.76 Das Kombinationsfeld wird gebunden.

Jetzt können Sie noch ein wenig »Kosmetik« betreiben: Die Spalte »ReNr« ist zwar intern notwendig und wird auch dringend beim Abspeichern benötigt, für den Benutzer hat sie aber keine zusätzliche Information. Theoretisch muss er sie somit auch nicht sehen. Über das Kontextmenü können Sie diese Spalte auch ausblenden – dann ist sie nicht mehr sichtbar.

Dies funktioniert übrigens nur in Tabellen. Andere Kontrollelemente haben zwar auch eine solche Eigenschaft, doch ist diese nur über die Programmierung zugänglich. Benötigen Sie einmal ein »verstecktes« Kontrollelement, so können Sie ein solches auch direkt im Formularnavigator für jedes Formular erstellen.

Korrigieren Sie nun noch das **Anzeige-Format** der Spalte »Anzahl« (keine Dezimalstellen), und fertig wäre ein erster Entwurf des Verkaufsformulars.

Bei der Nutzung wird Ihnen erneut die kleine »Schwäche« auffallen: Da es sich faktisch um zwei einzelne Formulare handelt, die Daten aus Tabellen oder Abfragen darstellen, erfolgt die Synchronisation immer dann, wenn ein neuer Datensatz in das Hauptformular geladen wird – also immer beim Wechsel. Wird nun ein neuer Datensatz erstellt, so wird zunächst ein leerer Datensatz dargestellt. Bei der Synchronisation bleiben alle Felder leer. Jetzt füllen Sie den Kundennamen und das Rechnungsdatum aus, das Subformular bleibt aber leer. Der Satz des Hauptformulars muss erst jetzt gespeichert und aktualisiert werden. Erst dann können Sie dazu das Subformular ausfüllen. Diese Schwäche können Sie, wie im letzten Beispiel gezeigt wurde, durch einen zusätzlichen Button abfangen, oder Sie sehen sich im nächsten Kapitel an, wie man dieses Problem per Programmierung löst.

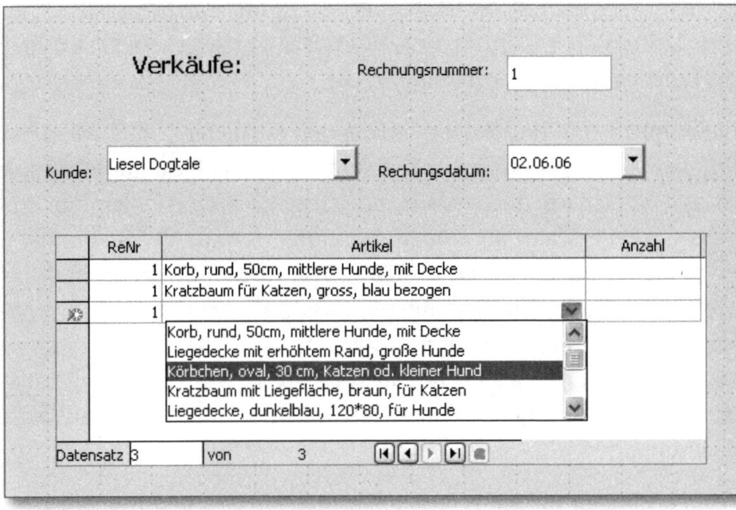

Abbildung 7.77 Das Formular mit Aufklappliste – für jede Zeile

Fazit

Ein einfaches Formular kann sehr gut mit dem Assistenten erzeugt werden, und wer etwas mehr Flexibilität bei Platzierung und Design haben möchte, kann die Entwurfsansicht nutzen und auch ohne tiefere Programmiererfahrung Formulare erstellen. Es schadet aber nichts, bereits hier – und insbesondere bei Verwendung von Subformularen – über gute SQL-Kenntnisse zu verfügen.

Bei der Arbeit mit Formularen steigen die Ansprüche, und bald reichen die »normalen« Möglichkeiten des Formularentwurfs nicht mehr aus, um die »Benutzerwünsche« zu erfüllen. Spätestens dann muss man sich mit Programmierung (Makroprogrammierung) beschäftigen, und das ist ein sehr weites Feld.

7.5 Formulare intern

Dieser letzte Abschnitt des Kapitels 7 wendet sich an all jene Leser, die schon Makroprogrammiererfahrung in OpenOffice.org besitzen und nun weitere Informationen zu Formularen und zu Datenbanken haben möchten. Ich zeige hier am Beispiel der eingebauten Basic-Makrosprache, wie Formulare angesprochen und verbessert werden können. Ich gehe allerdings weder auf die Grundlagen von Makros noch auf fundamentale API-Kenntnisse ein; diese setze ich voraus. Als ideale ergänzende Literatur empfehle ich das Buch »Makros in OpenOffice.org«, das ebenfalls bei Galileo Press erschienen ist (siehe Anhang). Alle Leser, die noch nie etwas mit Makroprogrammierung zu tun hatten, können dieses Kapitel getrost überblättern. Es ist definitiv nicht für »Anfänger« geschrieben, und viele Strukturen oder Begriffe werden einfach vorausgesetzt. Auch hier empfehle ich als Einstieg das oben genannte Buch.

Für die Beispiele nutze ich die zuletzt erzeugten Formulare, die wir jetzt gemeinsam verbessern. Die Formulare selbst sind dabei aus Base ausgekoppelt worden (mit »Kopie speichern unter«), um das Original-Beispiel nicht zu zerstören. Damit das Formular dann aber noch funktioniert, muss die Datenquelle in OpenOffice.org angemeldet sein (**Optionen • Base • Datenquellen**), und das Formular (sowie natürlich alle Unterformulare) muss zunächst mit dieser Datenquelle verbunden werden. (Eigenschaften des Formulars -> Bereich »Daten« -> dort im Feld »Datenquelle« aus der Listbox die entsprechende Datenquelle auswählen. Die Listbox zeigt alle angemeldeten Datenquellen – und nur damit lässt sich das Formular anbinden!)

Das sind die Vorbereitungen für die späteren Beispiele.

7.5.1 Aufbau von Formularen

Anders als OpenOffice.org-Dialoge, die immer eigenständige Fenster darstellen, sind Formulare stets eingebettet und somit fester Bestandteil von Dokumenten. Jedes Dokument hat mindestens ein Drawpage-Objekt. Von dem Drawpage-Objekt sind wiederum die Formulare abgeleitet, wobei jede Drawpage beliebig viele Formulare beinhalten kann. Die Formulare selbst werden entweder durch ihren Index oder durch ihren Namen klassifiziert. Jedes Formular dient dann seinerseits als Container für die entsprechenden Steuerelemente, wie Textfelder, numerische Felder, Schalter oder andere.

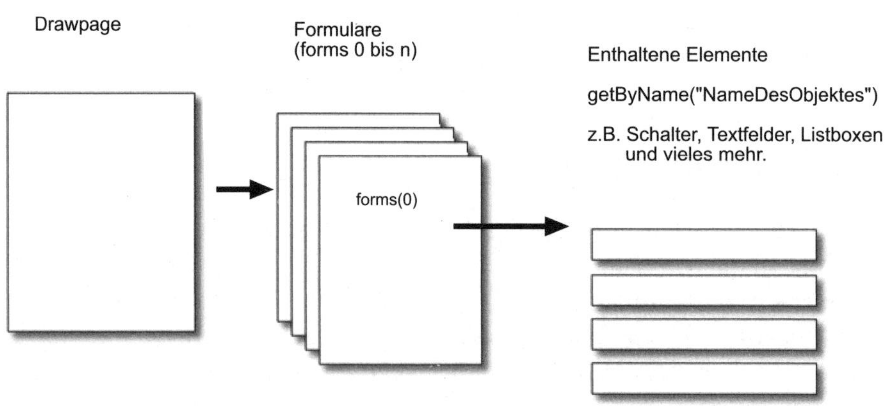

Abbildung 7.78 Das Objekt-Modell von Formularen

Um beispielsweise den Status einer Checkbox mit dem Namen »CheckBox« im ersten Formular der Drawpage von Tabelle 1 eines Calc-Dokuments zu erhalten, müssen Sie folgende Codezeile schreiben:

```
oForm = ThisComponent.sheets.getByName("Tabelle1").drawpage.forms(0)
MsgBox  oForm.getByName("CheckBox").state
```

Formulare können in allen Moduldokumenten verwendet werden, in Base selbst allerdings nicht. Base stellt ja »nur« den Container dar als Rahmenanwendung für andere Dokumente. Formulare in Base nutzen immer eine Writer-Datei als Basis; dort sähe dann ein Zugriff wie folgt aus (diesmal über die Namenseigenschaft):

```
oForm = ThisComponent.drawpage.forms.getByName("Standard")
MsgBox  oForm.getByName("CheckBox").state
```

Nun ist das Formular selbst ein eher nicht sichtbares Konstrukt, dient quasi als Basis für die Kontrollelemente und beinhaltet die kompletten Informationen bezüglich der verbundenen Datenquelle. Um ein neues Formular anzulegen, gibt es allerdings keine separate Möglichkeit. Ein Formular wird automatisch erzeugt, wenn ein Kontrollelement platziert wird. Der Vorgabename lautet »Standard«, und es wird üblicherweise nur ein Formular pro Dokument angelegt. Alle Steuerelemente werden automatisch diesem zugeordnet. Benötigen Sie mehrere Formulare oder möchten Sie diese umbenennen, so nutzen Sie am besten den »Formularnavigator« aus der Symbolleiste »Formularentwurf«. Hier sehen Sie nicht nur, welche Steuerelemente zu welchem Formular gehören, sondern Sie können sie auch verschieben (**Ausschneiden • Einfügen**) sowie die Formulare selbst verwalten.

Sie können sich in der Entwurfsansicht ein Formular-Eigenschaftenfenster anzeigen lassen. In diesem lassen sich nicht nur die entsprechenden Datenbankdaten hinterlegen (Karteikarte »Daten«) oder Ereignisse mit Makros verknüpfen, sondern Sie können dem Formular auch einen individuellen Namen geben.

Auch in Formularen gibt es verschiedene Seiten eines Steuerelements: das **Model**, die **View-Ansicht** sowie zusätzlich ein **Shape-Objekt**.

- Das Model des Steuerelements ist der Hauptansatz für jeden Programmierer. Mit diesem Model werden die meisten Eigenschaften manipuliert und gesetzt, die Funktionalität hergestellt und vieles mehr. Über die Methode **getByName()** erhalten Sie das **Objekt-Model** des Elements.
- Die **View-Ansicht** (das View-Objekt) hingegen beinhaltet die Visualisierungsinformationen des Objekts, wie das Element also letztendlich auf dem Bildschirm aussieht. Zuständig hierfür ist immer der aktuelle Controller, über den man das View-Objekt auch erhält.

- Und da jedes Element letztendlich auf der Drawpage »liegt« und somit wie ein Zeichnungselement behandelt und verwaltet wird, hat es auch noch die spezifischen Eigenschaften eines **Shape-Objekts** (insbesondere dessen Größe und Position).

Auch wenn die wichtigste Position das Objekt-Model ist, so sollen doch auch die möglichen Zugriffe auf die anderen Objekte kurz dargestellt werden.

Zugriff auf das Objekt-Model

Das Objekt eines Kontrollelements befindet sich auf einem entsprechenden Formular, das Teil der Drawpage des Dokuments ist. Jedes Textdokument (Writer) besitzt eine Drawpage; bei Calc ist dies vielfältiger. Hier ist die Drawpage jedem Tabellenblatt zugeordnet, es gibt also eine Hierarchiestufe mehr. Nochmals zur Erinnerung: Formulare können auch unabhängig vom Base-Container entwickelt werden – dann eben auch auf Basis von Calc oder Draw.

Da jede Drawpage viele Formulare enthalten kann, benötigen Sie zur sicheren Identifizierung des Kontrollelementobjekts das entsprechende Formular. Dieses kann entweder über seinen Namen oder über seine Indexnummer angesprochen werden. Welchen Weg man letztendlich wählt, hängt davon ab, welche Informationen einem zur Verfügung stehen. Ist der Name des Formulars bekannt, so wählen Sie diesen Weg; wenn nicht, lassen Sie eine Schleife über die Indizes der Formulare laufen und »suchen« das entsprechende Kontrollelement, wobei Sie natürlich auch den Namen dieses Elements benötigen.

Das folgende Beispiel bietet zwei Formulare (»Form1« und »Form2«) in der ersten Calc-Tabelle (»Tabelle1«) an. Beide besitzen unter anderem ein Beschriftungsfeld mit dem Namen »Text1« beziehungsweise »Text2«. Über die entsprechenden Buttons wird jeweils der Name des Formulars eingetragen:

```
Sub NameFormular1eintragen
  Dim oDoc as Object         'das Dokument
  Dim oSheet as Object       'das Tabellenblatt
  Dim oDraw as Object        'die Drawpage des Tabellenblattes
  Dim oForm as Object        'das Formular
  Dim oElement as Object     'das Steuerelement

  oDoc = thisComponent
  oSheet = oDoc.sheets.GetByName("Tabelle1")
  oDraw = oSheet.drawpage
  oForm = oDraw.getForms.GetByName("Form1")
  oElement = oForm.getbyName("Text1")
  oElement.Label = "Interner Name:  " & oForm.Name
End Sub
```

Dieses Beispiel nutzt aus, dass man weiß, zu welchem Formular das Element mit Namen »Text1« gehört. Das heißt: Alle Objekte werden über ihren Namen identifiziert.

Zugriff auf das View-Objekt

Um das View-Objekt eines Steuerelements zu erhalten, benötigen Sie zunächst das Objekt-Modell. Die View-Objekte schließlich sind Instanzen des aktuellen Dokumenten-Controllers, so dass Sie auch diesen benötigen. Mit einigen Änderungen des oben gezeigten Codes erhalten Sie somit auch die View-Objekte:

```
Sub ViewObjektErhalten
  Dim oDoc as Object          'das Dokument
  Dim oDocCtl as Object       'der Dokumenten-Controller
  Dim oSheet as Object        'das Tabellenblatt
  Dim oDraw as Object         'die Drawpage des Tabellenblattes
  Dim oForm as Object         'das Formular
  Dim oElement as Object      'das Steuerelement
  Dim oElementView as Object 'das ViewObjekt des Elements

  oDoc = thisComponent
  oDocCtl = oDoc.getCurrentController()
  oSheet = oDoc.sheets.GetByName("Tabelle1")
  oDraw = oSheet.drawpage
  oForm = oDraw.getForms.GetByName("Form1")
  oElement = oForm.getbyName("Text1")
  oElementView = oDocCtl.getControl(oElement)
  MsgBox oElementView.dbg_properties
End Sub
```

Über die Methode `getControl()` wird auch hier auf das View-Objekt zugegriffen, aufgerufen vom aktuellen Controller für das Dokument (-> entspricht einem Bildschirmfenster). Sie benötigen aber diesmal das Objekt des Steuerelements als Parameter für die Methode, anders als im Dialog, wo der Name des Elements genutzt wird. Die Eigenschaften und Methoden des View-Objekts entsprechen dann aber denen der Steuerelemente im Dialog.

Zugriff auf das Shape-Objekt

Um an das **Shape-Objekt** heranzukommen (das in erster Linie Positions- und Größenangaben des Kontrollelements verwaltet), müssen Sie sich zunächst darüber im Klaren sein, dass jedes »Zeichen«-Objekt direkt auch auf der Drawpage verwaltet wird. Das Shape-Objekt, die »Form« des Steuerelements, das normalerweise durch die Anfasspunkte im Designmodus erkennbar ist, unterstützt somit auf jeden Fall das **XControlShape**-Interface (Modul **com.sun.star.drawing**), das genau zwei Methoden zur Verfügung stellt: **getControl**() und **setControl**().

Um nun an dieses Objekt zu gelangen, überprüfen Sie alle Objekte der Drawpage (diese werden durchnummeriert, sind also über ihren Index erreichbar). Sie prüfen, ob sie das oben genannte Interface unterstützen (alle Shape-Objekte tun dies). Wenn dies der Fall ist, können Sie das gewünschte Shape-Objekt anhand des Namens identifizieren:

```
Sub ShapeObjektZugang
  Dim oDoc as Object   'Das Dokument
  Dim oDraw as Object  'Die Drawpage
  Dim oShape as Object 'Platzhalter Shape-Objekte
  Dim oElementShape as Object  'Das Shape-Objekt des Elements
  Dim i%

  oDoc = ThisComponent
  oDraw = oDoc.sheets(0).drawpage

  For i = 0 to oDraw.count-1
    oShape = oDraw(i)
    if HasUnoInterfaces( oShape, _
            "com.sun.star.drawing.XControlShape") Then
      If oShape.control.name = "Text1" then
        oElementShape = oShape
      End if
    End if
  Next
  MsgBox oElementShape.dbg_properties
End Sub
```

Mit dem Shape-Objekt lassen sich nun alle Eigenschaften der Grafik setzen und verändern sowie die Position im (virtuellen) Ebenenstapel, also die Anordnung der Elemente auf der Drawpage, aber auch die Größe oder Position an sich.

Die Eigenschaft **Size** liefert ein Objekt (Struct) des Typs **com.sun.star.awt.Size** und die Eigenschaft **Position** ein Objekt (Struct) vom Typ **com.sun.star.awt.Point**. So lässt sich beispielsweise die Größe des Grafikobjektes im oben gezeigten Beispiel wie folgt um zehn Prozent vergrößern:

```
  oSize = oElement.size
  oSize.Width = oSize.Width * 1.1
  oSize.Height =oSize.Height * 1.1
  oElement.size = oSize
```

Nicht vergessen: Die Werte von Höhe und Breite werden in diesem Fall als Long übergeben und stellen die Größeneinheit in Twips dar.

Die Änderung bewirkt allerdings kaum einen sichtbaren Effekt, da nur das Grafikobjekt vergrößert wurde. Dadurch, dass die Schriftgröße und die Position gleich bleiben, ist nur dann etwas zu sehen, wenn man im Designmodus das entsprechende Steuerelement markiert. Jetzt erkennen Sie die Veränderung der »Anfasser«. Bei Buttons oder grafischen Steuerelementen ist natürlich ein Ergebnis direkt sichtbar.

Eigenschaften und Methoden

Jedes Formular und jedes Steuerelement hat nun diverse Eigenschaften, die direkt gesetzt oder verändert werden können, und unterstützt unterschiedliche Methoden, die wiederum Aktionen auslösen. Diese jetzt hier alle vorzustellen, ist kaum möglich, aber ein paar von ihnen möchte ich erläutern.

Formulare

Alle Formulare stellen ja intern eine Abfrage dar, das heißt: sie benötigen sowohl eine Bindung zu einer Datenquelle als auch einen »Abfragebefehl«. Die Datenquelle wird mit ihrem Namen in der Eigenschaft »DataSourceName« gespeichert und der Abfragebefehl als SQL-String in der Eigenschaft »Command«, in Verbindung mit der Eigenschaft »Commandtype«.

Eigenschaft	Beschreibung
DataSourceName	Als String – Name der Datenquelle (diese muss allerdings vorher global in OOo angemeldet worden sein)
Command	Als String – nimmt die gewünschten SQL-Select-Befehle auf oder den Namen der zu verknüpfenden Tabelle
CommandType	Als Long – beziehungsweise als Konstante des Typs **com.sun.star.sdb.CommandType**. Dabei bedeuten: ▸ 0: TABELLE ▸ 1: QUERY/Abfrage ▸ 2: COMMAND – SQL-Befehlszeile

Als Beispiel nehme ich nun das Formular »Lieferanten_basic«, das die Datenquelle »Heimtierbedarf_HSQLDB« nutzt.

```
sub Datenquelle
    oForm = ThisComponent.drawpage.forms.getByName("Standard")
    s = "Datenquelle: " & oForm.DataSourceName & chr(13) & _
        "Abfrage: " & oForm.Command & chr(13) & _
       "Abfragetyp: " & oForm.CommandType
    msgbox s
end sub
```

Das Ergebnis liefert mir die erwarteten Parameter. Sie erinnern sich: Das erste Formular (Hauptformular) im Beispiel rief den ersten Datensatz der Tabelle »Zwischenspeicher« auf (Abbildung 7.79).

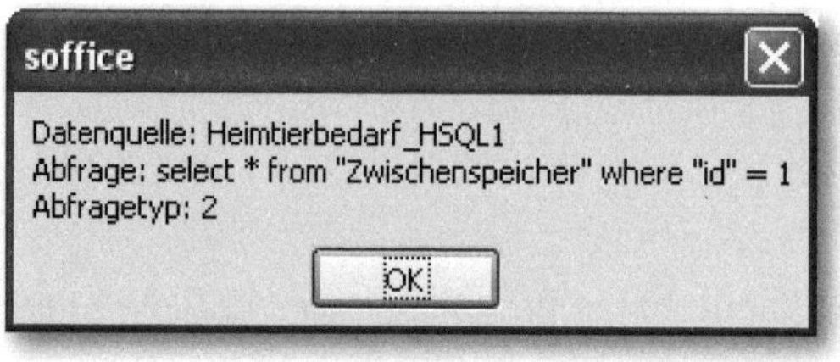

Abbildung 7.79 Eigenschaften des Formulars

Dadurch, dass das Formular eine Abfrage repräsentiert, stellt es gleichzeitig ein »ResultSet« dar – mit allen Eigenschaften eines solchen (siehe hierfür auch **com.sun.star.sdbc.ResultSet)** – und beherrscht auch die erweiterten Eigenschaften und Methoden des »RowSet« (**com.sun.star.sdb.RowSet**). So können Sie beispielsweise die Anzahl der Datensätze auslesen (RowCount), aber auch den Typ des Resultsets (ResultSetTyp) oder seine Möglichkeiten (ResultSetConcurrency). Selbstverständlich stehen auch alle Methoden eines ResultSets zur Verfügung. Sehen wir uns zur Erinnerung noch einmal an, wie ein ResultSet aufgebaut ist.

Der Sinn einer Abfrage ist es üblicherweise, diverse Daten aus einer großen Gruppe von Informationen zu erhalten. In Base definierte Abfragen (SQL-Kommandos) stellen dem Benutzer die Ergebnisse in Form von Tabellen direkt zur Verfügung, im Basic-Code werden die Ergebnisse hingegen in einem so genannten **ResultSet**-Objekt gekapselt. Letzteres können Sie sich wie eine Tabelle mit verschiedenen Spalten vorstellen, in denen die Daten enthalten sind:

Spalte 1, Spaltenüberschrift	Spalte 2, Spaltenüberschrift	Spalte 3, Spaltenüberschrift	...
Zeile 1			
Zeile 2			
...			

Dieses ResultSet-Objekt unterstützt nun viele unterschiedliche Interfaces, die wiederum Methoden zur Navigation oder zum Auslesen der Daten und vieles mehr zur Verfügung stellen.

Um das Prinzip eines Ergebnisobjekts sowie des Datenzugriffs noch einmal klarzustellen: Das **Ergebnisset** (ResultSet-Objekt) ist wie eine Tabelle, mit Spalten (entsprechend der Select-Abfrage) und Datensätzen in Zeilen. Erzeugen Sie ein neues Ergebnis-Set, steht der Cursor auf dem ersten Datensatz der Tabelle. Dies ist also der aktuelle Datensatz. Der Cursor oder auch Zeiger definiert also immer einen Datensatz: den, der aktuell bearbeitet werden kann und im Formular angezeigt wird.

Zuständig hierfür ist das Interface **com.sun.star.sdbc.XRow**, das die Methoden zum Auslesen der Inhalte aus dem Datenbanksatz bereitstellt:

Methoden	Beschreibung
wasNull()	Als Boolean – wenn **True**, war der letzte eingelesene Wert SQL NULL. Das funktioniert natürlich nur, nachdem ein Wert mit getXXX() eingelesen wurde.
getString(nSp)	Als String – liefert den Wert des Feldes als Text, alle SQL-Datentypen werden unterstützt.
getBoolean(nSp)	Als Boolean – liefert den Wert des Feldes als Boolean. Unterstützt SQL-Zahlen, -Zeichen und -Zeichenfolgen.
getByte(nSp)	Als Byte – liefert den Wert des Feldes als Byte (binärer Wert). Unterstützt SQL-Datentypen für binäre Werte.
getShort(nSp)	Als Short – liefert den Wert des Feldes als Short. Unterstützt SQL-Datentypen für Zahlen, Zeichen und Zeichenfolgen.
getInt(nSp)	Als Long – liefert den Wert des Feldes als Long. Unterstützt SQL-Datentypen für Zahlen, Zeichen und Zeichenfolgen.
getLong(nSp)	Als Hyper – liefert den Wert des Feldes als Long. Unterstützt SQL-Datentypen für Zahlen, Zeichen und Zeichenfolgen.
getFloat(sSp)	Als Float – liefert den Wert des Feldes als Float-Variable. Unterstützt SQL-Datentypen für Zahlen, Zeichen und Zeichenfolgen.
getDouble(sSp)	Als Double – liefert den Wert des Feldes als Double. Unterstützt SQL-Datentypen für Zahlen, Zeichen und Zeichenfolgen.
getBytes(sSp)	Als Sequenz (Array) von Bytes – liefert den Wert des Feldes als Array von Bytes. Dies sind die rohen Binary-Daten vom Treiber.
getDate(sSp)	Als **com.sun.star.util.Date Objekt** – liefert den Wert des Feldes als Datumsobjekt. Unterstützt SQL-Datentypen für Zeichen und Zeichenfolgen, Datum und Timestamp.
getTime(sSp)	Als **com.sun.star.util.Time**-Objekt – liefert den Wert des Feldes als Zeitobjekt. Unterstützt SQL-Datentypen für Zeichen und Zeichenfolgen, Uhrzeit und Timestamp.
getTimestamp(sSp)	Als **com.sun.star.util.DateTime-**Objekt – liefert den Wert des Feldes als Datums/Zeit-Objekt. Unterstützt SQL-Datentypen für Zeichen und Zeichenfolgen, Datum, Uhrzeit und Timestamp.
getBinaryStream(sSp)	Als **com.sun.star.io.XInputStream** – liefert den Inhalt des Feldes als nicht interpretierte binäre Zeichen.
getCharacterStream(sSp)	Als **com.sun.star.io.XInputStream** – liefert den Inhalt des Feldes als nicht interpretierte binäre Zeichen.

Methoden	Beschreibung
getObject(sSp)	Als Object – liefert den Inhalt des Feldes als Objekt.
getRef(sSp) getBlob(sSp) getClob(sSp) getArray(sSp)	Der Vollständigkeit halber mit aufgeführt. Liefern jeweils die entsprechenden Spezialobjekte. Für Details siehe die OpenOffice.org-API.

Allen **get**-Methoden ist gemeinsam, dass ihnen eine Spaltennummer als Long übergeben werden muss. Nur dann ist eine Tabellenzelle eindeutig identifiziert und der Inhalt kann ausgelesen werden.

Achtung

Alle Spaltennummern beginnen mit 1 und nicht (wie sonst üblich) mit dem Index 0. Die erste Spalte trägt also die Nummer 1, die zweite die Nummer 2 und so weiter.

Die Spalte wird also durch die direkt übergebene Spaltennummer identifiziert, die Zeile durch den Zeilenzeiger (Zeilen-Cursor). Kennt man zwar den Namen der Spalte, nicht aber die dazugehörige Spaltennummer, so hilft das Interface **com.sun.star.sdbc.XColumnLocate**, das nur eine Methode zur Verfügung stellt: **nSp = findColumn(sSpaltenname)**.

Der Methode **findColomn()** wird der Spaltenname als String übergeben; zurückgeliefert wird die Spaltennummer als Long. Um den Zeilen-Cursor zu bewegen, nutzen Sie die Methoden des Interfaces **com.sun.star.sdbc.XResultSet**:

Methoden	Beschreibung
Next()	Bewegt den Cursor eine Zeile (Datensatz) weiter.
isBeforeFirst()	Wenn True, steht der Cursor vor der ersten Reihe des ResultSets.
isAfterLast()	Wenn True, steht der Cursor nach der letzten Reihe des ResultSets.
isFirst() isLast()	Wenn True, steht der Cursor auf der ersten/letzten Reihe des ResultSets.
beforeFirst() afterLast()	Bewegt den Cursor an den Anfang des ResultSets, direkt vor die erste Reihe/an das Ende des ResultSets, direkt nach der letzten Reihe.
first() last()	Bewegt den Cursor zur ersten/letzten Reihe.
getRow()	Liefert die Nummer des aktuellen Datensatzes als Long. Die erste Reihe ist die Nummer 1.
absolute(nZe)	Bewegt den Cursor auf die Zeile, die mit `nZe` (als Long) angegeben wurde.

Methoden	Beschreibung
relative(nZe)	Bewegt den Cursor relativ zu der aktuellen Zeile um nZe (als Long) Zeilen weiter.
previous()	Bewegt den Cursor eine Zeile zurück.
refreshRow()	Erneuert die Daten der Reihe – sie werden erneut aus der Datenbank gelesen.
rowUpdated()	Liefert True, wenn die Datenreihe aufgefrischt wurde.
rowInserted()	Liefert True, wenn die Datenreihe eingefügt wurde.
rowDeleted()	Liefert True, wenn die Datenreihe gelöscht wurde. Gelöschte Reihen können »Löcher« im ResultSet verursachen, also leere Zeilen.
getStatement()	Liefert das Statement, das das ResultSet erzeugt hat.

Mit Hilfe dieser Methoden kann nun auf jeden einzelnen Wert eines ResultSets zugegriffen werden. Alle diese Methoden werden auch direkt vom Formular unterstützt, das ja ein ResultSet darstellt.

Nun werden üblicherweise die Daten des aktuellen Datensatzes den im Formular vorhandenen Steuerelementen zugewiesen, und zwar als Inhaltseigenschaft. Das entspricht dem, was der Benutzer sieht. Je nach Typ des Kontrollelements geschieht die Zuweisung über die Eigenschaft »Text« (zum Beispiel bei Texteingabefeldern), »Value« (bei numerischen Feldern), »Date« (bei Datumsfeldern) oder auch »State« (bei Schaltern – Checkboxen, Optionsfeldern, Buttons).

Mit diesem ganzen Wissen können nun per Makro direkt Manipulationen vorgenommen werden.

7.5.2 Ereignisse programmieren

Der wohl häufigste Fall ist das »Verbessern« von Formularen, die mit dem Formulardesigner erzeugt und über die Formulareigenschaften/Kontrollelement-Eigenschaften bereits mit Grundfunktionalitäten ausgestattet sind. Einem solchen Formular können nun per Makroprogrammierung zusätzliche Funktionen hinzugefügt werden, um das entsprechende Verhalten zu verbessern.

Nehmen wir das besprochene Formular: Nach Auswahl des Lieferanten aus der Listbox haben Sie bisher über den Button »Lieferant übernehmen« die Daten in die Datenbank geschrieben, das Formular neu geladen und somit die entsprechende Abfrage für die Unterformulare ausgeführt. Für den Benutzer selbst stellt dies erstens einen zusätzlichen Arbeitsgang dar, der zweitens natürlich fehleranfällig ist. Wenn er den Hinweis auf die ungesicherten Daten ignoriert oder abbricht, passiert nämlich gar nichts – denn OpenOffice.org speichert nicht automatisch.

Sicher erinnern Sie sich, dass der Button beim Formularentwurf mit der Aktion »Formular Aktualisieren« belegt wurde, was nichts anderes bedeutet, als das Formular neu zu laden. Die entsprechende Methode dazu lautet `reload()`. Wird aber ein Formular neu geladen, prüft OpenOffice.org zunächst, ob die bisherigen Daten geändert wurden. Wenn ja, erfolgt die entsprechende Sicherheitsabfrage. Die Auswahl eines anderen Lieferanten ändert das Formular, was ja gewünscht ist. Also muss diese Änderung vorher gespeichert werden. Es ist nun sehr einfach, per Makrocode genau diese beiden Aktivitäten zu bündeln:

```
sub speichern_und_neuladen
    oForm = ThisComponent.forms.getByName("Standard")
    oForm.upDateRow()     'geänderten Datensatz speichern
    oForm.reload()        'Formular neu einlesen
end sub
```

Im ersten Schritt können Sie dem Button nun dieses Makro zuweisen. Dazu gehen Sie wieder in den Formularentwurfsmodus, markieren den Button und rufen das Eigenschaftsfenster auf. Dort schalten Sie zunächst die Zuordnung des Buttons unter »Aktion« wieder auf »Keine«, da Sie nun ja eine individuelle Aktion zuweisen wollen.

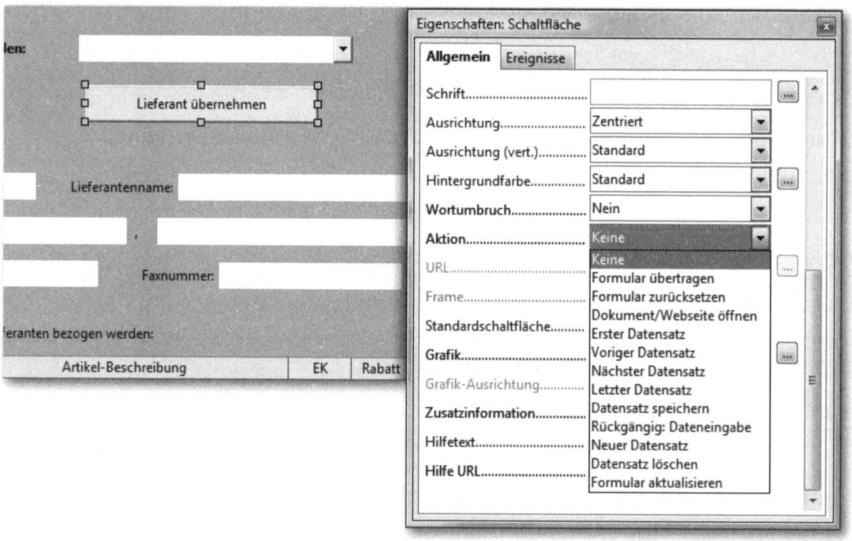

Abbildung 7.80 Die automatisierte Aktion des Buttons wird aufgehoben.

Dann wechseln Sie in den Eigenschaften auf die Karteikarte »Ereignisse«. Dort können Sie nun den unterschiedlichsten Ereignissen eigene Makros – und somit eigene Aktionen – zuweisen. Zu jedem Kontrollelement gibt es unterschiedliche Ereignisse, eben kontextbezogen, viele ähneln sich aber. Für einen Button bietet sich das Ereignis »Beim Auslösen« an. Das entspricht dem Klicken mit der Maus, aber auch dem Betätigen der Eingabe-Taste, wenn der Button gerade aktiv ist (zum Beispiel durch die Tab-Reihenfolge).

Um ein Makro zuzuweisen, muss dieses natürlich zuvor erstellt worden sein. Es bietet sich an, dieses im Dokument selbst zu speichern. Dann ist es auch übertragbar. Ich habe es hier in der Bibliothek »Standard« im »Modul1« des Dokuments untergebracht, aber da sind Sie völlig frei.

Im Dialog »Makro zuweisen« können Sie noch einmal das gewünschte Ereignis auswählen. Dann klicken Sie auf **Zuweisen**, und der Makro-Selektor öffnet sich. Navigieren Sie auf der linken Seite zum gewünschten Modul, in der rechten Listbox werden dann alle dort befindlichen Makros aufgeführt. Markieren Sie das gewünschte, und klicken Sie auf **OK**. Das Makro ist nun zugewiesen – Sie sehen den Pfad und den Namen. Klicken Sie erneut auf **OK** (nicht mehr auf **Zuweisen**!, das ist schon geschehen), dann ist das Makro auch in den Kontrollelement-Eigenschaften eingetragen (siehe Abbildung 7.81).

Nun können Sie das gleich einmal testen. Viel hat sich nicht geändert, nur die Sicherheitsabfrage taucht nicht mehr auf. Wenn Sie so etwas per Makro-Code programmieren, müssen Sie selbst Vorsorge treffen, ob und wie Rückfragen stattfinden sollen, ansonsten wird jeder Befehl direkt ausgeführt, mit allen Konsequenzen.

Das Formular hat ja nun schon deutlich gewonnen, nur perfekt ist es immer noch nicht. Klar, es ist immer noch ein Klick zu viel. Den Button brauchen Sie eigentlich auch nicht, denn wenn die Auswahl getroffen wird, haben Sie im Grunde schon ein Ereignis, auf das man reagieren kann.

Testen wir das: Markieren Sie im Formular (Entwurfsmodus) die Auswahl-Listbox, und betrachten Sie die Eigenschaften. Dort finden Sie unter anderem das Ereignis »modifiziert«, das immer dann aufgerufen wird, wenn ein neuer Listbox-Eintrag gewählt wird. Das wäre ja genau, was Sie brauchen.

Nur: Zunächst muss das Makro dafür modifiziert werden. Hintergrund: Die Listbox bezieht ihre Einträge aus einer anderen Datentabelle (hier: Lieferanten). Die werden zwar angezeigt, aber eben nicht abgespeichert. Gespeichert wird die Indexnummer des Eintrages, doch auch nicht automatisch. Das Formular selbst hat intern ein ResultSet gespeichert (aus diesen Daten werden die Formularfelder gespeist) und beim Verlassen des Formulars auch wieder zurückgeschrieben. Modifiziert man aber nun das angezeigte Ergebnis eines Kontrollelements, so wurde noch lange nicht das interne ResultSet geändert. Dort stehen noch die Originaldaten aus der Abfrage drin. Hierfür muss man jetzt also selbst sorgen.

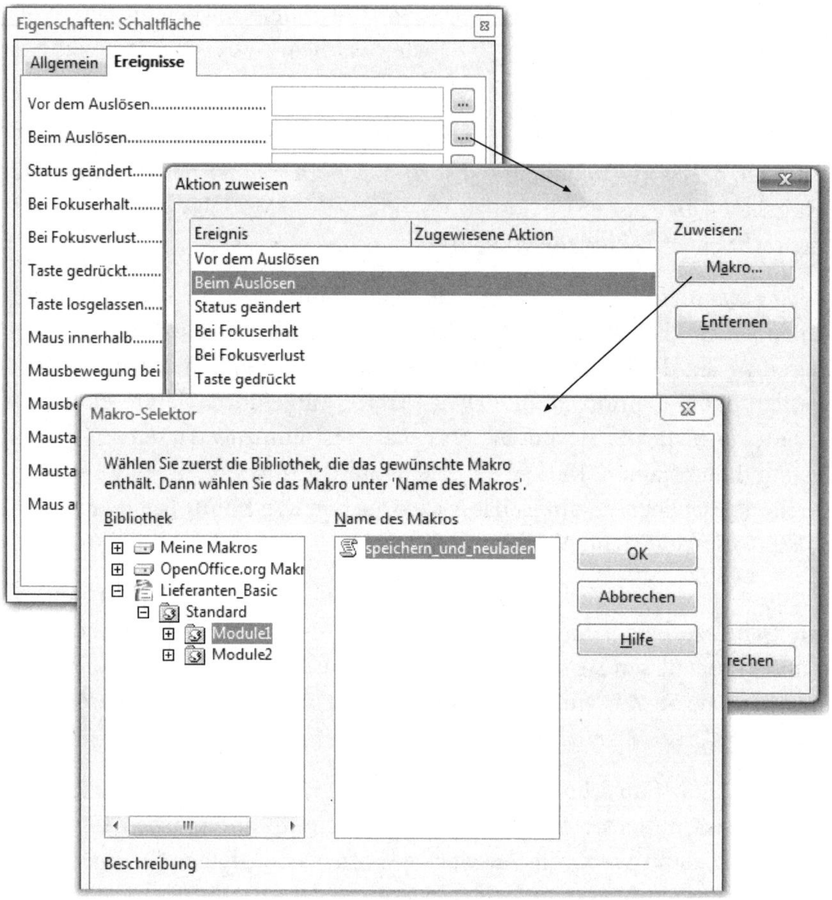

Abbildung 7.81 Zuweisen eines Makros zu einem Ereignis des Kontrollelements

In unserem Beispiel heißt das: Der SQL-String `SELECT * FROM "Zwischenspeicher" WHERE "id" = 1` erzeugt im Formular das folgende ResultSet:

id	num	text
1	9	

Die »text«-Spalte wird dabei gar nicht benutzt, die einzige wichtige Spalte ist die »num«-Spalte – Spalte Nummer 2 (Zählung beginnt bei 1!). Genau diesen Wert müssen wir nun per Makro verändern, bevor die Reihe wieder als Update in die Tabelle zurückgeschrieben werden kann.

Nun bietet das Kontrollelement »Listbox« die Eigenschaft `selectedItems`, die ein Array mit allen Positionsnummern der gewählten Einträge zurückliefert. Da nur ein Eintrag gewählt werden kann, interessiert nur der erste Wert, die Indexnummer 0. Dieser ist ja identisch mit der Lieferantennummer, kann also direkt in das ResultSet eingetragen werden. Insofern wird das Makro etwas korrigiert:

```
sub speichern_und_neuladen
    oForm = ThisComponent.forms.getByName("Standard")
    oCtr = oForm.getByName("ListBox") 'Objekt des Kontrollelements
    oForm.updateInt(2, oCtr.selectedItems(0))
    oForm.upDateRow()     'geänderten Datensatz speichern
    oForm.reload()        'Formular neu einlesen
end sub
```

Jedes Kontrollelement kann über seine **Namenseigenschaft** angesprochen werden (in den Eigenschaften: **Allgemein • Name**). Dadurch erhält man das Objekt des Kontrollelements – in der View-Ansicht.

Das formulareigene Resultset wird dann entsprechend modifiziert (es betrifft immer den aktuellen Datensatz). Der Datensatz wird anschließend in die Datenbank zurückgespeichert und neu eingelesen. Dadurch werden die Unterformulare aktualisiert. Dieses Makro kann nun dem Ereignis »modifiziert« der Listbox zugewiesen werden. Der Button »Lieferant übernehmen« kann dann gelöscht werden.

Durch die Auswahl eines neuen Lieferanten werden jetzt direkt seine Daten geladen und angezeigt. Das Formular ist jetzt so wie gewünscht. Es gibt allerdings noch eine Verbesserung, doch dazu siehe Abschnitt 7.5.4.

7.5.3 Zugriff auf Kontrollelemente

Wie schon in den bisherigen Ausführungen dargestellt, ist es natürlich möglich, direkt Zugriff auf alle Kontrollelemente eines Formulars zu erhalten und diese dann in ihren Eigenschaften zu verändern. Dabei ist es egal, ob die Kontrollelemente an die Datenbank (genauer: an ihre Felder) gebunden sind oder nicht.

Das Objekt eines Kontrollelements erhalten Sie immer mit der Methode `getByName()`, wobei der Name des Kontrollelements übergeben wird. Diese Methoden müssen natürlich in dem Formular angewendet werden, zu dem das Kontrollelement gehört. Haben Sie mehrere Formulare definiert, wählen Sie zunächst das passende:

```
oForm = oModulDoc.getForms().getByName("NameDesFormulars")
```

Jetzt können Sie das Kontrollelement als Objekt extrahieren:

```
oCtr = oForm.getByName("NameDesKontrollelementes")
```

Für alle Elemente gibt es nun Eigenschaften, die gleich anzusprechen sind und im Grunde auch die gleiche Bedeutung haben. Diese finden sich in der folgenden Tabelle und werden dann nicht noch einmal wiederholt.

Eigenschaft	Bedeutung
Enabled	Als Boolean – steuert die Zugänglichkeit des Steuerelements. Bei **True** ist das Element ansprechbar, bei **False** nicht.
FontHeight	Als Single – definiert die Höhe der Schrift in Punkten (pt).
FontName	Als String – definiert die Schriftart.
HelpText	Als String – Hilfetext, der automatisch eingeblendet wird, wenn der Mauszeiger über dem Steuerelement steht.
HelpURL	Als String – URL der Online-Hilfe für das Element.
Name	Als String – Name des Objekts.
Printable	Als Boolean – wenn **True**, wird das Steuerelement mitgedruckt, bei **False** nicht.
TabIndex	Als Long – spezifiziert die Position des Elements in der Aktivierungsreihenfolge.
Tabstop	Als Boolean – bei **True** ist das Element mit der [Tab]-Taste erreichbar, bei **False** nicht.
Tag	Als String – freies Feld, hier können Zusatzinformationen hinterlegt werden, zum Beispiel eindeutige Namen für die Programmierung und vieles mehr.
TextColor	Als Long – Textfarbe des Steuerelements.

Tabelle 7.1 Gemeinsame Eigenschaften aller Steuerelemente (Auszug)

Auch an dieser Stelle sei noch einmal auf die Möglichkeit hingewiesen, sich zur Entwicklungszeit immer mit den entsprechenden Debug-Methoden (`dbg_properties`, `dbg_methods` oder `dbg_supportedInterfaces`) die Daten eines Objekts im Detail anzusehen.

Kommen wir nun zu den Eigenschaften der einzelnen Steuerelemente.

Schalter

Normale Schaltflächen (Buttons)

Eigenschaft	Bedeutung
Align	Als Short – Ausrichtung des Label-Textes: ▸ 0: linksbündig ▸ 1: zentriert ▸ 2: rechtsbündig
BackgroundColor	Als Long – definiert die Hintergrundfarbe des Schalters.

Eigenschaft	Bedeutung
DefaultButton	Als Boolean – Vorgabeschaltfläche. Wenn **True**, wird diese Schaltfläche betätigt, wenn man die Eingabetaste betätigt, auch wenn die Taste selbst keinen Fokus besitzt.
Label	Als String – der Text auf der Schaltfläche.
TargetURL	Als String – Ziel-URL für Buttons des Typs URL.
TargetFrame	Als String – Name des Fensters oder des Rahmens, in dem die TargetURL geöffnet werden soll (nur Buttons vom Typ URL).
ButtonTyp oder PushButtonTyp	Als Short-Aktion, die mit dem Button direkt verknüpft ist.

Der Buttontyp bestimmt die Schaltflächeneigenschaften, ähnlich wie bei Dialogen, hier jedoch mit anderen Optionen. Die Eigenschaft wird durch eine Konstante definiert (Enumeration), die im Modul **com.sun.star.form.FormButtonType** beschrieben wird. Es gibt folgende Werte:

- **PUSH** – (0) – Standardschaltfläche
- **SUBMIT** – (1) – Abschluss des Formulars; die damit verknüpfte Aktion wird ausgeführt.
- **RESET** – (2) – Dieser Buttontyp setzt alle Kontrollfelder auf ihre ursprünglichen Standardwerte zurück.
- **URL** – (3) – Ruft die in **TargetURL** definierte URL auf und öffnet sie in dem Fenster, das unter **TargetFrame** spezifiziert wurde.

Neben der »normalen« Schaltfläche gibt es in Formularen auch eine »grafische Schaltfläche«, die neben den eben aufgezählten zusätzliche Eigenschaften besitzt.

Grafische Schaltflächen

Eigenschaft	Bedeutung
ScaleImage	Als Boolean – wenn **True**,wird das Bild auf die Größe der Schaltfläche angepasst (skaliert), bei **False** nicht. Dann ist möglicherweise nur ein Teil des Bildes zu sehen.
ImageURL	Als String – der Pfad und der Dateiname zu der Grafikdatei, die auf die Schaltfläche projiziert werden soll.

Eine grafische Schaltfläche hat keine Eigenschaft »Label« mehr. Es ist keine Buttonbeschriftung neben der Grafik mehr möglich.

Checkboxen

Checkboxen arbeiten eigentlich wie in Dialogen:

Eigenschaft	Bedeutung
Align	Als Short – Ausrichtung des Label-Textes: ▸ 0: linksbündig ▸ 1: zentriert ▸ 2: rechtsbündig
BackgroundColor	Als Long – definiert die Hintergrundfarbe des Schalters.
Label	Als String – der Text auf der Schaltfläche.
MultiLine	Als Boolean – bei **True** werden die Labeltexte auch auf mehrere Zeilen umbrochen, bei **False** nicht. Dann kann es dazu kommen, dass Teile des Labeltextes nicht zu sehen sind (View-Objekt ist kleiner als Textlänge).
State	Als Short – gibt den Status der Checkbox an. ▸ 0: nicht ausgewählt ▸ 1: ausgewählt ▸ 2: unbestimmt (nur bei TriState = True)
TriState	Als Boolean – wenn **True**, gibt es einen 3. Zustand (unbestimmter Schaltzustand), bei **False** nicht.
RefValue und SecondaryRefValue	Als String – zusätzlicher Speicherplatz zum Abspeichern von Zeichenfolgen (zum Beispiel zum Verwalten von Datenbank-IDs)

Optionsfelder (Radio-Buttons)

Bei den Optionsfeldern gibt es gravierende Unterschiede zu den Dialogen. Doch sehen wir uns zunächst die Eigenschaften an, die ähnlich sind:

Eigenschaft	Bedeutung
Align	Als Short – Ausrichtung des Label-Textes: ▸ 0: linksbündig ▸ 1: zentriert ▸ 2: rechtsbündig
BackgroundColor	Als Long – definiert die Hintergrundfarbe des Schalters.
Label	Als String – der Text auf der Schaltfläche.
MultiLine	Als Boolean – bei **True** werden die Labeltexte auch auf mehrere Zeilen umbrochen, bei **False** nicht. Dann kann es dazu kommen, dass Teile des Labeltextes nicht zu sehen sind (View-Objekt ist kleiner als die Textlänge).
State	Als Short – gibt den Status der Checkbox an: ▸ 0: nicht ausgewählt ▸ 1: ausgewählt
RefValue	Als String – zusätzlicher Speicherplatz zum Abspeichern von Zeichenfolgen (zum Beispiel zum Verwalten von Datenbank-IDs).

Die Problematik von Optionsfeldern in Formularen ist die folgende: Über das Zusammenfassen mehrerer Optionsfelder zu einer Gruppe entscheidet hier nicht die Reihenfolge (wie in einem Dialog), sondern der gleiche Name. Alle Optionsfelder, die sich wechselseitig beeinflussen sollen (immer nur ein Feld als Auswahl möglich, automatisches Abwählen aller anderen), müssen zwingend den gleichen Namen tragen.

Damit ist es nun aber nicht mehr möglich, gezielt auf ein Steuerelement zuzugreifen (über seinen Namen) und den Status abzufragen. Der Name ist nicht mehr eindeutig. Die Lösung dieses Problems funktioniert wie folgt: Intern bilden die zusammengehörigen Optionsfelder eine Gruppe – ein Array aller dazugehörigen Steuerelemente. Diese Gruppe übernimmt den gleichen Namen der Steuerelemente und ist somit identifizierbar. Über die Methode **getGroupByName()** können Sie dieses Array erhalten (wobei sich leider auch diese Methode von Version 1.1 zu 2.0 hinsichtlich ihrer Parameter und ihres Aufrufes geändert hat) und über die Indizes dann auch die Objekte der einzelnen Kontrollelemente.

Bleibt nur noch die eindeutige Identifizierung: Da der Name (Eigenschaft) hierfür ausfällt, müssen andere Kriterien genutzt werden. Man könnte beispielsweise den Beschreibungstext (Label) wählen oder (das wäre meine Empfehlung) das zusätzliche Feld »Tag« benutzen, das alle Schaltflächen bereitstellen. Hier können Sie eine eindeutige Kennung unterbringen und das Objekt somit zweifelsfrei identifizieren. Das folgende Beispiel nutzt drei Optionsfelder, die alle den Namen »opt« erhalten haben und somit zu einer Gruppe gehören. Der darunter liegende Button soll die Schaltfläche identifizieren, die ausgewählt wurde. Zur eindeutigen Identifikation erhielten alle Optionsfelder einen Eintrag in das »Tag«-Feld (»Zusatzinformationen« im Eigenschaftenfenster), und zwar O1, O2, O3. Sie finden das Beispiel in der Datei *Bsp_Formular_Optionsbutton.odt* auf der DVD.

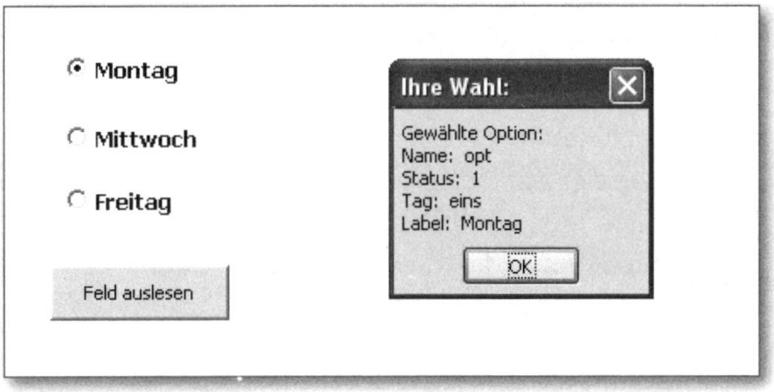

Abbildung 7.82 Formular mit Optionsbuttons und die Auswertung

Und hier der zugehörige Code:

```
Sub OptionsfeldAuslesen
  Dim oDoc as Object          'das Dokument
  Dim oForm as Object         'das Formular
  Dim oElement as Object      'das Model des Elements
  Dim aOpt()                  'Array aller Optionsfelder einer Gruppe
  Dim s$

  oDoc = thisComponent
  oForm = oDoc.Drawpage.forms(0)
  oForm.getGroupByName("opt", aOpt)
  for i=LBound(aOpt) to UBound(aopt)
     if aOpt(i).state then
       s = "Gewählte Option:" & Chr$(10) &_
          "Name:  " & aOpt(i).name & CHR$(10) &_
           "Status:  " & aOpt(i).state & CHR$(10) &_
           "Tag:  " & aOpt(i).Tag & CHR$(10) &_
           "Label:  " & aOpt(i).Label
      End if
  Next
  MsgBox s, 0, "Ihre Wahl:"
End Sub
```

In Zeile 10 erhalten Sie das Array der Optionsfelder (Objekte) durch Anwendung der Funktion **getGroupByName()**. Diese Funktion erwartet seit der Version 2.0 zwei Parameter: einmal den Namen der Gruppe (identisch mit den Namen der einzelnen Gruppenmitglieder, und die sind ja immer gleich) sowie das Array, das die Ergebnisse aufnehmen soll. Die Funktion selbst liefert keinen Rückgabewert. In früheren Dokumentationen zur Version 1.1 erwartete die Funktion **getGroupByName()** nur einen Parameter, nämlich den Namen, und lieferte das Array als Rückgabewert. Dies funktioniert aber nicht mehr.

In einer Schleife werden nun alle Gruppenelemente durchlaufen (Zeile 11 bis 19) und das aktivierte Element gesucht (State = 1). Der Funktion von Optionsbuttons entsprechend kann dies immer nur genau ein Feld sein. Über die Verzweigung in Zeile 12 wird genau dieses abgefragt. Jetzt haben Sie das Model des Optionsbuttons, der gewählt wurde, und können damit entsprechend arbeiten.

Eingabefelder

Zu den Eingabefeldern gehören wie bei den Dialogen in erster Linie die Text- und die numerischen Felder sowie die daraus abgeleiteten Spezialfälle des Datumsfeldes, des Zeitfeldes, des formatierten Feldes sowie des maskierten Feldes. Die Eigenschaften sind sehr ähnlich:

Textfelder

Eigenschaft	Bedeutung
Align	Als Short – Ausrichtung des Textes: ▸ 0: linksbündig ▸ 1: zentriert ▸ 2: rechtsbündig
BackgroundColor	Als Long – definiert die Hintergrundfarbe des Schalters.
Border	Als Short – der Rahmen des Elements: ▸ 0: kein Rahmen ▸ 1: 3-D-Rahmen ▸ 2: einfacher Rahmen
EchoChar	Als Short – legt den ASCII-Code des Zeichens fest, der im Textfeld erscheinen soll (nützlich für Passwörter etc.).
HScroll	Als Boolean – wenn **True**, kann der Inhalt im Feld horizontal »gescrollt« werden, ein Scrollbalken wird angezeigt.
HardLineBreaks	Als Boolean – bei **True** werden die »harten« Zeilenumbrüche an das Interface **XTextComponent (getText())** mit zurückgeliefert, bei **False** nicht.
MaxTextLen	Als Short – maximale Länge des Textes in Zeichen. Ist der Wert null (0), gibt es keine Begrenzung (Vorgabe).
MultiLine	Als Boolean – erlaubt eine mehrzeilige Eingabe (**True**).
ReadOnly	Als Boolean – wenn **True**, dann ist das Eingabefeld nur lesbar, es können keine Eingaben gemacht werden. Der angezeigte Text kann aber per Makro geändert werden.
Text	Als String – Text des Steuerelements.
TextColor	Als Long – Textfarbe des Steuerelements.
VScroll	Als Boolean – wenn **True**, kann der Inhalt im Feld vertikal »gescrollt« werden, ein Scrollbalken wird angezeigt.

Numerische Felder

Eigenschaft	Beschreibung
DecimalAccuracy	Als Integer – legt die Anzahl der Dezimalstellen fest (Vorgabe 2).
ShowThousandsSeparator	Als Boolean – bei **True** wird der Tausenderseparator (entsprechend den lokalen Einstellungen) angezeigt, bei **False** nicht (in Deutschland ist das der Punkt).
Spin	Als Boolean – spezifiziert, ob das Feld einen Spin-Button erhält oder nicht.
StrictFormat	Als Boolean – wenn **True**, wird der Wert während der Eingabe geprüft (entsprechend den Grenzen), bei **False** (Vorgabe) nicht.
Value	Als Double – enthält die Zahl (den Wert), die angezeigt oder eingegeben wird.

Eigenschaft	Beschreibung
ValueMax	Als Double – nimmt die obere Grenze der einzugebenden Werte auf (Vorgabe 1.000.000).
ValueMin	Als Double – nimmt die untere Grenze des einzugebenden Wertes auf (Vorgabe –1.000.000).
ValueStep	Als Double – spezifiziert den Wert, bei dem sich der »Value« durch Einsatz der Spin-Buttons pro Klick verändert (Vorgabe 1).

Date-Felder und Zeitfelder verhalten sich genauso wie ihre Namensvettern bei Dialogen. Auch Date-Felder speichern das Datum im ISO-Format JJJJMMTT als Long, und ebenso arbeiten Zeitfelder mit einer 7- oder 8-stelligen Long-Variablen zur Darstellung der Zeit HHMMSS00. Gleiches gilt für formatierte oder maskierte Felder.

Auswahllisten

Auch in Formularen stehen Listboxen und Comboboxen zur Verfügung. Bei beiden handelt es sich um zusammengesetzte Felder, die die entsprechenden Eigenschaften stützen. Hier die wichtigsten:

Listboxen

In Listboxen kann nur gelesen und können einzelne Zeilen ausgewählt werden. Dabei können Sie einstellen, ob nur eine Auswahl möglich ist oder ob Mehrfachauswahlen zugelassen sind.

Eigenschaft	Beschreibung
Align	Als Short – definiert die Ausrichtung der Anzeige im Feld: ▸ 0: linksbündig ▸ 1: zentriert ▸ 2: rechtsbündig
Dropdown	Als Boolean – bei **True** hat das Feld einen »Aufklappbutton«, bei **False** nicht.
LineCount	Als Short – gibt die maximale Anzahl der angezeigten Zeilen in der Aufklappbox an. Sind weniger Einträge vorhanden, werden auch nur diese angezeigt. Sind es mehr, wird ein Scrollbalken mit dargestellt.
MultiSelection	Als Boolean – bei **True** kann der Benutzer mehrere Einträge auswählen, bei **False** nur einen.
ReadOnly	Als Boolean – wenn **True**, ist die Zugänglichkeit nicht mehr gegeben, bei **False** (Vorgabe und Normalfall) schon.

Eigenschaft	Beschreibung
SelectedItems	Als Array (Short) – nimmt die Liste der markierten (ausgewählten) Einträge auf. Es werden die Positionen (Ziffern) gespeichert.
StringItemList	Als Array (Strings) – stellt die Liste der angezeigten Einträge dar.
ValueItemList	Als Array (Variant) – stellt eine Liste mit Zusatzinformationen zu jedem Eintrag dar.

Listboxen können auch direkt mit Bereichen beispielsweise in Calc verknüpft werden. Auch hierfür gibt es entsprechende Eigenschaften (zum Beispiel **ListSource** als Array oder **ListsourceType** als Long); auf eine detaillierte Behandlung wird hier aber verzichtet.

Comboboxen

Comboboxen stellen eine Kombination aus Listboxen und Textfeldern dar, können also auch Eingaben verarbeiten. Auch hier gibt es wenig Unterschiede. Die Eigenschaften sind sowohl in Textfeldern als auch bei den Listboxen schon aufgelistet worden. Hier noch einige zusätzliche Ergänzungen:

Eigenschaft	Beschreibung
AutoComplete	Als Boolean – wenn **True**, wird versucht, während der Eingabe anhand der vorhandenen Einträge den passenden auszuwählen; bei **False** nicht.
CurrentValue	Als Variant – liefert ebenfalls den aktuellen Eintrag in der Box (wie Eigenschaft »Text«).
HideInactiveSelection	Als Boolean – wenn **True**, wird die Auswahl aus der Listbox in die Textbox eingetragen und nicht markiert, wenn **False**, wird der eingetragene Text markiert.
ReadOnly	Als Boolean – wenn **True**, dann kann der Inhalt der Box nicht vom Benutzer modifiziert werden. Sie agiert dann wie eine Listbox, wobei nur ein Eintrag ausgewählt werden kann. Vorgabe ist **False**.
Text	Als String – gibt den ausgewählten oder eingegebenen Text wieder, so wie er im Textfeld steht.

Über das **View-Objekt** der **Auswahllisten** stehen zusätzlich die folgenden Methoden zur Verfügung:

- **addItem(sString, iPos)** – einen Eintrag hinzufügen
- **addItems(aStringArray, iPos)** – eine Liste von Einträgen hinzufügen
- **removeItems(iPos, iCount)** – Einträge entfernen

- **selectItem(sString, bModus)** – markiert/demarkiert einen Eintrag
- **makeVisible(iPos)** – »scrollt« bis zu einem Eintrag und zeigt ihn

Sonstige Elemente

Formulare können keine reinen Designelemente wie Linien oder Ähnliches enthalten (jedenfalls nicht als Objekte des Formulars), wobei dies nicht weiter tragisch ist, können doch beliebige grafische Formen über die Zeichen-Funktionen des Dokuments platziert und bearbeitet werden. Alle diese Elemente sind dann direkt Objekte der Drawpage, so wie jedes Steuerelement. Und dort können sie per Makrocode platziert, verschoben oder manipuliert werden. Es steht jedoch kein Fortschrittsbalken wie bei Dialogen zur Verfügung.

Bildlaufleisten können jedoch auch in Formularen genutzt werden und arbeiten analog zu denen im Dialog-Model. Darüber hinaus gibt es weitere Steuerelemente.

Spin-Buttons

Dieses Element ähnelt den Bildlaufleisten, ohne jedoch deren Mittelteil zu besitzen. Es sind also nur die beiden Buttons (Anfang/Ende) vorhanden. Ansonsten arbeiten die Spin-Buttons wie die Bildlaufleisten: Es gibt einen minimalen und einen maximalen »Spin-Wert«, einen Schrittwert und einen aktuellen Wert. Mit diesen lassen sich dann die entsprechenden Funktionen programmieren. Die Werte in der Übersicht:

Eigenschaft	Beschreibung
SpinIncrement	Als Long – Wert, wie sich der SpinValue bei einem Klick auf die Buttons ändert.
SpinValue	Als Long – aktueller Wert des Spin-Buttons.
SpinValueMax	Als Long – maximaler Wert, den der SpinValue annehmen kann.
SpinValueMin	Als Long – minimaler Wert, den der SpinValue annehmen kann.
DefaultSpinValue	Als Long – vorgegebener Wert des Spin-Buttons.

Weitere Besonderheiten von Formularen: Sie können direkt mit **Datenbanken** (Datenbankformular) verbunden werden (wie schon dargestellt) und bieten dann ein vollwertiges Frontend hierfür. Mit diesen Formularen können Datensätze ausgelesen, geschrieben oder bearbeitet werden. Die meisten Steuerelemente besitzen somit eine zusätzliche Eigenschaft, die genau diese Informationen aufnehmen kann (**DataField**).

Was noch fehlt, sind die speziell bei Datenbankformularen zusätzlichen Steuerelemente **Tabellen-Kontrollfeld** sowie **Navigationsleiste**. Die Details dieser Objekte sind recht komplex, so dass eine weitere Behandlung hier nicht erfolgt.

Ein kleines Beispiel

Unser Formular weist ja zu jedem Lieferanten die Anzahl der Artikel auf, die von diesem bezogen werden – und zwar in einer Tabellendarstellung. In unserer überschaubaren Applikation wäre das zwar auch noch manuell auszählbar, aber Sie hätten gern ein Feld, das die Anzahl anzeigt.

Dafür platzieren Sie in der Design-Ansicht zunächst ein Beschriftungsfeld und ein numerisches Kontrollelement. Beide ordnen Sie zum Beispiel dem Hauptformular »Standard« unter (wobei das keine Rolle spielt, Sie sprechen das Kontrollelement ohnehin per Skript an).

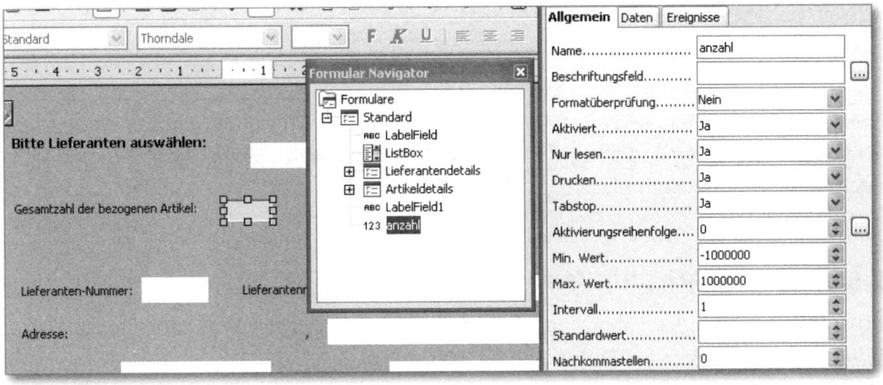

Abbildung 7.83 Die zusätzlichen Felder

Die Eigenschaften des numerischen Feldes wählen Sie nun wie folgt:

- **Nur lesen: Ja** – Schließlich soll dieses Feld nicht beschrieben werden (durch den Benutzer).
- **Tabstop: Nein** (nicht nötig), Nachkommastellen: 0 (nur ganze Zahlen).
- Dann wählen Sie noch eine andere Hintergrundfarbe, damit der Benutzer das nicht erreichbare Feld erkennt, und geben dem Kontrollelement den Namen »anzahl«.

Das war es schon. Jetzt geht es an die Programmierung. Das Feld soll immer dann aktualisiert werden, wenn Sie einen neuen Lieferanten wählen. Dazu gab es ja schon ein kleines Makro, und das wird einfach erweitert.

Dabei muss angemerkt werden, dass sich Formulare, die als Subformulare einem Hauptformular untergeordnet sind, wie ein Kontrollelement ansprechen lassen. Um also das zweite Formular zu erhalten, benötigen Sie den folgenden Code:

```
oForm2 = oDoc.drawpage.forms.getByName("Standard"). _
         getByName("Artikeldetails")
```

Dieses zweite Formular hat ja nun die Anzahl der Datensätze in der Eigenschaft »rowCount« gespeichert. Diese Datensätze lesen Sie aus und tragen sie in das Kontrollelement ein:

```
oForm.getByName("anzahl").value = oForm2.rowCount()
```

Na ja, und das war schon alles. Diese beiden Codezeilen fügen Sie einfach am Ende des Makros ein. Jetzt wird auch die Gesamtzahl der Produktdatensätze angezeigt.

Hinweis

Bedenken Sie, dass eventuell nicht sofort alle Datensätze geladen werden. Dann werden nur die aktuell geladenen angezeigt! Um sicherzugehen, können Sie den Zeilenzeiger zuerst auf den letzten Datensatz setzen (mit `last()`) und dann wieder zurück (mit `beforeFirst()`). Jetzt sind alle Datensätze zuverlässig im Speicher, und die Anzahl der Reihen stimmt.

7.5.4 Formulare aufrufen

Formulare sind ja Teil des Base-Containers – und dennoch Writer-Dokumente. Nun lassen sich Writer-Dokumente recht einfach »laden« (per Script), vorausgesetzt, man kennt den exakten Pfad. Und genau hier wird es etwas komplizierter, sind doch die Formulare Teile des Base-Containers und somit des Base-Dokumentes. Sie haben also keinen eigenen absoluten Pfad, sondern werden im Formularcontainer des Base-Dokumentes aufbewahrt. Über diesen lassen sie sich dann auch aufrufen.

Allerdings gibt es noch eine Besonderheit. Während eigenständige Formulare die Datenbank-Verbindung im Formular gespeichert haben, ist dies bei den Base-gespeicherten Formularen nicht der Fall. Hier wird die Datenbank-Verbindung beim Aufruf vom Base-Container übertragen. Ruft man nun per Scriptcode das Formular eigenständig auf, so muss man auch selbst dafür sorgen, dass die Verbindung dem Formular zugewiesen wird.

Doch nun zum Code (hierzu dient das Beispiel-Formular »Formularaufruf_Basic« auf der DVD, das Bestandteil der Datenbank *Heimtierbedarf_HSQL1.odb* ist). Das Formular selbst hat nur zwei Felder (um zu zeigen, dass dieses mit der Datenbank verbunden ist) sowie einen Button, der das Formular »Artikel_Pflege« aufrufen soll. Der Button ruft dann das folgende Makro auf:

```
Sub Formular_aufrufen
    Dim sFormularName as string
    Dim aFormulare()
    Dim oDatenbank as object, oVerb as object
    Dim arg(1) as New com.sun.star.beans.PropertyValue
    sFormularName = "Artikel_Pflege"
    oContext = CreateUnoService("com.sun.star.sdb.DatabaseContext")
    oDatenbank = oContext.getByName(StarDesktop.CurrentComponent.
    getParent.getLocation())
    oVerb = oDatenbank.getConnection("","")
    arg(0).Name = "OpenMode"
    arg(0).Value = "open"
    arg(1).Name = "ActiveConnection"
    arg(1).Value = oVerb
    StarDesktop.CurrentComponent.getParent.getFormDocuments().
    loadComponentFromURL(sFormularName, "", 0, Arg())
End Sub
```

Im Grunde muss man sich nur die Hierarchie überlegen: Das aktuelle Formular (`StarDesktop.CurrentComponent`) ist ja abgeleitet von dem Base-Dokument-Objekt. Daher erreicht man genau dieses über die Methode `getParent()`. Das Base-Dokument wiederum besitzt ein Sammelobjekt, in dem die Formulare alle abgelegt sind (`getFormDocuments()`), wobei diese sowohl über ihren Namen als auch über einen Index angesprochen werden können. Zusätzlich bietet der Container auch die Methode, ein bestimmtes Formular zu laden (`loadComponentFromURL()`), wobei sich jetzt die URL auf den Formularnamen begrenzt.

Dieser Methode werden die bekannten Parameter übergeben, wobei die Argumentenliste jetzt auch die Verbindungsdaten enthalten muss (sonst wird zwar das Formular geöffnet, die Felder jedoch haben keine Verbindung zu einer Datenbank und bleiben leer). Die Datenbank-Verbindung wiederum bezieht sich ja auf die aktuelle Datenbank, die man sich vom Parent-Objekt holen kann.

Im Ergebnis kann man nun über den Button »Formular aufrufen« die benötigten Formulare direkt starten, ohne den Umweg über die Base-Oberfläche.

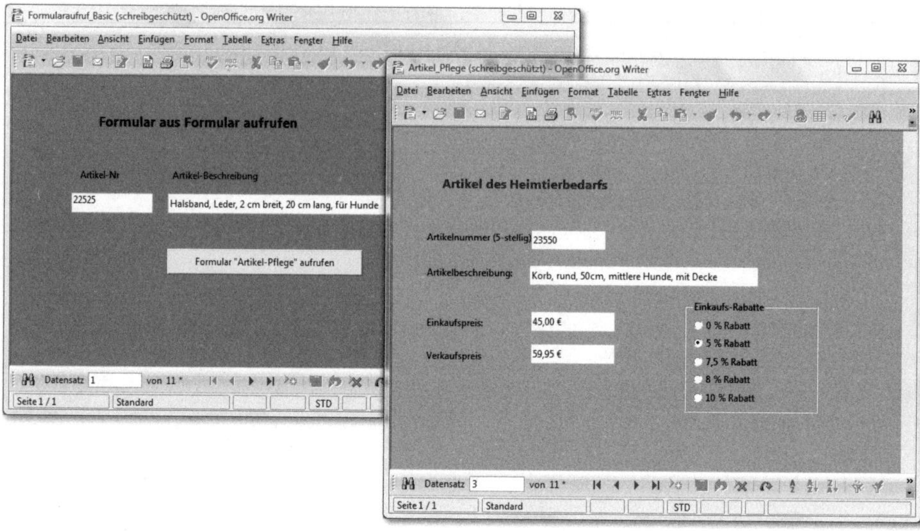

Abbildung 7.84 Ein Formular wird aus einem Formular aufgerufen.

7.5.5 Eigenständige Applikationen erzeugen

Bleibt ein letzter kurzer Exkurs. Wer immer sich mit Datenbank-Entwicklung und Formulargestaltung beschäftigt, kommt schnell an den Punkt, wo er diese Strukturen auch anderen Benutzern zugänglich machen will, also nicht nur für sich selbst entwickelt, sondern in erster Linie für die Benutzung durch Dritte (meist nicht sonderlich versierte Computernutzer). Im Grunde genommen ist jedes Computerprogramm an sich »nur« ein Frontend, das möglichst passend für den Benutzer aufgearbeitet ist, so dass er gar nicht mitbekommt, was alles im Hintergrund passiert. Genau diesen Wunsch werden Sie spätestens dann verspüren, wenn Sie individuelle Formulare gestalten.

Nun ist OpenOffice.org keine Programmentwicklungsebene und als Office-Suite nicht dafür vorgesehen, eigenständige Applikationen zu schreiben. Andererseits sind alle notwendigen Zutaten hierfür vorhanden und müssen nur entsprechend genutzt werden. Der Vorteil: Man muss sich gar nicht so tief in die Programmierung einarbeiten, vieles kann man getrost dem schon vorhandenen OpenOffice.org-Programm überlassen, und man erhält dennoch quasi eigenständige Programme. Um dies zu realisieren, gibt es eigentlich zwei Wege: Dialoge und Formulare.

Dialoge

Kommen wir nun zur Erzeugung eigener Dialogmasken, die als eigenständige Fenster agieren und beliebig gestaltet werden können. Dialoge können die gleichen Kontrollelemente wie Formulare aufnehmen (und noch einige mehr), haben jedoch keine direkte Datenbank-Verbindung. Hier muss also alles »per Hand« programmiert werden, was aber im Grunde genommen auch nicht so kompliziert ist. Dabei wird eben ein **ResultSet** erzeugt. Die Daten werden dann per Skript ausgelesen, verarbeitet und die Ergebnisse den jeweiligen Kontrollelementen zugewiesen. Für die Programm-Ablaufsteuerung ist dann allerdings komplett der Programmierer zuständig – also auch dafür, dass die Daten wieder in der Datenbank gespeichert und zuvor natürlich die aktuellen Werte aus den Kontrollelementen ausgelesen werden.

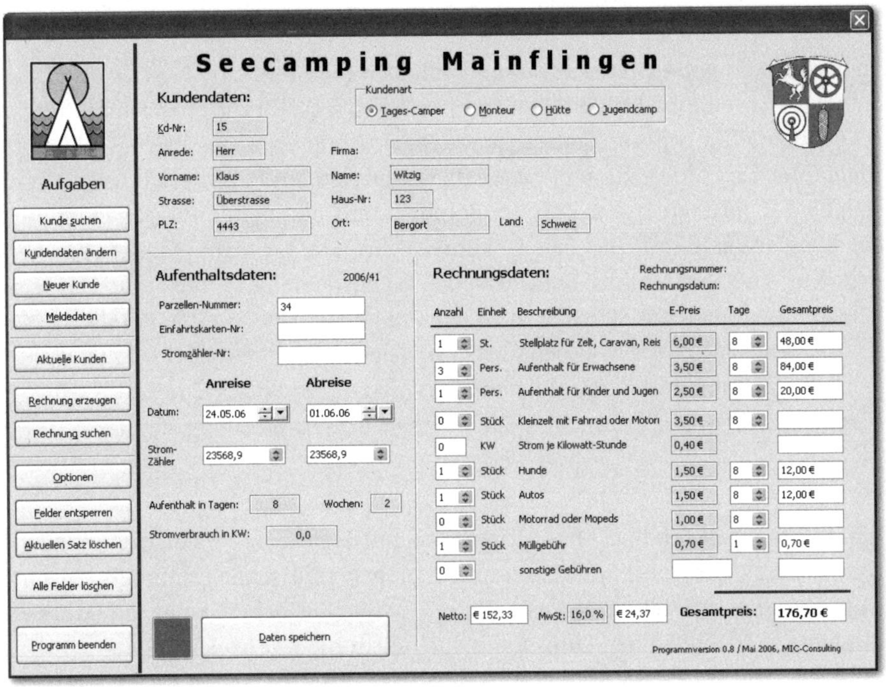

Abbildung 7.85 Beispiel einer Datenbankapplikation auf Dialogbasis

Das in Abbildung 7.85 dargestellte Beispiel zeigt eine solche Applikation. Diese ist komplett auf der Basis von OpenOffice.org entwickelt und realisiert worden, wobei als Datenbank eine MySQL-Engine verwendet wird, die im lokalen Netz diverse Zugriffe unterschiedlicher Clients zulässt. Die Datensatz-Verarbeitung erfolgt per Basic-Programmcode, und als Basisapplikation dient eine Calc-Tabelle, wobei als zusätzlicher Vorteil diese auch als Zwischenspeicher für spezielle Parameter dient. Neben dieser Hauptdialog-Maske gibt es diverse Hilfsdialoge, die dann ebenfalls als eigenständige Fenster geöffnet werden.

Sicher, eine solche Applikation erfordert einen höheren Steuerungsaufwand, der Programmierer muss sich mit allen Eventualitäten auseinandersetzen, mögliche Fehler in der Bedienung entsprechend abfangen und den Arbeitsfluss des Benutzers vorausdenken. Da eine solche Maske keinen »Untergrund« mehr hat, also keine vordefinierten Menüleisten mit Standardbefehlen, muss der Programmierer selbst für die benötigten Befehle sorgen und diese entsprechend im Code programmieren.

Das Beispiel ist auf der DVD enthalten (Verzeichnis »Beispiele/Camping«), mit entsprechender Kurzdokumentation. Dort können Sie gern einmal ein wenig im Code »stöbern«.

Natürlich sind einige »Tricks« nötig, damit sich die Applikation später als eigenständige Anwendung für den Benutzer präsentiert. Da für die Programmierung ja eine OpenOffice.org-Applikation benötigt wird und als »Träger« ein Dokument dient (hier ein Calc-Dokument), wäre dieses auf dem Bildschirm sichtbar, woraus sich die Möglichkeit ergibt, dass der Benutzer im Dokument Eingaben tätigt oder sonst etwas verändert. Das Calc-Dokument darf also gar nicht erst sichtbar werden: Nur dann entsteht der Eindruck einer eigenständigen Applikation. Das wird gelöst, indem man ein Startmakro an das Ereignis »Öffnen des Dokuments« bindet. In diesem Makro schließlich startet man den Hauptdialog und schaltet gleichzeitig die Sichtbarkeit des Dokuments aus. Jetzt erscheint nur noch die Dialogmaske, das Dokument ist nicht mehr sichtbar. Ihre Anwendung ist jetzt autark.

Formulare

Wäre eine eigenständige Applikation auch mit Hilfe von Formularen möglich? Die Unterschiede von Formularen und Dialogen sind schnell definiert: Dialoge sind von sich aus schon eigenständige Fenster. Sie haben keine direkte Verbindung zu Datenbanken – und somit auch nicht die Kontrollelemente.

Formulare hingegen haben eine eigenständige Verbindung zu Datenbanken, agieren als »Resultsets« und übernehmen intern die wichtigsten Datenbank-Transaktionen. Formulare sind allerdings immer Teil eines Dokuments und können somit nur im Modul selbst angezeigt werden. Dennoch ist es auch mit Formularen möglich, den Anschein eigenständiger Applikationen zu erwecken und die Benutzerführung komplett zu übernehmen.

Der erste Schritt besteht darin, die Formulare nicht in Base zu speichern, sondern als eigenständige Dokumente. Wie man das macht, wurde bereits erläutert. Nur auf diesem Weg ist es nämlich möglich, das Formular an sich aufzurufen, ohne vorher das Base-Dokument zu starten und das Formular aus dieser Umgebung zu aktivieren.

Betrachten wir noch einmal das im Beispiel 7.5.3 erzeugte Formular. Ruft man dieses jetzt auf, so erscheint es für den Benutzer so wie in Abbildung 7.86.

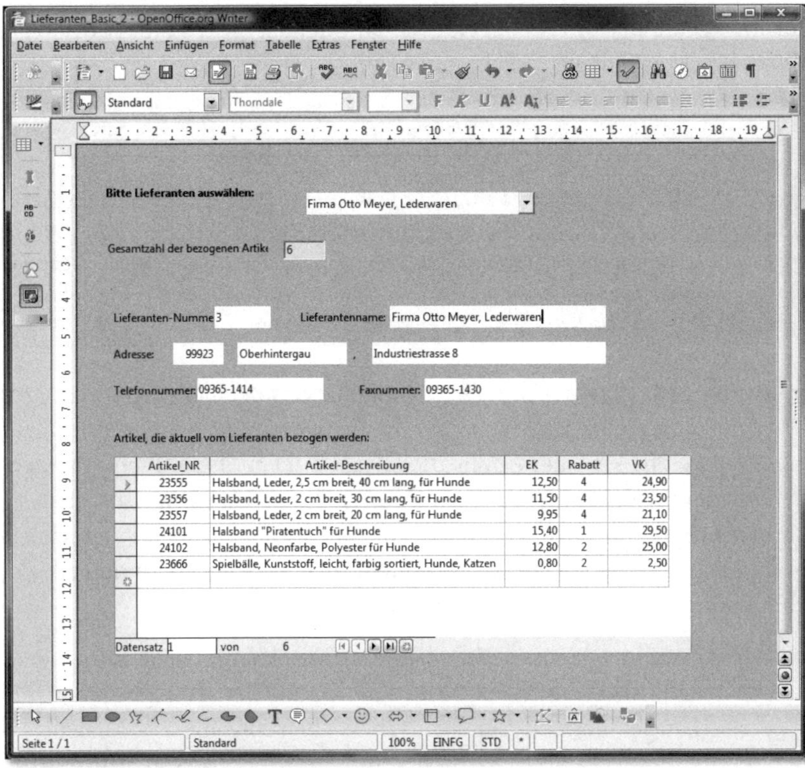

Abbildung 7.86 Das eigenständige Formular

Nun könnte man noch die Lineale oben und links über **Ansicht • Lineal** ausschalten, dann wäre das Bild noch perfekter. Aber dennoch bleiben natürlich noch die OpenOffice.org-eigenen Menü- und Symbolleisten übrig, die den Benutzer verführen könnten, Veränderungen vorzunehmen, Aktionen durchzuführen, die Sie gar nicht vorgesehen hatten, und vieles mehr.

Um aus diesem Formular eine eigenständige Applikation zu machen – oder besser gesagt: beim Benutzer den Eindruck einer eigenständigen Applikation zu erwecken –, müssten folgende Prämissen gelten: keine Menüleisten, keine Symbolleisten, frei definierbarer Titel (der Text in der Fenster-Kopfleiste) und auch keine Statusleiste. Dann wäre nur noch das Formular zu sehen, das wie eine eigene Applikation wirkt.

Das ist natürlich per Makrocode möglich. Bevor ich Ihnen das jedoch zeige, bedenken Sie Folgendes: Wenn Sie diesen Weg gehen, müssen Sie alle gewünschten Benutzeraktionen selbst realisieren, also beispielsweise das Drucken oder auch das Speichern. Dafür brauchen Sie dann eigene Buttons und entsprechende Programmverknüpfungen. Auch für das Schließen (Beenden) der Applikation muss nun ein eigener Button erzeugt werden, sofern man nicht auf das Schließen-Kreuz als einzige Möglichkeit zurückgreifen will.

Wichtiger Hinweis

Leider ändern sich von Version zu Version auch Details der API, was gelegentlich unerwartete Verhaltensweisen und »Bugs« zur Folge hat. Dies ist gerade in dem recht neuen Modul »Base« der Fall. Alle hier dargestellten Hinweise und Lösungen sollten unbedingt mit der aktuellen Version verifiziert werden. Auch sollten Sie ausreichend Ahnung vom Programmieren und mit dem Umgang der API haben, um gegebenenfalls selbst Änderungen durchzuführen und Fehler zu suchen!

Nun zur Lösung: Jedes OpenOffice.org-Dokument wird in einem eigenständigen Fenster (Frame) dargestellt, das Bestandteil des StarDesktops ist, eines nicht mehr sichtbaren »Wurzelobjekts«. Ein Applikationsfenster (eben dieser Frame) besteht seinerseits wieder aus vielen einzelnen eigenständigen »Fenstern«, die dann zu dem sichtbaren Gesamtbild zusammengebaut werden. So ist jede Symbolleiste (angedockt) solch ein kleines Fenster, aber natürlich auch das Hauptfenster der Anwendung (intern **ComponentWindow** genannt).

Während das Anwendungsfenster durch den Controller gesteuert wird, übernimmt der so genannte Layout-Manager die Anordnung der »Hilfsfenster«. Über diesen Layout-Manager können Sie dann auch eben alle diese »Hilfsfenster« abschalten beziehungsweise ihre Sichtbarkeit unterdrücken. Alle Hilfsfenster sind wiederum Bestandteil des so genannten ContainerWindows.

Um nun alle sichtbaren Symbol-, Menü- und Statusleisten auszuschalten, genügt es normalerweise, den Layout-Manager auszuschalten, besser gesagt: die Sichtbarkeit auszuschalten. Der folgende Code reicht dazu aus:

```
Sub Formular_alleine
  oLayoutMng  = StarDesktop.getActiveFrame().LayoutManager()
  oLayoutMng.setVisible(false)
end sub
```

In Version 2.3 blenden diese Codezeilen alle ungewünschten Elemente aus – aber leider nicht dauerhaft. Aufgrund eines Bugs wird die Menü-Leiste wieder eingeblendet, sobald ein zusammengesetztes Kontrollelement im Formular verwendet wird (also zum Beispiel eine Listbox oder eine Combobox). Sobald diese aktiviert und aktualisiert wird, erscheint die Menüleiste wieder und lässt sich auch nicht wieder ausblenden. Mit der Datei *Lieferanten_Basic_test.odt* können Sie diesen Effekt einmal ausprobieren: Über die beiden Buttons »Symbolleisten an« und

»Symbolleisten aus« können Sie den Code ausprobieren. Schalten Sie die Symbolleisten aus: alles ist weg. Wählen Sie einen Lieferanten aus: die Listbox wird aktiviert, die Menüleiste ist wieder da. Um alle Symbolleisten wieder zu sehen, schalten Sie diese wieder ein. Allerdings werden die Standard-Symbolleiste sowie die Formatleiste erst dann eingeblendet, wenn der Frame insgesamt »aktualisiert« wird: also einmal mit der Maus außerhalb klicken, dann wieder in das Fenster (Fokus kommt zurück, Frame wird neu gezeichnet).

In früheren OpenOffice.org-Versionen (2.0.x) hat das Ausblenden der Menüleiste sicher funktioniert, allerdings gab es dort einen anderen kleinen Bug: Die Statusleiste am unteren Ende eines Applikationsfensters gehört zwar auch zu den »Hilfsfenstern« und wird über den Layout-Manager mit verwaltet, nur ließ sie sich dort leider nicht »abstellen«. Sie wurde dann gerade oberhalb der ursprünglichen Leiste neu gezeichnet, was zu sehr unschönen Effekten führte. Daher musste diese Leiste also separat noch einmal ausgeschaltet werden. Ein solcher »Abschalt-Code« sah also für die Version 2.0.x wie folgt aus:

```
Sub Formular_alleine
  oCW = starDesktop.getActiveFrame(). _
        getContainerWindow.AccessibleContext
  For i = 0 to oCW.getAccessibleChildCount()-1
    iNr = oCW.getAccessibleChild(i). _
          AccessibleContext.AccessibleRole
    if iNr = com.sun.star.accessibility. _
             accessibleRole.STATUS_BAR then
      oStB = oCW.getAccessibleChild(i)
      exit for
    end if
  next
  oFrame = starDesktop.getActiveFrame()
  oLayoutMng =oFrame.LayoutManager
  oLayoutMng.visible = false
  oStB.visible = false
  oFrame.title = "Lieferantenübersicht"
End Sub
```

Um das Objekt der Statuszeile (hier `oStB`) zu erhalten, ist etwas mehr Aufwand nötig. Das Container-Window (`oCW`) kann unterschiedliche Anzahlen von Hilfsfenstern beinhalten. Insofern benötigt man eine Hilfsschleife, um das richtige Hilfsfenster (die Statuszeile) zu identifizieren. Die letzte Zeile schließlich manipuliert noch die Titelzeile des aktuellen Fensters, dann ist die Applikation perfekt.

Zum Schluss schaltet man schließlich die Sichtbarkeit der jeweiligen Objekte aus. Das Ergebnis ist eine Applikation, die sich wie in Abbildung 7.87 darstellt: ohne

Menüleisten und ohne Statusleisten, wohl aber mit Bildlaufleisten und einer geänderten Titelzeile. Dieses Fenster ist – im Gegensatz zu Dialogen – auch minimierbar und vom Benutzer skalierbar, hat also auch Vorteile.

Dieser Code nun kann dem Ereignis »Dokument öffnen« (unter **Extras • Anpassen • Ereignisse**) zugeordnet werden, dann wird er immer automatisch ausgeführt, wenn das Dokument geöffnet wird. Um die Makro-Sicherheitsabfrage zu unterdrücken, fügen Sie den Pfad des Dokuments einfach zu den »sicheren Pfaden« hinzu; dann wird das Makro einfach ausgeführt.

Achtung

Jetzt kommen Sie auch nicht mehr an das Dokument heran, da ja keine Menüs mehr da sind! Arbeiten Sie also dann nur mit einer Kopie eines Musterdokuments, in dem Sie das Makro nicht an den Dokumentenstart binden, sonst haben Sie sich selbst ausgeschlossen!

Natürlich konnte dieses Abschnitt nur einen kleinen Abriss bieten, wie man eigenständige Applikationen mit Base und Datenbanken erzeugt. Ich hoffe aber, es hat Ihnen »Lust auf mehr« gemacht. Hier erschließen sich ungeahnte Möglichkeiten mit und rund um OpenOffice.org.

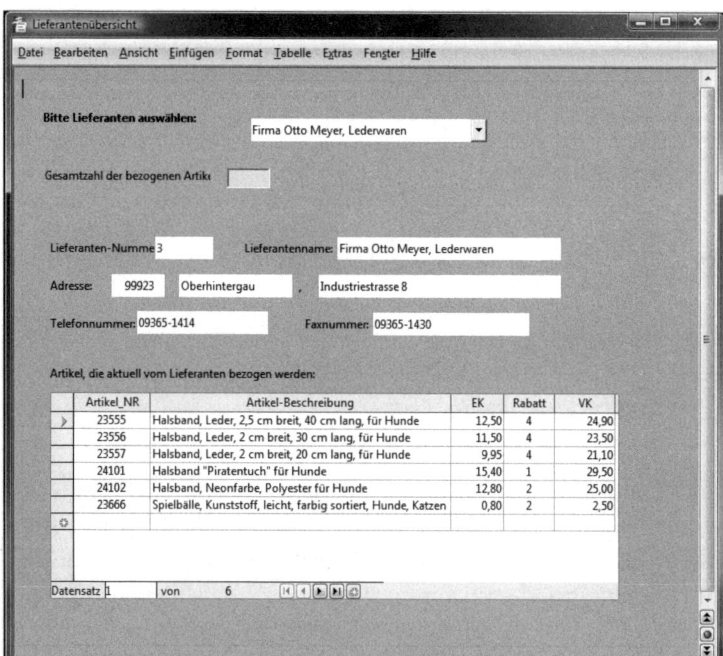

Abbildung 7.87 Das Formular ohne Symbolleisten – wie eine eigenständige Applikation (leider wieder mit eingeblendeter Menüleiste)

Inhalte von Datenbanken – Auszüge oder komplette Listen – in einer für den Benutzer leicht erfassbaren Form auszugeben, das ist die Aufgabe der Berichte. Damit erfüllen sie neben den Formularen eine weitere wichtige »Schnittstellenfunktion«. Berichte werden häufig auch ausgedruckt oder anderweitig weiterverarbeitet.

8 Berichte

Ein letzter Bereich fehlt in Base noch – Berichte. Unter Berichten versteht man grundsätzlich die (aufgearbeitete) Zusammenstellung von Datensätzen. Berichte können angezeigt, gedruckt oder separat gespeichert und natürlich auch in andere Applikationen – wie beispielsweise Impress – eingebunden werden. Ein Bericht übernimmt somit die optische Aufbereitung der Daten und stellt diese übersichtlich in gewünschter, lesbarer Form dem Benutzer zur Verfügung.

In diesem Kapitel erläutere ich, wie Sie »mit Bordmitteln« wieder an Ihre Daten in der Datenbank kommen, und zwar nicht nur zum Anzeigen auf dem Bildschirm. Als Beispiel soll die Datenbank »Freunde_1« dienen, die eine einfache, kleine Tabelle beinhaltet (Abbildung 8.1).

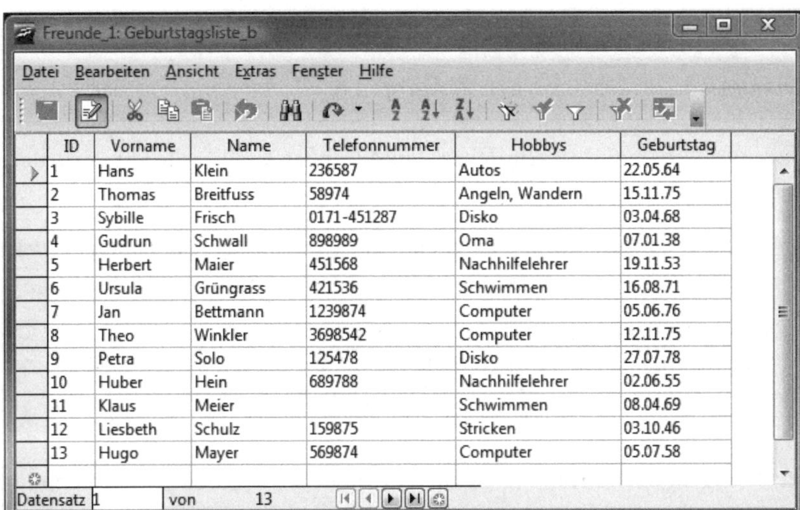

ID	Vorname	Name	Telefonnummer	Hobbys	Geburtstag
1	Hans	Klein	236587	Autos	22.05.64
2	Thomas	Breitfuss	58974	Angeln, Wandern	15.11.75
3	Sybille	Frisch	0171-451287	Disko	03.04.68
4	Gudrun	Schwall	898989	Oma	07.01.38
5	Herbert	Maier	451568	Nachhilfelehrer	19.11.53
6	Ursula	Grüngrass	421536	Schwimmen	16.08.71
7	Jan	Bettmann	1239874	Computer	05.06.76
8	Theo	Winkler	3698542	Computer	12.11.75
9	Petra	Solo	125478	Disko	27.07.78
10	Huber	Hein	689788	Nachhilfelehrer	02.06.55
11	Klaus	Meier		Schwimmen	08.04.69
12	Liesbeth	Schulz	159875	Stricken	03.10.46
13	Hugo	Mayer	569874	Computer	05.07.58

Abbildung 8.1 Datenbank-Tabelle »Geburtstagsliste_b«

Die Daten werden dabei über ein Formular eingepflegt – und so entsteht die Datenbank.

Die Problematik beginnt, wenn man die Daten – in welcher Form auch immer – wieder zu »Papier« bringen möchte. OpenOffice.org Base besitzt keine Exportfunktion und keine direkte Druckfunktion, so einfach geht das eben nicht. Ein Formular kann man natürlich ausdrucken (es handelt sich ja um ein Writer-Dokument), und wenn man nun, wie im vorigen Kapitel gezeigt, ein Formular mit einer Tabellendarstellung erzeugt, dann kann man die Liste bequem ausdrucken – solange die Anzahl der Datensätze das Kontrollfenster nicht übersteigt.

Und genau hier setzen **Berichte** an. Auch Berichte werden als Writer-Dokument gespeichert, mit Inhalten gefüllt und können dann beliebig exportiert, gedruckt oder als PDF erstellt werden.

Berichte werden wie Formulare direkt mit im Base-Container gespeichert, in einem eigenen Unterverzeichnis der Zip-Datei (**reports**) und dort dann jeweils wieder in einem jeweils eigenen Verzeichnis mit dem Namen **ObjNN**, wobei NN eine fortlaufende Nummer darstellt. Sie beginnt bei 11 und geht in Zehnerschritten weiter, also mit 21, 31 und so weiter.

Ein Bericht kann immer nur Daten einer Tabelle (oder auch Abfrage) aufbereiten. Er verwendet dazu intern ebenfalls SQL-Kommandos. Möchte man also Daten aus unterschiedlichen Tabellen in einem Bericht konzentrieren, dann erstellt man zunächst eine entsprechende Abfrage, packt die Informationen somit zusammen in eine Abfrage-Tabelle und erzeugt dann einen Bericht über die Abfrage.

Beispielabfrage vorbereiten

Testen wir das an einer praktischen Aufgabe: Für die weiter oben dargestellte Tabelle soll ein Bericht erzeugt werden, der folgende Daten als Liste darstellt: Name (Vor- und Zuname), Alter (in Jahren) und Geburtsdatum, allerdings sortiert nach der Abfolge der Geburtstage über das Jahr verteilt.

Die meisten dieser Informationen stecken gar nicht direkt in der Tabelle drin – aber eben indirekt. Also erzeugen Sie zunächst eine passende Abfrage:

```
SELECT CONCAT( "Vorname", CONCAT( ' ', "Name" ) ) AS "Name",
DATEDIFF( 'yy', "Geburtstag", CURDATE( ) ) AS "Alter",
"Geburtstag", DAYOFYEAR( "Geburtstag" ) FROM "Geburtstagsliste_b"
"Geburtstagsliste_b" ORDER BY ( DAYOFYEAR( "Geburtstag" ) ) ASC
```

Das ist die SQL-Syntax. Sie können das Gleiche natürlich auch im Entwurfsmodus erzeugen. Dort sähe das dann so aus wie in Abbildung 8.2.

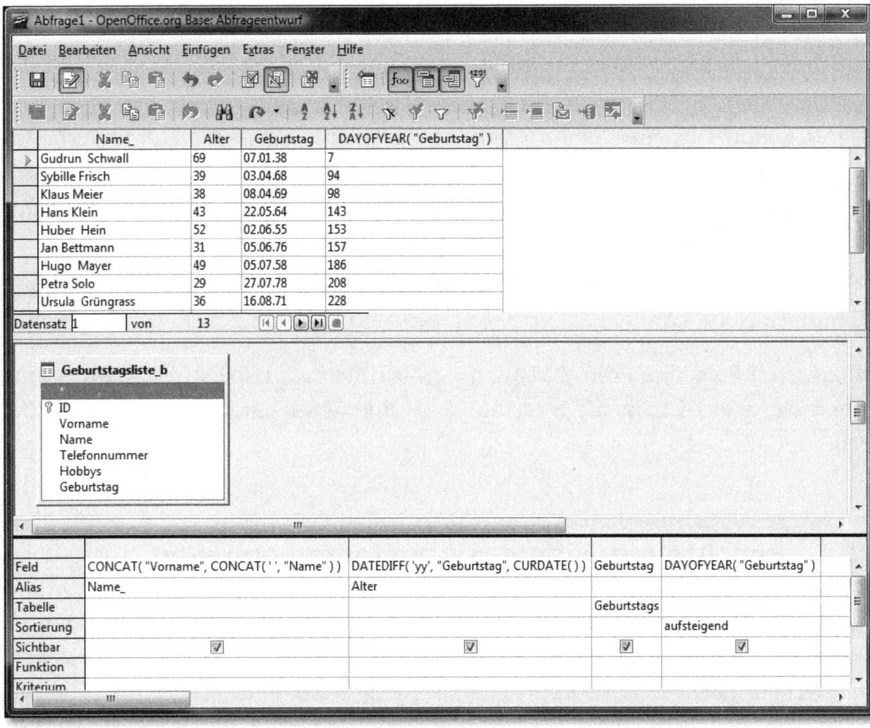

Abbildung 8.2 Die Abfrage im Entwurfsmodus

Die Funktionen wurden bereits besprochen. In Spalte eins werden die beiden Namensspalten verknüpft, mit einem Leerzeichen dazwischen. Die zweite Spalte berechnet das Alter in Jahren als Differenz des Geburtstages zum heutigen Tag, und die Spalte vier gibt zum Geburtstag den entsprechenden »Tag im Jahr« zurück. Diese Spalte wird lediglich zur Sortierung benötigt (nur so erzielt man eine Auflistung der Geburtstage im Jahresverlauf in der richtigen Reihenfolge). Diese Abfrage speichern Sie nun unter dem Namen »Geburtstagsliste«.

Hinweis

OpenOffice.org hat bei dieser Abfrage leider einen Bug: Die Abfrage kann nicht mehr in die Entwurfsansicht zurückgeladen werden. Haben Sie also die Abfrage ausgeführt und das Entwurfsfenster geschlossen, erhalten Sie beim Versuch, diese Abfrage zu bearbeiten, einen »SQL-Error«. Lassen Sie sich dadurch nicht abschrecken. In der SQL-Ansicht funktioniert alles – es gibt keinen Fehler.

Und genau diese Abfrage hätten Sie nun gern als Bericht, also später als ein Stück Papier. Berichte können auf verschiedene Arten erzeugt werden:

- Manuell – wobei das sicher die komplizierteste Art und Weise darstellt.
- Mit Hilfe des Assistenten – dieser erzeugt recht einfach Standard-Berichte auf der Basis von Standard-Layouts. Für viele Fälle ist das ausreichend.
- Der Report-Designer (erst ab Version 2.3 möglich, wenn die entsprechende Extension installiert wurde; vgl. den Abschnitt »Installation des Sun Report-Designers« in Kapitel 2.6) ist wohl die beste Möglichkeit, Berichte individuell zu erstellen.
- Per selbstgeschriebenem Script (z. B. einem Basic-Script) – das ist allerdings nur etwas für Könner.

Ich zeige im Folgenden die Varianten 2 (mit Hilfe des Assistenten) sowie 3 (Sun Report-Designer). Auch die Variante 4 (Script) wird kurz angesprochen, aber nicht vertieft.

8.1 Berichte mit Hilfe des Assistenten erstellen

Als einzige Aufgabe im Bereich Berichte bietet OpenOffice.org Base in der Standardversion die Möglichkeit, einen Bericht mit Hilfe des Assistenten zu erstellen. Erst nach Installation der Report-Designer-Extension steht auch ein »Entwurfsmodus« wie bei Formularen zur Verfügung. Nutzt man den Assistenten, so passiert nichts anderes als das Erzeugen eines Writer-Dokuments mit Inhalt via Programmierung, so wie Sie es auch per Skript erledigen könnten. Dabei werden die benötigten Inhalte teilweise vorgegeben, teilweise aus den Assistenten-Eingaben extrahiert und schließlich aus der Datenbank geholt. Was entsteht, ist ein Writer-Dokument, das später noch bearbeitet werden kann.

So, nun starten Sie den Berichtsassistenten. Sie erkennen sofort, dass sich wieder ein Writer-Dokument öffnet. Es werden schon mal ein paar Daten in die Kopfzeile geschrieben, und dann öffnet sich der Dialog des Assistenten. In sechs Schritten wird er Sie nun durch die Erstellung des Berichts führen.

8.1.1 Schritt 1: Felderauswahl

Im ersten Schritt wählen Sie wieder aus, welche Daten Grundlage des Berichts werden sollen. In der Listbox werden alle Tabellen oder Abfragen aufgeführt. Sie brauchen nur die entsprechende auszuwählen. Haben Sie übrigens Ansichten definiert, so sind diese ebenfalls hier aufgelistet; für Base sind das eben auch Tabellen.

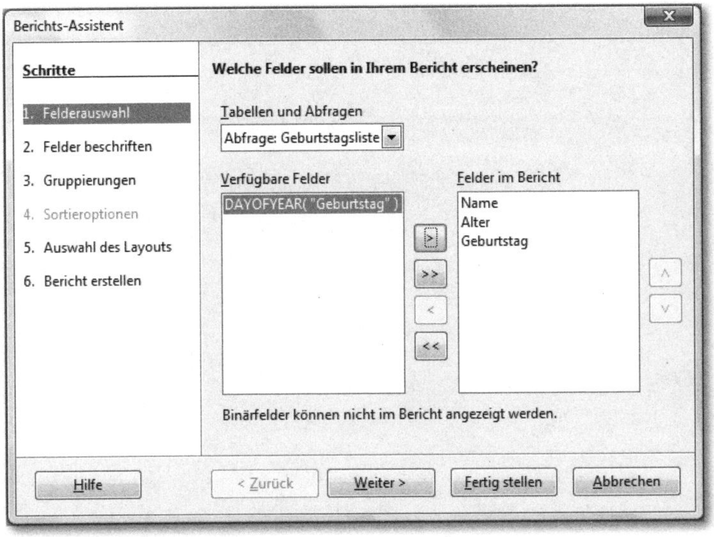

Abbildung 8.3 Wahl der Tabelle und der Felder für den Bericht

Direkt nach der Auswahl der Tabelle wird die linke Liste aktualisiert, und Sie sehen alle verfügbaren Spalten (Datenfelder). Aus diesen wählen Sie wieder wie gehabt die gewünschten aus und platzieren sie mit Hilfe der Pfeiltasten zwischen den beiden Listen in die rechte Listbox. Dort können Sie die Reihenfolge noch ändern (rechte Pfeiltasten) und so die Daten für den Bericht entsprechend vorbereiten.

In unserem Beispiel wird die Spalte DATEOFYEAR() nicht benötigt, da diese nur zum Sortieren der Datensätze genutzt wurde. Sie können sie nun also weglassen. Mit **Weiter** geht es zum nächsten Schritt.

8.1.2 Schritt 2: Feldbezeichnung

Alle gewählten Spaltennamen stehen nun in eigenen Eingabefeldern und können auf Wunsch geändert werden. Dies entspricht der Möglichkeit, bei Abfragen den neu erstellten Spalten Alias-Namen zu geben. Da die Namen der Felder hier später als Tabellenkopfzeile verwendet werden, ist es natürlich sinnvoll, die oft »kryptischen« Feldbezeichnungen von Datenbanktabellen ein wenig »lesbarer« zu machen. Jetzt stehen Ihnen im Übrigen alle Zeichen zur Verfügung, also auch Umlaute oder Leerzeichen.

Wählen Sie ruhig aussagekräftige und beschreibende Bezeichnungen, Ihr Bericht wird dadurch klarer und verständlicher. Im Beispiel passen die Bezeichnungen schon gut, weil bereits in der Abfrage die entsprechenden Aliase gewählt wurden.

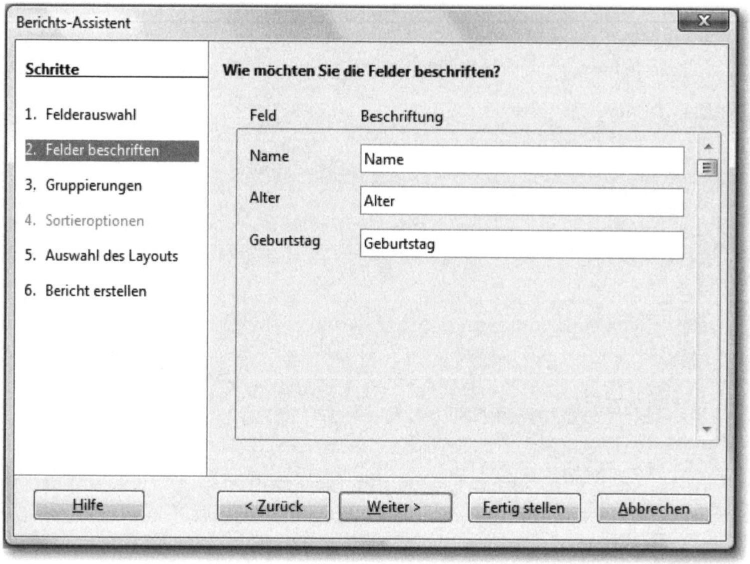

Abbildung 8.4 Berichtsfelder beschriften

Haben Sie übrigens sehr viele Felder für Ihren Bericht ausgewählt, sind nicht alle direkt sichtbar. Vergessen Sie dann nicht, die Liste »durchzuscrollen« (Bildlaufleiste rechts), um nicht doch noch ein kryptisches Feld übrig zu behalten. Mit **Weiter** geht es dann zum nächsten Schritt.

8.1.3 Schritt 3: Gruppierung

Jetzt lassen sich Daten im Bericht gruppieren. Das kann man sich in etwa so vorstellen: Eine Tabelle mit Daten wird jeweils nach einem Begriff gefiltert, und dann werden nur die dazugehörigen Daten ausgegeben. Der Filter wird dann auf alle Begriffe der Filterspalte ausgedehnt, Sie erhalten also entsprechend viele Untertabellen.

Beispiel: Sie haben Buchhaltungsdaten in Ihrer Tabelle gespeichert, und zwar das Buchhaltungsjournal. Dieses beinhaltet pro Datensatz ein Konto, auf das der Betrag gebucht wurde. Als Gruppierung definieren Sie nun genau diese Kontenspalte. Ergebnis: Sie erhalten für jedes Konto eine Tabelle der Buchungen – nur für das jeweilige Konto. Die Gruppierung ist mit Subformularen bei der Erstellung eines Formulars vergleichbar, nur müssen bei den Berichten alle Daten in einer Tabelle sein.

Bleiben wir bei dem Beispiel »Heimtierbedarf«: Würden Sie einen Bericht über alle Ihre Artikel erstellen, könnten Sie diesen nach Lieferanten gliedern. Da Sie mehrere Gliederungsebenen im Bericht definieren können (bis zu vier), könnten Sie als zweites Kriterium die Rabattstaffel wählen. Sie würden jetzt folgenden Bericht erhalten:

```
Alle Artikel
    Lieferant "XYZ"
        Rabattguppe 1
            Artikelnummer  Artikelname    Preis
        Rabattgruppe 2
            Artikelnummer  Artikelname    Preis
        ...
    Lieferant "ABC"
        Rabattguppe 1
            Artikelnummer  Artikelname    Preis
        Rabattgruppe 2
            Artikelnummer  Artikelname    Preis
```

und so weiter.

Durch die Gruppierung wird die Liste (der Bericht) übersichtlicher, insbesondere wenn sehr viele Datensätze ausgegeben werden.

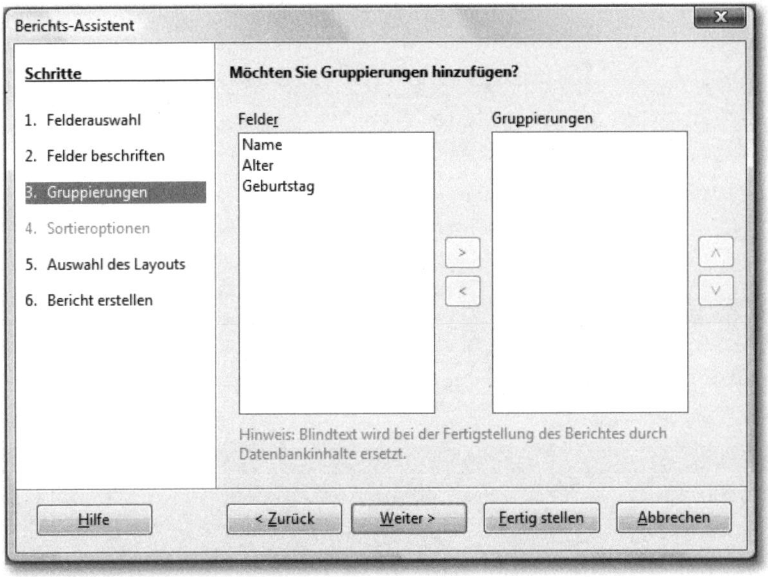

Abbildung 8.5 Gruppierungen hinzufügen

Im Beispiel der Geburtstagsliste benötigen Sie keine Gruppierung; mit **Weiter** geht es direkt zum Schritt 5.

8.1.4 Schritt 4: Sortieroptionen

Auch wenn in unserem Beispiel der Schritt 4 nicht aktiviert ist und es sofort mit Schritt 5 weitergeht, noch einige Worte zu den Sortieroptionen. Ein Bericht kann die auszugebenden Daten sortieren, und zwar nach maximal vier Kriterien (nacheinander). Die Sortieroptionen stehen allerdings nur zur Verfügung, wenn Sie den Bericht auf der Basis einer Datenbank-Tabelle erzeugen. Da Datensätze innerhalb einer normalen Tabelle eben nicht geordnet sind, ergibt die Option natürlich einen Sinn.

Andererseits geht der Assistent immer davon aus, dass eine **Abfrage** die Sortierkriterien bereits dort berücksichtigt hat, und bietet dann diese Option hier gar nicht mehr an.

Achtung

Die Sortieroptionen im Berichtsassistenten sind nur dann aktiv, wenn der Bericht auf der Basis einer Tabelle aufgebaut wird. Bei Abfragen müssen Sie die Sortierung bereits dort direkt erledigen – im Bericht ist die Möglichkeit jetzt nicht mehr gegeben!

Das folgende Beispiel (Abbildung 8.6) zeigt die Anwendung der Sortierkriterien, wenn ein Bericht direkt auf die ursprüngliche Tabelle »Geburtstagsliste_b« angewendet wird.

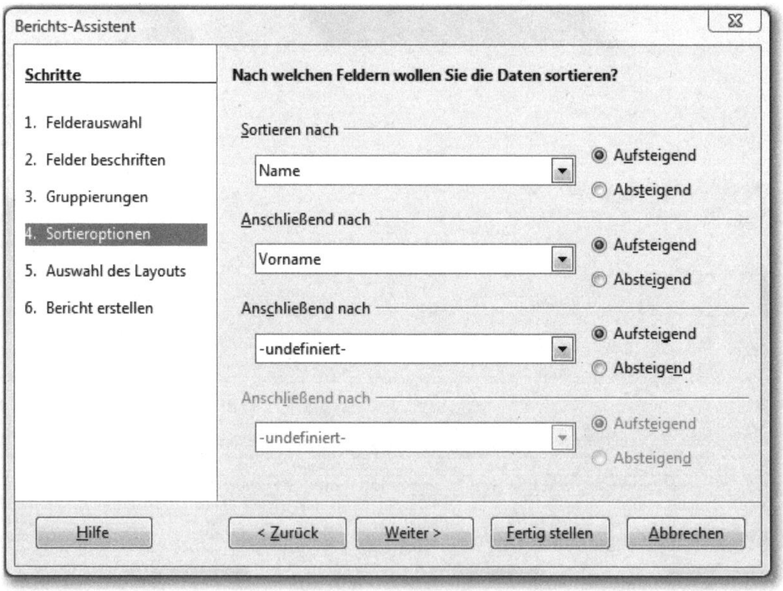

Abbildung 8.6 Sortieroptionen für Berichte, die auf Tabellen basieren

8.1.5 Schritt 5: Auswahl des Layouts

In diesem Schritt nun entscheiden Sie, wie der Bericht aussehen soll. Hier hilft Ihnen wieder ein großer Bildschirm – denn im Hintergrund können Sie das Writer-Dokument schon sehen – entsprechend dem gewählten Layout. Zu diesem Zeitpunkt sind noch keine Daten verfügbar, OpenOffice.org stellt wirklich lediglich ein Muster des zukünftigen Berichts zur Verfügung.

In die meisten Textfelder wird so genannter **Blindtext** eingefügt, um Ihnen einen Eindruck des zukünftigen Berichts zu ermöglichen. Wundern Sie sich also nicht, wenn dort so etwas wie »Ut wisi enim...« steht. An dieser Stelle werden später Ihre Daten integriert, der Blindtext verschwindet.

Sie können hier diverse Layout-Varianten ausprobieren: Hochformat und Querformat, unterschiedlich ausgerichtet und teilweise mit Hintergrundgrafiken versehen. Etwas aber können Sie hier nicht: den Bericht direkt individuell verändern, also zum Beispiel Tabellenspalten verschieben oder Ähnliches. Der Bericht wird per Programmcode erzeugt, das im Hintergrund dargestellte Writer-Dokument ist aktuell nicht ansprechbar. Dennoch müssen Sie es zur Kontrolle ansehen. Nur so können Sie sich überhaupt den späteren Bericht vorstellen.

Achtung

Der Assistent stellt das Seitenformat standardmäßig auf Querformat ein (er geht wohl von vielen Datenspalten aus). Gerade bei wenigen Informationen ist das aber nicht erwünscht. Vergessen Sie nicht, es umzustellen!

Die linke Listbox bietet diverse Layout-Strukturen der Tabelle, wobei die meisten (auch die Standardvariante) die Tabelle rechts am Rand ausrichten, was gerade bei wenigen Spalten nicht wirklich schön aussieht.

Die linke Spalte bietet zusätzlich grafische Elemente für den Bericht, also Bilder, die mit eingebunden werden. Probieren Sie einfach mal ein paar davon aus. Leider ist in der Regel die Fußzeile nicht zu sehen – es sei denn, Sie haben einen wirklich großen Bildschirm. Zwar ist das Fenster des Writer-Dokuments vergrößerbar (durch Ziehen an den Ecken – das wird nämlich über den UI-Manager gesteuert), die Scrollleisten sind aber leider nicht bedienbar. Insofern bleibt die nette »Weltkarte« im unteren Bereich des Berichts in der Vorschau leider meist verborgen.

Für unser Beispiel wählen Sie die folgende Variante:

- Layout: Links ausgerichtet: hinterlegt
- Layout Kopf- und Fusszeilen: Standard (keine Grafiken)
- Hochformat

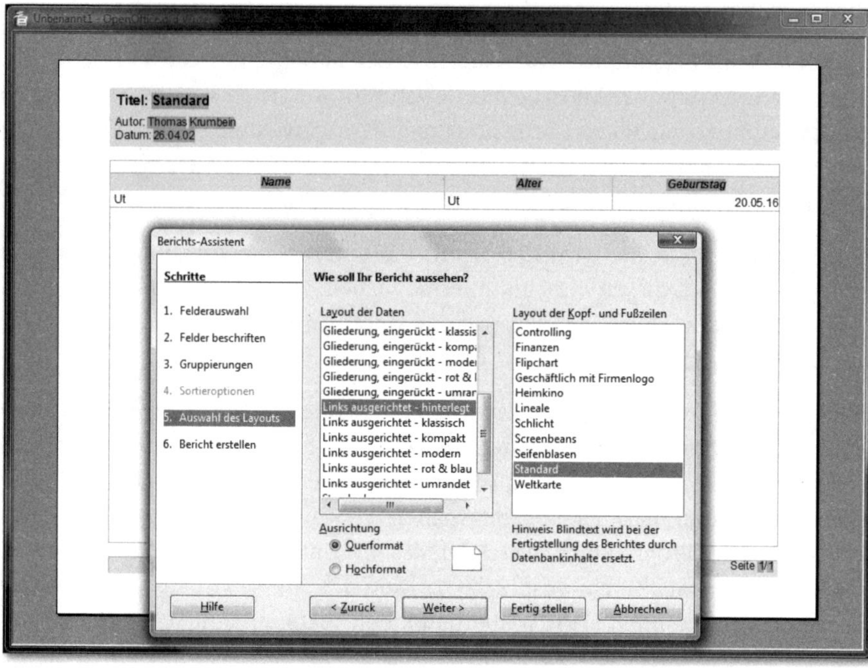

Abbildung 8.7 Layout-Auswahl für den Bericht

Was den Inhalt angeht, so können Sie die Kopfzeile des Berichts übrigens nicht manipulieren. Hier setzt OpenOffice.org immer das aktuelle Datum (Systemdatum), den aktuellen Nutzer (Autor; der Name wird aus den Optionen von OpenOffice.org unter »Benutzerdaten« übernommen) sowie den Titel (folgt noch) ein. Wenn Sie hier Änderungen vornehmen möchten, können Sie das später im fertigen Writer-Dokument erledigen.

Hinweis

In OpenOffice.org Version 2.3 gibt es an dieser Stelle einen Bug: Das aktuell angezeigte Datum ist keinesfalls so »aktuell«. Es wird nämlich immer »26.04.02« angezeigt und dem Feld zugewiesen. Das müssen Sie später manuell noch anpassen.

Stimmen die Auswahl und das Layout, klicken Sie auf **Weiter**, um zum letzten Schritt zu gelangen.

8.1.6 Schritt 6: Bericht erstellen

In diesem Schritt erfolgen schließlich die Abschlussarbeiten. Sie legen zunächst einen Namen für den Bericht fest. Dieser wird dann gleich als Titel in den Bericht übernommen. Sie sehen ihn zwar sofort in der Vorschau, doch wird er der entsprechenden Feldvariablen später nicht zugewiesen. Auch hier gibt es einen Bug in der Version 2.3. Sie werden den Titel also später manuell eintragen müssen.

Dann entscheiden Sie, ob es ein dynamischer oder ein statischer Bericht werden soll. Voreingestellt ist »Dynamisch« (siehe Abbildung 8.8).

- **Statischer Bericht**: In diesem Fall werden die Daten einmalig und fest in das Writer-Dokument eingetragen. Genutzt werden alle zum Zeitpunkt der Erstellung vorhandenen Datensätze – entsprechend Ihren Abfragebedingungen. Die Daten werden als Text eingefügt und können später nur manuell geändert werden. Ein solcher Bericht ist immer dann zu empfehlen, wenn Sie zu einem bestimmten Zeitpunkt einen speziellen Stand dokumentieren wollen, ohne spätere Änderungen.
- **Dynamischer Bericht**: Auch hier werden die aktuell vorhandenen Datensätze in das Dokument eingefügt, jetzt allerdings nicht mehr statisch, sondern als Seriendruck-Felder, die anschließend dynamisch mit den Datensätzen gefüllt werden. Der Inhalt dieser Felder wird später jedes Mal aktualisiert, wenn Sie den Bericht aufrufen. Es werden die dann zu diesem Zeitpunkt vorhandenen Datensätze eingetragen. Ein solcher Bericht kann also bei jedem Aufruf seinen Inhalt ändern, er spiegelt immer den jetzigen, aktuellen Stand der Datenbank wider.

Üblicherweise nutzt man einen dynamischen Bericht – und dann haben Sie noch zwei Optionen, die bestimmen, was nach der Berichtserstellung passieren soll:

- »Layout des Berichts bearbeiten«
- »Jetzt Bericht erstellen«

Wählen Sie die zweite Option, so wird der Bericht erstellt, die Daten werden verbunden und als (schreibgeschütztes) Writer-Dokument geöffnet. Dieses können Sie nun beispielsweise ausdrucken oder auch als PDF-Datei speichern, was der übliche Weg ist, aktuell aber noch so seine »Tücken« hat.

Natürlich können Sie zunächst auch das Layout des Berichts bearbeiten. Dann öffnet sich ebenfalls der Bericht im Writer, die Daten werden aber noch nicht verbunden. Im Dokument stehen noch Blindtexte, und Sie können nun manuell das Layout verändern. Näheres dazu folgt in Abschnitt 8.2.

Klicken Sie auf **Fertig stellen**, nun wird der Bericht erzeugt – mit manchmal überraschenden Ergebnissen.

So interessant der Assistent ist, perfekt ist er leider noch nicht. Insbesondere in den Version 2.0.x, 2.1.x und 2.2 konnte es zu unerwarteten Effekten kommen.

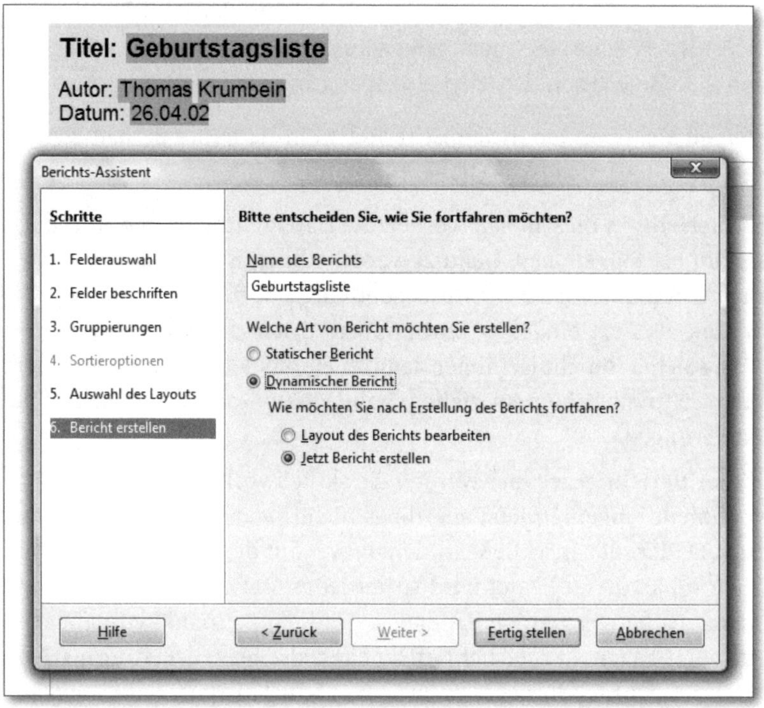

Abbildung 8.8 Abschluss des Assistenten – der Bericht wird erstellt.

In Version 2.3 erzeugt der Assistent schon recht »ordentliche« Berichte – mit den erwähnten »Schwächen«. Nacharbeit ist also immer notwendig. Doch dazu später mehr.

Ein Blick in die Base-Datei zeigt nun, dass im Bereich **Berichte** die eben erstellte Geburtstagsliste als Bericht auftaucht. Doch Achtung! Das Objekt ist zwar erstellt und Sie sehen es in Base, wirklich gesichert ist es aber noch nicht. Stürzt OpenOffice.org jetzt ab oder schließen Sie es, ohne explizit zu speichern, sind diese Berichte alle wieder weg. Gewöhnen Sie sich bitte an, immer nach dem Erstellen eines neuen Objekts (Formular, Abfrage, Bericht) die Base-Datei (Base-Container) erst einmal zu speichern (Icon oder Menübefehl **Datei • Speichern**).

Nun wenden wir uns dem eben erzeugten Bericht zu. Die Writer-Datei befindet sich ja noch auf dem Bildschirm, das Dokument ist aber schreibgeschützt, wie es auch in der Titelleiste zu lesen ist. Der Bericht sieht schon einmal recht gut aus, bis auf einige kleine »Schwächen« (das Datum stimmt nicht, der Titel fehlt, und die Spalten könnte man etwas optimieren). Anders verhält es sich, wenn Sie eine frühere OOo-Version 2.x nutzen. Da kann noch mehr passieren (dafür war damals das Datum korrekt). Obwohl eine »linksorientierte« Ausrichtung gewählt wurde und die Vorschau dies auch anzeigte, sind die Tabellenspalten nun doch nach rechts gewandert und viel zu klein. OpenOffice.org hatte die Länge der Inhalte in den Spaltenköpfen (Feldbezeichnungen) als Maß für die Spaltenbreite genutzt, was nicht gerade passend ist. Ein solcher Bericht muss zunächst per Hand »nachbearbeitet« werden.

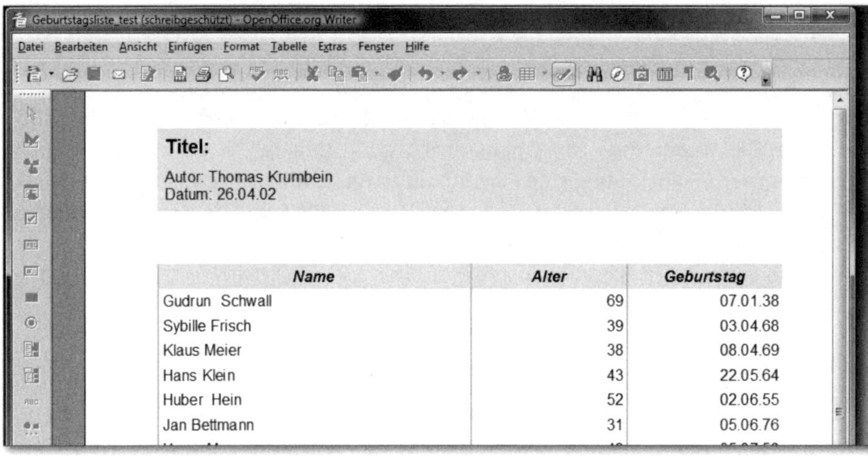

Abbildung 8.9 Der automatisch erzeugte Bericht – fast perfekt!

8.2 Das Layout eines Berichts ändern

Diese Kleinigkeiten eines nicht perfekten, automatisch erstellten Berichts lassen sich nun manuell nachbessern. Ein Bericht muss dazu allerdings zunächst erstellt (mit dem Assistenten) und dann in Base abgelegt worden sein.

Rufen Sie diesen Bericht nun in der Bearbeitungsfunktion auf. Markieren Sie dazu den Bericht mit der Maus, rufen Sie das Kontextmenü (rechte Maustaste) auf, und wählen Sie **Bearbeiten**.

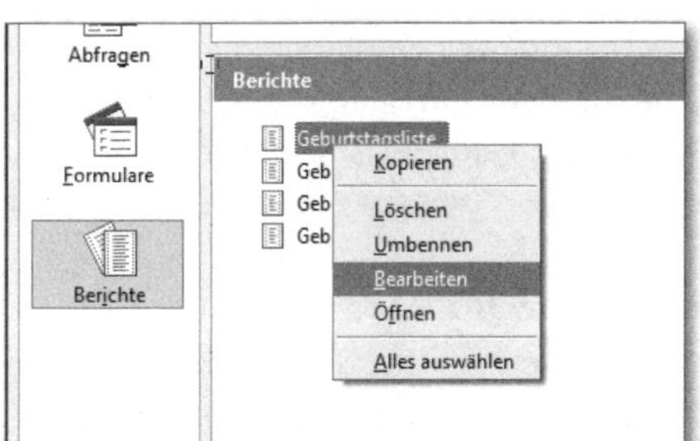

Abbildung 8.10 Berichte bearbeiten

Jetzt wird der Bericht ebenfalls in Writer geöffnet, ist aber nicht mehr schreibgeschützt. Im Grunde genommen haben Sie nun ein eigenes Writer-Dokument mit allen seinen Möglichkeiten wie Formatierungen und Textergänzungen.

Betrachten Sie das Dokument: Dieser Bericht beinhaltet eine Kopfzeile, einen eigenständigen Textbereich namens »RecordSection« sowie eine Fußzeile. Der eigentliche Textbereich wird gar nicht genutzt.

Hinweis

Bei allen grau hinterlegten Begriffen handelt es sich normalerweise um Felder, also Variablen, die automatisch von OpenOffice.org mit Inhalten belegt werden. Sehen Sie keine grauen Felder, überprüfen Sie, ob unter **Ansicht** der Begriff »Markierungen« angewählt ist (der Haken davor). Sie können sich auch die Feldbefehle selbst anzeigen lassen, doch wird dadurch in der Regel das Layout »zerschlagen«, und ein wirklicher Informationsgewinn ist das auch nicht.

8.2.1 Kopfzeile

In der Kopfzeile stehen einige allgemeine Text-Informationen (Titel, Autor, Datum) sowie entsprechende Felder, also Writer-Variablen. Diese werden beim Erstellen des Textes entsprechend »gefüllt«, die Ergebnisse sehen Sie normalerweise sofort. Auch hier ist ein Bug interessant: Obwohl in der Vorschau im Assistenten im Titel der Name des Berichts eingeblendet wurde, steht dieser jetzt nicht mehr dort. Auch wenn Sie einen Bericht erstellen, bleibt dieses Feld leer. Eine Analyse zeigt, dass tatsächlich das Feld »Titel« dort genutzt wird – nur ein Titel wurde gar nicht mit gespeichert. Das können Sie nun aber manuell nachholen. Gehen Sie hierzu in die Dokumenteneigenschaften (**Datei • Eigenschaften**) und dort in den Bereich **Beschreibung**. Jetzt können Sie einen beliebigen Titel hier eintragen, der dann auch angezeigt wird.

Alternativ wäre es natürlich auch möglich, das Feld in der Kopfzeile zu löschen und den Titel dort direkt einzutragen. Im Ergebnis ist es das Gleiche.

Hinweis

Ein Bug in den Versionen bis mindestens 2.3 löscht den Eintrag im Titelfeld des Dokuments immer wieder. Aktuell sollten Sie daher das Feld löschen und manuell den gewünschten Text direkt hineinschreiben.

Die Informationen über den Autor entnimmt OpenOffice.org den Benutzerdaten. Auch hier können Sie natürlich andere Werte einsetzen oder wieder die Felder löschen und den gewünschten Text direkt eintragen. Dies hat allerdings Nachteile, wenn Sie die Datei weitergeben möchten und dann andere Personen den Bericht auf Ihrem Rechner drucken: Jetzt wird nicht mehr deren Name eingetragen.

Auch das Datumsfeld kann und muss geändert werden. Hier wird in Version 2.3 ein falsches Datum angezeigt: Mit einem Doppelklick auf das Feld selbst öffnet sich immer der Dialog »Feldbefehl bearbeiten«; Sie können zum Beispiel ein anderes Darstellungsformat auswählen.

Um das aktuelle Datum dort einzutragen, gehen Sie wie folgt vor: Doppelklick auf die Feldfunktion. Das eingefügte Feld ist vom Typ »Datum(fix)«. Wählen Sie zunächst das Feld »Datum« und klicken Sie auf **OK**. Jetzt steht das aktuelle Datum da drin, nur eben nicht mehr fixiert: Es würde bei jedem Aufruf des Dokumentes aktualisiert. Wollen Sie das nicht, öffnen Sie das Feld erneut und wählen wieder »Datum(fix)«. Jetzt ist das aktuelle Datum fixiert.

Selbstverständlich können Sie auch weitere Inhalte in die Kopfzeile mit einbringen: Texte, Grafiken und Bilder, Tabellen – eben alles, was in Writer möglich ist.

8.2.2 Textbereich »RecordSection«

Dieser Bereich nimmt später Ihre Datensätze auf und wird dynamisch erweitert. Typischerweise zeigt sich in der Layout-Ansicht hier nur eine zweizeilige Tabelle: eine Tabellenüberschriftszeile mit Feldern, die die Datenfeldnamen repräsentieren, sowie eine Datenzeile, die derzeit nur mit Blindtext gefüllt ist. Die Felder der **Überschriftszeile** sind benutzerdefinierte Felder, gefüllt mit dem jeweiligen Wert, den Sie im Assistenten als Namen für die Spalte angegeben haben. Auch das können Sie natürlich ändern: Doppelklicken Sie auf das Feld, und editieren Sie den Wert.

Die Datenzeile zeigt zunächst nur Blindtext, je nachdem, wie die Tabellenspalte formatiert wurde. Handelt es sich um eine Textspalte, dann finden Sie den schon bekannten Blindtext »Ut wisi enim...« dort, bei Zahlenspalten steht dort eine Zufallszahl, bei Datumsspalten ebenfalls, doch als Datum formatiert (20.05.16).

Da es sich bei dem Ganzen um eine (Text-)Tabelle handelt, können Sie diese zunächst Ihren Wünschen anpassen: Spaltenbreite ändern, Umrandung ändern, Hintergrundfarbe ändern. Die Spaltenbreite können Sie einfach mit der Maus anpassen: Klicken Sie mit der linken Maustaste auf die Trennlinie zur nächsten Spalte, halten Sie die Maustaste gedrückt, und verschieben Sie die Spaltenbegrenzung.

Die Tabellenumrandung und die Hintergrundfarbe können Sie über die Icons in der Symbolleiste »Tabelle« ändern. Dies wirkt dann immer auf die gerade markierten Zellen. Bedenken Sie bitte: Die Datenzeile wird entsprechend der Anzahl der Datensätze später vervielfältigt, mit allen Formatierungen der aktuellen Zeile!

Um das Anzeigeformat der Zelle zu ändern, setzen Sie den Cursor in die Zelle und wählen dann entweder über das Kontextmenü den Befehl »Zahlenformat…« oder gehen über den Menübefehl **Tabelle • Zahlenformat**. Es öffnet sich jedes Mal der Dialog »Zahlenformat«, in dem Sie die Darstellung der Zelle ändern können. Textzellen haben zwar eigentlich kein Zahlenformat, der Befehl funktioniert aber trotzdem. Für Texte ist das Zahlenformat auf »@« gestellt, das eben »Texte« repräsentiert. So können Sie beispielsweise die Spalte mit dem Geburtsdatum vom automatisch erzeugten Format »tt.mm.jj« auf das lesbarere Format »tt MMM jjjj« umstellen.

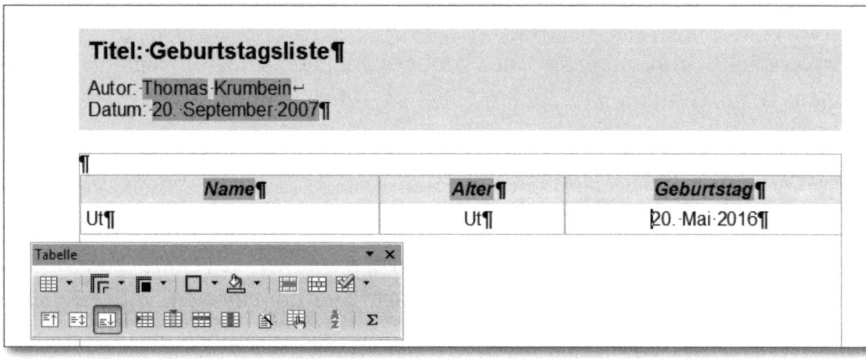

Abbildung 8.11 Layout des Berichts manuell ändern

Wichtiger Hinweis

Etwas sollten Sie nicht tun: Spalten löschen, hinzufügen oder die Reihenfolge ändern. Das nämlich hätte fatale Folgen. Nutzen Sie später den Bericht, so füllt OpenOffice.org die Tabelle Zeile für Zeile mit den Daten auf, und zwar in der internen Reihenfolge: Die 1. Spalte der gewählten Berichtsdaten kommt in die erste Spalte der Tabelle, die 2. Spalte in die zweite und so weiter. Fügen Sie eine Spalte manuell ein, so ändert das nichts an der Zählung: Die Daten werden dann eben eine Spalte zu früh eingefügt. Die Überschriften der Tabelle werden später nicht mehr ausgewertet, nur die Reihenfolge ist wichtig. Es nützt also nichts, im Layout-Modus die Spaltennamen zu vertauschen: Die Daten werden dennoch in der ursprünglichen Reihenfolge eingefügt!

Noch eine Bemerkung: Die Datentabelle trägt den internen Namen »Tbl_RecordSection«. Auch diesen sollten Sie nicht verändern oder löschen. Das Programm sucht danach und fügt dann die Daten in diese Tabelle ein. Ist dieser Name nicht mehr vorhanden oder wurde er verändert, gibt es eben keine Datensektion mehr. Der Bericht ist unbrauchbar.

Profi-Tipps

Das waren die einfachen Änderungen. Etwas komplizierter wurde es in früheren Versionen von OOo, wenn Sie die Textsektion (die üblicherweise nicht genutzt wird) noch verändern möchten, und zwar oberhalb der Daten. An diese kamen Sie nämlich mit »Bordmitteln« so einfach nicht mehr heran. Ab Version 2.3 ist das einfach. Hier wurde oberhalb des Bereiches gleich eine Leerzeile belassen, so dass Sie dort bequem und einfach Text unterbringen können.

Nach der Tabelle ist das Einbringen von zusätzlichem Text ohnehin kein Problem, denn der Cursor steht ja nun in der **Textsektion**, und dort können Sie beliebige Texte schreiben.

Arbeiten Sie noch nicht mit der Version 2.3, können Sie dennoch Text vor die Datensektion einbringen. Die **Datensektion** ist allerdings leider ganz oben in der Textsektion verankert, und Sie können den Cursor nicht davor setzen. Jetzt hilft nur ein etwas komplizierterer Weg:

1. Zuerst heben Sie den Textbereich auf, in dem sich die Tabelle mit den Daten befindet. Dazu öffnen Sie den Dialog »Bereiche bearbeiten« über **Format • Bereiche**. Zumindest ein Bereich sollte vorhanden sein: **RecordSection**.

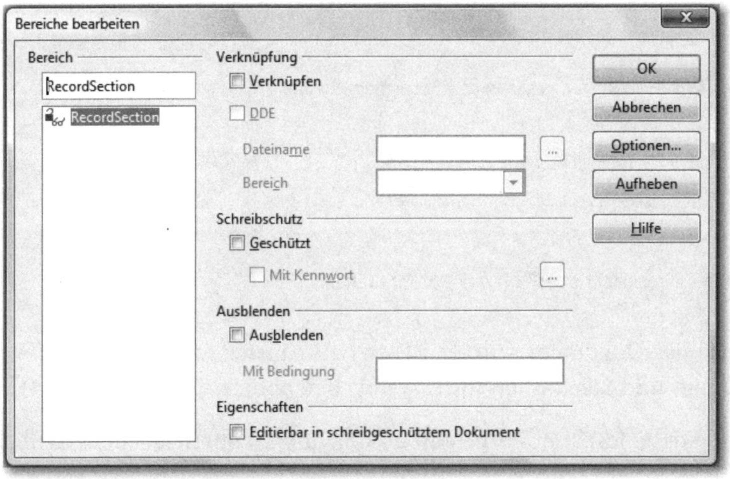

Abbildung 8.12 Die Bereiche des Dokuments

2. Markieren Sie den Bereich, und klicken Sie auf **Aufheben**. Dadurch wird der Bereich gelöscht und der Inhalt in das normale Dokument (Textbereich) integriert.
3. Jetzt können Sie mit dem Cursor an den Anfang der Tabelle gehen und ein paar neue Zeilen einfügen (mit der Eingabetaste; die Tabelle »rutscht« dabei

etwas tiefer). In die nun oberhalb gewonnenen Zeilen können Sie später einen beliebigen Text schreiben. Es ist jedoch wichtig, den Textbereich wiederherzustellen. Auch danach sucht der Programmcode, und wenn er ihn nicht findet, gibt es eben keinen Bericht mehr!

4. Markieren Sie nun die komplette Tabelle (es darf mehr sein, also beispielsweise eine oder mehr Zeilen über und/oder unter der Tabelle, lassen Sie aber mindestens eine Zeile über der Markierung stehen!), und fügen Sie einen neuen Bereich ein (**Einfügen • Bereich**). Der markierte Text wird dabei automatisch in den Bereich mit aufgenommen, so dass die Tabelle »Tbl_RecordSection« jetzt wieder Teil des Bereichs ist. Geben Sie dem Bereich wieder den Namen **RecordSection** und klicken Sie dann auf **Einfügen.** Jetzt können Sie beliebige Texte oberhalb des Bereichs (Ihrer späteren Datentabelle) eingeben, ganz nach Wunsch (Abbildung 8.13).

Arbeiten Sie mit der Version 2.3, so ist das alles sehr viel einfacher: Positionieren Sie den Cursor oberhalb des Bereiches, aber unterhalb der Kopfzeile, und fügen Sie ein, was Sie wollen.

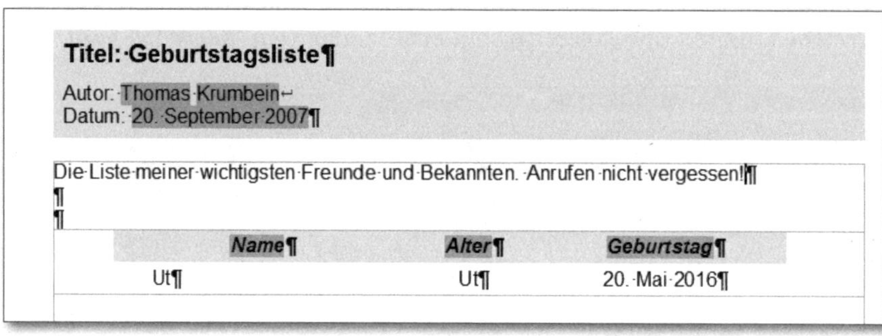

Abbildung 8.13 Textzusatz oberhalb der Datentabelle

Speichern Sie das Dokument nun, es ist jetzt als Muster so festgelegt. Rufen Sie den Bericht auf, und Sie können Ihr Ergebnis bewundern (Abbildung 8.14).

Die Daten sind in lesbarer Form aufbereitet, die Geburtstage dem zeitlichen Ablauf nach geordnet – so wie es sein sollte.

Nochmals zur Erinnerung

Ein Bericht in Base benötigt zwingend zwei Teile: einen Textbereich mit dem Namen **RecordSection** und innerhalb dieses Textbereichs eine Tabelle mit dem Namen **Tbl_RecordSection**. Diese Tabelle muss mindestens so viele Spalten haben, wie Datenfelder vorhanden sind. Das Programm füllt die Daten von vorn auf – in der Reihenfolge der Datenfelder.

Titel: Geburtstagsliste

Autor: Thomas Krumbein
Datum: 20. September 2007

Die Liste meiner wichtigsten Freunde und Bekannten. Anrufen nicht vergessen!

Name	*Alter*	*Geburtstag*
Gudrun Schwall	69	7. Januar 1938
Sybille Frisch	39	3. April 1968
Klaus Meier	38	8. April 1969
Hans Klein	43	22. Mai 1964
Huber Hein	52	2. Juni 1955
Jan Bettmann	31	5. Juni 1976
Hugo Mayer	49	5. Juli 1958
Petra Solo	29	27. Juli 1978
Ursula Grüngrass	36	16. August 1971
Liesbeth Schulz	61	3. Oktober 1946
Theo Winkler	32	12. November 1975
Thomas Breitfuss	32	15. November 1975
Herbert Maier	54	19. November 1953

Abbildung 8.14 Der fertige, manuell angepasste Bericht

8.2.3 Fußzeile

Einen Teil haben wir noch nicht betrachtet: Der Berichtsassistent erzeugt nämlich noch eine dritte Sektion im Dokument, die **Fußzeile**. In dieser stehen nur zwei Felder: aktuelle Seitenzahl und Gesamtseitenzahl. Natürlich können Sie auch diesen Bereich wie in Writer üblich beliebig verändern oder editieren. Hierbei ist nichts Besonderes zu beachten. Fußzeilen werden ebenfalls auf allen Seiten wiederholt.

8.3 Berichte mit dem »Report-Designer« erstellen

Bietet der Assistent die Möglichkeit, schnell und ohne tiefere Kenntnisse einfache Berichte zu erstellen, stößt man dennoch bald an die Grenzen. Die vordefinierten Layout-Vorschläge lassen keinen Raum für eigene Anpassungen, die Berichte lassen sich nur sehr schwer individuell anpassen, und viele Funktionen oder Wünsche sind überhaupt nicht realisierbar.

Natürlich, per Scriptprogrammierung wäre immer ein idealer Bericht zu erzeugen, nur braucht man dafür umfangreiche Kenntnisse. Ideal wäre es, wenn die Scripterzeugung mit Hilfe von einfachen Oberflächen und »Drag & Drop« zu lösen wäre, wie das auch bei Formularen der Fall ist. Und genau hier setzt der Report-Designer an: Im Grunde genommen handelt es sich dabei um eine Benutzeroberfläche, in der der Nutzer das Layout seines zukünftigen Berichtes erzeugen kann – sehr individuell. Auf der Basis dieser Vorgaben wird dann der Bericht erzeugt, das heißt, die Vorgaben werden intern ausgewertet, ein neues Dokument wird geöffnet und die Daten mit dem erzeugten Script dort hineingeschrieben. Als Ergebnis erhält man wieder ein unabhängiges Writer-Dokument, das dann natürlich ebenfalls bearbeitet werden kann.

Andererseits wird auch die Oberfläche, also das Designmuster, zur Berichtserzeugung gespeichert, so dass jederzeit der Bericht erneut erzeugt werden kann oder Änderungen einfließen können.

So viel zur Vorrede. Der kann erst mit einer Version 2.3 oder später verwendet werden. Alle anderen Vorversionen können zwar auch mit Extensions umgehen, ihnen fehlen aber wesentliche Codeteile, um den Report-Designer entsprechend einbinden zu können. Der Report-Designer selbst gehört aber nicht zum Standard-Lieferumfang von OpenOffice.org, sondern muss als Extension nachträglich installiert werden. Wie man die Extension installiert und wo man sie herbekommt, wurde bereits ausführlich in Abschnitt 2.6 besprochen. Ob der Report-Designer bereits installiert ist und auch genutzt werden kann, können Sie auf verschiedene Art und Weise feststellen:

1. Zunächst einmal nachsehen, ob er im Extension Manager aufgeführt wird und »aktiv« geschaltet ist. Dort sollte der folgende Eintrag zu finden sein (**Extras • Extension Manager -> Meine Extensions**): »sun-report-builder.oxt«. Wenn der Status dann noch auf »aktiviert« steht, ist alles in Ordnung.
2. Durch diverse Menü-Einträge und zusätzliche Aufgaben innerhalb der Base-Umgebung (siehe auch Abbildung 8.15). Die Extension erzeugt erst die Startbefehle, Menüeinträge und Verknüpfungen innerhalb der Basestruktur. Fehlen die entsprechenden Einträge, ist die Extension eben nicht installiert oder nicht aktiviert.

Hinweis

Auch wenn der Report-Designer einen großen Schritt nach vorne bedeutet, ist er keineswegs perfekt oder fertig (es handelt sich erst um die Version 1.0.0). Erwarten Sie also nicht zu viel, und schauen Sie öfter mal nach Updates. In der aktuellen Version lassen sich einige schon vorhandene Menüpunkte noch nicht aktivieren, und manche andere Funktionalitäten sind schlicht noch nicht vorhanden.

Haben Sie sich überzeugt, dass der Report-Designer auf Ihrem System verfügbar ist, dann können Sie ihn jetzt starten.

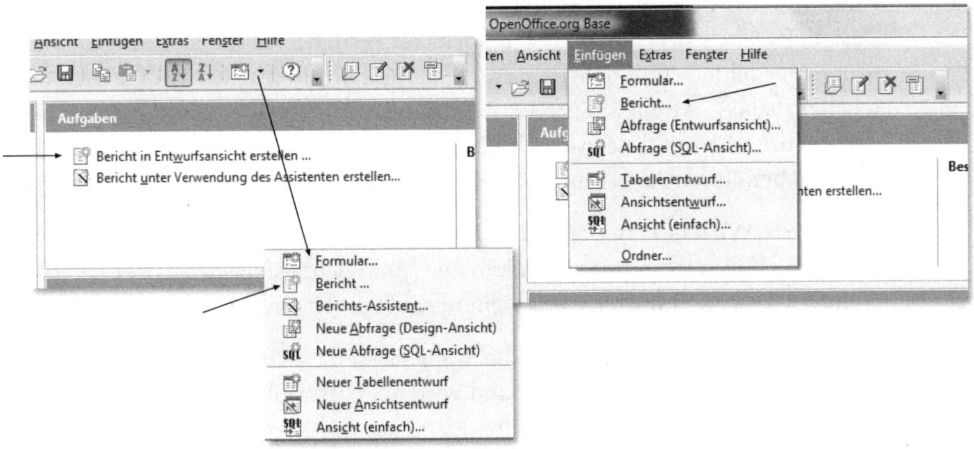

Abbildung 8.15 Die mit dem Pfeil gekennzeichneten Menüeinträge werden durch die Extension »Report-Designer« hinzugefügt und starten auch denselben.

8.3.1 Die Arbeitsumgebung des Report-Designers

Auch der Report-Designer nutzt ein Writer-Dokument als Basis, baut jedoch die Arbeitsoberfläche völlig um. Es gibt eigene Menübefehle, Symbolleisten und eine eigene Arbeitsflächen-Anordnung.

Nach dem ersten Start erscheint ein dreigeteilter Bildschirm, dessen Hauptfenster (in der Mitte) ebenfalls eine Dreiteilung (horizontal) aufweist. Außerdem kommen Farben (links) ins Spiel, die Ihnen die Orientierung erleichtern sollen.

Die Bereiche werden durch kräftige schwarze Linien voneinander abgegrenzt, die wiederum mit der Maus verschiebbar sind. Somit lässt sich einmal ein angenehmer Arbeitsbereich erzeugen (durch Verschieben der vertikalen Linie), und zweitens können Sie die später noch näher beschriebenen Arbeitsbereiche in ihrer Größe anpassen (horizontale Linien).

Ganz wichtig: Der Report-Designer stellt jetzt nur die Oberfläche dar. Noch ist keinerlei Funktionalität gegeben. Das müssen jetzt Sie erledigen.

Zunächst also eine kurze Erläuterung der sichtbaren Bereiche: Ganz **links** wird durch farbige Flächen die Beschreibung der Arbeitsflächen in der Mitte angedeutet und optisch fixiert. Die Breite dieses Bereiches ist nicht veränderbar. Sichtbar sind aktuell drei Bereiche: »Seitenkopf«, »Details« und »Seitenfuß«. Alle Bereiche können hier mit Hilfe der kleinen Icons [-] und [+] verkleinert oder expandiert werden, wobei dies lediglich optische Auswirkungen im Entwurfsmodus hat, der Arbeitsbereich wird dadurch an sich nicht verändert. Dies dient also der Übersicht.

Die **Mitte** stellt den eigentlichen Bericht dar, ist also die Arbeitsfläche für das Design. Der Bericht wird später ein normales Writer-Dokument, und die Arbeitsfläche hier bildet diese quasi ab. Falls Sie die Lineale (Ansicht – Lineale) eingeschaltet haben, können Sie die Breite des Dokuments (Textbereich) oben erkennen und beeinflussen (auch über Format – Seite), die linken Lineale hingegen geben Ihnen Aufschluss über die Höhe der Bereiche.

Das spätere Writer-Dokument wird diverse Bereiche enthalten, je nachdem, welche Sie hier aktivieren und ausfüllen. Die fünf wichtigsten hier in der Übersicht (aktuell sehen Sie nur drei, zwei weitere sind zurzeit ausgeblendet):

1. **Seitenkopf:** bestimmt quasi die Kopfzeile eines Dokumentes, ist also ein Bereich am Anfang einer Seite und wird auf allen Seiten wiederholt. Hier hinein gehören klassische Kopfzeilen-Elemente wie Berichtstitel, Logos, Firmenbezeichnungen, Verteiler und vieles mehr.
2. **Berichtskopf** (derzeit noch ausgeblendet): ein Bereich vor dem eigentlichen Bericht, aber nach der Kopfzeile. Der Berichtskopf taucht später im Bericht nur einmal auf, nämlich vor dem echten Bericht. Hier können Sie einleitende Worte oder Texte unterbringen, Erläuterungen oder Ähnliches.
3. **Detail:** der eigentliche Bericht. Der Detailbereich wird für jeden Datensatz einmal in den Bericht eingefügt, immer direkt untereinander und mit den aktuellen Daten. Im Entwurfsmodus sehen Sie natürlich nur einen Detailbereich. Doch bedenken Sie: Ein solcher wird für jeden Datensatz erzeugt!
4. **Berichtsfuß** (derzeit ausgeblendet): ein Bereich nach dem eigentlichen Bericht, also quasi am Ende, aber vor der Fußzeile. Dieser Teil taucht auch nur einmal im Bericht auf – eben am Ende. Sie können hier abschließenden Text unterbringen, Erläuterungen – eben alles, was nach den einzelnen Berichtssätzen noch folgen soll.
5. **Seitenfuß:** quasi die Fußzeile des Dokumentes. Dieser Bereich wird einmal pro Seite gedruckt, und zwar immer unten. Hier hinein gehören Seitenzahlen, vielleicht auch ein Datum, der Berichtsname und so weiter.

Der **rechte** Bereich schließlich stellt die Eigenschaften des gerade selektierten Objektes dar, dort können Sie diese auch verändern. Der Eigenschaftsbereich erinnert stark an die Eigenschaften von Kontrollelementen aus Formularen oder Dialogen, und genau da stammt er auch her. Auch der Berichtsgenerator arbeitet mit Formularelementen, nur heißen sie jetzt eben Berichtselemente. Und ähnlich wie ein Formular an eine Datenquelle gebunden werden kann, muss dies auch mit dem Bericht geschehen, sonst weiß OpenOffice.org nicht, aus welcher Datenbasis der Bericht erzeugt werden soll.

Öffnen Sie den Berichts-Designer erstmalig, so steht der Eigenschaftsbereich direkt auf dem Objekt des Berichtes, Sie können also sehr einfach die Datenquelle verbinden. Haben Sie aber schon einmal mit der Maus irgendwo in die Arbeitsfläche geklickt oder auf eine Fläche des rechten Bereichs, so werden nun die Eigenschaften des zuletzt gewählten Objektes angezeigt. Allerdings kann man damit nun wenig anfangen, da zunächst die Berichtsverbindung zur Datenquelle vorhanden sein muss, bevor die Objekteigenschaften der nachgeordneten Objekte bestimmt werden können.

Hinweis

Stellen Sie immer als Erstes die Eigenschaften des Berichtes an sich ein (also auch die Datenverbindung). Sind die Eigenschaftsfelder rechts nicht mehr auf den Bericht bezogen, kommen Sie so einfach nicht wieder dran. Öffnen Sie nun den Berichts-Navigator (**Ansicht • Bericht-Navigator** oder einfach [F5]), und wählen Sie darin den Bericht an sich aus. Jetzt sind die Eigenschaften wieder sichtbar.

Haben Sie eine Art des Inhaltes für den Bericht definiert und den Inhalt entsprechend spezifiziert, öffnet sich ein weiteres Fenster: **Feld hinzufügen**. Dieses Fenster ist auch über die Symbolleiste oder den Menübefehl **Ansicht • Feld hinzufügen** erreichbar, jedoch erst dann, wenn die Datenverbindung spezifiziert wurde.

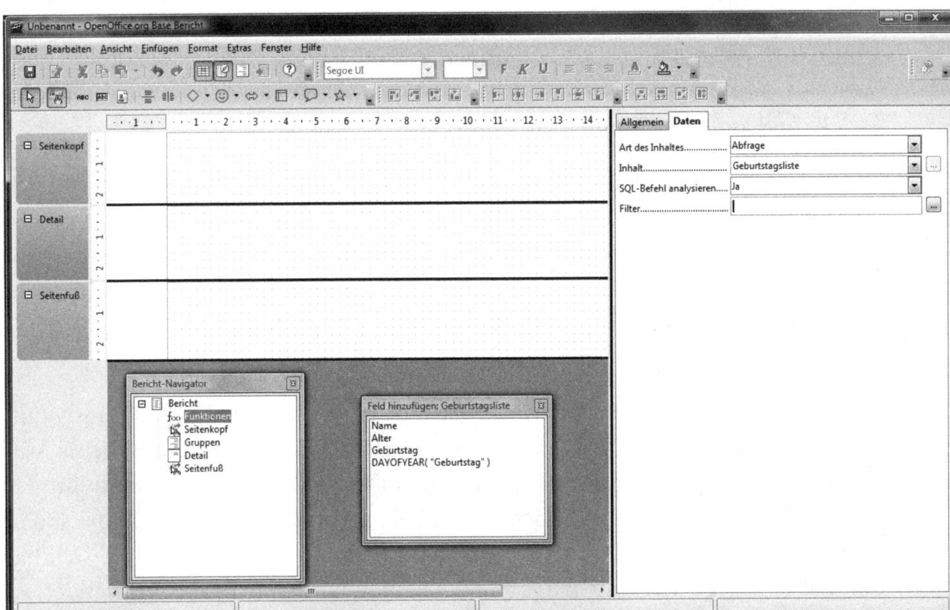

Abbildung 8.16 Die Arbeitsumgebung des Report-Designers, hier schon mit eingeblendetem Report-Navigator und »Feld hinzufügen«-Fenster

Bleibt noch ein Blick auf die Symbolleisten. Auch wenn es sich eigentlich um ein Writer-Dokument handelt: Die Symbolleisten sind grundverschieden. Lediglich die Text-Format-Leiste ist ähnlich, jedoch inaktiv, solange kein Textobjekt ausgewählt ist. Die eigenen Symbolleisten zeige ich in Abbildung 8.17, die hier ebenfalls inaktiven Symbolleisten zum Ausrichten von Objekten folgen später.

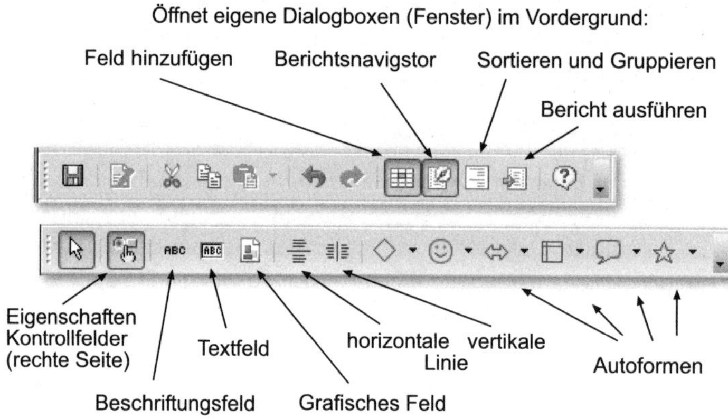

Abbildung 8.17 Die Symbolleisten des Report-Designers

8.3.2 Datenverknüpfung festlegen

Der erste Schritt, einen Bericht mit dem Berichts-Designer zu erstellen, besteht also darin, die Datenquelle zuzuordnen. Öffnet man den Berichtsdesigner erstmalig, so sind die Eigenschaften des Berichtes bereits im rechten Abschnitt dargestellt und aktiv, Sie können sie somit direkt einstellen.

Haben Sie aber schon einmal woanders hingeklickt, dann zeigt der rechte Bereich die Eigenschaften des zuletzt angeklickten Objektes, und Sie kommen nicht mehr auf den Bericht an sich zurück. Jetzt hilft nur: Öffnen Sie den Berichts-Navigator (Icon oder über den Menübefehl **Ansicht • Berichts-Navigator** oder einfach [F5]), und klicken Sie dort auf das Wurzelobjekt (heißt normalerweise einfach »Bericht«). Jetzt sind die Eigenschaften wieder aktiv.

Der Bericht besitzt zwei Eigenschaftskarten, beide sollten sorgfältig ausgefüllt werden. Die erste (»Allgemein«) lässt Sie zunächst den Namen des Berichts festlegen. Vorgegeben ist der Name »Bericht«, wobei dieser Name nur intern für das Objekt verwendet wird, der Bericht selbst bekommt später von Ihnen noch einen eigenen Namen, unter dem dieser dann gespeichert und auch in Base sichtbar wird. Wie gesagt, der hier aufgezeigte »Name« wird nur intern verwendet, er muss also eindeutig innerhalb der Objektstruktur des Berichtes an sich sein.

Ansonsten können Sie auf dieser Eigenschaftskarte noch festlegen, ob der Seitenkopf und der Seitenfuß auf allen Seiten erscheinen soll (Vorgabe und meist sinnvolle Einstellung) oder ob er in Abhängigkeit vom Berichtskopf und -fuß teilweise ausgeblendet werden soll.

Eine mögliche Verwendung dieser Option lässt sich wie folgt vorstellen: Sie möchten in den Berichtskopf ein Anschriftenfeld einfügen zur Versendung Ihres Berichtes direkt per Post (ich denke da an eine Rechnung). Jetzt definieren Sie alle wichtigen Elemente des Briefkopfes, die nicht vorgedruckt sind, im Berichtskopf, schalten die Anzeige des Seitenkopfes aus, wenn der Berichtskopf verwendet wird, und definieren dann im Seitenkopf so die wesentlichen Daten, die später auf den Folgeseiten der Rechnung erscheinen sollen (wie z.B. Rechnung vom <Datum>, Seitenzahlen, Überträge etc.). Natürlich können Sie diese Eigenschaften auch noch später setzen oder verändern.

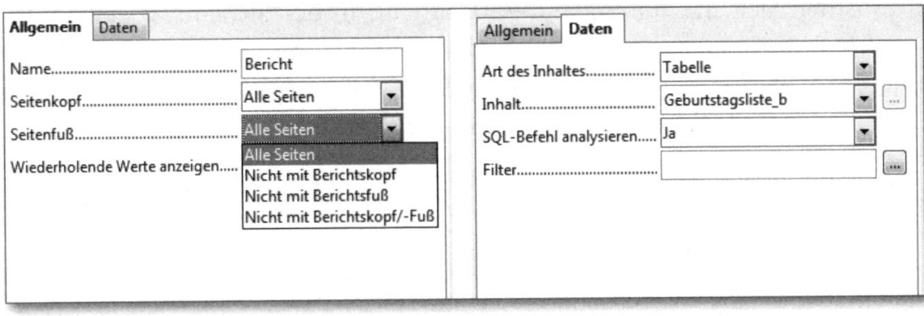

Abbildung 8.18 Die Eigenschaften des Berichtes

Wichtiger und für das weitere Erstellen des Berichtes unerlässlich ist jedoch die Karteikarte »Daten«, weil Sie hier festlegen, welche Daten aus Ihrer Datenbank eigentlich dargestellt werden sollen. Ohne diese Festlegung kein Bericht!

Die Datenbank selbst ist schon definiert – das ist die Basedatei, aus der Sie den Berichtsgenerator aufgerufen haben. Für diese Verbindung bleibt die Base-Datei verantwortlich. Kann sie nicht hergestellt werden, so wechseln Sie zurück zu Base und stellen dort sicher, dass eine Verbindung zur Datenquelle problemlos möglich ist (**Bearbeiten • Datenbank...**).

Für den Bericht entscheiden Sie sich nun als Erstes, welchen Inhalt dieser haben soll, woher er also die Datensätze beziehen soll, die dann in Berichtsform dargestellt werden. Zur Auswahl stehen: **Tabelle** (gemeint ist eine vorhandene Datenbanktabelle), **Abfrage** (auch eine Abfrage muss vorher schon definiert und in Base verfügbar sein) sowie **SQL-Befehl**. Ein SQL-Befehl greift auf vorhandene Tabellen zu, kann hier aber völlig frei definiert werden. Es bedarf also keiner vorhergehenden Abfrage (die ja auch nichts anderes als einen SQL-Befehl darstellt).

Wichtig

Der Bericht zeigt normalerweise nur die Daten einer Tabelle an. Möchten Sie auf die Daten verschiedener Tabellen gemischt zugreifen, müssen Sie entweder eine entsprechende Abfrage vorher in Base definieren oder aber hier einen entsprechenden SQL-Befehl (meist wohl einen SELECT-Befehlsstring, dann aber mit der Auswahl aus verschiedenen Tabellen) definieren.

Sobald Sie eine Auswahl im ersten Feld (»Art des Inhalts«) getroffen haben, wird die Listbox des zweiten Feldes (»Inhalt«) ausgefüllt mit den vorhandenen Tabellen oder Abfragen. Hier brauchen Sie nur auszuwählen. Hatten Sie »SQL-Befehl« gewählt, können Sie nun in das Feld »Inhalt« den SQL-Befehlsstring (eventuell per Copy&Paste) eintragen. Zu diesem Zeitpunkt können Sie aber auch eine neue Abfrage grafisch erstellen, was ja im Ergebnis auch nichts anderes als ein SQL-Befehl ist. Klicken Sie hierzu einfach auf den Button rechts neben dem Eingabefeld. Es öffnet sich die Abfrage-Entwurfsansicht, in der Sie nun in gewohnter Weise Ihre Abfrage erzeugen können (vgl. hierzu auch Abschnitt 6.3). Sobald Sie den Button »Speichern« in der Entwurfsansicht drücken, wird die dort erzeugte Abfrage als SQL-Befehl hier in das Feld eingetragen.

Hinweis

Wenn Sie Ihre neue Abfrage auf diese Weise erzeugt haben denken Sie daran: »Speichern« überträgt den SQL-Befehl hier in das Feld, die Abfrage selbst wird aber nicht gespeichert! Schließen Sie den Abfrageentwurf ohne zu speichern, bleibt das Feld auch leer. Sie hätten nichts gewonnen!

Mit der Auswahl »Art des Inhaltes« sowie der Listbox »Inhalt« öffnet sich eine neue Dialogbox, die auch immer im Vordergrund bleibt: »Feld hinzufügen: ...« (siehe auch Abbildung 8.19). In dieser Dialogbox werden nun alle vorhandenen Felder aufgeführt, die als Ergebnis Ihrer Inhaltsauswahl für den Bericht zur Verfügung stehen. Erst jetzt ist auch das entsprechende Icon (»Feld hinzufügen«) sowie der Menübefehl **Ansicht • Feld hinzufügen...** zugänglich und aktiv. Damit lässt sich die Dialogbox ein- oder ausblenden.

Abbildung 8.19 Die Dialogbox »Feld hinzufügen« mit den vorhandenen Feldern

Bleiben noch die beiden Optionen »SQL-Befehl analysieren« und »Filter«.

Bei der ersten Option haben Sie nur die Auswahl zwischen »Ja« und »Nein«, wobei »Ja« voreingestellt ist. Dies ist sicher auch immer eine gute Wahl. Im Detail bedeutet diese Option, ob OpenOffice.org Base den SQL-Befehl auswerten oder ihn ohne Überprüfung direkt an die Datenbank-Engine senden soll (bei Option »Nein«). Das macht manchmal Sinn, wenn der SQL-Befehlssyntax der verwendeten Datenbank-Engine anders aufgebaut ist als der von Base und OpenOffice.org somit SQL-Syntax-Fehler erzeugen würde, andererseits aber die verwendete Datenbank-Engine durchaus korrekte Ergebnisse liefert. Dann schaltet man die Auswertung des SQL-Befehls durch OpenOffice.org aus und schickt den Befehl direkt zur Engine.

Mit dem Filter lassen sich dann noch Kriterien zum Filtern der Daten übergeben – quasi zusätzliche Abfragebedingungen. Das ergibt immer dann einen Sinn, wenn man sich für eine Tabelle entschieden hat, dort aber nicht alle Datensätze darstellen möchte. Auch die Filterkriterien werden als SQL-Befehl eingetragen (so etwas wie ("Name" LIKE "M%"). Einfacher wäre es, den bereits bekannten Filterdialog über den Button rechts neben dem Eingabefeld aufzurufen (vgl. auch Abschnitt 6.1.3, »Standardfilter definieren«). Egal, welche Schreibweise Sie dort gewählt haben (im Standardfilter-Dialog): Mit einem Klick auf den OK-Button setzt OOo dieses in reines SQL um und schreibt die Befehlssequenz hier in das Feld.

Damit wären die Eigenschaften des Berichtes festgelegt, der Bericht selbst kann jetzt erzeugt werden.

Sie werden feststellen, dass der Aufbau des Berichts-Designers dem eines Formulars sehr ähnlich ist. Tatsächlich nutzen beide intern die gleichen Strukturen, nur heißt hier eben alles »Bericht« und beim Formular alles »Formular«. Der Berichts-Navigator entspricht dem Formular-Navigator, die Steuerelemente sind ebenfalls sehr ähnlich, auch wenn der Bericht nur wenige besitzt. Auch die Verbindung zu einer Datenquelle wird in gleicher Weise erzeugt und gespeichert. Viele Aussagen aus dem Formularkapitel (Kapitel 7) sind also auch hier direkt anwendbar.

8.3.3 Datenbereich erzeugen

Nachdem nun die Grundlagen gelegt sind und der Report-Designer weiß, welche Daten er verarbeiten soll, kann die eigentliche Arbeit am Bericht beginnen. Nun soll ja ein Bericht Daten aus einer Datenbank aufbereitet darstellen, und zwar in der Form, dass alle Datensätze irgendwie nacheinander aufgelistet werden. Oft ist aber vorher gar nicht bekannt, wie viele Datensätze es eigentlich gibt. In einem Berichtsdesigner kann also immer nur ein Datensatz stellvertretend für alle anderen dargestellt werden. Dieser Datensatz wird dann so oft wiederholt, bis es keine darzustellenden Datensätze mehr gibt.

Genau dies erfüllt der Datenbereich des Report-Designers: Er repräsentiert genau diesen Textbereich, der für jeden Datensatz fortlaufend hintereinander gedruckt wird. Alles, was Sie in diesen Bereich hineinschreiben, wird so oft wiederholt, wie Sie Datensätze in Ihrem Bericht haben. Also Vorsicht bei Platzierung und Größen!

In der Standardeinstellung (direkt nach dem Start des Report-Designers) ist der Datenbereich 3 cm hoch und 17 cm breit (Seitenbreite). Dies ist für einfache Berichte sicher zu hoch! Denken Sie daran: Bei 10 Datensätzen wäre der ausgedruckte Datenbereich 30 cm hoch (10 * 3 cm), mit Kopf und Fußzeile, Berichtskopf und Fuß mindestens 2 Seiten (DIN A4 Hochkant). Sicher ist das nicht erwünscht. Hierbei spielt es auch keine Rolle, was genau Sie in den Datenbereich eingebracht haben. Dieser wird nicht automatisch der benötigten Größe angepasst!

Abbildung 8.20 Der Detailbereich – direkt nach dem Starten

Darüber hinaus erkennen Sie ein feines Punktraster in den Textbereichen. Dieses Raster hilft Ihnen beim Plazieren von Steuerelementen und kann über den Menübefehl **Ansicht • Raster** ein- und ausgeschaltet werden. Dort können Sie auch festlegen, ob das Raster »magnetisch« sein soll, ob es also automatisch Elemente »anzieht« oder eben nicht. Das erleichtert die Platzierung erheblich, wirkt aber manchmal auch störend. Das Raster dient natürlich nur der Orientierung in der Designphase – es wird nicht mitgedruckt!

Die beiden schwarzen Linien begrenzen den Designbereich und werden selbstverständlich auch nicht mitgedruckt. Man kann mit der Maus diese Linien aber verschieben und somit den Designbereich entweder vergrößern oder verkleinern. Das geht natürlich auch über die Eigenschaften, die sich automatisch rechts darstellen, wenn man die Maus in den Designbereich setzt und einmal klickt.

Die Eigenschaften des Detailbereiches

Betrachtet man die Eigenschaften (siehe Abbildung 8.21), so lassen sich einige »nette Sachen« damit einstellen.

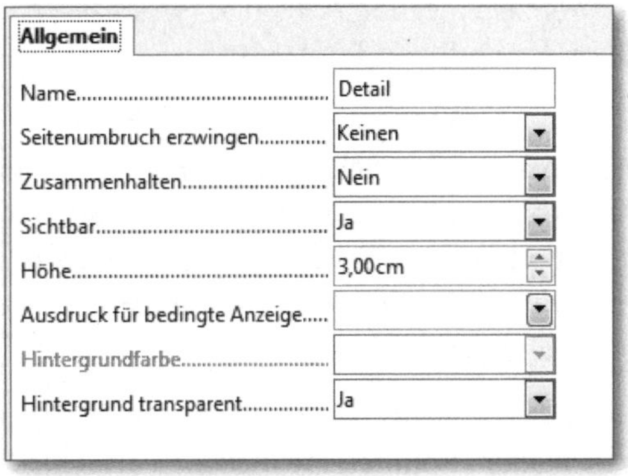

Abbildung 8.21 Die Eigenschaften des Detailbereiches

Der **Name** bestimmt wieder den internen Namen des Objektes, in diesem Fall den Detailbereich des Berichtes. Unter diesem Namen erscheint das Objekt auch im Berichts-Navigator.

Mit der Option **Seitenumbruch erzwingen** kann man einstellen, ob zum Beispiel vor oder nach dem Bereich ein Seitenumbruch in den Bericht eingefügt wird. Das ist immer dann interessant, wenn man beispielsweise auch einen Berichtskopf definiert hat, die Liste aber erst auf der nächsten Seite beginnen soll. Oder aber nach dem Bericht (Liste) soll noch ein längerer Text als Schlussbemerkung auf einer extra Seite eingefügt werden (als Berichtsfuß definiert).

Mit der Option **Zusammenhalten** erreichen Sie, dass ein Datensatz nicht auf zwei Seiten aufgeteilt wird. Haben Sie also einen Bericht so konzipiert, dass pro Datensatz mehrere Zeilen genutzt werden, so wäre es theoretisch möglich, dass der Seitenumbruch genau dazwischen erfolgt. Mit der Option »Zusammenhalten = Ja« wird jetzt der komplette Datensatz auf die nächste Seite befördert.

Zur Erläuterung: Bei der Berichtserstellung wird später eine Tabelle genutzt, wobei jeder Datensatz eine Zeile darstellt (Zelle). Die Option »Zusammenhalten« entspricht also der Option »Trennung der Tabellen an Seiten- und Spaltenenden zulassen« in Tabellen.

Die Option **Sichtbar** bestimmt, ob der Bereich überhaupt angezeigt wird – im Bericht. Steht sie auf »Nein«, so gibt es diesen Bereich nicht, was für den Detailbereich sicher keine sinnvolle Option ist, macht er doch den Sinn des Berichtes überhaupt aus. Andererseits gibt es diese Option natürlich auch für alle anderen Objekte, wo sie oft sinnvoll ist.

Mit der **Höhe** stellen Sie die Höhe jedes einzelnen Teils ein, den ein Datensatz später im Bericht benötigt (also die Zeilenhöhe der Tabelle). Sie können den Wert hier manuell eingeben (oder über die Drehtasten verändern) oder – was meist der praktikablere Weg ist – direkt die Begrenzungslinien im Arbeitsbereich mit der Maus verschieben.

Bei der Option **Ausdruck für bedingte Anzeige** handelt es sich um ein Feld, in das Sie eine Bedingung hineinschreiben können. Dieser Ausdruck wird dann ausgewertet, und nur wenn die Bedingung »True« (also »wahr«) ergibt, wird das Objekt auch im Bericht angezeigt. Im Grunde arbeitet diese Option ähnlich wie ein Filter, nur leider wieder mit einer neuen Syntax.

Einfach mal ein Beispiel: Wenn Sie in der Datenbank »Freunde« nur den Datensatz mit der ID-Nummer 5 ausdrucken wollen, könnten Sie hier die Formel [ID] = 5 eingeben, und nur dieser Datensatz würde gedruckt. Natürlich kann man hier auch kompliziertere Formeln unterbringen, jedoch lassen sich diese Fälle durch Filter oder direkt in den Abfragen meistens besser lösen. Wozu man die Bedingungen aber gut gebrauchen kann und wie die genaue Syntax aussieht, dazu lesen Sie bitte den Abschnitt 8.3.8, »Funktionen hinzufügen«.

Schließlich lässt sich noch die **Hintergrundfarbe** festlegen (wobei das Feld erst aktiv ist, nachdem man die **Transparenz** der Hintergrundfarbe auf »Nein« gestellt hat), wobei man hier vorsichtig sein sollte. Erfolgt der Ausdruck später auf Papier und steht nur ein Schwarz-Weiß-Drucker zur Verfügung, nützen schöne farbige Hintergründe wenig. Meist leidet aber die Lesbarkeit des Berichtes.

Damit sind die Optionen des Detailbereiches erläutert, und Sie können beginnen, ihn mit »Leben« zu füllen.

Felder im Detail-Bereich

Sie haben es sicher schon bemerkt: Direkt können Sie nichts in den Detailbereich schreiben. Um dort etwas unterzubringen (dies gilt übrigens auch für alle anderen Bereiche), müssen Sie zunächst ein Objekt erzeugen. In dieses können Sie dann den gewünschten Inhalt einfügen. Das ist genauso wie bei Formularen oder Dialogen. Allerdings stehen Ihnen im Bericht nur sehr wenige Kontrollelemente als Objekte zur Verfügung, genauer gesagt, sind es drei Stück, zuzüglich zweier Linienobjekte.

Erreichbar sind diese über die Icons in der Symbolleiste (siehe auch Abbildung 8.17) und sie bedeuten:

Das **Beschriftungsfeld** erzeugt ein Feld für die Anzeige von (statischem) Text, den Sie hier direkt eingeben können. Sie ziehen ein Rechteck mit der Maus dort auf, wo Sie Ihr Beschriftungsfeld platziert haben möchten, und sehen dann die entsprechenden Anfasser (grüne Punkte). Gleichzeitig werden die Eigenschaften des

Beschriftungsfeldes im rechten Bereich aufgedeckt. Nur hier können Sie Änderungen vornehmen. Leider können Sie auch dann nicht direkt im Arbeitsbereich den Text editieren, sondern müssen hierfür den Titel des Beschriftungsfeldes (in den Eigenschaften) ändern. Das ist insofern mühselig, als Ihnen erst einmal der Platz fehlt, um wirklich einfach längere Texte zu editieren, und zum anderen, weil das Beschriftungsfeld keinen automatischen Zeilenumbruch kennt, Sie diesen also fest mit eingeben müssen (mit [⇧]+[↵]!) und Ihnen dabei auch die direkte optische Kontrolle fehlt.

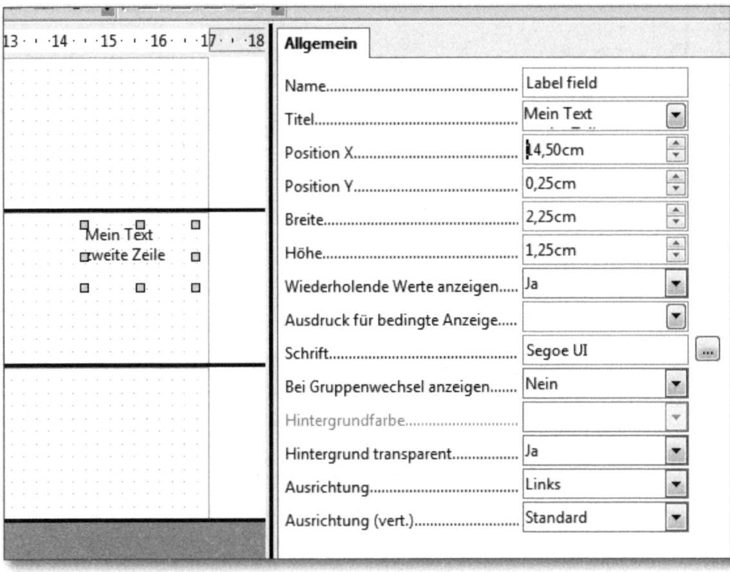

Abbildung 8.22 Ein Beschriftungsfeld – und die Eigenschaften

Dennoch bleibt dies die einzige Möglichkeit, um freie Texte im Bericht unterzubringen.

Textfelder stellen die eigentlich wichtigen Felder eines Berichtes dar, sind sie doch die Verbindung zur Datenbank und zeigen später die dort gespeicherten Daten an. Erzeugen Sie manuell ein Textfeld (Klick auf das Icon, mit der Maus das Textfeld aufziehen), so sieht das ähnlich aus wie ein Beschriftungsfeld, hat jedoch einen Rahmen drum herum. Dieser wird allerdings nicht gedruckt und dient lediglich zur Orientierung. Damit ein Textfeld überhaupt sinnvoll genutzt werden kann, muss nun eine Quelle für den Inhalt festgelegt werden, was über den Reiter »Daten« der Eigenschaften geschieht. Die Listbox beinhaltet alle zur Verfügung stehenden Datenfelder des Berichtes, in der Regel die der Tabelle oder Abfrage sowie alle im Bericht definierten Funktionen. Nun kann hier eine Zuordnung vorgenommen werden (siehe auch Abbildung 8.23).

Ergebnisse sehen Sie im Entwurfsmodus allerdings keine. Das Feld bleibt immer leer. Erst wenn Sie den Bericht erzeugen, werden die Felder mit Inhalt gefüllt und entsprechend ausgegeben. Sind Sie sich also über das Layout unsicher und wollen es gerne einmal überprüfen, so führen Sie den Bericht zwischenzeitlich mal aus, und betrachten Sie das Ergebnis.

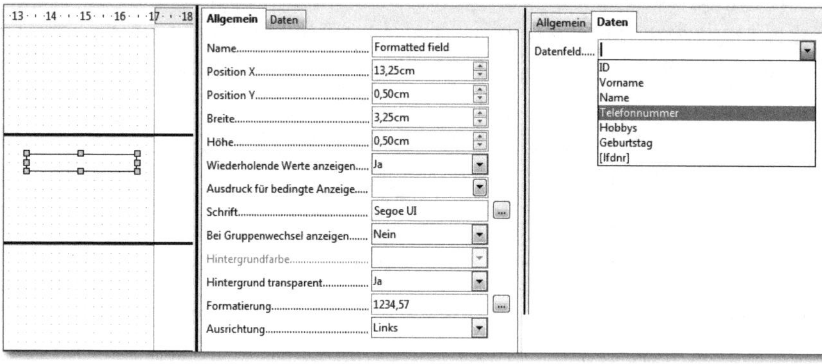

Abbildung 8.23 Ein Textfeld – mit der Verbindung zu dem Datenfeld

Hinweis

Die Länge (Breite) des Textfeldes bestimmt auch die Länge des anzuzeigenden Textes. Auch hier gilt: Ein Zeilenumbruch ist nicht möglich! Dies ist ein großer Nachteil, insbesondere dann, wenn man viel Text im Datenfeld abgelegt hat. Auch gibt es keine automatische Anpassung an den Feldinhalt. Dimensionieren Sie das Feld also ruhig etwas breiter, um so sicher zu gehen, dass auch lange Texte angezeigt werden können!

Die Textfelder können allerdings auch direkt über die Dialogbox »Feld hinzufügen« in den Bereich eingefügt werden; dann sogar gleich mit passendem Beschriftungstext (Feldnamen). Hierzu klicken Sie im Dialog auf den gewünschten Feldnamen, halten die linke Maustaste gedrückt und ziehen ihn in den aktiven Bereich, hier: den Detailbereich (vgl. auch Abbildung 8.24). Dort lassen Sie die Maustaste los. Das Feld wird nun inklusive des Feldnamens als Beschreibungsfeld eingefügt. Typischerweise sehen Sie zusätzlich gestrichelte Hilfslinien, die die Umrisse ihres Objektes verlängern und so für die genaue Platzierung genutzt werden können. Die Hilfslinien sind nur bei der aktiven Verschiebung eines Objektes mit der Maus sichtbar. Insgesamt können diese über den Menübefehl **Ansicht • Hilfslinien • Hilfslinien beim Verschieben** an- oder ausgestellt werden.

Noch eine weitere Besonderheit wird Ihnen auffallen: Sie können keine zwei Objekte irgendwie »überlappen« lassen. Sobald Sie das versuchen, ändert sich die Hintergrundfarbe Ihres Objektes in Rot, und die Aktion wird nicht ausgeführt.

Ein Beispiel mag dies verdeutlichen: Über die Aktion eben (siehe Abbildung 8.24) wurde das Feld »Vorname« eingefügt, inklusive des Beschriftungsfelds. Beide Felder sind noch markiert. Klicken Sie zunächst mit der Maus in einen leeren Bereich (dadurch wird die Selektion aufgehoben), und markieren Sie anschließend nur das Feld, also ohne das Beschriftungsfeld »Vorname« (Sie können auch einfach im Berichts-Navigator das entsprechende Objekt anklicken). Jetzt versuchen Sie das Feld etwas näher an den Begriff »Vorname« zu schieben – das Feld wird rot, und die Aktion nicht durchgeführt. OpenOffice.org verhindert ein Überlappen der Felder!

Nun wäre das in diesem Fall aber gar nicht so schlimm und vielleicht sogar ein gewünschtes Verhalten. Um das Ergebnis also zu erreichen, markieren Sie das Beschriftungsfeld, ändern die Breite auf die gewünschte und benötigte Feldbreite (der Inhalt steht ja fest und kann als Maßstab dienen), wobei Sie dies entweder direkt mit der Maus erledigen können oder manuell durch die Eigenschaften des Feldes (Breite). Anschließend können Sie ohne Probleme das eigentliche Feld näher an die Beschriftung »schieben«.

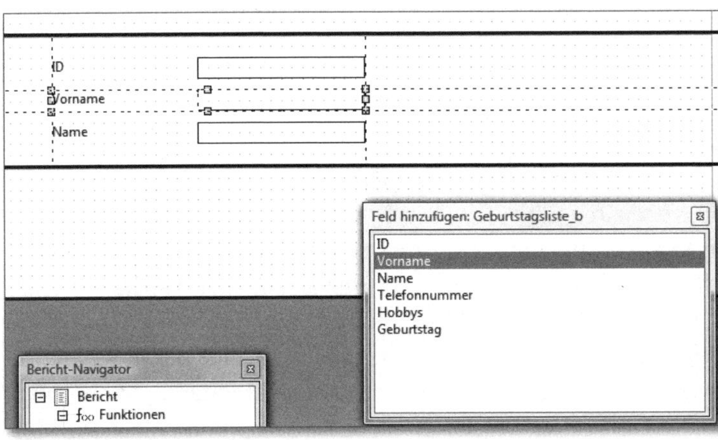

Abbildung 8.24 Direktes Einfügen eines Textfeldes – mit Beschriftung

Bleibt noch ein letzter Feldtyp, das **grafische Feld**. Dieses benötigen Sie immer dann, wenn Sie ein Bild in Ihren Report einbringen wollen. Nur ein grafisches Feld kann dieses anzeigen. In der aktuellen Version (Sun Report Designer 1.0.1) lässt sich allerdings noch kein Bild einbetten, das in einer Datenbank (Feldtyp »Bild«) gespeichert ist. Bisher kommen hier nur leere Felder zustande. Für Kopf- und Fußzeilen, Berichtsköpfe und -füße jedoch und lokale Bilder funktioniert die Option. Ein Bild kann auch über den Menübefehl **Einfügen • Bild • Aus Datei** dem Bericht hinzugefügt werden, aber auch dann wird automatisch ein grafisches Feld erzeugt und die Bild-URL in die Eigenschaften eingetragen.

Beispiel Geburtstagsliste – Schritt 1

Lassen Sie uns das Beispiel aus Abschnitt 8.1, die Geburtstagsliste, doch einfach mit Hilfe des Report-Designers nachbilden: Als Erstes verknüpfen wir den Bericht an sich mit der vorhandenen Abfrage »Geburtstagsliste«. Dadurch stehen uns die benötigten Datenfelder zur Verfügung (siehe Abbildung 8.25):

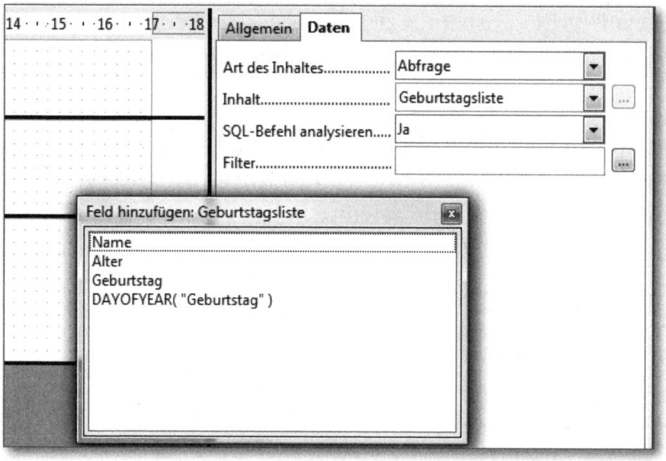

Abbildung 8.25 Der Bericht wird auf die Abfrage »Geburtstagsliste« aufgebaut.

Jetzt ziehen wir die drei Felder in den Detailbereich, und da wir sie nebeneinander haben wollen, verzichten wir auf die Beschriftungsfelder. Das heißt aber, dass Sie diese explizit löschen müssen; sie werden automatisch erzeugt. Ich habe sie allerdings zunächst der Übersichtlichkeit wegen belassen, aber oberhalb der Felder angeordnet. Das Feld »DAYOFYEAR()« benötigen wir nicht, es dient ja nur der Sortierung innerhalb der Abfrage. Dafür erzeuge ich noch ein reines Beschriftungsfeld mit Inhalt »Jahre«, dann wird das Ganze etwas »netter«.

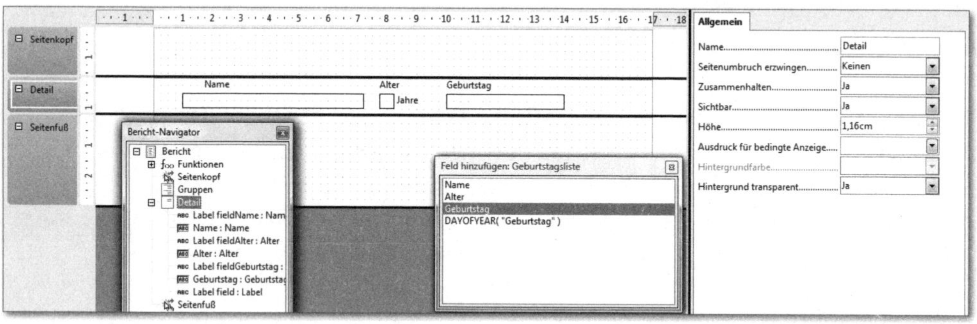

Abbildung 8.26 Der Bericht zur Geburtstagsliste

Vergessen Sie bitte auch nicht, den Detailbereich entsprechend zu verkleinern. Sie haben später ja nur eine Textzeile pro Datensatz.

Jetzt formatieren Sie noch die einzelnen Felder, und zwar so, wie Sie diese später sehen möchten. Insbesondere das Geburtstagsfeld ist dabei interessant. Standardmäßig ist es mit Datum, »TT.MM.JJ« formatiert, sie hätten es aber gerne im Langtext, also »12. September 2007«. Markieren Sie hierfür das entsprechende Feld. Rechts in den Eigenschaften können Sie nun bei der Option »Formatierung« rechts den Button klicken. Es öffnet sich der Zahlenformat-Dialog, wie Sie ihn aus Calc kennen. Hier können Sie nun den gewünschten Code selbst auswählen oder eingeben.

So weit zum Schritt 1. Wenn Sie neugierig sind, klicken Sie einmal auf das Icon »Bericht erzeugen«. Dadurch wird ein neues Writer-Dokument geöffnet und Ihr Bericht ausgegeben. So können Sie das aktuelle Ergebnis schon einmal bewundern. Doch zunächst weiter im Text.

8.3.4 Seitenkopf und -fuß erzeugen

Standardmäßig immer sichtbar sind im Report-Designer auch die Seitenkopf- und die Seitenfuß-Bereiche, also jene Bereiche, die auf allen Seiten wiederholt werden. Auch hier können sowohl Beschriftungsfelder und Grafikfelder, aber auch Textfelder eingefügt werden. Sinnvoll sind natürlich erst einmal Beschriftungs- und Grafikfelder, denn die eingefügten Informationen sind ja überwiegend statisch.

Natürlich lassen sich auch Textfelder einfügen. Man muss jedoch die Systematik der Berichtserstellung verstehen: Der Report-Designer selbst stellt ja nur das Muster des späteren Berichtes dar, der Bericht selbst wird dann per Scriptprogramm auf der Basis der Anweisungen in ein neues Writer-Dokument geschrieben. Dazu wird ein Resultset der Abfrage erzeugt. Der Zeilenzeiger dieses Resultsets steht am Anfang vor dem ersten Datensatz. Nun wird also zunächst die Kopfzeile erzeugt, dann der Berichtskopf. Jetzt erst beginnt der Detailbereich, und damit die Schleife über alle Datensätze. Ist der Detailbereich abgearbeitet, steht der Zeilenzeiger nach dem letzten Datensatz. Erst dann folgen Berichtsfuß und Seitenfuß. Hat man nun in diesen Bereichen Textfelder, die dann mit Datenfeldern verknüpft werden, so wird der Inhalt immer »0« (Null) sein, denn entweder steht der Zeilenzeiger vor den Datensätzen oder eben danach.

Also: Textfelder im Seitenkopf und -fuß mit Verbindung zu Datenfeldern ergeben keinen Sinn. Aber Textfelder können ja auch andere Variable aufnehmen, zum Beispiel Funktionen (siehe Abschnitt 8.3.8) oder auch vordefinierte Variablen wie Seitenzahl und Datum.

Um diese Variablen einzufügen, aktivieren Sie zunächst den Bereich, in dem diese eingefügt werden sollen (durch Klick auf die linke Bereichsbezeichnung) und wählen dann den Menü-Befehl **Einfügen • Seitennummern... / Datum und Zeit**. Es öffnet sich jeweils ein eigener Dialog, in dem Sie die wichtigsten Eigenschaften des Feldes festlegen können. Mit **OK** wird nun ein Textfeld eingefügt, schon vordefiniert mit den entscheidenden Eigenschaften. Sie brauchen es jetzt nur noch mit der Maus richtig zu platzieren.

Hinweis

In der aktuellen Version des Report-Designers ist die Datums- und Zeitanzeige leider »defekt«. Es wird zwar das richtige Datum bzw. die Zeit eingetragen (als intern laufende Nummer), doch wird die Formatierung leider ignoriert. Insofern ist das Feld nicht benutzbar, es sei denn, Sie formatieren es später im Writer-Dokument erneut.

Details zu den beiden Feldern siehe auch Abschnitt 8.3.8, »Funktionen hinzufügen«.

Beispiel Geburtstagsliste – Schritt 2

So viel zur Theorie. Fügen wir nun den Seitenkopf der Geburtstagsliste hinzu: zunächst eine schöne Überschrift, ein Beschriftungsfeld mit entsprechender Textformatierung, darunter ein weiteres Beschriftungsfeld mit einer Jahresangabe und – zu Übungszwecken – rechts ein Beschriftungsfeld »Liste erstellt am:« sowie darunter ein Datumsfeld (**Einfügen • Datum**).

Die Höhe des Seitenkopfes belasse ich bei 3 cm, die beiden Hauptbeschriftungsfelder richte ich entsprechend untereinander aus und stelle jeweils die Ausrichtung auf »Zentriert«. Das Ganze sieht dann wie in Abbildung 8.27 dargestellt aus:

Abbildung 8.27 Der Seitenkopf des Beispiel-Berichtes

Wie gesagt (falls Sie es erst einmal ausprobieren): Das Datum wird nicht formatiert dargestellt. Aber das lösen wir später, im Writer-Dokument (vgl. auch Abschnitt 8.3.6).

Nun noch zum Seitenfuß, den wir natürlich ebenfalls nutzen wollen. Wir bringen links die Seitennummer (**Einfügen • Seitennummern**) und rechts einen Copyright-Hinweis unter, also einfach ein Beschriftungsfeld mit entsprechendem

Inhalt. Auch die Höhe von drei Zentimetern ist ein wenig »heftig«. Wir reduzieren sie auf 2 cm.

Das Feld »Seitennummer« weist eine Besonderheit auf: Wir brauchen keine weitere Beschriftung hinzuzufügen, der Assistent erledigt das automatisch. Ein Blick auf die Eigenschaften des Feldes (hier insbesondere des Datenfeldes) erklärt, wieso: Dort steht die Seite bereits mit drin und wird vom Programm später auch mit ausgewertet (vgl. Abbildung 8.28). Das funktioniert allerdings nur mit dem Seitennummern-Feld. Sie können den Text übrigens auch manuell verändern, auch erweitern, und so Ihre individuelle Bezeichnung einbringen – oder eben komplett löschen und ein eigenes Beschriftungsfeld nutzen. Achten Sie aber darauf, dass Sie später keine doppelten Ergebnisse haben.

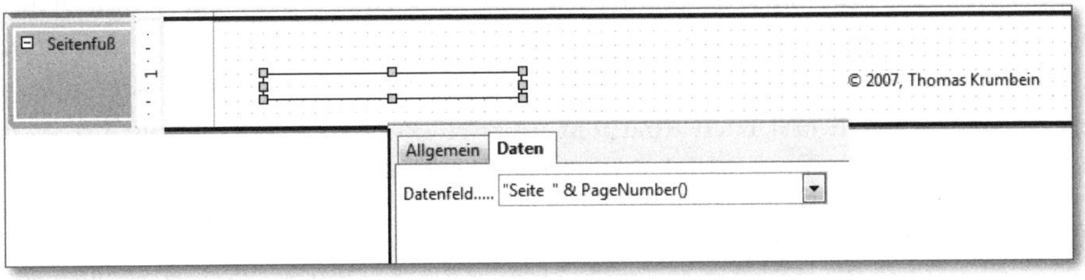

Abbildung 8.28 Der Seitenfuß des Beispiels – hier mit dem Feld »Seitennummer«

8.3.5 Berichtskopf und -fuß erzeugen

Wenden wir uns nun dem Berichtskopf und dem Berichtsfuß zu. Diese Abschnitte kommen genau einmal im Bericht vor: der Berichtskopf vor der eigentlichen Liste, der Berichtsfuß nach der Liste. Berichtskopf und -fuß sind unabhängig vom Seitenkopf und -fuß, also eigenständige Bereiche.

In der Standardansicht sind diese Bereiche gar nicht sichtbar, Sie müssen sie bewusst einschalten. Entweder nutzen Sie dazu den Menübefehl **Bearbeiten • Berichtskopf/-fuß einfügen**, oder Sie rufen diesen Befehl im Kontextmenü auf der Arbeitsfläche auf.

Der Arbeitsbereich wird dadurch um zwei weitere Bereiche erweitert, grün markiert mit den Titeln »Berichtskopf« und »Berichtsfuß«, Standardhöhe ebenfalls 3 cm. Diese Bereiche können Sie genauso wie alle anderen Bereiche bearbeiten.

Über die praktische Bedeutung beider Bereiche lässt sich streiten, zumindest für den Berichtsfuß gibt es sinnvolle Verwendungsmöglichkeiten, bei dem Berichtskopf bin ich mir nicht sicher. Leider übernimmt der Berichtskopf nämlich nicht die Aufgabe einer Wiederholzeile in einer Tabelle, und nur dann könnte ich den Kopf sinnvoll nutzen. Er wird eben nur einmal vor der Datentabelle aufgeführt.

Ein typischer Einsatz wäre jetzt zum Beispiel die Legende einer folgenden Datentabelle, also was die einzelnen Felder bedeuten (Beschriftung, ebenso wie Spaltenköpfe). Da sie bei mehrseitigen Tabellen aber nicht wiederholt wird, ist sie dafür direkt nicht zu gebrauchen. Alternativ könnte man den Seitenkopf nehmen, derja immer wieder angezeigt wird. Störend hierbei ist dann aber, dass dieser gerade auf der ersten Seite ja vor dem Berichtskopf steht und somit dort als Spaltenkopf ausfällt. Bleibt dann nur die Lösung, die Spaltenköpfe doppelt zu definieren – einmal in der Kopfzeile und einmal im Berichtskopf – und dann die Option des Seitenkopfes so einzustellen, dass er nicht zusammen mit dem Berichtskopf angezeigt wird. Sicher nicht die ideale Lösung.

Anders sieht es aus für den Berichtsfuß. Hier lassen sich sehr gut abschließende statistische Angaben unterbringen, Variablen, die sich erst nach Verwendung des Detailbereiches sinnvoll nutzen lassen. Einige dieser Beispiele zeige ich Ihnen bei den Funktionen (Abschnitt 8.3.8), aber da fallen Ihnen wohl auch noch andere ein. Da der Fußteil erst nach Abarbeitung aller Datensätze erzeugt wird, lassen sich hier natürlich andere Möglichkeiten realisieren.

Ansonsten bieten beide Bereiche keine Besonderheiten, die Optionen sind wie bei den anderen Bereichen. Achten Sie aber unbedingt auf die Option »Sichtbar«. Diese steuert nämlich nicht die Sichtbarkeit im Entwurfsmodus, sondern die Sichtbarkeit im abschließenden Bericht! Steht diese Option auf »Nein«, wird der Bereich im Bericht nicht erzeugt, der Inhalt bleibt einfach leer. Das kann manchmal zu großer Verwirrung führen.

Beispiel Geburtstagsliste – Schritt 3

Im Beispiel nutze ich nun den Berichtskopf für das Erzeugen des Tabellenkopfes. Da meine Datensätze endlich sind und mehr als eine Seite nicht zu erwarten ist, kann ich so arbeiten. Ansonsten eignet sich dieses Verfahren nicht unbedingt. Ich ziehe also die drei Beschriftungsfelder aus dem Detail-Bereich in den Berichtskopf, dann werden sie nur einmal als Spaltenkopf genutzt.

Leider ist das »Hinaufziehen« nicht ganz so einfach, lassen sich Verschiebebewegungen doch nur innerhalb eines Bereiches mit der Maus bewerkstelligen. Das ist auch logisch, da diese Objekte ja vom jeweiligen Bereich abhängen (wie auch im Berichtsnavigator schön zu sehen ist). Aber man kann die Objekte kopieren, in einen andern Bereich einfügen und anschließend im ursprünglichen Bereich löschen. Oder man wählt gleich »Ausschneiden« und »Einfügen«, dann spart man sich einen Schritt. Und natürlich lassen sich alle drei Objekte gemeinsam auswählen (entweder durch Drücken der Umschalttaste und Anklicken jedes einzelnen Objektes oder mit Hilfe eines Rahmens, den man um alle Objekte gemeinsam zieht). So bleiben die Abstände untereinander erhalten.

Nachdem man die Bezeichnungen der Spalten in den Berichtskopf gebracht hat, fügt man noch eine horizontale Linie unter die Bezeichnungen hinzu (Nutzung des Icons) und verkleinert die Höhe des Bereiches auf 0,75 cm. Und da die Bezeichnungen aus dem Detailbereich entfernt wurden, kann man gleich auch diesen auf die Höhe von 0,75 cm verändern. Mehr braucht man pro Datensatz nicht mehr.

Bleibt noch der Berichtsfuß. Als Erstes soll dieser die Tabelle wieder mit einem horizontalen Strich abschließen. Und dann möchte ich noch eine statistische Angabe, nämlich die Anzahl der dargestellten Datensätze. Das realisiere ich über eine eigene Funktion (hier »lfdnr«, siehe dazu Details im Abschnitt 8.3.8, »Funktionen hinzufügen«), die ich einem Textfeld zuweise. Die Erläuterung liefert ein Beschriftungsfeld, und fertig ist auch der Berichtsfuß.

Jetzt ist der Berichtsentwurf auch insgesamt fertig. Vergessen Sie nicht, ihn zu speichern! Sie finden den Bericht in der Beispieldatei »Freunde_1.odb« im Bereich Berichte unter dem Namen »Geburtstagsliste_ReportDesigner1«.

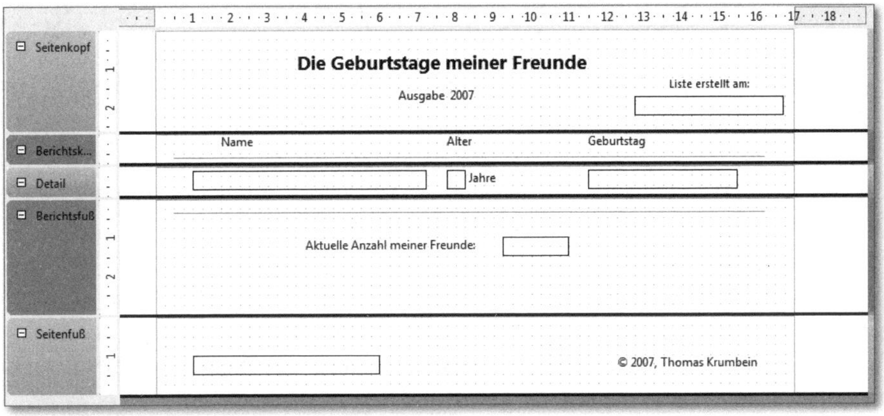

Abbildung 8.29 Der Entwurf meines Berichtes – mit allen Bereichen

8.3.6 Berichte erzeugen

Sind alle Vorarbeiten zum Bericht erfolgreich beendet, kann man nun den Bericht an sich erstellen. Bitte bedenken Sie dabei immer: Der Report-Designer arbeitet quasi als Vorlage, als Modell. Auf der Basis der hier abgelegten Informationen, Felder und Eigenschaften wird nun ein völlig neues Writer-Dokument erzeugt (per Script).

Die Vorlage wird gespeichert im Berichtscontainer des Base-Dokumentes und erscheint unter seinem Namen im Bereich »Berichte«. Klicken Sie doppelt darauf, wird der Bericht ausgeführt, das heißt: In diesem Moment wird das neue Writer-Dokument erzeugt, und nur Letzteres sehen Sie dann. In Base gespeichert ist aber immer die Vorlage, nicht der fertige Bericht!

Um wieder in die Entwurfsansicht des Report-Designer zu wechseln und den Entwurf anzupassen, markieren Sie den Bericht im Bereich »Berichte« von Base und wählen aus dem Kontextmenü den Befehl »bearbeiten«. Jetzt kommen Sie wieder zu der bekannten Ansicht.

Befinden Sie sich noch in der Entwurfsansicht und wollen dennoch den fertigen Bericht sehen, können Sie diesen auch aus der Entwurfsansicht erzeugen. Nutzen Sie dazu entweder das Icon »Bericht ausführen« oder den Menübefehl **Bearbeiten • Bericht ausführen** oder kurz die Tastaturschaltung `Strg` + `E`. In allen Fällen wird nun ein schreibgeschütztes Writer-Dokument mit dem fertigen Bericht erzeugt.

Wichtig

Der Bericht wird zwar erzeugt, ist aber nicht gespeichert! Wenn Sie diesen Bericht auch später noch (als statischen Bericht) nutzen wollen, speichern Sie ihn! Er wird als normales Writer-Dokument gespeichert, außerhalb des Base-Containers, ist also später in Base selbst nicht zu finden. Wohl aber das Muster, mit dem natürlich jederzeit wieder ein neuer Bericht erzeugt werden kann.

Ganz richtig ist die Aussage im Übrigen nicht. Das Dokument wird sehr wohl bereits während der Erzeugung gespeichert, und zwar als temporäre Datei im System-Temp-Verzeichnis. Ein Name wird automatisch erzeugt (BerichtXX, wobei xx eine fortlaufende Nummer darstellt). Das alles ist aber nur für interne Zwecke wichtig. Wenn Sie den Bericht selbst nutzen wollen, nutzen Sie unbedingt den Befehl **Datei Speichern unter...** und vergeben Sie einen aussagekräftigen Namen sowie einen »ordentlichen« Speicherort.

Kaum ein erzeugter Bericht ist wirklich perfekt, Sie können das Writer-Dokument jetzt aber ganz normal bearbeiten. Um den Schreibschutz aufzuheben, klicken Sie auf das Icon »Schreibschutz aufheben«. Nun ist Ihr Dokument freigeschaltet.

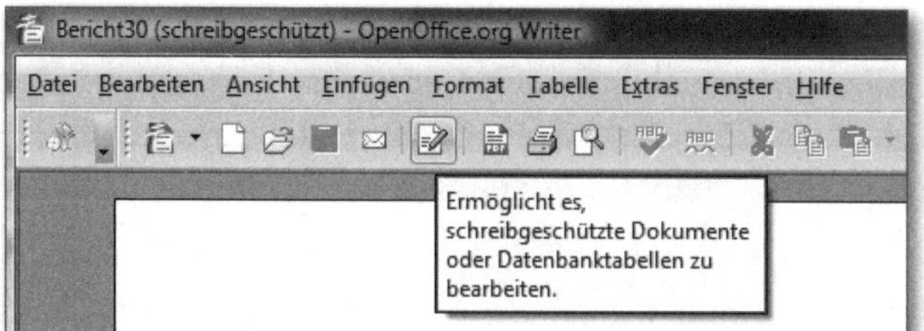

Abbildung 8.30 Den Schreibschutz des Berichtes aufheben

Struktur des Berichtes

Haben Sie den Schreibschutz aufgehoben, können Sie sich ein Bild von der Struktur des Berichtes machen, also von dem, was das Script des Report-Designers erzeugt hat. Betrachten wir zunächst das Ergebnis unserer Geburtstagsliste: An sich sieht bis auf das Datum der Erstellung alles ganz gut aus.

Wie gesagt, hier gibt es einen Bug. Das Datum wird zwar richtig in das Feld eingetragen (als interne Zahl), die Formatierung jedoch wird nicht übernommen. Zu erkennen ist auch, dass es sich um ein Feld handelt (vgl. auch Abbildung 8.31), es ist grau hinterlegt.

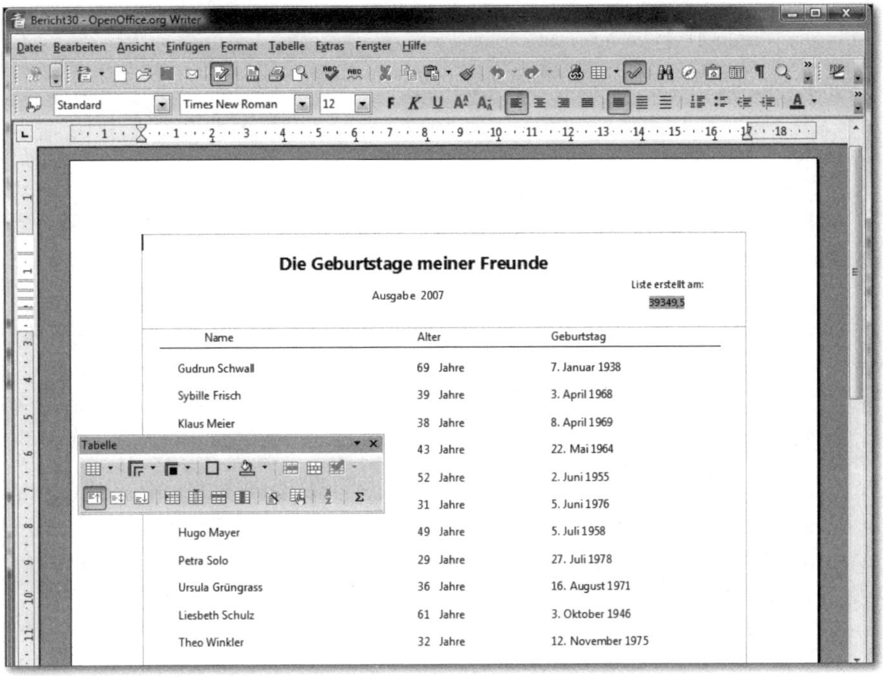

Abbildung 8.31 Der fertige Bericht – jetzt zur Bearbeitung in Writer

Ein Doppelklick auf das Feld öffnet den Dialog des Feldbefehls **Bearbeitung**. Eingefügt wurde eine Variable mit dem Namen »auto_report_1« (dieser kann natürlich immer unterschiedlich sein!), das Format steht auf »Standard«.

»Standard« bedeutet hier aber einfach das Zahlenformat – und das ist nicht gewünscht. Ändern Sie das jetzt nach eigenem Geschmack. Ein Klick auf den Formatcode »Weitere Formate...« öffnet die bekannte Dialogbox. Hier können Sie das passende Datumsformat auswählen und mit **OK** bestätigen. Jetzt zeigt die

Liste auch die kompletten Datumsformate, Ihr gewähltes ist markiert. Klicken Sie wieder auf **OK**, jetzt stimmt das Datum.

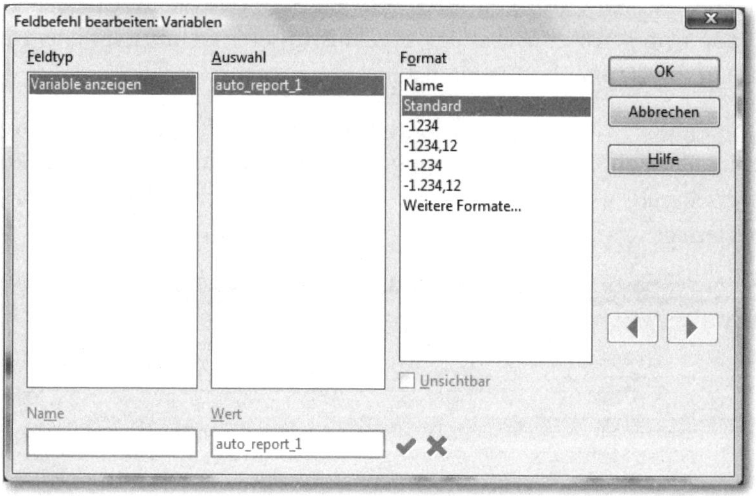

Abbildung 8.32 Das Feld des Datums

Allerdings werden nur Datums-, Zeit- und Seitennummern-Felder in das Dokument eingefügt (soweit im Entwurf auch genutzt), alle anderen Daten sind fix. Es besteht also keine Verbindung mehr zur Datenbank. Ändern sich dort Daten, so erzeugen Sie den Bericht eben neu. Das Muster ist ja noch da.

Betrachten wir uns aber den Bericht noch ein wenig näher: Das Einschalten der Ansicht nichtdruckbarer Zeichen, des Navigators sowie der Tabellenbegrenzung (Menübefehl **Tabelle • Tabellenbegrenzung**) legt die Struktur des Berichtes offen (vgl. Abbildung 8.33).

Jeder Bereich wird als eigenständige Tabelle realisiert, sogar mit den passenden Namen. Berichtskopf und -fuß sowie die Details erhalten noch Nummern (das ist notwendig, wenn man im Bericht auch Gruppierungen nutzt, da es dann auch mehrere Detail-Tabellen, Berichtskopf- und Fußtabellen gibt), und jede Tabelle wiederum stellt mit den Tabellenzellen das Layout der Entwurfsansicht möglichst realistisch dar. Dazu werden bei Bedarf auch Zellen zusammengefasst oder geteilt. Die resultierende Tabelle ist also meist sehr kompliziert aufgebaut, und man sollte sehr vorsichtig sein, dort in der Struktur etwas ändern zu wollen.

Doch betrachten wir noch einige Details: Die Tabelle »Seitenkopf« wird nämlich in die Kopfzeile der Seitenvorlage geschrieben, auch wenn es hier gar nicht so aussieht. Gleiches passiert mit der Tabelle Seitenfuß, die Bestandteil der Fußzeile ist.

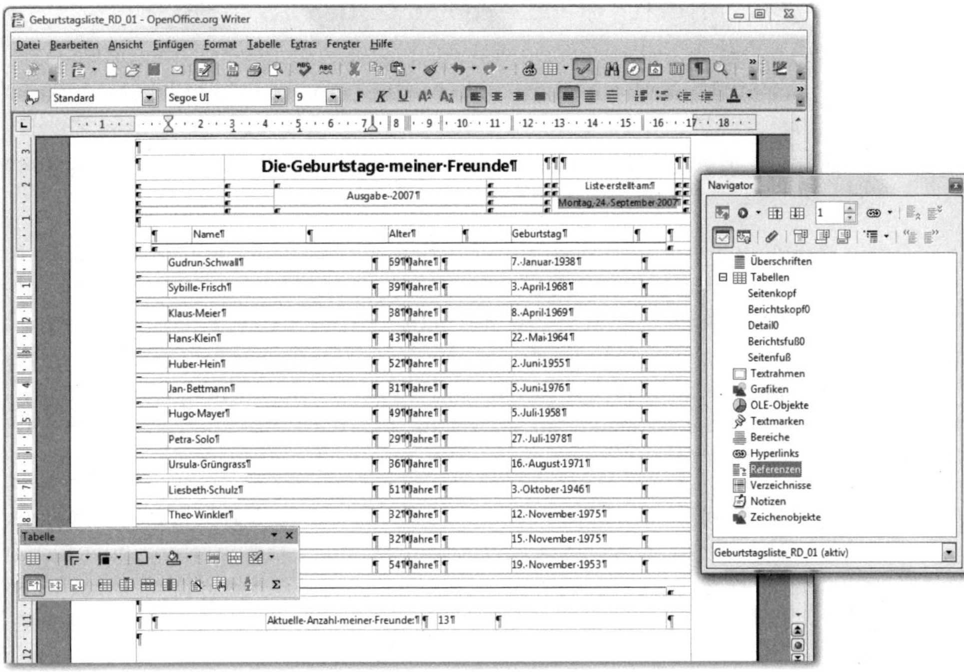

Abbildung 8.33 Die Struktur der Tabellen des fertigen Berichtes

Um die Abstände zwischen Text und Kopf- bzw. Fußzeile nicht zusätzlich berücksichtigen zu müssen, wurden diese auf Null gesetzt. Prüfen Sie das ruhig einmal in den Optionen der Seitenvorlage. Genutzt wird die Vorlage »Standard«, aber eben per Script entsprechend angepasst.

Die anderen Bereiche sind ebenfalls eigenständige Tabellen, auch wenn sie direkt aufeinander sitzen und es so wirkt, als gäbe es nur eine Tabelle.

Tipp

Versuchen Sie nicht, im fertigen Bericht das Layout noch zu ändern, also zum Beispiel die zweite Spalte des Datenbereichs etwas nach links zu verschieben. Aufgrund der Struktur der Tabelle (geteilte und verbundenen Zellen) wird dies sicher im Chaos enden. Ändern Sie in diesem Fall das Layout im Entwurf, und erzeugen Sie die Tabellen neu.

Natürlich können Sie freien Text oder grafische Elemente in das Writer-Dokument jetzt noch einbringen und somit den Bericht perfektionieren.

8.3.7 Berichtsdaten gruppieren und sortieren

Wurde der Bericht bisher »linear« durchgeführt (es wurden also alle vorhandenen Datensätze nacheinander aufgelistet), liegen die Stärken eines guten Bericht-Designers aber gerade in der gruppierten Aufbereitung der Datensätze – nach speziellen Kriterien. Und natürlich funktioniert das auch mit unserem hier vorliegenden Designer.

Um es erst einmal zu verdeutlichen: Stellen Sie sich vor, Sie haben eine Buchhaltung auf der Basis einer Datenbank programmiert. Als Haupt-Datentabelle führen Sie ein »Journal«, in dem jede Buchung genau eine Zeile darstellt. Gut, das Journal benötigen Sie irgendwann auch als Liste. Häufiger jedoch möchten Sie die Daten gruppiert ausgegeben haben, zum Beispiel alle Buchungen der Monate Januar–Dezember, aufgegliedert nach Monaten. Oder alle Buchungen aufgeteilt nach Quartalen, oder alle Buchungen gruppiert nach Konten usw.

Klar, vieles könnten Sie auch mit Abfragen erledigen, dann aber hätten Sie wieder isolierte Teile eines Ganzen (12 Abfragen – für jeden Monat eine). Einfacher ist es doch, alles in einem Bericht unterzubringen – aber eben gruppiert nach den selbst definierten Kriterien. Und genau das ist mit dem Berichts-Designer möglich. Dabei können Sie die Gruppen wiederum beliebig »schachteln«, also erneut Gruppen innerhalb von Gruppen erzeugen und so weiter.

Für jede Gruppe gibt es dann auch neue Bereiche, nämlich einen Gruppenkopf und einen Gruppenfuß, also Bereiche, die jeweils einmal pro Gruppe am Anfang und am Ende des Detailbereiches gedruckt werden. Diese werden im Entwurfsmodus blau hinterlegt (im rechten Bereich) und mit dem Namen der Gruppe gekennzeichnet, und der wiederum ist identisch mit dem Feldnamen, der für die Gruppierung verwendet wird.

Doch testen wir das Ganze, wird sicher vieles klarer. Hierfür nutze ich die Datenbank »Heimtierbedarf_HSQL1.odb« (auf der DVD). Dort gibt es nämlich auch eine kleine Tabelle »Verkäufe«, in der alle Verkäufe chronologisch aufgelistet sind (okay, ist nur eine Beispieldatei – so viele sind es nicht, für Demonstrationszwecke aber ausreichend). Auch in der Datei zu finden ist eine Abfrage, die die Informationen aller Verkäufe aus verschiedenen Tabellen zusammenfasst und lesbar aufbereitet. Als Ergebnis erhalten wir eine Liste aller Verkäufe (siehe auch Abschnitt 6.6, in dem die Erstellung der Abfrage ausführlich beschrieben wurde).

Genau diese Liste soll nun als Bericht ausgegeben werden, und zwar aufgeteilt nach Kunden. Dabei sollen die Einzelaktionen aufgelistet und dann jeweils pro Kunde eine Summe der gekauften Artikel sowie des Gesamtumsatzes dargestellt werden. Die dafür benötigten Funktionen erläutere ich im nächsten Abschnitt

(Abschnitt 8.3.8, »Funktionen hinzufügen«) noch detaillierter, hier konzentriere ich mich auf das Berichtsdesign.

Erzeugen Sie also einen neuen Bericht in der Entwurfsansicht, verknüpfen Sie den Bericht mit der Abfrage »Alle_Verkäufe_RD«, und belassen Sie die Option »SQL-Befehl analysieren« auf »Ja«. Jetzt steht schon mal das Grundkonzept des Berichtes. Einen Berichtskopf und -fuß lassen wir (da für dieses Beispiel nicht relevant) zunächst weg.

Gruppierung hinzufügen

Der nächste Schritt besteht nun darin, eine Gruppierung hinzuzufügen. Hierfür klicken Sie entweder auf das passende Icon (vgl. auch Abbildung 8.17), oder Sie rufen den Menübefehl **Ansicht • Sortierung und Gruppierung** auf (auch kurz [Strg] + [G]).

Es öffnet sich der eigenständige Dialog »Sortierung und Gruppierung«, in dem Sie nun diverse Einstellungen vornehmen können. Die Listbox oben zeigt die vorhandenen Gruppen. Noch ist das alles leer, wenn Sie aber auf die erste Zeile gehen, können Sie eine Listbox aufrufen, wo Sie alle verfügbaren Felder der verbundenen Daten finden – in dem Fall also alle Felder der Abfrage »Alle_Verkäufe_RD«. Wählen Sie das passende Gruppierungsfeld (in unserem Fall »Kunde«), denn nach diesen Inhalten soll ja gruppiert werden.

Das Ergebnis wird sein, dass alle Datensätze der Abfrage, die im Datenfeld »Kunde« den gleichen Inhalt haben, gruppiert und nacheinander dargestellt werden; dann beginnt die nächste Gruppe, also die Datensätze, deren nächster Wert im Datenfeld »Kunde« gleich ist, und so weiter.

Sie könnten nun weitere Gruppierungen hinzufügen (nächste Zeilen), das wären jetzt geschachtelte Gruppierungen. Zuerst würde also nach Kunden gruppiert, dann nach dem nächsten Kriterium (zum Beispiel »Monaten«) dann nach dem dritten (vielleicht »Artikel«) und so weiter. Natürlich ergeben solche verschachtelten Gruppierungen nur bei großen Datenmengen einen Sinn. In unserem Beispiel mit nur wenigen Datensätzen »reicht« die eine Gruppierung.

Die Dialogbox »Sortierung und Gruppierung« zeigt unterhalb der Gruppen nun auch die Eigenschaften der aktiven Gruppierung an. Dabei erkennen Sie am grünen Pfeil, auf welche Gruppe sich die Eigenschaften gerade beziehen – das ist wichtig, falls Sie mehrere Gruppen haben. Die Eigenschaften im Einzelnen:

- **Sortierung**: im Grunde selbsterklärend; Sie können zwischen »Aufsteigend« oder »Absteigend« wählen, das heißt, wie die Datensätze der Gruppe dargestellt werden. Wichtig: Die Sortierung bezieht sich jetzt auf das Datenfeld

»Kunde«, also auf jenes, das als Gruppenschlüssel verwendet wird. In unserem Fall wird also zuerst der Kunde aufgeführt, dessen Name mit »A« beginnt. Auch hier ist der Inhalt des Feldes maßgebend, und das ist ja laut Abfrage ein zusammengesetztes Feld, bestehend aus »Vorname und Nachname«. In diesem Fall wird also der erste Buchstabe (Beginn des Vornamens) zur Sortierung herangezogen.

- **Gruppenkopf**: Über die Option »Vorhanden« oder »Nicht vorhanden« können Sie die Sichtbarkeit der Gruppenköpfe und -füße direkt beeinflussen. Standardmäßig ist der Gruppenkopf sichtbar. Der Gruppenkopf wird einmal pro Gruppe gedruckt und erhält normalerweise Informationen zur Gruppe selbst. Möchten Sie »nur« sortieren (siehe auch Abschnitt 8.3.7), dann stellen Sie auch den Gruppenkopf auf »Nicht vorhanden«.
- **Gruppenfuß**: Ist standardmäßig »Nicht vorhanden«, also ausgeschaltet. Der Gruppenfuß wird einmal pro Gruppe gedruckt, und zwar am Ende einer jeden Gruppe. Hier können Sie typischerweise zusammenfassende Ergebnisse der Gruppe unterbringen. Für unser Beispiel schalten Sie ihn bitte ein.
- **Gruppiert nach**: Zur Auswahl stehen »Jedem Wert« (Standardvorgabe) und »Anfangsbuchstaben«. Hiermit können Sie die Gruppierung insbesondere bei Namenslisten nochmals beeinflussen. Beispiel Kundenliste: Sie möchten Ihre Kunden nach Buchstaben gruppiert haben. Sie erreichen das weder mit der Gruppe »Kunde« (dann würde ja jeder Name eine Gruppe bilden) noch durch entsprechende Sortierung (jetzt wären Sie zwar richtig sortiert, aber es gäbe keine Gruppenbildung). In dem Fall könnten Sie die Gruppenbildung nach Anfangsbuchstaben einschalten, und die Liste würde in die Gruppen »A«, »B«, »C« und so weiter gruppiert. Haben Sie den Anfangsbuchstaben gewählt, können Sie auch noch das Intervall festlegen.
- **Gruppenintervall** (nur freigeschaltet, wenn bei »Gruppiert nach« die Option »Anfangsbuchstabe« gewählt wurde): Hier bestimmen Sie, wie die Buchstaben-Gruppen ausgeführt werden. Mit »1« wird pro Buchstabe eine Gruppe gebildet, mit »2« immer eine Gruppe für zwei Buchstaben (also »A«+ »B«, »C« + »D« usw.), mit »3« eine Gruppe für drei Buchstaben etc.
- Mit **Zusammenhalten** schließlich können Sie steuern, ob die Gruppe auf einer Seite zusammengehalten wird (»Gesamte Gruppe«) oder ob Seitenumbrüche innerhalb der Gruppe zulässig sind (»Nein«). Die dritte Möglichkeit (»Mit erstem Detail«) bewirkt, dass zwischen Gruppenkopf und erstem Datensatz auf keinen Fall ein Seitenumbruch eingefügt wird, ab dem nächsten Datensatz aber jederzeit eingefügt werden kann.

Wie Sie in Abbildung 8.34 auch erkennen können, gibt es nun im Berichts-Navigator unterhalb des Objektes »Bericht« das Sammelobjekt »Gruppen« und dort abgeleitet das Objekt »Kunde«, welches die erstellte Gruppe repräsentiert. Jede Gruppe hat jetzt die gleiche Struktur wie der Bericht selbst; es gibt eine Abteilung »Funktionen«, einen Gruppenkopf und einen Gruppenfuß.

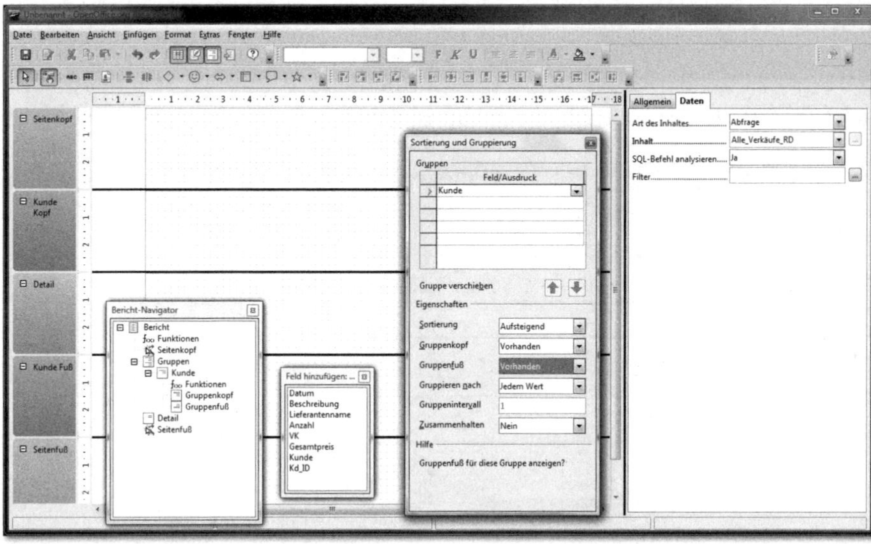

Abbildung 8.34 Einfügen einer Gruppierung

Beispiel: Bericht mit Gruppierung

Nun können wir an das Ausgestalten des Berichtes gehen. Gruppiert werden soll nach Kundennamen, also füge ich in den Gruppenkopf den Kundennamen und das entsprechende Feld ein. Zur Unterscheidung formatiere ich diese beiden Felder »Fett« und erhöhe die Schriftgröße auf 11pt (über die Eigenschaften »Schrift« im rechten Bereich). Der Abschluss des Gruppenkopfes wird durch eine horizontale Linie besiegelt.

Im Detailbereich nutze ich nun zwei Zeilen, um die jeweiligen Datenfelder mit Beschriftung unterzubringen.

Der Gruppenfuß wird erst einmal durch eine horizontale Linie eingeleitet, dann folgt nochmals der Kundenname und zum Abschluss zwei Felder, die einmal die gesamte Anzahl der Artikel darstellen sollen und zum Zweiten den gesamten Umsatz des Kunden. Die Funktionen dazu erläutere ich im Abschnitt 8.3.8, »Funktionen hinzufügen«, hier geht es erst einmal um das Design.

Um nun die einzelnen Gruppen noch signifikant voneinander zu trennen, packe ich in den Gruppenfuß noch eine doppelte horizontale Linie hinein. Um diese möglichst eng zusammenzubringen, muss man die Eigenschaft »Höhe« der Linie drastisch reduzieren. Der kleinste mit der Maus erreichbare Standardwert beträgt 0,25 cm – das ist zu groß. Ändern Sie den Wert manuell auf zum Beispiel 0,10 cm. Die »Höhe« definiert übrigens durchaus nicht die Dicke der Linie (die immer »ganz dünn« ist), sondern des verwendeten Controll-Elementes, also des »Grafik-Shapes«.

Und fertig ist das Berichtslayout, wie auch Abbildung 8.35 zeigt. Seitenkopf- und -fuß habe ich nicht weiter ausgefüllt, auf Berichtskopf und -fuß verzichtet.

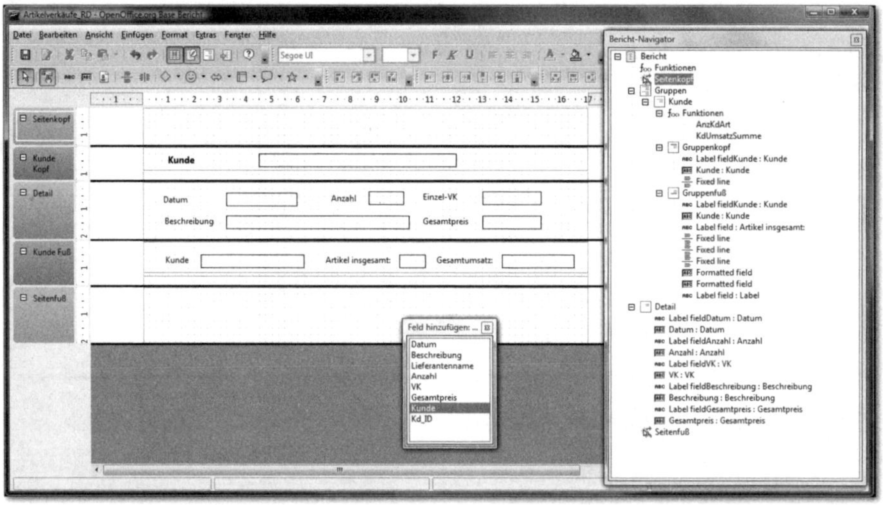

Abbildung 8.35 Berichtslayout mit Gruppierung

Bevor Sie den Bericht nun ausführen, hier noch einige Kleinigkeiten: Der Entwurf beinhaltet ja drei Währungsfelder, also Felder, die Währungsbeträge repräsentieren. In der Datenbank sind diese unterschiedlich formatiert, teilweise als Währung (dadurch ergeben sich zwei Nachkommastellen). Die Gesamtsumme ergibt sich aber erst durch eine Formel in der Abfrage, daher kommt als Ergebnis auch »nur« eine Fließkomma-Zahl heraus, die mit der vorhandenen Stellenzahl nach dem Komma dargestellt wird (außer den Nullen). Hier taucht also häufiger nur eine Stelle auf, was kaum gewollt sein dürfte.

Die Lösung bestünde einfach darin, über die Eigenschaften des jeweiligen Feldes das Format entsprechend einzustellen, hier also auf »Währung«, mit entsprechenden Nachkommastellen und Währungszeichen.

Leider ist in diesem Bereich der Report-Designer derzeit noch nicht perfekt, genauer gesagt: Er ist sehr fehlerhaft. So wird ein Feld, das mit »Währung € #.##0,00« formatiert wurde, später im Bericht mit »- 1.234,56 DM« dargestellt – wohl nicht das, was man wirklich wollte. Auch ein Umstellen der Sprachvarianten (zum Beispiel auf Deutsch (Österreich)) bringt keine wirkliche Besserung. Es empfiehlt sich also derzeit, das Feld einfach mit zwei Nachkommastellen zu formatieren (was funktioniert) und noch ein Beschriftungsfeld einzufügen, wenn man eine Währungsbezeichnung dahinter haben möchte. Voraussichtlich wird dieser Fehler mit einer späteren Version des Report-Designers behoben werden.

Nochmals der Hinweis

Der Report-Designer Version 1.0.1 in Kombination mit OOo 2.3.0 ist noch recht »buggy«. Währungsformatierte Felder werden »chaotisch« angezeigt, Sie sollten sie derzeit nicht nutzen.

Haben Sie also die Felder noch entsprechend formatiert, können Sie den Bericht nun ausführen (siehe auch Abbildung 8.36). Sie erhalten einen schönen, gruppierten Bericht.

Natürlich können Sie auch dieses Writer-Dokument nun wieder im Einzelnen bearbeiten, die Techniken hierzu habe ich bereits in Abschnitt 8.3.6 dargestellt. Jeder neue Abschnitt wird wieder durch eine eigenständige Tabelle repräsentiert, neu hinzugekommen sind nun aber auch die Tabellen »Gruppenkopf« und »Gruppenfuß«, entsprechend den Bereichen im Entwurfsmodus. Auch können Sie jetzt erkennen, dass es die Tabellen »Gruppenkopf«, »Details« und »Gruppenfuß« häufiger gibt – eben für jede Gruppe – und sie daher durchnummeriert werden. Die Struktur im Writer-Dokument lässt sich sehr schön im Navigator sehen (aufrufen mit [F5]).

Natürlich können (und sollten) Sie Ihrem Bericht noch entsprechende Angaben in Kopf- und Fußzeile gönnen und vielleicht auch einen Berichtskopf und/oder -fuß definieren. Diese Techniken beherrschen Sie ja schon.

Berichtsdaten sortieren

Bleibt noch ein weiterer Aspekt – das Sortieren von Berichtsdaten. Berichtsdaten werden normalerweise so dargestellt, wie sie in der Datenbank vorkommen, also völlig unsortiert. Nun haben Sie natürlich diverse Möglichkeiten, diese Daten sortieren zu lassen, zum Beispiel durch eine entsprechende Abfrage und die Definition von Sortierkriterien.

Eine weitere Möglichkeit bietet Ihnen eben der Report-Designer. Hierzu wird eine Gruppe erstellt und darin werden dann die Datensätze nach der gewählten Option sortiert (zur Verfügung stehen ja nur zwei Möglichkeiten: »Aufsteigend« und »Absteigend«). Das Verfahren ist ähnlich wie in diesem Abschnitt beschrieben (es wird ja auch eine Gruppe gebildet), nur brauchen Sie bei der reinen Sortierung weder einen Gruppenkopf noch einen Gruppenfuß. Sie können und sollten also jeweils die Optionen auf »Nicht vorhanden« stellen.

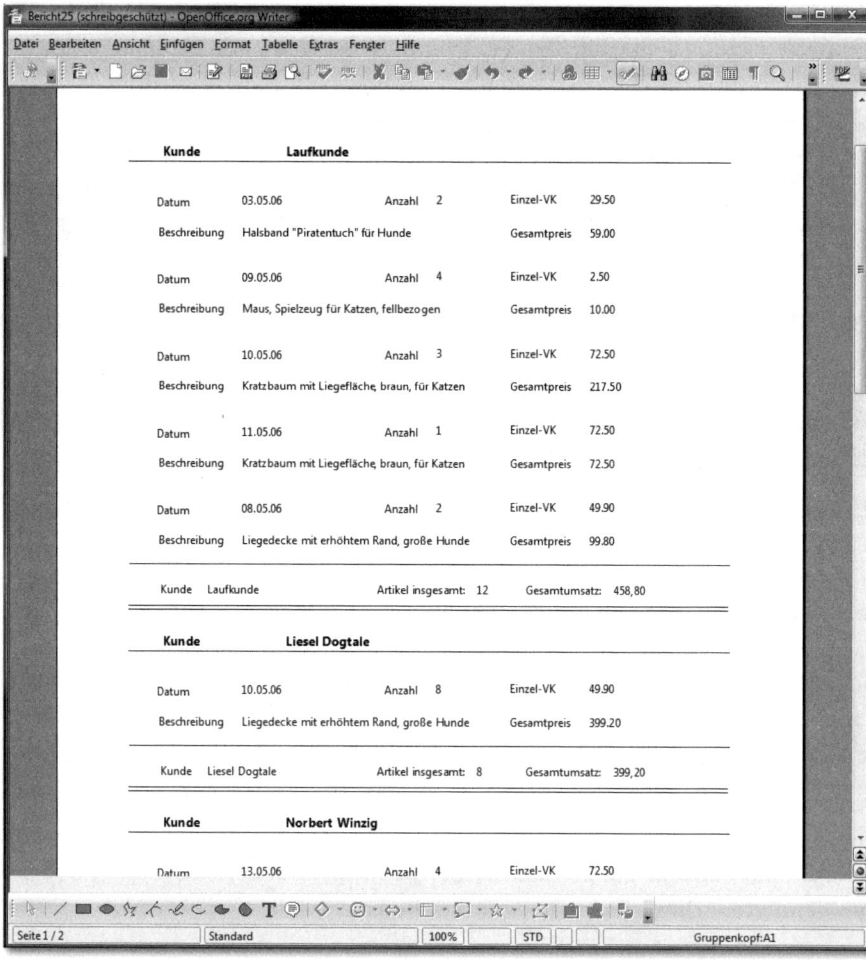

Abbildung 8.36 Der gruppierte Bericht – nach Kunden

Stellen Sie sich das Verfahren wie folgt vor: Die Sortierung bewirkt, dass für jeden Datensatz innerhalb des Berichtes eine eigene Gruppe erzeugt wird, mit Gruppenkopf und -fuß (falls aktiviert). Nun wollten Sie aber ja nur die Datensätze, und zwar sortiert. Also lassen Sie Gruppenkopf- und -fußzeilen weg, dann haben Sie den gewünschten Effekt.

Lassen Sie uns das an dem eben erzeugten Bericht testen: Wie in Abbildung 8.36 zu erkennen, sind die Datensätze des »Laufkunden« nicht sortiert, sondern eben so aufgelistet, wie sie in der Datenbank vorkamen. Sie möchten nun aber eine Sortierung nach dem Datum des Kaufes haben, und zwar absteigend (also der letzte und somit neueste Kauf soll ganz oben stehen).

Fügen Sie hierzu eine zweite Gruppe ein (im Dialog »Sortierung und Gruppierung«), dem Sie das Feld »Datum« zuweisen. Dann passen Sie die Eigenschaften dieser Gruppe entsprechend an (vgl. auch Abbildung 8.37):

- Sortierung: Absteigend
- Gruppenkopf: Nicht Vorhanden
- Gruppenfuß: Nicht vorhanden
- Gruppieren nach: Jedem Wert

Abbildung 8.37 Sortieren der Datensätze nach dem Datum

Speichern Sie das Ganze, und das war es auch schon.

Erzeugen Sie nun den Bericht. Jetzt sind die Daten des Laufkunden entsprechend sortiert, nämlich nach Datum absteigend (Abbildung 8.38).

Wir haben zwar jetzt die Datensätze innerhalb einer Gruppe sortiert (bedenken Sie, das wirkt sich natürlich auf alle Untergruppen der ersten Gruppe, hier »Kunde«, aus, das heißt: Alle Datensätze der Kunden werden nun nach Datum absteigend sortiert). Das gleiche Verfahren lässt sich natürlich auch anwenden, wenn Sie überhaupt keine Hauptgruppe haben, also nur die Datensätze einer Tabelle oder Abfrage sortieren möchten.

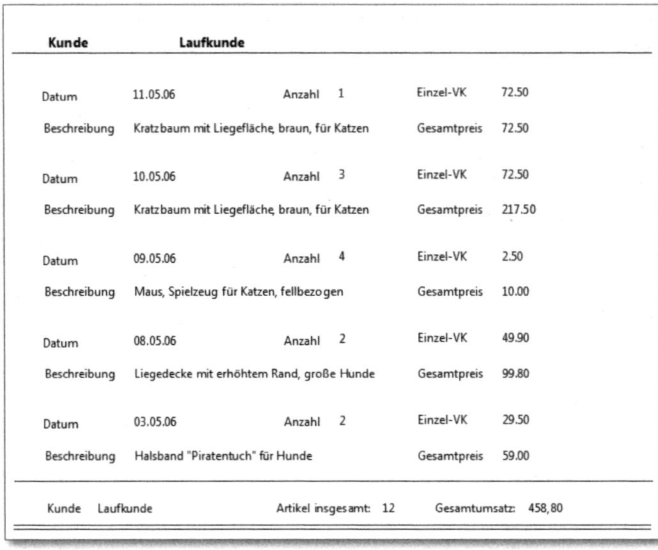

Abbildung 8.38 Die sortierten Datensätze – hier innerhalb einer Gruppe

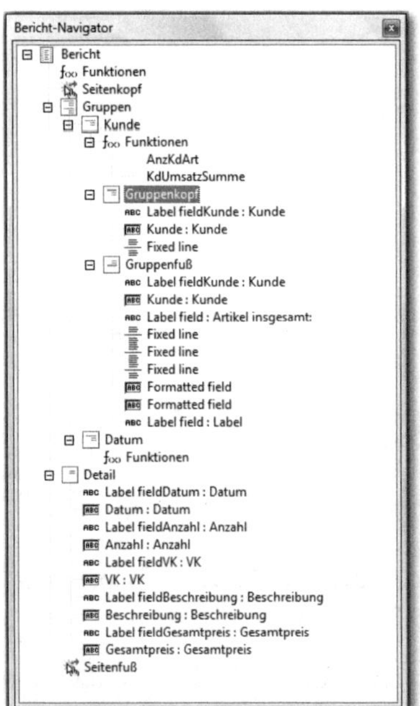

Abbildung 8.39 Der Berichtsnavigator – und die Struktur des Berichtes

Bleibt noch ein abschließender Blick auf den Berichts-Navigator, zeigt er doch die interne Objektstruktur des Berichtes recht gut auf (Abbildung 8.39).

Von dem Wurzelobjekt »Bericht« finden sich zunächst die beiden sichtbaren Objekte »Seitenkopf« und »Seitenfuß«, die aber keine Elemente beinhalten. Dann gibt es ein weiteres Gruppenelement (»Gruppen«), dem wiederum die Gruppen »Kunde« und »Datum« untergeordnet sind. Auch das sind jeweils Sammelobjekte, die weitere Strukturen beinhalten können. Zumindest bei der Gruppe »Kunde« ist dies auch der Fall: Es gibt sowohl einen Gruppenkopf als auch einen Gruppenfuß, jeweils mit diversen Elemente darin.

Auch wichtig ist, dass sowohl das Wurzelobjekt »Bericht« selbst als auch Gruppenelemente einen eigenen Container für Funktionen mitbringen – also können Sie individuelle Formeln unterbringen – doch siehe hierzu auch den nächsten Abschnitt.

8.3.8 Funktionen hinzufügen

Die bisherigen Ausführungen bezogen sich stets auf die Berichtsdaten, die schon in der Tabelle (oder Abfrage) vorhanden sind. Nun ist es aber durchaus auch möglich, neue Daten zu erzeugen und diese hier einzubinden. Neu ist das insofern, als sie schon irgendwie mit den vorhandenen Daten in Verbindung stehen, aber noch nicht direkt aus der Datenbank zu extrahieren sind.

In den Beispielen wurden ja schon einige Varianten dargestellt, nur eben noch nicht ausführlich beschrieben. So wurden im Beispiel »Kundengruppen« (siehe Abschnitt 8.3.7) jeweils im Gruppenfuß die Summe aller Artikel sowie die gesamte Umsatzsumme ausgewiesen. Beide Daten wurden situationsgerecht im Bericht »berechnet«. Auch im Beispiel der Geburtstagsliste gab es ein Feld »Anzahl Datensätze«, eine Funktion, die erst im Bericht berechnet wird.

Um solche Aufgaben also zu lösen, stehen im Report-Designer Funktionen zur Verfügung, also selbst definierte Felder, denen Sie eine Formel übergeben, mit der die angezeigten Daten berechnet werden.

Formeln stehen immer in den Hauptobjekten zur Verfügung und werden dort in einem eigenen (Objekt-)Container gesammelt. Also gibt es neben dem Hauptcontainer »Bericht« auch noch Formelcontainer in jedem Hauptgruppenobjekt, falls sie welche definiert haben. Das ist insofern wichtig, als dadurch auch die Reichweite der Formel bestimmt wird.

Formeln werden aber auch verwendet, wenn Sie die eingebauten Funktionen nutzen (Seitenzahl, Datum, Zeit), auch wenn diese teilweise noch etwas »buggy« sind.

Doch fangen wir mit den vordefinierten Funktionen an: Datum und Zeit.

Datum und Zeit einfügen

Im Report-Designer steht Ihnen unter Einfügen der Befehl **Datum und Zeit...** zur Verfügung. Damit können Sie in den aktuell aktiven Bereich – muss vorher ausgewählt werden; ist kein Bereich aktiv, lässt sich der Befehl nicht erreichen (er ist ausgegraut) – ein Datums- und ein Zeitfeld einfügen. Es öffnet sich zunächst der folgende Dialog (siehe Abbildung 8.40):

Abbildung 8.40 Einfügen von Datum und Zeit

! Wichtig

Über den Dialog werden zwei Felder eingefügt – ein Datumsfeld und ein Zeitfeld (übereinander). Möchten Sie nur das Datum oder nur die Zeit, vergessen Sie nicht, den entsprechenden Haken vor dem anderen Feld zu entfernen!

Neben der eigentlichen Aktivierung für das entsprechende Feld (»Datum einfügen« oder »Zeit einfügen«) können Sie gleich noch eine entsprechende Formatierung wählen; jeweils drei werden angezeigt. Falls Ihr Wunsch nicht dabei ist: Keine Sorge, das können Sie später in den Eigenschaften noch ändern.

Klicken Sie nun auf **OK**, werden die beiden Felder im aktiven Bereich (also zum Beispiel im Berichtskopf oben links) eingefügt. Diese können Sie nun mit der Maus beliebig positionieren.

Aktivieren Sie nun ein solches Feld (markieren), dann können Sie sehen, was genau passiert ist: Es wurde ein formatiertes Feld (also ein Textfeld) eingefügt, wobei das Datenfeld eine Formel für das Datum TODAY(), für die Zeit NOW() enthält. Diese Formeln liefern die internen Datums- und Zeitwerte des Systems, wobei es eigentlich keinen Unterschied darstellt, welche Formel Sie benutzen. Beide liefern die interne Zeitvariable in dem Format 39351,41..., wobei Today() nur eine Nachkommastelle bietet und Now() die komplette Zahl.

Ein lesbares Datum wird daraus aber erst durch die Formatierung, was sich in den Eigenschaften des Feldes festlegen lässt. Die im Dialog gewählte Formatierung wurde schon einmal automatisch übernommen, Sie haben aber auch alle anderen Möglichkeiten, die Sie von Calc her kennen. Ein Klick auf den Button rechts von der Eigenschaft »Formatierung« (vgl. auch Abbildung 8.41) öffnet den Dialog »Zahlenformat«, in dem Sie Ihre Wunschdarstellung aussuchen können.

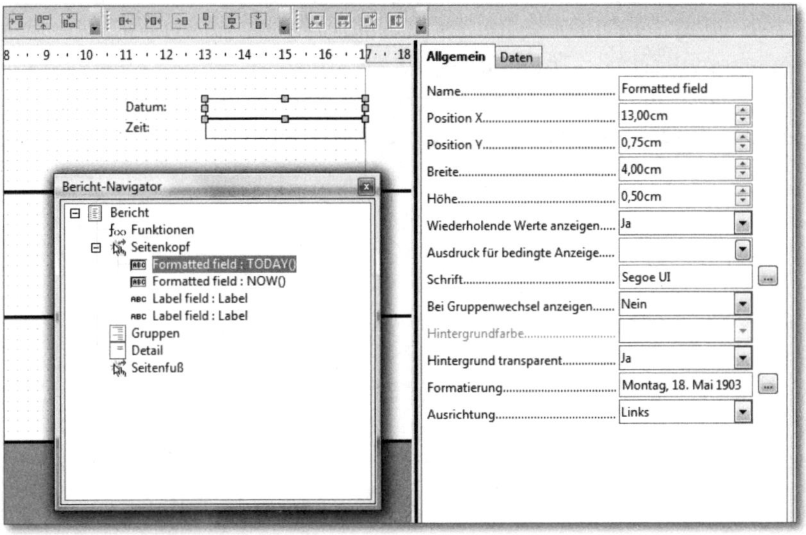

Abbildung 8.41 Die Eigenschaften des Feldes »Datum«

Leider hat der Report-Designer in der Version 1.0.1 in Verbindung mit OpenOffice.org 2.3.0 hier noch einen kleinen Bug, falls Sie das Datum im Bereich Seitenkopf oder Seitenfuß einbauen: Egal, was Sie hier auch auswählen, es wird ignoriert, und im Bericht selbst erscheinen nur die »nackten« Zahlen (vgl. Abbildung 8.42). Hier klappt die interne Kommunikation wohl noch nicht so recht.

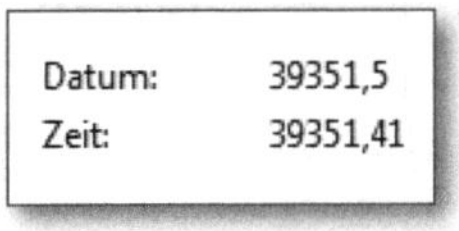

Abbildung 8.42 Die Darstellung von Zeit und Datum im Bericht

Aber es gibt ja diverse Lösungen (Workarounds): Sie können auf die automatische Funktion verzichten und selbst eine Funktion definieren (siehe auch Abschnitt Beispiel: Eigene Datumsfunktion), oder Sie nutzen diese Funktion und ändern die Darstellung der Felder im Writer Dokument.

Für den zweiten Fall gehen Sie wie folgt vor: Die über den Dialog automatisch eingefügten Funktionen werden im Bericht später als »Felder«, also Variable, eingefügt und können so in Writer neu formatiert werden. Hierzu erzeugen Sie den Bericht, stellen jetzt den Schreibschutz aus (Klick auf entsprechendes Icon). Jetzt sehen Sie die Felder grau hinterlegt (nur wenn die Ansicht der Markierungen eingeschaltet ist: **Ansicht • Markierungen** oder einfach [Strg]+[F8]). Klicken Sie doppelt auf das Feld, es öffnet sich der Dialog »Feldbefehl bearbeiten: Variablen«. Dort können Sie in der dritten Spalte das passende Format auswählen. Da aktuell »Zahlen« eingestellt ist (als Gruppe), klicken Sie zunächst auf den Eintrag »Weitere Formate...« (immer der letzte Eintrag). Es öffnet sich wieder das Zahlenformat-Fenster, und Sie können Ihre Wahl treffen, um entsprechend zu formatieren.

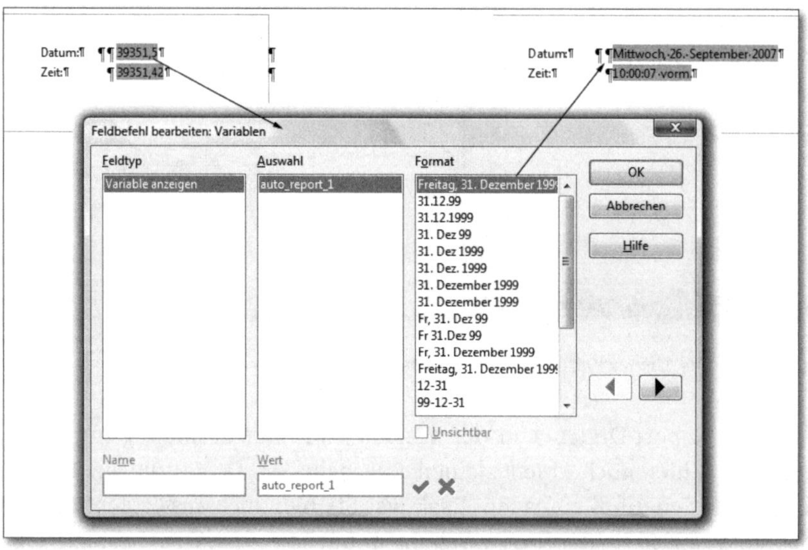

Abbildung 8.43 Nacharbeit in Writer – Felder fornatieren

Aber denken Sie daran: Diese Arbeit ist temporär! Gut, wenn Sie den Bericht jetzt als eigenständiges Writer-Dokument speichern, bleibt die Formatierung erhalten. Erzeugen Sie den Bericht aber neu (aus der Basis des Report-Designers), müssen Sie die gleiche Arbeit erneut durchführen.

Seitenzahlen einfügen

Ebenfalls vordefiniert sind die Funktionen für das Einfügen von Seitennummern und Seitenanzahlen. Über den Menübefehl **Einfügen • Seitennummern...** öffnet sich ein eigener Dialog, in dem Sie die wichtigsten Einstellungen vornehmen können (siehe auch Abbildung 8.44). Anders als beim Dialog für das Datum ist es bei den Seitennummern nicht wichtig, welcher Bereich im Report-Designer gerade aktiv ist oder war. Hier müssen Sie im Dialog den Bereich auswählen, wo Sie die Seitennummern einfügen möchten. Zur Auswahl steht nur Seitenkopf oder Seitenfuß. Sie können dann noch das Format und die Ausrichtung bestimmen. Das war es.

Abbildung 8.44 Dialog zum Einfügen von Seitennummern

Eingefügt wird wiederum ein formatiertes Textfeld, wobei das Datenfeld wiederum durch eine Formel bestimmt wird. Genutzt werden zwei Funktionen:

- PageNumber() – für die Seitennummer der aktuellen Seite und
- PageCount() – für die Gesamtzahl der Seiten

Kombiniert werden diese Funktionen mit Texten (»Strings«), so dass Sie zum Beispiel die folgenden Ausdrücke im Datenfeld finden:

```
"Seite " & PageNumber() & " von " & PageCount()
```

Hier wird also eine Stringverkettung vorgenommen, die natürlich auch manuell von Ihnen angepasst werden kann. Nur: Verändern Sie die Struktur nicht signifikant. Der hier aufgeführte String wird später bei der Berichtserzeugung ausgewertet und umgesetzt. Sie können natürlich statt »Seite« auch schreiben: »Dies ist Seite« oder so ähnlich und noch Text hinten anfügen (in der Form »& "und heute ist ein schöner Tag"«), auch das würde ausgewertet werden. Belassen Sie aber mindestens eine der genannten Funktionen, sonst gibt es ein Chaos.

Im Ergebnis sähe das dann wie in Abbildung 8.45.

Dabei werden die Zahlen als Feldbefehle realisiert (eben Seitenzahl – PageNumber() und Seitenanzahl – PageCount()), dazwischen werden die Texte als Strings direkt in die Seite geschrieben.

Abbildung 8.45 Die Seitennummern

Die vordefinierten Funktionen nutzen die gleichen Möglichkeiten, die Ihnen auch so zur Verfügung stehen würden. Daraus kann man lernen und die Techniken selbst nutzen.

Eigene Funktionen definieren

Komplett eigene Funktionen kann man ebenfalls definieren, was dann quasi eigene Datenfelder sind. Um eigene Funktionsfelder später im Bericht haben zu können, muss man somit zwei Schritte erledigen:

1. Die Funktion an sich erstellen. Das Ergebnis ist dann ein neues Datenfeld.
2. Ein Datenfeld in den Bericht einfügen (Textfeld) und dann die Funktion zuweisen.

Beginnen wir mit Schritt 1 – dem Erstellen der Funktion an sich. Diese lässt sich aktuell nur im Bericht-Navigator realisieren, in dem man das Kontextmenü des Gruppenobjektes »Funktionen« aufruft und dort den Befehl »Neue Funktion« wählt (siehe auch Abbildung 8.46).

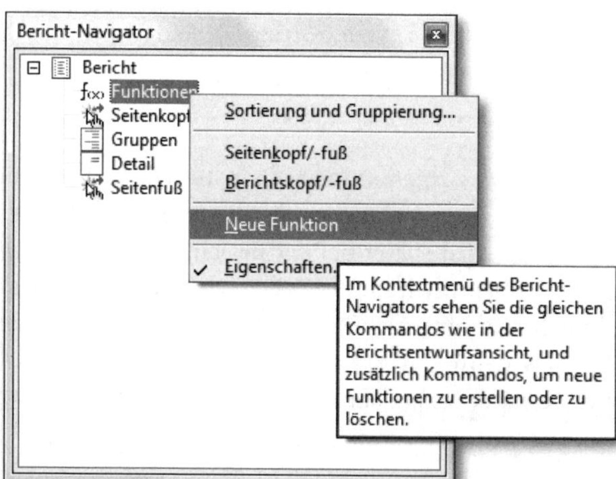

Abbildung 8.46 Erzeugen einer eigenen Funktion

Jetzt wird ein neues Objekt unterhalb von »Funktionen« erzeugt, der Vorgabename heißt einfach »Funktion«. Klicken Sie nun im Bericht-Navigator auf genau dieses Objekt, dann erscheinen die Eigenschaften der Funktion im rechten Bereich des Report-Designers. Es gibt insgesamt fünf Eigenschaften, die Sie nun ändern und einstellen können:

- **Name**: Diese Eigenschaft bestimmt den Namen des Objektes und Ihrer Funktion. Unter diesem Namen erscheint sie sowohl im Navigator als auch in der Datenfeld-Auswahl. Es empfiehlt sich, hier aussagekräftige Bezeichner zu verwenden, die den Sinn der Funktion erahnen lassen, aber dennoch nicht zu lang geraten und vor allem den Konventionen für Bezeichner folgen (also keine Leerzeichen, Sonderzeichen vermeiden und so weiter). Die Namenseigenschaft muss gesetzt werden. Die entsprechende Vorgabe lautet »Funktion«, eventuell gefolgt von einer Nummer, falls es schon ein anderes Objekt dieses Namens gibt. Ändern Sie den Namen, zum Beispiel in »lfdNr«, wenn die Funktion die Datensätze zählen soll.
- **Formel**: Das ist nun die wichtigste Eigenschaft der Funktion, legt sie doch den Inhalt des Funktionsfeldes fest. Typischerweise steht hier nun eine Formel, denn das ist ja der Sinn einer Funktion.

Wichtig: Wie arbeiten Funktionen?

Zunächst muss man sich bewusst sein, wie Funktionen arbeiten. Eine Funktion wird initialisiert im Objekt, in dem sie untergebracht ist, in der Regel also im Berichtsobjekt. Sie kann aber auch nur in einem Gruppenobjekt genutzt werden.

Zur Verfügung steht sie dann erstmalig im Berichtskopf, und zwar mit dem Initialwert. Im Seitenkopf oder -fuß werden Funktionen nicht initialisiert und stehen somit nicht zur Verfügung. Das ist aber im Designmodus nicht erkennbar (dort geht es nämlich). Nur im Bericht steht dann immer »0« in den entsprechenden Formelfeldern.

Anschließend wird die Formel der Funktion für jeden Datensatz einmal ausgeführt (im Detailbereich), das heißt: der Wert des Formelfeldes ändert sich in jedem Detail-Datensatz. Im Berichtsfuß ist die Funktion dann auch verfügbar, mit dem letzten Wert vom letzten Formeldurchlauf.

Die Formel kann dabei auf vorhandene Datenfelder zugreifen, auch auf den eigenen Wert, und mit den Inhalten arbeiten. Hier stehen Ihnen alle bekannten Operatoren und auch viele Funktionen zur Verfügung.

- **Anfangswert**: Dies ist der Startwert einer Funktion, der Initialwert. Wird er nicht angegeben, ist er Null (0). Der Initialwert steht beispielsweise im Berichtskopf, falls die Funktion dort eingebaut wird. Etwas anderes ist ja zu diesem Zeitpunkt noch nicht verfügbar. Der Initialwert steht aber auch im ersten Datensatz des Detailbereiches. Die Funktion wird zuerst ausgeführt, und die Daten stehen jetzt im Wertebereich. Erst dann werden die anderen Datenfelder aufgefüllt!

Hinweis

Achten Sie auf diese Reihenfolge, insbesondere wenn Sie Datenfelder des gleichen Datensatzes mit auswerten wollen!

- **Unterberichte einbinden:** Hier können Sie die Laufweite der Funktion regeln. Unterberichte sind Gruppierungen, und hier können Sie festlegen, ob die Funktion für jeden Datensatz auch in den Gruppierungen einmal ausgeführt wird. Mit dieser Eigenschaft können aber nur nachgeordnete Objekte (Gruppen) eingebunden werden, keine übergeordneten Objekte. Schließlich können Sie Funktionen auch innerhalb einer Gruppe definieren.
- **Vorausberechnung:** Diese Option habe ich selbst nicht zum Laufen gebracht, es gibt jedes Mal einen »Fehler bei der Erstellung des Berichtes«. Voraussichtlich sollte sie es ermöglichen, Funktionen komplett durchlaufen zu lassen und somit die Endwerte bereits im Berichtskopf nutzen zu können. Aber wie gesagt, aktuell geht da noch nichts.

Gleich mal ein einfaches Beispiel: In unserer Geburtstagsliste haben wir zwei Felder: Vorname und Name. Diese wurden quasi als Spalten genutzt, was zur Folge hat, dass die Abstände zwischen Vornamen und Namen immer unterschiedlich sind. Eine einfache Funktion soll nun diese beiden Felder zusammenfügen, um die Leerzeichen zu »sparen«.

Dazu definieren Sie die Funktion »VollerName« und geben als Formel Folgendes ein: `[Vorname] & " " & [Name]` und den gleichen Ausdruck auch in das Feld Anfangswert. Jetzt erzeugen Sie im Detailbereich ein Textfeld und weisen ihm als Datenfeld genau dieses (in der Listbox in eckigen Klammern mit aufgeführte) Feld zu. Nun sollte das Ergebnis aussehen wie in Abbildung 8.47.

Okay, das hätte man auch direkt in der Abfrage erledigen können. Hier ging es aber eher um das Prinzip.

Funktionssyntax

Leider nutzt der Report-Designer wieder eine eigene Syntax zur Definition von Formeln etwas anders als gewohnt (Basic...). Andererseits ist der Sprachumfang nicht so groß, es geht also eher um Grundsätzliches.

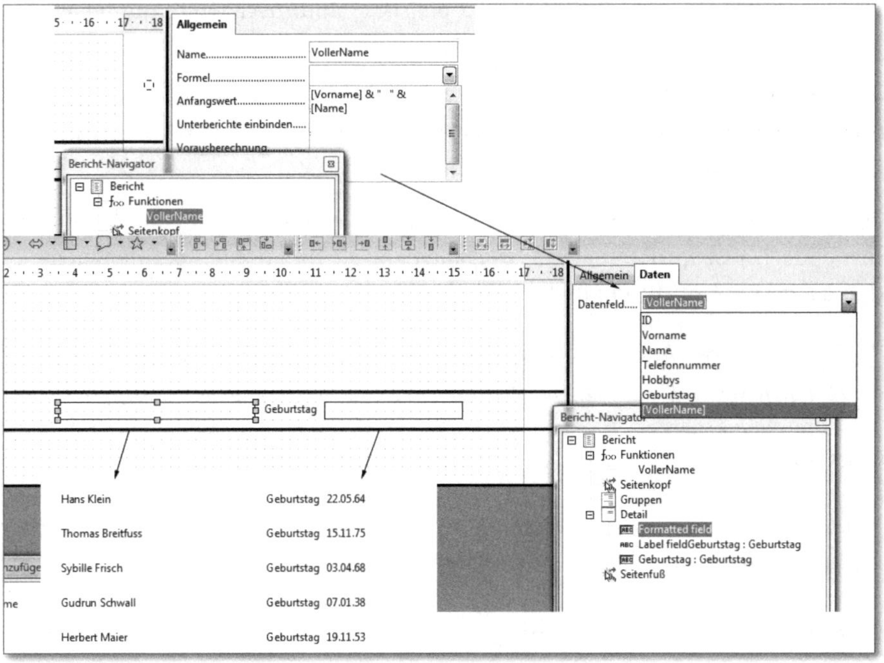

Abbildung 8.47 Eine einfache Textverkettungsfunktion

Die Richtlinien sind recht einfach: Felder der Datenbank werden in eckige Klammern ([]) eingeschlossen und somit referiert. Groß- und Kleinschreibung ist wichtig, sie müssen die exakte Schreibweise nutzen. Sie können auch auf das eigene Funktionsfeld so zugreifen.

- Normale Texte (Strings) werden in doppelte Hochzeichen eingeschlossen ("").
- Zahlen können direkt eingegeben werden, der Dezimaltrenner ist jedoch der Punkt (.)
- Datumswerte werden wie in Java spezifiziert eingegeben, also zum Beispiel »2007-09-14«.
- Maskierungszeichen ist der Backslash (»\«), dies gilt sowohl für eckige Klammern (»\[«) als auch für den Backslash selbst (»\\«).
- Parameter werden durch ein Semikolon (;) getrennt, und es ist zulässig, Parameter in Funktionsaufrufen auch leer zu lassen, also zum Beispiel MEINE-FUNKTION(; aa;;;BB;5).

Interessant wäre natürlich noch, welche Funktionen denn eingebaut beziehungsweise unterstützt werden. Leider liegt noch keine Liste vor, und die Informationen sind sehr spärlich. Laut Spezifikation sollen alle Funktionen unterstützt werden, die im Bereich OpenFormula definiert sind; nachzulesen unter *http://wiki.oasis-open.org/office/About_OpenFormula*.

Allerdings sind die Formeln natürlich noch nicht alle realisiert, das ist ein andauernder Prozess. Es lohnt sich also, regelmäßig die neueste Version des Report-Designers zu laden.

Da natürlich auch Calc die Formeln benutzt, ist es immer eine gute Idee, diese hier einfach auszuprobieren und zu schauen, ob sie funktionieren. Aber auch hier daran denken: Nur die englischen Bezeichnungen nutzen!

Hinweis

Funktionen werden mit den englischen Funktionsbezeichnungen aufgerufen und nicht mit den lokalisierten. Viele der in Calc genutzten Funktionen können Sie auch hier nutzen.

Ausgestattet mit dem Grundwissen können wir nun beginnen, einfach ein paar typische Anwendungsfälle zu besprechen.

Beispiel: Eigene Datumsfunktion

Die eingebaute Datumsfunktion hatte ja diverse »Schwächen«. Mit der Erkenntnis, wie diese aufgebaut werden, können Sie nun einfach eine eigene Funktion »bauen«. Allerdings muss ich gleich vor zu viel »Euphorie« warnen – auch die selbstgebauten Funktionen »versagen« in Kopf- und Fußzeilen (Seitenkopf oder Seitenfuß). Funktionen können übrigens auch direkt in Textfelder eingebaut werden. Schreiben Sie dann einfach die Funktion in das Datenfeld eines Textfeldes.

Allerdings erzeugen Sie damit eine statische Funktion, sie wird nicht bei jedem Durchlauf verändert. Für das Datum ist das ja auch nicht nötig. Im simpelsten Fall möchten Sie einfach den folgenden Ausdruck: »Bericht erstellt am: 25.09.07«. Dazu brauchen Sie nur ein Textfeld. Fügen Sie dieses in den Berichtskopf oder -fuß ein, und schreiben Sie dann in das Datenfeld genau diese Formel:

```
"Bericht erstellt am:  " & TODAY()
```

Das war es schon. Würden Sie statt TODAY() die Funktion NOW() nutzen, hätten Sie die entsprechende Uhrzeit mit dargestellt.

Natürlich können Sie auch zwei Felder erstellen: ein Beschriftungsfeld mit dem Text und ein Textfeld nur mit der Funktion. Das hätte den Vorteil, dass Sie jetzt auch die Formatierung des Zahlenfeldes in den Eigenschaften nutzen können. Ansonsten müssten Sie die per Formel selbst erzeugen, aber da sind noch nicht alle integriert.

Es funktionieren auch die Funktionen YEAR(), MONTH() und DAY() – und sicher noch viele andere.

Beispiel: Laufende Nummer und Anzahl der Datensätze

Ein anderer typischer Anwendungsfall von Funktionen ist die Durchnummerierung der Datensätze und die Zählung, wie viele Datensätze überhaupt vorhanden sind.

Im Grunde genommen ist das recht einfach zu lösen. Da die Formel einmal pro Datensatz aufgerufen wird, benötigt man lediglich einen einfachen Zähler. Der Stand des Zählers am Ende ist dann gleichzeitig die Anzahl der Datensätze. Da die Funktion erstmalig beim ersten Datensatz mit ihrem Initialwert aufgerufen wird (Anfangswert), muss dieser eben auf »1« gesetzt werden.

Ein kurzes praktisches Beispiel mit der »Liste meiner Freunde«, basierend auf der Datenbank »Freunde_1«. Den fertigen Bericht finden Sie in der Datenbank unter dem Namen »Geburtstagsliste_RD_Funktionen«.

Ich erzeuge eine einfache Funktion, nenne diese **lfdNr** und rufe sie selbst in der Formel auf: `[lfdNr] + 1`. Das bedeutet, dass bei jedem Durchlauf eines Datensatzes der Wert der Funktion »lfdNr« genommen und um eins erhöht wird. Dieser Wert steht nun innerhalb des Datensatzes zur Anzeige zur Verfügung. Als Anfangswert gebe ich »1« an: der Wert, der bei der erstmaligen Initialisierung, also im ersten Datensatz, genutzt wird. Gut, damit wäre die Funktion definiert.

Nun erzeugt man das Layout, fügt die jeweiligen Felder ein und verbindet das Textfeld unter Lfd.Nr. mit der Feldfunktion (Auswahl aus der Dialogbox). Die senkrechte Linie ist genauso lang wie der Bereich hoch, was später eine durchgängige Linie ergibt.

Für den Berichtsfuß definiere ich erneut eine kleine Funktion, jetzt aber statisch und somit direkt im Datenfeld des Textfeldes. Hier soll einfach die Gesamtanzahl der Datensätze als Fließtext erscheinen. Die Formel lautet hier:

```
"Insgesamt  " & [lfdNr] & "  Freunde"
```

Der letzte Wert der Formel »lfdNr« wird hier also zwischen zwei Textteilen eingebaut und so Fließtext simuliert. Ich formatiere diese Unterschrift jetzt noch fett, und der Bericht ist fertig. Abbildung 8.48 zeigt sowohl die Design-Darstellung als auch das Ergebnis.

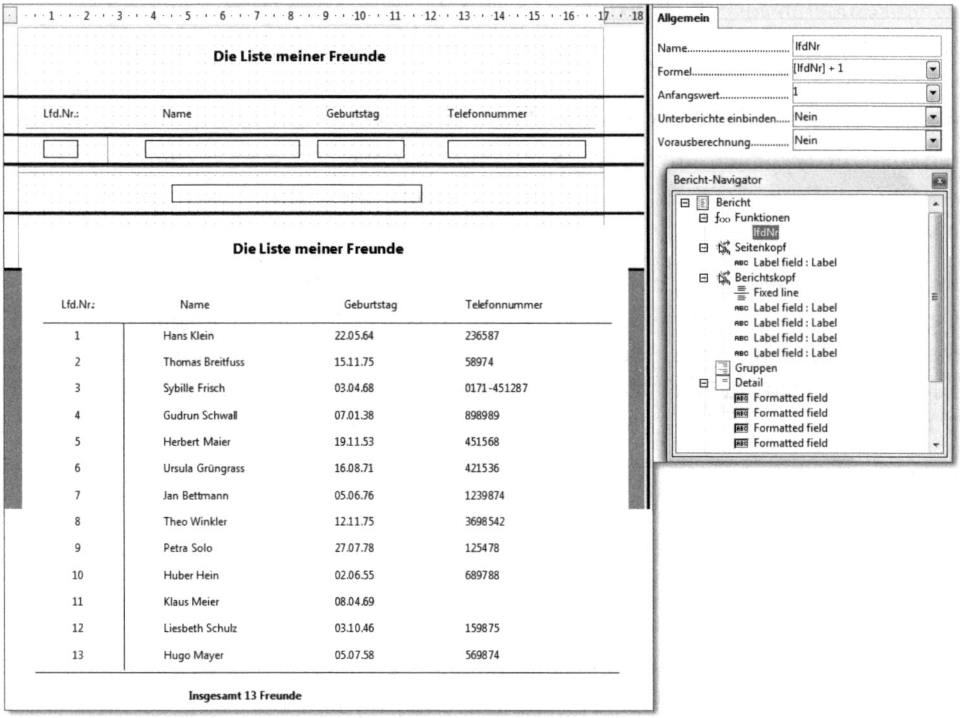

Abbildung 8.48 Der Bericht mit laufender Zählung

Beispiel: Summenfunktionen

Ein weiterer typischer Anwendungsfall von Funktionen sind Summenfunktionen, also das Aufsummieren der in den Datensätzen dargestellten Werte. Im Prinzip arbeiten auch diese Funktionen wie die Zählfunktion, mit dem Unterschied eben, dass nicht ein fester Wert zum bestehenden Funktionswert hinzugezählt wird, sondern eben der Inhalt eines Feldes.

Summen werden typischerweise im Berichtsfuß genutzt (für die Summen über alle Datensätze) oder im Seitenfuß für die Summen der Datensätze dieser Seite. Auch werden solche Funktionen gerne im Gruppenfuß genutzt, um die Datensätze der Gruppe auszuwerten, und so weiter. Hier lassen sich viele Möglichkeiten finden.

Ein Beispiel dieser Summen einer Gruppe habe ich bereits im Abschnitt 8.3.7 mit gezeigt. Dort wurde im Gruppenfuß sowohl die Anzahl der Artikel summiert als auch der Gesamtumsatz.

Realisiert wurde das Ganze über zwei benutzerdefinierte Funktionen, die aber in der Gruppe selbst definiert wurden. Das bedeutet dann, dass sie auch nur innerhalb der Gruppe eine Bedeutung haben und mit jeder neuen Gruppe neu initialisiert werden, also nur die Datensätze addieren, die pro Gruppe aufgelistet werden.

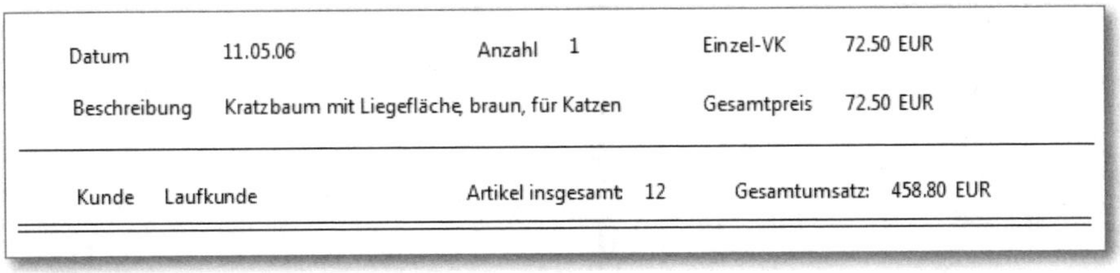

Abbildung 8.49 Der Gruppenfuß des Berichtes mit Summenfunktionen

Bräuchten Sie noch die Summe über alles, dann erzeugen Sie eben auch eine Funktion direkt unterhalb des Berichtes. Die Syntax ist ähnlich, das Ergebnis nutzen Sie dann im Berichtsfuß.

Doch zurück zu den Summen: In diesem Fall benötigt die Summe ja als Wert den Inhalt des Datenfeldes. Dieses wird nun direkt referiert. Dabei wird der Feldname in eckige Klammern eingeschlossen. Als Startwert wird ebenfalls das Datenfeld referiert – schließlich wird die Funktion ja erstmalig beim ersten Datensatz aufgerufen, und dann brauchen wir eben den Wert des Feldes.

Also im Detail: Wir benötigen zwei Funktionen, einmal zur Addition der Artikel (AnzKdArt) und einmal zur Addition der Umsätze (KdUmsatzSumme).

Funktion AnzKdArt:

Formel: `[AnzKdArt] + [Anzahl]`

Anfangswert: `[Anzahl]`

Funktion KdUmsatzSumme:

Formel: `[KdUmsatzSumme] + [Gesamtpreis]`

Anfangswert: `[Gesamtpreis]`

Wobei **Anzahl** und **Gesamtpreis** jeweils Felder der verbundenen Datenbank sind.

Achten Sie auf Groß- und Kleinschreibung! Hier ist alles Case-sensitiv.

Jetzt fügen Sie nur noch Textfelder in Ihren Gruppenfuß ein und wählen dort die Funktion im Datenfeld aus. Fertig.

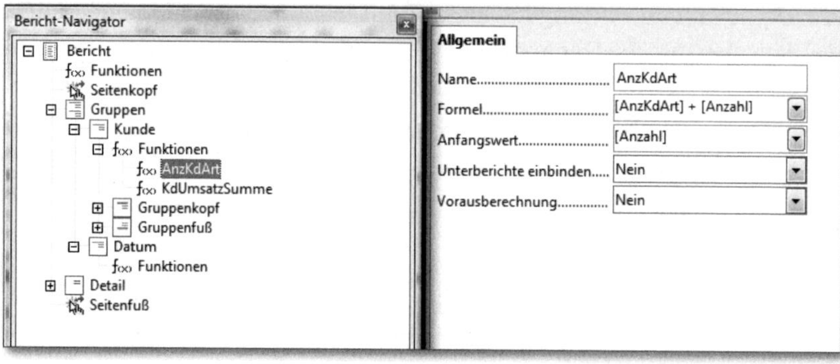

Abbildung 8.50 Die Summenfunktionen – Beispiel »Anzahl«

Tipp

Sie können dort natürlich ebenfalls Funktionen eingeben, zum Beispiel für die Summe die Formel: `[KdUmsatzSumme] & " EUR"`, um gleich noch die Formatierung mit unterzubringen. Das geht natürlich auch mit »normalen« Datenbankfeldern. Nur: Denken Sie jetzt daran, diese auch in eckige Klammern einzuschließen. Die Listbox bietet diese Felder nämlich nur im Klartext.

Insbesondere mit Funktionen können Sie Ihren Bericht also sehr individuell gestalten, und zwar ohne viel zu programmieren. Insofern ist der Report-Designer eine echte Bereicherung für OpenOffice.org, auch wenn er in der aktuellen Version noch einige »Kinderkrankheiten« aufweist.

8.4 Berichte manuell erstellen

Anders als in den Bereichen »Formulare« oder auch »Abfragen« bzw. »Tabellen« fehlt bei den Berichten die Möglichkeit, diese in einer »Entwurfsansicht« quasi manuell zu erstellen, sieht man einmal von dem eben besprochenen Berichts-Designer ab, der dieser Vorstellung schon recht nahe kommt. Das liegt an der Art und Weise, wie Berichte erzeugt werden, nämlich über einen internen Programmcode, wobei die Datensätze per Skript in die Datei geschrieben werden. Das wurde bereits in den beiden letzten Kapiteln behandelt.

Nutzt man nicht den Berichts-Designer, wäre somit der empfehlenswerte Weg, einen dynamischen Bericht zunächst mit Hilfe des Assistenten zu erstellen und diesen dann manuell zu ändern beziehungsweise anzupassen. So ist der Bericht erstens in Base selbst gespeichert (im Bereich »Berichte«), und zweitens bleibt die Funktionalität des automatischen Auffüllens der Datensätze erhalten. Alle anderen Varianten haben diese beiden Vorteile nicht mehr.

Möchten Sie dennoch einen Bericht manuell erstellen, ist dies über ein unabhängiges Dokument möglich, zum Beispiel über ein Writer-Dokument. Um jetzt auf die Datenbank zugreifen zu können, muss diese in OpenOffice.org angemeldet und als Datenquelle bekannt sein (**Extras • Optionen • OpenOffice.org Base • Datenbanken**; siehe auch Kapitel 2). Eine nicht registrierte Datenquelle steht in den Modulen nicht zur Verfügung, und die folgenden Ausführungen sind nicht realisierbar.

Ich habe für das folgende Beispiel die Datenbank »Freunde_1.odb« als Datenquelle »Freunde« entsprechend registriert. Sie steht nun also mit Ihren Tabellen und Abfragen im Datenquellen-Explorer (F4 oder **Ansicht • Datenquellen**) zur Verfügung.

Die Aufgabe für den manuellen Bericht lautet ähnlich wie bisher: eine Geburtstagsliste zu erstellen. Auch hierfür ist es wichtig, zunächst in Base die entsprechende Abfrage mit den Daten, die wichtig für den Bericht sind, zu erzeugen. In unserem Fall greife ich auf die vorhandene Abfrage zu (Abbildung 8.51):

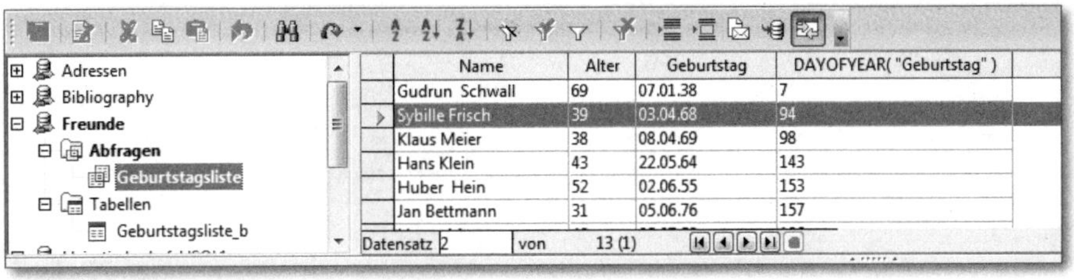

Abbildung 8.51 Die Datenquelle »Freunde« und die dort erstellte Abfrage

In der Datenquellen-Ansicht sind nun die Daten in Tabellenform dargestellt. Sie können jetzt noch Filter definieren oder auch zusätzliche Sortierkriterien. Das alles war aber auch schon bei der Abfrage möglich und wurde dort erledigt.

Unterhalb der Datenquelle haben Sie ja jetzt noch Ihr »normales« Writer-Dokument, das Sie nun beliebig gestalten können. Ich erzeuge eine Kopfzeile und schreibe etwas einführenden Text. Dann sollen die Daten folgen.

Es ist dabei völlig egal, wie Sie Ihr Dokument gestalten, ob mit Bereichen, Absätzen, Spalten, mit Tabellen, Rahmen oder einfach als Fließtext: Alle Möglichkeiten von Writer stehen Ihnen hier zur Verfügung.

Platzieren Sie nun den Cursor dorthin, wo die Daten aus der Datenbank eingefügt werden sollen.

8.4.1 Einzelne Daten einfügen

Nun können Sie einzelne Daten einfach per Drag&Drop aus der Tabelle des Datenbank-Explorers in Ihr Writer-Dokument einfügen. Klicken Sie einfach in eine Zelle, halten Sie die linke Maustaste gedrückt, und ziehen Sie das Feld in das Dokument. Der Inhalt des Datenfeldes wird nun direkt als Text mit der aktuellen Absatzformatierung in das Dokument integriert, fortan allerdings ohne jeglichen Bezug zur Datenbank. Auf diese Weise können Sie beispielsweise einzelne Namen oder auch andere Inhalte direkt in den Fließtext übernehmen. Je besser hier die Datenbank-Daten aufbereitet wurden (zum Beispiel durch Abfragen), umso effektiver ist diese Einzelmethode.

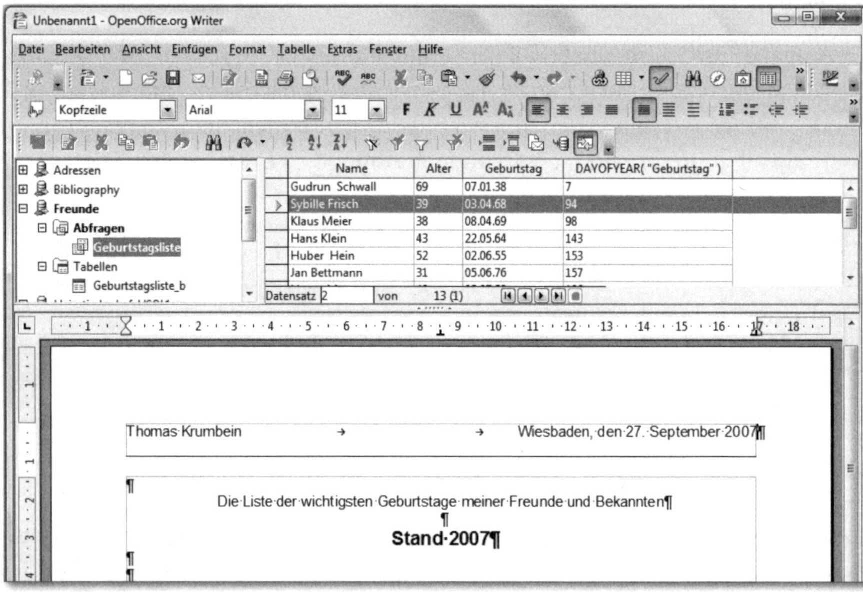

Abbildung 8.52 Das Writer-Dokument wird zunächst gestaltet.

8.4.2 Einzelne Datensätze einfügen

Interessanter ist natürlich das Einfügen einzelner oder auch aller Datensätze. Und natürlich ist auch dies möglich.

Dazu gehen Sie zunächst in den Tabellenbereich der Datenquelle und markieren alle Datensätze, deren Inhalte in das Dokument eingefügt werden sollen. Ein Datensatz wird durch einen Mausklick auf den Zeilenkopf markiert. Durch Drücken der [Strg]-Taste können Sie weitere einzelne (nicht zusammenhängende) Datensätze auswählen und durch Drücken der [⇧]-Taste einen zusammenhängenden Bereich.

Ich habe acht Datensätze ausgewählt, die mir wichtig erscheinen und die ich nun in mein Dokument einfügen möchte. Um diese dorthin zu bekommen, haben Sie mehrere Möglichkeiten:

- Die einfachste: Klicken Sie auf einen der gewählten Datensätze (auf den Kopf!), halten Sie die linke Maustaste gedrückt, und ziehen Sie die Maus nun bei gedrückter Taste in das Writer-Dokument. Der Cursor erhält ein Pluszeichen, Sie ziehen ihn an die Position, an der Sie die Daten einfügen wollen, und lassen die Maustaste los.
- Die zweite Variante: Sie klicken auf das Icon »Daten in Text« in der Symbolleiste direkt oberhalb der Datenquellenansicht. Jetzt werden die markierten Datensätze an der Stelle im Textdokument eingefügt, wo der Cursor zuletzt stand. Um alle Daten einzufügen, markieren Sie die zunächst – durch Klick auf die Fläche Schnittpunkt Spaltenkopf und Zeilenkopf oben links in der Tabelle (siehe auch Abbildung 8.59).

Abbildung 8.53 Symbole zum Einfügen von Datensätzen

In beiden Fällen öffnet sich nun ein eigener Dialog, der Ihnen beim Einfügen der Datensätze hilft.

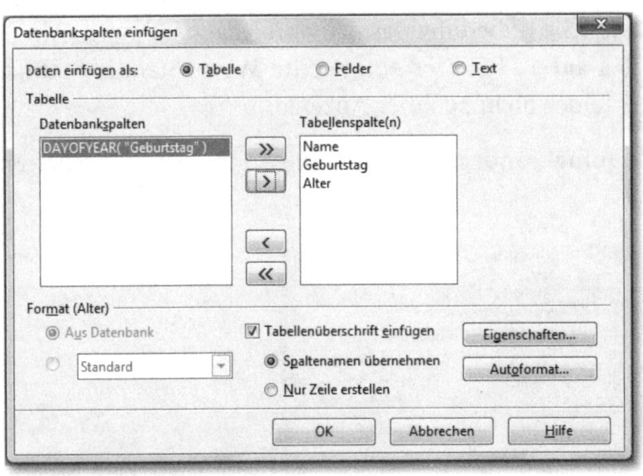

Abbildung 8.54 Einfügen von Datensätzen

Zunächst entscheiden Sie, wie die Datensätze eingefügt werden sollen: Wählen Sie **Tabelle** (das ist der Standard). Hier werden die ausgewählten Daten mit Hilfe einer Texttabelle in das Dokument eingefügt. Das heißt auch hier: Pro Datensatz brauchen Sie eine Tabellenzeile, und die Tabelle hat so viele Spalten, wie Sie Feldnamen auswählen. Die Tabelle kann eine Überschriften-Zeile erhalten, und Sie können über die **Eigenschaften** die Tabelle ganz individuell gestalten, zum Beispiel ihre Ausrichtung (die Tabellenspaltenbreite, den Hintergrund, die Umrandung und vieles mehr). Entweder tun Sie dies gleich hier oder erst später im Textdokument.

Entscheiden Sie sich also für die Tabelle, dann wählen Sie die benötigten Datenbank-Spalten in der rechten Listbox und übertragen sie mit Hilfe der Pfeiltasten zwischen den beiden Listboxen in die rechte Box. Diese Spalten werden später auch in der Text-Tabelle zu finden sein. In unserem Fall benötigen wir nur die drei ausgewählten Spalten, die berechnete DAYOFYEAR()-Spalte wird nicht übernommen.

Hinweis

Achten Sie unbedingt auf die richtige Reihenfolge! Die Spalten werden von oben nach unten abgearbeitet, das heißt, der erste Eintrag in der Listbox kommt in die erste Spalte der Tabelle, der zweite Eintrag in die zweite Spalte und so weiter. Leider fehlt die Option, die gewählten Spalten nachträglich zu ordnen. Die passende Reihenfolge müssen Sie bereits bei der Übertragung erzeugen.

Schauen Sie dann noch auf das Format der dargestellten Spalten. Dazu markieren Sie das Feld und können jetzt unten links die Formatdarstellung anpassen. Das geht allerdings nur bei Zahlenfeldern, bei Textfeldern sind die Optionen inaktiv. Im gewählten Beispiel müssen Sie unbedingt das Zahlenformat der Spalte »Alter« neu einstellen (zum Beispiel auf 1234). Der eingestellte Wert »Standard« führt unter der Version OOo 2.3 leider nicht zu einer Anzeige.

Bevor ich die Tabelle nun einfüge, ändere ich noch einige Tabelleneigenschaften (Abbildung 8.55).

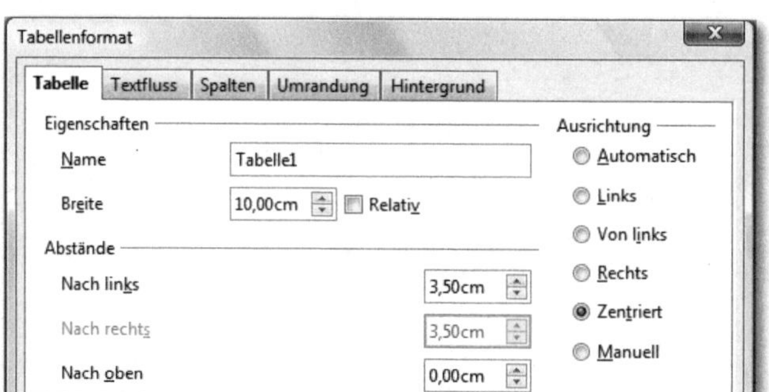

Abbildung 8.55 Tabelleneigenschaften ändern

Eine Breite von 10 cm reicht. Die Tabelle soll zentriert ausgerichtet werden, sie soll keine Gitternetzlinien erhalten, und eine Hintergrundfarbe möchte ich auch nicht. Jetzt kann man die Daten einfügen.

Obwohl ich sie nicht ausgewählt habe, erhält die Tabelle eine generelle Umrandung, die man jetzt einfach im Dokument entfernt (**Tabelle • Umrandung**). Gleichzeitig formatiere ich die 2. und 3. Spalte (mit dem Geburtstag und Alter) auf »zentriert« um und gönne der ersten Zeile (Tabellenüberschriften) einen 10% grauen Hintergrund. So nimmt der manuelle Bericht Formen an (Abbildung 8.56).

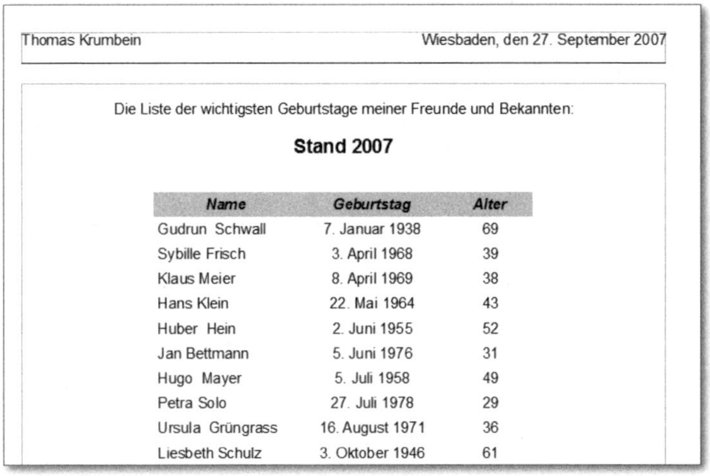
Thomas Krumbein Wiesbaden, den 27. September 2007

Die Liste der wichtigsten Geburtstage meiner Freunde und Bekannten:

Stand 2007

Name	*Geburtstag*	*Alter*
Gudrun Schwall	7. Januar 1938	69
Sybille Frisch	3. April 1968	39
Klaus Meier	8. April 1969	38
Hans Klein	22. Mai 1964	43
Huber Hein	2. Juni 1955	52
Jan Bettmann	5. Juni 1976	31
Hugo Mayer	5. Juli 1958	49
Petra Solo	27. Juli 1978	29
Ursula Grüngrass	16. August 1971	36
Liesbeth Schulz	3. Oktober 1946	61

Abbildung 8.56 Die eingefügte Datentabelle im manuellen Bericht

Neben der Tabelle können Sie aber auch **Felder** oder **Text** wählen. Der Unterschied zwischen diesen beiden Möglichkeiten ist einfach: Mit **Feldern** werden Variablen in das Writer-Dokument integriert, die mit den gewünschten Daten gefüllt werden (eben Felder – wie beim Serienbrief). Es bleibt eine Verbindung zur Datenquelle vorhanden, und bei einer Änderung dort würden die Daten auch aktualisiert. Bei jedem Start des Dokuments werden die dann aktuellen Daten eingelesen. Beim **Text** hingegen wird der derzeitige Inhalt direkt in das Dokument eingefügt – ohne weitere Verbindung zur Datenbank. Es entsteht ein statischer Bericht.

Wählen Sie also eine der beiden Alternativen, so ändert sich das Aussehen der Dialogbox. Die linke Listbox zeigt zwar weiterhin die verfügbaren Felder an, die rechte Box mutiert hingegen zu einem Textbereich. In diesen Textbereich können Sie nun entweder beliebigen Text einfügen (auch Leerzeichen etc.) oder eben die Felder übernehmen (mit der Pfeiltaste aus der linken Box). In der Regel benötigen

Sie eine Kombination aus beiden. Für jeden Datensatz wird diese Textbox später genau einmal in das Dokument eingefügt.

Jeder Datensatz soll später folgende Form haben:

```
<Name>, geboren am <Geburtstag>, Alter: <Alter> Jahre
```

wobei die Feldnamen dann durch die Daten ersetzt werden sollen.

Die Felder werden über die Pfeiltaste an der entsprechenden Position eingefügt. Dieses Vorgehen ist unabhängig davon, ob Sie schlussendlich Texte oder Felder ins Dokument einfügen wollen.

Haben Sie spezielle Formatwünsche, so können Sie das Datenbankfeld in der linken Liste noch markieren, dann im Bereich **Format** die Option »aus Datenbank« wechseln auf die »individuelle Wahl« und in der Listbox das gewünschte Format auswählen. Ich wähle hier für die Geburtstagsspalte das Format »31. Dezember 1999«, das Sie über »Sonstige Formate« erhalten.

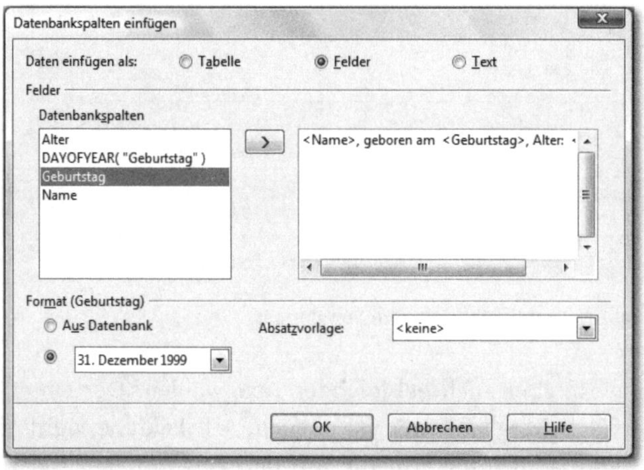

Abbildung 8.57 Felder beziehungsweise Text einfügen

Ist alles eingestellt, klicken Sie auf **OK**. Die Daten werden in Ihr Dokument eingefügt, entweder direkt als Text oder mit entsprechenden Feldern, grau hinterlegt. Im Ergebnis jedoch gleichen sich beide Berichte zunächst. Wenn Sie sich für die Text-Variante entschieden haben, fehlt allerdings die graue Hinterlegung, die Daten sind ja statisch eingefügt worden. Das Ergebnis sieht dann so aus wie in Abbildung 8.58.

Haben Sie statt Feldern »Texte« eingefügt, sieht es genauso aus –nur eben ohne die graue Hinterlegung. Wenn Sie genau hinsehen, erkennen Sie am Ende jeder Zeile noch ein kleines graues Feld. Das ist der Feldbefehl »Nächster Datensatz«.

Thomas Krumbein → → Wiesbaden, den 27. September 2007

Die Liste der wichtigsten Geburtstage meiner Freunde und Bekannten:

Stand 2007

Gudrun Schwall, geboren am 7. Januar 1938, Alter: 69 Jahre
Sybille Frisch, geboren am 3. April 1968, Alter: 39 Jahre
Klaus Meier, geboren am 8. April 1969, Alter: 38 Jahre
Hans Klein, geboren am 22. Mai 1964, Alter: 43 Jahre
Huber Hein, geboren am 2. Juni 1955, Alter: 52 Jahre
Jan Bettmann, geboren am 5. Juni 1976, Alter: 31 Jahre
Hugo Mayer, geboren am 5. Juli 1958, Alter: 49 Jahre
Petra Solo, geboren am 27. Juli 1978, Alter: 29 Jahre
Ursula Grüngrass, geboren am 16. August 1971, Alter: 36 Jahre

Abbildung 8.58 Der manuelle Bericht mit Feldern

Nachteil eines so erstellten Berichts

Auch wenn die Felder dynamisch aktualisiert werden – eine Erweiterung oder Verkürzung der Datenzeilen findet nicht mehr statt. Haben Sie also beim nächsten Mal zehn Datensätze markiert und klicken auf den Button »Daten in Felder«, so werden nur die ersten acht eingefügt – der Rest fehlt. Umgekehrt: Haben Sie nur vier Datensätze, so sind nur die ersten vier Zeilen ausgefüllt, der Rest bleibt »verstümmelt«. Hier müssen Sie regelmäßig Anpassungen vornehmen. Bei einem statischen Bericht tritt dieses Problem natürlich nicht auf, da es dort ohnehin keine Anpassung gibt.

Auf die hier beschriebene Art und Weise können Sie beliebige Berichte manuell erzeugen und entsprechend speichern, drucken oder als PDF-Datei exportieren – eben alles, was auch mit einer Writer-Datei möglich ist.

8.5 Tabellen übernehmen

Bisher haben wir uns um einzelne Daten oder auch einzelne Datensätze für Berichte gekümmert, doch gibt es natürlich auch eine Möglichkeit, die komplette Tabelle (auch die Ergebnisse von Abfragen werden als Tabellen behandelt) zu übernehmen und dann entsprechend auszudrucken oder extern zu speichern.

Eine Möglichkeit haben Sie soeben kennengelernt: Tabelleninhalte in ein Writer-Dokument übernehmen. Was für einzelne Datensätze möglich ist, können Sie natürlich auch auf die ganze Tabelle anwenden. Hierzu müssen Sie einfach Datensätze in der Datenquellen-Ansicht markieren (das geht ganz schnell: Klicken Sie auf das Kreuzungsfeld der Spalten- und Zeilenköpfe), dann ist die gesamte Tabelle markiert, und Sie können alles übernehmen.

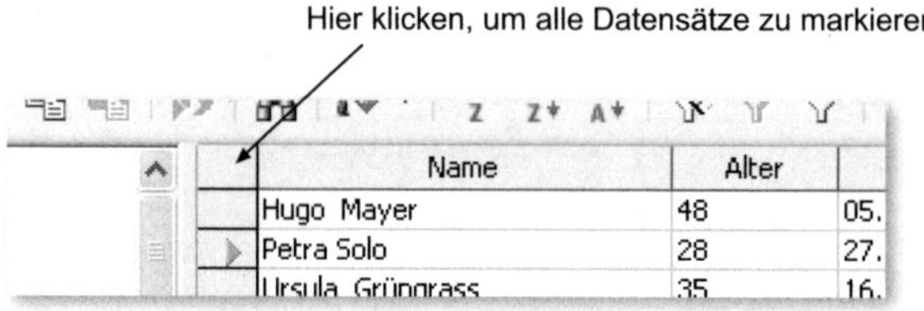

Abbildung 8.59 Alle Datensätze der Tabelle markieren

Das weitere Verfahren ist identisch mit dem bisher beschriebenen Vorgehen.

Nun ist es natürlich genauso möglich, die Tabelle in Calc zu übernehmen und dort entsprechend weiterzubearbeiten. Das Vorgehen ist an sich vergleichbar (nur der Dialog wird nicht geöffnet): Die Daten werden kommentarlos in das Calc-Dokument eingefügt, und zwar in der gleichen Struktur wie in der Datenbank-Tabelle. Auch die dort vorhandene Formatierung wird übernommen (für Datums- und Zahlenfelder), ebenso die Feldnamen (Tabellenüberschriften).

Nun kann die Calc-Tabelle entsprechend den Möglichkeiten der Tabellenkalkulation gedruckt, exportiert und auch bearbeitet werden. Die Daten sind allerdings statisch eingefügt worden (Calc kennt keine Felder), eine Aktualisierung oder Synchronisierung zur Datenbank ist nicht möglich.

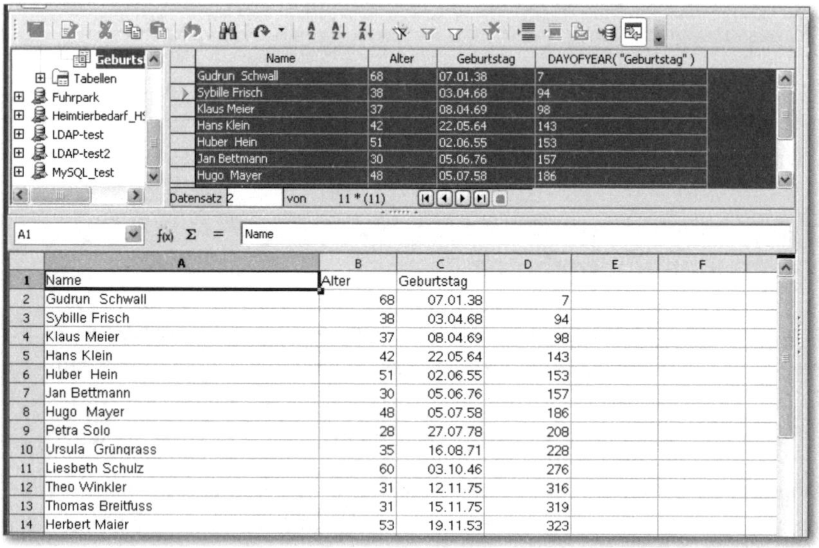

Abbildung 8.60 Die Tabelle in Calc

Etwas fällt hier noch auf: Für die Spalte »DAYOFYEAR()« wurde kein Alias vergeben (die Funktion selbst wird aber als Spaltenname nicht akzeptiert), insofern bleibt diese Spalte ohne Namen. Nun ja, das lässt sich natürlich in Calc selbst »reparieren«, sofern man die Spalte überhaupt benötigt.

8.5.1 Tabellen aus nicht registrierten Datenbanken übernehmen

Bisher haben wir nur mit registrierten Datenbanken gearbeitet, die im Datenbank-Explorer angezeigt und somit direkt im Dokument zur Bearbeitung zur Verfügung stehen. Nun ist nicht jede Datenbank angemeldet, und manchmal möchte man dennoch eine Tabelle gern ausdrucken oder sonst wie zur Verfügung haben.

Das ist natürlich auch möglich. Sie öffnen dazu Base, gehen in den Bereich **Tabellen** oder **Abfragen** (je nachdem, welche Daten Sie benötigen), markieren das gewünschte Objekt und wählen aus dem Kontextmenü **Kopieren**. Das Tabellenobjekt wird nun in die Zwischenablage übertragen und kann jetzt in anderen OpenOffice.org-Anwendungen wieder eingefügt werden.

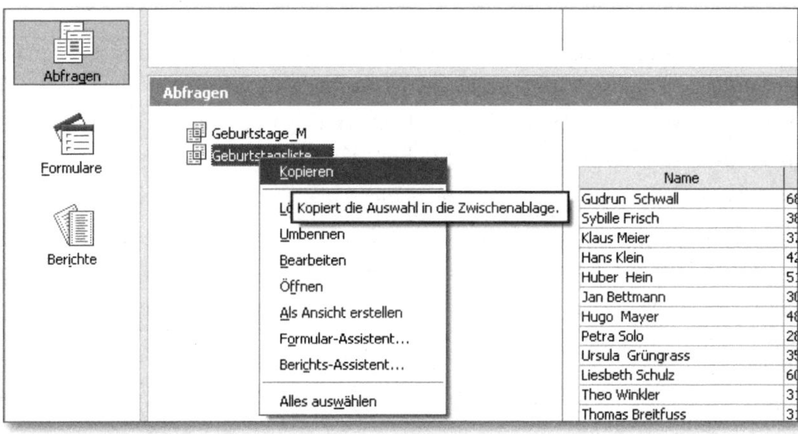

Abbildung 8.61 Kopieren einer Tabelle in Base

Wie das geschieht, ist dabei von Anwendung zu Anwendung verschieden und hängt auch vom gewählten Weg ab. Hier eine kurze Liste der Verfahren:

Von Base zu Calc

- Per »Drag&Drop«: Das ist der schnellste Weg, eine Tabelle komplett zu übernehmen. Dabei werden alle Felder und die Feldnamen direkt in die Calc-Tabelle eingefügt – beginnend ab der Zelle, in der Sie den Cursor loslassen. Die Daten sind dabei unformatiert, es werden die Standardformatierungen der Calc-Zellen verwendet (Zellvorlage Standard – gilt insbesondere für die

Schrift). Eventuell bestehende Datenspalten-Formate werden aber nach Möglichkeit übernommen (zum Beispiel Zahlen, Datumswerte, Zeitwerte). Eine Anpassung der Spaltenbreite erfolgt nicht.

- Tabelle in Base **kopieren** und über den Befehl **Einfügen** in Calc platzieren: Die Tabelle wird ab der aktuellen Cursorposition eingefügt, und zwar als RTF-formatierte Tabelle. Dabei wird die Kopfzeile mit den Feldnamen grau hinterlegt, alle Daten werden in einer internen Schriftart formatiert und so eingefügt (hart formatiert); Datums-, Zahlen- und Zeitspalten werden erkannt, entsprechend intern umgesetzt und als Werte eingesetzt, die Spalten werden dann wieder entsprechend formatiert.

  Bei dieser Variante fällt meist die größte Nacharbeit an. Um die »harte« Formatierung wieder wegzubekommen, muss die Tabelle markiert und die Standardformatierung gewählt werden (**Format • Standardformatierung**). Dabei gehen dann aber leider auch die gewünschten Spaltenformatierungen (zum Beispiel »Datum«) verloren und müssen manuell wieder zugeordnet werden. Nur das Zuweisen der Standard-Zellvorlage nützt leider nichts, denn die »harte« Formatierung überlagert die »weiche«.

- Tabelle in Base **kopieren** und über den Befehl **Inhalte Einfügen** in Calc platzieren: Dabei öffnet sich der Auswahl-Dialog: Die Option **RTF** wurde eben schon besprochen. Mit **HTML** (Hyper Text Markup Language) fügen Sie die Daten in die Tabelle mit einer speziellen HTML-Formatierung ein (Schrift: »Andale Sans UI«).

  Die Kopfzeile wird nicht grau hinterlegt. Allerdings wird jetzt auch der Name der Tabelle selbst mit übernommen und mit dem ersten Feldnamen in eine Tabellenzelle geschrieben. Auch nicht gerade ideal. Das zusätzliche HTML-Format funktioniert in Calc nicht.

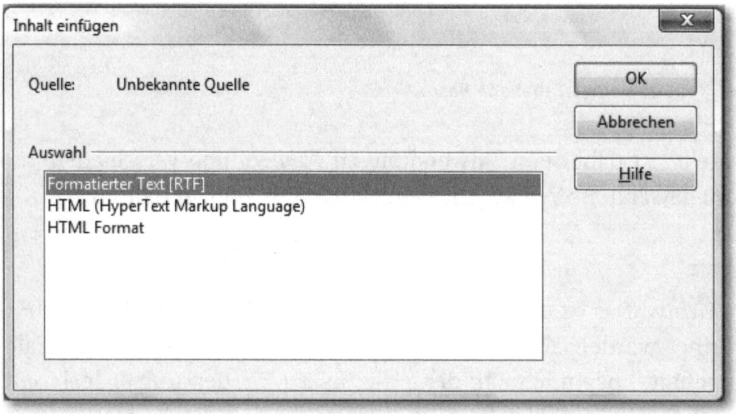

Abbildung 8.62 Inhalte in Calc einfügen

Von Base zu Writer

- Sowohl beim direkten »Drag&Drop« als auch beim Standard **Kopieren • Einfügen** öffnet sich jeweils der Dialog »Datenbankspalten einfügen«. Dieser wurde schon ausführlich in Abschnitt 8.4, »Berichte manuell erstellen«, besprochen; das Verfahren ist identisch, mit einem einzigen Unterschied: Diesmal wird die komplette Tabelle eingefügt, also alle Datensätze. Eine Auswahl ist lediglich bei den Spalten möglich.
- Tabelle in Base **kopieren** und über den Befehl **Inhalte Einfügen** in Writer platzieren: Hier öffnet sich zunächst ein ähnlicher Dialog wie bei Calc, mit noch einem Eintrag mehr: »HTML Format ohne Kommentare«. Allerdings steht dieses Format wie auch das normale »HTML Format« in der Regel nicht zur Verfügung.

  Es bleiben die Optionen **RTF** und **HTML** (Hyper Text Markup Language). Beide fügen die Tabelle direkt ein – als Texttabelle, mit grau hinterlegter Kopfzeile und mit in Texte umgewandelten Werten. Dies bedeutet, dass Zahlen in der Datenbank nun Texte sind, was insbesondere bei Zeit- und Datumswerten dramatisch ist, da diese in der SQL-eigenen Darstellung übernommen (also in der Form: »2006-05-22«) werden.

Wenn man also Tabellen in Writer einfügen möchte, sollte man immer den direkten Weg wählen. Dann hat man den datentypischen Dialog zur Verfügung und kann sehr selektiv und korrekt die Daten übernehmen.

8.5.2 Tabellen in Base übernehmen

So wie sich Tabellen aus Base in andere Module »transferieren« lassen, können Sie auch Daten aus anderen Modulen nach Base übernehmen.

Dazu ein kurzes Beispiel: Sie haben ja eben die Abfragentabelle »Geburtstagsliste« aus Base in Calc eingefügt. Diese Tabelle beruhte auf einer Abfrage. Nun möchten Sie diese Daten als Datenbanktabelle wieder in Base einfügen.

Markieren Sie zunächst alle gewünschten Daten (hier: die Kopfzeile sowie die ersten drei Spalten – die berechneten Tage – lassen Sie raus, es muss sich um einen zusammenhängenden Bereich handeln) und wählen **Bearbeiten • Kopieren**.

Nun aktivieren Sie Base und gehen dort auf den Bereich »Tabellen«. Dann wählen Sie **Einfügen** (entweder über das Kontextmenü oder über **Bearbeiten • Einfügen**). Es öffnet sich der »Tabelle kopieren«-Dialog. Hier geben Sie nun die benötigten Daten ein, insbesondere den zukünftigen Tabellennamen. Wählen Sie Definition und Daten und »Primärschlüssel erzeugen«. Die Tabelle hat ja keinen Primärschlüssel und wäre ohne ihn in HSQLDB nicht editierbar.

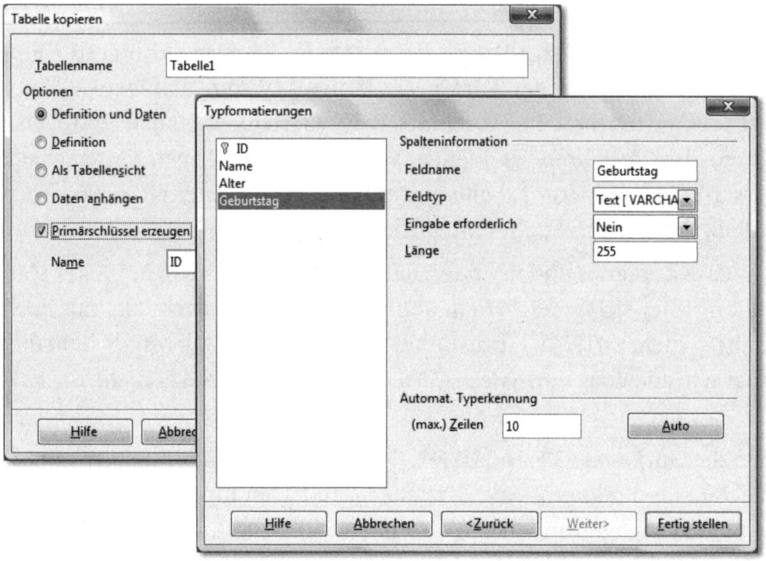

Abbildung 8.63 Tabelle in Base einfügen

Übernehmen Sie alle Spalten, und ändern Sie danach unbedingt die entsprechenden Spalteninformationen. Die Daten kommen nämlich bei diesem Import immer nur als »Text« (Vorgabe) an: Das wäre aber nicht richtig und nicht gewollt. Also: Wählen Sie für die Spalte »Geburtstag« den Typ »Datum« und für die Spalte »Alter« den Typ »Integer«.

Das war es. Klicken Sie nun auf **Fertigstellen:** Die Tabelle ist eingefügt (siehe Abbildung 8.64) und kann ganz normal genutzt werden.

Natürlich funktioniert das auch zwischen verschiedenen Base-Dateien. Das ist immer dann sehr praktisch, wenn man Daten aus unterschiedlichen Quellen konvertieren möchte, zum Beispiel aus einer dBase-Datei in eine MySQL-Datenbank. Hier bieten sich viele Möglichkeiten an.

8.5.3 Tabellen exportieren oder sichern

Noch ein letzter Hinweis: Base bietet keine direkte Möglichkeit, um Daten zu exportieren (zum Beispiel als CSV-Datei) oder auch extern zu sichern. Hier empfiehlt sich einfach der Weg über Calc: Übernehmen Sie die Datentabelle in Calc, wie eben beschrieben wurde, und exportieren Sie diese dann aus Calc heraus. Hier stehen Ihnen nun diverse Filter zur Verfügung (auch CSV oder Text).

Genauso können Sie die Daten wieder einlesen, was aber auch direkt in Base möglich wäre (siehe Kapitel 2).

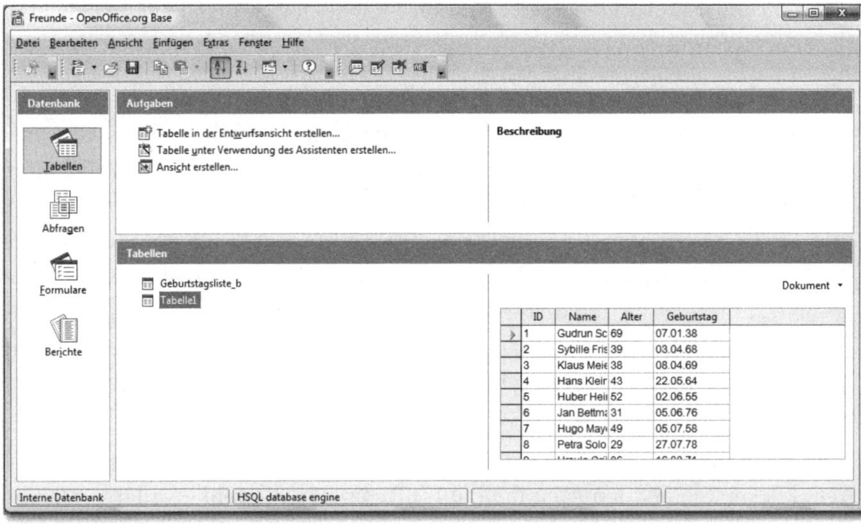

Abbildung 8.64 Die neue Tabelle in Base

8.6 Serienbriefe

Serienbriefe sind eine spezielle Form der Berichte und meist so ausgelegt, dass pro Dokument ein Datensatz verarbeitet wird. Im Grunde wurden alle Techniken für einen Serienbrief schon vorgestellt. Da es sich aber um eine sehr häufige Anwendung von Berichten handelt, erörtern wir hier noch einige Feinheiten.

Im Übrigen ist der Bereich »Serienbriefe« Bestandteil jedes Writer-Buches und sollte im Zweifel dort nachgeschlagen werden.

8.6.1 Serienbriefe manuell erstellen

Erstellt man einen Serienbrief manuell, also ohne Hilfe des Assistenten, so erinnert er noch am ehesten an einen Bericht und an das entsprechende Vorgehen. Als Basis soll die Datenbank »Freunde_Adressen« dienen. Die Datenbank muss angemeldet sein (in OpenOffice.org registriert), dann können Sie wieder ein Writer-Dokument als Basis für den Bericht erzeugen.

Als erster Versuch soll eine personalisierte Einladung als Seriendokument erzeugt werden. Dafür benötigt man nur die Felder »Vorname« und »Name« im Text sowie ein Adressfeld. Erzeugen Sie also zunächst den Textrumpf der Einladung. Für das Adressfeld nimmt man sinnvollerweise einen Textrahmen, verankert diesen am Dokument und kann ihn nun exakt platzieren (2 cm vom linken Rand und 5 cm vom oberen Rand entfernt, Größe 4,5 x 9 cm HxB).

Um nun die entsprechenden Felder für den Bericht einzufügen, haben Sie wieder zwei Möglichkeiten:

- **Die einfachste**: Öffnen Sie die Datenquellen-Ansicht (F4), suchen Sie die notwendige Datenbank (hier »Freunde_Adressen«) und dort die gewünschte Tabelle oder Abfrage. Jetzt klicken Sie auf den Spaltenkopf des einzufügenden Feldes und ziehen ihn bei gedrückter linker Maustaste in das Dokument: an die Stelle, wo später der Inhalt des Feldes eingefügt werden soll. OpenOffice.org fügt nun automatisch den Feldbefehl hier ein, was Sie an der grauen Hinterlegung und den spitzen Klammern (<>) erkennen. So können Sie alle benötigten Felder wunschgemäß platzieren. Was jedoch noch fehlt, ist die persönliche Anrede (»Lieber oder Liebe <Vorname>«). Das folgt im nächsten Schritt.
- **Der Menüweg**: An der Stelle, an der Sie ein Seriendruckfeld einfügen möchten, klicken Sie auf den Menübefehl **Einfügen • Feldbefehl • Andere**. Wählen Sie das Register **Datenbank** und dort in der linken Box (Feldtyp) den Begriff **Seriendruckfeld**. Nun werden in der rechten Listbox alle angemeldeten Datenbanken aufgelistet. Sie können Ihre gewünschte Datenbank suchen und dort die Felder anzeigen lassen. Diese können Sie jetzt einzeln anwählen und einfügen.

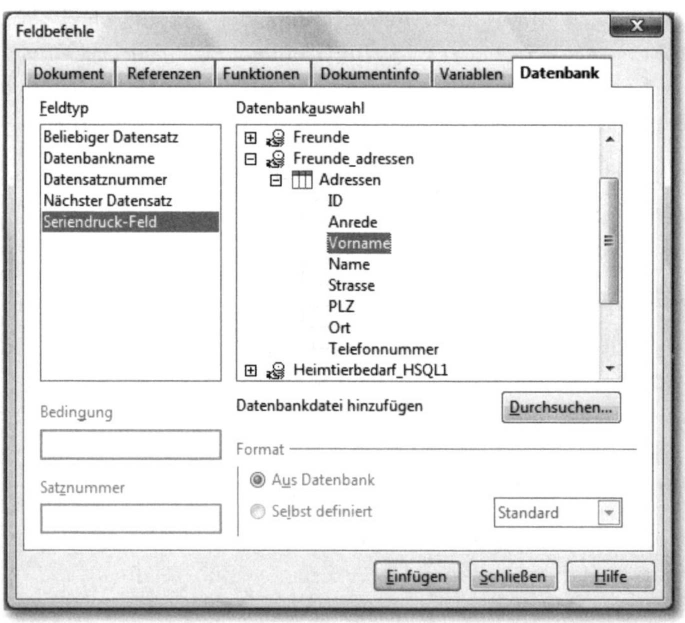

Abbildung 8.65 Seriendruckfelder einfügen

Zum Schluss erzeugen Sie die personalisierte Anrede – mit einer Funktion. Dazu wählen Sie erneut die Feldbefehle (den Dialog) und wechseln auf das Register **Funktionen**. Dort wählen Sie **Bedingten Text** und geben die folgende Bedingung ein:

`Anrede eq "Herr" dann "Lieber" sonst "Liebe".`

Hinweis

Ein Feld wird immer an der aktuellen Cursorposition im Textdokument eingefügt. Da der Dialog **Feldbefehle** immer im Vordergrund verbleibt, können Sie diesen verschieben und den Cursor an die entsprechende Position setzen, bevor Sie das Feld einfügen.

Und wenn Sie schon individualisierte Ansprachen einfügen, können Sie am Adressfeld gleich noch eine kleine kosmetische Korrektur vornehmen: Die Anrede im Adressfeld lautet ja aktuell »Herr« oder »Frau«; korrekt müsste es aber »Herrn« oder »Frau« heißen. Also fügen Sie direkt (ohne Leerzeichen) an das Anrede-Textfeld noch ein Feld **Bedingter Text** an, mit folgender Unterscheidung: `Anrede eq "Herr" dann "n" sonst` (nichts). Lassen Sie das »sonst«-Feld leer.

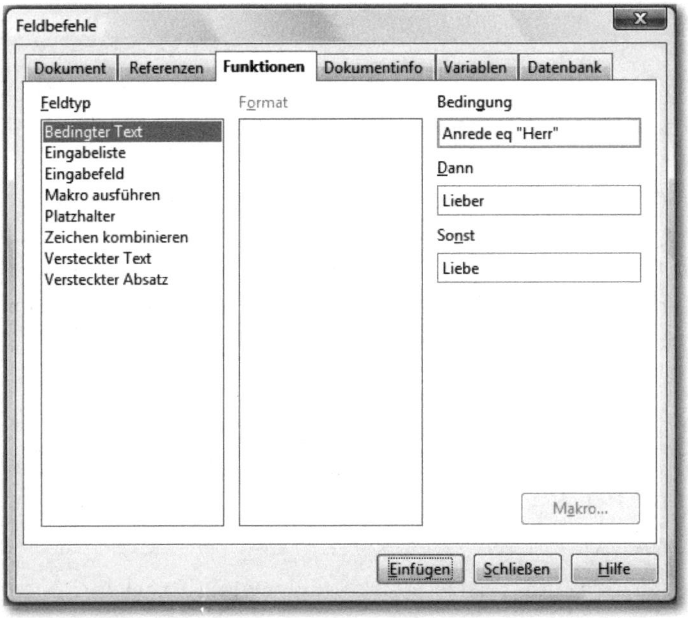

Abbildung 8.66 Bedingter Text für personalisierte Ansprache

Der Serienbericht wäre so weit fertig. Jetzt müssen nur noch die Datensätze entsprechend verbunden werden.

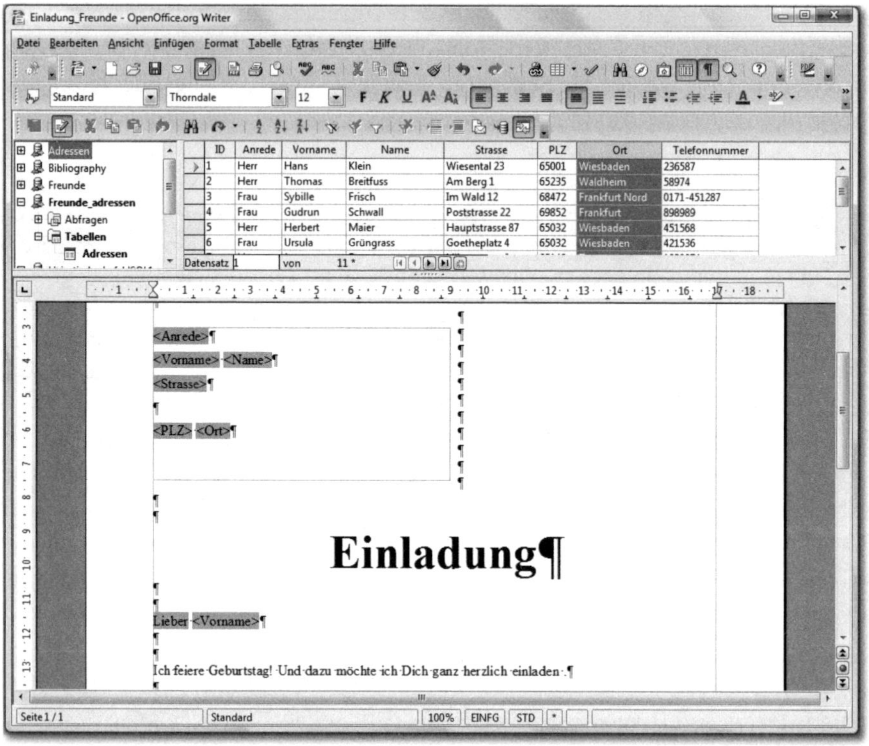

Abbildung 8.67 Der Serienbrief als Grundgerüst

Auch hier gibt es wieder mehrere Varianten, zunächst die Einzeldatensatz-Verknüpfung: Möchten Sie diesen Brief beispielsweise nur an ausgewählte Freunde schicken, so können Sie jetzt einfach einen Datensatz in der Datenquelle markieren (Klick auf den Zeilenkopf) und dann den Befehl **Daten in Felder** wählen. Das Icon befindet sich in der Symbolleiste der Datenquellen-Ansicht.

Die Inhalte des aktuellen Datensatzes werden nun in das Dokument eingefügt, das Sie jetzt ausdrucken oder versenden können. Dann verbinden Sie den nächsten Datensatz und so weiter. Bei überschaubaren Anzahlen oder Einzeldatensätzen ist das ein gangbarer Weg, bei großen Datenmengen nutzen Sie dann einfach den Seriendruck-Assistenten.

Dazu wählen Sie zunächst den normalen Druckbefehl (**Datei • Drucken**). OpenOffice.org erkennt, dass es sich um einen Serienbrief handelt, und fragt nun, ob Sie einen Serienbrief drucken möchten. Wählen Sie hier **ja**, öffnet sich das Dialogfeld »Seriendruck«; klicken Sie auf **nein**, wird das aktuelle Dokument gedruckt, eventuell mit dem gerade aktuell verbundenen Datensatz, also genau ein Dokument.

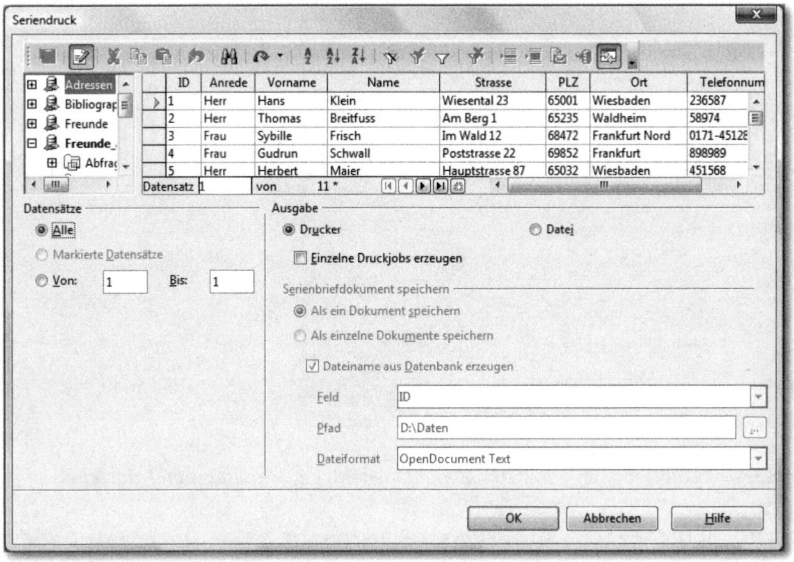

Abbildung 8.68 Dialogfeld zum Seriendruck

Im Seriendruck-Dialog können (und müssen) Sie erneut Ihre Datensätze auswählen, die nun gedruckt werden sollen, entweder durch manuelle Wahl im Tabellenfenster oder durch Eingabe der Datensatznummern im Bereich »Datensätze«. Die Datensätze müssen nicht miteinander zusammenhängen.

8.6.2 Serienbriefe automatisiert erzeugen

Neben der manuellen Erstellung eines Serienbriefes gibt es auch einen sehr komfortablen Assistenten, der Ihnen viele Arbeiten einer Serienbrief-Erstellung abnimmt. Dieser hat allerdings eine kleine »Tücke«. Da auch hier ein Programmcode dahintersteht, gibt es intern vordefinierte Felder, die in Ihrer Datenbank vorhanden sein müssen, ansonsten wird dem Assistenten die Zuordnung nicht gelingen, und er stoppt bei einem Aufgabenschritt (der Button **Weiter** wird nicht aktiv geschaltet). Zwar lassen sich auch im Assistenten noch die benötigten Felder zuordnen, das ist aber ein wenig »versteckt« untergebracht. Besser, Sie machen das vorher und unabhängig.

Serienbriefe werden üblicherweise an Adressen versendet, also brauchen Sie die typischen Adressfelder. Über den Menübefehl **Datei • Dokumentenvorlage • Adressbuch-Quelle** können Sie OpenOffice.org genau diese Daten mitteilen und Ihre Datenfelder den intern genutzten zuweisen. Dann »weiß« OpenOffice.org, wo die gewünschten Daten zu finden sind, und der Assistent läuft ohne Probleme durch.

Abbildung 8.69 Zuordnung der genutzten Datenbankfelder zu den internen Feldnamen

Wichtig

Scrollen Sie das Feld durch! Ein wichtiges und notwendiges Feld ist die Anrede, und das ist ganz unten versteckt!

Sie müssen nicht alle Felder zuordnen, der Assistent benötigt aber mindestens: Anrede, Vorname, Name, Straße, PLZ und Ort – eben die typischen Adressdaten. Jetzt können Sie den Serienbrief starten, entweder über den Menübefehl **Extras • Serienbrief** oder auch über das entsprechende Icon in der Symbolleiste der Datenquellen-Ansicht.

Es öffnet sich ein umfangreicher Assistent, der Sie Schritt für Schritt beim Erstellen des Serienbriefes begleitet. Bestätigen Sie zunächst die Option, das aktuelle Dokument zu verwenden, falls dieses die Serienbriefvorlage darstellt.

Die weiteren Schritte können Sie fast übergehen, falls Sie, wie soeben erläutert, die Adressdatenfelder schon zugewiesen haben. Passt das nicht, wird der Assistent im Schritt 3 stehen bleiben. Dann überprüfen Sie dort die Adressdaten und korrigieren gegebenenfalls die Zuordnung (über **Felder zuordnen**). Interessant ist auch Schritt 6, »Dokument personalisieren«, da Sie hier die verschiedenen Verbindungen einzeln durchtesten und eventuell einzelne Datensätze ausschließen können.

In diesem Schritt können Sie gegebenenfalls das Dokument noch bearbeiten. Über die entsprechende Schaltfläche schließt sich der Assistent vorübergehend und übergibt den Fokus an das Dokument. Es bleibt eine kleine Schaltfläche sichtbar, mit der Sie die Bearbeitung beenden und zum Assistenten zurückkehren können.

In Schritt 7 schließlich werden die einzelnen personalisierten Dokumente erzeugt, in Schritt 8 werden sie dann ausgedruckt oder gespeichert.

Im letzten Schritt können Sie noch entsprechende Optionen je nach gewählter Aktion definieren, zum Beispiel einzelne oder alle Dokumente drucken (dann können Sie den Drucker und so weiter auswählen) oder die personalisierten Dokumente speichern, und zwar entweder als »Einzelne Dokumente« oder auch in »einem Dokument«, dann werden alle Einzeldokumente hintereinandergehängt.

So viel in Kürze zum Serienbrief. Wie ich bereits erwähnte, stellt er auch nur eine spezielle Form eines Berichts dar, wird aber immer sehr ausführlich in der Literatur zu Writer behandelt. Literaturempfehlungen finden Sie im Anhang.

8.7 Berichte per Makro erstellen

In diesem letzten Abschnitt des Kapitels möchte ich Ihnen noch zeigen, wie Sie komplett »autark« Berichte per Makro-Code erstellen können. Im Grunde genommen ist das auch nichts anderes als das, was Sie gerade bearbeitet haben, nur dass die Datenaufbereitung jetzt eben nicht mehr von OpenOffice.org organisiert und durchgeführt wird, sondern Sie selbst dafür Sorge tragen.

Auch dieses Kapitel setzt natürlich API-Kenntnisse und Programmiererfahrung voraus, es soll nur die prinzipiellen Lösungswege aufzeigen und keine fertige Applikation liefern.

Programmiert wird als Makro, in OpenOffice.org Basic. Um hierfür überhaupt eine Basis zu haben (einen Platz zum Speichern des Makrocodes), benötigen Sie entweder ein Writer- oder ein Calc-Dokument (ein Draw- oder Impress-Dokument ginge auch, wäre aber unüblich). Base selbst kann nämlich keine Makros speichern, dort gibt es keinen Platz dafür.

Üblicherweise würde man nun das Trägerdokument außerhalb der Datenbank speichern und per Code auch eine Verbindung zur Datenbank erzeugen, oder man nutzt einfach ein Formular (vgl. Kapitel 7) und ergänzt einfach weitere Berichtsfunktionen.

In diesem Fall werden wir dieses genau so realisieren. Ein Formular dient als ResultSet und speichert intern alle Datensätze. Es werden zwei Listboxen eingerichtet: die eine listet alle Namen auf, aus denen dann die gewünschten Datensätze ausgewählt werden können, die andere listet die Feldnamen auf, so dass ebenfalls gewählt werden kann, welche Spalten genutzt werden sollen.

Mit einem Schalter sollen nun die Datensätze ausgedruckt werden. In diesem Fall reicht die Erzeugung eines unabhängigen Writer-Dokuments, das dann entweder gespeichert oder direkt gedruckt werden kann.

8.7.1 Die Basis

Als Basis dient die Datenbank »Freunde_Adressen.odb«, die etwas modifizierte Datenbank der letzten Kapitel. Es wurden noch Adressangaben hinzugefügt (Strasse, PLZ und Ort), dafür wurden Geburtstage und Hobbys gestrichen. Die Tabelle sieht so aus wie in Abbildung 8.70.

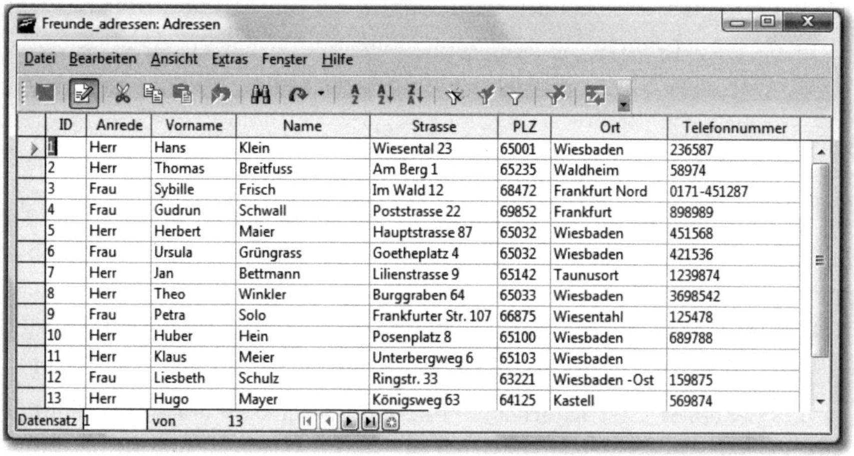

ID	Anrede	Vorname	Name	Strasse	PLZ	Ort	Telefonnummer
1	Herr	Hans	Klein	Wiesental 23	65001	Wiesbaden	236587
2	Herr	Thomas	Breitfuss	Am Berg 1	65235	Waldheim	58974
3	Frau	Sybille	Frisch	Im Wald 12	68472	Frankfurt Nord	0171-451287
4	Frau	Gudrun	Schwall	Poststrasse 22	69852	Frankfurt	898989
5	Herr	Herbert	Maier	Hauptstrasse 87	65032	Wiesbaden	451568
6	Frau	Ursula	Grüngrass	Goetheplatz 4	65032	Wiesbaden	421536
7	Herr	Jan	Bettmann	Lilienstrasse 9	65142	Taunusort	1239874
8	Herr	Theo	Winkler	Burggraben 64	65033	Wiesbaden	3698542
9	Frau	Petra	Solo	Frankfurter Str. 107	66875	Wiesentahl	125478
10	Herr	Huber	Hein	Posenplatz 8	65100	Wiesbaden	689788
11	Herr	Klaus	Meier	Unterbergweg 6	65103	Wiesbaden	
12	Frau	Liesbeth	Schulz	Ringstr. 33	63221	Wiesbaden -Ost	159875
13	Herr	Hugo	Mayer	Königsweg 63	64125	Kastell	569874

Abbildung 8.70 Die Datenbank-Tabelle

Ziel der Anwendung sollte sein, einen benutzerdefinierten Bericht (in Tabellenform) über ausgewählte oder auch alle Datensätze zu erstellen, und zwar auch mit der Wahlmöglichkeit, nur spezielle Spalten zu definieren. Der Bericht soll also wie folgt aussehen:

< ein wenig einleitender Text, zum Beispiel das Erstelldatum>

Anrede	Vorname	Name	Telefonnummer
Frau	Ursula	Grüngras	421536
...			

Als Prinzipskizze mag dies reichen.

Auf der Basis dieser Tabelle wird zunächst ein Formular in Base erzeugt, und zwar nicht mit dem Assistenten, sondern in der Entwurfsansicht.

8.7.2 Das Formular

Dieses Formular beinhaltet einige Beschriftungsfelder, zwei Buttons (einen zum Einlesen der Daten, einen zum Starten des Berichtsgenerators) sowie zwei Listboxen:

- Die erste soll die Namen der Freunde aus der Datenbank anzeigen und so die Auswahl der gewünschten Datensätze ermöglichen.
- Die zweite listet die vorhandenen Felder der Datenbank auf, so dass die Spalten gewählt werden können.

Zur Formularerstellung verweise ich auf Kapitel 7, hier kurz die wichtigsten Einstellungen:

- Das Formular wird an die Datenbank-Tabelle »Adressen« (ist die einzige) gebunden.
- Brechen Sie den Datenassistenten jedes Mal ab, wenn Sie die Listboxen erzeugen. Die erste Listbox erhält gar keine Verbindung, die zweite nehmen Sie manuell vor.
- In beiden Listboxen erlauben Sie die Mehrfachauswahl (Eigenschaften).
- Die Listbox eins bekommt den Namen »namen«, mehr muss hier nicht eingestellt werden.
- Die zweite Listbox erhält den Namen »felder« und wird im Bereich »Daten« mit den folgenden Eigenschaften belegt:
    - Art des Listeninhaltes: »Tabellenfelder«
    - Listeninhalt: »Adressen«

  Beide Einstellungen können aus den Dropdown-Listen gewählt werden.

Jetzt öffnen Sie über **Extras • Makros • Makros verwalten • OpenOffice.org Basic** die Basic-IDE. Da zunächst das Verwaltungsfenster erscheint, navigieren Sie zum aktuellen Dokument, dort zur Bibliothek »Standard« und legen ein Modul neu an, hier mit dem Namen »Liste«. Legen Sie noch ein zweites Modul an, das den Namen »Druck« erhält.

Dann erzeugen Sie in beiden Modulen zunächst eine leere Programmstruktur. Sie können einfach die vorhandene verwenden. Den Namen »Main« (das ist der automatisch erzeugte Name) ersetzen Sie im Modul »Liste« durch »Form_fuellen« und im Modul »Druck« durch »Liste_drucken«. Jetzt ordnen Sie den beiden Buttons noch die entsprechenden Routinen beim Ereignis »Beim Auslösen« zu, und fertig wäre der Formularentwurf.

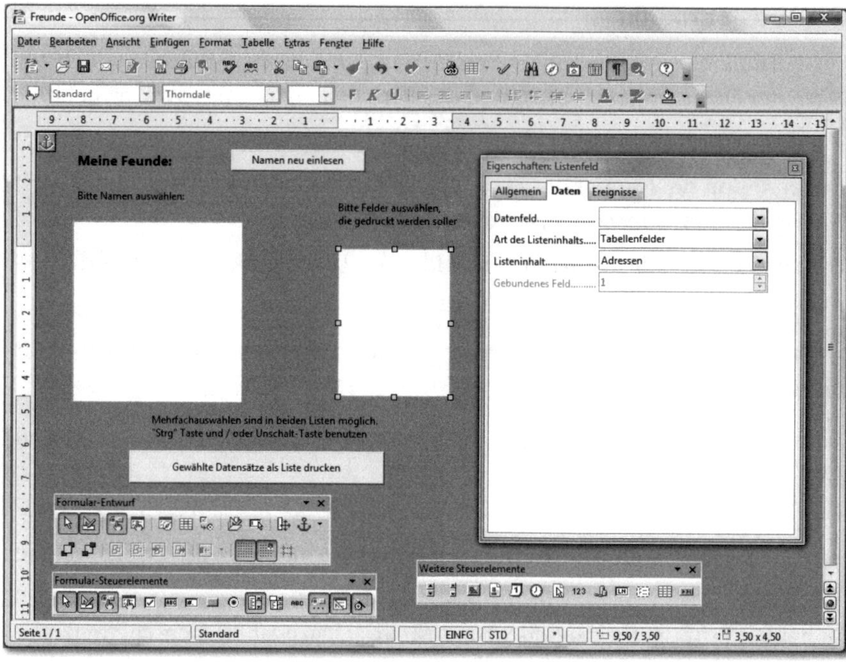

Abbildung 8.71 Das Formular in der Entwurfsansicht

Testen Sie das Formular: Die zweite Listbox sollte nun die Feldnamen der Tabelle aufweisen. Die linke bleibt leer, die Buttons zeigen keine Reaktion. Klar, es ist ja auch noch kein Programmcode hinterlegt. Das Formular selbst braucht keine Navigationsleiste, die können Sie noch entfernen. Außerdem geben Sie dem Formular selbst den Namen **Adressen**. Schließen Sie jetzt den Entwurfsmodus, und öffnen Sie das Formular im normalen Modus.

Hinweis

Der Basic-Programmmodus funktioniert nicht zuverlässig, wenn sich das Formular im Entwurfsmodus befindet. Manche Routinen versagen dann. Wenn Sie also Programmcode testen, achten Sie darauf, dass sich das Formular im Arbeitsmodus befindet.

8.7.3 Listbox füllen

Die erste Aufgabe ist es nun, die linke Listbox mit den Namen zu füllen. Am einfachsten wäre es natürlich, einfach auf ein Tabellenfeld zuzugreifen. Dort steht aber nur der Vorname oder der Nachname zur Verfügung, ich hätte aber gern beides. Nun könnten Sie eine Abfrage definieren und die Felder verbinden, oder Sie gestalten das per Makro so, wie wir es im Folgenden tun.

Hinweis

Der Code wird im Folgenden nun kontinuierlich entwickelt. Alle Zeilen zusammen ergeben dann das Ergebnis. Der komplette Code wird am Schluss noch einmal wiederholt.

Beginnen wir mit dem Code. Zunächst erfolgen die benötigten Objektdefinitionen:

```
Sub Form_fuellen
DIM oForm as object      ' das Formular
DIM oCtr as object       ' das Kontrollelement
```

Jetzt benötigen Sie Zugriff auf das Formular. Dieses ist Teil der Drawpage des genutzten Writer-Dokuments und trägt den Namen »Adressen« (den haben Sie vergeben).

```
oForm = ThisComponent.drawpage.forms.getByName("Adressen")
```

Als Nächstes beschaffen Sie sich Zugriff auf das Objekt der ersten Listbox. Dieses ist Teil des Formulars und stellt ein Kontrollelement dar:

```
oCtr = oForm.getByName("namen")
```

Das Formular selbst wird ja intern mit der Datenbank verbunden und agiert somit als ResultSet für die Abfrage. Nun ist es so, dass nicht sofort alle Datensätze eingelesen werden, sondern nur blockweise (meist etwa 10–14 Datensätze auf einmal). Erst wenn man weitere benötigt (zum Beispiel bei der Navigation), werden diese nachgeladen. Da nun aber das Datenarray zur Anzeige der Namen in der Listbox erzeugt werden soll, benötigen wir die Dimension, also die maximale Anzahl der Datensätze. Dazu müssen erst einmal alle im ResultSet vorhanden sein, also gehen Sie zum letzten Datensatz. Jetzt werden alle geladen.

```
oForm.last()
```

Nun lässt sich über `rowCount()` die Anzahl der Datensätze des ResultSets auslesen. Die Zählung beginnt aber bei 1, nicht wie bei Arrays bei null. Insofern muss bei der Dimensionierung eine Korrektur erfolgen:

```
Dim aNamensliste(oForm.rowCount-1)
```

Der nächste Schritt ist nun das Auslesen der einzelnen Datensätze und das Füllen des Arrays mit den Namen, die jetzt aus Vor- und Zuname zusammengesetzt werden. Vergessen Sie nicht, dass der Datensatz-Zeiger noch auf dem letzten Datensatz steht, dieser muss zunächst wieder nach vorn gebracht werden. Die Inhalte aus den einzelnen Datensätzen erreichen Sie über die Spaltennummerierung (vgl. Datentabelle, allerdings wird auch hier ab 1 gezählt!). Das Einlesen erfolgt dann über eine Schleife, eben über alle Datensätze:

```
oForm.beforeFirst()
for i = 1 to oForm.rowCount
    oForm.next()
    aNamensliste(i-1) = oForm.getString(3) & _
    " " & oForm.getString(4)
next
```

Nun braucht diese Liste nur noch der Listbox als Liste der Einträge zugewiesen werden. Fertig ist das Formular.

```
oCtr.StringItemList = aNamensliste()
End Sub
```

Testen Sie das Makro, die Liste wird nun entsprechend gefüllt. Hier noch einmal der Code in der Übersicht:

```
Sub Form_fuellen
DIM oForm as object    ' das Formular
DIM oCtr as object     ' das Kontrollelement
oForm = ThisComponent.drawpage.forms.getByName("Adressen")
oCtr = oForm.getByName("namen")
oForm.last()
Dim aNamensliste(oForm.rowCount-1)
oForm.beforeFirst()
for i = 1 to oForm.rowCount
    oForm.next()
    aNamensliste(i-1) = oForm.getString(3) &_
                        " " & oForm.getString(4)
next
oCtr.StringItemList = aNamensliste()
End Sub
```

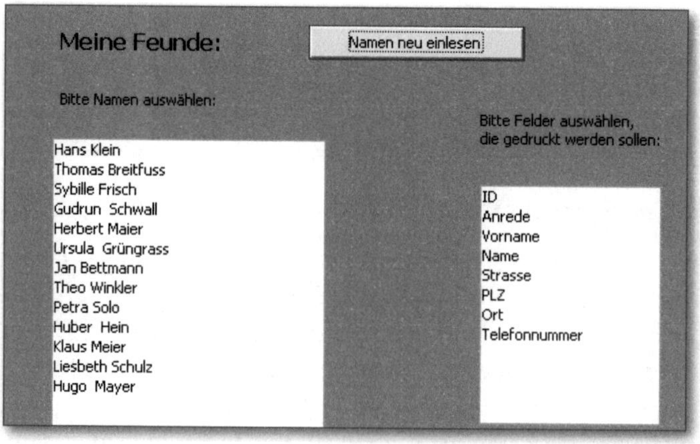

Abbildung 8.72 Die per Makro gefüllte Listbox

8.7.4 Bericht erstellen

Das Formular ist jetzt erzeugt, nun erfolgt die Berichtserstellung. Das geschieht in zwei Schritten:

- Zunächst werden die gewählten Einträge ausgelesen und entsprechend intern aufbereitet.
- Dann wird ein neues Writer-Dokument erzeugt und ein wenig Text eingefügt. Danach wird entsprechend den ausgelesenen Daten eine Texttabelle erzeugt und mit den entsprechenden Werten gefüllt.

Aus Platzgründen verzichte ich hier auf die jeweiligen Definitionen der Variablen, diese sollten Sie aber durchaus vornehmen.

Zunächst werden die Listen der gewählten Einträge ausgelesen. Dabei enthalten die Arrays dann nicht die Einträge an sich, sondern die Positionen (als Short) in der Liste!

```
sub Liste_drucken
oForm = ThisComponent.drawpage.forms.getByName("Adressen")
aSelN = oForm.getByName("namen").selectedItems
aSelF = oForm.getByName("felder").selectedItems
```

Nun ist es durchaus möglich, dass gar keine Werte selektiert wurden. In diesem Fall soll eine Sicherheitsabfrage gestartet und sollen ansonsten einfach alle Einträge ausgewählt werden. Eine leere Liste liefert als oberen Grenzwert –1 zurück. Zunächst die Namensliste:

```
if uBound(aSelN) = -1 then
    n = msgbox("Es wurden keine Einträge gewählt!" & chr(13) &_
              "Alle Datensätze werden gedruckt.", 49,_
                 "Hinweis!")
    if n = 2 then exit sub
    redim aSelN(uBound(oForm.getByName("namen"). _
    StringItemList))
    for i= 0 to uBound(oForm.getByName("namen").StringItemList)
        aSelN(i) = i
    next
end if
```

Das Gleiche funktioniert auch für die Felderliste, nur erfolgt hier keine Sicherheitsabfrage mehr. Wenn nichts selektiert wurde, werden alle Felder genutzt.

```
aKplListe = oForm.getByName("felder").StringItemList
if uBound(aSelF) = -1 then
    redim aSelF(uBound(aKplListe))
    for i= 0 to uBound(aKplListe)
```

```
        aSelF(i) = i
    next
end if
```

Die bisher erzeugte Liste `aSelF` trägt ja nur die Positionsnummern in sich, nicht die tatsächlichen Einträge. Für die zukünftige Tabelle benötigen wir aber die Klartexte, also die Feldnamen an sich. Mit Hilfe der Positionsnummern können wir diese aber jetzt einfach aus der Liste aller Einträge extrahieren und zu einer Feldnamensliste `aFeldN` zusammenstellen:

```
dim aFeldN(uBound(aSelF()))
For i = 0 to uBound(aSelF())
    aFeldN(i) = aKplListe(aSelF(i))
next
```

Nun kommt der etwas kompliziertere Teil: Die gewählten Namen müssen extrahiert und die dazugehörigen Datensätze ausgelesen werden, und zwar nur in den ebenfalls ausgewählten Feldern. Das Ganze wird dann zu einem Array von Arrays kombiniert, und zwar gibt es pro Zeile (pro Zeile der späteren Tabelle – äußeres Array) einen Datensatz als Array der Feldinhalte (inneres Array). Diese Dimensionen müssen passen, sonst schleichen sich Fehler ein!

Zunächst bestimmen wir die Dimensionen der zukünftigen Tabelle: Jeder Datensatz (gewählte Name) entspricht einer Zeile zuzüglich einer Kopfzeile: Das ergibt die Zeilenzahl. Jeder gewählte Feldname entspricht einer Spalte: Das ergibt die Spaltenanzahl.

```
oForm.beforefirst()
iTabSpalten = uBound(aSelF()
iTabZeilen = uBound(aSelN()) + 1
```

Nun wird das Inhaltsarray für die zukünftige Tabelle erstellt:

```
dim aTabInh(iTabZeilen)
Dim aZeilInh(uBound(aSelF()))
```

Die Kopfzeile ist noch recht einfach. Hier reicht die Zuweisung des bereits erstellten Feldnamen-Arrays:

```
aTabInh(0) = aFeldN()     'Kopfzeile
```

Für die einzelnen Datensätze benötigen wir nun eine geschachtelte Schleife, die die jeweiligen Daten ausliest und entsprechend im Array platziert. Wichtig ist, dass das definierte Inhaltszeilenarray innerhalb der Schleife immer wieder neu initialisiert wird (mit `ReDim`) – sonst erhalten alle Datenzeilen die letzten eingelesenen Werte.

```
For i = 1 to uBound(aTabInh())
    oForm.absolute(aSelN(i-1)+1)
    ReDim aZeilInh(uBound(aSelF()))
    for j = 0 to uBound(aSelF())
       aZeilInh(j) = oForm.getString(aSelF(j)+1)
    next
    aTabInh(i) = aZeilInh()
next
```

Das war der erste Teil. Unser Datenarray aTabInh trägt nun alle Informationen, die der Bericht ausgeben soll. Jetzt muss das Dokument physikalisch erzeugt werden. Ich wähle ein Writer-Dokument und erzeuge dieses zunächst:

```
Dim Arg()
sURL = "private:factory/swriter"
oDok2 = StarDesktop.loadComponentFromURL(sURL, "_blank", _
                                         0, Arg())
```

oDok2 ist nun ein leeres Writer-Dokument, das auf der Basis des Standard-Seitenformates erzeugt wurde. In der Regel ist dieses Dokument nun im Hochformat, das sich als schlechte Wahl erweist, wenn sehr viele Datenfelder ausgegeben werden sollen. Es ergibt also durchaus einen Sinn, hier eine Abfrage einzubauen, ob zum Beispiel mehr als vier Datenfelder genutzt werden, und das Format auf Querformat umzustellen, falls dem so ist. Leider gibt es in den aktuellen Versionen von OOo (2.0.x–2.0.3) hier einen Fehler, so dass der in der API beschriebene Weg nicht mehr funktioniert. Ich erwähne ihn trotzdem, um zu zeigen, wie es theoretisch funktionieren sollte (und wie es hoffentlich bald auch wieder funktioniert):

```
REM bei mehr als vier Feldern - Querformat
if (uBound(aSelF()) > 3) then
    PageStyles = oDok2.StyleFamilies.getByName("PageStyles")
    newstyle=oDok2.createinstance _
                         ("com.sun.star.style.PageStyle")
    newstyle.isLandscape = true
    pagestyles.insertbyname("Querformat", newstyle)
    oCursor = oDok2.Text.createTextCursor()
    oCursor.PageDescName = "Querformat"
end if
```

Zur Erläuterung: Es wird eine neue Seitenvorlage »Querformat« erzeugt und dieser eben das Querformat (**Landscape**) zugewiesen. Diese Vorlage wird dann dem Dokument zugeordnet. Das funktioniert auch alles so weit, nur bleibt sie leider im Hochformat, mit interessanten Effekten in den Menüs. Möchten Sie dennoch eine Hochformat-Vorlage nutzen, so erstellen Sie diese vorher manuell, speichern sie in der Standardvorlage und weisen diese einfach zu (über den Namen). Das funktioniert.

Das Dokument ist damit erzeugt, nun kann Inhalt geschrieben werden. Zunächst schreiben wir den einleitenden Text mit Angabe des aktuellen Datums (aus dem Systemdatum):

```
sStarttext="Die Liste meiner Freunde" & chr(13) & chr(13) & _
        "Erzeugt am:" & " " & Date() & chr(13) & chr(13)
oDok2.text.setString(sStarttext)
```

Nun kann am Ende des Textes eine Texttabelle erzeugt und platziert werden. Um die Größe der Tabelle zu definieren, wird nun die Anzahl der Spalten und Zeilen genutzt, die wir zuvor bereits ermittelt hatten:

```
oTxtRange = oDok2.text.getEnd()
oTab = oDok2.createInstance("com.sun.star.text.TextTable")
With oTab
    .HoriOrient = 0
    .leftMargin = 1000
    .rightMargin = 1000
    .Name = "Freunde"
    .initialize(iTabZeilen+1, iTabSpalten+1)
end with
oTxtRange.getText().insertTextContent(oTxtRange, oTab, false)
```

Jetzt müssen wir noch die erzeugte Tabelle mit Inhalt füllen. Dafür wird einfach das Datenarray dieser Tabelle zugewiesen. Fertig! Formatieren wir noch die Kopfzeile mit einem farbigen Hintergrund; jetzt kann der Bericht gedruckt oder gespeichert werden. Und ja, es handelt sich um einen statischen Bericht. Nach der Erzeugung hat das Writer-Dokument keine Verbindung mehr zum Formular oder zur Datenbank.

```
oTab.setDataArray(aTabInh())
oTab.Rows.getByIndex(0).backColor = rgb(215, 255, 255)
end sub
```

Speichern Sie alles ab. Wir starten einen Versuch: Wählen Sie beliebige Datensätze aus, nehmen Sie die vier Spalten »Anrede«, »Vorname«, »Name« und »Telefonnummer«, und lassen Sie den Bericht erzeugen.

Nun wissen Sie, wie man Berichte per API erzeugt und erstellt. Diese Prinzipskizze zeigt nur das Vorgehen, die Variationen sind vielfältig und komplett Ihnen überlassen. Natürlich muss keine Tabelle ausgegeben werden, Sie können die Datensätze auch in den Fließtext integrieren, ganz so, wie es Ihre Anforderungen definieren. Allerdings gilt: Das Erstellen eines Berichts per Makro ist eben nicht mehr mit »einfachem« Klicken zu bewerkstelligen – es erfordert einige Ahnung im Bereich der Fremdsteuerung von OpenOffice.org-Modulen. Aber alles ist machbar.

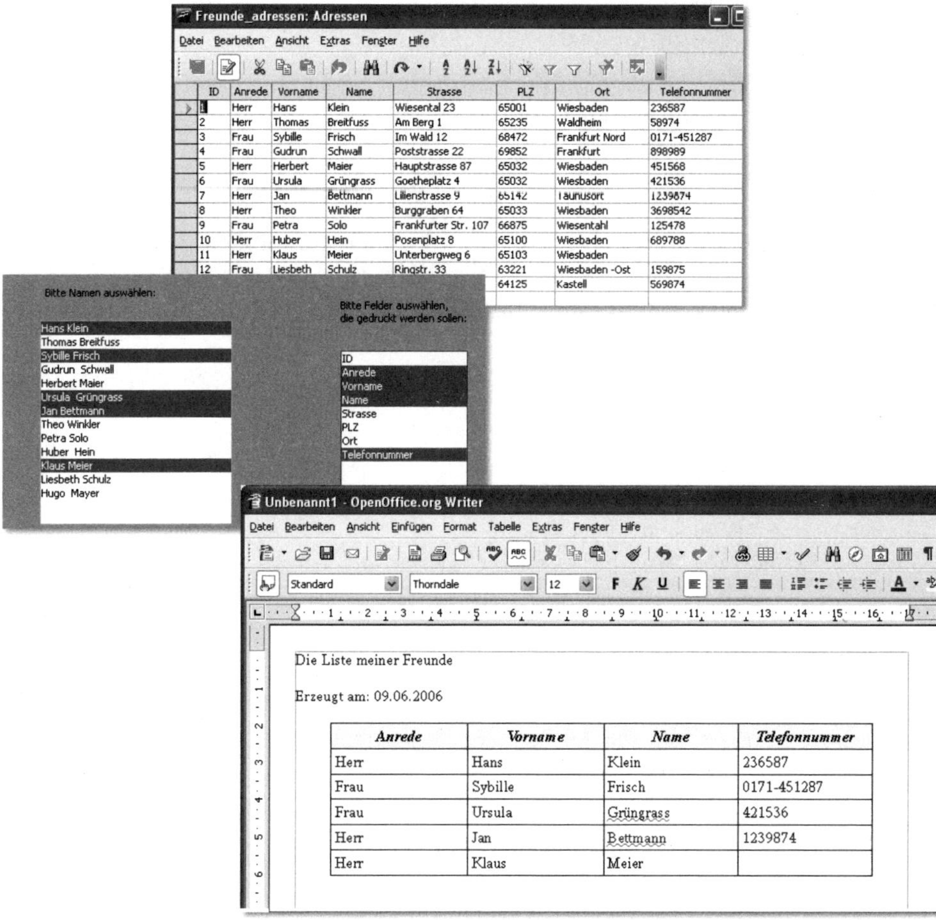

Abbildung 8.73 Der per Makro erzeugte Bericht

8.7.5 Der Code des Berichts

Hier noch einmal der Code der Berichtserzeugung in der Übersicht:

```
sub Liste_drucken
oForm = ThisComponent.drawpage.forms.getByName("Adressen")
aSelN = oForm.getByName("namen").selectedItems
aSelF = oForm.getByName("felder").selectedItems
REM wenn nichts selektiert wurde, alles. Zunächst Namen
if uBound(aSelN) = -1 then
    n = msgbox("Es wurden keine Einträge gewählt!" & chr(13) &_
```

```
                "Alle Datensätze werden gedruckt.", 49,_
                "Hinweis!")
    if n = 2 then exit sub
    redim aSelN(uBound(oForm.getByName("namen"). _
                          StringItemList))
    for i= 0 to uBound(oForm.getByName("namen").StringItemList)
        aSelN(i) = i
    next
end if
REM nun Feldliste
aKplListe = oForm.getByName("felder").StringItemList
if uBound(aSelF) = -1 then
    redim aSelF(uBound(aKplListe))
    for i= 0 to uBound(aKplListe)
        aSelF(i) = i
    next
end if
REM Feldnamen Liste
dim aFeldN(uBound(aSelF()))
For i = 0 to uBound(aSelF())
    aFeldN(i) = aKplListe(aSelF(i))
next
REM gewählte Namen
oForm.beforefirst()
iTabSpalten = uBound(aSelF()
iTabZeilen = uBound(aSelN()) + 1
REM Inhaltsarray für Texttabelle erstellen
dim aTabInh(iTabZeilen)
Dim aZeilInh(uBound(aSelF()))
aTabInh(0) = aFeldN()    'Kopfzeile
For i = 1 to uBound(aTabInh())
    oForm.absolute(aSelN(i-1)+1)
    ReDim aZeilInh(uBound(aSelF()))
    for j = 0 to uBound(aSelF())
       aZeilInh(j) = oForm.getString(aSelF(j)+1)
    next
    aTabInh(i) = aZeilInh()
next
REM  Dokument erzeugen
Dim Arg()
sURL = "private:factory/swriter"
oDok2 = StarDesktop.loadComponentFromURL(sURL, "_blank", _
                                         0, Arg())
REM bei mehr als vier Feldern - Querformat
if (uBound(aSelF()) > 3) then
```

```
    PageStyles = oDok2.StyleFamilies.getByName("PageStyles")
    newstyle=oDok2.createinstance _
                        ("com.sun.star.style.PageStyle")
    newstyle.isLandscape = true
    pagestyles.insertbyname("Querformat", newstyle)
    oCursor = oDok2.Text.createTextCursor()
    oCursor.PageDescName = "Querformat"
end if
sStarttext="Die Liste meiner Freunde" & chr(13) & chr(13) & _
         "Erzeugt am:" & " " & Date() & chr(13) & chr(13)
oDok2.text.setString(sStarttext)
oTxtRange = oDok2.text.getEnd()
REM Tabelle erzeugen
oTab = oDok2.createInstance("com.sun.star.text.TextTable")
With oTab
    .HoriOrient = 0
    .leftMargin = 1000
    .rightMargin = 1000
    .Name = "Freunde"
    .initialize(iTabZeilen+1, iTabSpalten+1)
end with
oTxtRange.getText().insertTextContent(oTxtRange, oTab, false)
oTab.setDataArray(aTabInh())
oTab.Rows.getByIndex(0).backColor = rgb(215, 255, 255)
end sub
```

Hinweis

Die aktuelle Version von OpenOffice.org 2.3.0 hat offensichtlich ein internes Timing-Problem. So kann es passieren, dass direkt nach dem Öffnen des Formulars die Skripte noch nicht gebunden sind. Klicken Sie auf einen Button, erhalten Sie eine Fehlermeldung. Meist genügt es, einfach ein paar Sekunden zu warten, dann funktioniert alles, wie gewünscht.

Alle Theorie ist grau – nur die Praxis zählt. Viele Teile ergeben ein »Ganzes«, und erst im kompletten Ablauf erkennt man die vollständige Dimension.

9 Praktische Anwendung

Dieses letzte Kapitel soll alle in diesem Buch behandelten Aspekte in einem kompletten Arbeitsablauf zusammenfassen – so, wie es auch in der Praxis aussehen wird.

Nun ist das Feld der Datenbank-Anwendungen in der Regel sehr weit und die Komplexität der Lösungen oft so groß, dass man schon für jede einzelne ein Buch dieses Umfanges als Dokumentation schreiben könnte. Das aber kann und soll nicht Sinn dieses Abschnitts sein.

Auf der DVD gibt es allerdings eine größere Beispiel-Applikation mit entsprechender PDF-Dokumentation. Es lohnt sich auf jeden Fall, dort einmal einen Blick hineinzuwerfen. Dabei wurde eine Campingplatz-Verwaltung auf der Basis von OpenOfice.org Calc als Frontend (Dialoge) realisiert, mit einer MySQL-Datenbank im Hintergrund.

Für dieses Kapitel wähle ich ein etwas kleineres Projekt, werde aber dennoch alle Schritte »beleuchten«. Der Arbeitsablauf entspricht dem Vorgehen bei allen Projekten und kann so sehr gut nachvollzogen werden.

Vorweg aber ein Hinweis: Stehen Sie vor der Frage, eine Aufgabenstellung zu lösen und entsprechend zu realisieren, so gibt es keinen »richtigen« oder »falschen« Weg. Viele Möglichkeiten führen zum Ergebnis, manche vielleicht schneller, effizienter, andere etwas »umständlicher«. Für den Benutzer zählt im Endergebnis jedoch nur das, was er sieht. Viele intern geregelte Details wird er gar nicht mitbekommen, sie sind für ihn nicht sichtbar. Insofern kann eine so genannte »Musterlösung«, wie sie auch dieses Kapitel beschreibt, nicht der einzige Maßstab sein; es gibt immer Varianten und Alternativen. Im Text werde ich ab und zu auf diese hinweisen, ohne jedoch genauer darauf einzugehen. Ich werde mich eher um Vielfalt bemühen. Experimentieren Sie aber ruhig ein wenig, und suchen Sie eigene Wege.

Als Beispiel wähle ich eine Adressverwaltung, die Sie selbstverständlich jederzeit ausbauen können. Ich beschränke mich also auf die Grundlagen. Auch wenn ein solches Thema »abgedroschen« klingt, so kann es doch jeder gebrauchen, und man findet daher schnell einen Zugang zur Thematik, jedenfalls eher als zu einem konstruierten Beispiel aus der Wirtschaft oder der privaten Umgebung (etwa einer »Fuhrparkverwaltung« oder einem »Archivieren von Kochrezepten«).

Die Darstellung weist alle Facetten der Datenbank-Praxis auf, setzt also schon ein wenig »Erfahrung« in vielen Bereichen voraus (über die Sie ja jetzt, am Ende des Buches, verfügen). Programmierarbeiten werden in Basic (der OpenOffice.org-eigenen Scriptsprache) erledigt. Wer damit noch keine Erfahrung hat, kann den Teil natürlich weglassen. Aber wollten Sie sich nicht ohnehin damit beschäftigen?

So, und nun viel Spaß.

9.1 Aufgabenstellung

Bevor eine Datenbank-Applikation entwickelt werden kann, muss die Aufgabenstellung – also das, was mit diesem Programm erreicht werden soll – möglichst genau und exakt beschrieben werden. Das ist nicht immer einfach, denn in dem Moment, in dem man darüber nachdenkt oder mit einem Auftraggeber spricht, fallen einem immer neue Varianten ein, was zusätzlich noch alles integriert werden könnte. Dennoch sollte man gerade in diesen Punkt viel und ausgiebig Zeit investieren. Zu diesem Zeitpunkt ist nämlich noch alles möglich.

Steht die Applikation erst einmal und wünscht man dann noch die eine oder andere Ergänzung, kann dies oft zu Problemen führen und die komplette Entwicklung möglicherweise sogar »auf den Kopf stellen«, weil sich der bisher gewählte Weg als ungünstig erweist und die zusätzlichen Wünsche nicht so realisiert werden können. Also: Je genauer die Aufgabenstellung definiert wird, umso eher entspricht das Ergebnis den Vorstellungen.

Unsere **Aufgabenstellung** ist einfach: Als vielbeschäftigtem Menschen ist es mir leider nicht möglich, mich an alle wichtigen Termine zu erinnern. Dies gilt insbesondere für die Geburtstage meiner vielen Familienmitglieder, Freunde und Bekannten. Nun habe ich zwar diverse Listen, doch sind diese meist nicht aktuell. Jahr für Jahr übertrage ich auch die wichtigsten Daten in meinen Taschenkalender – so habe ich sie jederzeit in der Übersicht. Aber das ist auch umständlich. Natürlich habe ich sie auch irgendwo auf meinem Rechner gespeichert – an unterschiedlichen Positionen.

Nun wünsche ich mir eine einfache Erinnerungsfunktion, die mir jeden Tag, wenn ich meinen Rechner anschalte (und der wird jeden Tag angeschaltet), entweder automatisch oder zumindest mit einem einfachen »Klick« die aktuellen Geburtstage anzeigt, am besten mit Zusatzinformationen (dem Alter zum Beispiel) sowie der Telefonnummer. Dann kann ich gleich anrufen, ohne erst lange in weiteren Adressbüchern nachzuschlagen. Und da es manchmal nicht ausreicht, das Geburtstagskind anzurufen (manchmal muss man etwas vorplanen, ein Geschenk besorgen, einen Brief schreiben oder so), wäre es ideal, wenn die Erinnerung nicht nur die aktuellen Geburtstage ausgibt, sondern auch noch die der nächsten – sagen wir – zehn Tage. So ist man ausreichend vorgewarnt und kann entsprechend planen. Eine Erinnerung müsste also so aussehen wie in Abbildung 9.1.

Abbildung 9.1 Das Ziel: eine Erinnerungsfunktion

Da für diesen Zweck die Geburtsdaten gespeichert werden müssen, sollte die Datenbank darüber hinaus auch gleich die kompletten Kontaktdaten aufnehmen und ein Bild.

Hierfür benötige ich eine einfache Verwaltungsmaske zur Eingabe und Pflege der Datensätze sowie die Möglichkeit, einfache Berichte wie beispielsweise eine Geburtstagsliste zu generieren oder auch Briefe mit Datenübername zu schreiben.

Eine weitere Rahmenbedingung könnte (und sollte) nun die Überlegung der Reichweite sein: Werden die Daten nur lokal auf einem Rechner benötigt oder ist es sinnvoll, von verschiedenen Rechnern aus (zum Beispiel im lokalen Netzwerk) auf diese Daten zugreifen zu können? Dies würde die Wahl der Datenbank extrem beeinflussen. So läuft bei mir beispielsweise eine MySQL-Datenbank auf einem zentralen Server, und ich kann von allen Rechnern in meinem Haushalt (Büro und privat) auf die gleichen Datensätze zugreifen, sie pflegen und ergänzen. So gibt es nur einen Datenbestand, und der ist stets konsistent. Der Nachteil: Die Datenbank ist nicht so einfach »weiterzugeben«, für das Beispiel hier also ungeeignet (die komplette Applikation befindet sich ja auch auf der Buch-DVD), insofern nutze ich jetzt hier die HSQLDB. Es kann aber durchaus sinnvoll sein, dass Sie sich in Ihrem Umfeld ebenfalls für eine zentrale Datenbank-Engine entscheiden und das Beispiel dann entsprechend anpassen.

Damit sind die gewünschten Anforderungen umrissen und definiert, die Realisierung kann beginnen.

9.2 Datenbank-Entwurf

Basierend auf den Anforderungen ist der erste Schritt nun die Planung der Datenbank, also das Datenbank-Design. Dies geschieht zunächst unabhängig von der später verwendeten Datenbank-Engine und hat den Zweck, sich Gedanken über die Struktur, die Normalisierung und die Datenabhängigkeit zu machen. Auch Performance-Überlegungen oder Sicherheitsaspekte sollten bereits hier eine Rolle spielen. Außerdem legen Sie fest, welche Daten gespeichert werden sollen, welchen Datentyp Sie wählen und welche weiteren Beschränkungen oder Ergänzungen notwendig sind.

Im Fall der Adressdatenbank ist dies recht einfach. Im Grunde würde eine Tabelle reichen – jeder Datensatz dürfte eindeutig sein, eine Normalisierung in diesem Rahmen ist überflüssig. Um aber die Techniken zu üben, will ich zumindest zwei Tabellen erzeugen: Die erste enthält die »klassischen« Adressdatensätze, die zweite erweiterte Informationen zur einzelnen Person, insbesondere das Bild und vielleicht die Hobbys oder private Bemerkungen.

Die Datenbanken werden wie folgt aussehen:

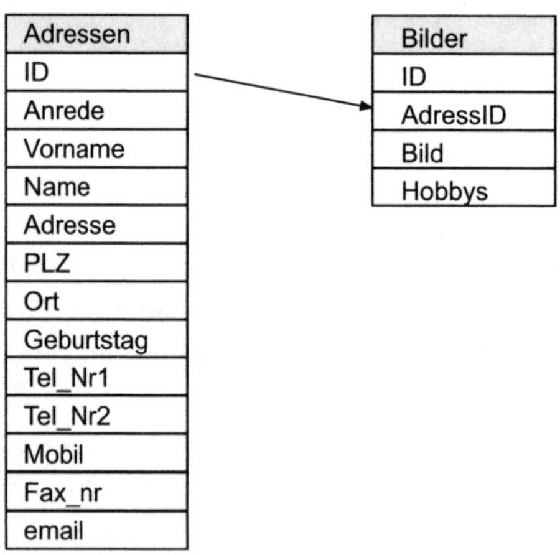

Abbildung 9.2 Tabellenentwurf und Beziehungen

Während »ID« den jeweils automatisch vergebenen Primärschlüssel darstellt, ist das Feld »AdressID« der Sekundärschlüssel. Zugegeben, in diesem einfachen Beispiel wird eine Redundanz eingebaut. So sind in der Tabelle »Bilder« voraussichtlich die Felder »ID« und »AdressID« identisch, da die Verbindung beider Tabellen keine »echte« 1:n-Beziehung darstellt. Man könnte also das »ID«-Feld weglassen, stattdessen nur das »AdressID«-Feld nutzen und dieses somit auch als Primärschlüssel definieren. Dann hätte man eine klassische 1:1-Beziehung, die Verwaltung des Primärschlüssels der Tabelle »Bilder« würde komplett über die Adressen vorgenommen, und eine Doppelung wäre ausgeschlossen. Allerdings »mag« Base eine solche Konstruktion nicht besonders gern, sodass wir hier den Weg des eindeutigen Primärschlüssels (Autoincrement) und eines Sekundärschlüssels gehen werden.

9.2.1 Hinweise zur weiteren Normalisierung

Auch bei so einfachen Tabellen lassen sich weitere Untergliederungen festlegen. Die wohl bekanntesten – Postleitzahl (PLZ) und Ort – stellen ebenfalls eine redundante Information dar, ein Wert würde reichen. So ergibt sich beispielsweise aus der Kombination Ort und Straße immer die PLZ, umgekehrt kann man aus der PLZ immer auf den Ort schließen. Wer es also ganz genau nehmen würde, müsste das Feld »Ort« streichen und in einer weiteren Tabelle Postleitzahlen und die dazugehörigen Orte abspeichern. Das ist natürlich für ein solches Projekt nicht sinnvoll.

Andererseits wäre es auch möglich, die Kommunikationsdaten wie Telefonnummern, Faxnummer etc. oder auch Adressdaten auszulagern und über eine Kennziffer (Sekundärschlüssel) dem Datensatz zuzuordnen. Denken Sie beispielsweise an eine Familie, die zum Beispiel aus vier Datensätzen besteht (Vater, Mutter und zwei Kinder), jeweils mit unterschiedlichem Namen und Geburtstag, aber mit der gleichen Adresse sowie gleicher Telefon- und Faxnummer. Hier hätten wir in unserer Datenbank redundante Daten, und beim Umzug der Familie müssten vier Datensätze gepflegt werden anstelle von nur einem bei der Normalisierung. Dies nur als Hinweis. In unserem kleinen Projekt ist es natürlich nicht sinnvoll, diese Daten zu trennen. Wir lassen sie hier in einem Datensatz.

9.3 Tabellen

So viel zu den Vorüberlegungen, nun aber zur Realisierung. Der erste Schritt ist die Erzeugung des Base-Containers, also der Base-Datei. Diese ist auf jeden Fall notwendig, auch wenn möglicherweise eine andere als die HSQLBD genutzt werden soll. Und weil die Erinnerungsfunktion später über nicht im Base-Container gespeicherte Formulare verlaufen soll, melden Sie die Datenbank gleich an (später können wir direkt darauf zugreifen).

9.3.1 Base-Container erstellen

Vergeben Sie noch einen aussagekräftigen Namen für die Datenbank, zum Beispiel »Kontakte«, und fertig ist der Container.

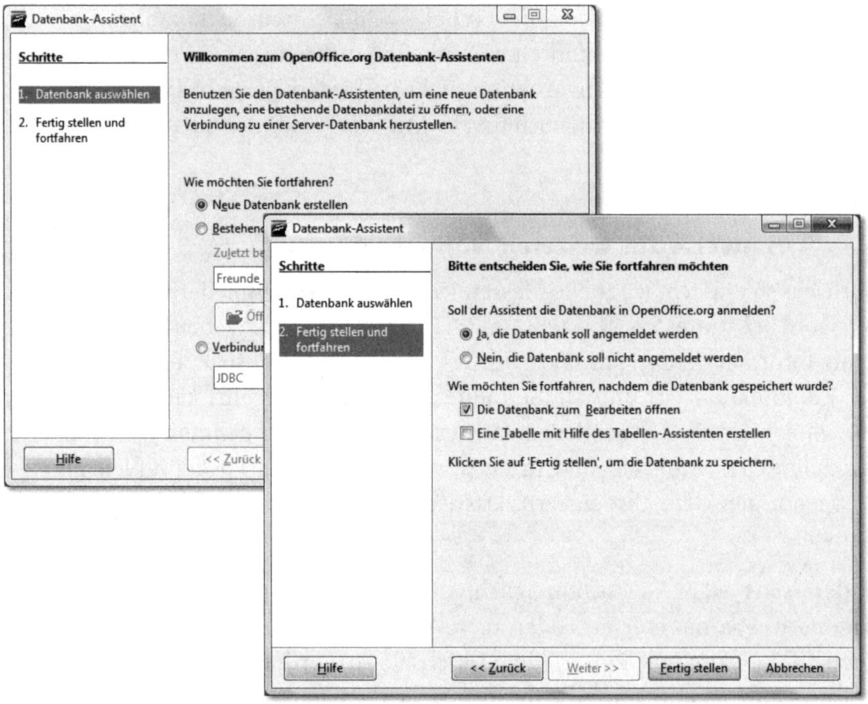

Abbildung 9.3 Die Base-Datenbank wird erzeugt.

Tipp

Der Name der Datenbank ist hier insofern wichtig, als er auch automatisch als Name für die angemeldete Datenverbindung übernommen wird, falls die Option »Ja, die Datenbank soll angemeldet werden« aktiviert war. Das lässt sich zwar später ändern, ein aussagekräftiger Name hilft aber schon hier.

Varianten

Möchten Sie nicht die HSQLDB nutzen, sondern zum Beispiel eine MySQL-Datenbank, so müssen Sie diese (das Schema) vorher extern angelegt und mit den entsprechenden Rechten versehen haben (zum Beispiel mit dem Tool »MySQL-Administrator«). Die Tabellen können Sie später mit Hilfe von Base erzeugen; die Datenbank an sich muss aber schon vorhanden sein. Dann erzeugen Sie den Base-Container mit den entsprechenden Verbindungsdaten und haben nun Base als Frontend verknüpft.

9.3.2 Tabelle »Adressen« erzeugen

Die erste Tabelle erzeuge ich nun mit Hilfe des Assistenten. Da eine Kontaktdatenbank zum Standardrepertoire einer jeden Datenbankapplikation gehört, finden Sie diese natürlich auch hier.

- Im ersten Schritt wählen Sie die **Kategorie** »geschäftlich«, die Beispieltabelle »Kontakte« und daraus alle benötigten Felder. Achten Sie auf die gewünschte Reihenfolge der Felder. Da ein zweites Telefonnummern-Feld fehlt, kann dieses später hinzugefügt werden.

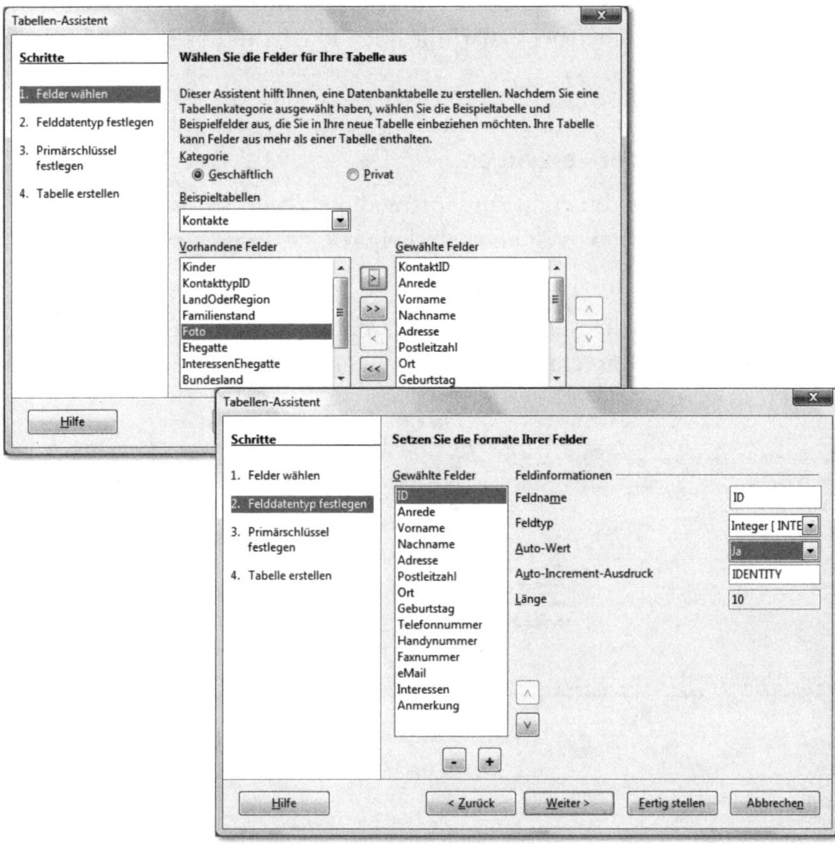

Abbildung 9.4 Die erste Tabelle wird mit Hilfe des Assistenten erzeugt.

- Im zweiten Schritt überprüfen Sie die Feldtypen und können hier noch diverse Änderungen vornehmen. So benennen Sie »KontaktID« in »ID« um und stellen einen Autowert ein. Auch die Größe der übrigen Felder können Sie reduzieren: So lässt sich zum Beispiel die **Anrede** auf 20 Zeichen begrenzen, die **PLZ** auf 10 und so weiter. Außerdem können Sie hier über den

Plus-Button das zusätzliche Telefonfeld (**Telefon2**) einfügen und es direkt hinter das Feld **Telefonnummer** platzieren.

- Nun legen Sie den Primärschlüssel fest. Dafür nutzen wir das schon vorhandene Feld »ID«, das hier aber noch den alten Namen »KontaktID« trägt. Der neue Name wird ja erst beim Erzeugen erstellt. Lassen Sie sich also nicht verwirren.
- Schließlich geben Sie der Tabelle noch einen Namen (wir hatten sie **Adressen** genannt) und klicken auf **Fertigstellen**.

Damit wäre die erste Tabelle erzeugt. Zu diesem Zeitpunkt geben Sie noch keine Daten ein, Sie können aber bei Bedarf die Tabelle jetzt in der Entwurfsansicht noch bearbeiten.

9.3.3 Tabelle »Bilder« erzeugen

Die zweite Tabelle wird direkt im Entwurfsmodus erzeugt. Das geht bei so wenigen Feldern schneller, und es ist unwahrscheinlich, dass Sie eine solche Struktur bereits vorfinden.

Öffnen Sie also die Tabellen-Entwurfsansicht, und legen Sie zunächst ein **ID**-Feld an, Typ **Integer**, **Autoincrement**. Dieses können Sie dann gleich als **Primärschlüssel** festlegen.

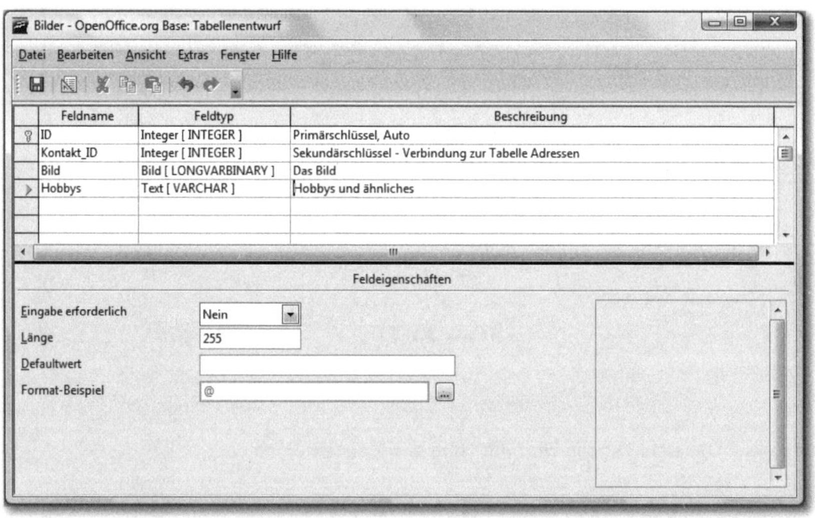

Abbildung 9.5 Die Tabelle »Bilder« in der Entwurfsansicht

Nun benötigen Sie das Sekundär-Schlüsselfeld (**Kontakt_ID**), das ebenfalls vom Typ **Integer** sein muss und später die Verbindung zur Tabelle **Adressen** herstellt.

Auch ein **Bild**-Feld fügen Sie ein sowie ein Feld **Hobbys** als **Text[VARCHAR]**. Eine Länge von 255 Zeichen sollte genügen.

Speichern Sie die Tabellen nun unter dem Namen **Bilder**. Ihre Datenbank ist erzeugt.

9.3.4 Beziehungen herstellen

Noch stehen aber beide Tabellen parallel und ohne Verbindung miteinander in der Datenbank. Das werden wir jetzt ändern, indem wir eine Beziehung zwischen den beiden Tabellen herstellen.

Öffnen Sie über **Extras • Beziehungen...** das entsprechende Fenster, und fügen Sie zunächst beide Tabellen hinzu. Dann verbinden Sie das Feld **ID** der Tabelle »Adressen« mit dem Feld **Kontakt_ID** der Tabelle »Bilder«.

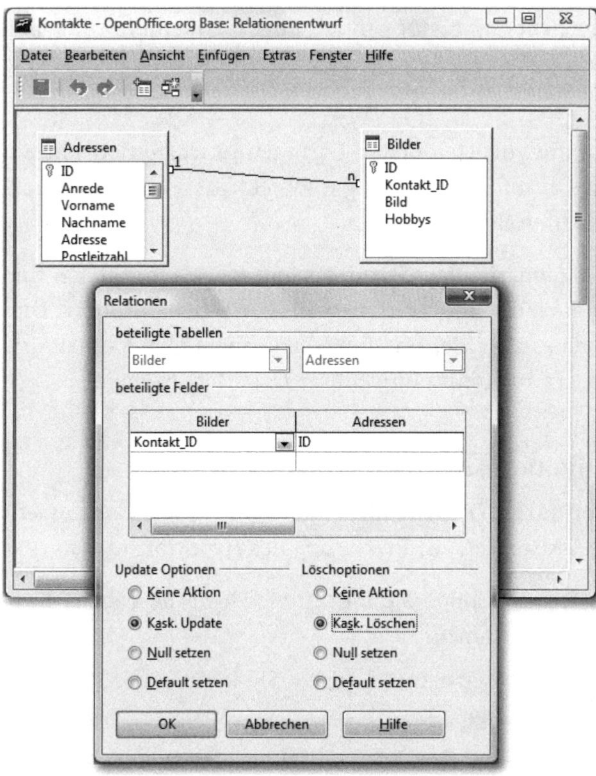

Abbildung 9.6 Relationen festlegen

Es wird eine **1:n**-Beziehung erzeugt. Markieren Sie diese jetzt mit der Maus, und wählen Sie aus dem Kontextmenü **Bearbeiten**, oder wählen Sie den Menübefehl

Einfügen • Neue Relation und stellen außerdem die Detailinformationen ein. Wählen Sie »Kask. Update« (kaskadierende Aktualisierung) sowie »kask. Löschen« (kaskadierendes Löschen), da Sie einen Bilderdatensatz nicht mehr benötigen, wenn der Adressdatensatz gelöscht wird.

Hinweis

Der Relationen-Entwurf funktioniert natürlich nur, wenn das verwendete DBMS und der genutzte Treiber dies auch unterstützen. Das ist bei der HSQLDB kein Problem, bei vielen anderen Datenbanken/Treiber-Kombinationen funktioniert es aber nicht. Alles nicht so dramatisch: Die gewünschten Beziehungen lassen sich auch später in Abfragen oder in Formularen direkt herstellen.

9.4 Dateneingabe und -änderung (Formular)

Nachdem die Tabellen nun existieren, benötigen wir eine »bequemere« Eingabe- und Verwaltungsoberfläche als die Tabellen-Darstellung. Ein Formular soll diese Aufgabe übernehmen.

Auch hier gehen wir zweistufig vor: Den ersten Formularentwurf erledigen wir mit dem Assistenten. Dieses automatisch erzeugte Objekt passen wir in einem zweiten Schritt den individuellen Bedürfnisse an.

Dabei sollen alle Daten in einem einzigen Formular angezeigt, eingegeben und bearbeitet werden können, auch die Informationen aus der Tabelle »Bilder«. Dies ist relativ einfach möglich, da es sich hier um einfache Beziehungen handelt und im Grunde zu jedem Datensatz auch nur ein weiterer Datensatz existiert.

9.4.1 Formular mit Hilfe des Assistenten erstellen

Beginnen wir mit dem Formular. Da wir alle Felder der Tabelle »Adressen« benötigen, nutzen wir den Assistenten zur Erzeugung des Hauptformulars:

- Starten Sie diesen Assistenten, wählen Sie im ersten Schritt die Tabelle **Kontakte**, und fügen Sie alle Felder hinzu.
- Das **Subformular** fügen wir später manuell hinzu. Sie können diese Schritte (den 2., 3. und 4.) jetzt überspringen.
- Nun wählen Sie die **Anordnung der Kontrollfelder**. Ich wähle die erste Möglichkeit, also **Feldname • Eingabefeld**.
- Dann stellen Sie das Formular so ein, dass es sowohl existierende Daten anzeigt als auch zur Dateneingabe, -änderung und -löschung genutzt werden kann.

- In Schritt 7 suchen Sie noch ein Farbschema, das Ihnen gefällt.
- Vergeben Sie zum Schluss einen passenden Namen; ich nenne das Formular **Kontakte**. Und weil das Formular weiter verändert werden soll, wählen Sie auch die entsprechende Option.

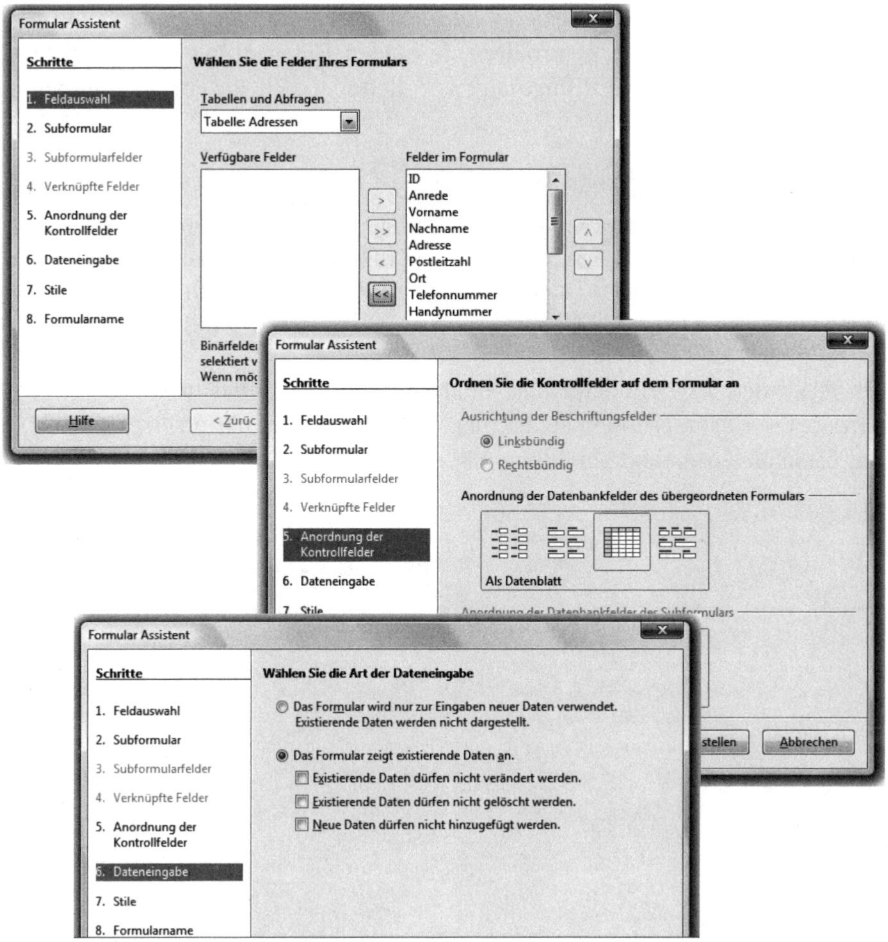

Abbildung 9.7 Das Formular wird zunächst mit Hilfe des Assistenten erzeugt.

Als Ergebnis erhalten Sie nun ein funktionstüchtiges Formular zur Eingabe und Pflege der Daten aus der »Adressen«-Tabelle. Die folgende »Verbesserung« dieses Formulars betrifft einmal die Verkürzung der Eingabefelder (eine rein optische Maßnahme) sowie das Einbinden eines Subformulars für die beiden noch fehlenden Felder **Bild** und **Hobbys** aus der Tabelle »Bilder«.

9.4.2 Formular manuell bearbeiten

Das automatisch erstellte Formular ist noch nicht optimal. Die Eingabefelder sind oft zu lang, und ihre Anordnung ist eventuell verbesserungswürdig.

Das alles erledigen Sie nun in der Entwurfsansicht. Ist das Formular nicht bereits in dieser geöffnet, markieren Sie es zunächst in Base und wählen dann aus dem Kontextmenü den Befehl **Bearbeiten**. In beiden Fällen öffnet sich das Writer-Modul, das Formular wird angezeigt und befindet sich im Formularentwurfsmodus.

Hinweis

Beim automatisch erzeugten Formular werden die Kontrollelemente mit ihren Beschriftungsfeldern gruppiert. Um sie einzeln zu bearbeiten, heben Sie zunächst die Gruppierung auf (markieren, Kontextmenü -> **Gruppe • Aufheben**), jetzt können Sie die Kontrollfelder einzeln bearbeiten.

Ich verkleinere teilweise die Eingabefelder (Anrede, PLZ, aber auch alle anderen), sortiere die entsprechenden Felder neu (durch Verschieben) und erschaffe mir so das passende Formular (Abbildung 9.8).

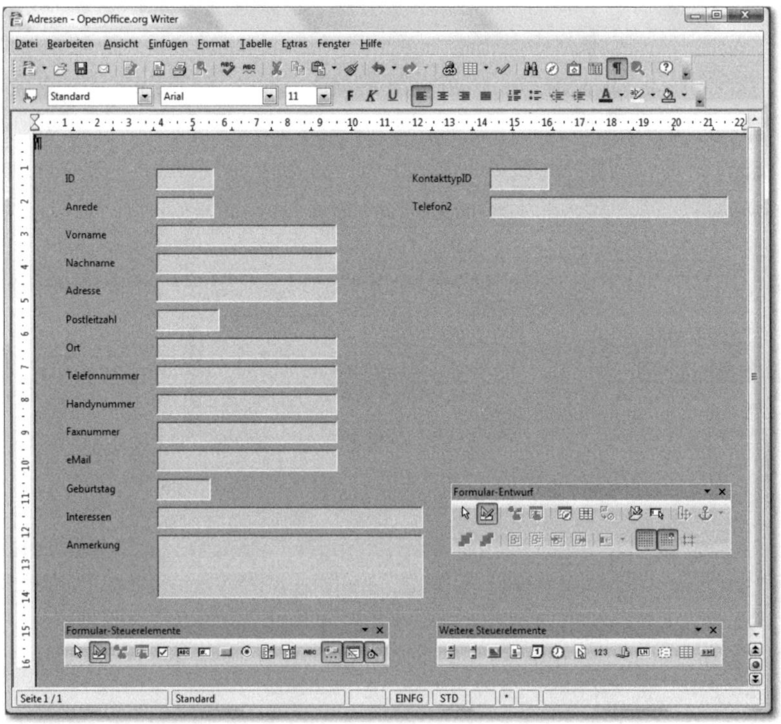

Abbildung 9.8 Das manuell angepasste Hauptformular

Tipp

Wenn Sie die Eingabefelder anders anordnen, stimmt die Tab-Reihenfolge nicht mehr, die der Assistent automatisch vorgegeben hat. Passen Sie auch diese an (in dem Kontrollfeld **Eigenschaften • Bereich Allgemein, Aktivierungsreihenfolge**). Fangen Sie am besten im ersten gewünschten Feld an. Vergeben Sie dort die »1«, klicken Sie dann die gewünschte Reihenfolge ab, und erhöhen Sie jeweils um eins.

Passt alles, sollten Sie das Formular schon mal testen. Speichern Sie die Änderungen, schließen Sie das Formular, und speichern Sie den Base-Container. Öffnen Sie nun das Formular ganz normal, und geben Sie einen oder zwei Datensätze ein.

Wichtig

Denken Sie an das doppelte Speichern! Es reicht nicht, nur das geänderte Formular zu speichern – erst wenn Sie anschließend auch den Base-Container (das Base-Dokument) sichern, sind die Änderungen wirklich auf der Festplatte gespeichert!

9.4.3 Subformular hinzufügen

Noch fehlen die beiden Felder **Bild** und **Hobbys**, die entsprechend der Datenbank-Planung in einer separaten Tabelle untergebracht sind. Um diese hier einzubringen, brauchen wir ein Unterformular.

Öffnen Sie zunächst das Hauptformular wieder in der Entwurfsansicht. Aktivieren Sie jetzt den Formularnavigator. Dort legen Sie nun über das Kontextmenü ein weiteres Formular unterhalb des bestehenden Hauptformulars an.

Jetzt können Sie die **Formulareigenschaften** entsprechend anpassen:

- Geben Sie dem Formular den Namen »Bilder«.
- Verknüpfen Sie es zunächst mit der Tabelle »Bilder« im Bereich **Daten**.
- Nun stellen Sie die Abhängigkeit zum Hauptformular her. Klicken Sie auf einen der Buttons neben den »Verknüpfen«-Feldern, und stellen Sie die Beziehung im neuen Dialog entsprechend ein (also von **Kontakte.ID** nach **Bilder.Kontakt_ID**).
- Nehmen Sie jetzt noch die Navigationsleiste des Subformulars heraus; sie verwirrt nur.

Damit ist das Subformular erzeugt, aber noch ohne Kontrollelemente. Die fügen Sie nun hinzu. Achten Sie darauf, dass das Formular **Bilder** im Formularnavigator markiert ist, dann werden nämlich alle neu erzeugten Kontrollelemente automatisch diesem untergeordnet.

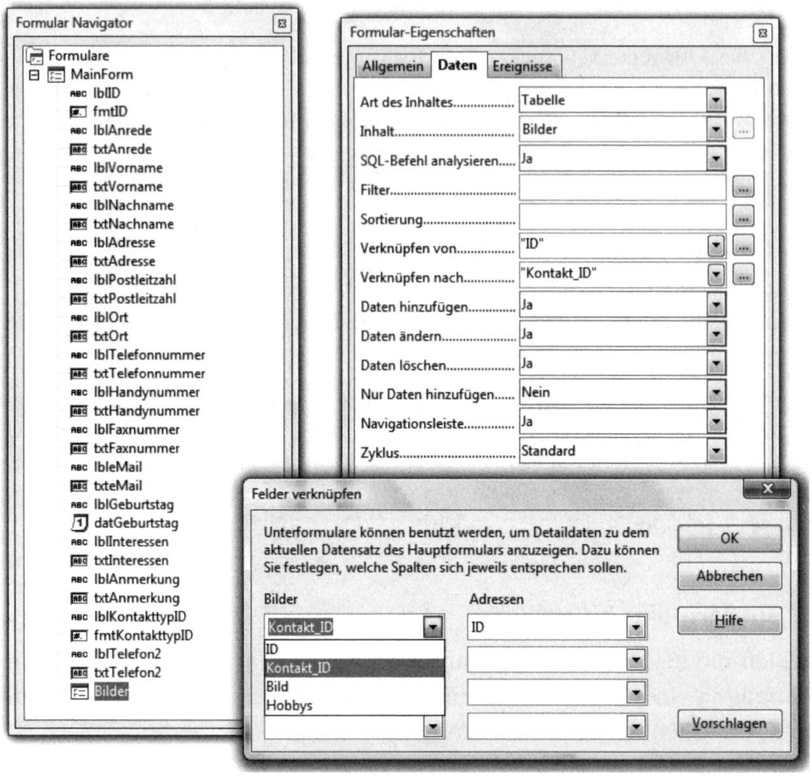

Abbildung 9.9 Das Unterformular anlegen und verknüpfen

Nun fügen Sie die folgenden vier Kontrollelemente hinzu:

- Ein **grafisches Kontrollfeld** zur Aufnahme des Bildes. Dieses wird im Bereich **Daten** an das Datenfeld **Bild** gekoppelt. Es empfiehlt sich weiterhin, dem Kontrollfeld eine andere Hintergrundfarbe zuzuweisen – zum Beispiel 10 % Grau –, so dass es später auch besser erkennbar ist. Die Farbe wird durch ein Bild ohnehin vollständig überdeckt, hilft aber, wenn noch kein Bild zugewiesen wurde. Auch sollte die Größe des Kontrollfeldes auf ein definiertes Seitenverhältnis eingestellt werden (zum Beispiel 3:4 Breite:Höhe), damit Ihre Bilder nicht verzerrt dargestellt werden. Natürlich müssen die Bilder ebenfalls in diesem Seitenverhältnis vorliegen! Die Größe stellen Sie im Kontextmenü des Kontrollfeldes ein (unter **Position und Größe**).
- Jetzt folgt ein **Beschriftungsfeld**, dessen **Titel** Sie in »Hobbys« ändern.
- Als Nächstes folgt ein **Textfeld**, das diese »Hobbys« auch aufnimmt. Da wir hierfür 255 Zeichen vorgesehen hatten, stellen Sie das Textfeld auf mehrzeilig. Geben Sie dem Feld eine vertikale Bildlaufleiste, stellen Sie die Hintergrund-

farbe auf 10 % Grau ein (dann passt es zu den anderen Feldern), und stellen Sie schließlich noch die Datenverbindung her. Im Bereich »Daten« wird das Datenfeld »Hobbys« ausgewählt. Fertig. Auch dieses Feld ist eingefügt.

Als viertes Kontrollelement benötigen wir einen **Button**, der die Informationen des Subformulars in der Datenbank speichert. Das geht zwar auch automatisch, wenn man das Feld verlässt und ein anders Feld ansteuert (zum Beispiel mit der Eingabe- oder [⇆]-Taste), da wir aber nur ein Feld haben (die Hobbys), wird dies sehr schwierig. Das Bild selbst ist nicht direkt im »Fluss« mit drin, verlasse ich aber das Formular (zum Beispiel, weil ich mit der Maus auf ein Feld des Hauptformulars wechsele), wird es nicht automatisch gespeichert. Ein Speicherbutton ist zwar automatisch in der Navigationsleiste vorhanden, die aber haben wir ja für das Subformular weggelassen. Also fügen wir nun einen solchen Button manuell hinzu.

Platzieren Sie einen »breiten« Button unterhalb des Textfeldes (oder wo Sie ihn gern haben möchten), und ändern Sie den Titel in »Änderungen bei Bild/Hobbys speichern«. Dann wählen Sie als Aktion aus der Liste den Befehl »Datensatz speichern«; fertig.

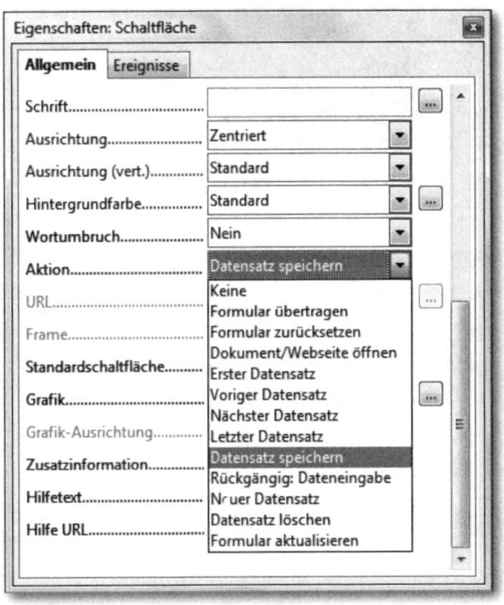

Abbildung 9.10 Aktion eines Buttons

Der Button ist immer nur dann aktiv, wenn es Änderungen im Subformular gegeben hat, und ansonsten inaktiv, also passend zur Applikation.

Damit ist das Formular inklusive des Subformulars fertig, und Sie können damit beginnen, Daten einzugeben.

Die meisten Felder sind selbsterklärend, ein Bild fügen Sie über das Kontextmenü des grafischen Kontrollfeldes (»Grafik einfügen aus...«) hinzu. Ansonsten sollen Sie immer dann, wenn der Button »Änderungen bei Bild/Hobbys speichern« aktiv ist, diesen auch betätigen, bevor Sie zum nächsten Datensatz wechseln. Befindet sich der Cursor im Subformular, ist die Navigationsleiste nicht mehr sichtbar. Sie wird erst wieder sichtbar, wenn sich der Cursor in einem Feld des Hauptformulars befindet.

Als Basis ist die Datenbank nun fertig, und wenn Sie die ersten Daten eingegeben haben, kann der nächste Schritt erfolgen – die Erinnerungsfunktion.

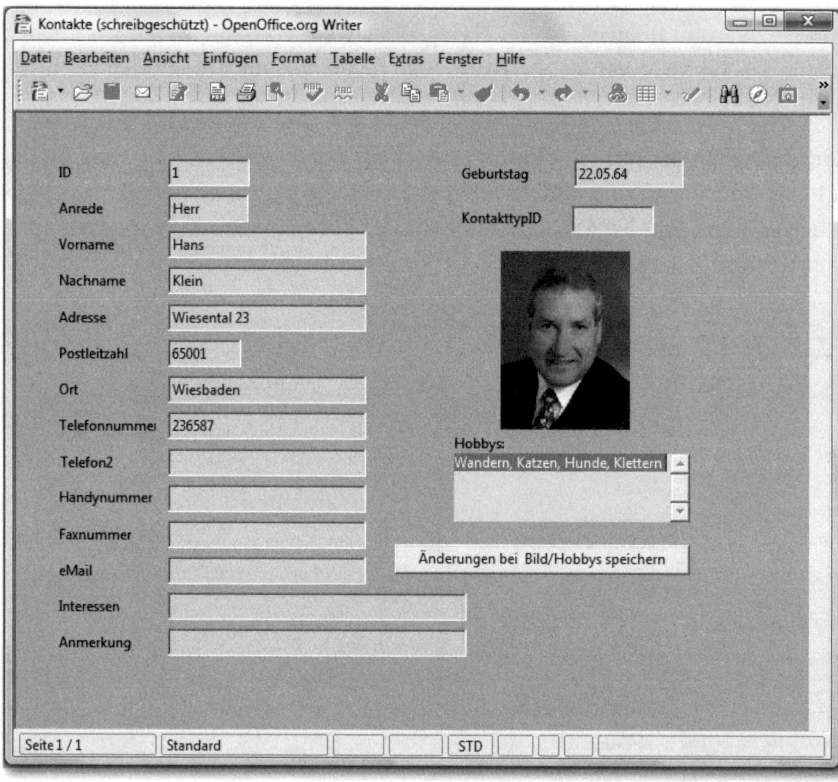

Abbildung 9.11 Das Formular in Aktion

9.5 Abfragen

Die Erinnerungsfunktion soll ja zwei Aspekte darstellen: einmal die am aktuellen Tag vorhandenen Geburtstage und einmal die Geburtstage, die in den nächsten zehn Tagen folgen. Nun gibt es viele Möglichkeiten, diese Aufgabenstellung anzugehen. Eine Möglichkeit wäre, diese beiden Aspekte in Abfragen direkt in SQL vorzuformulieren und dann nur noch das daraus resultierende ResultSet auszuwerten und aufzuarbeiten. Dies hätte den Vorteil, dass das DBMS die Filterung übernimmt und somit nicht erst alle Datensätze in den Hauptspeicher geladen werden müssen, wie es beispielsweise eine reine Makro-Lösung erfordern würde.

Insofern entscheide ich mich für zwei Abfragen: einmal für die Geburtstage »heute«, also am aktuellen Datum, und einmal für die Geburtstage der nächsten 10 Tage. Da die Ergebnisse der Abfragen später ohnehin nachbearbeitet und aufbereitet werden, können Sie nun beliebige Stufen und eine beliebige Detaillierung in der Abfrage festlegen. Ich werde daher im Zusammenhang mit den beiden Abfragen unterschiedliche Vorgehensweisen darstellen.

9.5.1 Geburtstage heute

Um eine Abfrage zu formulieren, sollte man sich zunächst Gedanken darüber machen, welche Informationen man benötigt und welche entbehrlich sind. Als Erinnerungsfunktion sollen ja später die folgenden Werte ausgegeben werden:

- Name des Geburtstagskindes (Vor- und Zuname reicht)
- Wie alt wird die Person?
- Wie erreiche ich diese Person kurzfristig? (Telefonnummer)
- Und vielleicht: das komplette Geburtsdatum

Mit der Festlegung dieser Informationen kann man nun die Abfrage formulieren. Alle Informationen stecken in der Tabelle »Adressen«, allerdings sind zum Teil Berechnungen erforderlich. Diese erste Abfrage werde ich im Entwurfsmodus von Base erstellen, da kann man quasi »mit der Maus« arbeiten.

Aktivieren Sie also die Aufgabe **Abfrage in der Entwurfsansicht erstellen...**, und fügen Sie zunächst die Tabelle **Adressen** hinzu. Jetzt können Sie Punkt für Punkt die gewünschten Informationen in den Spalten erzeugen.

Zunächst der Name

Die Tabelle selbst besitzt nur die Felder **Vorname** und **Nachname**. Die könnten zwar jetzt beide gewählt und müssten dann später per Skript verbunden werden, man kann es aber auch gleich hier in der Abfrage durchführen. Mit der Funktion `CONCAT(s1, s2)` werden die beiden Strings `s1` und `s2` zu einem String (`"s1s2"`) verbunden.

> **Hinweis**
>
> Die HSQLDB-Engine akzeptiert nur zwei Parameter für **CONCAT()**. Braucht man mehr, so muss geschachtelt werden. Die MySQL-Datenbank hingegen akzeptiert auch mehr durch Kommas getrennte Parameter.

Damit erhält die erste Spalte der Abfrage die folgende Funktion (in der Zeile »Feld«):

```
CONCAT("Vorname", CONCAT(' ', "Nachname"))
```

Jetzt wird der Vorname mit dem Nachnamen verbunden, wobei zwischen beiden ein Leerzeichen eingefügt wurde. Die Spalte bekommt nun noch den Alias **Name**, und somit hätten wir schon mal den Namen des Geburtstagskindes.

Alter der Person

Das Alter der Person ist nicht direkt in der Datenbank abgelegt, es muss ebenfalls berechnet werden. Hier hilft die Funktion **DATEDIFF()**, die die Differenz zweier Datumswerte ermittelt und entsprechend einer übergebenen Formatierung ausgibt. Für unseren Fall benötigen wir die Jahre. Dabei vergleichen wir den Geburtstag (gespeichert in der Tabelle) mit dem aktuellen Datum entsprechend dem Systemdatum, das über die Funktion **CURDATE()** geliefert wird.

Somit kann man die zweite Spalte der Abfrage entsprechend formulieren: In der Zeile »Feld« steht folgender Ausdruck:

```
DATEDIFF('yy', "Geburtstag", CURDATE())
```

Auch diese Spalte bekommt einen Alias, hier jetzt **Alter**.

> **Hinweis**
>
> Wundern Sie sich nicht, falls OpenOffice.org Base die Funktion »Datediff« nicht in Großbuchstaben umwandelt, sie also quasi als »unbekannt« behandelt. Das DBMS (HSQLDB) versteht die Funktion und führt sie wie gewünscht aus. Offensichtlich gibt es intern aber noch Zuweisungsprobleme.

Noch eine Bemerkung: Die Formel errechnet das Alter der Person im aktuellen Jahr, unabhängig davon, ob diese Person schon Geburtstag hatte oder nicht. Sie ist also nicht geeignet, zum Zeitpunkt des Aufrufs der Abfrage das aktuelle Alter anzuzeigen. Ist Letzteres erwünscht, muss noch ein Korrekturfaktor eingefügt werden, falls der Geburtstag in diesem Jahr noch nicht stattgefunden hat.

Das gerade aktuelle Alter berechnet man also wie folgt:

```
DATEDIFF('yy', "Geburtstag", CURDATE()) - CASEWHEN(
        DAYOFYEAR("Geburtstag") > DAYOFYEAR(CURDATE()), 1, 0)
```

Telefonnummer

Die nächste Spalte ist die Telefonnummer. Sie wird einfach aus der Tabelle direkt übernommen. Die Information liegt ja wie gewünscht vor, es ist keine Änderung nötig.

Geburtstag (Info)

Auch das Geburtsdatum kann direkt übernommen werden, es dient lediglich als Information. Hier ist auch nichts weiter zu tun.

Geburtstag (Wert)

Bleibt noch ein letztes Kriterium: die Entscheidung, dass die Person am heutigen Tag Geburtstag hat. Diese ist (zumindest aus der Sicht des Rechners) gar nicht so einfach zu fällen. Ein simpler Vergleich »Geburtsdatum = heutiges Datum« führt natürlich nicht zum Ziel, da die unterschiedlichen Jahreszahlen ja eine Übereinstimmung verhindern würden. Ein reiner Zeichenvergleich (die ersten 5 Zeichen) wäre zwar möglich, ist jedoch umständlich und nicht praktikabel. (Der Datumswert müsste zunächst in einen String umgewandelt, die entsprechenden Stellen identifiziert und dann einzeln verglichen werden. Dazu käme die Problematik, was mit führenden Nullen passiert.)

Etwas ließe sich aber vergleichen: der jeweilige Tag im Jahr. Dieser Wert ist unabhängig von den Jahreszahlen und somit ideal zur Identifizierung von Zeiträumen und exakten Datumsvergleichen. Den jeweiligen Tag liefert die Funktion **DAYOFYEAR()**, die wir damit einsetzen. Da diese berechnete Spalte an sich nur filternde Wirkung hat, muss sie nicht angezeigt werden.

Aber auch hier benötigen wir eine berechnete Spalte, weil der Tag des Jahres nicht direkt in der Tabelle vorkommt. Insofern schreiben Sie die folgende Formel in das Feld der Spalte: `DAYOFYEAR("Geburtstag")`.

Jetzt wird der Geburtstag auf die Tageszahl im Jahr reduziert, und diese können wir mit der aktuellen Tageszahl des aktuellen Jahres vergleichen. Und nur, wenn diese übereinstimmen, soll der Datensatz gewählt werden – dann hat die betreffende Person nämlich heute Geburtstag. Wählen Sie also als Kriterium `DAYOFYEAR(CURDATE())`.

Wie gesagt, die Spalte muss nicht angezeigt werden. Nehmen Sie den Haken bei »Sichtbar« heraus. Dann lassen Sie die Abfrage laufen und erhalten die Personen, die heute Geburtstag haben.

Vergessen Sie nicht, die Abfrage zu speichern (ich habe den Namen »Geburtstage_heute« vergeben) und natürlich anschließend auch den Base-Container.

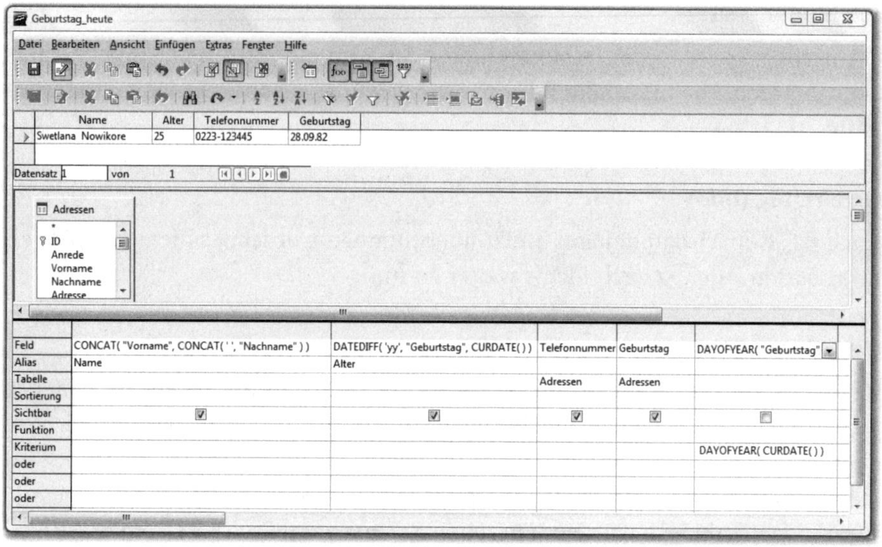

Abbildung 9.12 Die Abfrage für die aktuellen Geburtstage

9.5.2 Geburtstage der nächsten 10 Tage

Ähnlich wie die aktuellen Geburtstage benötigen wir jetzt noch die Geburtstage der nächsten 10 Tage. Die Abfrage wird ähnlich aufgebaut, jedoch benötigen wir noch einige Zusatzinformationen. Später soll ja die folgende Information dargestellt werden: `14. Juni: Max Mustermann, 40 Jahre`

Dabei handelt es sich also um das Datum des Geburtstags (aber ohne das Jahr), den Namen sowie das Alter, und die Ergebnisse sollen natürlich chronologisch geordnet werden, was bedeutet, dass die früheren Tage zuerst aufgelistet werden.

Diesmal soll die Abfrage direkt in SQL formuliert werden (das ist flexibler und umfangreicher als die Entwurfsansicht in Base).

Hinweis

Eine direkt in SQL definierte Abfrage kann nicht immer von Base in der Entwurfsansicht dargestellt werden, und dennoch funktioniert sie einwandfrei. Lassen Sie sich nicht von Fehlermeldungen abschrecken: Manchmal ist alles in Ordnung, nur kann Base die Abfrage nicht umsetzen.

Welche Felder werden benötigt?

Der Name wird genauso zusammengesetzt wie in der ersten Abfrage, ebenso wird das Alter berechnet. Um das Datum zu extrahieren, benutze ich die Funktionen **DAYOFMONTH()** und **MONTH()**. Um die Einträge zu ordnen sowie als Filterfunktion werden wieder Tage des Jahres herangezogen. Im Einzelnen:

Zunächst der **Name**:

```
SELECT CONCAT( "Vorname", CONCAT( ' ', "Nachname" ) ) AS "Name",
```

Dann das **Alter**:

```
DATEDIFF( 'yy', "Geburtstag", CURDATE( ) ) AS "Alter",
```

Jetzt folgt eine Hilfsspalte, die die Tage des Jahres berechnet – als Differenz zwischen dem Geburtstag und dem aktuellen Datum. Negative Werte bedeuten, dass der Geburtstag schon vorbei ist, positive Werte, dass er noch kommt.

```
DAYOFYEAR( "Geburtstag" ) - DAYOFYEAR( CURDATE( ) ) AS "Tage",
```

Zunächst ermitteln wir den **Tag** des Geburtstags:

```
DAYOFMONTH( "Geburtstag" ) AS "Tag",
```

Nun den **Monat** des Geburtstags:

```
MONTH( "Geburtstag" ) AS "Monat"
```

Damit sind die Spalten bestimmt. Jetzt folgt die Quelle:

```
FROM "Adressen" "Adressen"
```

Und nun die Filterbedingung gleichzeitig mit der Sortierung:

```
WHERE "Tage" > 0 AND "Tage" < 11 ORDER BY "Tage"
```

Das wäre die komplette Abfrage. Ich zeige sie hier noch einmal im Zusammenhang:

```
SELECT CONCAT( "Vorname", CONCAT( ' ', "Nachname" ) ) AS "Name",
Datediff( 'yy', "Geburtstag", CURDATE( ) ) AS "Alter", DAYOFYEAR(
"Geburtstag" ) - DAYOFYEAR( CURDATE( ) ) AS "Tage",
DAYOFMONTH( "Geburtstag" ) AS "Tag", MONTH( "Geburtstag" ) AS
"Monat" FROM "Adressen" "Adressen" WHERE "Tage" > 0 AND "Tage" <
11 ORDER BY "Tage"
```

Kleine Fehlerbetrachtung

Die Abfrage liefert leider nicht ganz korrekte Werte. Sobald es nämlich auf das Jahresende zugeht, könnte der folgende Fall auftreten: Geburtstag 2. Januar, aktuelles Datum: 28. Dezember. Die Differenz dieser beiden Zahlen (DAYOFYEAR()) ergibt einen hohen negativen Wert; die Abfrage würde den Datensatz also nicht berücksichtigen. Er gehört aber definitiv dazu! Um dies zu lösen, müsste man noch weitere Bedingungen einbauen. Diese möchte ich aber erst einmal weglassen. Sie sind aber herzlich eingeladen, die Abfrage entsprechend zu erweitern.

Jetzt können Sie die Abfrage auch ausführen und erhalten das folgende Ergebnis:

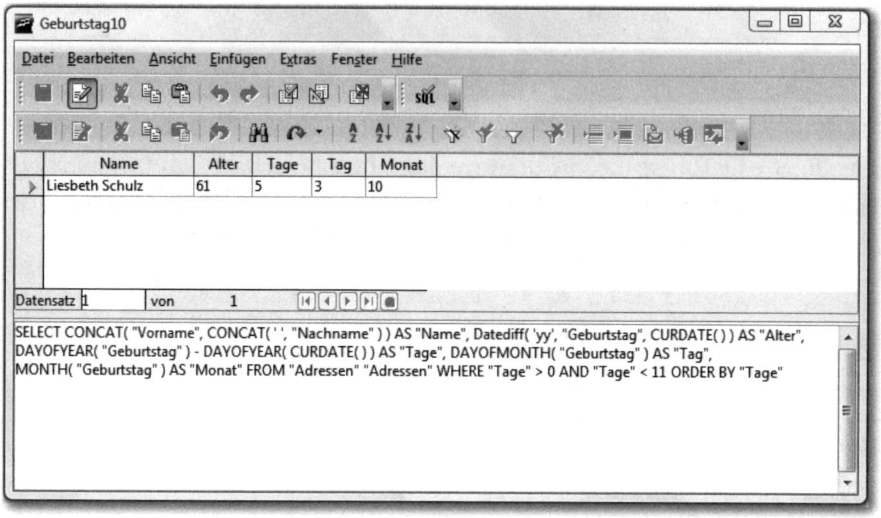

Abbildung 9.13 Die zweite Abfrage in SQL-Ansicht

Diese Abfrage kann Base nicht mehr in der Entwurfsansicht darstellen, da es nicht in der Lage ist, die neu definierte Spalte »Tage« eigenständig als gültige Spalte zu erkennen. Zwar ist es durchaus möglich, eine solche (bzw. ähnliche) Abfrage auch komplett in der Entwurfsansicht zu erstellen (die AND-Bedingung erfordert dabei zwei Spalten mit gleichen Definitionen), es wird aber umständlicher als direkt in SQL.

Damit sind die beiden Abfragen definiert, und aufbauend auf diesen Ergebnissen kann nun die Erinnerungsfunktion umgesetzt werden.

9.6 Die Erinnerungsfunktion

Da die Erinnerung jedes Mal automatisch gestartet werden soll, wenn der Computer gestartet wird, ist es sinnvoll, diese in einem externen Dokument unterzubringen, das dann auf die Datenbank (und die Abfragen) zugreift und diese Ergebnisse sofort anzeigen kann. Würde erst der Base-Container gestartet, müsste man manuell ein entsprechendes Formular auswählen und starten.

Um also ein externes Formular benutzen zu können, muss die Datenquelle angemeldet sein. Das haben Sie ja schon beim Datenbankentwurf erledigt – wenn nicht, holen Sie das jetzt nach.

Auch für die Erinnerungsfunktion gibt es wieder diverse Möglichkeiten. Zwei mögliche Varianten stelle ich Ihnen hier vor: die **Formularlösung** und die **Dialoglösung**.

Die Formularlösung ist intern einfacher zu realisieren, verändert aber stärker das allgemeine Aussehen von OpenOffice.org. Die Dialoglösung erfordert etwas mehr Programmieraufwand, dafür bleiben die sonstigen Module von OpenOffice.org unbehelligt – und müssen nicht beachtet werden.

Im Grunde stellen beide Lösungen den gleichen Weg dar: Das Dokument wird geöffnet, das Formular oder der Dialog gestartet, alles Überflüssige wird ausgeblendet, und die Daten werden angezeigt. Über einen **Ende**-Button schließt man das Formular oder den Dialog, und der ursprüngliche Zustand des OpenOffice.org-Programms wird wiederhergestellt. Fertig.

9.6.1 Formularlösung

Die Lösung mit einen Formular nutzt den Umstand, dass hier eine direkte Verbindung zur Datenbank besteht und die Daten somit direkt auslesbar und weiterverarbeitbar zur Verfügung stehen.

Als Basis dient ein Writer-Dokument. Öffnen Sie also ein neues Dokument, und stellen Sie die Sichtbarkeit der folgenden Symbolleisten sicher (**Ansicht • Symbolleisten**): **Formular-Entwurf** und **Formular-Steuerelement**. Ändern Sie dann die Ansicht des Writer-Dokuments auf **Weblayout** (die Seitenränder des Drucklayouts werden nicht benötigt und stören nur). Auch die Sichtbarkeit der Lineale können Sie abstellen.

Formulardesign

Jetzt erzeugen Sie zunächst zwei Formulare – abstrakt –, da sie nicht sichtbar sind. Öffnen Sie den Formular-Navigator, und klicken Sie dort auf die Wurzel (»Formulare«). Wählen Sie nun aus dem Kontextmenü **Neu • Formular**. Dieses erste Formular nennen Sie **Geburtstag**.

Erzeugen Sie ein weiteres Formular, und nennen Sie es **Geburtstag10**. In den Formulareigenschaften stellen Sie dann die Datenverbindung her. Wählen Sie jeweils die Datenverbindung »Kontakte« und dann als Art des Inhaltes »Abfrage« sowie die passende Abfrage.

Da die Formulare nicht zum Aktualisieren oder Neueditieren dienen, sondern wir lediglich die Daten benötigen, können Sie alle Optionen auf »Nein« stellen. Auch die Navigationsleisten können Sie ausstellen, wobei diese gar nicht zum Tragen kommen, da wir kein Kontrollelement mit einem Datenbank-Teil verbinden werden.

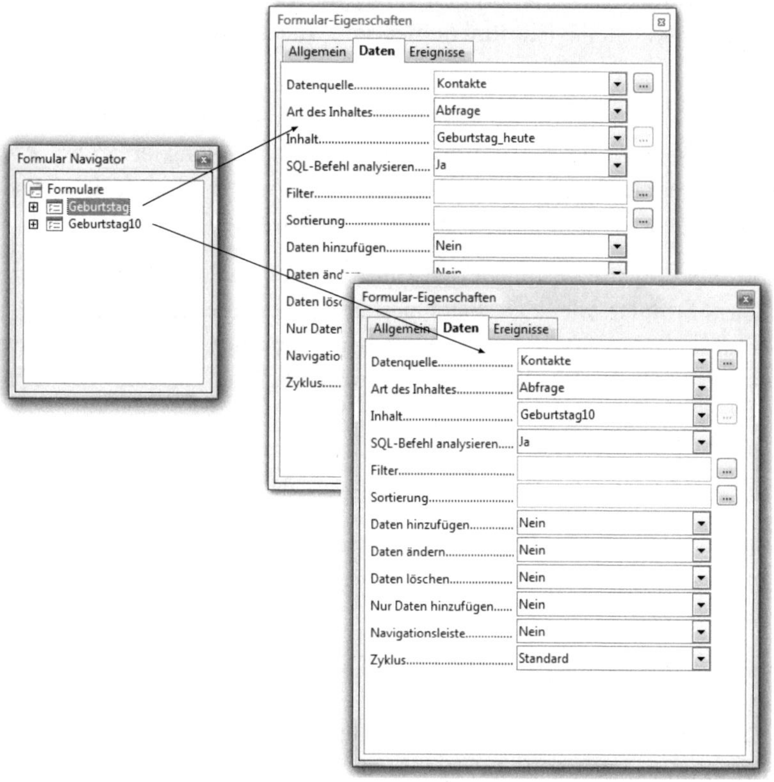

Abbildung 9.14 Die beiden benötigten Formulare

Die beiden jetzt erstellten Formulare werden nur als ResultSets zur Datenlieferung benötigt, nicht tatsächlich als Formulare. Es würde also reichen, diese »virtuell« zu belassen und ihnen überhaupt kein Kontrollelement zuzuweisen. Allerdings benötigen wir natürlich diverse Anzeigeelemente. Diese könnten Sie nun einem dritten Formular zuordnen – oder auch den beiden schon vorhandenen. Das können Sie machen, wie Sie wollen. Ich nutze die beiden jetzt schon vorhandenen Formulare und arbeite damit.

Legen Sie nun diverse Beschriftungsfelder an, formatieren Sie diese nach eigenem Geschmack (Schriftgröße, Schriftschnitt etc.), und geben Sie schon mal entsprechende Texte als »Titel« ein. Die beiden oberen Beschriftungsfelder nennen Sie (»Namen«) **text1** und **text2**, und zwar deswegen, weil später der eigentliche Inhalt per Makro gesetzt wird. Bei den anderen beiden Beschriftungsfeldern ist das egal. Den Textinhalt geben Sie bereits hier fest vor.

Dann brauchen wir zwei Listboxen, die später die jeweiligen Einträge aufnehmen sollen. Fügen Sie diese hinzu. (Ich habe sie entsprechend ihres Inhalts dem jeweiligen Formular zugeordnet. Das ist aber nicht nötig, da die Listboxen keine direkte Verbindung zur Datenbank erhalten.) Brechen Sie den jeweils erscheinenden Datenassistenten ab, und legen Sie manuell die Eigenschaften fest: Jeweils ein eindeutiger Name (ich nenne sie »geb« und »geb10«); die übrigen Eigenschaften sind: »nur lesbar«, »nicht aufklappbar«.

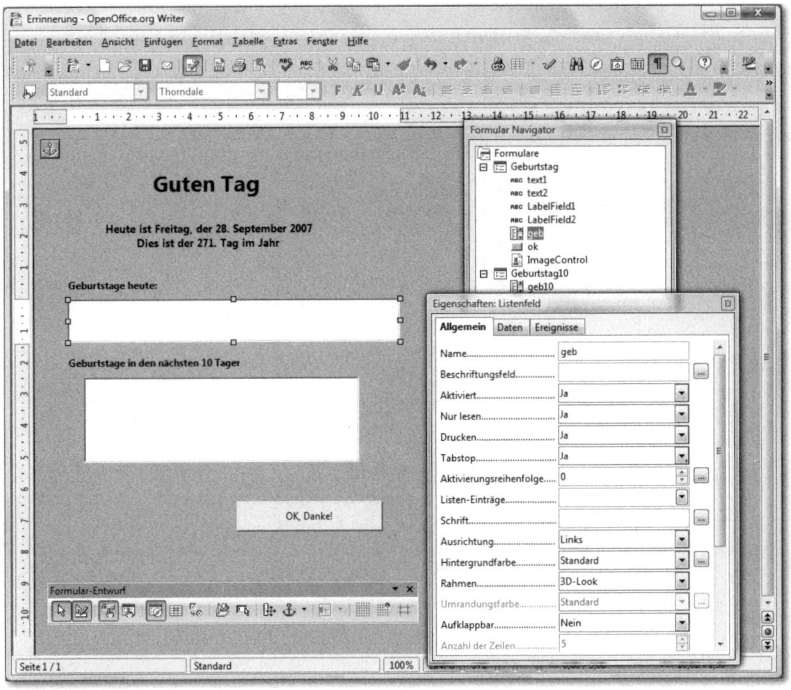

Abbildung 9.15 Das Formular nimmt Gestalt an.

Jetzt benötigen Sie noch einen Button, der später dazu dient, das Formular wieder zu schließen. Damit hätten Sie das Grundgerüst erstellt.

Programmierung

Nun folgt die Skript-Programmierung, und nur über diese werden die Kontrollelemente mit Inhalt gefüllt. Dabei kann man diese Aufgabe in drei große Abschnitte aufteilen:

- Berechnen, Aufbereiten und Befüllen der beiden Textlabels am Anfang
- Berechnen, Aufbereiten und Befüllen der Listbox mit Daten für den aktuellen Geburtstag
- Berechnen, Aufbereiten und Befüllen der Listbox mit den Daten für die zukünftigen Termine

Hinzu kommen noch einige Hilfsschritte: Initialisierung von Variablen, Ein- und Ausschalten der Umgebungsvariablen (also der Menü- und Symbolleisten).

Sie können diese Schritte in getrennten Funktionen unterbringen und einzeln nacheinander abarbeiten oder auch alles in einer großen Funktion definieren. Ich wähle den ersten Weg: Das erhöht die Übersichtlichkeit.

Dabei müssen allerdings diverse Variablen für das gesamte Modul gültig sein, die Definition muss also am Anfang vor der ersten Prozedur geschehen: Erzeugen Sie zunächst ein Modul »Erinnerung« in der Bibliothek »Standard« des Dokuments. Hier werden wir die Prozeduren unterbringen.

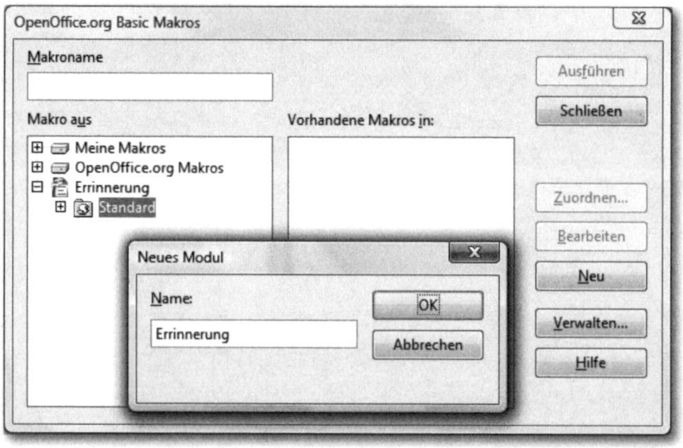

Abbildung 9.16 Das Basic-Modul erzeugen

Beginnen Sie nun, die modulglobalen Variablen zu definieren:

```
DIM aTexte()            'Begrüßungstexte
DIM aMonate()           'Liste der Monatsnamen
DIM aWDay()             'Liste der Wochentagsnamen
DIM oForm1 as Object    'erstes Formular
DIM oForm2 as Object    'zweites Formular
```

Diese Variablen stehen nun allen Prozeduren zur Verfügung, sind aber eben noch leer. Um sie mit Inhalten zu füllen, erzeugen wir eine Routine `init`:

```
Sub init
  aTexte = array("Guten Morgen", "Guten Tag",_
  "Guten Abend")
  aMonate = array("Januar", "Februar", "März", "April",_
  "Mai", "Juni", "Juli", "August", "September", _
  "Oktober", "November", "Dezember")
  aWday = array("Sonntag", "Montag", "Dienstag", "Mittwoch",_
                "Donnerstag", "Freitag", "Samstag")
```

```
  oForm1 = thisComponent.drawpage.forms.getByName("Geburtstag")
  oForm2= thisComponent.drawpage.forms.getByName("Geburtstag10")
End Sub
```

Über die Listen der Klartextnamen können Sie die Datumsangaben nun präziser und besser lesbar darstellen.

Textlabels füllen

In einem ersten Schritt werden nun die Textzeilen der Begrüßung gefüllt. Als Basis dienen das aktuelle Systemdatum sowie die System-Uhrzeit, wobei wir folgende Regel für die Begrüßung definieren:

- »Guten Morgen« von 4 Uhr morgens bis 11 Uhr
- »Guten Abend« von 18 Uhr bis 24 Uhr
- »Guten Tag« in der restlichen Zeit

Für den zweiten Textbaustein zerlegen Sie das aktuelle Datum in Tag, Monat und Jahr, wobei der Monat durch den Klartext (also den Monatsnamen) ausgetauscht wird. Die jeweiligen Texte (Strings) weisen Sie dann den Beschriftungsfeldern zu.

Achtung

Die `if`-Zeilen müssen jeweils in nur eine Zeile geschrieben werden!

```
sub Textfelder_definieren
  DIM sText1 as string, sText2 as string
  sText1 = aTexte(1)
  if (hour(now()) > 4) And (hour(now()) < 11) then sText1 = aTexte(0
  )
  if (hour(now()) > 18) And (hour(now()) < 24) then sText1 = aTexte(
  2)
  oForm1.getbyName("text1").label = sText1
  sText2 = " Heute ist " & aWday(weekday(now())-1) & ", der " &_
  Day(Now()) &". " & aMonate(Month(Now())-1) & _
  " " & Year(now()) & chr(13) & "Dies ist der " & _
  CInt(cDate(now()) - dateSerial(Year(now()), 1,1)) &_
  ". Tag im Jahr"
  oForm1.getbyName("text2").label = sText2
end sub
```

Der Zeilenumbruch innerhalb des Beschriftungsfeldes wird mit einem CHR(13) bewerkstelligt, das geht systemübergreifend. Der Tag des Jahres muss in Basic berechnet werden, dafür gibt es (anders als in SQL) keine Funktion. Dies ist aber recht einfach möglich, indem man vom aktuellen Datum den Datumswert des 01.01. des aktuellen Jahres abzieht. Da intern die Datumswerte als vergangene

Tage von einem Stichtag gespeichert werden, hat man dann sofort die Tage im Jahr. Die Umwandlung in CINT() ist insofern notwendig, als NOW() auch die Zeitwerte mitliefert.

Damit sind die Kopfzeilen der Begrüßung fertig. Füllen wir nun die Listbox mit den aktuellen Geburtstagsdaten.

Aktuelle Geburtstage eintragen

Hier nutzen wir einfach die Möglichkeit aus, dass die Abfrage direkt mit dem Formular 1 verbunden ist und somit ein komplettes ResultSet darstellt. Für jeden Datensatz darin wird ein Eintrag erzeugt. Wenn keine Datensätze vorhanden sind, gibt es keinen Geburtstag, und dann soll einfach der Hinweis »keine« in die Box eingetragen werden.

Listboxen erhalten ihre Einträge als Array von Strings, und dieses Array muss natürlich erst einmal aufgebaut werden:

```
Sub Geburtstag_heute
  oLb1 = oForm1.getbyName("geb")
  oForm1.last()
  iRows = oForm1.rowcount()
  if iRows > 0 then
    redim aListe(iRows - 1)
    for i = 1 to iRows
      oForm1.absolute(i)
      s = oForm1.getString(1) & ", " & oForm1.getString(2) & _
          " Jahre, Tel:  " & oForm1.getString(3) & _
          ", geboren am:  " & CDate(oForm1.getString(4))
        aListe(i-1) = s
    next
  else
    redim aListe(0)
    aListe(0) = "Keine"
  end if
  oLb1.StringItemList = aListe()
End Sub
```

Über die Methode **getString()** erhält man jeweils die Inhalte des aktuellen Datensatzes an der durch die Nummer übergebenen Spalte (Felder). Weil das Geburtsdatum ebenfalls als Text ausgelesen wird (was dann die SQL-eigene Form »YYYY-MM-DD« hat), wird es zunächst in ein internes Datumsformat umgewandelt (mit **CDate()**). Ein solches Format wird dann wiederum entsprechend der Lokalisierung als lesbares Datum wieder ausgegeben – jetzt passend.

Zum Schluss wird das erzeugte Array dem Kontrollfeld **»geb«**, also der ersten Listbox, zugewiesen. Damit wäre auch dieser Teil erledigt.

Geburtstage der nächsten Tage eintragen

Jetzt müssen wir noch die zweite Listbox füllen: mit den Daten der nächsten zehn Tage. Im Prinzip arbeitet die Prozedur ähnlich wie eben, lediglich die Aufbereitung des Eintrag-Strings unterscheidet sich ein wenig. Schließlich soll auch hier der Monat nicht als Zahl, sondern als Klartext erscheinen.

```
Sub Geb10_fuellen
  dim aListe()
  oLb2 = oForm2.getbyName("geb10")
  oForm2.last()
  iRows = oForm2.rowcount()
  if iRows > 0 then
    redim aListe(iRows - 1)
    for i = 1 to iRows
      oForm2.absolute(i)
      s = oForm2.getString(4) & _
          ". " & aMonate(CInt(oForm2.getString(5))-1) & _
          ": " &  oForm2.getString(1) & _
          ", " & oForm2.getString(2) & " Jahre."
      aListe(i-1) = s
    next
  else
    redim aListe(0)
    aListe(0) = "Keine"
  end if
  oLb2.StringItemList = aListe()
End Sub
```

Der Eintrag wird jetzt wie folgt aufgebaut: `12. Juni: Vorname Zuname, 30 Jahre`, wobei die Inhalte an sich fast alle direkt im ResultSet vorhanden sind und lediglich der Monat (der als Zahl geliefert wird) durch den Klartext ersetzt wird.

Feinschliff

Das Formular funktioniert ja schon wie gewünscht (inhaltsbezogen), bleibt noch der Feinschliff der Optik. Bereits in Abschnitt 7.5.5, »Eigenständige Applikationen erzeugen«, wurde gezeigt, wie man das Formular »verbessert«. Genau dieses soll hier nun eingesetzt werden.

Hierfür wird eine Routine geschrieben, die die Menü- und Statusleisten ein- oder ausschaltet:

```
sub Formular_alleine(bFlag as boolean)
  oFrame = starDesktop.getActiveFrame()
  oLayoutMng = oFrame.LayoutManager
  oLayoutMng.visible = bFlag
  oFrame.title = "Wichtige Geburtstage"
end sub
```

Über das Flag (`bFlag`) wird die Sichtbarkeit entsprechend gesteuert.

Wie schon einmal erwähnt, gibt es noch einen Bug mit der Statuszeile in den Versionen vor der 2.3. Diese muss explizit ausgeschaltet werden (ist dann aber nicht mehr erreichbar). Das bedeutet, dass beim Wiedereinschalten hier ein Fehler auftreten würde. Die Statusleiste wird aber automatisch vom Layout-Manager erzeugt, wenn man das aktuelle Modul kurz verlässt (Fokus auf ein anderes Modul) und es dann wieder aktiviert.

In diesem Fall muss der Code wie folgt ergänzt werden, und zwar direkt nach dem sub:

```
oCW = starDesktop.getActiveFrame()._
  getContainerWindow.AccessibleContext
For i = 0 to oCW.getAccessibleChildCount()-1
  iNr = oCW.getAccessibleChild(i)._
  AccessibleContext.AccessibleRole
  if iNr = com.sun.star.accessibility._
  AccessibleRole.STATUS_BAR then
    oStB = oCW.getAccessibleChild(i)
    exit for
  end if
next
```

sowie durch eine weitere Zeile vor dem »end sub«:

```
if not bFlag then oStB.visible = false
```

Dies nur zur Erläuterung der Kompatibilität mit früheren OOo-Versionen.

Hinweis

Leider ist auch die 2.3 Version nicht frei von Fehlern. Hier kann es passieren, dass die Menüleiste beim Verwenden der Kontrollelemente plötzlich wieder eingeblendet wird. Lassen Sie sich also nicht verwirren, in einer Folgeversion ist dieser Fehler sicher wieder behoben.

Nun fehlt noch der Button **OK, Danke!**, der das Formular einfach schließen soll. Die dafür benötigte Routine ist kurz und schnell geschrieben:

```
sub Formular_schliessen
  ThisComponent.close(true)
end sub
```

Rettungsanker

Wenn die Applikation läuft, wird das Formular automatisch über das Ereignis »Dokument öffnen« aufgerufen. Die Menüleisten sind ausgeblendet, und Sie haben keine Möglichkeit, das Formular zu bearbeiten. Klicken Sie auf **OK...**, wird das Dokument wieder geschlossen. Um dennoch eine Möglichkeit der Bearbeitung zu erhalten, könnte man nun einfach einen zusätzlichen Button anbringen. Aber das sieht nicht gut aus. Also schafft man sich einen »versteckten« Button und verbindet diesen mit einer Rettungsroutine.

Ein solcher »versteckter Button« ist einfach ein kleines grafisches Kontrollfeld (oder auch Beschriftungsfeld, das spielt keine Rolle), dem Sie keine Eigenschaften zuweisen – also Standard-Hintergrundfarbe, keinen Rahmen etc. Dieses Kontrollfeld ist beim normalen Arbeiten nicht sichtbar, wohl aber kann es mit einer Aktion belegt werden: also zum Beispiel mit dem Ereignis »Maustaste gedrückt«. Diesem Ereignis kann dann wiederum ein Makro zugeordnet werden, eben die Rettungsroutine. Bei uns schaltet diese einfach die Sichtbarkeit der Menüleisten wieder ein. Das grafische Kontrollfeld habe ich links oben in die Ecke platziert. Es ist 0,5 × 0,5 cm groß, und ich habe die folgende Routine daran geknüpft:

```
Sub ausschalten
   Formular_alleine(true)
end sub
```

Hauptroutine

Jetzt sind alle Einzelroutinen erstellt, und wir benötigen noch die Hauptroutine, die dann alle Einzelteile aufruft:

```
sub Hauptfunktion
  init
  Textfelder_definieren
  Geburtstag_heute
  Geb10_fuellen
  Formular_alleine(false)
end sub
```

Nun fehlt noch die Bindung der jeweiligen Programme an Buttons oder Ereignisse, dann wäre die Erinnerungsfunktion fertig:

- Die Routine **Hauptfunktion** wird an das Dokumentenereignis **Dokument öffnen** gebunden (**Extras • Anpassen • Ereignisse**).

- Die Funktion **Formular_schliessen** wird dem Button **OK Danke!** Zugewiesen; Ereignis **Beim Auslösen**.
- Die Funktion **Ausschalten** wird der grafischen Kontrollfläche zugewiesen, und zwar dem Ereignis **Maustaste gedrückt**.

Jetzt können Sie das Dokument speichern, schließen und danach erneut aufrufen. Die Funktion ist gegeben.

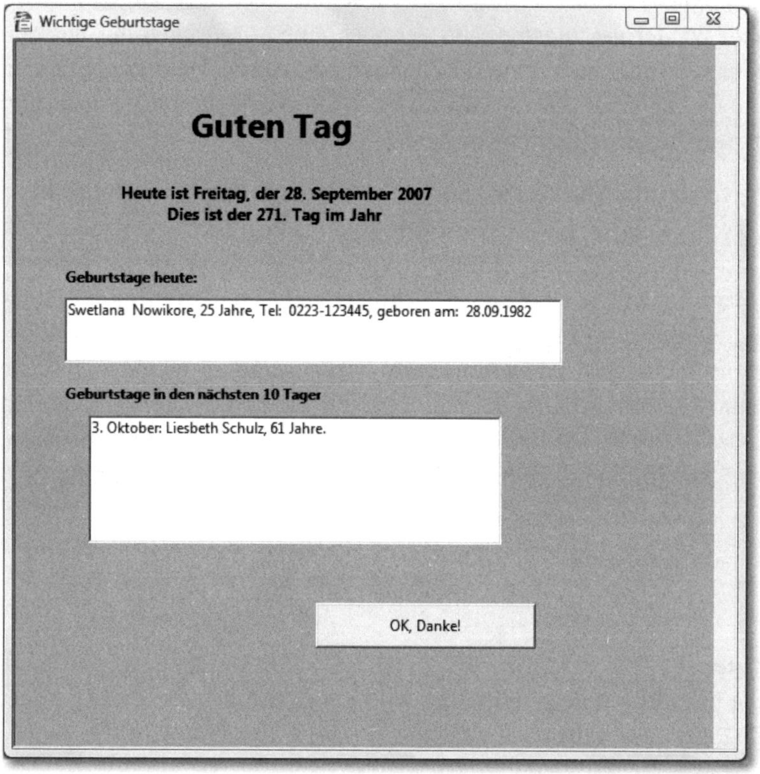

Abbildung 9.17 Die Erinnerungsfunktion in Aktion

Jetzt brauchen Sie dieses Dokument nur noch in den **Autostart**-Ordner von Windows zu verschieben (oder an entsprechenden anderen Plätzen zum automatischen Start von Dokumenten platzieren), und Sie haben jeden Morgen die wichtigsten Geburtstage in der Übersicht.

Verbesserungstipps

Das Formular startet immer in der Größe der zuletzt eingestellten Modulgröße, also oft nicht optimal. Eine mögliche Variante bestünde darin, beim Start die aktuelle Größe auszulesen, zwischenzuspeichern, die Fenstergröße auf ein definiertes Maß zu verkleinern bzw. zu vergrößern und dann das Formular anzuzeigen.

Wird das Formular geschlossen (sowohl über den Button als auch über das Schließen-Kreuz), wird zuerst eine andere Routine aufgerufen, die die ursprünglichen Maße wiederherstellt und erst dann das Dokument beendet.

9.6.2 Dialog-Lösung

Wie Sie erkennen, hat die Formularlösung noch einige andere »Tücken«. Statt des Formulars könnte man auch einen eigenen Dialog nutzen: Der ist flexibler und genauer in seiner Größe definierbar. Allerdings behält er auch immer den Fokus. Andere OpenOffice.org-Module werden so zunächst im Hintergrund gehalten.

Nun ist auch ein Dialog in der Regel an ein Trägerdokument und einen Auslöser gebunden. Hier nutzen wir ebenfalls ein Writer-Dokument und binden das Hauptmakro an das Ereignis »Dokument öffnen«.

Dialoge haben ähnliche Steuerelemente wie Formulare, können jedoch keine eigenständige Datenbank-Verbindung aufbauen und repräsentieren auch kein ResultSet. Das alles muss man selbst programmieren. Natürlich kann man sich eines Tricks bedienen: Das Trägerdokument kann ja unabhängig vom Dialog ein Formular beinhalten, das dann wieder als ResultSet für die Datenbank dient. Sichtbar muss das nicht sein, aber intern kann man nun bequem auf die Daten zugreifen. Da ich beide Möglichkeiten zeigen möchte, erstellen Sie im Writer-Dokument ein Formular, nennen es »Geburtstag« und binden es an die Abfrage »Geburtstag_heute« – alles analog zur Formular-Lösung. Kontrollelemente müssen Sie keine platzieren.

Dialog-Design

Doch beginnen wir mit dem Dialog-Design. Erzeugen Sie zunächst ein neues Dokument (zum Beispiel ein Writer-Dokument), speichern Sie es unter dem Namen »Erinnerungen_Dialog«, und öffnen Sie die Basic-IDE. Auch hier erstellen Sie zunächst ein neues Basic-Modul (»Erinnerung«) und anschließend ein neues Dialog-Modul. Das können Sie nun genauso aufbauen wie das Formular. Ich benenne die Kontrollelemente identisch zu denen im Formular. So haben Sie eine entsprechende Vergleichsmöglichkeit.

Im Dialog bietet sich Ihnen die Möglichkeit, jedes Kontrollelement exakt nach Maßen zu platzieren (also X- und Y-Werte direkt zu setzen) sowie die Größe eines jeden Kontrollelements festzuschreiben. Die verwendete Maßeinheit ist dabei eine OpenOffice.org-interne, das so genannte **ma** (Map Appfont). Sie wird aus dem Achtel der durchschnittlichen Höhe eines Zeichens gewonnen sowie aus dem Viertel seiner Breite. Lassen Sie sich nicht verwirren, und nutzen Sie es einfach als relativen Maßstab.

Auch hier sollten Sie die Listboxen auf »nur lesen« stellen und die entsprechenden Namen vergeben (»geb« und »geb10«). Auch die beiden Beschriftungstexte beinhalten zurzeit nur Text für Testzwecke, der richtige wird später per Code gesetzt. Auch hier vergeben Sie die Namen entsprechend (»text1« und »text2«). Nur an die Dialogbox selbst können Sie den Titel fest vergeben, da sich an ihr ja nichts mehr verändert.

Im Übrigen sind die Eigenschaften ähnlich wie bei den Formularen, es gibt jedoch keine Registerkarte »Daten«, denn das bieten Dialoge nicht.

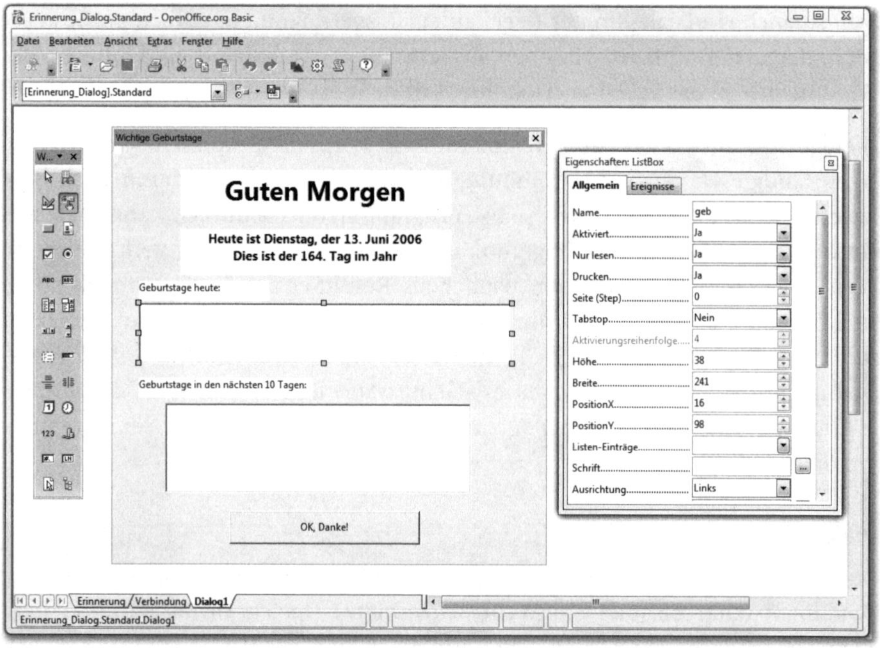

Abbildung 9.18 Der Dialog in der Design-Ansicht

Ist der Dialog vom Design her erzeugt, beginnen wir nun mit der Programmierung.

Programmierung

Auch hier arbeite ich chronologisch. Die einzelnen Abschnitte fügen Sie dann im Makroeditor zusammen.

Beginnen wir mit den globalen Variablen (wie beim Formular):

```
DIM aTexte()          'Begrüßungstexte
DIM aMonate()         'Liste der Monatsnamen
DIM aWDay()           'Liste der Wochentagsnamen
DIM oForm1 as Object  'erstes Formular
Dim oWin as Object    'Das Dokumentenfenster
Dim oDlg as Object    'der Dialog
Dim bRet as Boolean   'ein Rettungsflag
```

Neu hinzugekommen sind die Objekte **oWin** (repräsentiert das Dokumentenfenster, das ich natürlich später ausblende) sowie **oDlg**, das den Dialog an sich aufnimmt.

Das erste Formular **oForm1** nutzen wir hier genauso. Das zweite Formular ist hingegen entfallen. Diese Daten werde ich direkt per SQL anfordern.

Die Hauptfunktion

Auch in diesem Fall gliedere ich die einzelnen Schritte in Unterfunktionen aus, die dann einzeln aufgerufen werden, hier in der **Hauptfunktion**. Lediglich der Dialog selbst wird hier noch initialisiert und gestartet.

```
sub Hauptprogramm
  init
  oWin.visible = false
  DialogLibraries.LoadLibrary("Standard")
  oDlg = createUnoDialog(DialogLibraries.Standard.Dialog1)
  Textfelder_definieren
  Geburtstag_heute
  Geb10_fuellen
  oDlg.execute()
  if bRet then exit sub
  ThisComponent.close()     'Dokument wird geschlossen
end sub
```

In der zweiten Zeile wird das Dokumentenfenster unsichtbar geschaltet. Es bleibt anschließend nur noch die Dialogbox übrig. So scheint es, als ob diese dann unabhängig auf dem Bildschirm existiert.

Danach wird der Dialog selbst aufgebaut. Es folgen die drei Routinen, um die Kontrollelemente mit Inhalt zu füllen, und schließlich wird der Dialog selbst gestartet (**oDlg.execute()**). Das Makro bleibt jetzt hier stehen und wartet darauf, dass der Dialog beendet wird, erst dann werden die weiteren Zeilen abgearbeitet.

Da der Dialog selbst üblicherweise über den Button beendet wird, müsste hier an sich nichts mehr stehen. Allerdings kann man den Dialog eben auch über das Schließen-Kreuz beenden, und diese Möglichkeit muss man hier mit abfangen. Da das Ergebnis aber das gleiche ist, braucht man sich keine großen Gedanken zu machen. Nur: Wenn das Dokument immer wieder geschlossen wird, gibt es keine Möglichkeit, dieses wieder zu bearbeiten. Daher nutze ich dieses Rettungsflag, um einen Ausweg zu finden.

Initialisierung

Auch hier erfolgt die Initialisierung der globalen Variablen in einer eigenen Routine:

```
Sub init
  aTexte = array("Guten Morgen", "Guten Tag",_
  "Guten Abend")
  aMonate = array("Januar", "Februar", "März", "April",_
  "Mai", "Juni", "Juli", "August", "September", _
  "Oktober", "November", "Dezember")
  aWday = array("Sonntag", "Montag", "Dienstag", "Mittwoch", _
              "Donnerstag", "Freitag", "Samstag")
  oForm1 = thisComponent.drawpage.forms.getByName("Geburtstag")
  oWin = starDesktop.getCurrentFrame.getContainerWindow()
  bRet = false    'Rettungsflag setzen
End Sub
```

Textfelder belegen

Analog zum Formular werden nun zuerst die Textfelder mit Inhalt belegt. Das Vorgehen und das Berechnen ist identisch, lediglich die Ansprache der Kontrollelemente weicht leicht vom Formular ab.

> **Achtung:**
> Die `if`-Zeilen müssen jeweils in nur eine Zeile geschrieben werden!

```
sub Textfelder_definieren
  DIM sText1 as string, sText2 as string
  sText1 = aTexte(1)
  if (hour(now()) > 4) And (hour(now()) < 11) then sText1 = aTexte(0)
  if (hour(now()) > 18) And (hour(now()) < 24) then sText1 = aTexte(2)
  oDlg.getControl("text1").text = sText1
  sText2 = " Heute ist " & aWday(weekday(now())-1) & ", der " &_
  Day(Now()) &". " & aMonate(Month(Now())-1) & _
  " " & Year(now()) & chr(13) & "Dies ist der " & _
```

```
  CInt(cDate(now()) - dateSerial(Year(now()), 1,1)) &_
  ". Tag im Jahr"
  oDlg.getControl("text2").text = sText2
end sub
```

Beschriftungstexte haben im Dialog keine Eigenschaft »Label«, wohl aber eine Texteigenschaft. Auch das ist ein Unterschied.

Wichtig

Damit der Dialog angesprochen werden kann, muss die Variable, die den Dialog aufnimmt (hier: **oDlg**), global definiert worden sein, sonst geht das nicht!

Geburtstage heute

Als Nächstes füllen wir die Listbox für die aktuellen Geburtstage, also die von heute. Hier nutze ich die Möglichkeit, ein Formular im Trägerdokument zu definieren (auch ohne Kontrollelement und somit nicht sichtbar!) und die Datenbank-Funktionalität darüber abzuwickeln. Auch in diesem Fall ist der Programmcode fast identisch mit dem bei der Formularlösung, lediglich die unterschiedliche Ansprache ist wieder zu beachten. Listboxen im Dialog beinhalten eine Eintragsliste, die aber jederzeit erweitert werden kann. Bestehende Einträge werden dabei nicht überschrieben. Daher sollte die Liste zunächst geleert und anschließend neu gefüllt werden. Zwar wird bei der Initialisierung des Dialogs eine leere Liste bereitgestellt, dennoch sollte man sich diese Vorgehensweise angewöhnen.

```
Sub Geburtstag_heute
  Dim aListe1()
  oLb1 = oDlg.getControl("geb")
  oForm1.last()
  iRows = oForm1.rowcount()
  if iRows > 0 then
    redim aListe1(iRows - 1)
    for i = 1 to iRows
      oForm1.absolute(i)
      s = oForm1.getString(1) & ", " & oForm1.getString(2) & _
          " Jahre, Tel:  " & oForm1.getString(3) & _
          ", geboren am:  " & CDate(oForm1.getString(4))
      aListe1(i-1) = s
    next
  else
    redim aListe1(0)
    aListe1(0) = "Keine"
  end if
  oLb1.removeItems(0, oLB1.getItemCount())
```

```
  oLb1.addItems(aListe1(), 0 )
End Sub
```

Dies ist natürlich grundsätzlich der einfachere Weg: ein Formular definieren, diesem die Datenbank-Verbindung sowie das gesamte »Handling« der Daten überlassen und nur die Ergebnisse weiterverarbeiten. Dass es auch anders geht, soll die nächste Liste zeigen.

Geburtstage der nächsten 10 Tage

Die Routine ist zunächst ganz einfach: Der Listbox des Dialogfeldes wird eine Liste der Einträge übergeben. Ganz einfach. Wie die Liste allerdings zustande kommt, zeigt das nächste Listing. Wohlgemerkt: Der Methode `addItems()` wird hier ein Funktionsaufruf übergeben, der dann die gewünschte Liste zurückliefert.

```
Sub Geb10_fuellen
  oLb2 = oDlg.getControl("geb10")
  oLb2.removeItems(0, oLB2.getItemCount())
  oLB2.addItems(Daten_Geb10_auslesen, 0 )
end sub
```

Die Funktion `Daten_Geb10_auslesen()` ist nun etwas umfangreicher. Zunächst wird nämlich eine Datenbank-Verbindung benötigt, die entsprechend aufgebaut wird. In diesem Fall kann darauf verzichtet werden, eine Passwortabfrage zu integrieren (oder, besser gesagt, eine entsprechende Abfrage-Bedingung), da die verwendete Datenbank ohne Passwort gespeichert wurde. Außerdem wird auf eine angemeldete Datenquelle zurückgegriffen, so dass auch hier keine detaillierten Verbindungsdaten vonnöten sind. Im Anhang gibt es einige Listings, die zeigen, wie man eine Verbindung auch zu einer nicht angemeldeten Datenquelle herstellt. Diese könnten natürlich alternativ eingesetzt werden.

Der **ResultsetType** muss auf 1004 (`com.sun.star.sdbc.ResultSetType.SCROLL_INTENSIVE`) gestellt werden, um ein wahlfreies Navigieren innerhalb des Ergebnissets zu ermöglichen.

Um überhaupt ein Ergebnisset zu erhalten, muss eine Abfrage an eine Tabelle durchgeführt werden. Das Ganze geschieht über ein SQL-Statement, das identisch mit dem der Abfrage in unserer Datenbank (Geburtstag10) ist. Wir wollten es aber direkt programmieren.

Denken Sie daran: Feldnamen müssen bei HSQLDB in doppelte Hochzeichen eingeschlossen werden. Um diese aber in den String zu bekommen, müssen sie wiederum in Basic maskiert (also verdoppelt) werden!

Hat man das Ergebnisset, ist das weitere Vorgehen wieder identisch mit dem beim Formular. Zum Schluss weist man die erhaltene Liste der Funktion als Rückgabewert zu und schließt die Datenbank-Verbindung wieder.

```
Function Daten_Geb10_auslesen
  Dim oDBcontext as object, s as string
  Dim oDatenquelle as object, oDatVerb as object
  Dim oStatement as object, oErgSet as object

  oDBcontext = createUnoService("com.sun.star.sdb.DatabaseContext")
  oDatenquelle = oDBcontext.getbyName("Kontakte")
  oDatVerb = oDatenquelle.getConnection("", "")
  oStatement = oDatVerb.createStatement()
  oStatement.ResultSetType = 1004
  sSQL = "SELECT CONCAT( ""Vorname"", CONCAT( ' ', " & _
    """Nachname"" ) ) AS ""Name"", Datediff " & _
    "('yy',""Geburtstag"",CURDATE()) AS ""Alter"", " & _
    "DAYOFYEAR( ""Geburtstag"" ) - DAYOFYEAR( " & _
    "CURDATE( ) ) AS ""Tage"", DAYOFMONTH( " & _
    """Geburtstag"" ) AS ""Tag"", " & _
    "MONTH( ""Geburtstag"" ) AS ""Monat"" FROM " & _
    " ""Adressen"" ""Adressen"" WHERE ""Tage"" > 0" & _
    " AND ""Tage"" < 11 ORDER BY ""Tage"""
  oErgSet = oStatement.executeQuery(sSQL)
  dim aListe()
  oErgSet.last()
  iRows = oErgSet.getrow()
  if iRows > 0 then
    redim aListe(iRows - 1)
    for i = 1 to iRows
      oErgSet.absolute(i)
      s = oErgSet.getString(4) & _
          ". " & aMonate(CInt(oErgSet.getString(5))-1) & _
          ": " & oErgSet.getString(1) & ", " & _
    oErgSet.getString(2) & " Jahre."
      aListe(i-1) = s
    next
  else
    redim aListe(0)
    aListe(0) = "Keine"
  end if
  Daten_Geb10_auslesen = aListe()
  oDatVerb.close()
End function
```

Der Code liefert die gleiche Liste wie bei der Formularlösung, nur eben diesmal manuell erzeugt.

Hilfsfunktionen

Bleibt noch eine kleine Routine übrig: die Rettungsroutine.

Nach der Zuweisung zu den entsprechenden Ereignissen bleibt eben auch hier die Problematik, dass Sie an das Dokument nicht mehr herankommen: beim Öffnen des Dokuments wird das Dokument ausgeblendet. Dann läuft der Dialog (da gibt es keine Abbruchmöglichkeit), und wenn der Dialog geschlossen wird, ist das Dokument ebenfalls zu.

Also bauen wir auch hier eine »Rettungsroutine« ein. Das geht genauso wie beim Formular: Man legt ein grafisches Kontrollfeld irgendwo ab (bei mir auch in der linken, oberen Ecke) und verbindet dort ein Makro mit dem Ereignis »Maustaste gedrückt«. Bei mir ruft dieses Kontrollfeld die folgende Routine auf:

```
sub ausschalten
  bRet = true              'Rettungsflag setzen
  oWin.visible = true      'Dokument sichtbar schalten
  oDlg.endexecute()        'Dialog beenden
end sub
```

Dadurch wird das Dokument wieder sichtbar geschaltet, und der Dialog wird beendet. Jetzt erfolgt der Rücksprung zur Hauptroutine, und durch das gesetzte Rettungsflag wird das Dokument nun nicht mehr geschlossen. Jetzt kann man mit dem Dokument selbst weiterarbeiten.

Ereignisse

Alle Programmroutinen sind geschrieben und getestet (testen Sie alles!), jetzt kann die endgültige Zuweisung erfolgen:

- Die Routine **Hauptprogramm** wird dem Ereignis des Dokuments »Beim Öffnen« zugewiesen.
- Der Button **OK, Danke!** bekommt als »Art der Schaltfläche« entweder **OK** oder **Abbrechen** zugewiesen. Da keine weitere Auswertung erfolgt, spielt die Zuordnung keine Rolle. Beide beenden den Dialog, und das Makro wird an der Halteposition fortgesetzt.
- Das Makro **Ausschalten** wird an das grafische Kontrollfeld gebunden, indem es dem Ereignis **Maustaste gedrückt** zugeordnet wird. Starten Sie das Dokument, der Dialog erscheint – und sonst nichts.

Abbildung 9.19 Der Dialog – und sonst nichts!

9.7 Berichte

Eine Applikation wäre ohne die Berichte unvollständig. Es ist zwar sehr schön, die Geburtstage zeitnah angezeigt zu bekommen, aber manchmal hätte man eben doch gern eine komplette Liste.

Zwar wurde die Aufgabenstellung einer funktionstüchtigen Geburtstagsliste bereits in Kapitel 8 recht ausführlich behandelt, der Vollständigkeit halber zeige ich hier aber noch einmal die Kurzform.

Als Bericht soll nur einer erzeugt werden: eine Geburtstagsliste mit den folgenden Informationen: *Geburtstag, Name (Vor- und Zuname), Alter, Telefonnummer*. Die Liste soll dabei nach den Geburtstagen im Jahr sortiert werden.

9.7.1 Abfrage erstellen

Auch hier soll als Basis zum Bericht eine Abfrage erzeugt werden, die genau die benötigten Informationen bereitstellt. **Geburtstag** und **Telefonnummer** sind unkritisch (die Felder sind direkt vorhanden). Der **Name** wird wieder aus den Feldern **Vorname** und **Nachname** zusammengesetzt. Das **Alter** wird mit der Funktion **DATEDIFF()** berechnet.

Um eine Sortierung im Jahresverlauf zu gewährleisten, wird ein zusätzliches berechnetes Feld eingefügt: **DAYOFYEAR()**, dem der jeweilige Geburtstag übergeben wird. Diese Zahlen können jetzt aufsteigend sortiert werden.

Die Abfrage sieht also so aus wie in Abbildung 9.20.

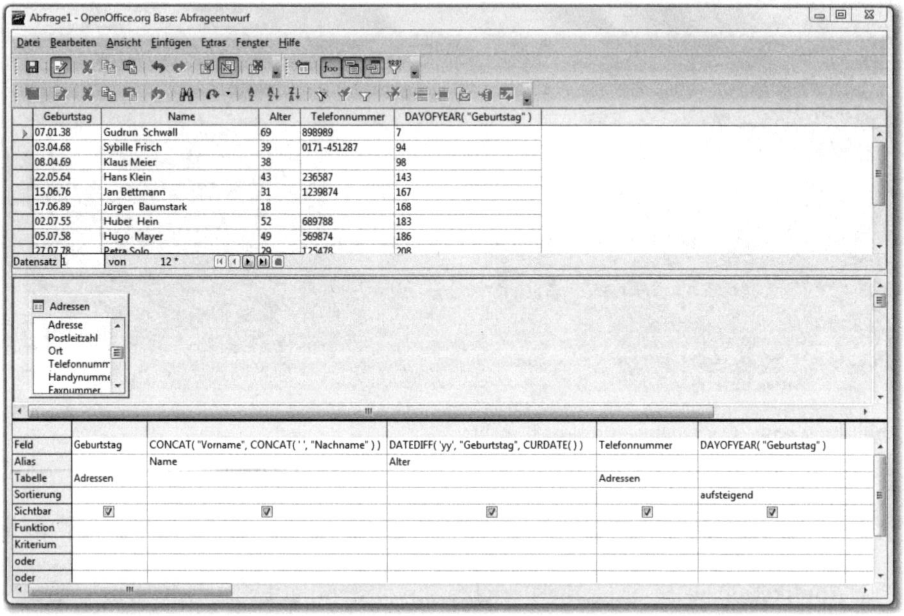

Abbildung 9.20 Die Abfrage als Basis für die Geburtstagsliste

Speichern Sie die Abfrage (ich habe den Namen »Geburtstagsliste« gewählt). Nun kann der Bericht erstellt werden.

9.7.2 Bericht mit dem Assistenten erstellen

Starten Sie den Berichtsassistenten, und wählen Sie im ersten Schritt die Abfrage »Geburtstagsliste« und dann alle Felder bis auf die Spalte DAYOFYEAR() (siehe Abbildung 9.21). Diese Spalte diente ja nur zur Sortierung und wird im Bericht nicht mehr benötigt.

Im Schritt 2 brauchen Sie keine Änderungen vorzunehmen, da die Beschriftung der Spalten ja schon in der Abfrage bestens gelöst wurde. Gruppierungen (Schritt 3) sind ebenfalls keine notwendig.

Als Layout für die Daten wähle ich »Links ausgerichtet – hinterlegt« und für die Kopf- und Fußzeile die »Weltkarte«. Die Ausrichtung ändere ich auf »Hochformat«.

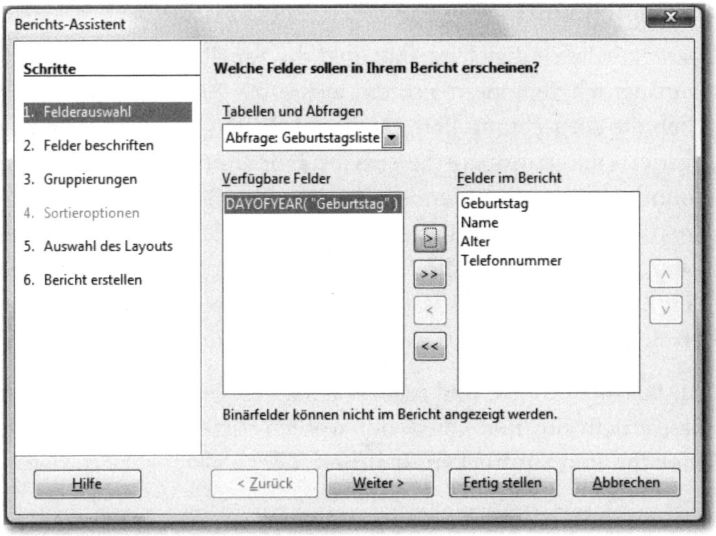

Abbildung 9.21 Bericht mit Hilfe des Assistenten erstellen

Im letzen Schritt behalte ich schließlich den automatisch erzeugten Namen des Berichts bei (»Geburtstagsliste«), markiere aber noch die Option »Layout des Berichtes bearbeiten«, um selbst einen »Feinschliff« realisieren zu können. Klicken Sie nun auf **Fertig stellen**.

Wie erwartet sieht der automatisch erstellte Bericht noch nicht ganz so aus wie gewünscht – wobei die Änderungen nur marginal ausfallen. Insofern ist etwas Nacharbeit notwendig.

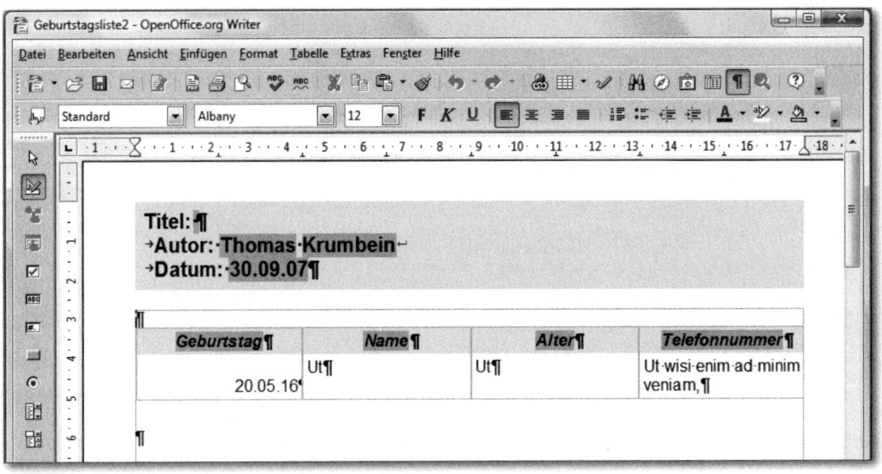

Abbildung 9.22 Der automatisch erzeugte Bericht – Layout

9.7.3 Bericht manuell anpassen

Die Spalten der Datentabelle sind gleichmäßig über die Tabelle ausgerichtet. Das ist nicht immer günstig, ich verändere also ein wenig die Tabellenspalten. Des Weiteren ändere ich die Ausrichtung der ersten und dritten Spalte (Geburtstag und Alter) auf »zentriert« und korrigiere die Textabstände zum Rand beim Namen und bei der Telefonnummer. Auch ändere ich die Schriftgröße der ersten Datenzeile auf 11 Pt (markieren Sie die Blindtextzeile, und ändern Sie danach die Schriftattribute, oder passen Sie eben die Formatvorlage an). Als Formatvorlage für den Inhalt der Zellen wird die Absatzvorlage »Tbl_Record_Content« verwendet. Sie finden sie in den Absatzvorlagen unter »Verwendete Vorlagen«.

Speichern Sie jetzt die Änderungen, und schließen Sie den Bericht. Nun können Sie ihn direkt in Base erneut aufrufen – die Daten werden eingetragen, der Bericht ist fertig. Sie können ihn nun ausdrucken, speichern oder als PDF exportieren.

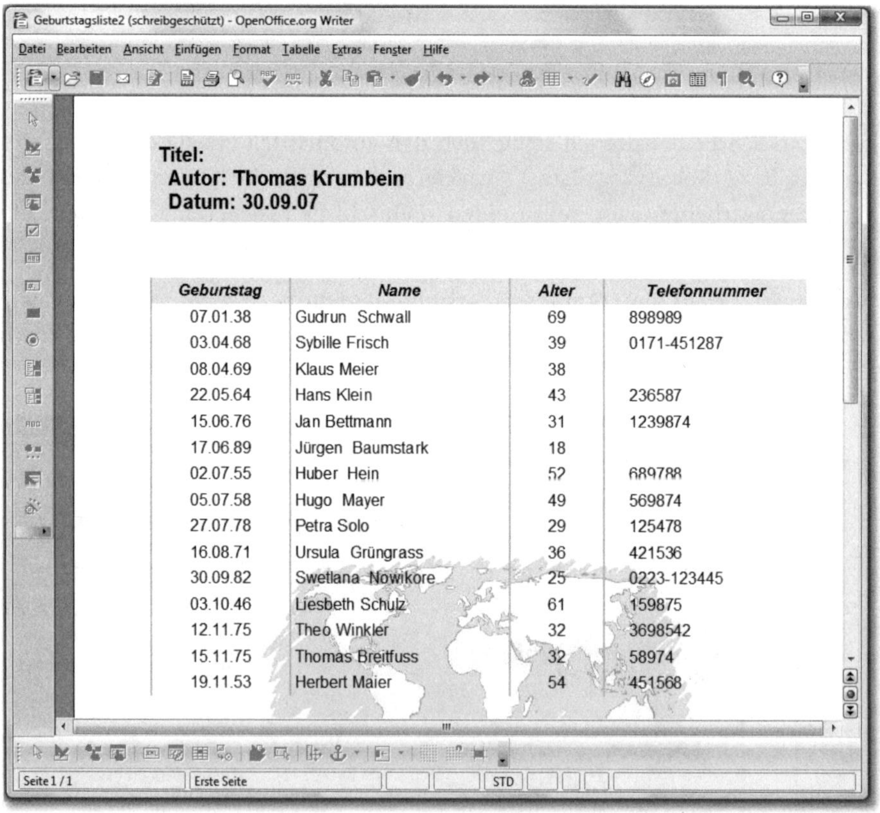

Abbildung 9.23 Der fertige Bericht, mit dem Assistenten erzeugt

Bericht mit dem Report-Designer erstellen

Der Vollständigkeit halber möchte ich nun diesen Bericht mit dem Report-Designer erzeugen, auch um die Unterschiede noch einmal darzustellen. Im Grunde haben wir einen solchen Bericht bereits im Abschnitt 8.3 erzeugt, ich beschränke mich hier also auf eine sehr kurze Wiederholung.

Starten Sie nun die Aufgabe »Einen Bericht in der Entwurfsansicht erstellen...« und damit den Report-Designer. Der Seitenkopf erhält die Überschrift (»Die Geburtstage meiner Freunde«) sowie das Jahr, jeweils als Beschriftungsfelder und entsprechend formatiert.

Ich füge dem Bericht einen Berichtskopf und einen Berichtsfuß hinzu. Der Berichtskopf nimmt die Spaltenbezeichnungen auf sowie eine trennende horizontale Linie. Der Berichtsfuß erhält nur eine abschließende horizontale Linie.

Im Detailbereich reihe ich vier Textfelder aneinander, getrennt durch eine senkrechte Linie. Diese Linien sind genauso hoch wie der Detailbereich an sich, hier 0,80 cm. Die Textfelder verbinde ich mit den entsprechenden Datenfeldern, wobei ich beim Alter noch den Text »Jahre« hinzufüge. Im Seitenfuß platziere ich noch ein Datumsfeld und meinen Namen. Fertig.

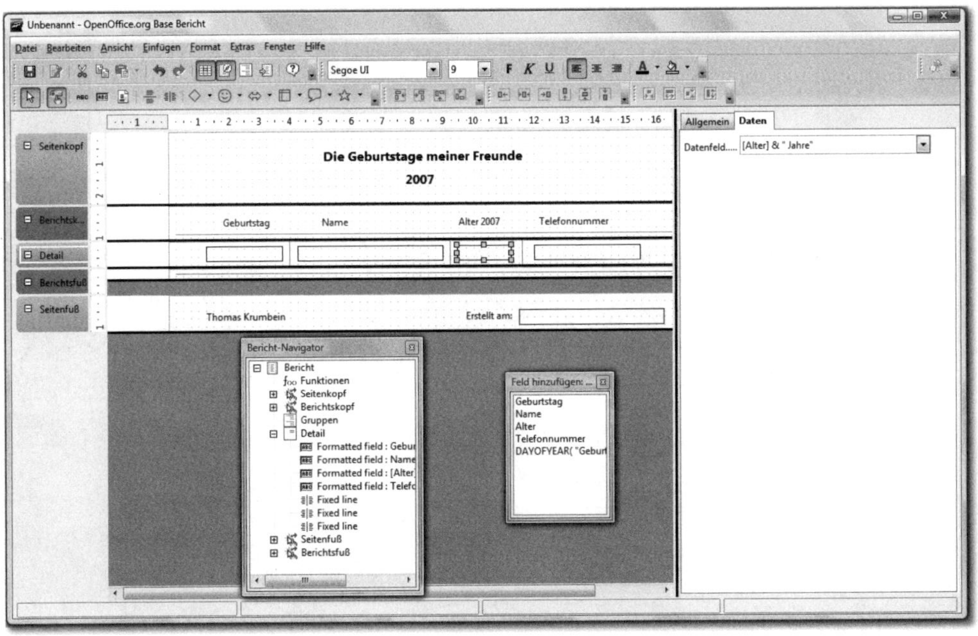

Abbildung 9.24 Die Geburtstagsliste im Report-Designer

Jetzt kann man den Bericht speichern (ich nutze den Namen »Geburtstagsliste_RD«) und anschließend ausführen. Das Ergebnis sieht wie folgt aus (siehe Abbildung 9.25):

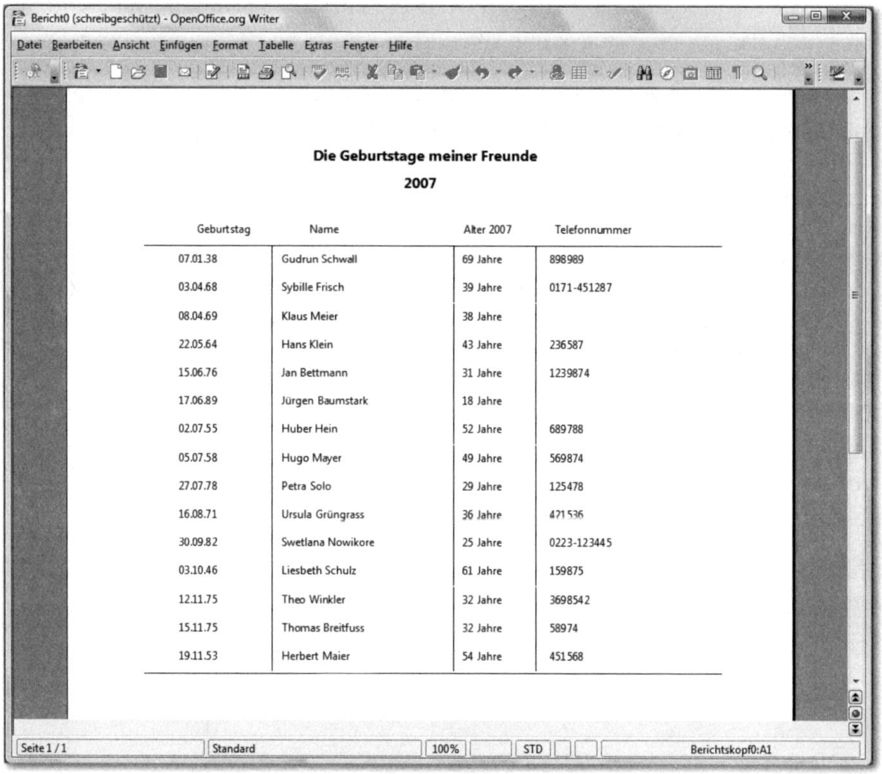

Die Geburtstage meiner Freunde

2007

Geburtstag	Name	Alter 2007	Telefonnummer
07.01.38	Gudrun Schwall	69 Jahre	898989
03.04.68	Sybille Frisch	39 Jahre	0171-451287
08.04.69	Klaus Meier	38 Jahre	
22.05.64	Hans Klein	43 Jahre	236587
15.06.76	Jan Bettmann	31 Jahre	1239874
17.06.89	Jürgen Baumstark	18 Jahre	
02.07.55	Huber Hein	52 Jahre	689788
05.07.58	Hugo Mayer	49 Jahre	569874
27.07.78	Petra Solo	29 Jahre	125478
16.08.71	Ursula Grüngrass	36 Jahre	421536
30.09.82	Swetlana Nowikore	25 Jahre	0223-123445
03.10.46	Liesbeth Schulz	61 Jahre	159875
12.11.75	Theo Winkler	32 Jahre	3698542
15.11.75	Thomas Breitfuss	32 Jahre	58974
19.11.53	Herbert Maier	54 Jahre	451568

Abbildung 9.25 Der fertige Bericht des Report-Designers

Anhang

A Die Installation 519

B Code-Beispiele und reguläre Ausdrücke 527

C Mitarbeit im OOo-Projekt, DVD, Linklisten, Literaturhinweise 533

Hier erfahren Sie alle nötigen und wichtigen Schritte zur Installation von OpenOffice.org. Sollten noch Fragen offen bleiben, so finden Sie auf der Buch-DVD die offizielle und ausführliche Installationsanleitung des Projektes.

A Die Installation

OpenOffice.org ist eine lizenzkostenfreie Office-Suite und für jeden Einsatz verfügbar. Jeder darf diese Software kopieren und frei nutzen, Sie können sie auf beliebig vielen Rechnern installieren, kopieren und auch verteilen.

OpenOffice.org verwendet die Lizenz **LGPL** (GNU Lesser General Public Licence) für die Nutzung des Sourcecodes. Üblicherweise stehen die vorkompilierten Pakete ebenfalls unter der LGPL; dies wird in der Regel im Vorspann erläutert.

Um den aktuellen Sourcecode zum Selbstkompilieren zu erhalten, gehen Sie auf die Homepage des internationalen OpenOffice.org-Projekts und folgen dort den entsprechenden Links: *www.openoffice.org*.

A.1 Download

Natürlich ist es nicht notwendig, selbst einen ausführbaren Code zu kompilieren, auf die hierfür notwendigen Details wird an dieser Stelle auch nicht weiter eingegangen. Die aktuellen Programmversionen werden von verschiedenen Projekten und Personen bereits kompiliert für alle gängigen Betriebssysteme und in den wichtigsten Sprachen bereitgestellt und können ebenfalls aus dem Internet bezogen werden. Um eine aktuelle deutsche Version zu erhalten, gehen Sie auf die Seiten des deutschen Sprachprojekts und folgen dort den Links zum Download: *http://de.openoffice.org*.

In der Regel finden Sie dort eine Archivdatei mit allen erforderlichen Programmdateien, die für das jeweilige Betriebssystem passt. Sie ist zwischen 90 und 120 MByte groß, entsprechend sollten Sie die Downloadzeiten beachten. Die beigefügte DVD beinhaltet die zum Zeitpunkt der Drucklegung des Buches aktuelle Version als Archivdatei für Windows, Linux und Mac OS. Sie können sie also sofort aufspielen.

A.2 Java

Zuvor sollten Sie jedoch überprüfen, ob eine aktuelle Java-Installation verfügbar ist. Diese ist zwar nicht unbedingt notwendig zum Betrieb von OpenOffice.org, ohne Java funktionieren aber manche Assistenten und das komplette **Base-Modul nicht**, und so empfiehlt es sich unbedingt, zunächst eine Java-Installation vorzunehmen. Benötigt wird eine Version ab 1.4.2 oder höher. Es genügt ein Java Runtime Environment (JRE), doch kann es auch ein Java Development Kit (JDK) sein. Eine aktuelle Java-Version (JRE) erhalten Sie kostenfrei im Internet auf der Seite *http://java.com/de/download/manual.jsp*, und natürlich befindet sich auch eine Version auf der DVD.

Tipp

Installieren Sie Java, bevor Sie OpenOffice.org installieren. Dann wird die Version automatisch gefunden und eingebunden. Nachträglich ist dies zwar auch möglich, es ist aber mit mehr manuellem Aufwand verbunden.

Im Folgenden wird die Installation von OpenOffice.org für die Betriebssysteme Windows und Linux stichpunktartig beschrieben. Eine ausführlichere Installationsanweisung befindet sich als PDF-Datei und mit vielen Screenshots bebildert auf der DVD im Ordner »Installationshandbuch«. Dort finden Sie auch aktuelle Hinweise und eventuelle Änderungen.

A.3 Installation unter Windows

Hinweis

Auf der DVD befindet sich ein ausführliches Installationshandbuch als PDF-Datei. Dieses sollten Sie unbedingt zusätzlich lesen. Dort sind alle Schritte detailliert beschrieben und auf dem neuesten Stand.

Systemvoraussetzungen:

- Windows 98SE, 2000 (Service Pack 4 oder höher), XP, 2003 oder Windows Vista
- mindestens 128 MByte RAM, 256 MByte empfohlen
- 250 MByte verfügbarer Festplatten-Speicherplatz

Da während der Installation temporäre Dateien erzeugt und diese zwischengespeichert werden, ist der tatsächliche Speicherplatzbedarf temporär deutlich höher (ca. 350 MByte); Sie können aber die Temp-Variablen auf andere Laufwerke umleiten.

Hier die Installationsschritte in Kurzform:

- In Mehrbenutzersystemen (Win XP, 2000, 2003) melden Sie sich als **Administrator** an und entpacken **das Archiv** in ein Verzeichnis Ihrer Wahl.
- Unter Windows Vista können Sie auch als Benutzer OOo installieren, benötigen dann aber das Administrator-Kennwort.

Achtung

Schalten Sie eventuelle permanente Virenscanner oder Firewalls, die im Hintergrund laufen, vorübergehend aus, falls ein **Fehler 19xx** auftauchen sollte. Diese Programme sind häufig die Ursache dafür!

- Jetzt wechseln Sie in dieses Verzeichnis und starten die Installation durch einen Doppelklick auf die Datei **setup.exe**.
- **Alternative**: Meist wird heute ein selbstentpackendes Archiv angeboten (für Windows). Hier genügt ein Doppelklick: Zunächst entpackt sich das Archiv automatisch in einen Ordner auf den Desktop, und anschließend startet die Installation direkt, Sie brauchen nicht neu zu starten.
- Es erscheint ein Begrüßungsfenster. Klicken Sie auf **Weiter**.
- Im nächsten Fenster erscheint die Lizenzvereinbarung. Lesen Sie diese, und bestätigen Sie dann deren Annahme durch Markieren der Option »Ich akzeptiere die Bedingungen der Lizenzvereinbarung«. Erst nachdem Sie diese Vereinbarung akzeptiert haben, wird der **Weiter**-Button aktiviert, und Sie können fortfahren.
- Im nächsten Fenster geben Sie Ihren Benutzernamen ein und entscheiden, ob die Installation nur für Sie selbst (eigenes Benutzerkonto) oder für alle (systemweite Installation) gelten soll. Es empfiehlt sich in der Regel, »für alle« auszuwählen. Mit **Weiter** geht es auf die nächste Seite.
- Sie haben nun die Wahl zwischen einer vollständigen Installation (empfohlen) und einer benutzerdefinierten. Wenn Sie die Option »Anpassen« (benutzerdefinierte Installation) wählen, können Sie im nächsten Dialog bei den einzelnen Komponenten auswählen, welche installiert werden sollen und welche nicht. Mit **Weiter** geht es dann auf die nächste Seite.
- Hier können Sie nun entscheiden, ob OpenOffice.org automatisch MS-Office-Dateien öffnen soll. Das bedeutet: ein Doppelklick auf eine typische MS-Office-Datei (z. B. *.doc, *.xls, *.ppt und viele mehr) startet OpenOffice.org und öffnet die Datei in der passenden Anwendung. Es empfiehlt sich **nicht**,

die Optionen zu aktivieren, wenn Sie die entsprechenden MS-Applikationen auf dem Rechner installiert haben und diese noch gelegentlich nutzen möchten! Mit **Weiter** gelangen Sie auf die letzte Dialogseite.

- Alle Informationen sind nun gesammelt, die Installation kann starten. Bis zu diesem Zeitpunkt wurde noch nichts verändert, keine Datei geschrieben, kein Registry-Eintrag erzeugt. Sie können hier noch beruhigt abbrechen. Möchten Sie OpenOffice.org nun aber aufspielen, drücken Sie den Button **Installieren**.

Die Installation erfolgt nun »in einem Rutsch«. Die Dialogbox zeigt einen Fortschrittsbalken, der den ungefähren Stand darstellt. Zunächst wird das System analysiert, dann werden die Dateien kopiert, die Registry-Einträge vorgenommen und anschließend die temporär erzeugten Dateien wieder entfernt. Der Fortschrittsbalken beginnt bei jedem Schritt wieder von vorn, und der gesamte Prozess kann einige Minuten dauern. Ist die Installation erfolgreich verlaufen, erhalten Sie eine Bestätigung. Mit einem Klick auf den Button **Beenden** schließen Sie den ersten Teil der Installation ab.

Nun ist OpenOffice.org zwar auf dem System installiert, aber noch nicht individuell nutzbar, da noch keine Benutzer-Accounts und Benutzerprofile erstellt wurden. Dies geschieht beim ersten Start einer OpenOffice.org-Komponente.

A.4 Installation unter Linux

Systemvoraussetzungen:

- Linux-Kernel 2.2.13 oder höher
- mindestens 128 MByte RAM, 256 MByte empfohlen
- 250 MByte verfügbarer Festplatten-Speicherplatz
- Da während der Installation temporäre Dateien erzeugt und diese zwischengespeichert werden, ist der tatsächliche Speicherplatzbedarf zwischenzeitlich deutlich höher (ca. 350 MByte). Sie können aber die Temp-Variablen auf andere Laufwerke umleiten.
- X-Server (mit mindestens 800 * 600 Bildschirmauflösung und 256 Farben) mit Windows Manager (z. B. KDE oder GNOME). Für die Unterstützung von Eingabehilfen ist GNOME 2.0 oder höher erforderlich.
- glibc2 Version 2.2.0 oder höher
- Java – mindestens installierte JRE ab Version 1.4.1_01

A.4.1 RPM-Installationsschritte

Die folgenden Ausführungen beziehen sich ausschließlich auf Unix-/Linux-Plattformen, die die Installation von RPM-Programmpaketen mittels **rpm** unterstützen.

Aufgrund der unterschiedlichen verfügbaren grafischen Oberflächen und Paketmanager der verschiedenen Distributionen wird die Installation ausschließlich im Textmodus (Konsole oder Terminal) beschrieben:

- Die Installation benötigt administrative Rechte. Melden Sie sich deshalb als Erstes als lokaler **root** an.
- Erzeugen oder nutzen Sie ein Verzeichnis, in das Sie die Dateien entpacken möchten. Wechseln Sie nun in dieses Verzeichnis, und entpacken Sie das Archiv:

  ```
  # tar -xzvf  <Downloadverzeichnis>/OOo_2.0_LinuxIntel_Install_
  de.tar.gz
  ```

- Wechseln Sie mit `# cd RPMS` in den nun vorhandenen Unterordner RPMS.
- Testen Sie zunächst, ob bereits andere OpenOffice.org-Pakete installiert sind (vorherige Version?).

  ```
  # rpm  -qa | grep openoffice
  ```

- Löschen Sie diese gegebenenfalls. (OOo 2.x kann auch neben anderen Versionen der 1.x-Reihe ohne Probleme installiert werden.)
- Nun installieren Sie alle im Verzeichnis vorhandenen Pakete:

  ```
  # rpm  -Uhv  --nodeps  *.rpm
  ```

- Wenn während der Installation an der Konsole keine Probleme oder Fehler ausgegeben werden, hat die Installation funktioniert. Sie können nun, wie im vorherigen Punkt beschrieben, prüfen, ob alle Pakete installiert wurden.

A.4.2 Debian-Installation

Debian-Systeme können mit *.rpm nicht direkt etwas anfangen. Insofern ist die Vorgehensweise ein wenig anders, falls Sie die *.rpm's nutzen. Allerdings stehen jetzt auch direkt *.deb-Dateien zur Verfügung, die unter Debian direkt installiert werden können. Hierzu finden Sie auch Details im Installationshandbuch. Für die Installation der *.rpm-Dateien unter Debian hier die Kurzfassung:

- Die Installation benötigt administrative Rechte. Melden Sie sich deshalb als Erstes als lokaler **root** an.

- Erzeugen oder nutzen Sie ein Verzeichnis, in das Sie die Dateien entpacken möchten. Wechseln Sie nun in dieses Verzeichnis, und entpacken Sie das Archiv:

  ```
  # tar -xzvf  <Downloadverzeichnis>/OOo_2.0_LinuxIntel_Install_
  de.tar.gz
  ```

- Wechseln Sie nun mit `# cd RPMS` in den nun vorhandenen Unterordner **RPMS**.
- Installieren Sie **rpm**, falls es noch nicht installiert ist (Paket von der Distributions-CD oder aus dem Internet).
- Um *.deb-Pakete zu erzeugen geben Sie nun ein:

  ```
  # alien  -k *.i586.rpm
  ```

- Durch Eingabe von

  ```
  # dpkg -i  --force-overwrite *.deb
  ```

  werden die Debian-Pakete installiert. Die Option `-force-overwrite` ist notwendig, um Dateikonflikte aufzulösen, die durch die Erzeugung der *.deb-Pakete mittels `alien` erzeugt wurden.
- Bearbeiten Sie nun die Datei:

  ```
  <Installationsverzeichnis>/share/config/javavendors.xml
  ```

  um die Referenzen auf IBM und Blackdown Vendors zu entfernen.
- Geben Sie nun als lokaler **root** folgende Befehle manuell ein, um die Installation unter Debian zu beenden:

  ```
  #  <Installationsverzeichnis>/program/pkgchk  --shared
  pkghck done
  # <Installationsverzeichnis>/program/configimport  --spool
  done
  # <Installationsverzeichnis>/program/update-mime-data
  "openoffice2.0"
  ```

- Zum Schluss geben Sie als **root** den folgenden Befehl zur Anpassung der Rechte ein:

  ```
  # chmod 555 <Installationsverzeichnis>/program/soffice
  ```

Damit sind die Installationsschritte unter Unix/Linux abgeschlossen.

Nochmals der Hinweis

Auf der DVD befindet sich ein ausführliches Installationshandbuch als PDF-Datei. Dieses sollten Sie unbedingt zusätzlich lesen. Dort sind alle Schritte detailliert beschrieben und auf dem neuesten Stand.

A.4.3 Der erste Programmstart

Die bisherigen Installationsschritte (Windows und Linux) haben zwar das Programm an sich installiert, es fehlen aber noch die entsprechenden Benutzerinstallationen. Diese starten automatisch beim ersten Aufruf eines Programm-Moduls:

Zunächst startet ein Splash-Screen mit einem Fortschrittsbalken. Die Daten werden im Hintergrund geladen. Dann erscheint ein Dialog:

- Der erste Bildschirm ist ein Willkommensbildschirm mit einigen Informationen. Die Menüfolge links zeigt an, bei welchem Schritt Sie sich gerade befinden. Klicken Sie auf **Weiter**, um zur Lizenzseite zu gelangen.
- Die Lizenz muss erneut bestätigt werden. Dies ist erst möglich, wenn der komplette Lizenztext »durchgescrollt« wurde, entweder mit der Taste »Weiterblättern« oder mit den Laufleisten rechts oder mit der Taste [Bild↓]. Erst dann wird der **Weiter**-Button aktiv geschaltet.
- Im nächsten Dialog wird der Benutzername des aktuellen Anwenders angegeben. Sie können dies aber auch später im Optionsmenü von OpenOffice.org nachholen. Mit **Weiter** kommen Sie auf die letzte Dialogseite, die Registrierung.
- Wurde eine früher installierte Version von OpenOffice.org gefunden, so erhalten Sie zusätzlich die Möglichkeit, bestehende Benutzerdaten zu übernehmen.

Registrieren Sie das Produkt, oder wählen Sie »bereits registriert«, wenn Sie schon registriert sind oder sich nicht registrieren lassen wollen. OpenOffice.org ist jetzt einsatzbereit.

Hier finden Sie eine kurze Anleitung, wie bestimmte Aufgaben auch mit Basic gelöst werden können. Ebenso nützlich ist eine Kurzreferenz regulärer Ausdrücke, die Sie garantiert immer wieder benötigen.

B Code-Beispiele und reguläre Ausdrücke

Im Text wurde öfter erwähnt, dass man alle Aktionen auch direkt in einer Skriptsprache – also via API – ausführen kann. Die im Buch dargestellten Code-Snippets gehen in der Regel davon aus, dass bereits eine Datenbankverbindung besteht.

B.1 Datenbankverbindungen mit Basic

Die folgenden Zeilen erläutern, wie man die Verbindung in OpenOffice.org Basic realisiert – einmal für eine HSQLDB, also für eine Datenbank, die auf der eingebauten DBMS basiert, und einmal für eine MySQL-Datenbank, die via JDBC eingebunden wurde.

Nun stellt dieses Buch keine detaillierte Anleitung zur Programmierung dar, dazu empfehle ich zum Beispiel mein im gleichen Verlag erschienenes Handbuch »Makros in OpenOffice.org«, das die Grundlagen zur Programmierung darstellt und ausführliche Beispiele bereithält.

Die folgenden Code-Beispiele liefern jeweils eine Verbindung (ein Verbindungsobjekt) zurück, die bzw. das dann entsprechend bearbeitet werden kann. Im Buch wurden diese häufig als `oVerb`, `oConnection` oder `oVerbindung` dargestellt.

Der folgende Code erstellt eine Verbindung zu einer bestehenden und angemeldeten HSQLDB. Diese liegt als Base-Dokument vor und trägt den registrierten Namen »Fuhrpark«. Ein Kennwort ist nicht gesetzt und wird auch nicht verlangt:

```
function getConnection
  oDataBaseContext = createUnoService("com.sun.star.sdb.Database
  Context")
  oDataSource = oDatabaseContext.getByName("Fuhrpark")
  oConnection = oDataSource.getConnection("","")
  getConnection = oConnection
end function
```

Ist die Datenbank nicht registriert, übergibt man statt des registrierten Namens die qualifizierte URL der Datenbank, also in etwa so:

```
...
sURL = ConvertToURL("D:\Daten\MeineDatenbanken\Fuhrpark.odb")
REM oder direkt eingeben als:
REM sURL = "File:///D:/Daten/MeineDatenbanken/Fuhrpark.odb"
  oDataSource = oDatabaseContext.getByName("sURL")
...
```

Etwas komplizierter wird es, wenn die Datenbank ein Passwort verlangt. Will man dieses nicht im Klartext im Basic-Code abspeichern, so erzeugt man den Base-eigenen Passwort-Abfrage-Dialog und lässt das Passwort zur Laufzeit abfragen:

```
function getConnection
  oDataBaseContext = createUnoService("com.sun.star.sdb.Database
  Context")
  oDatenQuelle = oDatabaseContext.getByName("Fuhrpark")
  oHandler = oDatenQuelle.createUnoService("com.sun.star. sdb.Inter
  actionHandler")
  oConnection= oDatenQuelle.ConnectWithCompletion(oHandler)
  getConnection = oConnection
end function
```

Natürlich lässt sich eine Datenquelle auch ohne Base-Container direkt ansprechen: immer dann, wenn es sich um ein externes DBMS handelt. Das folgende Beispiel stellt eine Verbindung zu einer MySQL-Datenbank via JDBC-Treiber her. Dabei liegt der MySQL-Server auf einem eigenen Rechner im internen Firmennetz und wird per statischer IP-Adresse angesprochen:

```
function getConnection
  dim mDBProperties(2) as New com.sun.star.beans.PropertyValue

  mDBProperties(0).name = "user"
  mDBProperties(0).value = "Thomas"
  mDBProperties(1).Name = "password"
  mDBProperties(1).value = "meinPasswort"
  mDBProperties(2).Name = "JavaDriverClass"
  mDBProperties(2).value = "org.gjt.mm.mysql.Driver"

  oDriverManager = createUnoService("com.sun.star.sdbc.Driver
  Manager")
  oConnection = oDriverManager.getConnectionWithInfo( _
  "jdbc:mysql://192.168.1.43:3306/Fuhrpark", mDBProperties())
  oStatement = oConnection.createStatement()
```

```
  getConnection = oConnection
end function
```

Der Nachteil liegt auf der Hand: Das Passwort wird hier im Klartext übergeben. Zwar kann man natürlich auch dieses mit einer Eingabebox abfangen, andererseits stört die Abfrage auch den Arbeitsfluss. Die Datenbank selbst heißt »Fuhrpark«. Dabei handelt es sich um den im MySQL-DBMS hinterlegten Namen für den »Katalog«, wie Datenbanken dort heißen.

MySQL-Datenbankserver kommunizieren standardmäßig über den Port 3306. Der muss natürlich entsprechend angepasst werden, wenn Sie einen anderen benutzen. Eine Datenbank-Verbindung bleibt in Basic so lange bestehen, bis sie wieder explizit geschlossen wird (durch die Methode **close()**).

Ähnlich wie die JDBC-Verbindung funktioniert auch eine ODBC-Verbindung, aber grundsätzlich gilt: Testen Sie die Verbindungen immer erst direkt im Betriebssystem (auf der Konsole oder mit bereitgestellten Hilfsmitteln). Funktioniert sie dort, dann können Sie diese auch in Basic oder einer anderen Skriptsprache für OpenOffice.org nutzen. Die Fehlermöglichkeiten bei nicht funktionierenden Verbindungen sind jedoch so zahlreich, dass wirklich schrittweise vorgegangen werden sollte.

B.2 Liste regulärer Ausdrücke

Reguläre Ausdrücke werden immer wieder benötigt, sind dann aber meist nicht zur Hand. Hier finden Sie eine Übersicht:

Zeichen	Wirkung/Einsatz
.	Steht für genau ein beliebiges Zeichen. Findet mit der Eingabe `M.ller` die Begriffe `Möller` und `Müller`.
^Peter	Findet das Wort nur, wenn es am Absatzanfang steht. Sonderinhalte (zum Beispiel leere Felder und zeichengebundene Rahmen) am Absatzanfang werden ignoriert.
Peter$	Findet das Wort nur, wenn es am Absatzende steht. Sonderinhalte (zum Beispiel leere Felder und zeichengebundene Rahmen) am Absatzende werden ignoriert.
*	Das Zeichen davor darf nullmal bis beliebig oft vorkommen: `Ab*c` findet zum Beispiel `Ac`, `Abc`, `Abbc`, `Abbbc`. Für **beliebige Zeichen oder kein Zeichen** können Sie die Kombination .* verwenden.

Zeichen	Wirkung/Einsatz
+	Das Zeichen davor muss mindestens einmal bis beliebig oft vorkommen: `AX+4` findet `AX 4`, aber nicht `AX4`. Es wird immer der längste mögliche Text innerhalb des Absatzes gefunden. Wenn im Absatz der Text `AX 4 AX4` steht, wird er vom ersten `A` bis zur letzten `4` gefunden.
?	Das Zeichen davor darf keinmal oder genau einmal vorkommen. `Texte?` findet die Wörter `Text` und `Texte`.
\C	Findet genau dieses angegebene Zeichen (keine Ziffer), hier `C`. (Wenn Sie zum Beispiel in einem regulären Ausdruck nach dem Dollarzeichen selbst suchen wollen, schreiben Sie `\$`.)
\n	Findet einen direkten Zeilenumbruch, der mit ⇧ + ↵ eingefügt wurde. Sie können mit dem Zeichen auch Zeilenumbrüche in Absatzumbrüche umwandeln. Geben Sie dazu `\n` sowohl im Feld **Suchen nach** als auch im Feld **Ersetzen durch** ein, und klicken Sie anschließend die Schaltfläche **Ersetze alle** an.
\t	Findet einen Tabulator (dieser Ausdruck kann auch in **Ersetzen durch** stehen).
\>	Der Suchtext muss am Wortende stehen: `rohr\>` findet `Leitungsrohr`, aber nicht `Rohrleitung`.
\<	Der Suchtext muss am Wortanfang stehen: `\<rohr` findet `Rohrleitung`, aber nicht `Leitungsrohr`.
^$	Sucht nach leeren Absätzen.
^.	Sucht das erste Zeichen eines Absatzes.
&	Dieses Zeichen im Feld **Ersetzen durch** fügt den Suchtext ein. `Fenster` im Feld **Suchen nach** und `&rahmen` im Feld **Ersetzen durch** führt mit **Ersetzen** zu `Fensterrahmen`. Geben Sie nur `&` in das Feld **Ersetzen durch** ein, wenn Sie dem Suchtext andere Attribute oder ein anderes Format zuweisen wollen.
[abc123]	Findet alle zwischen den Klammern aufgezählte Zeichen.
[a–e]	Findet alle Zeichen zwischen `a` und `e`.
[a–eh–x]	Findet alle Zeichen der beiden Buchstabengruppen `a-e` und `h-x`.
[^a–s]	Findet alle Zeichen außer `a-s`.
\xXXXX	Findet das Zeichen mit dem vierstelligen Hexadezimalcode `XXXX`. Die Nummer des Zeichens und damit der Code ist abhängig von der verwendeten Schriftart. Die Codes sehen Sie unter **Einfügen • Sonderzeichen**.
dies|das	Findet alle `dies` und alle `das`.
{2}	Das letzte Zeichen vor der öffnenden geschweiften Klammer muss so oft nacheinander vorkommen, wie die Zahl in der Klammer angibt. `8{2}` findet `88`.
{1,2}	Das letzte Zeichen vor der öffnenden geschweiften Klammer muss so oft nacheinander vorkommen, wie die Zahlen in der Klammer angeben. `8{1,2}` findet `8` und `88`.

Zeichen	Wirkung/Einsatz
( )	Mit runden Klammern definieren Sie die darin enthaltenen Zeichen als eine Referenz. Nachfolgend können Sie auf die erste Referenz im aktuellen Ausdruck mit `\1` Bezug nehmen, auf die zweite mit `\2` und so weiter. Wenn in Ihrem Text die Zahl `13487889` steht und Sie nach dem regulären Ausdruck `(8)7\1\1` suchen, dann wird `8788` gefunden.
[:digit:]?	Findet eine Ziffer (0 bis 9). Mit `[:digit:]*` wird eine Folge von Ziffern gefunden.
[:space:]?	Findet Leerraum wie Leerzeichen und Tabulator.
[:print:]?	Findet druckbare Zeichen.
[:cntrl:]?	Findet Steuerzeichen.
[:alnum:]?	Findet alphanumerische Zeichen (Ziffern und Buchstaben).
[:alpha:]?	Findet alphabetische Zeichen (Buchstaben).
[:lower:]?	Findet Kleinbuchstaben. Exakte Suche muss markiert sein.
[:upper:]?	Findet Großbuchstaben. Exakte Suche muss markiert sein.

Für einen logischen Suchausdruck mit verschachtelten UND/ODER-Verknüpfungen können Sie Klammern verwenden. Zum Beispiel sucht `((a[A-z]*)|(ab[A-z]*)|(b[A-z]*))$` alles, was mit einem Leerzeichen und dann mit `a` oder `ab` oder `b` anfängt und am Ende des Absatzes steht.

C Mitarbeit im OOo-Projekt, DVD-ROM, Linklisten, Literaturhinweise

C.1 Mitarbeit im Projekt OpenOffice.org

Das Projekt OpenOffice.org ist auf die aktive Mitarbeit vieler Helfer angewiesen, und mithelfen kann eigentlich jeder. Wie einfach dies ist und wie es geht, ist anschaulich im Internet beschrieben (*http://de.openoffice.org -> Mithelfen ...*). Die entsprechenden Informationen werden im Folgenden zitiert beziehungsweise wörtlich wiedergegeben:

Informationen für Mitwirkende

Auf diesen Seiten finden Sie Informationen für Personen, die sich an der Arbeit an OpenOffice.org und insbesondere dem de-Projekt beteiligen. So wird erklärt, wie CVS und IssueZilla verwendet wird, und es findet sich auch eine Übersicht über das Team um mehr über die anderen zu erfahren.

Da dieser Bereich vorwiegend für Mitwirkende des Projekts gedacht ist, wird auf einigen Seiten »du« als Anrede verwendet, da das bei der internen Kommunikation üblich ist.

Aufgaben finden bei de.OpenOffice.org

Was kann ich denn tun? Welche Aufgaben stehen an? Wer weist mir einen Job zu? Diese und ähnliche Fragen werden oft gestellt, diese Seite möchte in die Mitarbeit und deren Organisation einführen.

OpenSource-Projekte haben keinen Boss, der Aufgaben zuweist. OpenSource-Projekte organisieren sich weitgehendst selbst. Auf den ersten Blick wirkt dieses Vorgehen chaotisch – auf den zweiten übrigens auch, aber OpenSource-Projekte arbeiten trotz alledem ziemlich effizient.

Persönliche Voraussetzungen

Um das größte Hindernis gleich von vorne herein auszuschließen: Um bei OpenOffice.org mitmachen zu können, brauchst du keine Programmierkenntnisse, obwohl es manchmal Aufgaben gibt, bei denen sie nützlich sind oder sogar unabdingbar sind. Du bist auch nicht gezwungen, mit einem bestimmten Betriebssystem zu arbeiten, OpenOffice.org läuft auf vielen Plattformen.

Die wichtigste Voraussetzung ist der Spaß, den du bei der Mitarbeit hast und die Fähigkeit, sich selbst zu motivieren, am Problem oder der Aufgabe dran zu bleiben, denn es wird dir niemand eine Gratifikation bezahlen oder zusätzliche Urlaubstage gewähren. Du wirst aber sehen, dass sich die Anerkennung durch die Gruppe einstellt und du an Erfahrungen gewinnst.

Und natürlich solltest du Interesse an OpenOffice.org selbst haben und wissen, was du damit machen oder erreichen willst. Je genauer du das definieren kannst, desto leichter wird es dir fallen, eine Aufgabe für dich zu finden, deren Erledigung dann allen anderen ebenfalls nützt. Hier sind deine ganz persönlichen Fähigkeiten und Ziele gefragt.

Und zu guter Letzt werden dir Fremdsprachenkenntnisse helfen, das ganze Spektrum von OpenOffice.org zu erfahren. Das deutschsprachige OpenOffice.org-Projekt spricht selbstverständlich Deutsch und möchte OpenOffice.org für deutsche Anwender benutzbar machen. Viele Projekte werden jedoch nur in Englisch abgewickelt. Englisch gut lesen zu können wäre also schwer von Vorteil. Um so besser, sollte auch dein Schriftenglisch verständlich sein. Niemand wird sich an Fehlern stören, Italiener, Franzosen, Inder, Russen und Brasilianer sind auch nicht perfekt. Also – trau dich.

Technische Voraussetzungen

Du solltest natürlich über einen Computer und eine Internetverbindung verfügen. Optimal wäre eine Flatrate und ein schneller Internetzugang, dann ist auch ein größerer Download möglich oder eine längere Internetsitzung, doch auch mit einer Modemverbindung und einer Zeittakt-Internetverbindung kannst du bei OpenOffice.org mitmachen.

Absolut wichtig ist ein leistungsfähiges Mailprogramm, dessen fortgeschrittene Funktionen du beherrschst. Du solltest wissen, wie eine Mailingliste funktioniert, insbesondere mit deren Spielregeln (Stichwort Netiquette) vertraut sein. Wenn du dich hier noch nicht gut auskennst, sollte dich dies aber nicht vom Mitmischen abhalten. Schließlich kann man dies lernen.

Arbeitsweise von OpenOffice.org

OpenOffice.org ist in verschiedene Unterprojekte gegliedert. Unser deutschsprachiges Projekt ist eines davon.

Um einem einzelnen Projekt beitreten zu können, musst du dich als User registrieren. Verwende möglichst einen sprechenden Loginnamen. Das erleichtert später die Arbeit im Team.

Auf der Startseite jedes Teilprojektes findest du oben rechts noch über der Hauptnavigationsleiste einen Link mit dem Titel Register. Nach Abschluss der Registrierung bist du dem Projekt beitreten. Die Registrierung erlaubt dir zum Beispiel einen Fehlerbericht zu kommentieren oder aufzugeben.

Der Normalfall einer Mitarbeit bei OpenOffice.org ist das Abonnieren einer oder mehrerer Mailinglisten. Über die Mailinglisten werden nicht nur Probleme und deren Lösung diskutiert, sondern auch die Arbeit an den Projekten organisiert und das Team befragt, welche Arbeiten anstehen und wer sie übernehmen kann oder will.

Die Mailinglisten sind also ein wichtiger Aufgabenlieferant.

Es empfiehlt sich, sowohl anwender- als auch projektspezifische Listen zu abonnieren. Das hängt ganz von deinen Interessenschwerpunkten an.

Im Falle des deutschen OpenOffice.org-Projekts ist das die Anwenderliste users@de.openoffice.org. Die Koordination der Arbeit läuft über dev@de.openoffice.org.

Zusätzlich existieren noch weitere Listen, die sich einzelnen Aufgabenbereichen widmen: Marketing, Business und ein paar andere.

OpenOffice.org ist ein internationales Projekt und deckt noch viel mehr Aspekte des freien Office-Pakets ab. Eine Durchsicht der Website nach einzelnen Arbeitsschwerpunkten ist dringend anzuraten. Einen ersten Überblick erhältst du über die Projektübersicht. Jedes Projekt enthält wiederum Unterprojekte und dazugehörige Mailinglisten. Je nach Wunsch der Benutzer unterhalten die Unterprojekte sowohl eine Userliste für Anwenderfragen als auch eine Devliste für Entwickler und andere Mitarbeiter.

C.2 Zur DVD-ROM

Die beiliegende DVD enthält das komplette Programmpaket OpenOffice.org 2.3, weitere Zusatzprogramme und Erweiterungen (wie beispielsweise die Datenbank MySQL sowie ein Verwaltungstool) sowie alle im Buch erwähnten Übungsdateien. Ansonsten befinden sich auf der DVD verschiedene Verzeichnisse, deren Titel meist den Inhalt erahnen lassen.

Außerdem finden Sie auf der DVD ein dreistündiges Video-Training zu allen Modulen von OpenOffice.org: Writer, Calc, Draw, Impress, Base. Eine detaillierte Übersicht aller Lektionen finden Sie im Inhaltsverzeichnis. Es empfiehlt sich auf jeden Fall, einmal die DVD zu inspizieren.

Alle im Buch beschriebenen Beispieldateien befinden sich auch auf der DVD, im Unterverzeichnis **Beispiele**. Ein weiteres, ausführlich dokumentiertes Beispiel befindet sich ebenfalls dort, im Unterverzeichnis »Camping«. Die Dokumentation ist als PDF gespeichert.

Achtung

Die meisten Beispiele können nicht direkt gestartet werden. Häufig muss man zunächst die Datenbanken anmelden – sonst führt der Start der Dokumente zu Fehlern. Details hierzu finden Sie jeweils in den Liesmich-Dateien.

C.3 Wichtige Internet-Linkadressen

Im Folgenden noch einige wichtige und hilfreiche Internetlinks in der Übersicht:

www.OpenOffice.org	Leitseite des OpenOffice.org-Projekts in Englisch
http://de.OpenOffice.org	Leitseite des deutschen OpenOffice.org-Projekts, deutsch
www.OOoDeV.org	OpenOffice.org Deutschland e.V. – gemeinnütziger Verein zur Unterstützung des deutschsprachigen Projekts
http://www.oooauthors.org	Offizielles OpenOffice.org-Dokumentations-projekt
http://de.OpenOffice.info	Deutsches Forum für OpenOffice.org
www.ooomacros.org	Interessante Seite für diverse Makros unter OpenOffice.org (englischsprachig)
www.oooforum.org	Größtes internationales Forum rund um OpenOffice.org (englischsprachig)
http://www.ooo-portal.de	Informationsportal rund um OpenOffice.org (deutschsprachig)
www.galileocomputing.de	Website von Galileo Computing
http://www.ooowiki.de	Deutschsprachige Sammlung wichtiger und interessanter Beiträge (Wiki)
www.amt-wiesbaden.de	Akademie für Management und Technik GmbH – Schulungen und Seminare OpenOffice.org, Forum
www.mic-consulting.de	M.I.C. Consulting – Unternehmensberatung für kleine und mittelständische Unternehmen
www.sun.com beziehungsweise **http://de.sun.com**	Sun Microsystems Internetauftritt Deutsche Sun-Seite StarOffice, Java

C.4 Literaturhinweise

OpenOffice.org wird immer populärer, und es gibt immer mehr Literatur, die sich speziell mit diesem Programm beschäftigt.

Neben diesem allgemeinen Einführungswerk entstand in Zusammenarbeit mit aktiven Community-Mitgliedern des OpenOffice.org-Projekts und mit Galileo Press, Bonn, eine kleine Bibliothek zum Programmpaket OpenOffice.org. Die aktuelle Reihe beschäftigt sich mit der Programmversion 2.3 und später, ist aber natürlich auch für alle 2.x-Versionen gültig.

Diese Bücher ergänzen und vertiefen das hier vermittelte Grundwissen. Sie stellen eine ausführliche Dokumentation dar und sind praxisorientierte Lehr- und Nachschlagewerke zum Programm. Hier die Übersicht:

OpenOffice.org 2.3 – Einstieg und Umstieg

Autor: **Thomas Krumbein**. Das Handbuch für OpenOffice.org 2. Dieses Buch behandelt alle Module von OpenOffice.org. Neben der Beschreibung der wichtigsten Funktionen des Programms erfahren Sie, wie ein Umstieg ohne Daten- und Makroverluste reibungslos gelingt. Dieses Buch ist auch für Einsteiger bestens geeignet.

635 S., 29,90 €, ISBN 978-3-8362-1114-7

OpenOffice.org 2 – Videotraining

Autor: **Thomas Krumbein**. Das Video-Training für OpenOffice.org 2. Dieses Training behandelt alle Module von OpenOffice.org, direkt zum Mitmachen. Neben der Beschreibung der wichtigsten Funktionen des Programms erfahren Sie, wie ein Umstieg ohne Daten- und Makroverluste reibungslos gelingt.

9:20 Std., 29,90 €, ISBN 978-3-89842-817-0

Makros für OpenOffice.org

Autor: **Thomas Krumbein**. Das Buch gibt praktische Hinweise zum Einsatz der mit zum Lieferumfang von OpenOffice.org gehörenden Makro-Sprache »OpenOffice.org-Basic«. Neben einer allgemeinen Einführung in die Sprache »Basic« an sich werden detailliert das Objektmodell und die API sowie die entsprechenden Möglichkeiten der Automatisierung und der Programmierung an Hand vieler praktischer Beispiele dargestellt.

789 S., 44,90 €, ISBN 978-3-8362-1111-6

Textverarbeitung mit OpenOffice.org 2.3

Autor: **Jacqueline Rahemipour**. Das Buch ermöglicht einen tiefen Einblick in den Funktionsumfang von OpenOffice.org Writer und beschränkt sich dabei keineswegs auf die Erläuterung der Grundfunktionalitäten, sondern zeigt zudem auf, wie OpenOffice.org für die professionelle Textverarbeitung genutzt werden kann. Das Spektrum reicht vom Umgang mit Vorlagen bis hin zur Erstellung von Serienbriefen. Das Hauptaugenmerk wird auf »Umsteiger« gelegt, die bereits grundlegende Erfahrungen mit einer anderen Textverarbeitung haben, unabhängig davon, ob sie OpenOffice.org im privaten oder geschäftlichen Bereich einsetzen.

598 S., 34,90 €, ISBN 978-3-8362-1115-4

Präsentationen mit OpenOffice.org 2.0

Autoren: **Stefan Koehler/Andreas Mantke**. Eine gute Präsentation zeichnet sich dadurch aus, dass sie einen Inhalt in angemessener Form klar und verständlich transportiert. OpenOffice.org bietet für diese Aufgabe mit dem Modul Impress ein mächtiges Werkzeug, das in der Version 2.0 nochmals grundlegende Verbesserungen erfährt. Zudem stellt das Modul Draw alle Funktionalitäten bereit, um selbst Hintergründe, Organigramme und andere Grafiken zu erstellen und zu bearbeiten. Das Buch soll Ein- und Umsteiger mit allen relevanten Themen bekannt machen und in vielen praxisbezogenen Beispielen die Vielfalt der Module Impress und Draw aufzeigen.

383 S., 29,90 €, ISBN 978-3-89842-660-2

Tabellenkalkulationen mit OpenOffice.org 2.3

Autor: **Jörg Schmidt**. Das Themenspektrum des Buches reicht von der Vermittlung grundsätzlicher Fertigkeiten im Umgang mit Calc bis hin zu umfassenden Anwendungsbeispielen. Einer der Schwerpunkte ist die Thematik »Formeln und Funktionen«, wobei besonders auf das Erstellen von Formeln zu komplexen Sachverhalten eingegangen wird. Der Autor ist bemüht, Fragen aufzugreifen, die ihm aus seiner Forumstätigkeit als Problemfelder bekannt sind. Nicht zuletzt wird auch Wert auf die Vermittlung von Informationen für bisherige Anwender von MS Excel gelegt.

537 S., 34,90 €, ISBN 978-3-8362-1113-0

Index

*.csv 107
*.csv-Datei 106
*.dbf 71
*.jar 84
*.java 85
*.mab 47
*.mdb 65
*.odb 29
*.odb-Datei
  Details 35
  erzeugen 32
*.txt 107
*.udl 59
*.zip 35
1:1-Relation 159
1:n-Relation 159

A

Abfrage 209, 216
  Aliasnamen 221
  Beispiel 487
  Beziehungen 250
  content.xml 255
  Entwurfsansicht 227
  Gruppierungen 224
  in Base-Datei 254
  in Programmierungen 245
  kombinierte in SQL 252
  mehrere Tabellen 216
  mit Assistent erstellen 216
  Resultset 245
  Sortierreihenfolge 217
  Suchbedingungen 218
  Suchkriterien Platzhalter 219
  Tabellenauswahl 216
  über mehrere Tabellen 249
  zusammenfassende 221
  Zusammenfassung 220
Abfrage Entwurfsansicht
  Abfrage erzeugen 234
  Abfrage speichern 239
  Alias 230
  Felder hinzufügen 229
  Filterbedingungen 231
Abfrage Entwurfsansicht (Forts.)
  Funktion 230
  kalkulierte Felder 237
  Kriterium 230
  Spaltenformatierung 238
  Symbolleisten 228
  Tabelle hinzufügen 227
  Text-Filterkriterien 231
  Textmaskierung 233
Abfrage in SQL 239
  Kommando direkt ausführen 241
Abmelden von Datenbanken 111
abook.mab 47
Adabas D 55
ADO 58
  Connection-Objekt 59
ADO-Schnittstelle 58
Adressbuch-Quelle 455
Adressverwaltung 472
Aggregatfunktionen 220, 224
Ähnlichkeitssuche 274
Aktivierungsreihenfolge 301
Alias 221
Aliasname 127, 128
Anfasspunkte 291
Ansichten 246, 376
Ansichtenentwurf 246
API 84
Applikation
  eigenständige 366
Applikationsfenster 370
Arbeitsumgebung Base 39
Assistent
  Dialog 264
Aufgabenstellung 472
Auswahllisten 314
AutoFeld 277
Autofilter 212
Autowert 173

B

Base 24, 26, 27
  Aufgabenbereich 40
  Dateinamen festlegen 34

Base (Forts.)
Datentypen 162
HSQLDB 31
Statuszeile 41
Symbolleiste 41
Verwaltungsebene 42
Base PostgreSQL
Datenquelle verbinden 92
Base Syntax 276
Base-Assistent 29
Base-Container 29
erzeugen 29
Base-Datei
content.xml 36
Datenbank 39
forms 39
mimetype 36
reports 39
settings.xml 38
Struktur 36
Verbindung zur Datenquelle 37
Base-interne SQL-Schreibweise 276
Base-Modul 29
Basic-IDE 459
Basic-Makrosprache 339
Bearbeitungsfunktion 385
Bearbeitungsmodus 261
Benutzer-Authentifizierung 56
Benutzerinstallation 525
Benutzerschnittstelle 264
Bereich
einfügen 390
Bericht 373
Assistent 376
Daten gruppieren 378
Feldbezeichnungen 377
Fußzeile 391
Layout 381
Layout manuell ändern 385
manuell erstellen 438
per Makro erzeugen 457
Seitenformat 381
Sortieroptionen 380
statisch/dynamisch 383
Tabelle Hintergundfarbe 387
Tabellen übernehmen 445
Tabellen und Abfragen 376
Tabellenumrandung 387
Text oberhalb Datentabelle 389
Bericht (Forts.)
Texttabelle 387
Titel 382
Berichts-Assistent 42
Berichts-Designer 391
Berichts-Navigator 396
Beschriftungsfeld 297
Beziehungen 158, 280
BigInt [BIGINT] 165
Bild [LONGVARBINARY] 168
Bild in Formular 320
Binärfeld (fix) [BINARY] 168
Binärfeld [VARBINARY] 168
Blindtext 381, 387
BLOB 167
Boolean-Werte 166

C

Checkbox 305
Code-Snippets 527
com.mysql.jdbc.Driver 86
com.sun.star.form.FormButtonType 355
com.sun.star.sdb.RowSet 346
com.sun.star.sdbc 189
com.sun.star.sdbc.ResultSet 245, 346
com.sun.star.sdbc.XColumnLocate 348
com.sun.star.sdbc.XResultSet 348
com.sun.star.sdbc.XRow 347
ComponentWindow 370
Container für Informationen 28
ContainerWindows 370
content.xml 36, 262
Controller
aktuelle 341
Controls 289
CURDATE() 488

D

DATEDIFF() 488
Dateiarchiv 35
Daten
sortieren 211
Datenbank 21, 26
Auswahl der 473
Datensatz 157
Design 155
Einplatzsysteme 22

Datenbank (Forts.)
Entität 157
ERM 156
erstellen 31
hierarchisch 21
indexsequenzielle 21
Indizes 198
Integrität 159
logisches Schema 156
Normalisierung 160
objektorientiert 22
registrieren 33
Relation 158
relational 22, 155
ResultSets 346
Schlüssel 157
Server-Client 23
Datenbank-Anwendung 471
Datenbank-Applikationen 245
Datenbank-Assistent 30
Datenbank-Design 156, 474
Datenbank-Entwurf 155, 474
Datenbank-Explorer 33
Datenbank-Modul 24
Datenbanksystem 26
Datenbankverbindung
über Basic 527
Datenbank-Verwaltungssystem 26
Datendefinitionssprache 156
Datenfeld 303
Daten-Inkonsistenzen 156
Datenkonvertierung 72
Datenmanipulationssprache 156
Datenquelle 27, 32, 113, 287
Adabas 55
ADO 58
Adressbücher 46
dBase 71
JDBC 96
LDAP-Adressbuch 52
Mozilla-Adressbuch 46
MS Access 64
MS Outlook 49
MySQL 75
ODBC 100
Oracle-Datenbank 101
PostgreSQL 90
Datenquelle (Forts.)
registrieren 108
SQLite 102
Tabellendokumente 104
Textdateien 106
Thunderbird Adressbuch 46
verbinden 44
Verbindungsart ändern 50
Verbindungstest 56
Windows-Adressbuch 49
zu einer vorhandenen verbinden 32
Datenquellen-Explorer 112
Datensatz 26, 120, 155
löschen 193, 286
suchen 273
Datentypen
Binärwert-Felder 167
Datums- und Zeitwerte 167
Zahlen 165
Zeichenketten 163
Datum [DATE] 167
Datum/Zeit [TIMESTAMP] 167
Datums- und Zeitwerte 148
Datumsfeld
Aufklapp-Option 311
DAYOFYEAR() 489
DBA-Projekt 70, 101
dBASE
Netzwerk 74
dBASE-Datenbank 71
DBMS 22, 23, 24, 26
DDL 156
Descriptor-Objekte 189
Designansicht 228
Desktop-Datenbank 136
Dezimal [DECIMAL] 166
Dezimaltrenner 143
Dialogelemente 259
DML 156
DNS-Server 52
DN-Suffix 52
Double [DOUBLE] 166
Drehfeld 302
DSN 80
DVD-ROM
Beispiele 536
Dynamischer Bericht 383

E

Eigenschaftsfenster 297
Entity-Relationship-Modell 156
Ereignis
modifiziert 351
zuweisen 350
Ergebnisset 346
Erinnerungsfunktion 493
Escape-Zeichen 153
Exportfunktion 374
Extension-Manager 44
Externes Formular 492

F

Farbkombination 269
Feld 386
austauschen 337
berechnendes 237
kalkuliertes 238
maskiertes 312
Feldbefehl 112
bearbeiten 387
NächsterDatensatz 444
Feldergebnis 112
Feldhinterlegung 269
Feldinhalt 273
Feldnamen 172
Feldtypen 163
Feldumrandung 269
Filter
anwenden 211, 214, 276
aufheben 213, 214
formularbasierter 275
für Datensätze 274
löschen 276
numerische Filter 214
Platzhalter 214
Textfelder 214
Filterbedingungen 214, 231
findColomn() 348
Firefox 46
Fließkommazahlen 166
Float [FLOAT] 166
Foreign-Keys 158
Formular 259
allgemein 286
Anordnung der Kontrollfelder 267
Formular (Forts.)
Assistent 264
Aufbau 340
Auswahl Felder 265
Auswahl Tabellen 265
Button 354
Checkbox 355
Combobox 361
Daten 293
Daten anzeigen/editieren 268
Daten eingeben 277
Daten nur eingeben 268
Datenbankverbindung 362
Datenquelle 294
Datums-Feld 360
Eigenschaften 286, 292
Entwurfsansicht 291
extrahieren 261
Filter 275
Filter für Datensätze 274
grafische Schaltflächen 355
Gruppierungen 482
Hintergrundfarbe 300
in Base 260
Listboxen 360
Name 270, 293
Navigationsleiste 272
neu 296
nichtangemeldete Datenquelle 294
numerisches Feld 359
Objekt-Model 342
Optionsfeld 356
Programmierung - Eigenschaften 345
schreibgeschützt 271
Shape-Objekt 343
Spin-Button 362
SQL-Befehl 294
Stil auswählen 269
Suchbegriff 274
Textfeld 358
verwenden 271
View-Objekt 343
Formularassistent 264
Formular-Eigenschaftenfenster 341
Formularentwurf
manueller 291
Formularentwurfsmodus 326
Formularnamen 270
Formularnavigator 296, 329

Formular-Steuerelemente-Symbolleiste 290
Fremdschlüssel 158
Frontend 26, 264
Fußzeile 391

G

Ganzzahlen 165
getByName() 341
getControl() 343
Grafik
einfügen 320
Gruppierungen 221

H

HSQL-Datenbank 136
HSQLDB 135
Bezeichner 153
Datentypen 139
Datumsformat 153
Feldtyp VARCHAR_IGNORECASE 148
Funktionen 141
Funktionen für Datums- und Zeitwerte 148
Funktionen für Zeichenketten 145
Funktionssyntax 142
Groß- und Kleinschreibung 138
Java Datentypen 139
mathematische Funktionen 142
Operatoren 151
sonstige Funktionen 150
SQL-Befehle 137
Strings 152
TIMESTAMP 153
TIMESTAMP() 141
VARCHAR() 140
Vergleiche 153
Werte 153
HSQLDB-Projekt 154

I

Indexentwurf 199
Indizes 155, 198
Integer [INTEGER] 165
ISO 26300 17

J

Ja/Nein [BOOLEAN] 166
Java 16, 84
Java-Installation 520
Java-Laufzeitumgebung 45, 136
Java-Plattform 96
Java-Treiber
in OpenOffice.org registrieren 85
JDBC 45, 84, 96
JDBC-Treiber 84
JRE 136

K

Kaskadierende Aktualisierung 480
Kombinationsfelder 317
Kontext 24
Kontextmenü 24
Kontrollelement 289
aktiviert 298
Aktivierungsreihenfolge 301
Beschriftungsfeld 297
Daten 303
Datumsfeld 311
Drehfeld 302
Eigenschaften 297
ersetzen 336
formatiertes Feld 312
grafisches Kontrollfeld 318
Größe 292
Gruppierungsrahmen 307
Kombinationsfeld 317
Listenfeld 314
Markierfeld 305
maskiertes Feld 312
Nachkommastellen 302
Namenseigenschaft 353
Navigationsleiste 323
Optionsfelder 306
platzieren 300
Position 292
Schalter 304
Schrift 298
Tabellenfeld 321
Zeitfelder 312
Kontrollfeld 267
grafisches 318
Kopfzeile 386

L

Layout-Manager 370
Layout-Raster 287
LDAP 52
LDAP-Adressbuch 52
LGPL 519
Listenfelder 314

M

m:n-Relation 159
Makroprogrammiererfahrung 339
Makroprogrammierung 339
Makro-Selektor 351
Manueller Bericht
Datensätze einfügen 441
einzelne Daten einfügen 440
einzelne Datensätze einfügen 440
MAPI-Adressbuch 49
Memo[LONGVARCHAR] 164
Microsoft Access 64
Microsoft Outlook 49
Mozilla-Adressbuch 46
MS Access
Feld Memos 67
Umstieg 25
Zugriff unter Linux 70
MS Office
Excel-Dateien 104
MS Outlook-Express 49
MySQL 75
Administrator 76
Besonderheiten bei Verbindungen 88
Connect Options 81
Connector 79
Datenbank-Server 75
JDBC 84
JDBC-Benutzer-Authentifizierung 88
JDBC-Treiber installieren 84
JDBC-Verbindung einrichten 86
Kataloge 75
Lizenz 75
ODBC 77
ODBC-Benutzerdatenquelle 79
ODBC-Passwort 83
ODBC-Treiber 77
ODBC-Treiber 3.51 installieren 78
MySQL (Forts.)
Zeichenketten-Typen 164
MySQL-Server 80

N

Navigationsleiste 272, 323
Normalform
erste 161
Normalisierung 161
NULL 273

O

OASIS 35
OASIS-Dateiformat 16
ODBC 45, 100
ODBC-Datenquellen 77
ODBC-Verbindung 77
Office-Suite 15
OLE DB Provider 59
OOo 23
OpenDocument Format 17, 35
OpenOffice.org 14, 23
Calc-Dateien 104
Download 519
Installation 519
Literatur 537
Meilensteine 17
Mitarbeit im Projekt 533
Wurzeln 16
Open-Source-Bewegung 14
Open-Source-Projekt 15
Optionen
Datenbanken 110
Verbindungen 110
Optionsfeld 306
Referenzwert 307
OTHER [OTHER] 168

P

Package-Manager 92
phpMyAdmin 76
Platzhalter 214
Platzierung
Kontrollelement 291
Port 3306 81
Portnummer 389 53

Position und Größe 320
PostgreSQL 90
Benutzer-Authentifizierung 94
Datenbank-Treiber 90
pg_hba.conf 94
Primärschlüssel 67, 158, 173, 180
Autoincrement by MySQL 182
Primärschlüssel-Spalte
ändern 190
Punktnotation 127

R

Real [REAL] 166
Rechte 185
RecordSection 386, 387
Redundanz 160
Referenz 251
Registrierte Datenquelle 439
Reguläre Ausdrücke 274
Reguläre Ausdrücke (Liste) 529
Relationen 157, 158, 202
reload() 350
Report Designer 43
Report-Designer 391
Arbeitsumgebung 393
Ausdruck für bedingte Anzeige 402
Berichtsdaten sortieren 421
Berichtskopf/-fuß 394, 409
Berichts-Navigator 424
Beschriftungsfeld 402
Datenbereich 399
Datenverbindung 396
Datum und Zeit einfügen 426
Details 394
Eigenschaftsbereich 395
Feld 409
Funktionen 425
Funktionen – Syntax 432
Grafisches Feld 405
Gruppenkopf/-fuß 416
Gruppierung hinzufügen 417
Gruppierungen 416
Hilfslinien 404
Option 410
Seitenkopf/-fuß 394, 407
Struktur des Berichtes 413
Symbolleisten 396
Textfeld 403
Report-Designer (Forts.)
Textfeld direkt einfügen 404
Zusammenhalten 401
reports 374
ResultSet 346
ResultSet-Objekt 245
Rettungsroutine 510
RowSet 346

S

Sammelcontainer 28
sbdc:odbc 101
Schlüsselfeld 281
Schreibschutz 261
sdbc::adabas 57
sdbc::address::mozilla 47
sdbc::address::outlook 49
sdbc::address::outlookexp 49
sdbc::address::thunderbird 47
sdbc:ado 63
sdbc:dbase 74
sdbc:mysql:jdbc 90
sdbc:mysql:odbc 90
sdbc:postgresql 95
Seiteneinstellungen 300
Seitenhintergrundfarbe 326
Sekundärschlüssel 279
Serienbrief 451
automatisiert erzeugen 455
Felder einfügen 452
manuell erstellen 451
Seriendruck 454
Seriendruck-Assistenten 454
Server-Client-Datenbanken 23
settings.xml 256
Shape-Objekt 341
Small Integer [SMALLINTEGER] 165
Sortierschlüssel 211
Speichervolumen
maximales 164
SQL 26, 115
ADD 122
Alias 127
ALTER TABLE 122
Anweisung 116
AS 128
ASC 130
Berechnungen 128

SQL (Forts.)
Bezeichner 117
Constraints 121
CREATE 121
Daten eingeben 123
Datenbank erzeugen 120
Datentypen 119
DELETE 125
DESC 130
DISTINCT 127
DML 123
DROP 121, 122
FROM / WHERE 127
Grundlagen 116
INNER JOIN 131
INSERT 123
JOIN 131
Kommentare 119
Konstanten 118
LIKE 130
NOT 130
Operatoren 118
ORDER BY 130
OUTER JOIN 132
Platzhalter 130
Punktnotation 127
RENAME 122, 123
Schlüsselwörter 117
SELECT 126
SET 124
Sonderzeichen 118
Tabellen verändern 122
Unterabfragen 132
UPDATE 124
WHERE 124, 129
SQL-Abfragen 115
SQL-Befehlsfenster 184
SQL-Fenster 186
SQL-Sequenzen 276
SQL-Syntax
echte 276
Standalone-Programme 25
Standardfilter 213
Standard-SQL-Sprache 136
Star Division 16
StarDesktop 370
Statement-Objekt 245
Statischer Bericht 383
Steuerelemente 289
Strings 145
Subformular 266, 278, 324, 334
1:1-Beziehung 279
1:n-Beziehung 283
Beziehung 279
Filter 285
manuell erzeugen 324
Variable 332
Zuordnung Schlüsselfelder 281
Suchdialog 273
Sun Report Builder 391
Sun Report Designer 43
sun-report-builder.oxt 43
Symbolleiste
Formular-Entwurf 287
Formular-Steuerelemente 287

T

Tabelle
aktualisieren 187, 255
anlegen mit Assistent 169
bearbeiten 189
Binärdaten 192
Booleanwerte 193
Daten eingeben 190
Datensätze filtern 190
Datensätze löschen 193
Datensätze sortieren 190
Datumseingabe 193
Designansicht 178
entwerfen 177
Entwurfsansicht 178
Feldauswahl 216
Filter 211
Inhalt nach Calc übertragen 201
Inhalt nach Writer übertragen 201
kopieren 194, 447
manuell erzeugen 176
Namen erzeugen 182
per Basic/SQL erzeugen 187
per SQL erzeugen 183
Primärschlüssel 180
Relation 202
schreibgeschützt 194
sortieren 211
Spaltenbreite 190
speichern 182
übertragen 200

Tabelle exportieren 450
von Base zu Base 450
von Base zu Calc 447
von Base zu Writer 449
von Calc zu Base 449
Tabellenassistent
Feldauswahl 170
Felddatentyp festlegen 171
Feldnamen ändern 172
Feldreihenfolge ändern 172
neues Feld hinzufügen 172
Primärschlüssel 173
Tabellennamen 174
Tabellendesign verändern 182
Tabellenentwurf 177
Tabellenfeld 321
Tabellenfilter 95
Tabellenmuster 170
Tab-Taste 277
Tbl_RecordSection 388
Text (fix) [CHAR] 164
Text [VARCHAR] 164
Text [VARCHAR_IGNORECASE] 164
Textfunktionen 145
Thunderbird 46
Adressbuch 46
Tiny Integer [TINYINT] 165
Typumwandlungen 183

U

Überschriftszeile 387
Uni-Code (UTF-8) 164
Unicode-Strings 152
UNO-Packages 92
unopkg 92, 103
Unterformular 266, 278
Unterverzeichnis forms 261

V

Variable 332
View-Ansicht 341
Vorgabewerte 277

W

Web-Ansicht 264
Wildcards 214
Windows-Adressbuch 49

X

XML 35

Z

Zahl [NUMERIC] 166
Zeichenmaske 312
Zeichensatz 72
Zeilen-Cursor 348
Zeit [TIME] 167
ZIP-Archiv 35
auspacken 35

OpenOffice.org
Deutschland e.V.

Das Projekt **OpenOffice.org** braucht Ihre Unterstützung!

Tagtäglich arbeiten viele Helfer daran, **OpenOffice.org** zu entwickeln, zu verbessern, zu testen und zu verbreiten, viele davon ehrenamtlich und freiwillig. Diese Arbeit wird häufig mit großem persönlichen Aufwand und Einsatz angegangen und oft selbst finanziert.

Das **Projekt OpenOffice.org** ist darüber hinaus eine große, internationale Online-Community, organisiert in nationale Sprachprojekte sowie in länderübergreifende Fachprojekte. Diese organisieren und koordinieren unter anderem die Qualitätssicherung, die Freigabe der jeweiligen Programmversionen, die Distribution der ausführbaren Programme, die Dokumentation, die Marketingaktivitäten, den Anwender-Support über Mailinglisten und vieles mehr. Und natürlich wird so auch die Weiterentwicklung des Open Source-Quellcodes vorangetrieben und abgeglichen. Die Community ist das Herz von OpenOffice.org.

Wenn Ihnen das Produkt **OpenOffice.org** gefällt, dann laden wir Sie herzlich dazu ein, uns bei dieser Arbeit zu unterstützen:

- durch aktive Mitarbeit im Rahmen Ihrer Möglichkeiten
- durch eine Spende (Sach- oder Geldspende)
- durch Mitgliedschaft im Verein OpenOffice.org Deutschland e.V.

Der Verein **OpenOffice.org Deutschland e.V.** hat es sich zum Ziel gesetzt, freie Projekte - allen voran OpenOffice.org - zu fördern und zu unterstützen:

Weitere Informationen:

http://de.openoffice.org
http://www.ooodev.org

email: verein_de@openoffice.org

Spendenkonto:

OpenOffice.org Deutschland e.V.
Sparkasse Rhein-Haardt
BLZ 546 512 40 • Kto-Nr: 96 09 71
IBAN: DE18 5465 1240 0000 9609 71
SWIFT-BIC: MALADE51DHK